Direito
Internacional Privado

Direito Internacional Privado

**COMPETÊNCIA INTERNACIONAL
E RECONHECIMENTO DE DECISÕES ESTRANGEIRAS**

VOLUME III

2012 • 2ª EDIÇÃO REFUNDIDA

LUÍS DE LIMA PINHEIRO
Doutor em Direito
Professor Catedrático da Faculdade de Direito da Universidade de Lisboa

DIREITO
INTERNCIONAL PRIVADO
AUTOR
Luís de Lima Pinheiro
EDITOR
EDIÇÕES ALMEDINA, S.A.
Rua Fernandes Tomás, nºs 76, 78 e 80
3000-167 Coimbra
Tel.: 239 851 904 · Fax: 239 851 901
www.almedina.net · editora@almedina.net
DESIGN DE CAPA
FBA.
PRÉ-IMPRESSÃO
G.C. – GRÁFICA DE COIMBRA, LDA.
producao@graficadecoimbra.pt
IMPRESSÃO E ACABAMENTO
PAPELMUNDE, SMG, LDA.
V. N. de Famalicão

Maio, 2012
DEPÓSITO LEGAL
343846/12

Apesar do cuidado e rigor colocados na elaboração da presente obra, devem os diplomas legais dela constantes ser sempre objeto de confirmação com as publicações oficiais.
Toda a reprodução desta obra, por fotocópia ou outro qualquer processo, sem prévia autorização escrita do Editor, é ilícita e passível de procedimento judicial contra o infrator.

 GRUPOALMEDINA

BIBLIOTECA NACIONAL DE PORTUGAL – CATALOGAÇÃO NA PUBLICAÇÃO
PINHEIRO, Luís de Lima
Direito internacional privado. – 2ª ed. refundida. - (Manuais universitários)
3º v. : Competência internacional e reconhecimento de decisões estrangeiras. -   p. -
ISBN 978-972-40-4793-5

CDU 341

PRINCIPAIS ABREVIATURAS

A.	Atlantic Reporter
A.C.	Law Reports, Appeal Cases
AAA	American Arbitration Association
Ac. TC	Acórdãos do Tribunal Constitucional
AcP	Archiv für die civilistische Praxis
al.	alemão/ã
All E. R.	All England Law Reports
Am. J. Comp. L.	American Journal of Comparative Law
Am. J. Int. L.	American Journal of International Law
Ann. fr. dr. int.	Annuaire français de droit international
Ann. Inst. Dr. Int.	Annuaire de l'Institut de Droit International
AR	Assembleia da República
Arb. Int.	Arbitration International
art.	artigo
Av.	Aviso
AWD	Aussenwirtschaftsdienst des Betriebs-Beraters
BayOblG .	Bayerisches Oberstes Landesgericht
BFDC	Boletim da Faculdade de Direito. Universidade de Coimbra
BG	Bundesgericht (suíço)
BGB	Bürgerliches Gesetzbuch
BGE	Entscheidungen des schweizerischen Bundesgericht
BGH	Bundesgerichtshof
BGHZ	Entscheidungen des Bundesgerichtshofs in Zivilsachen
BMJ	Boletim do Ministério da Justiça
Bol. CE	Boletim das Comunidades Europeias
Brit. YBIL	The British Yearbook of International Law

C. Com.	Código Comercial
C. comm.	Code de commerce
C. Dir. Aut.	Código do Direito de Autor e dos Direitos Conexos
C. Insolv./Rec. Emp.	Código da Insolvência e da Recuperação de Empresas
C. Not.	Código de Notariado
C. Proc. Adm.	Código do Procedimento Administrativo
C. Prop. Ind.	Código da Propriedade Industrial
C. Reg. Civ.	Código de Registo Civil
C. Reg. Com.	Código de Registo Comercial
C. Reg. Pred.	Código de Registo Predial
C. Soc. Com.	Código das Sociedades Comerciais
C. Trab.	Código do Trabalho
C. Val. Mob.	Código dos Valores Mobiliários
CA	Court of Appeal
CAC	Centro de Arbitragem Comercial instituído pela Associação Comercial de Lisboa/Câmara de Comércio e Indústria Portuguesa
Cahiers dr. eur.	Cahiers de droit européen
cap.	capítulo
Capp.	Cour d'appel
Cass.	Cour de cassation
CC	Código Civil, code civil, codice civile
CCI	Câmara do Comércio Internacional, Paris
CE	Comunidade Europeia
cf.	confira
CDT	Cuardernos de Derecho Transnacional
Ch.	Law Reports, Chancery
Chr., Chron.	Chronique
CIRDI	Centro Internacional para a Resolução de Diferendos Relativos a Investimentos
CJ	Colectânea de Jurisprudência
CJ/STJ	Colectânea de Jurisprudência/Acórdãos do Supremo Tribunal de Justiça
Clunet	Journal du droit international
CNUCED	Conferência das Nações Unidas para o Comércio e o Desenvolvimento
CNUDCI	Comissão das Nações Unidas para o Direito Comercial Internacional
Cód.	Código
Col.of.	Colecção oficial dos acórdãos doutrinais do STJ

Coll. ICC	Collection of ICC Arbitral Awards
Conv.	Convenção
cp.	compare
CPC	Código de Processo Civil
CTCE	Colectânea de Jurisprudência do Tribunal de Justiça e do Tribunal de Primeira Instância das Comunidades Europeias
CTF	Ciência e Técnica Fiscal
D.	Recueil Dalloz de doctrine, de jurisprudence et de législation
DC	District Court
DDC (BMJ)	Documentação e Direito Comparado/Boletim do Ministério da Justiça
Dec.	Decreto
Dec. Reg.	Decreto Regulamentar
Desp.	Despacho
Dig. priv. civ.	Digesto delle Discipline Privatistiche. Sezione Civile
Dig. priv. comm.	Digesto delle Discipline Privatistiche. Sezione Commerciale
Dir.	Directiva
Diss.	Dissertação
DL	Decreto-Lei
DLR	Dominion Law Reports
DP	Dalloz. Recueil périodique et critique de jurisprudence, de législation et de doctrine en matière civile, commerciale, criminelle, administrative et de droit public
DR	Diário da República
Dr. prat. com. int.	Droit e pratique du commerce international
ed.	edição
EEE	Espaço Económico Europeu
EGBGB	Einführungsgesetz zum Bürgerlichen Gesetzbuch (Lei de Introdução do CC alemão)
Enc. dir.	Enciclopedia del diritto
EPIL	Encyclopedia of Public International Law
Est.	Estudos em homenagem /em memória de
ETL	European Transport Law
Eur. L. Rev.	European Law Review
ex.	por exemplo
F	Federal Reporter
F.2d	Federal Report, 2d Series

F.Supp.	Federal Supplement
FamRZ.	Zeitschrift für das gesamte Familienrecht
fasc.	fascículo
F.R.D.	Federal Rules Decisions
fr.	francês/francesa
FS	Festschrift für
G.	Gesetz
Giur. It.	Giurisprudenza Italiana
GYBIL	German Yearbook of International Law
HGB	Handelsgesetzbuch
HL	House of Lords
i. e	id est
ICC-ICA Bull.	ICC International Court of Arbitration Bulletin
ICSID Rev.	International Center for Settlement of Investment Disputes. Foreign Investment Law Journal
id.	idem
IECL	International Encyclopedia of Comparative Law
ILM	International Legal Materials
ILR	International Law Reports
infra	ver abaixo
Inst. Int. Bus. L. Pr.	Institute of International Business Law and Practice (CCI)
Int. Comp. L. Q.	The International and Comparative Law Quarterly
Int. L. Q.	The International Law Quarterly
IPG	Gutachten zum internationalen und ausländischen Privatrecht
IPRax	Praxis des internationalen Privat- und Verfahrensrechts
IPRspr.	Die deutsche Rechtsprechung auf dem Gebiete des internationalen Privatrechts
it.	italiano/a
It. YBIL	The Italian Yearbook of International Law
J. Bus. L.	The Journal of Business Law
J.-cl. dr. int.	Juris-classeur de droit international
JCP.	Juris-classeur périodique
JOCE	Jornal Oficial das Comunidades Europeias
JOUE	Jornal Oficial da União Europeia
JR	Jurisprudência das Relações
JuS	Juristische Schulung
JZ	Juristenzeitung
K. B.	Law Reports, King's Bench
KO	Konkursordnung

L	Lei
l.	livro
L. Contemp. Probl.	Law and Contemporary Problems
L. Q. Rev.	The Law Quarterly Review
L. Rev.	Law Review
LAV	Lei da Arbitragem Voluntária
LCIA	London Court of International Arbitration
Lloyd's MCLQ	Lloyd's Maritime and Commercial Law Quarterly
loc. cit	loco citato
LR	Law Reports
Mass. Foro it.	Il Massimario del Foro italiano
n.	nota
nº	número
NJW	Neue juristische Wochenschrift
NLAV	Nova Lei da Arbitragem Voluntária
Nord. TIR	Nordisk Tidsskrift for International Ret
Noviss. Dig. it.	Novissimo Digesto italiano
NU	Nações Unidas
NW	Northwestern Reporter
OECD	Organização Europeia de Cooperação Económica
OGH	Oberster Gerichtshof (austríaco)
OLG	Oberlandesgericht
OMPI	Organização Mundial da Propriedade Intelectual
ONU	Organização das Nações Unidas
op. cit.	obra citada
org.	organizador
p.	página
Port.	Portaria
proc.	processo
Prot.	Protocolo
Q.B.	Law Reports: Queen's Bench Division
R.	revista, revue, rivista
R. arb.	Revue de l'arbitrage
R. crit.	Revue critique de droit international privé
R. Jur.	Revista Jurídica (Associação Académica da Faculdade de Direito de Lisboa)
R. trim. civ.	Revue trimestrielle de droit civil
R. trim. dr. com.	Revue trimestrielle de droit commercial et de droit économique
RabelsZ	Rabels Zeitschrift für ausländisches und internationales Privatrecht

RCADI	Recueil des Cours de l'Académie de Droit International
RCb	Relação de Coimbra
RDE	Revista de Direito e Economia
RDES	Revista de Direito e Estudos Sociais
RDIPP	Rivista di diritto internazionale privato e processuale
RDS	Recueil Dalloz Sirey
Rec.	Recueil des arrêts de la Cour de Justice des Communautés européennes
Reg.	Regulamento, regulamentar
Rép. dr. com.	Répertoire Dalloz de droit commercial
Rép. dr. int.	Répertoire Dalloz de droit international
Resol.	Resolução
Rev. Der. Int.	Revista de Derecho Internacional
Rev. Esp. Der. Int.	Revista Española de Derecho Internacional
RFDC	Revista da Faculdade de Direito de Coimbra
RFDUL	Revista da Faculdade de Direito da Universidade de Lisboa
RG	Reichsgericht
RGm	Relação de Guimarães
RIDC	Revue internationale de droit comparé
Riv. Dir. Civ.	Rivista di Diritto Civile
Riv. Dir. Int.	Rivista di Diritto Internazionale
RIW/AWD	Recht der internationalen Wirtschaft/Aussenwirtschafts-dienst des Betriebs-Beraters
RLJ	Revista de Legislação e Jurisprudência
RLx	Relação de Lisboa
ROA	Revista da Ordem dos Advogados
RPt	Relação do Porto
RT	Revista dos Tribunais
S.	Section
s.	secção, seguinte
s.d.	sem data de ed.
s.l.	sem local de ed.
Schw. Jb. Int. R.	Schweizerisches Jahrbuch für internationales Recht
Sep.	Separata
soc.	sociedade
STA	Supremo Tribunal Administrativo
STJ	Supremo Tribunal de Justiça
Supl.	Suplemento
t.	título, tomo
TC	Tribunal Constitucional

TCE	Tribunal de Justiça das Comunidades
TEDH	Tribunal Europeu dos Direitos do Homem
TIJ	Tribunal Internacional de Justiça
TPI	Tribunal de Primeira Instância (CE)
Tr. Com. fr. dr. int. priv.	Travaux du Comité français de droit international privé
trad.	tradução
TUE	Tribunal de Justiça da União Europeia
U.S.	United States Supreme Court Reports
UCC	Uniform Commercial Code
UN-CTC	United Nations – Centre on Transnational Corporations
UN-ECE	United Nations – Economic Commission for Europe
UN-TCD	United Nations – Department of Technical Co-operation for Development
UNCITRAL	ver CNUDCI
UNIDROIT	Instituto Internacional para a Unificação do Direito Privado
USCA	United States Court of Appeals
USDC	United States District Court
v.g.	verbi gratia
vol.	volume
v.	versus
WLR	The Weekly Law Reports
Yb. Comm. Arb.	Yearbook of Commercial Arbitration
Yb. PIL	Yearbook of Private International Law
ZGB	Zivilgesetzbuch (suíço)
ZHR	Zeitschrift für das gesamte Handelsrecht und Wirtschaftsrecht
ZIP	Zeitschrift für Wirtschaftsrecht
ZPO	Zivilprozeßordnung (alemão)
ZRvgl.	Zeitschrift für Rechtsvergleichung
ZvglRW	Zeitschrift für vergleichende Rechtswissenschaft

Parte III

Direito da Competência Internacional

BILIOGRAFIA GERAL

São aqui indicadas exclusivamente obras de interesse geral para o Direito da Competência Internacional. No início de cada Capítulo encontram-se referências bibliográficas específicas.

ARAUJO, NADIA DE 2011 – *Direito Internacional Privado. Teoria e Prática Brasileira*, 5ª ed., Rio de Janeiro, São Paulo e Recife.

AUDIT, Bernard e Louis D'AVOUT 2010 – *Droit international privé*, 6ª ed., Paris.

BALLARINO, Tito 1999 – *Diritto Internazionale Privato*, Pádua, 3ª ed., Pádua.

BAR, CHRISTIAN VON 1987 – *Internationales Privatrecht*, vol. I, Munique.

BAR, CHRISTIAN von e Peter MANKOWSKI 2003 – *Internationales Privatrecht*, vol. I, 2ª ed., Munique.

BATIFFOL, Henri e Paul LAGARDE 1983/1993 – *Droit international privé*, vol. I – 8ª ed (1993), vol. II – 7ª ed. (1983), Paris.

CARAVACA, Alfonso-Luis CALVO e Javier CARRASCOSA GONZÁLEZ 2011 – *Derecho Internacional Privado*, 2 vols., 12ª ed., Granada.

Cheshire, North & Fawcett Private International Law 2008 – 14ª ed. por J. FAWCETT, J. CARRUTHERS e Peter NORTH, Londres.

COLLAÇO, ISABEL DE MAGALHÃES 1958/1963 – *Direito Internacional Privado* (Lições proferidas ao 5º ano jurídico de 1958-1959), Lisboa, vol. I – 1958, vol. II –1959, vol. III – 1963.

CORREIA, António FERRER 1973 – *Lições de Direito Internacional Privado*, Coimbra. 1982 – "La reconnaissance et l'exécution des jugements étrangers en matière civile et commerciale (droit comparé)", *in Estudos Vários de Direito*, 105-191, Coimbra. 1983 – "O reconhecimento das sentenças estrangeiras no direito brasileiro e no direito português", *RLJ* 116 (1983) nºs 3707 a 3711. 1993 – "Le système portugais sur la compétence internationale (directe)", *in Études PIERRE LALIVE*,

DIREITO INTERNACIONAL PRIVADO

49-59. 2000 – *Lições de Direito Internacional Privado I*, Coimbra.

*Dicey, Morris and Collins on the Conflict of Laws_* 2006/2011 – 14ª ed. por Lawrence COLLINS (ed. geral), Adrian BRIGGS, Jonathan HARRIS, J. MCCLEAN, Campbell MCLACHLAN e C. MORSE, e 4º supl., Londres.

GAUDEMET-TALLON, Hélène 2010 – *Compétence et exécution des jugements en Europe. Règlement 44/2001. Conventions de Bruxelles (1968) et de Lugano (1988 et 2007)*, 4ª ed., Paris.

HAY, Peter, Patrick BORCHERS e Symeon SYMEONIDES 2010 – *Conflict of Laws*, 5ª ed., St. Paul, Minn.

HOFFMANN, Bernd VON e Karsten THORN 2007 – *Internationales Privatrecht einschließlich der Grundzüge des Internationalen Zivilverfahrensrechts*, 9ª ed., Munique.

KEGEL, Gerhard e Klaus SCHURIG 2004 – *Internationales Privatrecht – ein Studienbuch*, 9ª ed., Munique.

KROPHOLLER, Jan 1982 – "Internationale Zuständigkeit", *in Handbuch des Internationalen Zivilverfahrensrechts*, vol. I, Tubinga. 1998 – *Europäisches Zivilprozeßrecht. Kommentar zumEuGVÜ*, 6ª ed., Heidelberga. 2005 – *Europäisches Zivilprozeßrecht. Kommentar zum EuGVO, Lugano-Übereikommen und Europäischem Vollstreckungstitel*, 8ª ed., Heidelberga. 2006 – *Internationales Privatrecht*, 6ª ed., Tubinga.

KROPHOLLER, Jan e Jan VON HEIN 2011 – *Europäisches Zivilprozeßrecht. Kommentar zum EuGVO, Lugano-Übereikommen 2007, EuVTVO, EuMVVO und EuGFVO*, 9ª ed., Francoforte-sobre-o-Meno.

MACHADO, João BAPTISTA 1982 – *Lições de Direito Internacional Privado*, (apontamentos das aulas teóricas do ano lectivo de 1971-1972 na Faculdade de Direito de Coimbra), 2ª ed., Coimbra.

MAGALHÃES, BARBOSA DE 1947 – *Estudos sobre o novo Código de Processo Civil*, vol. II – *Da competência internacional*, Coimbra.

MAGNUS, Ulrich e Peter MANKOWSKI (org.) 2007 – *Brussels I Regulation*, Munique.

MAYER, Pierre e Vincent HEUZÉ 2010 – *Droit international privé*, 10ª ed., Paris.

MEHREN, Arthur von 2007 – *Adjudicatory Authority in Private International Law. A Comparative Study*, com a colaboração de Eckart GOTTSCHALK, Leiden.

MORELLI, Gaetano 1954 – *Diritto processuale civile internazionale*, 2ª ed., Pádua.

NEUHAUS, Paul H. 1976 – *Die Grundbegriffe des internationalen Privatrechts*, 2ª ed., Tubinga.

PINHEIRO, Luís de LIMA 2002 – "A triangularidade do Direito Internacional Privado – Ensaio sobre a articulação entre o Direito de Conflitos, o Direito da Competência Internacional e o Direito de Reconhecimento", *in Estudos em Homenagem à Professora Isabel de Magalhães Collaço*, Almedina, Coimbra. 2008 – *Direito Internacional Privado*, vol. I – *Introdução e Direito de Conflitos/ Parte Geral*, 2ª ed., Almedina, Coimbra. 2009 – *Direito Internacional Privado*, vol. II – *Direito de Conflitos/Parte Especial*, 3ª ed., Almedina, Coimbra.

RAMOS, Rui MOURA 1991 – *Da Lei Aplicável ao Contrato de Trabalho Interna-*

cional, Coimbra. 1995 – "Les clauses d'exception en matière de conflits de lois et de conflits de juridictions – Portugal", *in Das Relações Privadas Internacionais. Estudos de Direito Internacional Privado*, Coimbra. 2002 – *Estudos de Direito Internacional Privado e de Direito Processual Civil Internacional*, vol. I, Coimbra. 2007 – *Estudos de Direito Internacional Privado e de Direito Processual Civil Internacional*, vol. II, Coimbra.

RAUSCHER, Thomas 2006 – *Europäisches Zivilprozeßrecht. Kommentar*, vol. I, 2ª ed., Munique.

RAUSCHER, Thomas (org.) 2010 – *Brüssel IIa-VO, EG-UntVO, EG-ErbVO-E, HUntStProt 2007*, Munique.

RAUSCHER, Thomas (org.) 2011 – *Bearbeitung 2011. Brüssels I-VO, LugÜbk 2007*, Munique.

RIGAUX, François e Marc FALLON 2005 – *Droit international privé*, 3ª ed., Bruxelas.

SANTOS, António MARQUES DOS 1991 – *As Normas de Aplicação Imediata no Direito Internacional Privado. Esboço de Uma Teoria Geral*, 2 vols., Coimbra.

SCHACK, Haimo 2010 – *Internationales Zivilverfahrensrecht*, 5ª ed., Munique.

SIEHR, Kurt 2002 – *Das Internationale Privatrecht der Schweiz*, Zurique.

SORIANO, Miguel VIRGÓS e Francisco GARCIMARTÍN ALFÉREZ 2007 – *Derecho Procesal Civil Internacional. Litigación Internacional*, 2ª ed., Cizur Menor (Navarra).

SOUSA, Miguel TEIXEIRA DE 1993 – *A Competência Declarativa dos Tribunais Comuns*, Lisboa. 1997 – *Estudos Sobre o Novo Processo Civil*, Lisboa. 2003 – *Direito Processual Civil Europeu* (Relatório pol.), Lisboa.

SYMEONIDES, Symeon 2008 – *American Private International Law*, Austin et al.

VILLELA, MACHADO 1940/1942 – "Notas sobre a competência internacional no novo Código de Processo Civil", *RFDC* 17 (1940/1941) 274-346 e 18 (1942) 1-70.

VISCHER, Frank 1992 – "General Course on Private International Law", *RCADI* 232: 9-256.

Zürcher Kommentar zum IPRG 2004 – *Kommentar zum Bundesgesetz über das Internationale Privatrecht (IPRG) vom 1. Januar 1987*, 2ª ed., org. por Daniel GIRSBERGER, Anton HEINI, Max KELLER, Jolanta KREN KOSTKIEWICZ, Kurt SIEHR, Frank VISCHER e Paul VOLKEN, Zurique, Basileia e Genebra.

Capítulo I
Aspectos Gerais

Bibliografia específica:

Jan KROPHOLLER – "Internationale Zuständigkeit", *in Handbuch des Internationalen Zivilverfahrensrechts*, vol. I, Tubinga, 1982; Id. [2005]; Id. [2006]; SCHACK [2010]; MORELLI [1954]; N. FRAGISTAS – "La compétence internationale en droit privé", *RCADI* 104 (1961) 159-270; BATIFFOL/LAGARDE [1983: 441 e segs.]; Henri BATIFFOL – "Observations sur les liens de la compétence judiciaire et de la compétence législative", *in Choix d'articles*, 303-313, 1962; Id. – "L'avenir du droit international privé", *in Choix d'articles*, 315-331, 1973; Id. – "L' état du droit international privé en France et dans l'europe continentale de l'ouest", *in Choix d'articles*, 11-31, 1973; Pierre MAYER – "Droit international privé et droit international public sous l'angle de la notion de compétence", *R. crit.* (1979) 1-29, 349-388 e 537-583; MAYER/HEUZÉ [2010: nºs 275 e segs.]; KEGEL/ SCHURIG [2004: 1044 e segs.]; Gerhard KEGEL – "The Crisis of Conflict of Laws", *RCADI* 112 (1964) 91-267, 235 e seg.; MACHADO VILLELA [1921/1922 e 1940/1942]; FERRER CORREIA [1982, 1983, 1993 e 2000]; FERRER CORREIA e F. FERREIRA PINTO – "Breve apreciação das disposições do anteprojecto de código de processo civil que regulam a competência internacional dos tribunais portugueses e o reconhecimento de sentenças estrangeiras", *RDE* 13 (1987) 25-64; BARBOSA DE MAGALHÃES [1947]; MOURA RAMOS [1991: 124 e segs., 167 e segs. e 631 e segs. e 1995]; Id. – an. a RLx 5/12/1995, *RLJ* 130 (1997) nº 3879; TEIXEIRA DE SOUSA [1993]; Id. [1997] (1997a); Id.– "Die neue internationale Zuständigkeitregelung im portugiesischen Zivilprozeßgesetzbuch und die Brüsseler und Luganer Übereinkommen: Einige vergleichende Bemerkungen", *IPRax* (1997) 352-360 (1997b); Id. – "Âmbito de aplicação do Regulamento nº 44/2001, de 22/12/2000 (Regulamento Bruxelas I)", *in Estudos em Homenagem à Professora Doutora Isabel Magalhães Collaço*, vol. II, 675-691, Coimbra 2002; Id. [2003]; TEIXEIRA DE SOUSA e Dário MOURA VICENTE – *Comentário à Convenção de Bruxelas de 27 de Stembro de 1968 Relativa à Competência Judiciária e à Execução de Decisões em Matéria Civil e Comercial*, Lisboa, 1994; LIMA PINHEIRO [2002 e 2008]; Jürgen BASEDOW – "Qualifikation, Vorfrage und Anpassung im Internationalen Zivilverfahrensrecht", *in Materielles Recht und Prozessrecht und die Auswirkungen der Unterscheidung in Recht der internationalen Zwangsvollstreckung – eine rechtsvergleichenden Grundlagenuntersuchung*, 131-156, Bielefeld, 1992; NEUHAUS [1976: 282 e segs. e 398 e segs.]; Andreas HELDRICH – *Internationale Zuständigkeit und anwendbares Recht*, Berlim e Tubinga, 1969; Julio GONZÁLEZ CAMPOS – "Les liens entre la compétence judiciaire et la compétence législative en droit international privé", *RCADI* 156 (1977) 227-375; Wilhelm WENGLER – "The General Principles of Private International Law", *RCADI* 104 (1961) 271-469; Hans DÖLLE – "Über einige Kernprobleme des internationalen Rechts der freiwilligen Gerichtsbarkeit", *RabelsZ*. 27 (1962) 202-244; Paolo PICONE – *Ordinamento competente e diritto internazionale privato*, Milão, 1986; Id. – *Les méthodes de coordination entre ordres juridiques en droit international privé* (Sep. de *RCADI* 276), A Haia, Boston e Londres, 2000; CHRISTIAN VON BAR/MANKOWSKI [2003: 83 e segs.]; Alfred VERDROSS e Bruno SIMMA – *Universelles Völkerrecht. Theorie und Praxis*, 3ª ed., Berlim, 1984; Frederick A. MANN – "The Doctrine of Jurisdiction in International Law", *RCADI* 111 (1964) 1-162; Id. – "The Doctrine of International Jurisdiction Revisited After Twenty Years", *RCADI* 186 (1984) 9-115; Paul LAGARDE – "Le principe de proximité dans le droit international privé contemporain", *RCADI* 196 (1986) 9-238; Andreas LOWENFELD – "International Litigation and the Quest for Reasonableness. General Course on Private International Law", *RCADI* 245 (1994) 9-320; VON MEHREN [2007]; Georges DROZ – "Regards sur le droit international privé comparé. Cours général de droit international privé", *RCADI* 229 (1991) 9-424; VISCHER [1992]; R. LUZZATTO – "Articoli 3-12", *in Riforma del sistema italiano direito diritto internazionale privato: legge 31 maggio 1995 n. 218 – Commentario*, *RDIPP* 31 (1995) 923-954; Albert A. EHRENZWEIG – *Private International Law*, vol I, Leyden e Nova Iorque, 1967; Jochen SCHRÖDER – *Internationale Zuständigkeit*, Opladen, 1971; Thomas PFEIFFER – *Internationale Zuständigkeit und prozessuale Gerechtigkeit*, Francorforte-sobre-o-Meno, 1995; ALBERTO DOS REIS – *Comentário ao Código de Processo Civil*, Vol. I, 2ª ed., Coimbra, 1960; ISABEL DE MAGALHÃES COLLAÇO – *Da qualificação em Direito Internacional Privado*, Lisboa, 1964; João BAPTISTA MACHADO – "La compétence internationale en droit portugais", *BFDC* 41 (1965) 97-115; Id. – *Lições de Direito Internacional Privado*, (apontamentos das aulas teóricas do ano lectivo de 1971-1972 na Faculdade de Direito de Coimbra), 2ª ed., Coimbra, 1982; ANSELMO DE CASTRO – *A Acção Executiva Singular, Comum e Especial*, 3ª ed., Coimbra, 1977; João de CASTRO MENDES – *Direito Processual Civil*, 3 vols., Lisboa, 1987; LEBRE DE FREITAS – "A fraude à lei na provocação da competência de tribunal estrangeiro", *RFDUL* 39 (1998) 7-15; Vasco TABORDA

FERREIRA – *Sistema do Direito Internacional Privado segundo a lei e a jurisprudência*, Lisboa, 1957; Manuel FERNANDES COSTA – "Direitos adquiridos e reconhecimento de sentenças estrangeiras (Da interpretação da al. g) do art. 1096º do Código de Processo Civil)", *in Est. António Ferrer Correia*, vol. I, 121-186, Coimbra, 1986; Fernando FERREIRA PINTO – "Die Reform des nationalen Zivilprozeßrechts als Angleichung: Das Beispiel Portugal", *in Ein internationales Zivilverfahrensrecht für Gesamteuropa*, org. por Erik Jayme, 369-382, Heidelberga, 1992; CHECA MARTINEZ – "Fundamentos y limites del forum shopping: modelos europeo y angloamericano", *RDIPP* 34 (1998) 521-556; Nuno ASCENSÃO SILVA – *A Constituição da Adopção de Menores nas Relações Privadas Internacionais. Alguns Aspectos*, Coimbra, 2000; J. MOTA DE CAMPOS – "Um instrumento jurídico de integração europeia. A Convenção de Bruxelas de 27 de Setembro de 1968 sobre Competência Judiciária, Reconhecimento e Execução das Sentenças", *DDC (BMJ)* 22 (1985) 73-235.

79. Noções fundamentais
A) Noção de competência internacional
A competência de um órgão é o complexo de poderes funcionais que lhe são conferidos para o desempenho de atribuições da pessoa coletiva em que está integrado. A competência de um tribunal estadual é o complexo de poderes que lhe são atribuídos para o exercício da função jurisdicional. Na competência internacional dos tribunais está em causa a atribuição deste complexo de poderes funcionais ao conjunto dos tribunais de um Estado com respeito a situações transnacionais, i.e., situações que apresentam contactos juridicamente relevantes com mais de um Estado[1].

À face da ordem jurídica portuguesa os tribunais arbitrais não são órgãos estaduais e, por isso, a determinação da sua competência não coloca problemas de competência internacional.

A atuação dos órgãos administrativos relativamente a situações transnacionais também pressupõe a sua competência internacional, mas o problema não é geralmente autonomizado e tem despertado pouco interesse nos autores.

O estudo que se segue cinge-se à competência internacional dos tribunais estaduais.

---

[1] Ver FRAGISTAS [1961: 165 e segs.].

B) Jurisdição e competência internacional

É ponto controvertido o da relevância do Direito Internacional Público em matéria de competência internacional[2]. Parece certo que o Direito Internacional Público geral não contém em si um sistema de regras de competência internacional, mas antes diretrizes e soluções particulares que condicionam a conformação dos sistemas estaduais de competência internacional, designadamente em matéria de imunidades de jurisdição, proteção dos direitos dos estrangeiros e competência de execução[3].

O Direito Internacional Público geral estabelece *imunidades de jurisdição* em relação aos Estados estrangeiros, às organizações internacionais e aos agentes diplomáticos e consulares[4].

Dos princípios gerais de Direito Internacional Público que dizem respeito à *proteção dos direitos dos estrangeiros* decorre que as normas de competência internacional não podem conduzir à denegação de justiça aos estrangeiros[5]. Indo mais longe, parece defensável que a tutela dos estrangeiros, aliada à proteção internacional de direitos fundamentais independentemente de se tratar de nacionais ou estrangeiros, exige o estabelecimento de um sistema de competência internacional em função de diretrizes racionais, que se conformem com as ideias reguladoras subjacentes a essa proteção[6].

Por força do Direito Internacional Público geral, os tribunais de um Estado só têm jurisdição para a realização de atos de coerção material no seu território[7]. Por conseguinte, são, em princípio, exclusivamente competentes para a *ação executiva* os tribunais do Estado onde devam ser praticados os atos de execução[8] (ver com mais desenvolvimento *infra* §§ 84 I e 87 A).

Para além disso, concordo com a opinião segundo a qual, em princípio, só é conforme com o Direito Internacional Público a competência internacional que se fundamente numa ligação significativa da relação

---

[2] Ver KROPHOLLER [1982: nº 43 e segs.], com mais referências.

[3] Cf. KROPHOLLER [1982: nº 42] e LOWENFELD [1994: 120 e segs.].

[4] *Supra* § 1 B.

[5] Cf. KROPHOLLER [1982: nº 43].

[6] Ver, em relação ao Direito de Conflitos, LIMA PINHEIRO [2008: § 10 A].

[7] Cf. MORELLI [1954: 141], FRAGISTAS [1961: 169 e segs.] e SCHACK [2010: nºs 1061 e 1063].

[8] Em sentido convergente, MORELLI [1954: 141], ANSELMO DE CASTRO [1977: 68] e SCHACK [2010: nºs 1061 e segs.].

ASPECTOS GERAIS

controvertida com o Estado do foro[9]. A competência dos tribunais de um Estado que não apresente uma suficiente conexão pessoal ou territorial com a relação controvertida, nem resulte da autonomia da vontade, do critério dos efeitos ou do critério da necessidade, é, em princípio, contrária ao Direito Internacional Público.

Excecionalmente, o Direito Internacional Público parece permitir que certas pretensões de Direito privado sejam atuadas nos tribunais de qualquer Estado: designadamente pretensões de responsabilidade extracontratual conexas com crimes sancionados pelo Direito Internacional Público (por exemplo, pirataria, tráfico de escravos, genocídio, crimes de guerra)[10].

Porquanto as consequências da violação destes limites colocados pelo Direito Internacional Público geral não são necessariamente as mesmas que decorrem da violação de regras de competência internacional, convém distinguir claramente os dois aspetos. Tende-se assim a autonomizar as questões relativas à *jurisdição* da matéria da *competência internacional*[11].

A palavra "jurisdição" é utilizada na literatura jurídica portuguesa em várias aceções, designadamente a de "poder de julgar atribuído, *em conjunto*, a uma atividade do Estado ou a uma determinada espécie de tribunais"[12]

---

[9] Cf. MANN [1964: 73 e segs. e 1984: 67 e segs.], VERDROSS/SIMMA [1984: 780 e seg.] e FERRER CORREIA [1982: 167 e seg. e 1983: nº 3]. Ver também decisão do TEDH 29/4/2008, no caso *McDonald* v. *França* [*R. crit.* 97 (2008) 830 an. KINSCH], que entendeu que o art. 6º da Convenção Europeia dos Direitos do Homem (direito a um processo equitativo) "implica um controlo das regras de competência em vigor nos Estados Contratantes a fim de assegurar que elas não violam um direito protegido pela Convenção", e KINSCH [*op. cit.*, 840].

[10] Neste sentido, VON MEHREN [2007: 46-47]. A responsabilidade penal internacional dos indivíduos à face do Direito Internacional Público geral ou comum é, no entanto, matéria controversa: cp., entre nós, JORGE MIRANDA – *Curso de Direito Internacional Público*, 4ª ed., Lisboa, 2009, 332 e segs., e ANDRÉ GONÇALVES PEREIRA e FAUSTO DE QUADROS – *Manual de Direito Internacional Público*, 3ª ed., Coimbra, 1993, 382 e segs., e as referências aí contidas.

[11] Cp., quanto à distinção entre jurisdição [*facultas jurisdictionis*] [*Gerichtsbarkeit*] e competência internacional [*Internationale Zuständigkeit*], bem como sobre a diferença de regimes aplicáveis às decisões proferidas sem jurisdição e sem competência internacional, à face do Direito alemão, HELDRICH [1969: 89 e segs.], NEUHAUS [1976: 398 e segs.] e KEGEL/SCHURIG [2004: 1044 e segs.]; na doutrina suíça, ver VISCHER [1992: 202]; para uma distinção dos dois aspetos aponta também MAYER [1979: 352 n. 36]. Sobre o conceito de *jurisdiction*, ver, em especial, MANN [1964: 9 e segs. e 1984: 19 e segs.]. Cp. ainda, entre nós, TEIXEIRA DE SOUSA [1993: 31 e segs.] e SUSANA BRITO [1988: 17 e segs.].

[12] Cf. ALBERTO DOS REIS [1960: 105].

e a de conjunto dos tribunais de um Estado ou de uma determinada espécie de tribunais. Em língua inglesa a palavra *jurisdiction* é empregue em múltiplos sentidos: competência do Estado para exercer autoridade sobre todas as pessoas e coisas dentro do seu território, competência jurisdicional em geral, competência internacional e área geográfica dentro da qual pode ser exercida uma autoridade política ou judicial, designadamente[13]. Aqui propõe-se a utilização da palavra "jurisdição" numa aceção diferente: a de esfera em que o Direito Internacional Público geral permite o exercício da função jurisdicional de um Estado.

Não vou discutir aqui se esta jurisdição constitui uma verdadeira competência atribuída pelo Direito Internacional Público geral aos Estados. Mesmo que o seja, tal não impede que as normas de competência internacional de fonte interna, convencional ou derivada sejam verdadeiras normas de competência[14]. Com efeito, a atribuição de competência aos Estados no plano da ordem jurídica internacional não dispensa a atribuição de poderes funcionais aos tribunais de um Estado no plano da ordem jurídica interna. A jurisdição é um pressuposto processual de conhecimento oficioso e a decisão proferida sem jurisdição é nula[15].

A violação das regras de competência internacional legal determina a incompetência absoluta do tribunal (art. 101º CPC), que é de conhecimento oficioso (art. 102º/1 CPC), e implica a absolvição do réu da instância ou o indeferimento em despacho liminar, quando o processo o comporte (arts. 105º/1, 234º-A/1, 288º/1/a, 493º/2 e 494º/a CPC), mas a decisão proferida por um tribunal em violação de regras de competência internacional é válida[16], embora recorrível (art. 678º/2/A CPC).

---

[13] Ver também "jurisdiction" *in Black's Law Dictionary*, Abridged 8ª ed., St. Paul, Minn., 2005.

[14] Cp. MAYER [1979: 13 e segs.].

[15] Cf. SCHACK [2010: nº 188 e seg.]; CASTRO MENDES [1987 II: 37 e segs.], entendendo que a não-sujeição de uma das partes à jurisdição portuguesa gera uma exceção dilatória (legalmente inominada) que conduz à absolvição da instância. No mesmo sentido, com respeito às imunidades dos agentes diplomáticos e consulares, TEIXEIRA DE SOUSA [1993: 13 e seg.], acrescentando, com base no art. 32º/2 da Convenção de Viena sobre Relações Diplomáticas, que se trata de uma exceção de conhecimento oficioso e que é nula, *a fortiori*, por aplicação do disposto no art. 668º/1/d/2ª parte CPC, a decisão proferida num caso em que não seja observada aquela imunidade.

[16] Cf. KEGEL/SCHURIG [2004: 1053].

C) Normas de competência internacional e Direito da Competência Internacional
São normas de competência internacional aquelas que atribuem ao conjunto dos tribunais de um Estado o complexo de poderes para o exercício da função jurisdicional em situações transnacionais[17].

Já sabemos que os tribunais de um Estado não podem exercer a sua atividade jurisdicional relativamente a todas as situações transnacionais. A competência internacional tem, em princípio, de se basear num laço entre a situação e o Estado do foro e, por isso, as normas de competência internacional utilizam critérios de conexão (por exemplo, o domicílio do réu).

As normas de competência internacional de fonte interna só definem a esfera de competência dos tribunais do foro. Neste sentido são normas unilaterais. Mas não se trata de normas de conflitos unilaterais, porque as normas de competência não são normas de conflitos mas normas materiais[18].

Já as normas de competência internacional de fonte supraestadual são multilaterais, visto que determinam a atribuição de competência às jurisdições dos diferentes Estados a elas vinculados[19].

O Direito da Competência Internacional é formado pelo conjunto de normas de competência internacional, de normas sobre a interpretação e aplicação das normas de competência internacional e de princípios gerais que dominam este complexo normativo.

---

[17] Cp. TEIXEIRA DE SOUSA [1993: 41 e segs. e 1997a: 93-94] entendendo que as normas de competência internacional de fonte interna não são normas de competência mas "normas de receção", porque não atribuem competência a um tribunal, antes se limitam a determinar as condições em que uma jurisdição nacional faculta os seus tribunais para a resolução de um certo litígio com elementos internacionais. Estas "normas de receção" serviriam para alargar ou restringir a competência aferida pelas normas de competência territorial interna. Depois de a relação plurilocalizada ser "recebida" por uma jurisdição nacional tudo o mais se passaria no interior dessa jurisdição no âmbito das regras da competência interna.

[18] Cf. ISABEL DE MAGALHÃES COLLAÇO [1958: 58 e seg.]: as normas que "delimitam a jurisdição ou competência de autoridades portuguesas em casos internacionais, não são, por sua própria natureza, comparáveis às normas de conflitos: são antes normas materiais, que definem os poderes de atuação desses órgãos"; aparentemente no mesmo sentido TABORDA FERREIRA [1957: 147]; ver também BATIFFOL/LAGARDE [1983: 441]. Cp. MAYER [1979: 15] e FERRER CORREIA [2000: 66 e seg. e 70].

[19] Isto não significa que sejam normas distributivas, uma vez que as normas internacionais também estabelecem frequentemente competências concorrentes.

80. Valores e princípios gerais do Direito da Competência Internacional

Vimos que o Direito Internacional Público deixa larga margem de liberdade aos Estados na conformação do seu Direito da Competência Internacional. Nesta conformação, o Direito da Competência Internacional vigente na ordem jurídica portuguesa é orientado por certos valores e princípios gerais que importa salientar. Para além disso, o Direito da Competência Internacional deve ser articulado por forma coerente com o sistema de Direito Internacional Privado.

No quadro desta articulação, deve ter-se em conta a *correspondência* entre a esfera de aplicação no espaço do Direito de um Estado e a competência internacional dos respetivos tribunais. Esta correspondência pode ser colocada em dois planos: o do Direito de Conflitos e do Direito material.

Cada Estado tem um "interesse" em que os seus tribunais sejam competentes para apreciar todas as situações transnacionais que o seu Direito de Conflitos Internacional Privado tem vocação a regular. Por vezes a questão é encarada na ótica inversa: a competência internacional dos tribunais de um Estado delimitaria a esfera de aplicação do seu Direito de Conflitos. Veremos que este entendimento não é inteiramente correto (*infra* § 81).

Aqui interessa salientar que na formulação das normas de competência internacional deve ser tida em conta a esfera de aplicação reclamada pelo Direito de Conflitos. Este ponto prende-se com todas as dificuldades relativas à aplicação no espaço do Direito de Conflitos[20]. A discussão tem girado em torno de conceções gerais sobre os limites que são ou devem ser colocados à aplicação no espaço do Direito de Conflitos e é pouco esclarecedora sobre a esfera de aplicação que, em concreto, *deveria* ser atribuída ao Direito de Conflitos vigente na ordem jurídica portuguesa no seu conjunto. É sem dúvida um ponto a aprofundar em ligação com o desenvolvimento do Direito da Competência Internacional.

Sem prejuízo deste aprofundamento, parece claro que o Direito de Conflitos de um Estado tem vocação para um âmbito de aplicação no espaço bastante amplo, uma vez que o Estado está em princípio "interessado" na regulação de todas as situações que apresentam uma ligação

---

[20] Ver LIMA PINHEIRO [2008: § 28 C] com mais referências.

significativa com a sua esfera social[21]. Por isso, este "interesse" levaria a atribuir a cada jurisdição estadual uma competência internacional muito ampla, o que entra em contradição com outros princípios e valores.

Há também razões para uma articulação entre a competência internacional e o Direito material aplicável. Este ponto será examinado no próximo parágrafo. Pode antecipar-se que embora seja vantajosa uma coincidência entre *forum* e *ius* não é defensável um absoluto paralelismo entre a competência internacional dos tribunais de um Estado e a esfera de aplicação do seu Direito material, porque o Direito da Competência Internacional é dominado por outros princípios e valores que divergem das finalidades prosseguidas pelo Direito de Conflitos. Em todo o caso, uma das considerações a ter em mente na elaboração destes complexos normativos é justamente a articulação entre foro competente e Direito aplicável.

Um dos princípios específicos de Direito da Competência Internacional é o da *proximidade* relativamente às partes e às provas.

As partes têm um interesse legítimo na competência dos tribunais do Estado a que tenham fácil acesso, *maxime* aquele onde residem ou têm sede ou estabelecimento. Isto aponta para a atribuição de competência aos tribunais do Estado onde pelo menos uma das partes tem residência habitual, sede ou estabelecimento e contra a atribuição de competência aos tribunais de um Estado quando tal seja oneroso para ambas as partes.

Mas a proximidade também se refere às provas. Os tribunais do país onde ocorreram os factos que integram a causa de pedir estão melhor colocados para a produção da prova (designadamente para ouvir as testemunhas e obter os documentos que constituam meios de prova).

Outro destes princípios é o da *eficácia prática da decisão*. Este princípio fundamenta a preferência pelo foro da residência habitual, sede da administração ou estabelecimento do devedor, bem como a atribuição de competência ao foro do património do devedor, pois é num destes foros que normalmente a sentença será, em caso de necessidade, executada.

---

[21] Se quiséssemos distinguir deste "interesse" o "interesse na concessão de tutela jurídica" – ver KROPHOLLER [1982: nº 17] – seríamos porventura levados a fundamentar a competência internacional na nacionalidade portuguesa ou residência habitual em Portugal do autor ou do réu, o que, além de discriminatório, contrariaria claramente outros valores e princípios de Direito da Competência Internacional.

Mas a competência do foro do património do devedor pode não traduzir qualquer laço significativo entre a relação controvertida e o Estado do foro.

Um terceiro princípio é o da *distribuição harmoniosa da competência* entre as jurisdições estaduais. Esta distribuição harmoniosa deve atenuar o *forum shopping* e a incerteza sobre o foro competente (bem como a incerteza sobre o Direito de Conflitos aplicável daí resultante). Em última análise o princípio da distribuição harmoniosa da competência é reclamado pela ideia de supremacia do Direito, que se exprime na exigência de certeza e previsibilidade sobre o Direito material aplicável.

Em sentido diametralmente contrário à consideração formulada em primeiro lugar, este princípio opõe-se à concorrência de competências.

Enfim, refira-se o *princípio da autonomia da vontade*, que se manifesta na admissibilidade da competência convencional em matéria de relações disponíveis. Este princípio fundamenta-se na autodeterminação das partes, que se exprime na escolha da jurisdição que, no seu juízo, é mais conveniente para os seus interesses; na certeza e previsibilidade jurídicas proporcionadas pela fixação da jurisdição exclusivamente competente[22]; e, na proteção da confiança recíproca.

Esta fundamentação pressupõe que as partes estão colocadas numa posição de igualdade. Em certas relações, em que uma das partes se encontra normalmente numa posição negocial mais fraca, pode justificar-se uma limitação ao princípio da autonomia da vontade. A mesma preocupação pode justificar que em certos casos a parte tipicamente mais fraca possa optar entre propor a ação no foro do domicílio da outra parte ou no foro do seu domicílio[23].

Estes princípios não esgotam, por certo, as finalidades que devem ser prosseguidas pelas normas de competência internacional. Em especial, deve ser mencionada a preocupação de proteger o *superior interesse da criança* nas ações relativas à responsabilidade parental, que conduz designadamente à competência dos tribunais do Estado da sua residência habitual.

Os valores da *certeza* e da *previsibilidade jurídicas* também justificam que a determinação da competência internacional resulte de regras precisas e que, por conseguinte, seja evitado o recurso a conceitos indeterminados e a cláusulas gerais para o estabelecimento da competência internacional.

---

[22] Cf. KROPHOLLER [2006: 626]; VON MEHREN [2007: 208 e 213].

[23] Cf. VON MEHREN [2007: 171 e segs.].

Assim, a opção por critérios de competência determinados, feita pela generalidade sistemas da família romanogermânica, parece de preferir ao "método flexível" que prevalece nos sistemas do *Common Law*[24].

Não se exclui, porém, que a competência internacional estabelecida com base em critérios de competência determinados possa ser limitada por uma cláusula de exceção, como a cláusula do *forum non conveniens* nos sistemas do *Common Law*. A cláusula do *forum non conveniens* permite que os tribunais de um Estado declinem a sua competência quando existe outra jurisdição competente que à luz de considerações de justiça e conveniência se apresenta como claramente mais apropriada [25]. Para o efeito, é levado em conta se a posição do autor segundo o Direito aplicável nos tribunais locais é substancialmente equivalente à que lhe será atribuída pelos tribunais estrangeiros[26].

Da conjugação das considerações atrás referidas resulta frequentemente que os tribunais de mais de um Estado são concorrentemente competentes. Isto diminui a certeza e previsibilidade jurídicas, favorece o autor da ação mediante a possibilidade de escolha do foro mais conveniente para os seus interesses [*forum shopping*] e frustra a confiança depositada pelo réu na competência dos tribunais de um Estado quando o autor propõe a ação noutra jurisdição competente. Uma cláusula de exceção pode constituir um instrumento de coordenação dos diferentes sistemas nacionais de competência internacional, atenuando as desvantagens que advêm para o réu da concorrência de competências jurisdicionais[27].

Ao mesmo tempo, porém, a confiança depositada pelo autor na competência dos tribunais locais e na solução dada ao caso pelo Direito aplicável nestes tribunais não deve ser ignorada. Os tribunais só devem ceder a sua competência se a jurisdição estrangeira estiver *manifestamente* melhor colocada para decidir a causa e respeitar um *padrão suficiente de justiça processual e substantiva*. Isto *pode* não se verificar, por exemplo, quando a pretensão

---

[24] Sobre este método ver DROZ [1991: 50 e segs.].

[25] Ver HAY/BORCHERS/ SYMEONIDES [2010: § 11.8]; *Cheshire, North & Fawcett Private International Law* [2008: 426 e segs.]; e VON MEHREN [2007: 270 e segs.], com considerações críticas.

[26] Esta consideração tem mais peso nos EUA que em Inglaterra – cp. HAY/BORCHERS/ /SYMEONIDES [2010: § 11.10] e *Cheshire, North & Fawcett Private International Law* [2008: 435 e segs.].

[27] Cp. as críticas formuladas por KROPHOLLER [1982 nºs 207 e segs.] e PIERRE MAYER [2007: 287] e os argumentos favoráveis avançados por LAGARDE [1986: 154 e segs.].

fundada no Direito aplicável nos tribunais locais for previsivelmente negada pelos tribunais estrangeiros.

O Direito positivo português não comporta uma cláusula de exceção que atenda a estas preocupações[28].

De iure condendo, autores de nomeada defenderam a adoção de uma cláusula de exceção para atenuar o efeito do critério da causalidade (*infra* § 88 C). Em minha opinião, mesmo com a supressão do critério da causalidade é defensável que os tribunais portugueses pudessem declinar a sua competência quando exista outra jurisdição que está manifestamente mais bem colocada, à luz dos valores e princípios gerais do Direito da Competência Internacional português, para decidir a causa, e ofereça garantias suficientes de justiça processual e substantiva[29].

81. Relações entre a competência internacional e o Direito aplicável
A) *Em geral*
Há uma estreita relação funcional entre o Direito de Conflitos e o Direito da Competência Internacional: perante a ocorrência ou eventualidade de um litígio emergente de uma situação transnacional trata-se em primeiro lugar de saber qual a jurisdição nacional competente; da competência da jurisdição do Estado A ou da jurisdição do Estado B vai depender a aplicação do Direito de Conflitos do Estado A ou do Estado B[30].

De onde resulta que o Direito de Conflitos português só é aplicado por força própria na decisão de um caso quando os tribunais e autoridades administrativas portugueses são internacionalmente competentes[31]. Nesta medida pode dizer-se que *a competência internacional é um pressuposto de aplicabilidade do Direito de Conflitos pelos órgãos públicos.*

Perante alguns sistemas entende-se mesmo que o legislador limita a esfera de aplicação do seu Direito de Conflitos aos casos em que são internacionalmente competentes os respetivos órgãos de aplicação do Direito.

---

[28] No mesmo sentido, TEIXEIRA DE SOUSA [1994: 62 e seg.] e MOURA RAMOS [1995: 315].

[29] Ver, em sentido convergente, VON MEHREN [2007: 350]. Cp. MOURA RAMOS [1991: 124 e segs.].

[30] Ver FERRER CORREIA [1973: 80 e seg.]; BATIFFOL [1973a: 316 e seg.; Id. 1973b: 15 e seg.]; CHRISTIAN VON BAR [1987: 354 e segs. e 359]; e VISCHER [1992: 199 e segs.].

[31] Claro é que o Direito de Conflitos português também é aplicado por órgãos de aplicação estrangeiros quando o Direito de Conflitos estrangeiro fizer uma referência global à ordem jurídica portuguesa.

ASPECTOS GERAIS

É o que se verifica face à Lei federal suíça de Direito Internacional Privado e à Lei italiana de Direito Internacional Privado de 1995[32]. Na doutrina há quem generalize esta conceção e a considere logicamente necessária para todos os sistemas: o Direito Internacional Privado de um Estado só vigoraria nos limites colocados pelas regras de competência internacional dos seus órgãos. É o caso de RIGAUX[33].

Não é, porém, exato que a competência internacional seja um pressuposto geral de aplicabilidade do Direito de Conflitos. O Direito de Conflitos português não é só aplicado pelos órgãos públicos. Além da aplicação pelos órgãos arbitrais, o Direito de Conflitos tem de ser aplicado por qualquer pessoa que queira determinar a disciplina jurídica de uma situação transnacional[34]. E esta aplicação é independente da existência de um litígio.

Os sujeitos jurídicos, para saberem qual o Direito que rege a sua atuação, têm de aplicar o Direito de Conflitos. Dada a diversidade das soluções consagradas pelos Direitos de Conflitos de cada ordem jurídica, os sujeitos jurídicos podem ter de consultar os Direitos de Conflitos de vários Estados em contacto com a situação. Por razões práticas, é concebível que esta consulta seja limitada aos Direitos de Conflitos do Estado ou Estados cujos órgãos de aplicação do Direito tenham competência para apreciar a situação em causa. Mas os elementos de conexão em que se funda a competência internacional dos órgãos de um Estado podem

---

[32] Quanto à Lei suíça pode ler-se na *Message concernant une loi fédérale sur le droit international privé*, que acompanhou o projeto, que "a aplicação do Direito Internacional Privado suíço depende sempre (...) do facto de uma autoridade suíça ser competente" [22] e que "O presente projeto se limita em todo o caso a reger a aplicação do Direito pelas autoridades suíças. As regras de conflitos retidas são limitadas aos casos nos quais a Suíça tem um interesse legítimo na existência duma regulação." [44]. A Lei italiana faz preceder o Direito de Conflitos pelas disposições sobre a "jurisdição italiana", designadamente a competência internacional dos tribunais italianos. Segundo a *Relazione allegata allo schema di articolato* [*RDIPP* 25 (1989) 947-985] tal significa o reconhecimento de que as normas definidoras da jurisdição italiana revestem lógica e praticamente natureza preliminar com relação ao Direito de Conflitos [948].

[33] RIGAUX [1987: 55 e 1988: 124 e seg.]. No mesmo sentido parece apontar CHRISTIAN VON BAR [1987: 354 e segs. e 359] quando afirma que o Direito da Competência Internacional estabelece um Direito de Conflitos do Direito de Conflitos.

[34] Sobre o conceito de aplicação da regra jurídica, ver ISABEL DE MAGALHÃES COLLAÇO [1964: 10 e seg.].

ser alterados depois da ocorrência dos factos relevantes, por forma que a previsão sobre as jurisdições nacionais que serão competentes no caso da futura propositura de uma ação é falível. Razão por que a indagação dos sujeitos jurídicos, para ser inteiramente segura, não pode limitar-se aos Direitos de Conflitos dos Estados cujos órgãos de aplicação tenham nesse momento competência para apreciar a situação em causa. Todos os Direitos de Conflitos dos Estados que têm um contacto significativo com a situação devem ser tomados em consideração[35]. Por isso, *a competência internacional não é um pressuposto de aplicabilidade do Direito de Conflitos pelos sujeitos jurídicos.*

Além disso, a tese segundo a qual a esfera de aplicação do Direito Internacional Privado de um Estado coincide com a esfera de competência internacional dos seus órgãos é inexata por outra razão: os tribunais de um Estado podem ser internacionalmente competentes para decidir questões que estão fora do âmbito de aplicação do seu Direito Internacional Privado. É o que se verifica, em minha opinião, quando o tribunal, na decisão de questões prejudiciais, tem de apreciar situações que não apresentam qualquer contacto significativo com o Estado do foro.

O Direito da Competência Internacional estabelece relações de outra natureza com o Direito de Conflitos, quando haja uma concorrência necessária da jurisdição estadual competente com o Direito estadual aplicável. Esta concorrência pode resultar de uma dependência do Direito aplicável relativamente à competência internacional ou de uma dependência da competência internacional relativamente ao Direito aplicável.

B) Dependência do Direito aplicável relativamente à competência internacional
No caso de *dependência do Direito aplicável relativamente à competência internacional*, o tribunal ou autoridade administrativa que for internacionalmente competente aplicará sempre a *lex fori*. É isto que se verifica, nos sistemas

---

[35] Como o elemento de conexão em que se funda a competência internacional se pode vir a estabelecer com um Estado que não tem um contacto significativo com a situação no momento da ocorrência dos factos, poderá argumentar-se que a indagação dos sujeitos jurídicos só seria inteiramente segura se fossem consultados todos os Direitos de Conflitos do mundo. Creio, porém, que há limites à aplicação no espaço do Direito de Conflitos de cada Estado – cf. LIMA PINHEIRO [2008: § 28 C].

ASPECTOS GERAIS

do *Common Law*[36], com a maioria das questões relativas a processos de divórcio e separação[37], "tutela de menores" (responsabilidade parental)[38], adoção[39] e obrigações alimentares para com cônjuges e filhos[40].

O fundamento destas soluções é controverso[41]. Quanto ao seu exato significado, poderá pensar-se que nestas matérias se aplica diretamente o Direito material comum da ordem jurídica do foro. Tratar-se-ia de um processo direto de regulação. Introduzir-se-ia assim um limite ao âmbito material de aplicação do Direito de Conflitos relativamente a certas situações transnacionais. Noutra ótica, ver-se-á aí uma norma de conflitos unilateral implícita que se infere do preceito sobre competência internacional.

Não se tratará aqui de averiguar qual é o entendimento mais correto perante sistemas estrangeiros que acolham esta via de solução. Por forma geral, creio que esta via de solução só deve ser seguida quando a competência do Direito material do foro possa ser encarada como o resultado da atuação de uma norma de conflitos. Vejamos porquê.

---

[36] Ver ainda MOURA RAMOS [1991: 180 e segs.], MARQUES DOS SANTOS [1991: 267] e PICONE [2000: 145 e segs.]. Sobre a unidade entre competência internacional e Direito aplicável na história do Direito Internacional Privado, ver GONZÁLEZ CAMPOS [1977: 248 e segs.] e PICONE [1986: 4 e segs.].

[37] Cf., relativamente ao Direito inglês, *Dicey, Morris and Collins* [2006: 877-878] e *Cheshire, North & Fawcett* [2008: 966 e segs.], estes últimos formulando reservas perante a manutenção desta regra apesar de ter sido alargada a competência internacional dos tribunais ingleses; relativamente ao Direito dos EUA, HAY/BORCHERS/SYMEONIDES [2010: § 15.4] e VON MEHREN [2007: 30 e segs.], referindo também a responsabilidade por acidentes de trabalho [2007: 37 e segs.].

[38] Cf., relativamente ao Direito inglês, *Dicey, Morris and Collins* [2006: 969 e segs. e 988] e *Cheshire, North & Fawcett* [2008: 1096]; aparentemente a solução é a mesma no Direito dos EUA – ver HAY/BORCHERS/SYMEONIDES [2010: §§ 15.39 e segs.].

[39] Cf., relativamente ao Direito inglês, *Dicey, Morris and Collins* [2006: 1076 e segs.] (mas cp. *Cheshire, North & Fawcett* [2008: 1158 e segs.]); relativamente ao Direito dos EUA, HAY/BORCHERS/SYMEONIDES [2100: § 16.4 e § 16.7].

[40] Cf., relativamente ao Direito inglês, *Dicey, Morris and Collins* [2006: 949-950 e 1033.], admitindo exceções. A competência da lei do foro nesta matéria é mais limitada no Direito dos EUA – ver HAY/BORCHERS/SYMEONIDES [2010: §§ 15.30 e segs.]. Para manifestações doutrinais da mesma tendência, noutros sistemas, relativamente às decisões constitutivas e à jurisdição voluntária, ver ASCENSÃO SILVA [2000: 269 e segs.].

[41] Ver PICONE [2000: 149 e segs.].

DIREITO INTERNACIONAL PRIVADO

Este recurso ao Direito do foro deve pressupor um nexo de adequação entre a esfera de competência internacional reconhecida aos tribunais ou autoridades de um Estado e a esfera de aplicação do respetivo Direito material. No estabelecimento da esfera de competência internacional dos órgãos de um Estado terá de se atender à esfera de aplicação no espaço que, segundo uma valoração conflitual, deve ser atribuída ao Direito material deste Estado. Por outras palavras, os órgãos de um Estado só serão internacionalmente competentes quando exista uma conexão com este Estado suficiente para desencadear a aplicação do seu Direito material[42]. Por conseguinte, pode dizer-se que a proposição jurídica sobre competência internacional que veicula esta valoração exprime, implicitamente, uma regra de conflitos[43].

Isto pode ser relevante para a admissibilidade do dito *"retorno oculto"*[44]. A questão do "retorno oculto" coloca-se quando a norma de conflitos do foro remete para uma ordem jurídica estrangeira, numa matéria em que esta ordem jurídica considera que os seus tribunais, se forem internacionalmente competentes, aplicarão necessariamente o Direito material do foro; se os tribunais de esta ordem jurídica não se considerarem competentes e o elemento de conexão de que dependeria essa competência aponta para o Estado do foro, deve aplicar-se a lei designada pela nossa norma de conflitos, apesar de não se considerar competente, ou deve "aceitar-se o retorno" e aplicar-se a lei do foro?

Pode dizer-se que, neste caso, corresponde ao *sentido* do Direito de Conflitos da ordem jurídica designada pela nossa norma de conflitos aplicar o Direito material do foro[45]. De certo modo, isto significa que se descobre uma norma de conflitos unilateral "oculta" na norma de competência internacional da ordem jurídica designada pela nossa norma de conflitos e que se bilateraliza esta norma de conflitos unilateral.

---

[42] Cf. EHRENZWEIG [1967: 108] e CHECA MARTINEZ [1998: 533].

[43] No sentido de que a dependência do Direito aplicável relativamente à competência internacional tem implicada uma norma de conflitos unilateral se pronuncia também GONZÁLEZ CAMPOS [1977: 332].

[44] Ver NEUHAUS [1976: 282 e segs.], seguido por KROPHOLLER [2006: 179 e segs.]; KEGEL/ SCHURIG [2004: 411 e segs.]; MARQUES DOS SANTOS [1991: 266 e segs.] com desenvolvidas referências doutrinais; FERRER CORREIA [2000: 297 e seg.] e ASCENSÃO SILVA [2000: 548 e segs.].

[45] Cf. NEUHAUS [1976: 283], seguido por KROPHOLLER [2006: 179-180].

ASPECTOS GERAIS

O Direito de Conflitos português, porém, só aceita o retorno de competência quando a ordem jurídica estrangeira designada pela nossa norma de conflitos remete para o Direito material português (art. 18º/1 CC)[46]. A *ratio* do art. 18º/1 é a de admitir o retorno quando tal seja necessário para conseguir a harmonia de soluções com a ordem jurídica estrangeira designada pela nossa norma de conflitos[47]. Por certo que não se exige, para a aceitação do retorno, que tal seja condição necessária e suficiente para o reconhecimento da decisão portuguesa na ordem jurídica estrangeira designada pela nossa norma de conflitos[48]. Mas já se exige que a aceitação do retorno sirva a uniformidade de valoração da situação da vida na ordem jurídica estrangeira e na ordem jurídica portuguesa.

Se a ordem jurídica estrangeira designada pela nossa norma de conflitos se "desinteressa" completamente pela situação, abstendo-se de tomar posição sobre a regulação jurídica da situação, não pode promover-se uma harmonia de soluções com esta ordem jurídica. Não há uma remissão para o Direito material português que preencha a previsão do art. 18º/1 CC. Nem há fundamento para a uma aplicação analógica da norma aí contida[49].

O problema já se coloca a outra luz se na ordem jurídica estrangeira designada pela nossa norma de conflitos for aceite, pela opinião dominante, que está implícita na norma de competência internacional uma norma de conflitos unilateral e que esta norma de conflitos é bilateralizável, ou se os seus órgãos de aplicação do Direito atuarem de uma forma que seja, em resultado, equivalente. Isto é sobretudo concebível em ligação com a decisão de questões prévias e com o reconhecimento de decisões "estrangeiras".

Com efeito, nestas matérias, os órgãos de um Estado podem ter de decidir, a título prejudicial, questões que não teriam competência internacional para decidir a título principal. Coloca-se então um problema de determinação do Direito aplicável, que pode ser resolvido mediante uma bilateralização da regra de conflitos unilateral implícita.

Também pode haver ocasião para uma bilateralização da regra de conflitos unilateral implícita quando o reconhecimento de uma decisão

---

[46] Cf. LIMA PINHEIRO [2008: § 36 C].

[47] Ver, sobre o princípio da harmonia jurídica internacional, LIMA PINHEIRO [2008: § 17 B] e referências aí contidas.

[48] Cf. FERRER CORREIA [2000: 298].

[49] Cp. FERRER CORREIA [2000: 298].

DIREITO INTERNACIONAL PRIVADO

"estrangeira" depender do Direito de Conflitos (designadamente o reconhecimento do efeito da decisão enquanto facto jurídico) ou envolver um controlo de mérito.

Se, na resolução destes casos, a opinião dominante seguir a bilateralização da norma de conflitos unilateral implícita, deve entender-se que vigora nessa ordem jurídica uma norma de conflitos bilateral. Se esta norma remeter incondicionalmente para o Direito material português, o retorno deve, em princípio, ser aceite.

A aplicação da lei apropriada no foro apropriado traduz-se sem dúvida numa facilitação da administração da justiça com relação a situações transnacionais. Os órgãos de administração da justiça de um Estado aplicariam sempre o Direito material deste Estado.

Mas esta via de solução pressupõe uma convergência entre as finalidades prosseguidas pelo Direito de Conflitos e pelo Direito da Competência Internacional.

Há razões que levam a que os Estados atribuam uma esfera de competência internacional aos seus tribunais diferente da esfera de aplicação do seu Direito material[50].

Um Estado pode ter "interesse" em que certas situações sejam apreciadas pelos seus tribunais mesmo que não exista uma conexão suficientemente forte para determinar a aplicação do seu Direito material. Isto verifica-se designadamente em dois grupos de casos. Primeiro, os casos em que a ligação ao Estado do foro, embora insuficiente para determinar a aplicação do Direito material do foro, chega para justificar a intervenção da ordem pública internacional. Segundo, aqueles em que a incompetência dos tribunais do foro conduziria, apesar de não ser competente o Direito material do foro, a uma denegação de justiça.

O regime da competência internacional também tem de atender a outras considerações específicas, como a proximidade do tribunal rela-

---

[50] Cf. NEUHAUS [1955: 254 e seg.]; KEGEL [1964: 235 e seg.]; HELDRICH [1969: 63]; KEGEL/ SCHURIG [2004: 554 e seg.]; FERRER CORREIA [1983: 35 e segs. e 65 e segs. e 2000: 452]; MOURA RAMOS [1991: 167 e segs., *maxime* 190 e seg.]; PFEIFFER [1995: 109 e segs.]; VON MEHREN [2007: 29-30]; e Peter MANKOWSKI – "Internationale Zuständigkeit und anwendbares Recht – Parallelen und Divergenzen", *in FS Andreas Heldrich*, 867-897, Munique, 2005. Cp. VISCHER [1992: 231] entendendo que o paralelismo entre o *forum* e o *ius* pode ser alcançado em muitas questões.

ASPECTOS GERAIS

tivamente às partes e às provas e a eficácia prática da decisão, que são diferentes das considerações que orientam a formulação das normas de conflitos de leis.

É pois frequente que as finalidades prosseguidas pelo Direito da Competência Internacional justifiquem competências concorrentes de várias jurisdições estaduais. Ao passo que, à luz das finalidades prosseguidas pelo Direito de Conflitos, uma situação deve ser submetida à mesma lei, qualquer que seja o Estado em que venha a ser apreciada[51].

Em suma, da diversidade das finalidades prosseguidas pelo Direito de Conflitos e pelo Direito da Competência Internacional resulta que, na maior parte das matérias, não é conveniente que a esfera de competência dos tribunais de um Estado coincida com o âmbito de aplicação do seu Direito material.

Em algumas matérias, porém, esta coincidência é possível. É o que se verifica em matéria de insolvência e recuperação de empresas no Regulamento comunitário sobre insolvência (arts. 4º/1 e 28º) e no Direito interno (art. 276º C. Insolv./Rec. Emp.) (*supra* § 69-A H).

O mesmo caminho foi de algum modo seguido por algumas Convenções da Haia. É o que se verifica, em matéria de proteção de menores, à face da Convenção da Haia Relativa à Competência das Autoridades e à Lei Aplicável em Matéria de Proteção de Menores (1961) e da Convenção da Haia sobre a Competência, a Lei Aplicável, o Reconhecimento, a Execução e a Cooperação em Matéria de Responsabilidade Parental e de Medidas de Proteção de Menores (1996) (*supra* § 55 B). O mesmo se diga da Convenção da Haia sobre a Administração Internacional de Heranças (1973). Estas Convenções começam por regular a competência internacional dos tribunais e autoridades administrativas e, em seguida, determinam que estes órgãos aplicam, em princípio, o Direito material do foro.

Esta opção é justificada, porque nestas Convenções internacionais os Estados Contratantes acordam em regras de competência internacional restritivas, que são conjugadas com mecanismos de cooperação entre os tribunais e autoridades administrativas de cada um deles.

---

[51] Cf. BATIFFOL [1962: 311].

DIREITO INTERNACIONAL PRIVADO

C) Dependência da competência internacional relativamente ao Direito aplicável
A dependência da competência internacional relativamente ao Direito aplicável, ou *forum legis*, desempenhou no passado um papel importante em diversos sistemas.

Entre nós, MACHADO VILLELA defendeu que a "competência da jurisdição depende especificamente da competência da lei quando uma regra de conflitos de leis atribui competência a uma determinada lei, e a aplicação desta supõe a intervenção de uma autoridade ou tribunal." Assim, por exemplo, se a lei do lugar da celebração do acto, que regula a forma do acto, exigir a intervenção de um notário ou outro oficial público, competir-lhe-ia igualmente determinar o oficial público que é competente[52]. No desenvolvimento, porém, o autor parece limitar o alcance da afirmação inicial, ao entender que a competência internacional só depende da competência da lei quando a dependência for inerente à competência da lei (como sucederia com a regra *locus regit actum*), for estabelecida por preceito expresso ou resultar das regras de competência que estas consagram a indissociabilidade da competência da lei e da competência da jurisdição.

Esta posição não encontra eco na doutrina atual, nas referências que faz às relações entre competência internacional e Direito aplicável[53].

Na Alemanha, a dependência da competência internacional relativamente ao Direito aplicável foi no passado defendida em matéria sucessória e de certos processos de jurisdição voluntária[54]. Esta posição era fundamentada na íntima conexão que nestas matérias se estabelecia entre Direito material e Direito processual. Este entendimento, criticado pela doutrina dominante[55],

---

[52] 1921: 600.

[53] Ver designadamente ISABEL DE MAGALHÃES COLLAÇO [1958: 61], afirmando que a competência internacional dos tribunais portugueses é "uma questão essencialmente processual, que ao menos em princípio se formula com independência, perante o problema de direito material levantado pela resolução da questão privada internacional"; FERRER CORREIA [1983: 66 e 2000: 450 e seg.]; FERNANDES COSTA [1986: 150 e segs. n. 2]; MOURA RAMOS [1991: 185 e segs.]; MARQUES DOS SANTOS [1991: 307 n. 130 e 320 e seg. n. 1065]; e, mais recentemente, ASCENSÃO SILVA [2000: 263 e segs.].

[54] Cf. NEUHAUS [1976: 428]. Para tendências convergentes verificadas noutros sistemas ver ASCENSÃO SILVA [2000: 274 e segs.].

[55] Cf. NEUHAUS [1976: 428], KEGEL/SCHURIG [2004: 1019], SCHACK [2010: n. º 572] e KROPHOLLER [2006: 612].

ASPECTOS GERAIS

foi abandonado[56]. Esta doutrina faz valer que os tribunais alemães devem colocar-se ao serviço da aplicação do Direito estrangeiro, esforçando-se por adaptar o Direito processual alemão ao Direito sucessório estrangeiro[57].

O mesmo se deve entender, em minha opinião, à face do Direito Internacional Privado português. A competência dos tribunais portugueses é, em princípio, dissociável da aplicação do Direito material português. Com isto não se exclui que possam surgir dificuldades na conjugação do Direito processual do foro com o Direito material estrangeiro[58]. Por certo que os tribunais portugueses não podem realizar atividades, exigidas pelo Direito material estrangeiro, que sejam de todo incompatíveis com o Direito processual português. Mas já não se trata, então, de um limite à competência internacional dos tribunais portugueses[59].

A atribuição da competência internacional aos tribunais portugueses deve ser orientada por finalidades próprias, diferentes das que presidem à determinação do Direito aplicável.

Cabe no entanto perguntar se, apesar disso, não se justificaria uma maior articulação entre a competência internacional e o Direito aplicável. Creio que sim. Na linha do defendido por NEUHAUS[60], seguido por KROPHOLLER[61], entendo que os tribunais de um Estado deveriam ser internacionalmente competentes sempre que é aplicável o seu Direito material. Este entendimento encontrou consagração no art. 9º da Lei italiana de Direito Internacional Privado, em matéria de jurisdição voluntária, e nos arts. 41º e 42º da nova Lei venezuelana de Direito Internacional Privado, no que toca às "universalidades de bens", ao estado das pessoas e às relações familiares[62].

Isto não significa que a competência internacional dependa sempre do Direito aplicável. Porquanto o Direito da Competência Internacional

---

[56] Cf. SCHACK [2010: nº 572].

[57] Ver HELDRICH [1969: 268 e segs.]. Ver ainda, relativamente ao Direito francês, BATIFFOL/LAGARDE [1983: 120 e 153 e segs.].

[58] Sobre o tipo de dificuldades que podem surgir e os critérios para a sua resolução, ver KEGEL/SCHURIG [2004: 928 e seg. 1020] e SCHACK [2010: nº 573].

[59] Cf. KEGEL/SCHURIG [2004: 1020].

[60] 1976: 428. Sobre esta conceção ver, com mais desenvolvimento, PFEIFFER [1995: 118 e segs.].

[61] 2006: 612.

[62] Ver também o art. 3153º/1 do Código Civil do Quebeque, segundo o qual a escolha do Direito do Quebeque para reger a sucessão funda a competência internacional das autoridades locais.

prossegue as suas próprias finalidades, a esfera de competência internacional dos tribunais de um Estado será frequentemente mais ampla que a esfera de aplicação no espaço do seu Direito.

Além disso, a técnica preferível para assegurar que os tribunais de um Estado sejam internacionalmente competentes sempre que o seu Direito seja aplicável não é estabelecer uma competência dependente, mas antes formular regras de competência internacional que utilizem os mesmos elementos de conexão que as normas de conflitos de leis. Esta técnica torna a determinação da competência internacional mais fácil e mais facilmente reconhecível por órgãos de aplicação de outros países em caso de reconhecimento da sentença[63].

É difícil de entender que o laço existente com um Estado seja suficiente para desencadear a aplicação do seu Direito material mas não para fundamentar a competência dos seus tribunais. E se os tribunais de um Estado não são competentes nos casos em que é aplicável o seu Direito material, pode suceder que os tribunais estrangeiros competentes não apliquem este Direito material, o que significa que o Direito competente segundo o sistema conflitual desse Estado não é aplicável por quaisquer órgãos públicos. Isto não é coerente e, em alguns casos, pode mesmo configurar uma denegação de justiça.

Poderá este entendimento ser defendido perante o Direito positivo português?

No que toca às Convenções de Bruxelas e de Lugano em matéria civil e comercial e aos Regulamentos comunitários nº 44/2001, em matéria civil e comercial (doravante designado Regulamento Bruxelas I), e nº 2201/2003, em matéria matrimonial e de responsabilidade parental (doravante designado Regulamento Bruxelas II bis), a resposta é negativa[64].

Já à face do regime interno da competência internacional o ponto exige maior reflexão. Com efeito, nos termos do art. 65º/1/d CPC a competência internacional dos tribunais portugueses pode fundar-se no *critério da necessidade*: não poder o direito invocado tornar-se efetivo senão por meio

---

[63] No mesmo sentido, KROPHOLLER [2006: 613]. Esta via também permite até certo ponto evitar inconvenientes processuais como os referidos por VON MEHREN [2007: 29] tendo especialmente em vista sistemas de Direito de Conflitos que se baseiam na "*rule-selecting approach*" em lugar da "*jurisdiction-selecting approach*", i.e., da escolha de uma ordem jurídica.

[64] Cf. KROPHOLLER [2006: 613].

ASPECTOS GERAIS

de ação proposta em tribunais portugueses, ou não ser exigível ao autor a sua propositura no estrangeiro, desde que entre o objeto do litígio e a ordem jurídica nacional haja algum elemento ponderoso de conexão, pessoal ou real.

Com este critério visa-se, em primeira linha, evitar a denegação de justiça, por um conflito negativo de competências privar de tutela judiciária um direito subjetivo.

Será este critério aplicável quando a razão por que o direito invocado não pode tornar-se efetivo não é a falta de uma jurisdição estrangeira competente mas a solução material que será dada ao caso nesta jurisdição?

O ponto é controverso. Pelas razões que serão enunciadas com respeito ao regime interno da competência internacional (*infra* § 88 C), defendo a atribuição de competência internacional aos tribunais portugueses quando a solução dada ao caso pelo Direito Internacional Privado do Estado estrangeiro cujos tribunais se consideram competentes viole a ordem pública internacional portuguesa e quando, por outros motivos, a sentença proferida ou suscetível de ser proferida pela jurisdição estrangeira competente não seja suscetível de reconhecimento em Portugal e exista um elemento ponderoso de conexão, pessoal ou real, com o nosso país.

Isto pode resultar, nos termos do art. 1100º/2 CPC, de a sentença ter sido proferida contra português (ou, por aplicação analógica, estrangeiro residente em Portugal) e de não ter aplicado o Direito material português, competente segundo o Direito de Conflitos português.

Nesta medida, o regime interno da competência internacional permite de algum modo fundamentar a competência internacional dos tribunais portugueses na aplicabilidade do Direito português.

Decorre do anteriormente exposto que a aplicabilidade de um Direito estrangeiro não deve prejudicar, de per si, a competência internacional dos tribunais locais. No entanto, cabe perguntar se não se justificaria a exclusão da competência internacional dos tribunais locais *prima facie* competentes quando a ordem jurídica aplicável (*lex causae*) não a admita[65], ou, numa formulação mais precisa, quando a decisão que seria proferida pelos tribunais

---

[65] Cf. NEUHAUS [1976: 429]. Cp. SCHRÖDER [1971: 513 e segs.]. Ver, com mais desenvolvimento, PFEIFFER [1995: 143 e segs.].

DIREITO INTERNACIONAL PRIVADO

locais seja manifestamente insuscetível de reconhecimento nessa ordem jurídica[66].

Neste sentido pesa o princípio da harmonia internacional de soluções. Ao admitir-se que os tribunais locais profiram sentenças que não são reconhecíveis pela ordem jurídica competente segundo o nosso Direito de Conflitos, corre-se o risco de uma desarmonia de soluções com esta ordem jurídica. Daí podem resultar situações "coxas", que não são reconhecidas pela ordem jurídica competente segundo o nosso Direito de Conflitos[67].

Mas creio que importa distinguir conforme se trata de competência para decisões constitutivas e competência para decisões declarativas.

No que toca às decisões constitutivas, quando o efeito constitutivo, modificativo ou extintivo dependa da *lex causae* (*infra* § 98 A), deveria ser excluída a competência internacional dos tribunais portugueses quando a decisão for manifestamente insuscetível de reconhecimento na ordem jurídica competente[68]. Evitar-se-ia assim o proferimento no Estado do foro de decisões ineficazes, visto que não podem produzir o efeito constitutivo na ordem jurídica local (*infra* § 98 A).

Já quanto às decisões declarativas, pesam outras considerações. Na maioria dos casos, os tribunais do Estado da *lex causae* aplicarão também o seu Direito material e darão a mesma solução ao caso, razão por que não há desarmonia de soluções. Nestas circunstâncias, é de questionar se

---

[66] Cf. KROPHOLLER [2006: 613]. Esta ideia aflora, com relação à competência de autoridades administrativas, no art. 43º/2 da Lei federal suíça de Direito Internacional Privado, que determina que os nubentes estrangeiros não domiciliados na Suíça podem ser autorizados a casar neste país desde que o casamento seja reconhecido no Estado do seu domicílio ou no Estado da sua nacionalidade. A ideia aflora também, na Alemanha, no art. 606a/1 nº 4 ZPO, que determina que os tribunais alemães são competentes em matéria matrimonial quando um dos cônjuges tiver a sua residência habitual no país, salvo se manifestamente a decisão tomada não for suscetível de reconhecimento segundo o Direito de qualquer dos Estados da nacionalidade dos cônjuges. Cp., em sentido crítico, PFEIFFER [1995: 156 e segs., e, sobre a constitucionalidade do preceito, 496 e segs.] e SCHLOSSER *in* STEIN/JONAS – *Kommentar zur Zivilprozeßordnung*, 21ª ed., Tubinga, 1993, Art. 606a nº 16. Ver ainda ASCENSÃO SILVA [2000: 277 e segs.].

[67] Cf. PICONE [2000: 124].

[68] Em sentido convergente, ver WENGLER [1961: 446 e segs.] e DÖLLE [1962: 214 e 234]. Ver ainda NEUHAUS [1976: 429] e PICONE [2000: 124 e seg.]. Cp., em sentido contrário, PFEIFFER [1995: 154 e segs.].

é justificado um sacrifício das finalidades prosseguidas pela norma que atribui competência internacional aos tribunais locais.

Creio que a resposta a esta questão depende, por um lado, do grau de ligação objetiva entre a relação da vida controvertida, e designadamente os respetivos sujeitos, e o Estado da *lex causae*. Também releva, por outro lado, se os tribunais do Estado da *lex causae* se prefiguram como um possível foro de execução da sentença. Consoante o grau de ligação com o Estado da *lex causae* e a probabilidade do recurso aos tribunais deste Estado para a execução da sentença o risco de uma desarmonia com a ordem jurídica competente será ou não importante para as partes. Do grau de ligação com o Estado da *lex causae* depende também se a negação de competência dos tribunais locais compromete o princípio da proximidade, segundo o qual deve ser assegurado às partes o fácil acesso à justiça. Mas a necessidade de ter em conta este grau de ligação levaria a uma elevada indeterminação da proposição jurídica aplicável, o que é contrário às exigências de certeza e previsibilidade que reclamam o estabelecimento da competência internacional com base em regras jurídicas claras e precisas.

Há ainda a considerar as dificuldades inerentes à averiguação, pelo tribunal local, da insuscetibilidade de reconhecimento da decisão na ordem jurídica competente e a incerteza daí resultante.

O que leva a concluir que não se deve condicionar a competência internacional dos tribunais portugueses para decisões declarativas à suscetibilidade de reconhecimento da sentença na ordem jurídica competente[69]. São de ressalvar os casos em que se deva respeitar a competência exclusiva dos tribunais da ordem jurídica competente em conformidade com os critérios adiante expostos (*infra* § 84 I e § 88 E).

D) Conclusões

A análise que antecede permite afirmar que entre o Direito de Conflitos e o Direito da Competência Internacional se estabelecem múltiplos e estreitos nexos funcionais.

Primeiro, a competência internacional é um pressuposto de aplicabilidade do Direito de Conflitos pelos órgãos públicos.

---

[69] Em sentido convergente, à face do Direito alemão, HELDRICH [1969: 241 e segs.].

Segundo, em certas matérias bem delimitadas pode justificar-se uma dependência do Direito aplicável relativamente à competência internacional. Isto verifica-se, em certos casos, à face do Direito constituído.

Terceiro, é defensável que a aplicabilidade do Direito material de um Estado fundamente sempre a competência internacional dos seus tribunais. Esta ideia, porém, só encontra uma correspondência limitada no Direito positivo quando for aplicável o regime interno: ao abrigo do critério da necessidade é admissível a atribuição de competência internacional aos tribunais portugueses quando a solução dada ao caso pelo Direito Internacional Privado do Estado estrangeiro cujos tribunais se consideram competentes viole a ordem pública internacional portuguesa ou quando, por outros motivos, a sentença proferida ou suscetível de ser proferida pela jurisdição estrangeira competente não seja suscetível de reconhecimento em Portugal e exista um elemento ponderoso de conexão com o nosso país.

Mais em geral, pode dizer-se que o legislador e os órgãos de aplicação do Direito, quando criam ou desenvolvem o Direito da Competência Internacional numa determinada matéria, devem ter em conta as normas de conflitos de leis aplicáveis e vice-versa. Isto não significa, sublinhe-se uma vez mais, que o *forum* deva coincidir sempre, ou sequer em regra, com o *ius*. As vantagens que resultam desta coincidência são apenas um dos elementos de apreciação que têm de entrar na valoração feita pelo legislador e pelos órgãos de aplicação do Direito.

82. Interpretação e aplicação das normas de competência internacional

A) Aspetos gerais

O problema da interpretação e aplicação das normas de competência internacional tem certo paralelismo com o da interpretação e aplicação das normas de conflitos de Direito Internacional Privado[70].

Primeiro, tanto num caso como noutro vigoram na ordem jurídica portuguesa normas de fonte interna e normas de fonte supraestadual.

Segundo, as normas de competência internacional comportam, à semelhança do que se verifica, em regra, com as normas de conflitos de leis, um critério de conexão.

---

[70] Ver LIMA PINHEIRO [2008: § 26].

ASPECTOS GERAIS

Este critério de conexão pode ser indeterminado, carecendo de ser concretizado em função das circunstâncias do caso concreto. O critério de conexão indeterminado pode ser formulado positivamente (por exemplo, a regra que atribua competência aos tribunais de um Estado quando este seja o foro mais apropriado) ou negativamente (por exemplo, a regra que declara os tribunais de um Estado internacionalmente competentes para todas as ações de certo tipo, salvo se o caso não tiver uma ligação suficiente com o Estado do foro).

As normas de competência internacional vigentes na ordem jurídica portuguesa utilizam, porém, elementos de conexão determinados (por exemplo, domicílio do réu, lugar do cumprimento da obrigação, lugar onde ocorreu ou poderá ocorrer o facto danoso). Suscitam-se pois problemas paralelos de interpretação dos conceitos designativos do elemento de conexão e de concretização dos elementos de conexão[71].

Terceiro, a interpretação dos conceitos técnico-jurídicos utilizados para delimitar a previsão normativa e para designar os elementos de conexão e a concretização dos elementos de conexão que constituem dados normativos colocam, em ambos os casos, a questão de saber a que sistema jurídico--material recorrer para o efeito. Por exemplo, qual o significado a atribuir às expressões "matéria contratual" e "matéria extracontratual" utilizadas em normas de competência internacional; como determinar o domicílio do réu e o lugar de cumprimento da obrigação[72].

A resposta a estas questões é, até certo ponto, comum no Direito de Conflitos e no Direito da Competência Internacional.

Assim, os critérios de interpretação aplicáveis são os que regem a interpretação de cada uma destas categorias de normas.

Relativamente às normas de fonte interna deve ter-se em conta o disposto nos arts. 8º e 9º CC e a metodologia desenvolvida pela ciência jurídica.

Quanto às normas de fonte internacional há que atender às regras próprias que se estudam no Direito Internacional Público e, designadamente, ao disposto no art. 31º da Convenção de Viena sobre o Direito dos Tratados.

---

[71] Ver LIMA PINHEIRO [2008: § 29].

[72] Dá-se aqui por pressuposto que a interpretação dos conceitos técnico-jurídicos de "domicílio" e "lugar do cumprimento" permite concluir que se reportam a dados normativos e não a dados empíricos – ver BAPTISTA MACHADO [1982: 82 e segs.].

No que toca às normas de fonte europeia há que atender aos critérios de interpretação reconhecidos pela jurisprudência e pela doutrina da União Europeia, em que se salientam os critérios teleológicos que atendem às finalidades prosseguidas com os tratados instituintes e aos princípios gerais de Direito da União Europeia[73].

Também em paralelo com o Direito de Conflitos, podemos designar por *qualificação* em sentido amplo a resolução do conjunto dos problemas de interpretação e aplicação da norma de competência internacional que dizem respeito aos conceitos técnico-jurídicos utilizados na sua previsão[74].

A qualificação é uma operação comum às normas de conflitos e às normas materiais. As normas de competência internacional, apesar de serem normas materiais[75], têm muito em comum com as normas de conflitos de Direito Internacional Privado no que respeita à especificidade da qualificação: a qualificação em Direito da Competência Internacional também tem de ter em conta dois níveis – o do Direito material substantivo e o do Direito da Competência Internacional – e a pluralidade de ordens jurídicas em presença.

Os três momentos da qualificação em Direito da Competência Internacional são a interpretação dos conceitos que delimitam a previsão, a delimitação do objeto e a recondução da matéria ao conceito utilizado na previsão da norma (qualificação em sentido estrito).

B) *Normas de competência internacional de fonte interna*

As normas de competência internacional de fonte interna têm de ser interpretadas como parte do sistema jurídico português.

Se o Direito interno oferece uma definição do conceito relevante para as normas de competência internacional esta definição tem de ser respeitada. É o que se verificava com o conceito de domicílio da pessoa coletiva no art. 65º/2 CPC, entretanto revogado pela L nº 52/2008, de 28/8.

---

[73] Ver Jean-Victor LOUIS – *L'ordre juridique communautaire*, 6ª ed., Bruxelas e Luxemburgo, 1993, 60 e segs., e FAUSTO DE QUADROS – *Direito da União Europeia*, Coimbra, 2004, 487 e segs.

[74] Assim, FRAGISTAS [1961: 184]. Sobre a qualificação em geral, ver ISABEL DE MAGALHÃES COLLAÇO [1964], FERRER CORREIA [2000: 199 e segs.], BAPTISTA MACHADO [1982: 93 e segs.], MOURA RAMOS [1991: 631 e segs.] e LIMA PINHEIRO [2008: § 39].

[75] O que leva alguns autores a entenderem que é mais correto falar aqui de "questões parciais" e "questões prévias" do que em qualificação – ver BASEDOW [1992: 145 e seg.].

ASPECTOS GERAIS

Na falta de uma definição *ad hoc*, na determinação do sentido e alcance dos conceitos técnico-jurídicos utilizados quer para delimitar a previsão quer para designar o elemento de conexão há que partir do Direito material interno, do conteúdo aí atribuído, por exemplo, a "obrigações", "direitos reais", "domicílio", "lugar do cumprimento", etc.

À semelhança do que se verifica com o Direito de Conflitos, esta interpretação é *ancorada* no Direito material interno, mas *autónoma*, por forma a atender à especialidade do Direito da Competência Internacional. Daí decorre que se possa atribuir a estes conceitos um sentido e alcance diferente do dos conceitos homólogos do Direito material interno. No que toca aos conceitos utilizados para delimitar a previsão esta diferença traduzir-se-á normalmente numa maior indeterminação, o que lhes dá uma maior abertura a realidades jurídicas estrangeiras[76].

No que toca à qualificação, a segunda operação consiste na *delimitação do objeto*. Como a previsão das normas de competência internacional utiliza conceitos técnico-jurídicos (por exemplo, "obrigações" e "direitos reais"), a delimitação exige uma caracterização jurídica. A *caracterização* incide sobre a relação controvertida e consiste na determinação da relevância jurídica desta relação. A caracterização tem de fazer-se, em princípio, perante a lei competente segundo o Direito de Conflitos português[77].

Como a determinação da lei competente pressupõe a resolução dos problemas de qualificação no plano do Direito de Conflitos, a qualificação perante a norma de competência internacional pressupõe, em princípio, a qualificação perante o Direito de Conflitos.

A última palavra sobre a qualificação do objeto deve ser proferida segundo o critério de qualificação do sistema português de competência internacional. Este critério de qualificação é definido com base na estrutura e nas finalidades prosseguidas pelo Direito da Competência Internacional português.

Quanto à concretização dos elementos de conexão que constituem dados normativos é importante distinguir entre vínculos jurídicos como o domicílio e a nacionalidade, atos jurídicos (pacto de jurisdição) e conse-

---

[76] Ver LIMA PINHEIRO [2008: § 26 B e § 39 C].

[77] Não é de excluir que, excepcionalmente, o sentido da norma de competência seja apenas o de abranger os casos delimitados pelo Direito material interno – ver, à face do Direito alemão, BASEDOW [1992: 149 e seg.]. Cp. ainda MORELLI [1954: 98].

quências jurídicas que são geralmente abrangidas pelo âmbito de aplicação das normas de conflitos de Direito Internacional Privado (como é o caso do lugar do cumprimento).

Nas normas de competência internacional de fonte interna só está geralmente em causa o domicílio no Estado do foro e a nacionalidade do Estado do foro. Por isso, a nacionalidade e o domicílio estabelecem-se com base no Direito do Estado do foro. Mas isto não constitui uma concretização *lege fori*, porque o Direito do Estado do foro é aplicado enquanto Direito do Estado em cujo território se situa o domicílio em causa ou cuja nacionalidade está em causa[78].

O pacto de jurisdição suscita uma problemática específica que será adiante examinada (§ 84 J e § 88 F).

Os elementos de conexão que consistam em consequências jurídicas abrangidas pelo âmbito de aplicação das normas de conflitos também são, em princípio, de concretizar *lege causae*, i.e., segundo o Direito competente. Assim, o lugar do cumprimento deve ser determinado à face da lei reguladora da obrigação segundo o Direito de Conflitos vigente na ordem jurídica portuguesa[79].

A tese contrária, segundo a qual se deveria aplicar sempre o Direito material do foro[80], Não é de seguir, porque contribuiria para casos de concurso de competências e de falta de jurisdição competente entre Estados que adotam regras semelhantes. Assim, se os sistemas de dois Estados consagram o critério do lugar do cumprimento da obrigação, mas determinam com base no Direito material interno este lugar, pode bem suceder que os tribunais de ambos os Estados se considerem competentes, por entenderem que o lugar de cumprimento se situa no respetivo território.

C) Normas de competência internacional de fonte supraestadual
Como normas de competência internacional de fonte supraestadual vigentes na ordem jurídica portuguesa avultam as contidas em Convenções

---

[78] Ver, quanto ao Direito de Conflitos, LIMA PINHEIRO [2008: § 29 C].

[79] Cf. STJ 17/1/75 [*BMJ* 243: 210] e 3/10/91 [*BMJ* 410: 688].

[80] Cf. MACHADO VILLELA [1942: 24 e seg.] e, com diferenciação, BARBOSA DE MAGALHÃES [1947: 63 e segs.] e FRAGISTAS [1961: 187]. Cp., relativamente ao Direito italiano, MORELLI [1954:101]; relativamente ao Direito alemão, KROPHOLLER [1982: nº 80] e SCHACK [2010: nºs 54-56]; entre nós, TEIXEIRA DE SOUSA [1997: 93].

ASPECTOS GERAIS

internacionais e em regulamentos europeus de unificação do Direito da Competência Internacional e do Direito de Reconhecimento.

Segundo o sentido e o fim das convenções e dos regulamentos de unificação a interpretação das normas de competência internacional tem, em princípio, de ser autónoma relativamente às ordens jurídicas nacionais[81]. Só desta forma se pode promover a uniformidade de interpretação das normas supraestaduais pelas diferentes jurisdições nacionais.

Com respeito à Convenção de Bruxelas, o TCE sublinhou que, no que toca às normas de competência internacional, a interpretação autónoma "é a única que permite assegurar a aplicação uniforme da convenção, cujo objectivo consiste, designadamente, na uniformização das regras de competência dos órgãos jurisdicionais dos Estados contratantes, evitando, na medida do possível, a multiplicação da titularidade da competência judiciária a respeito de uma mesma relação jurídica, e em reforçar a protecção jurídica das pessoas domiciliadas na Comunidade, permitindo, simultaneamente, ao requerente identificar facilmente o órgão jurisdicional a que se pode dirigir e ao requerido prever razoavelmente aquele perante o qual pode ser demandado"[82].

O mesmo tribunal assinalou que a interpretação da Convenção tem de atender "aos objetivos e ao sistema" da Convenção e aos "princípios gerais que decorrem do conjunto dos sistemas jurídicos nacionais" dos Estados-Membros[83].

Excecionalmente as Convenções ou regulamentos oferecem uma definição dos conceitos neles utilizados (por exemplo, o conceito de domicílio da pessoa coletiva é definido pelo art. 60º do Regulamento Bruxelas I).

Na falta de uma definição, a interpretação deve especialmente ter em conta "o contexto da disposição e o objetivo prosseguido pelas normas em causa"[84] e deve ser conforme com "os direitos fundamentais protegidos

---

[81] Ver, designadamente, TCE 14/10/1976, no caso *Eurocontrol* [*CTCE* (1976) 629], 8/3/1988, no caso *Arcado* (*CTCE* (1988) 1539], e 27/9/1988, no caso *Kalfelis* [*CTCE* (1988) 5565]; na doutrina, KROPHOLLER [1982: nºs 82 e 84], TEIXEIRA DE SOUSA/MOURA VICENTE [1994: 19 e seg.], TEIXEIRA DE SOUSA [2002: 679] e MAGNUS/MANKOWSKI/MAGNUS [2007: *Introduction* nºs 93 e segs.].

[82] 13/7/1993, no caso *Mulox* [*CTCE* (1993) I-04075].

[83] Cf. TCE 14/10/76, no caso *Eurocontrol* [*CTCE* (1976) 629], nº 5.

[84] Cf. TCE 2/4/2009, no caso *A.* (proc. C-523/07) [*in http://curia.europa.eu*], nº 34, relativamente ao Regulamento Bruxelas II bis.

DIREITO INTERNACIONAL PRIVADO

pela ordem jurídica comunitária ou com outros princípios gerais do direito comunitário"[85].

Tratando-se de Convenções que estão ligadas à União Europeia ou de regulamentos da União Europeia justifica-se, a par de outros critérios de interpretação relevantes[86], o recurso a uma "interpretação comparativa" que atenda aos "princípios gerais" que resultam do conjunto das ordens jurídicas dos Estados-Membros[87]. Na falta de concordância geral seria defensável que se atendesse às soluções reconhecidas nos Estados-Membros mais interessados, mas o TCE e a doutrina tendem a ter em conta as soluções reconhecidas na maioria dos Estados-Membros[88].

Uma caracterização das relações controvertidas segundo o Direito competente está, em princípio, excluída. Já não está excluída a concretização *lege causae* de certos elementos de conexão. Assim, o art. 59º do Regulamento Bruxelas I manda aplicar à determinação do domicílio a lei do Estado-Membro em cujo território está situado o domicílio em causa, e o TCE/TUE tem entendido, à face do art. 5º/1 da Convenção de Bruxelas e do art. 5º/1/a do Regulamento Bruxelas I, que o lugar do cumprimento é, em princípio, determinado pela lei competente segundo o Direito de Conflitos[89].

D) Fraude à lei
No Direito português é controverso se a fraude à lei constitui um instituto de alcance geral[90].

---

[85] Cf. TUE 23/12/2009, no caso *Deticek* [*in http://curia.europa.eu*], nº 34, relativamente ao Regulamento Bruxelas II bis.

[86] Ver, com mais desenvolvimento, KROPHOLLER/VON HEIN [2011: *Einl* nºs 68 e segs.] e MAGNUS/MANKOWSKI/MAGNUS [2007: *Introduction* nºs 98 e segs.]

[87] Assim tem entendido o TCE, desde o ac. 14/10/1976, no caso *Eurocontrol* [*CTCE* (1976) 629].

[88] Ver KROPHOLLER/VON HEIN [2011: *Einl* nº 81] e MAGNUS/MANKOWSKI/MAGNUS [2007: *Introduction* nº 108], com extensas referências jurisprudenciais.

[89] Cf. TCE 6/10/1976, no caso *Tessili* [*CTCE* (1976) 585], e 23/4/2009, no caso *Falco Privatstiftung* [*in http://curia.europa.eu*], nºs 46 e segs. Ver, relativamente à Convenção de Bruxelas, KROPHOLLER/VON HEIN [2011: Art. 5 nº 22], MOTA DE CAMPOS [1985: 125 e seg.], TEIXEIRA DE SOUSA/MOURA VICENTE [1994: 89] e MOURA RAMOS [1997: nº 8]; relativamente ao Regulamento Bruxelas I, KROPHOLLER/VON HEIN [2011: Art. 5 nºs 29 e segs.] e MAGNUS/MANKOWSKI/MAGNUS [2007: Art. 5 nºs 138 e segs.].

[90] Ver referências em LIMA PINHEIRO [2008: § 37].

ASPECTOS GERAIS

Contrariamente ao que se verifica com o Direito de Conflitos, falta uma norma expressa sobre a relevância da fraude à lei no Direito da Competência Internacional. Em todo o caso há um paralelismo entre estes complexos normativos quanto à tipologia, aos elementos e à sanção da fraude e as razões para uma autonomização da fraude à lei são em vasta medida comuns[91].

Uma fraude à lei no plano das regras de competência internacional consistirá numa manipulação de elementos de facto ou de Direito de que dependa o estabelecimento da competência internacional[92] ou numa internacionalização fictícia de uma relação controvertida meramente interna.

O primeiro tipo de fraude verifica-se, por exemplo, quando o sujeito de uma relação transnacional desloca a sua residência para um Estado estrangeiro com o único fito de privar de competência internacional os tribunais portugueses.

Exemplo do segundo tipo de fraude: as partes de um contrato meramente interno vão celebrá-lo num Estado estrangeiro como forma de justificar a atribuição de competência exclusiva aos tribunais deste Estado.

A fraude às normas de competência internacional pode ter em vista tanto a privação de competência dos tribunais portugueses como a atribuição de competência aos mesmos tribunais.

A fraude à lei pressupõe um elemento objetivo e um elemento subjetivo.

O elemento objetivo consiste na manipulação com êxito dos elementos de conexão utilizados pelas normas de competência internacional ou na internacionalização fictícia da relação controvertida.

O elemento subjetivo, ou volitivo, é a intenção de atribuir ou privar de competência os tribunais portugueses. Este elemento subjetivo tem geralmente de ser inferido dos factos, com base em juízos de probabilidade fundados em regras de experiência.

Não há fraude quando a atribuição ou prevenção de competência resulta de um pacto de jurisdição válido. Claro que haverá fraude e, por conseguinte, o pacto de jurisdição não será válido, se ocorrer uma internacionalização fictícia de uma relação meramente interna.

---

[91] Ver FRAGISTAS [1961: 194 e segs.], DROZ [1991: 60 e segs.] e a alusão feita por BATIFFOL/LAGARDE [1993: 596].

[92] Cf. BARBOSA DE MAGALHÃES [1947: 439] e LEBRE DE FREITAS [1998: 12].

A sanção da fraude à lei em Direito da Competência Internacional decorre da irrelevância da manipulação do elemento de conexão ou da internacionalização fictícia da relação controvertida. A competência internacional dos tribunais portugueses será estabelecida com base nos elementos de conexão que existiriam se a manipulação ou a internacionalização fictícia não se tivessem verificado.

Diferentemente do Direito de Conflitos, na fraude às normas de competência internacional de fonte interna só pode estar em causa a competência dos tribunais portugueses. Se a fraude também é sancionada pelo Direito da Competência Internacional de outro Estado, por forma a que os tribunais deste Estado recusem a atribuição ou a privação de competência causada por manobra fraudulenta, é problema que depende exclusivamente deste Direito.

A relevância da fraude à lei à face das normas de competência internacional de fonte internacional e europeia vigentes na ordem jurídica portuguesa é uma questão em aberto.

83. Fontes

A) Fontes internacionais

Como fontes internacionais do Direito da Competência Internacional surgem, em primeiro lugar, as convenções de unificação do regime da competência internacional:

– Convenção de Bruxelas para Unificação de Certas Regras Relativas à Competência Civil em Matéria de Abalroação (1952)[93];

– Convenção da Haia Relativa à Competência das Autoridades e à Lei Aplicável em Matéria de Proteção de Menores (1961)[94];

– Convenção de Bruxelas Relativa à Competência Judiciária e à Execução de Decisões em Matéria Civil e Comercial (1968) – alterada pela Convenção Relativa à Adesão da Dinamarca, Reino Unido e Irlanda (1978), pela Convenção Relativa à Adesão da República Helénica (1982), pela Convenção de Adesão de Portugal e Espanha (Convenção de San

---

[93] Aprovada para ratificação pelo DL nº 41007, de 16/2/57.

[94] Aprovada para ratificação pelo DL nº 48.494, de 22/7/68; depósito do instrumento de ratificação em 6/12/68 (Av. DG nº 20, de 24/1/69).

ASPECTOS GERAIS

Sebastian, 1989) e pela Convenção de Adesão da Áustria, da Finlândia e da Suécia (Convenção de Bruxelas, 1996)[95];

– Convenção da Haia sobre os Aspetos Civis do Rapto Internacional de Crianças (1980)[96];

– Convenção de Cooperação Judiciária Relativa à Proteção de Menores entre Portugal e a França (1983)[97];

– Convenção de Lugano Relativa à Competência Judiciária e à Execução de Decisões em Matéria Civil e Comercial (1988)[98];

– Convenção da Haia Relativa à Competência, à Lei Aplicável, ao Reconhecimento, à Execução e à Cooperação em Matéria de Responsabilidade Parental e Medidas de Proteção das Crianças (1996)[99], que entrou em vigor para Portugal em 1/8/2011.

– Convenção de Lugano Relativa à Competência Judiciária e à Execução de Decisões em Matéria Civil e Comercial (2007)[100], que visa substituir a Convenção de 1988, estabelecendo um regime semelhante ao Reg. (CE) nº 44/2001 (*infra* B). A Decisão do Conselho de 27/11/2008 aprovou, em nome da Comunidade Europeia, a celebração desta Convenção[101], que entrou em vigor entre a União Europeia (com exceção da Dinamarca), a Noruega e a Dinamarca em 1/1/2010[102], entre a União Europeia e a Suíça em 1/1/2011 e entre a União Europeia e a Islândia em 1/5/2011[103].

---

[95] A Convenção de San Sebastian Relativa à Adesão de Portugal e de Espanha à Convenção de Bruxelas Relativa à Competência Judiciária e à Execução de Decisões em Matéria Civil e Comercial (1989) foi aprovada para ratificação pela Resol. AR nº 34/91, de 30/10; ratificada pelo Dec. PR nº 52/91, da mesma data; depósito do instrumento de ratificação em 15/4/92 (Av. nº 92/95, de 10/7). Entrou em vigor para Portugal em 1/7/92.

[96] Aprovada para ratificação pelo Dec. Gov. nº 33/83, de 11/5; depósito do instrumento de ratificação em 29/9/83 (Av. DR nº 254, de 4/11/83 e DR nº 126, de 31/5/84).

[97] Aprovada pela Resol. AR nº 1/84, de 3/2/84; entrou em vigor em 1/10/84 (Av. DR nº 29, de 17/9/84).

[98] Aprovada para ratificação pela Resol. AR nº 33/91, 30/10; ratificada pelo Dec. PR nº 51/91, da mesma data; depósito do instrumento de ratificação em 14/4/92 (retificações nº 7/92, de 8/6 e 11/92, de 14/11). Entrou em vigor para Portugal em 1/7/92.

[99] provada pelo Dec. nº 52/2008, de 13/11.

[100] *JOCE* L 339/3, de 21/12/2007.

[101] *JOCE* L 147/1, de 10/6/2009. Sobre a competência da Comunidade Europeia para a celebração desta Convenção ver Parecer nº 1/03 (2006), de 7/2/2006, *in http://curia.europa.eu.*

[102] Informação publicada no *JOUE* L 140/1, de 8/6/2010.

[103] Informação publicada no *JOUE* L 138/1, de 26/5/2011.

A Convenção de Bruxelas sobre a Competência Judiciária e a Execução de Decisões em Matéria Civil e Comercial (1968), embora ligada em vários aspetos ao Direito da União Europeia, não o integra, uma vez que não se trata de ato comunitário mas de tratado internacional diretamente celebrado pelos próprios Estados-Membros[104].

A Convenção de Lugano Relativa à Competência Judiciária e à Execução de Decisões em Matéria Civil e Comercial (1988) foi celebrada entre os Estados-Membros da Comunidade Europeia e certos Estados--Membros da EFTA. Aplica-se, em matéria de competência, quando o réu se encontre domiciliado no território de um Estado contratante que não seja membro das Comunidades Europeias ou quando as disposições relativas a competências exclusivas e ao pacto de jurisdição atribuam competência aos tribunais de um Estado contratante que não seja membro das Comunidades Europeias (art. 54º-B/2/a).

São Estados contratantes da Convenção de Lugano de 1988, 16 Estados--Membros da União Europeia (Alemanha, Áustria, Bélgica, Dinamarca, Espanha, Finlândia, França, Grécia, Holanda, Irlanda, Itália, Luxemburgo, Polónia, Portugal, Reino Unido e Suécia), e a Islândia, a Noruega e a Suíça.

O âmbito espacial de aplicação da Convenção de Lugano de 2007, em matéria de competência, é semelhante ao da Convenção de 1988, mas com referência aos Estados contratantes que não sejam vinculados pelo Reg. CE nº 44/2001 (Regulamento Bruxelas I) (*infra* B).

O nosso estudo vai incidir apenas sobre as Convenções de Bruxelas e de Lugano, em ligação com o Regulamento Bruxelas I.

Importa também referir algumas Convenções de unificação do Direito material que contêm regras de competência internacional:

---

[104] Cf. RIGAUX – "Droit international privé et droit communautaire", *in Mélanges Yvon Loussouarn*, 341-354, 1992, 341 e segs.; Jean-Victor LOUIS – *L' ordre juridique communautaire*, 6ª ed., Bruxelas e Luxemburgo, 1993, 116; DUINTJER TEBBENS – "Conventions communautaires (Article 220 cee)", *in Dictionnaire juridique des communautés européennes*, org. por Ami BARAV e Christian PHILIP, Paris, 1993, A; JAYME/KOHLER – "Europäisches Kollisionsrecht 1994: Quellenpluralismus und offene Kontraste", *IPRax* 14 (1994) 405-415, 405. Cp. A. STRUYCKEN – "Les conséquences de l'intégration européenne sur le développement du droit international privé", *RCADI* 232 (1992) 257-383, 295 e segs.

ASPECTOS GERAIS

– Convenção de Varsóvia para a Unificação de Certas Regras sobre Transporte Aéreo Internacional, de 1929, com diversos Protocolos[105];

– Convenção de Bruxelas para Unificação de Certas Regras Sobre o Arresto de Navios de Mar (1952)[106] – o art. 7º estabelece critérios atributivos de competência para conhecer a causa principal, em matéria de créditos marítimos, dos tribunais do Estado em que se efetuou o arresto;

– Convenção de Genebra Relativa ao Transporte Internacional de Mercadorias por Estrada – CMR (1956), com Protocolo de 1978[107];

– Convenção de Paris sobre a Responsabilidade Civil no Domínio da Energia Nuclear, assinada em Paris (1960) modificada pelos Protocolos de 1964, 1982 e 2004 – art. 13º[108];

– Convenção de Munique sobre a Patente Europeia (1973, Protocolo sobre o Reconhecimento)[109];

– Convenção Relativa aos Transportes Internacionais Ferroviários (COTIF, 1980), alterada pelo Protocolo de 1999[110], Regras CIV (transporte de passageiros) – art. 57º – e Regras CIM (transporte de mercadorias) – art. 46º;

– Convenção sobre Responsabilidade Civil pelos Prejuízos Devidos à Poluição por Hidrocarbonetos (CLC 1992) – art. 9º[111];

---

[105] Aprovada para adesão pelo DL nº 26706, de 20/6/36; a adesão foi notificada em 20/3/47 (Av. DR nº 185, de 10/8/48). Protocolo de 1955 aprovado para ratificação pelo DL nº 45069, de 12/6/63. Protocolos nºs 1, 2, 3 e 4 de Montreal e Protocolo da Guatemala, de 1971, aprovados para ratificação pelo DL nº 96/81, de 24/7; depósito do instrumento de ratificação em 7/4/82 (Av. nº 122/82, de 29/5).

[106] Aprovada para ratificação pelo DL nº 41007, de 16/2/57; o depósito do instrumento de ratificação conforme consta de Aviso publicado no D.G. de 27/5/57.

[107] Aprovada, para adesão, pelo DL nº 46235, de 18/3/65; depósito do instrumento de adesão em 22/9/69 (Av. DR nº 129, de 3/6/70).

[108] Aprovada, para ratificação, pelo Dec. nº 33/77, de 11/3; depósito do instrumento de ratificação em 29/9/77 (Av. DR nº 259, de 9/11/77).

[109] Aprovada para ratificação pelo Dec. nº 52/91, de 30/8; depósito do instrumento de ratificação em 14/10/1991 (Av. nº 198/91, de 21/12). Protocolo de 1978 aprovado para adesão pelo Dec. nº 28/88, de 6/9; depósito do instrumento de adesão em 17/8/89 (Av. DR nº 206, de 7/8/89). Ato de Revisão de 2000 aprovado pela Resol. AR nº 60-A/2007, de 12/12; ratificado pelo Dec. PR nº 126-A/2007, da mesma data.

[110] Aprovado pelo Dec. nº 3/2004, de 25/3.

[111] Protocolo aprovado pelo Dec. nº 40/2001, de 28/9.

DIREITO INTERNACIONAL PRIVADO

– Convenção para a Constituição de um Fundo Internacional para a Compensação pelos Prejuízos Devidos à Poluição por Hidrocarbonetos (1992), complementada pelo Protocolo de 2003 – art. 7º[112];

– Convenção do Unidroit sobre Bens Culturais Roubados ou Ilicitamente Exportados (Roma, 1995) – art. 8º[113];

– Convenção de Montreal para a Unificação de Certas Regras sobre Transporte Aéreo Internacional, de 1999, que se destina a substituir a Convenção de Varsóvia nas relações entre os Estados Contratantes – arts. 33º, 45º e 49º[114];

– Convenção sobre a Patente Europeia (2000) – Protocolo Sobre a Competência Judiciária e o Reconhecimento de Decisões Sobre o Direito à Obtenção da Patente Europeia (Protocolo sobre o Reconhecimento)[115].

Há ainda uma Convenção bilateral celebrada entre Portugal e Espanha que contém regras de competência internacional: a Convenção sobre Cooperação Transfronteiriça entre Instâncias e Entidades Territoriais (2002)[116] – arts. 6º/3 e 11º/17.

B) Fontes da União Europeia

Como vimos anteriormente (*supra* § 10 B), por força das alterações introduzidas pelo Tratado de Amesterdão no Tratado da Comunidade Europeia (arts. 61º /c) e 65º), a Comunidade Europeia passou a ter competência legislativa em matéria de Direito Internacional Privado, incluindo a competência internacional e do reconhecimento de decisões estrangeiras, "na medida do necessário ao bom funcionamento do mercado interno" (art. 65º). Os órgãos comunitários fizeram uma "interpretação" que, na

---

[112] Protocolo de 1992 aprovado pelo Dec. nº 38/2001, de 25/9; Protocolo de 2003aprovado pelo Dec. nº 1/2005, de 28/1.

[113] Aprovada para ratificação pela Resol. AR nº 34/2000, de 4/4 e ratificada pelo Dec. PR nº 22/2000, da mesma data.

[114] Aprovada pelo Dec. nº 39/2002, de 27/11; depósito do instrumento de ratificação em 3/3/2003 (Av. nº 142/2003, de 7/5).

[115] Faz parte integrante da Convenção sobre a Patente Europeia (2000), aprovada para ratificação pela Resol. AR nº 60-A/2007, de 12/12, e ratificada pelo Dec. PR nº 126-A/2007, da mesma data, nos termos do art. 164º da mesma Convenção.

[116] Aprovada para ratificação pela Resol. AR nº 13/2003, de 1/3; ratificada pelo Dec. PR nº 11/2003, da mesma data.

ASPECTOS GERAIS

prática, prescinde de qualquer nexo efetivo com o funcionamento do mercado interno, e adotaram um importante conjunto de regulamentos em matéria de competência internacional e de reconhecimento de decisões estrangeiras[117].

– Reg. (CE) nº 1346/2000, de 29/5, Relativo aos Processos de Insolvência[118];

– Reg. (CE) nº 1347/2000, de 29/5, Relativo à Competência, ao Reconhecimento e à Execução de Decisões em Matéria Patrimonial e de Regulação do Poder Paternal em Relação a Filhos Comuns do Casal (Regulamento Bruxelas II)[119], que foi revogado pelo Reg. (CE) nº 2201/2003;

– Reg. (CE) nº 44/2001, de 22/12/2000, Relativo à Competência Judiciária, ao Reconhecimento e à Execução de Decisões em Matéria Civil e Comercial (Regulamento Bruxelas I)[120], que vem substituir a Convenção de

---

[117] Ao abrigo das mesmas disposições do Tratado foram também publicados os Regs. (CE) nº 1348/2000, do Conselho, de 29/5/2000, Relativo à Citação e à Notificação dos Atos Judiciais e Extrajudiciais em Matéria Civil e Comercial nos Estados-Membros, *JOCE* L 160/37, de 30/6/2000, e nº 1206/2001, do Conselho, de 28/5/2001, Relativo à Cooperação entre os Tribunais dos Estados-Membros no Domínio da Obtenção de Provas em Matéria Civil ou Comercial, *JOCE* L 174/1, de 27/6/2001.

[118] *JOCE* L 160/1, de 30/6/2000. Alterado pelo Ato relativo às condições de adesão da República Checa, da República da Estónia, da República de Chipre, da República da Letónia, da República da Lituânia, da República da Hungria, da República de Malta, da República da Polónia, da República da Eslovénia e da República Eslovaca e às adaptações dos Tratados em que se funda a União Europeia Anexo II, Cap. 18 [*JOUE* L 236/711, de 23/9/2003], no que se refere ao art. 44º/1e aos anexos; alterado pelo Reg. (CE) nº 694/2006, de 27/4 [*JOUE* L 121/1, de 6/5/2006], no que se refere aos anexos; alterado pelo Reg. (CE) nº 1791/2006, de 20/11 [*JOUE* L 363/1, de 20/12/2006], relativamente à adesão da Bulgária e da Roménia; alterado pelo Reg. (CE) nº 681/2007, de 13/6 [*JOUE* L 159/1, de 20/6/2007], no que se refere aos anexos; alterado pelo Reg. (CE) nº 788/2008, de 24/7 [*JOUE* L 213/1, de 8/8/2008], no que se refere aos anexos.

[119] *JOCE* L 160/19, de 30/6/2000.

[120] *JOCE* L 012/1, de 16/1/2001. Alterado pelo Ato relativo às condições de adesão da República Checa, da República da Estónia, da República de Chipre, da República da Letónia, da República da Lituânia, da República da Hungria, da República de Malta, da República da Polónia, da República da Eslovénia e da República Eslovaca e às adaptações dos Tratados em que se funda a União Europeia Anexo II, Cap. 18 [*JOUE* L 236/711, de 23/9/2003], no que se refere aos arts. 65º e 69º e aos anexos I-IV; alterado pelo Reg. (CE) nº 1791/2006, de 20/11 [*JOUE* L 363/1, de 20/12/2006], relativamente à adesão da Bulgária e da Roménia, no que se refere ao art. 69º e aos anexos I-IV. Os mesmos anexos foram alterados por diversos Regulamentos,

Bruxelas, salvo nas relações com a Dinamarca e relativamente aos territórios dos Estados-Membros que são abrangidos pela aplicação territorial da Convenção e que ficam excluídos do âmbito de aplicação do Regulamento por força do artigo art. 355º do Tratado sobre o Funcionamento da União Europeia (ex-art. 299º do Tratado da Comunidade Europeia);

– Reg. (CE) nº 2201/2003, de 27/11, Relativo à Competência, ao Reconhecimento e à Execução de Decisões em Matéria Matrimonial e em Matéria de Responsabilidade Parental e que revoga o Reg. (CE) nº 1347/2000 (Regulamento Bruxelas II bis)[121], modificado, em relação aos tratados com a Santa Sé, pelo Reg. (CE) nº 2116/2004, de 2/12/2004[122]; este Regulamento entrou em vigor em 1/8/2004, mas, com exceção de algumas disposições instrumentais, só se tornou aplicável a partir de 1/3/2005;

– Reg. (CE) nº 4/2009, de 18/12/2008, Relativo à Competência, à Lei Aplicável, ao Reconhecimento e à Execução das Decisões e à Cooperação em Matéria de Obrigações Alimentares[123] aplicável, com exceção de algumas disposições instrumentais, a partir de 18 de junho de 2011, sob reserva de o Protocolo da Haia sobre a Lei Aplicável às Obrigações Alimentares (2007) ser aplicável na Comunidade nessa data. O Protocolo foi ratificado pela União Europeia em 8 de abril de 2010, mas ainda não entrou internacionalmente em vigor. A Decisão 2009/941/CE determina que as regras do Protocolo são aplicáveis a título provisório a partir de 18 de junho de 2011 se o Protocolo ainda não tiver entrado em vigor nessa data (art. 4º/1)[124].

Há ainda a referir:
– o Acordo entre a Comunidade Europeia e a Dinamarca Relativo à Competência Judiciária, ao Reconhecimento e à Execução de Decisões

---

sendo os mais recentes o Reg. (CE) nº 280/2009, de 6/4 [*JOUE* L 93/13, de 7/4/2009] e o Reg. (EU) nº 416/2010, de 12/5 [*JOUE* L 119/7, de 13/5/2010] (anexos I, II e III).

[121] *JOCE* L 338/1, de 23/12/2003.

[122] *JOCE* L 367/1, de 14/12/2004.

[123] *JOUE* L 7/1, de 10/1/2009. Aplica-se ao Reino Unido conforme Decisão da Comissão, de 8 de Junho de 2009 (2009/451/CE), *JOUE* L 149/73, de 12/6/2009. O art. 75º foi retificado no *JOUE* L 131/26, de 18/5/2011. *JOUE* L 7/1, de 10/1/2009. O Regulamento de Execução (UE) nº 1142/2011, de 10/11, estabeleceu os anexos X e XI [*JOUE* L 293/24, de 11/11/2011].

[124] *JOUE* L 331/17, de 16/12/2009.

em Matéria Civil e Comercial que tem por objetivo aplicar, com pequenas alterações, as disposições do Regulamento nº 44/2001 e suas medidas de execução nas relações entre a Comunidade e a Dinamarca[125];

– o Reg. (CE) nº 207/2009, de 26/2, Sobre a Marca Comunitária (designadamente os arts. 96º a 98º)[126], o Reg. (CE) nº 2100/94, de 27/7, Relativo ao Regime Comunitário de Proteção das Variedades Vegetais (arts. 101º e 102º)[127] e o Reg. (CE) nº 6/2002, de 12/12/2001, Relativo aos Desenhos ou Modelos Comunitários (arts. 81º e segs.)[128]. Estes Regulamentos foram adotados ao abrigo do art. 308º do Tratado da Comunidade Europeia. Pese embora se destinem principalmente a criar um regime material especial para certos direitos de propriedade industrial, também contêm regras especiais de competência internacional;

– o Reg. (CE) nº 1082/2006, de 5/7, Relativo aos Agrupamentos Europeus de Cooperação Territorial (AECT). Este Regulamento foi adotado ao abrigo do art. 159º/§ 3º do Tratado da Comunidade Europeia e contém o regime primariamente aplicável a estes Agrupamentos. Inclui uma norma de competência internacional com respeito aos litígios em que os AECT sejam partes (art. 15º/2)[129];

– Dir. 2009/138/CE, de 25/11/2009, Relativa ao Acesso à Atividade de Seguros e Resseguros e ao seu Exercício (Solvência II), que contém

---

[125] *JOCE* L 299/62, de 16/11/2005. A assinatura do Acordo foi aprovada pela Decisão do Conselho de 20/9/2005 [*JOCE* L 299/61, de 16/11/2005]. O Acordo foi aprovado pela Decisão do Conselho de 27/4/2006 [*JOCE* L 120/22, de 5/5/2006].

Nos termos do nº 2 do artigo 3º do acordo, a Dinamarca notificou a Comissão, por carta de 14 de Janeiro de 2009, da decisão de aplicar o conteúdo do Regulamento (CE) nº 4/2009 na parte em que esse regulamento altera o Regulamento (CE) nº 44/2001 [*JOCE* L 149/80, de 12/6/2009]. Tal significa que as disposições do Regulamento (CE) nº 4/2009 relativas à competência, à lei aplicável, ao reconhecimento e execução das decisões e à cooperação em matéria de obrigações alimentares são aplicáveis às relações entre a Comunidade e a Dinamarca, com exceção do disposto nos capítulos III e VII. As disposições do artigo 2º e do capítulo IX do Regulamento (CE) nº 4/2009, contudo, são aplicáveis apenas na medida em que digam respeito à competência judiciária, ao reconhecimento e à executoriedade e execução de decisões judiciais, bem como ao acesso à justiça.

[126] *JOUE* L 78/1, de 24/3/2009.

[127] *JOCE* L 227/1, de 1/9/1994.

[128] *JOCE* L 3/1, de 5/1/2002.

[129] *JOCE* L 210/19, de 31/7/2006.

DIREITO INTERNACIONAL PRIVADO

normas de competência internacional sobre saneamento e liquidação de empresas de seguros (arts. 269º e 273º)[130].

Ver ainda o Reg. (CE) nº 664/2009, de 7/7, que estabelece um procedimento para a negociação e a celebração de acordos entre Estados-Membros e países terceiros relativamente à competência, ao reconhecimento e à execução de sentenças e decisões em matéria matrimonial, de responsabilidade parental e de obrigações de alimentos, bem como à lei aplicável em matéria de obrigações de alimentos[131].

A Comissão Europeia apresentou, em 2006[132], uma Proposta de Regulamento do Conselho que altera o Regulamento (CE) nº 2201/2003 no que diz respeito à competência e introduz regras relativas à lei aplicável em matéria matrimonial, com vista, designadamente, a modificar as regras sobre competência internacional em matéria de divórcio, separação de pessoas e anulação do casamento. Todavia, em 2008, o Conselho registou a ausência de unanimidade dos Estados-Membros para adotarem este Regulamento, bem como dificuldades insuperáveis que impossibilitavam a unanimidade, tanto nesse momento como num futuro próximo[133]. A pedido de vários Estados-Membros, o Conselho adotou uma Decisão que autorizou a cooperação reforçada no domínio da lei aplicável em matéria de divórcio e separação judicial entre esses Estados-Membros (em que Portugal está incluído)[134], nos termos do art. 20º do Tratado da União Europeia e dos arts. 326º e segs. do Tratado sobre o Funcionamento da União Europeia, e que conduziu ao Reg. (UE) nº 1259/2010, que Cria uma Cooperação Reforçada no Domínio da Lei Aplicável em Matéria de Divórcio e Separação Judicial[135].Este Regulamento não comporta a modificação das regras sobre competência internacional.

A Comissão das Comunidades Europeias apresentou em 2009 uma Proposta de Regulamento do Parlamento Europeu e do Conselho Relativo à Competência, à Lei Aplicável, ao Reconhecimento e Execução das

[130] *JOUE L* 335/1, de 17/12/2009.
[131] *JOUE* L 200/46, de 31/7/2009.
[132] COM(2006) 399 final.
[133] Ver Exposição de Motivos da Proposta de Regulamento (UE) que Aplica uma Cooperação Reforçada no Domínio da Lei Aplicável em Matéria de Divórcio e Separação Judicial [COM(2010) 105 final], nº 1.1.
[134] *JOUE* L 189/12, de 22/7/2010.
[135] *JOUE* L 343/10, de 29/12/2010.

Decisões e dos Atos Autênticos em Matéria de Sucessões e à Criação de um Certificado Sucessório Europeu[136].

Enfim, em 2010 a Comissão Europeia apresentou uma Proposta de Regulamento do Parlamento Europeu e do Conselho Relativo à Competência Judiciária, ao Reconhecimento e à Execução de Decisões em Matéria Civil e Comercial[137], que se destina a substituir o Regulamento Bruxelas I.

Adiante será feita referência aos instrumentos que dizem apenas respeito ao reconhecimento de decisões estrangeiras (*infra* § 93 C).

Com a entrada em vigor do Tratado de Lisboa, a competência dos órgãos da União Europeia em matéria de Direito Internacional Privado passou a estar incluída no Título V da Parte III do Tratado sobre o Funcionamento da União Europeia, que tem por objeto o chamado "Espaço de Liberdade, Segurança e Justiça". Nos termos do art. 67º, a "União constitui um espaço de liberdade, segurança e justiça, no respeito dos direitos fundamentais e dos diferentes sistemas e tradições jurídicos dos Estados-Membros" (nº 1) e "facilita o acesso à justiça, nomeadamente através do princípio do reconhecimento mútuo das decisões judiciais e extrajudiciais em matéria civil".

O Capítulo 3 é dedicado à "Cooperação Judiciária em Matéria Civil" e fundamenta esta cooperação no referido princípio do reconhecimento mútuo de decisões (art. 81º/1 do Tratado sobre o Funcionamento da União Europeia). Nos termos do art. 81º/2 do mesmo Tratado o exercício da competência em matéria de Direito Internacional Privado deixa de estar formalmente condicionado à necessidade de bom funcionamento do mercado interno, sendo esta apenas uma das considerações que podem ser tidas em conta para o efeito.

A presente obra ocupar-se-á do Regulamento Bruxelas I e do Regulamento Bruxelas II bis. O Regulamento sobre insolvência já foi anteriormente estudado (*supra* § 69-A).

C) Fontes internas

A principal fonte interna é o Código de Processo Civil – arts. 61º, 65º, 65º-A e 99º CPC. Além disso há a referir:

---

[136] COM(2009) 154 final.
[137] COM(2010) 748.

– arts. 10º e 11º do C. Proc. Trabalho, aprovado pelo DL nº 480/99, de 9/11, com a redação dada pelo DL nº 295/2009, de 13/10;

– art. 19º/g do DL nº 446/85, de 25/10 (regime das cláusulas contratuais gerais);

– arts. 7º, 271º e segs., 291º, 294º e 295º do Código da Insolvência e da Recuperação de Empresas;

– diversos preceitos da legislação de Direito Comercial Marítimo – art. 7º da L nº 35/86, de 4/9; art. 20º do DL nº 349/86, de 17/10; art. 30º do DL nº 352/86, de 21/10; art. 16º do DL nº 431/86, de 30/12, art. 47º do DL nº 191/87, de 29/4 e art. 15º do DL nº 203/98, de 10/7;

– art. 27º do DL nº 321/89, de 25/9, relativamente à responsabilidade contratual do transportador aéreo e à responsabilidade extracontratual do proprietário ou explorador de aeronave;

– art. 16º da L nº 7/98, de 3/2, que estabelece o regime geral da emissão e gestão da dívida pública.

Capítulo II
Regimes Europeus

Bibliografia específica:

P. JENARD – "Relatório sobre a Convenção, de 27 de Setembro de 1968, relativa à competência judiciária e à execução de decisões em matéria civil e comercial", *JOCE* C 189, 28/7/90, 122-179, 1979; Peter SCHLOSSER – "Der EuGH und das Europäische Gerichtsstands- und Vollstreckungsübereikommen", *NJW* 30 (1977) 457-463; Id. – "Relatório sobre a Convenção, de 9 de Outubro de 1978, relativa à Adesão do Reino da Dinamarca, da Irlanda e do Reino Unido da Gra-Bretanha e da Irlanda do Norte à Convenção relativa à competência judiciária e à execução de decisões em matéria civil e comercial, bem como ao Protocolo Relativo à sua interpretação pelo Tribunal de Justiça", *JOCE* C 189, 28/7/90, 184-256, 1979; Id. – "Zum Begriff 'Zivil-und Handelssachen' in Art. 1 Abs. 1 EuGVÜ", *IPRax* 1 (1981) 154-155; Id. – *EU-Zivilprozessrecht*, 3ª ed., Munique, 2009; P. JENARD e G. MÖLLER – "Relatório sobre a Convenção relativa à competência judiciária e à execução de decisões em matéria civil e comercial, celebrada em Lugano em 16 de Setembro de 1988", *JOCE* C 189, 28/7/90, 57-121, 1989; ALMEIDA CRUZ, DESANTES REAL e P. JENARD – "Relatório relativo à Convenção de Adesão do Reino de Espanha e da República Portuguesa à Convenção de Bruxelas relativa à competência judiciária e à execução de decisões em matéria civil e comercial de 1968", *JOCE* C 189, 28/7, 35-56, 1990; ALEGRÍA BORRÁS – "Relatório explicativo da Convenção, elaborada com base no artigo K.3 do Tratado da União Europeia, relativa à competência, ao reconhecimento e à execução de decisões em matéria matrimonial", *JOCE* C 221/27, de 16/7/98, 1998; Id. – "'Exclusive' and 'Residual' Grounds of Jurisdiction on Divorce in the Brussels IIbis Regulation", *IPRax*

(2008) 233-235; Id. – "Competencias 'exclusivas' y competencias 'residuales': de 'Bruselas II' a 'Roma III'", *in Essays Konstantinos Kerameus*, vol. I, 167-181, Atenas e Bruxelas, 2009; Fausto POCAR – "Relatório explicativo sobre a Convenção relativa à competência judiciária, ao reconhecimento e à execução de decisões em matéria civil e comercial assinada em Lugano, em 30 de Outubro de 2007", *JOUE* C 319/1, de 23/12/2009; Jan KROPHOLLER – "Problematische Schranken der europäischen Zuständigkeitsordnung gegenüber Drittstaaten", *in FS Murad Ferid*, 239-250, Francoforte-sobre-o-Meno, 1988; Id. [1998]; Id. [2005]; Id. [2006]; KROPHOLLER/VON HEIN [2011]; Georges DROZ – *Compétence judiciaire et effets des jugements dans le Marché Commun*, Paris, 1972; Id. – An. decisão TCE 14/10/76, caso *Eurocontrol*, proc. nº 29/76, *R. crit.* 66 (1977) 772-785; Id. – "La Convention de San Sebastian alignant la Convention de Bruxelles sur la Convention de Lugano", *R. crit.* 79 (1990) 1-21; Georges DROZ e Hélène GAUDEMET-TALLON – "La transformation de la Convention de Bruxelles du 27 septembre 1968 en Règlement du Conseil concernant la compétence judiciaire, la reconnaissance et l'exécution des décisions en matière civile et commerciale", *R. crit.* 90 (2001) 601-652; MAGNUS/MANKOWSKI (org.) [2007]; Id. – "Brussels I on the Verge of Reform – A Response tot he Green Paper on the Review of the Brussels I Regulation", *ZVgl RW* 109 (2010) 1-41; Reinhold GEIMER e Rolf SCHÜTZE – *Europäisches Zivilverfahrensrecht*, 3ª ed., Munique, 2010; Reinhold GEIMER – "Eine neue internationale Zuständigkeitsordnung in Europa", *NJW* 29 (1976) 441-446; Id. – An. TCE 6/10/76, casos *De Bloos* e *Eurocontrol*, *NJW* (1977) 492-493; Hélène GAUDEMET--TALLON – *Les conventions de Bruxelles et de Lugano. Compétence internationale, reconnaissance et exécution des jugements en Europe*, 2ª ed., Paris, 1996 [1996a]; Id. – "Les fontières extérieures de l'espace judiciaire européen: quelques repères", *in E Pluribus Unum. Liber Amicorum Georges A. L. Droz*, 85-104, A Haia, Boston e Londres, 1996 [1996b]; Id. – An. a TCE 27/10/1998, no caso *Réunion européenne*, *R. crit.* 88 (1999) 333-340 [1999a]; Id. – An. A TCE 17/11/1998, no caso *Van Uden*, *R. arb.* (1999) 143-166 [1999b]; Id. – "Le Règlement nº 1347/2000 du Conseil du 29 mai 2000: ́Compétence, reconnaissance et exécution des décisions en matière matrimoniale et en matière de responsabilité parentale des enfants communs ́", *Clunet* 128 (2001) 381-431; Id. – *Compétence et exécution des jugements en Europe*, 4ª ed., Paris, 2010; Pierre GOTHOT e Dominique HOLLEAUX – "La Convention entre les États membres de la Communauté économique européenne sur la compétence judiciare et l'exécution des décisions en matière civile et commerciale", *Clunet* 98 (1971) 747-791; Id. – An. decisões TCE 6/10/76, casos *Tessili* e *De Bloos*, proc. nºs 12/76 14/76, *R. crit.* 66 (1977) 761-772; Id. – *La Convention de Bruxelles du 27 Septembre 1968*, Paris, 1985; Peter GOTTWALD – "Internationales Zivilprozeßrecht", *in Münchener Kommentar zur Zivilprozeßordnung*, vol. III, 3ª ed., Munique, 2008; Thomas RAUSCHER – "Brüssel IIa-VO", *in Europäisches Zivilprozess- und Kollisionsrecht EuZPR/EuIPR Kommentar. Brüssel IIa-VO, EG-UntVO, EG-ErbVO-E, HUntStProt 2007*, org. por Thomas Rauscher, Munique, 2010; Ulrich

SPELLENBERG – "IntVerfREhe", *in J. von Staudingers Kommentar zum Bürgerlichen Gesetzbuch, Einführungsgesetz zum Bürgerlichen Gesetzbuch/IPR*, Berlim, 2005; Bertrand ANCEL e Horatia MUIR WATT – "La desunion européenne: le Règlement dit 'Bruxelles II'", *R. crit.* 90 (2001) 404-459; Id. – "L'intérêt supérieur de l'enfant dans le concert des juridictions: le Règlement Bruxelles II *bis*", *R. crit.* 94 (2005) 569-605; Rainer HÜSSTEGE – "Verordnung (EG) Nr. 2201/2003 des Rates über die Zuständigkeit und die Anerkennung und Vollstreckung von Entscheidungen in Ehesachen und in Verfahren betreffend die elterliche Verantwortung und zur Aufhebung der Verordnung (EG) Nr. 1347/2000", *in Zivilprozessordnung Kommentar*, org. por Heinz THOMAS e Hans PUTZO, 32ª ed., Munique, 2011; Rui MOURA RAMOS – *L'adhésion du Portugal aux conventions communautaires en matière en matière de droit international privé* (Sep. da BFDUC 63), Coimbra, 1987; Id. – "La Convention de Bruxelles après la Convention d'Adhésion du Portugal e de l'Espagne", *BFDUC* 65 (1989) 29-59; Id. – "Les clauses d'exception en matière de conflits de lois et de conflits de juridictions – Portugal", *in Das Relações Privadas Internacionais. Estudos de Direito Internacional Privado*, Coimbra; 1995; Id. – "A Convenção de Bruxelas sobre a competência judiciária e execução de decisões: sua adequação à realidade juslaboral actual", *in Estudos de Direito Internacional Privado e de Direito Processual Civil Internacional*, 41-73, 1996; Id. – "Previsão normativa e modelação judicial nas convenções comunitárias relativas ao Direito Internacional Privado", *in Estudos de Direito Internacional privado e de Direito Processual Civil Internacional*, 208-244, Coimbra, s.d.; Id. – an. a RLx 5/12/1995, *RLJ* 130 (1997) nº 3879; Id. – "Le droit international privé communautaire des obligations extra-contractuelles", *Révue des Affaires Européennes* 11/12 (2001/2002) 415-423; Id. – "The New EC Rules on Jurisdiction and the Recognition and Enforcement of Judgments", *in Law and Justice in a Multistate World. Essays in Honor of Arthur T. Von Mehren*, 199-218, Ardsley, Nova Iorque, 2002; Id. – "The new EC rules on jurisdiction and the recognition and enforcement of judgments", *in Estudos de Direito Internacional Privado e de Direito Processual Civil Internacional*, vol. II, 7-38, Coimbra 2007; Miguel TEIXEIRA DE SOUSA e Dário MOURA VICENTE – *Comentário à Convenção de Bruxelas de 27 de Setembro de 1968 Relativa à Competência Judiciária e à Execução de Decisões em Matéria Civil e Comercial*, Lisboa, 1994; Miguel TEIXEIRA DE SOUSA – "Âmbito de aplicação do Regulamento nº 44/2001, de 22/12/2000 (Regulamento Bruxelas I)", *in Estudos em Homenagem à Professora Doutora Isabel Magalhães Collaço*, vol. II, 675-691, Coimbra 2002; Id. – *Direito Processual Civil Europeu*, cit. [2003a]; Id. – "Der Anwendungsbereich von Art. 22 Nr. 1 S. 2 EuGVVO", *IPRax* (2003) 320-323 [2003b]; Id. – "A competência internacional executiva dos tribunais portugueses: alguns equívocos", *Cadernos de Direito Privado* 5/2004: 49-57; Id. – "Ausgewählte Probleme aus dem Anwendungsbereich der Verordnung EG Nr. 2201/2003 und des Haager Übereinkommens v. 19.10.1996 über den Schutz von Kindern", *FamRZ* 52 (2005) 1612-1615; Id. – "A aplicação de um pacto de jurisdição a litígios emergentes da cessação da relação contratual", *Cadernos de Direito Privado* 27 (2009) 19-34; Arthur BÜLOW, Karl-Heinz BÖCKSTIEGEL, Reinhold GEIMER e Rolf SCHÜTZE (org.) – *Das internationale Rechtsverkehr in Zivil- und Handelssachen*, vol. II, B I 1e por Stefan AUER, Christiane SAFFERLING e Christian WOLF, Munique, 1989; Haimo SCHACK– "Die EG-Kommission auf dem Holzweg von Amsterdam", *ZEuP* 7 (1999) 805-808; Id. – "Internationale Urheber-, Marken- und Wettbewerbsrechtsverletzungen im Internet: internationales Zivilprozessrecht", *Multi Media und Recht* 3/2000: 135-140; Id. – "Das neue Internationale Eheverfahrensrecht in Europa", *RabelsZ.* 65 (2001) 615-633; Id. [2010]; T. C. HARTLEY – *Civil Jurisdiction and Judgments*, Londres, 1984; Id. – "Jurisdiction and Judgments: The English Point of View", *in Seminário sobre a Comunitarização do Direito Internacional Privado*, org. por Luís de Lima Pinheiro, 45-52, Coimbra, 2005; Peter KAYE – *Civil Jurisdiction and Enforcement of Foreign Judgments*, Abingdon, 1987; Alexander LAYTON e Hugh MERCER – *European Civil Practice*, 2ª ed., Londres, 2004; Martha WESER – *Convention communautaire sur la compétence judiciaire et l'exécution des décisions*, Bruxelas, 1975; FERRER CORREIA [2000]; Francesco CAPOTORTI – "Osservazioni su alcuni aspetti delle convenzioni dell'Aja e di Bruxelles relative al riconoscimento delle sentenze straniere", *RDIPP* 5 (1969) 321-340; Bernd VON HOFFMANN – "Das EWG-Übereinkommen über die gerichtliche Zuständigkeit und die Vollstreckung gerichtlicher Entscheidungen in Zivil- und Handelssachen", *AWD/RIW* 19 (1973) 57-64; Id. – "Der internationale Schiedsrichtervertrag – Eine kollisionsrechtliche Skizze", *in FS Ottoarndt Glossner*, 1994, 43-153; Dieter MARTINY – "Internationale Zuständigkeit für 'vertragiche Streitigkeiten'", *in FS Reinhold Geimer*, 641-667, Munique, 2002; Peter MANKOWSKI – "Europäisches Internationales Arbeitsprozessrecht – Weiteres zum gewöhnlichen Arbeitsort", *IPRax* (2003) 21-28; Michael WILDERSPIN – "La compétence juridictionelle en matière de litiges concernant la violation des droit de propriété intellectuelle – Les arrêts de la Cour de justice dans les affaires C-04/03, GAT c. LUK et C-539/03, Roche Nederland c. Primus et Goldberg", *R. crit.* 95 (2006) 777-809; Andrea BONOMI – "Il regolamento comunitario sulla competenza e sul riconoscimento in material matrimoniale e di potestà dei genitori", *RDI* 84 (2001) 298-346; Bertrand ANCEL – "The Brussels I Regulation: Comment", *in Yb. PIL* 3 (2001) 101-114; Jean-Paul BERAUDO – "Le Règlement (CE) du Conseil du 22 décembre 2000 concernant la compétence judiciaire, la reconnaissance et l'exécution des décisions en matière civile et commerciale", *Clunet* 128 (2001) 1033-1085; AUDIT/D'AVOUT [2010]; Giuseppe CAMPEIS e Arrigo DE PAULI – *La procedura civile internazionale*, Pádua, 1991; J. MOTA DE CAMPOS – "Um instrumento jurídico de integração europeia. A Convenção de Bruxelas de 27 de Setembro de 1968 sobre Competência Judiciária, Reconhecimento e Execução das Sentenças", *DDC (BMJ)* 22 (1985) 73-235; Arthur BÜLOW – Recensão a DROZ – *Compétence judiciaire et effets des jugements dans le Marché Commun*, *RabelsZ.* 38 (1974) 262-276; Luís de LIMA PINHEIRO – "Competência internacional em matéria de contratos com consumidores" (2002), *in Estudos de Direito Internacional Privado*, vol. I, 295-310, Coimbra, 2006; Id. – "Competência internacional em matéria de litígios relativos à *Internet*" (2003), *in Estudos de Direito Internacional Privado*, vol. I, 311-329, Coimbra, 2006; Id. – "A competência internacional exclusiva dos tribunais portugueses" (2005), *in Estudos de Direito Internacional Privado*, vol. I, 403-433, Coimbra, 2006; Heinz-Peter MANSEL, KarstenTHORN e Rolf WAGNER – "Europäisches Kollisionsrecht 2010: Verstärke Zusammenarbeit als Motor der Vereinheitlichung", *IPRax* 31 (2011) 1-30; Christian KOHLER – "Kollisionsrechtliche Anmerkungen zur Verordnung über die Gemeinschaftsmarke", *in FS Ulrich Everling*, org. por Marcus Lutter e Jürgen Schwarze, Baden-Baden, 651-667, 1995; Id. – "Internationales Verfahrensrecht für Ehesachen in der Europäischen Union: Die Verordnung 'Brüssel II'", *NJW* 54 (2001) 10-15; Id. – "Libre circulation du divorce? Observations sur le règlement communautaire concernant les procédures en matière matrimoniale", *in Est. Isabel de Magalhães Collaço*, vol. I, 231-248, Coimbra, 2002 [2002a]; Id. – "Vom EuGVÜ zur EuGVVO: Grenzen und Konsequenzen der Vergemeinschaftung", *in Einheit und Vielfalt des Rechts. FS Reinhold Geimer*, 461-484, Munique, 2002 [2002b]; Erik JAYME – "Das europäische Gerichtsstands-und Vollstreckungsübereikommen und die Drittländer – das Beispiel Österreich", *in* Fritz SCHWIND (org.) – *Europarecht, IPR, Rechtsvergleichung*, 97-123, Viena, 1988; Id. – "Zum Jahrtausendwechsel: Das Kollisionsrecht zwischen Postmoderne und Futurismus", *IPRax* 20 (2000) 165-179; Jürgen SAMTLEBEN – "Internationale Gerichtsstandsvereinbarungen nach dem EWG-Übereinkommen und nach der Gerichtsstandsnovelle", *NJW* 27 (1974) 1590-1596; Id. – "Europäische Gerichtsstandsvereinbarungen und Drittstaaten – viel Lärm um nichts?", *RabelsZ.* 59 (1995) 670-712; Mário TENREIRO – "L'espace judiciaire européen en matière de droit de la famille, le nouveau règlement 'Bruxelles II'", *in Les enlèvements d'enfants à travers les frontières*, 19-31, Bruxelas, 2004; Maria HELENA BRITO – "O Regulamento (CE) nº 2201/2003 do Conselho, de 27 de Novembro de 2003, relativo à competência, ao reconhecimento e à execução de decisões em matéria matrimonial e em matéria de responsabilidade parental", *in Est. António Marques dos Santos*, vol. I, 305-356, Coimbra, 2005; Francesco SALERNO – "I criteri di giurisdizione comunitari in materia matrimoniale", *RDIPP* 43 (2007) 63-84; Paul LAGARDE – "Le principe de proximité dans le droit international privé contemporain", *RCADI* 196 (1986) 9-238; Id. – An. a TCE 13/7/1993, no caso *Mulox IBC, R. crit.* 83 (1994) 569-577; PIERRE MAYER – "Le phénomène de la coordination des ordres juridiques étatiques en droit privé. Cours générale de droit international privé", *RCADI* 327 (2007) 9-378; Allan PHILIP – "Der Geltungsbereich des Artikels 17", *in Internationale Zuständigkeit und Urteilsanerkennung in Europa*, org. por Gerichtshof der Europäischen Gemeinschaften, 139-142, Colónia et al., 1993; Diego FERNÁNDEZ ARROYO – "Exorbitant and Exclusive Grounds of Jurisdiction in European Private International Law: Will They Ever Survive?", *in FS Erik Jayme*, vol. I, 169-186, Munique, 2004; André HUET – An. TCE 14/10/76, proc.

DIREITO INTERNACIONAL PRIVADO

n.º 29/76, caso *Eurocontrol, Clunet* 104 (1977) 707-714; Id. –An. TCE 22/11/78, proc. n.º 33/78, caso *Somafer, Clunet* 106 (1979) 672-681; Id. – "La marque communautaire: la compétence des juridictions des Etats membres pour connaître de sa validité et de sa contrefaçon", *Clunet* 121 (1994) 623; J.-M. BISCHOFF – An. TCE 6/10/76, proc. n.º 14/77, caso *De Bloos, Clunet* 104 (1977) 719-721; Alexander RATHENAU – "Das Brüsseler- und Lugano-Übereikommen sowie die Brüssel-I-Verordnung in der portugiesischen Rechtsprechung (1992-2006): Der Einfluss eigentypischer Regelungen des autonomen Rechts", *ZZPInt* 10 (2005) 195-226; Id. – *Die Anwendung des EuGVÜ durch portugiesische Gerichte unter Berücksichtigung des autonomen internationalen Zivilverfahrensrechts*, Francoforte-sobre-o-Meno, 2007; Alfonso CALVO CARAVACA e Javier CARRASCOSA GONZÁLEZ – *Conflictos de Leyes y Conflictos de Jurisdicción en Internet*, Madrid, 2001; Id. – "La sumision tácita como foro de competencia judicial internacional y el artículo 24 del reglamento 44/2001, de 22 di Diciembre 2000", *in Cuestiones actuales del Derecho Mercantil Internacional*, 203-215, Madrid, 2005; Alfonso CALVO CARAVACA, Javier CARRASCOSA GONZÁLEZ e Esperanza CASTELLANOS RUIZ – *Derecho de Familia Internacional*, 3ª ed., Madrid, 2005; James FAWCETT e Paul TORREMANS – *Intellectual Property and Private International Law*, Oxford, 1998; Dagmar COESTER-WALTJEN – "Internationale Zuständigkeit bei Persönlichkeitsverletzungen", in *Wege zur Globalisierung des Rechts. FS Rolf A. Schütze*, 175-185, Munique, 1999; Abbo JUNKER – "Internationales Vertragsrecht im Internet – Im Blickpunkt: Internationale Zuständigkeit und anwendbares Recht", *RIW/AWD* 45 (1999) 809-818; José MOITINHO DE ALMEIDA – "A Convenção de 27 de Setembro de 1968 sobre Competência Judiciária e Execução de Decisões em Matéria Civil e Comercial, e os actos a ela relativos, nos seus reflexos na ordem jurídica portuguesa", *DDC (BMJ)* 3-4 (1980) 137-147; Id. – "A Convenção de 27 de Setembro de 1968 sobre Competência Judiciária e Execução de Decisões em Matéria Civil e Comercial na perspectiva da adesão de Portugal às Comunidades Europeias", *Assuntos Europeus* 1 (1982) 63-79; Maria Victória FERREIRA DA ROCHA – "Competência internacional e autonomia privada: Pactos privativos e atributivos de jurisdição no direito português e na Convenção de Bruxelas de 27-9-1968", *RDE* 13 (1987) 161-234; Fernando FERREIRA PINTO – *Do Conflito de Leis em Matéria de Obrigação de Alimentos*, Lisboa, 1992; Burkhard Heß – "Amtshaftung als 'Zivilsache' im Sinne von Art. 1 Abs. 1 EuGVÜ", *IPRax* 14 (1994) 10-17; Dário MOURA VICENTE – "Da aplicação no tempo e no espaço das Convenções de Bruxelas de 1968 e de Lugano de 1988 (Anotação de jurisprudência)", *RFDUL* 35 (1994) 461-485; Id. – "A Convenção de Bruxelas de 27 de Setembro de 1968, Relativa à Competência Judiciária e à Execução de Decisões em Matéria Civil e Comercial e a Arbitragem", *ROA* 56 (1996) 595-618; Id. – "A competência judiciária em matéria de conflitos de consumo: regime vigente e perspectivas de reforma", *in Direito Internacional Privado.Ensaios*, vol. I, 267-289, Coimbra, 2002 [2002a]; Id. – "Competência judiciária e reconhecimento de decisões estrangeiras no Regulamento

(CE) nº 44/2001", *in Direito Internacional Privado.Ensaios*, vol. I, 291-324, Coimbra, 2002 [2002b]; Id. – "Comércio electrónico e competência internacional", *in Direito Internacional Privado. Ensaios*, vol. II, 263-277, Coimbra, 2005; Id. – *A Tutela Internacional da Propriedade Intelectual*, Coimbra, 2008; EUGÉNIA GALVÃO TELES – "Reconhecimento de sentenças estrangeiras: o controle de competência do tribunal de origem pelo tribunal requerido na Convenção de Bruxelas de 27 de Setembro de 1968", *RFDUL* 37 (1996) 119-169; Paula COSTA E SILVA – "A longa *vacatio legis* da Convenção de Bruxelas", *ROA* 58 (1998) 1233-1246; Elsa DIAS OLIVEIRA – *A Protecção dos Consumidores nos Contratos Celebrados Através da Internet. Contributo para uma análise numa perspectiva material e internacionalprivatista*, Coimbra, 2002; Id. – "Lei aplicável aos contratos celebrados com os consumidores através da Internet e tribunal competente", *in Estudos de Direito do Consumidor*, nº 4 (2002) 219-239; Maria João MATIAS FERNANDES – "Pactos de jurisdição – A propósito de um acórdão do STJ", *O Direito* 140 (2008) 1139-1177; M. FALLON e J. MEEUSEN – "Le commerce électronique, la directive 2000/31/CE et le droit international privé", *R. crit.* 91 (2002) 435--490; Wolfgang HAU – "Internationales Eheverfahrensrecht in der Europäischen Union", *FamRZ* (1999) 484-488; Id. – "Der Vertragsgerichtsstand zwischen judizieller Konsolidierung und legislativer Neukonzeption", *IPRax* 20 (2000) 354-361; Peter GRUBER – "Die neue 'europäische Rechtshängigkeit' bei Scheidungsverfahren", *FamRZ* (2000) 1129-1135; Tobias HELMS – "Die Anerkennung ausländischer Entscheidungen im Europäischen Eheverfahrensrecht", *FamRZ* (2001) 257-266; Andrea SCHULZ – "Einstweilige Maßnahmen nach dem Brüsseler Gerichtsstands- und Vollstreckungsübereikommen in der Rechtsprechung des Gerichtshofs der Europäischen Gemeinschaften", *ZEuP* (2001) 805-836; AVILLEZ PEREIRA – "Arbitration Issues in EC Law", *DDC/BMJ* 57/58 (1994) 325-346; JOANA VASCONCELOS – "Conexão e competência judiciária na Convenção de Bruxelas de 27 de Setembro de 1968", *O Direito* 126 (1994) 209 e 531; SEQUEIRA RIBEIRO – "Sobre os Pactos de Jurisdição na Convenção de Bruxelas de 1968: Uma Breve Abordagem ao Art. 17º", *RFDUL* 37 (1996) 407-452; TAVARES DE SOUSA – "A Convenção de Bruxelas de 1968 e a Convenção paralela de Lugano de 1988 na jurisprudência portuguesa – 1993-1997", *in Das Recht der lusophonen Länder*, org. por Erik Jayme, 29-41, Baden-Baden, 2000; Horatia MUIR WATT e Etienne PATAUT – "Les actes *iure imerii* et le Règlement Bruxelles 1. A propos de l'affaire *Lechouritou*", *R. crit.* 97 (2008) 61-79; ANABELA DE SOUSA GONÇALVES – "A evolução das regras reguladoras da competência internacional no âmbito do contrato de trabalho internacional na Convenção de Bruxelas, na Convenção de Lugano e no Regulamento 44/2001", *in Est. António Marques dos Santos*, vol. I, 35-66, Coimbra, 2005; SOFIA HENRIQUES – *Os Pactos de Jurisdição no Regulamento (CE) nº 44 de 2001*, Coimbra, 2006; Marta REQUEJO ISIDRO – "Regulation (EC) 2201/03 and its personal scope. ECJ, November 29, 2007, Case C-68/07, *Sundelind López*", *Yb. PIL* 10 (2008) 579-591; Christian HEINZE – "Choice of Court Agreements,

DIREITO INTERNACIONAL PRIVADO

Coordination of Proceedings and Provisional Measures in the Reform of the Brussels I Regulation", *RabelsZ*. 75 (2011) 581--618; Martin ILLMER – "Brussels I and Arbitration Revisited – The European Commission's Proposal COM(2010) 748 final –", *RabelsZ*. 75 (2011) 645-670; Johannes WEBER – "Universal Jurisdiction and Third States in the Reform of the Brussels I Regulation", *RabelsZ*. 75 (2011) 619-644.

84. Regime europeu em matéria civil e comercial

A) Preliminares

Em 1968, os seis Estados-Membros da Comunidade Económica Europeia assinaram em Bruxelas a Convenção sobre a Competência Judiciária e a Execução de Decisões em Matéria Civil e Comercial, com base no art. 293º/4 (ex-art. 220º/4) do Tratado da Comunidade Europeia. Um Protocolo Relativo à Interpretação pelo Tribunal de Justiça foi assinado em 1971. A Convenção entrou em vigor em 1973.

A Convenção só previa a ratificação pelos Estados signatários (art. 61º), mas continha igualmente o reconhecimento pelos Estados contratantes que qualquer Estado que se tornasse membro da CEE assumiria a obrigação de a aceitar como base das negociações para assegurar a execução do art. 220º do Tratado que institui a Comunidade Económica Europeia nas relações entre os Estados contratantes e esse Estado (art. 63º/1). Estabelecia igualmente que as adaptações necessárias podiam ser objeto de uma convenção especial entre os Estados Contratantes, por um lado, e esse Estado, por outro (art. 63º/2).

Em 1978, 1982, 1989 e 1996, foram respetivamente assinadas as Convenções relativas à adesão da Dinamarca, Irlanda e Reino Unido; Grécia; Espanha e Portugal; Áustria, Finlândia e Suécia. A Convenção de San Sebastian, relativa à adesão de Espanha e de Portugal, entrou em vigor na ordem jurídica portuguesa em 1/7/1992[138]. A Convenção de Bruxelas, relativa à adesão da Áustria, da Finlândia e da Suécia, entrou em vigor para Portugal em 1/10/1999.

Em 1997, foi constituído um grupo de trabalho com vista à revisão das Convenções de Bruxelas e Lugano, que conduziram a uma proposta da Comissão de uma Convenção para substituir a Convenção de Bruxelas com base no art. K.3/2 do Tratado da União Europeia (COM/97/0609 final)[139].

---

[138] Sobre esta Convenção, ver MOURA RAMOS [1989: 39 e segs.] e DROZ [1990].
[139] *JOCE* C 33, de 31/1/1998, 20.

Os trabalhos prosseguiram até à entrada em vigor do Tratado de Amesterdão em 1999, que, como já foi assinalado, veio atribuir competência legislativa à Comunidade Europeia em matéria de Direito Internacional Privado, incluindo a competência internacional e o reconhecimento de decisões estrangeiras, "na medida do necessário ao bom funcionamento do mercado interno" (arts. 61º /c) e 65º do Tratado da Comunidade Europeia com a redação dada pelo Tratado de Amesterdão).

Em vasta medida com base nos trabalhos de revisão das Convenções de Bruxelas e de Lugano desenvolvidos antes da entrada em vigor do Tratado de Amesterdão, a Comissão apresentou, em 14/7/1999, uma proposta de regulamento do Conselho [COM (1999) 348 final][140]. A proposta foi transmitida ao Parlamento Europeu e ao Conselho. Em 21/9/2000, o Parlamento Europeu adotou o seu parecer, aprovando a proposta da Comissão sob reserva das alterações que nela introduziu e convidou a Comissão a modificar a sua proposta. Em 26/10/2000, a Comissão apresentou uma proposta alterada de regulamento, em que acolheu parcialmente as modificações propostas pelo Parlamento [COM (2000) 689 final][141]. Em 22/12/2000, esta proposta foi adotada pelo Conselho, com pequenas modificações, dando origem ao Reg. (CE) nº 44/2001, Relativo à Competência Judiciária, ao Reconhecimento e à Execução de Decisões em Matéria Civil e Comercial (Regulamento Bruxelas I).

O Regulamento entrou em vigor em 1 de Março de 2002 (art. 76º).

Nos termos dos arts. 1º e 2º do Protocolo Relativo à Posição da Dinamarca, anexo ao Tratado da União Europeia e ao Tratado que institui a Comunidade Europeia, a Dinamarca não é vinculada pelo Regulamento nem sujeita à sua aplicação.

Não obstante, por força do Acordo entre a Comunidade Europeia e a Dinamarca relativo à competência judiciária, ao reconhecimento e à execução de decisões em matéria civil e comercial (2005), o Regulamento nº 44/2001 e suas medidas de execução também são aplicáveis, com pequenas alterações, nas relações com a Dinamarca. O Acordo aplica-se, em matéria de competência judiciária, sempre que o requerido esteja domiciliado na Dinamarca ou quando os tribunais dinamarqueses forem competentes por força das normas do Regulamento sobre competências

---

[140] *JOCE* C 376 E, de 28/12/1999, p. 1.
[141] *JOCE* C 062 E, de 27/2/2001, p. 243.

DIREITO INTERNACIONAL PRIVADO

exclusivas e pactos de jurisdição (art. 10º/2/a). Em matéria de litispendência ou de conexão, o Acordo aplica-se quando as ações forem intentadas num Estado-Membro que não seja a Dinamarca e na Dinamarca (art. 10º/2/b).

O Reg. (CE) nº 4/2009, relativo às obrigações alimentares, aplicável a partir de 18 de Junho de 2011 (*supra* § 83 B), veio substituir as disposições do Regulamento Bruxelas I aplicáveis em matéria de obrigações alimentares decorrentes de relações de família (Considerando nº 44 e art. 68º/1 do Regulamento sobre obrigações alimentares). O regime sobre competência do Regulamento Bruxelas I continuará, porém, a ser aplicável aos processos instaurados antes de 18 de Junho de 2011 (art. 75º do Regulamento sobre obrigações alimentares).

Os trabalhos atrás referidos levaram também à assinatura pela Comunidade Europeia, Dinamarca, Islândia, Noruega e Suíça de uma nova Convenção de Lugano, em 2007[142], que se destina a substituir a Convenção de 1988. A nova Convenção acompanha, em vasta medida, as soluções do Regulamento Bruxelas I.

Foi atrás assinalado que em 2010 a Comissão Europeia apresentou uma Proposta de Regulamento do Parlamento Europeu e do Conselho Relativo à Competência Judiciária, ao Reconhecimento e à Execução de Decisões em Matéria Civil e Comercial (doravante designada Proposta de Reformulação)[143], que se destina a substituir o Regulamento Bruxelas I.

O TCE tem competência para decidir sobre a interpretação da Convenção de Bruxelas, por força do Protocolo de 1971 (modificado em 1978, 1982, 1989 e 1996)[144].

---

[142] Conforme foi assinalado *supra* § 10 B, o TCE, no Parecer nº 1/03 (2006), concluiu que a celebração desta Convenção inteiramente da competência exclusiva da Comunidade Europeia [Parecer de 7/2/2006, *in* http://curia.europa.eu].

[143] COM(2010) 748 final.

[144] Este Protocolo atribui competência ao TCE para decidir sobre questões de interpretação da Convenção de Bruxelas, dos Protocolos que a complementam e das Convenções de Adesão (art. 1º). Ele determina que os tribunais supremos dos Estados-Membros estão obrigados a submeter ao TCE as questões desta natureza cuja elucidação seja necessária ao julgamento da causa (art. 3º/1) e permite que outros tribunais, quando decidam um recurso, submetam questões desta natureza ao TCE (art. 3º/2). Para o efeito adota-se um mecanismo de decisão a título prejudicial semelhante ao estabelecido pelo art. 234º (ex-art. 177º) do Tratado de Roma. O Protocolo também atribui aos procuradores-gerais junto dos tribunais supremos dos Estados

O TCE não tinha competência de interpretação com respeito à Convenção de Lugano de 1988. A situação foi alterada relativamente à Convenção de Lugano de 2007. O Protocolo nº 2 desta Convenção:

– reconhece a competência do TCE para a interpretação das disposições convencionais no que respeita à sua aplicação pelos tribunais dos Estados-Membros (Considerando nº 4);

– determina que os tribunais dos Estados vinculados pela Convenção terão em devida conta os princípios definidos em qualquer decisão proferida pelos tribunais dos outros Estados vinculados pela Convenção e pelo TCE (art. 1º/1);

– permite que qualquer destes Estados que não seja membro da União Europeia apresente alegações ou observações escritas sempre que um tribunal de um Estado-Membro apresente ao TCE uma questão prejudicial relativa à Convenção ou ao Regulamento Bruxelas I (art. 2º); e

– prevê que a Comissão CE institua um sistema de intercâmbio de informações relativo a decisões proferidas nos termos da Convenção, bem como da Convenção de 1988 e do Regulamento Bruxelas I (art. 3º).

A *competência interpretativa do TUE* decorre, com respeito ao Regulamento Bruxelas I, do art. 267º do Tratado sobre o Funcionamento da União Europeia.

Assim, sempre que uma questão de interpretação seja suscitada em processo pendente perante um órgão jurisdicional nacional, este órgão *pode*, se considerar que uma decisão sobre essa questão é necessária ao julgamento da causa, pedir ao TUE que sobre ela se pronuncie (art. 267º/2). Se, porém, a questão for suscitada em processo pendente perante uma órgão jurisdicional cujas decisões não sejam suscetíveis de recurso judicial previsto no Direito interno, este órgão *é obrigado* a submeter a questão ao TUE (267º/3).

---

contratantes a faculdade de pedir ao TCE que se pronuncie sobre uma questão de interpretação quando as decisões proferidas pelos tribunais desse Estado estiverem em contradição com a interpretação dada pelo TCE ou pelo tribunal supremo ou de recurso de outro Estado contratante (art. 4º/1). A interpretação dada pelo TCE na sequência deste pedido não é vinculativa (art. 4º/2), destinando-se apenas a promover uma interpretação uniforme em casos futuros.

DIREITO INTERNACIONAL PRIVADO

Pressupostos gerais deste "reenvio prejudicial" são, portanto, os seguintes.

Primeiro, que se suscite uma questão de interpretação do Regulamento num processo pendente. Isto não ocorre se o tribunal verificar que a aplicação correta do Regulamento não deixa espaço para qualquer dúvida razoável, tendo em conta as características do Regulamento, as dificuldades particulares que suscita a sua interpretação e o risco de divergências jurisprudenciais no interior da Comunidade[145].

Segundo, que a decisão sobre a questão seja necessária ao julgamento da causa. O órgão jurisdicional nacional, quando submete questões prejudiciais, deve explicar as razões por que considera que uma resposta às suas questões é necessária para a solução do litígio[146].

É pressuposto específico da obrigatoriedade do "reenvio prejudicial" que a questão se suscite perante um tribunal que seja, *no caso concreto*, de última instância, por a sua decisão não ser suscetível de recurso. Não se inclui, neste conceito de "recurso", o recurso para o Tribunal Constitucional[147]. Verificados estes pressupostos, o tribunal de última instância, se tiver de resolver uma questão de interpretação do Regulamento que não tenha ainda sido decidida pelo TUE, está obrigado ao "reenvio prejudicial"[148].

Em todo o caso, a decisão de "reenvio prejudicial" compete exclusivamente ao tribunal nacional, que a pode tomar tanto a solicitação das partes como oficiosamente. As partes não têm qualquer meio processual civil para reagirem perante o incumprimento pelo tribunal nacional da obrigação de "reenvio prejudicial"[149].

---

[145] Cf. TCE 6/10/1982, no caso *Srl CILFIT et Lanificio di Gavardo* [*CTCE* (1982) 3415].

[146] Cf. TCE 8/5/2003, no caso *Gantner Electronic* [*in http://curia.europa.eu*]. Ver também TCE 9/12/2033, no caso *Gasser* [*in http://curia.europa.eu*], nº 27.

[147] Cf. KROPHOLLER/VON HEIN [2011: *Einl.* nº 62], MAGNUS/MANKOWSKI/MAGNUS [2007: *Introduction* nº 118] e FAUSTO DE QUADROS e ANA GUERRA MARTINS – *Contencioso da União Europeia*, 2ª ed., Coimbra, 2007, 91.

[148] A atual redação do art. 267º/3 não comporta as divergências de interpretação que surgiram relativamente ao art. 68º/1 do Tratado da Comunidade Europeia nas diferentes versões linguísticas – cp. KROPHOLLER [2005: *Einl.* nº 36] e DROZ/GAUDEMET-TALLON [2001: 628].

[149] FAUSTO DE QUADROS/ANA GUERRA MARTINS, op. cit., 97, entendem que no Direito português não existe qualquer sanção para a violação do dever de suscitar a questão prejudicial; JÓNATAS MACHADO – *Direito da União Europeia*, Coimbra, 2010, defende que a violação do dever de reenvio configura, do ponto de vista constitucional, "uma violação do princípio do juiz legal"

REGIMES EUROPEUS

Tratando-se de uma decisão a título prejudicial, o TUE não decide um caso concreto, mas uma questão abstrata de interpretação à luz deste caso. Os comentadores da Convenção de Bruxelas e do Regulamento tendem a entender que esta decisão só vincula o tribunal nacional na decisão do caso concreto, não tendo formalmente força obrigatória geral[150]. Num caso posterior em que se suscite a mesma questão de interpretação os tribunais de última instância poderiam optar entre seguir a orientação interpretativa definida anteriormente pelo TUE ou submeter de novo a questão a este tribunal. Segundo outra orientação, a decisão do TUE vincula os tribunais dos Estados-Membros que no futuro decidam casos semelhantes, até certo ponto à semelhança do precedente vinculativo dos sistemas do *Common Law*, embora não obste a que estes tribunais suscitem questões prejudiciais idênticas às já decididas pelo TUE, perante novos argumentos ou visando um melhor esclarecimento dessas questões[151].

O Regulamento disciplina essencialmente a competência internacional, o reconhecimento de decisões judiciais proferidas noutros Estados-Membros e a atribuição de força executiva a documentos autênticos exarados noutros Estados-Membros.

O Regulamento não regula, pelo menos direta e autonomamente, as questões relativas à jurisdição (*supra* § 79 B), admissibilidade de pretensões de Estados estrangeiros[152] e, em princípio, a competência em razão da matéria. Estas questões ficam submetidas ao Direito Internacional Público geral e ao Direito interno dos Estados-Membros[153].

e representa uma violação do direito a um julgamento justo e a um processo equitativo que permite o recurso ao TEDH com fundamento em violação do art. 6º da Convenção Europeia dos Direitos do Homem.

[150] Ver SCHLOSSER [1977: 462]; KROPHOLLER/VON HEIN [2011: *Einl* nº 67] e MAGNUS/ MANKOWSKI/MAGNUS [2007: *Introduction* nº 127]; ver ainda GAUDEMET-TALLON [2010: nº 33].

[151] Ver FAUSTO DE QUADROS/ANA GUERRA MARTINS, op. cit., 115-116; JÓNATAS MACHADO, op. cit., 592. A jurisprudência invocada a este respeito não é inteiramente conclusiva quanto à força obrigatória geral das decisões proferidas a título prejudicial – ver, designadamente, TCE 27/3/1963, no caso *Da Costa en Schaake* [*CTCE* (1962/1964) 233; 3/2/1977, no caso *Benedetti* [*CTCE* (1977) 67]; e 6/10/1982, no caso *Srl CILFIT et Lanificio di Gavardo* [*CTCE* (1982) 3415].

[152] Ver LIMA PINHEIRO [1998: 328 e segs.].

[153] Cf. BÜLOW [1974: 274] e KROPHOLLER/VON HEIN [2011: vor Art. 2 nº 4]; com respeito à competência *ratione materiae*, cp. SCHLOSSER [1979 nº 81] e KROPHOLLER/VON HEIN, loc. cit.

DIREITO INTERNACIONAL PRIVADO

À semelhança do que já se verificava perante a Convenção de Bruxelas[154], entende-se, porém, que algumas normas de competência do Regulamento também regulam a *competência territorial* (designadamente as regras do art. 5º que se referem ao "tribunal do lugar")[155].

Isto já não se verifica quando as normas de competência do Regulamento se referem ao "tribunal" ou "tribunais" "de um Estado-Membro", como sucede, nomeadamente, na regra geral do art. 2º. Quando o Regulamento não regule diretamente a competência territorial esta determina-se por aplicação do Direito interno, designadamente os arts. 73º e segs. CPC[156].

B) Âmbito material de aplicação
Nos termos do art. 1º do Regulamento:

"1. O presente regulamento aplica-se em matéria civil e comercial e independentemente da natureza da jurisdição. O presente regulamento não abrange, nomeadamente, as matérias fiscais, aduaneiras e administrativas.

"2. São excluídos da sua aplicação:

a) O estado e a capacidade das pessoas singulares, os regimes matrimoniais, os testamentos e as sucessões;

b) As falências, as concordatas e os processos análogos;

c) A segurança social;

d) A arbitragem".

Isto corresponde fielmente ao disposto no art. 1º das Convenções de Bruxelas e de Lugano. De novo só encontramos o disposto no nº 3 do art. 1º, segundo o qual para efeitos do presente Regulamento, entende-se por "Estado-Membro", qualquer Estado-Membro exceto a Dinamarca, preceito que diz respeito ao âmbito espacial de aplicação do Regulamento.

Para a qualificação da matéria como "*civil e comercial*" é irrelevante a natureza dos sujeitos processuais e a da jurisdição. O regime comunitário

---

[154] Cf. SCHLOSSER [1979: nº 70] e GOTHOT/HOLLEAUX [1971: 765-768].

[155] Cf. JENARD [1979: 142], KROPHOLLER/VON HEIN [2011: vor Art. 2 nº 3] e MAGNUS//MANKOWSKI/MANKOWSKI [2007: Art. 5 nº 3].

[156] Ver também, perante a Convenção de Bruxelas, TEIXEIRA DE SOUSA/MOURA VICENTE [1994: 29 e seg. e 78].

é aplicável à instauração de ações cíveis em tribunais criminais e administrativos e às decisões por eles proferidas "em matéria civil e comercial"[157].

O TCE estabeleceu com a decisão proferida no caso *Eurocontrol* uma orientação no sentido de uma *"qualificação autónoma"* da matéria em causa[158]. Entende-se por "qualificação autónoma" uma qualificação baseada numa interpretação autónoma dos conceitos utilizados na previsão destas normas de reconhecimento[159].

Com efeito o tribunal entendeu que para a interpretação da noção de 'matéria civil e comercial', no contexto da Convenção de Bruxelas, "não se deve fazer referência ao Direito de um dos Estados em presença, mas antes, de um lado, aos objectivos e ao sistema da convenção e, de outro, aos princípios gerais que decorrem do conjunto dos sistemas jurídicos nacionais"[160].

---

[157] Cf. TCE 21/4/93, no caso *Sonntag* [*CTCE* (1993) I-1963], nº 19. Ver ainda art. 62º e *infra* § 94 B. O art. 62º da Convenção de Lugano de 2007 estabelece que o "termo 'tribunal' inclui quaisquer autoridades designadas por um Estado vinculado pela presente convenção com competência nas questões abrangidas pelo âmbito de aplicação da mesma". Ver, sobre este preceito, POCAR [2009: nº 175].

[158] TCE 14/10/1976, no caso *Eurocontrol* [*CTCE* (1976) 629].

[159] Ver também KROPHOLLER [2001b: 590].

[160] Cf. TCE 14/10/76, no caso *Eurocontrol* [*CTCE* (1976) 629], nº 5. Neste caso, o TCE, confrontado com a questão de saber se um litígio relativo à cobrança de taxas de utilização poderia ser considerado como "matéria civil e comercial", entendeu que o litígio se encontrava excluído do domínio de aplicação da Convenção, por a *Eurocontrol* ser um organismo de Direito público que atua no exercício da autoridade pública, uma vez que as taxas de utilização, os modos de cálculo e os procedimentos de cobrança são fixados de modo unilateral perante os utilizadores (caso *Eurocontrol*). Ver também TCE 16/12/80, no caso *Rüffer* [*CTCE* (1980) 3819], e 21/4/93, no caso *Sonntag* [*CTCE* (1993) I-1963]. HUET [1977] assinala que, para caracterizar os casos em que a intervenção da autoridade pública releva do Direito público, a decisão no caso *Eurocontrol* lança mão de dois critérios: o objeto do litígio e a natureza das relações entre as partes. Quanto ao objeto do litígio o autor entende que o tribunal evoca, aparentemente, o funcionamento de um serviço público. Cp. an. DROZ [1977], onde após se assinalar o paralelismo com o critério seguido pelos tribunais franceses em matéria de imunidade de jurisdição, se observa criticamente que um organismo nacional ou internacional, quando se vincula por meio de um pacto atributivo de jurisdição à jurisdição de um Estado-Membro, não atua no exercício de poder público. Com efeito, e sem que se pretenda fundar a solução numa generalização do critério de imunidade de jurisdição, parece difícil de aceitar que a celebração de uma convenção de competência constitua um elemento concludente de atuação despida de *ius imperii* para efeito

DIREITO INTERNACIONAL PRIVADO

Para determinar quais são as *matérias administrativas* haverá que examinar, no caso concreto, se há um nexo entre o objeto do litígio e o exercício de poderes de autoridade. Este nexo verifica-se, designadamente, quando a pretensão tem a sua origem numa atividade em que são exercidos poderes de autoridade, como por exemplo, a pretensão de pagamento de serviços obrigatórios e exclusivos cujas taxas e procedimentos de cobrança são fixados unilateralmente (caso *Eurocontrol*) ou de reembolso de despesas incorridas com o salvamento de uma embarcação realizado por um Estado numa via fluvial pública por ele administrada (caso *Rüffer*). Também não caem no âmbito do Regulamento litígios resultantes de expropriações[161], da violação de deveres funcionais, de pagamento de emolumentos de notários que, como em Portugal ou na Alemanha, exercem poderes de autoridade[162], ou de danos sofridos pelos sucessores de vítimas da atuação de Forças Armadas no âmbito de operações de guerra[163].

Considera-se abrangida pelo Regulamento uma ação de regresso pela qual um organismo público reclama a uma pessoa de direito privado o reembolso de montantes que pagou a título de assistência social ao cônjuge divorciado e ao filho dessa pessoa, desde que o fundamento e as modalidades de exercício desta ação sejam regulados pelas regras de Direito comum em matéria de obrigação de alimentos. Isto já não se verifica quando a ação de regresso se baseia em disposições pelas quais o legislador conferiu ao organismo público uma prerrogativa própria[164].

No caso *Sonntag*, o TCE entendeu que a pretensão de indemnização contra um funcionário com base em violação dos seus deveres funcionais só está excluída do âmbito de aplicação do Regulamento se o funcionário tiver agido no exercício de poder de autoridade[165]. Para determinar se o funcionário agiu no exercício de poder de autoridade o TCE não atendeu

---

de renúncia à imunidade de jurisdição, mas não para afirmar a competência dos tribunais em "matéria civil e comercial".

[161] Cf. GEIMER [1977: 492].

[162] Cf. BASEDOW [1982: nº 81].

[163] Cf. TCE 15/2/2007, no caso *Lechouritou e o.* [*in http://curia.europa.eu*]. Para uma apreciação crítica, de lege ferenda, ver MUIR WATT/PATAUT [2008].

[164] Cf. TCE 14/11/2002, no caso *Baten* [*in http://curia.europa.eu*], nº 37, e 15/1/2004, no caso *Blijdenstein* [*in http://curia.europa.eu*], nº 20. Ver ainda TCE 15/5/2003, no caso *Préservatrice foncière TIARD*, e 5/2/2004, no caso *Frahuil* [*in http://curia.europa.eu*].

[165] Ac. 21/4/1993 [*CTCE* (1993) I-01963], nºs 21 e segs.

ao Direito do Estado de origem do funcionário mas à posição da maioria dos sistemas jurídicos.

Isto não é fácil de conciliar com ideia segundo a qual a questão de saber se o funcionário (bem como o Estado ou um ente público autónomo) atuou no exercício de poderes de autoridade deve ser apreciada, num primeiro momento, à face do respetivo Direito interno[166].

Em princípio, o Regulamento será aplicável às pretensões relativas a serviços prestados pelo Estado nos quadros do Direito civil, aos contratos celebrados pelo Estado com particulares ao abrigo do Direito privado e até, segundo parece, a contratos administrativos em que o particular fique colocado em posição de paridade com a Administração[167].

Ponto a merecer reflexão, no contexto de uma reformulação do Regulamento, é o da justificação da exclusão de pretensões que, embora conexas com o exercício de poderes de autoridade de um ente público estrangeiro, não estão abrangidas por uma imunidade de jurisdição do respetivo Estado[168].

A aplicação do Regulamento não é prejudicada pela necessidade de apreciar questões jurídico-públicas ou questões jurídico-privadas relativas a matérias excluídas que se suscitem a título prejudicial[169].

A exclusão do *"estado e a capacidade das pessoas singulares"* abrange, designadamente, as ações de divórcio, anulação e declaração de nulidade do casamento, bem como de separação dos cônjuges, de inventário, de interdição e inabilitação, de regulação do exercício da responsabilidade parental, de investigação de paternidade e de maternidade, de adoção, bem como processos relativos à aquisição ou perda da nacionalidade[170].

---

[166] Neste sentido, porém, BASEDOW [982: nºs 80 e 83], HESS [1994: 13] e KROPHOLLER/VON HEIN [2011: Art. 1 nº 4].

[167] Cf. KROPHOLLER/VON HEIN [2011: Art. 1 nºs 9 e 10], citando SCHLOSSER [1979 nº 27] (embora a posição assumida por este autor seja menos conclusiva). Em sentido convergente, TEIXEIRA DE SOUSA/MOURA VICENTE [1994: 22 e seg.].

[168] Ver, designadamente, as considerações de MUIR WATT/PATAUT [2008: 71 e segs.].

[169] Cf., relativamente à Convenção de Bruxelas, JENARD [1979: 131] e SCHLOSSER [1979: nº 51] e, perante o Regulamento, KROPHOLLER/VON HEIN [2011: Art. 1 nºs 1 e 17]. Ver ainda MAGNUS/MANKOWSKI/ROGERSON [2007: Art. 1 nºs 45-46] em sentido crítico.

[170] Cf., relativamente à Convenção de Bruxelas, SCHLOSSER [1979: nº 51] e TEIXEIRA DE SOUSA/MOURA VICENTE [1994: 69].

DIREITO INTERNACIONAL PRIVADO

O conceito de *"regimes matrimoniais"* compreende não só os regimes de bens específica e exclusivamente concebidos por certas legislações com vista ao casamento, mas igualmente todas as relações patrimoniais diretamente resultantes de um vínculo conjugal ou da sua dissolução[171], incluindo os direitos de administração e de disposição previstos na lei ou na convenção antenupcial, respeitantes aos bens que pertencem a ambos os cônjuges[172]. Parece que a exclusão abrange as relações patrimoniais que dizem respeito a uniões familiares registadas e a casamentos entre pessoas do mesmo sexo, mas o preciso alcance desta exclusão com respeito a uniões não matrimoniais é controverso[173].

Também são excluídas do âmbito de aplicação do Regulamento as medidas provisórias estreitamente ligadas seja a questões de estado das pessoas implicadas no processo de divórcio seja a relações jurídicas patrimoniais resultando diretamente de um vínculo conjugal ou da sua dissolução[174].

Pelo contrário, o Regulamento é aplicável às *obrigações alimentares*, que são objeto da competência especial prevista no art. 5º/2. E é assim quer se trate de uma ação destinada a obter a prestação de alimentos ou de um pedido acessório de ação sobre o estado das pessoas*maxime* ação de divórcio)[175]. Releva uma aceção ampla de "obrigação alimentar"[176], que não se limita à obrigação que tem por objeto uma prestação periódica[177].

No entanto, ficam excluídas as pretensões de alimentos que decorram de normas relativas aos regimes matrimoniais de bens[178], bem como, segundo parece, as resultantes de sucessão por morte[179].

---

[171] Cf. TCE 27/3/1979, no caso *de Cavel* [*CTCE* (1979) I-583], nº 7.

[172] Cf. SCHLOSSER [1979: nº 50].

[173] Cp. RAUSCHER/MANKOWSKI [2011: Art. 1 nºs 14 e 14a], MAGNUS/MANKOWSKI/ /ROGERSON [2007: Art. 1 nº 24], SCHLOSSER [2009: Art. 1 nº 16]e GEIMER/SCHÜTZE [2010: Art. 1 nºs 114-115].

[174] Caso cit., nº 10.

[175] Cf. TCE 6/3/1980, no caso *de Cavel* [*in http://eur-lex.europa.eu*], nºs 6-8.

[176] Ver SCHLOSSER [1979: nºs 91 e segs.] e POCAR [2009: nº 54].

[177] Cf. SCHLOSSER [1979: nº 93] e POCAR [2009: nº 54].

[178] SCHLOSSER [1979: nºs 49 e 96]. À data do Relatório isto não se verificava em nenhum dos sistemas jurídicos dos Estados comunitários.

[179] Neste sentido, SCHLOSSER [1979: nº 92] e KROPHOLLER/VON HEIN [2011: Art. 5 nº 56]. Cp. GOTHOT/HOLLEAUX [1985: 12], GAUDEMET-TALLON [2010: 37], FERREIRA PINTO

REGIMES EUROPEUS

Para a delimitação das obrigações alimentares e pretensões de alimentos relativas a regimes matrimoniais tem interesse a decisão do TCE no caso *Van den Boogaard*[180], em que, para efeito de declaração de executoriedade com base na Convenção de Bruxelas, se enunciou um critério de distinção entre decisão relativa a obrigação alimentar e decisão respeitante ao regime matrimonial. Segundo o TCE a distinção deve traçar-se com base na fundamentação da decisão em questão. "Se dela resulta que uma prestação se destina a garantir a satisfação das necessidades de um cônjuge ou se as necessidades e os recursos de cada um dos cônjuges são tomados em consideração para determinar o seu montante, a decisão diz respeito a uma obrigação alimentar. Em contrapartida, quando a prestação visa apenas a repartição dos bens entre os cônjuges, a decisão refere-se aos regimes matrimoniais e não pode, portanto, ser executada em aplicação da Convenção de Bruxelas. Uma decisão que conjugue as duas funções pode ser, em conformidade com o artigo 42º da Convenção de Bruxelas, parcialmente executada, desde que dela claramente resultem os objetivos a que correspondem respetivamente as diferentes partes da prestação ordenada"[181].

Com a entrada em vigor do Regulamento sobre as obrigações alimentares (*supra* A), e sob reserva das disposições transitórias deste Regulamento, as obrigações alimentares decorrentes de relações de família ficam fora do âmbito de aplicação do Regulamento em matéria civil e comercial (Considerando nº 44 e art. 68º/1 do Regulamento sobre obrigações alimentares).

A noção de "*testamentos e sucessões*" abrange todos os direitos dos herdeiros sobre a herança e contra a herança[182]. O Regulamento já se aplica aos litígios patrimoniais dos herdeiros com terceiros que não têm fundamento no Direito das Sucessões e em que o direito à sucessão só constitui uma

---

[1992: 70 n. 193], TEIXEIRA DE SOUSA [2003a: 77], LAYTON/MERCER [2004: nº 15.066] e MAGNUS/MANKOWSKI/MANKOWSKI [2007: Art. 5 nº 164]. Ver ainda TEIXEIRA DE SOUSA/ MOURA VICENTE [1994: 92].

[180] Ac. 27/2/1997 [*CTCE* (1997) I-01147].

[181] Nº 22.

[182] Cf. SCHLOSSER [1979: nº 52], que se aborda também as dificuldades de delimitação com respeito ao *trust* instituído por testamento ou por normas sucessórias. Sobre este ponto ver também KROPHOLLER/VON HEIN [2011: Art. 1 nº 29].

DIREITO INTERNACIONAL PRIVADO

questão preliminar[183]. O Regulamento também se aplica às doações, salvo aquelas que estejam submetidas a regras sucessórias[184], como é o caso das doações por morte no Direito alemão (art. 2301º CC)[185].

Por *"processos análogos"* às falências e às concordatas entendem-se "os que se fundamentam, segundo as diversas legislações, no estado de cessação de pagamentos ou na insolvabilidade ou na diminuição da garantia patrimonial do crédito e implicam uma intervenção da autoridade judicial conducente a uma liquidação forçada e coletiva dos bens ou a um simples controlo por essa autoridade"[186]. Isto inclui, perante o Direito português, os processos especiais de recuperação de empresas.

Também são excluídos os processos singulares que derivem diretamente da falência ou de processo análogo[187]. A este respeito também tem interesse referir o critério definido pelo TCE, com respeito à declaração de executoriedade de uma decisão, para a delimitação das decisões excluídas do âmbito de aplicação da Convenção de Bruxelas: "que elas derivem directamente da falência e que se insiram estreitamente no quadro de um processo de liquidação de bens ou de uma concordata, assim caracterizado"[188].

Esta exclusão encontra justificação nos trabalhos realizados no âmbito das Comunidades para elaboração de um regime especial unificado, que conduziram ao Reg. (CE) nº 1346/2000, de 29/5, Relativo aos Processos de Insolvência. Por esta razão, os litígios excluídos do âmbito do Regulamento Bruxelas I são, em princípio, os que estão submetidos ao Regulamento em matéria de insolvência[189].

---

[183] Cf. KROPHOLLER/VON HEIN [2011: Art. 1 nº 28].

[184] Cf. JENARD [1979: 132].

[185] Cp. arts. 946º, 1755º/2 e 1756º/2 CC port.

[186] Cf. JENARD [1979: 132 e seg.], seguido pelo TCE 22/2/1979, no caso *Gourdain* [*CTCE* (1979) 733], nº 4.

[187] Cf. JENARD [1979: 133].

[188] Cf. TCE 22/2/1979, no caso *Gourdain* [*CTCE* (1979) 733], nº 4, relativo a uma ação revogatória fundada na insolvabilidade, reafirmado por TCE 12/2/2009, no caso *Seagon* [*in http://curia.europa.eu*].

[189] Sem prejuízo de haver processos de insolvência que, por razões especiais, estão excluídos do âmbito de aplicação do Regulamento em matéria de insolvência e submetidos ao Direito Internacional Privado interno.

O TCE já decidiu que não está excluída do âmbito do Regulamento Bruxelas I a ação de um vendedor intentada ao abrigo de uma cláusula de reserva da propriedade contra um comprador em situação de falência, mesmo que o bem objeto dessa cláusula se encontre no Estado-Membro de abertura do processo de insolvência no momento da abertura desse processo contra o referido comprador[190]. Em contrapartida, estão excluídas as ações revogatórias baseadas na insolvência[191], bem como o reconhecimento ao abrigo do Regulamento Bruxelas I de uma decisão proferida por um órgão jurisdicional de um Estado-Membro A, relativamente ao registo da titularidade de participações sociais de uma sociedade com sede no mesmo Estado-Membro A, segundo a qual a venda das referidas participações sociais deve ser considerada nula por o órgão jurisdicional do Estado-Membro A não reconhecer os poderes de um administrador da insolvência de um Estado-Membro B, no âmbito de um processo de insolvência iniciado e encerrado no Estado-Membro B[192].

Por "*segurança social*" entende-se a atividade assistencial realizada pela Administração, designadamente cuidados médicos, subsídios de doença, subsídios de maternidade, subsídios de invalidez, subsídios de velhice, subsídios de viuvez ou similares, subsídios em caso de acidente de trabalho e acidente profissional, abonos de família e subsídios de desemprego[193]).

Só é excluído do âmbito de aplicação do Regulamento o contencioso da segurança social, i.e., os litígios decorrentes das relações entre a Administração e as entidades patronais ou os trabalhadores. O Regulamento já é aplicável às ações da Administração contra terceiros responsáveis pelos danos, desde que o fundamento e as modalidades de exercício da ação sejam regulados pelo Direito comum[194].

A exclusão da *arbitragem* teve em conta que esta matéria é objeto de instrumentos internacionais específicos[195].

---

[190] Cf. TCE 10/9/2009, no caso *German Graphics Graphische Maschinen GmbH* [*in http://curia. europa.eu*].

[191] Cf. TCE 12/2/2009, no caso *Deko Marty* [*in http://curia.europa.eu*].

[192] Cf. TCE 2/7/2009, no caso *SCT Industri* [*in http://curia.europa.eu*].

[193] Cf. JENARD [1979: 133].

[194] Cf. JENARD [1979: 133 e seg.] e TCE 14/11/2002, no caso *Baten* [*in http://curia.europa.eu*], nº 37 e 48-49. Cp. SCHLOSSER [1979: nº 60]

[195] Cf. JENARD [134].

Portugal é parte, nesta matéria, de diversas Convenções internacionais multilaterais e bilaterais. Quanto às convenções multilaterais são de referir o Protocolo Relativo às Cláusulas de Arbitragem (Genebra, 1923), a Convenção de Genebra para a Execução de Sentenças Arbitrais Estrangeiras (1927) e a Convenção de Nova Iorque sobre o Reconhecimento e a Execução de Sentenças Arbitrais Estrangeiras (1958). No que toca às convenções bilaterais temos o Acordo Judiciário com São Tomé e Príncipe (1976); o Acordo de Cooperação Jurídica entre Portugal e a Guiné-Bissau (1988) e os Acordos de Cooperação Jurídica e Judiciária entre Portugal e Moçambique (1990), Angola (1995) e Cabo Verde (2003).

A exclusão da arbitragem abrange o reconhecimento das decisões arbitrais estrangeiras[196], a competência dos tribunais em matéria de diferendos relativos a arbitragens (como, por exemplo, a ação de anulação de uma decisão arbitral) e o reconhecimento das decisões proferidas nestas ações (a menos que o tribunal tenha anulado a decisão arbitral e deliberado sobre o mérito da causa)[197]. Assim, o Regulamento não se aplica ao litígio que tenha por objeto a designação de um árbitro, mesmo que este litígio suscite a questão prévia da existência ou da validade de uma convenção de arbitragem[198].

O Relatório de SCHLOSSER dá conta, a este respeito, de uma divergência interpretativa que conduz a resultados diferentes no caso de um tribunal nacional, por ignorar a existência de uma convenção de arbitragem ou lhe negar validade, ter decidido sobre o mérito da causa[199]. A questão que então se coloca é a de saber se a Convenção (e, hoje, o Regulamento) se aplica ao reconhecimento desta decisão.

---

[196] Já pode oferecer dúvida a aplicabilidade da convenção a sentenças "homologatórias" de decisões arbitrais, como é prática frequente no Reino Unido. Em sentido negativo, JAYME/ KOHLER – "Das Internationale Privat-und Verfahrensrecht der EG nach Maastricht", *IPRax* 12 (1992) 346-356, 354.

[197] Cf. TCE 17/11/1998, no caso *Van Uden* [*CTCE* (1998) I-07091], n.ºs 31 e seg., an. GAUDEMET--TALLON [1999b]. Ver também JENARD [1979: 134], SCHLOSSER [1979: n.º 64], *Dicey, Morris and Collins* [2006: 318] e, entre nós, EUGÉNIA GALVÃO TELES [1996: 163 e seg.]. Cp. TEIXEIRA DE SOUSA/MOURA VICENTE [1994: 72], propondo uma interpretação restritiva do art. 1.º/2/4 da Convenção de Bruxelas, segundo a qual ficariam excluídos do seu objeto – e portanto abrangidos pela Convenção – os processos e decisões judiciais relativos à arbitragem.

[198] Cf. TCE 25/7/1991, no caso *Marc Rich* [*CTCE* (1991) I-03855], n.ºs 19 e segs.

[199] 1979: n.ºs 61 e seg.

Segundo uma primeira posição, a exclusão da arbitragem abrange todos os litígios para cuja resolução foi validamente convencionada a competência de um tribunal arbitral. Se o tribunal de origem se considerou competente com preterição do tribunal arbitral, o tribunal de reconhecimento pode afastar a aplicação da Convenção de Bruxelas ao reconhecimento, fundamentando-se na existência da convenção de arbitragem[200].

De acordo com um segundo entendimento, que merece o favor de SCHLOSSER[201], só estão excluídos os processos judiciais que se referem, quanto ao fundo da causa, a processos arbitrais, e não os processos judiciais em que a título incidental se suscita a questão da validade de uma convenção de arbitragem no momento da verificação da competência do tribunal[202]. Argumenta-se ainda que o tribunal do Estado de reconhecimento é vinculado pela posição do tribunal de Estado de origem quando este se pronuncia a favor da aplicabilidade da Convenção de Bruxelas.

Este segundo entendimento merece preferência à face do Direito constituído, embora o último argumento referido não possa ser seguido, visto que o tribunal de reconhecimento não está vinculado à qualificação feita pelo tribunal de origem (*infra* § 94 B). Uma decisão sobre o mérito da causa que o tribunal proferiu ignorando uma convenção de arbitragem ou considerando-a, erradamente, inválida, não é uma decisão sobre a arbitragem[203]. A decisão proferida pelo TCE no caso *Marc Rich* também parece apontar neste sentido[204], porquanto entendeu que para determinar se um litígio cai dentro do âmbito de aplicação da Convenção de Bruxelas só deve ser tido em conta o objeto deste litígio, sendo irrelevante qualquer questão preliminar relativa à existência ou invalidade de uma convenção de arbitragem[205]. O mesmo se diga da decisão proferida pelo mesmo tribunal no caso *Allianz* ao afirmar que se o processo está abrangido pelo âmbito de aplicação do Regulamento Bruxelas I em atenção ao objeto do litígio

---

[200] Ver, designadamente, HARTLEY [1984: 96 e seg.] e, entre nós, EUGÉNIA GALVÃO TELES [1996: 165]. Ver ainda, com invocação do art. 2º/3 da Convenção de Nova Iorque, MAGNUS/MANKOWSKI/MANKOWSKI [2007: Art. 35 nº 49].

[201] 1979: nº 62. Ver também 2009: Art. 1 nºs 23-25.

[202] Ver também GOTHOT/HOLLEAUX [1985: 15] e KAYE [1987: 147 e seg.].

[203] Cf. KROPHOLLER/VON HEIN [2011 Art. 1 nº 47].

[204] Cf. *Cheshire, North & Fawcett* [2008: 630]. Cp. AVILLEZ PEREIRA [1994: 343].

[205] Caso cit., nºs 26 e segs.

DIREITO INTERNACIONAL PRIVADO

está também abrangida pelo âmbito de aplicação deste Regulamento uma questão prévia sobre a aplicabilidade de uma convenção de arbitragem[206].

Por conseguinte, se, em desrespeito de uma convenção de arbitragem, for proposta uma ação no tribunal de um Estado-Membro, o Regulamento é aplicável ao reconhecimento noutros Estados-Membros da decisão que venha a ser proferida. O Regulamento também é aplicável no caso de uma decisão arbitral ser anulada por um tribunal e de este tribunal deliberar sobre o mérito da causa[207].

De lege ferenda, porém, esta solução não é inteiramente satisfatória, visto que conduz ao dever de reconhecer decisões judiciais de outros Estados-Membros que desrespeitaram convenções de arbitragem válidas e com base nas quais podem ser proferidas decisões arbitrais que também devem ser reconhecidas[208]. Se a decisão arbitral tiver sido proferida antes da decisão judicial existe fundamento para a recusa de reconhecimento desta decisão (*infra* § 96 D). Se a decisão judicial for proferida em primeiro lugar o Regulamento obriga ao seu reconhecimento e a Convenção de Nova Iorque, se for aplicável, obriga ao reconhecimento da decisão arbitral (*infra* § 104). Surgem então dois casos julgados contraditórios na ordem jurídica portuguesa sendo necessário resolver o conflito com base no critério da prioridade cronológica (art. 675º CPC), o que não constitui a solução mais justa, uma vez que do ponto de vista da nossa ordem jurídica a decisão judicial foi proferida por um tribunal incompetente.

Por outro lado, o TCE entendeu que o proferimento, por um tribunal de um Estado-Membro, de uma injunção destinada a proibir uma pessoa de intentar ou prosseguir uma ação judicial nos tribunais de outro Estado-Membro [*anti-suit injunction*], com o fundamento de que essa ação é contrária a uma convenção de arbitragem, é incompatível com o Regulamento Bruxelas I[209].

---

[206] TCE 10/2/2009 [*in http://curia.europa.eu*], nº 26, estribando-se no "Relatório sobre a adesão da República Helénica à Convenção relativa à competência judiciária e à execução de decisões em matéria civil e comercial" de D. EVRIGENIS E K. KERAMEUS [*JOCE* C 189/257, de 28/7/1990], nº 35. Cp. GAUDEMET-TALLON [2010: nº 48].

[207] Cf. SCHLOSSER [1979: nº 65].

[208] Ver também POUDRET [2000: 767 e segs.], com mais referências.

[209] Cf. TCE 10/2/2009, no caso *Allianz* [*in http://curia.europa.eu*]. Ver an. TEIXEIRA DE SOUSA [*Rev. Int.de Arbitragem e Conciliação* 2 (2009) 199]. Cp., em sentido crítico, GAUDEMET-TALLON [2010: nº 48].

A Proposta de Reformulação procura melhorar a relação entre o Regulamento e a arbitragem. Para o efeito, determina que se a sede da arbitragem se situar num Estado-Membro, o tribunal de outro Estado--Membro cuja competência seja contestada com fundamento na convenção de arbitragem deve suspender a instância quando os tribunais do Estado-Membro da sede da arbitragem ou o tribunal arbitral tiverem sido demandados para verificar, a título principal ou incidental, a existência, validade ou efeitos desse acordo de arbitragem. Se a existência, validade ou efeitos da convenção de arbitragem forem confirmados, o tribunal demandado deve declarar-se incompetente (art. 29º/4)[210].

A verificação de uma competência internacional exclusiva em certa matéria não exclui, por si, a sua arbitrabilidade[211]. As matérias patrimoniais ou que, embora não patrimoniais, sejam disponíveis, abrangidas por competências legais exclusivas são, em princípio, arbitráveis.

Com efeito, o fundamento das competências legais exclusivas não coincide com os critérios da patrimonialidade e da disponibilidade (*infra* § 84 I e § 88 E). Pode sem dúvida ser questionada, *de iure condendo*, a inadmissibilidade de pactos privativos de jurisdição em matérias disponíveis. *De iure constituto*, porém, importa reconhecer que são claramente diferentes os critérios aplicáveis à admissibilidade de pactos de jurisdição e à arbitrabilidade.

---

[210] Ver ILLMER [2011: 657 e segs.].

[211] Cf. FERRER CORREIA [1989: 199 e seg. n. 58], SCHWAB/WALTER [2005: 32], e, relativamente às competências exclusivas estabelecidas pela Convenção de Bruxelas e pelo Regulamento, SCHLOSSER [1979: nº 63], GOTHOT/HOLLEAUX [1985: 83] e KROPHOLLER/VON HEIN [2011 Art. 1 nº 42]. Cp. MOURA VICENTE [1996: 611 e seg.], TEIXEIRA DE SOUSA [1997b: 127] e MARQUES DOS SANTOS [2002: 588 e seg.]. Questão diferente, que se poderia levantar, é a de saber se é válida uma convenção de arbitragem *que fixa o lugar de arbitragem no estrangeiro* quando os tribunais portugueses são exclusivamente competentes. ALBERTO DOS REIS [1960: 296], entendia que não, e a sua doutrina foi seguida pelo STJ no ac. 30/5/1961 [*BMJ* 107: 527] em sede de reconhecimento de decisão estrangeira. Não se trata, então, de um problema de arbitrabilidade. Mas também a este respeito é de sublinhar que à face do Direito positivo a validade da convenção de arbitragem não depende de forma alguma do regime de competência internacional dos tribunais portugueses, nem haveria razão para tal, visto que se trata de questões diferentes a cuja resolução presidem considerações diferentes.

C) Âmbito espacial de aplicação

As regras de competência do Regulamento regulam essencialmente a competência internacional e, por isso, só são aplicáveis a litígios emergentes de *relações transnacionais*. É necessário que o objeto do litígio apresente, pelo menos, um elemento de estraneidade juridicamente relevante[212]. Caso contrário, não se suscita um problema de competência internacional.

A relevância dos diferentes elementos de estraneidade depende muito das regras de competência em causa. Por forma geral, pode dizer-se que o domicílio de uma ou de ambas as partes fora do Estado do foro constitui um elemento de estraneidade particularmente importante. Resulta do proémio do art. 5º que as competências especiais aí previstas só se aplicam quando o réu tem domicílio noutro Estado-Membro. A nacionalidade estrangeira é um elemento de estraneidade menos importante, mas pode ser relevante, no que toca ao réu, para a aplicação da regra de assimilação contida no art. 2º/2.

Em princípio, é desnecessário que o elemento de estraneidade constitua um laço com outro Estado-Membro, sendo indiferente que o elemento de estraneidade constitua um laço com um Estado-Membro ou com um Estado terceiro[213].

No que toca às competências especiais previstas no art. 5º, resulta do proémio da disposição que o domicílio do réu e o tribunal demandado se devem situar em Estados-Membros diferentes. Mas isto explica-se pela circunstância de as regras de competência legal não exclusiva se aplicarem somente quando réu está domiciliado num Estado-Membro.

Para além disso é diferenciado o âmbito de aplicação no espaço dos diferentes regimes contidos no Regulamento.

As *regras de competência legal não exclusiva* só são, em princípio, aplicáveis quando o réu tem domicílio num Estado-Membro. Com efeito, se o réu

---

[212] Cf. JENARD [1979: 129], SCHLOSSER [1979: nºs 21 e 174] e TCE 1/3/2005, no caso *Owusu* [*in http://curia.europa.eu*], nº 25. Cp. GEIMER/SCHÜTZE [2010: Art. 2 nºs 101 e segs.]. Ver ainda TEIXEIRA DE SOUSA [2003a: 68].

[213] Cf. GEIMER /SCHÜTZE [2010: Art. 2 nºs 111 e segs.], KROPHOLLER/VON HEIN [2011: Art. 2 nº 8] e TCE 1/3/2005, no caso *Owusu* [*in http://curia.europa.eu*], nº 35. No mesmo sentido aponta TCE 13/7/2000, no caso *Group Josi* [*CTCE* (2000) I-05925], nºs 33 e segs.

não tiver domicílio no território de um Estado-Membro o art. 4º/1 manda regular a competência pela lei do Estado-Membro.

No entanto, por força dos arts. 9º/ 2, 15º/2 e 18º/2, o segurador, a contraparte do consumidor e a entidade patronal que não tendo domicílio no território de um Estado-Membro, possuam sucursal, agência ou qualquer outro estabelecimento num Estado contratante, são considerados, quanto aos litígios relativos à exploração ou ao funcionamento destes centros de atividade local, como domiciliados neste Estado[214].

A Proposta de Reformulação elimina os preceitos que constam do art. 4º, passando a competência legal não exclusiva em relação aos réus não domiciliados num Estado-Membro a ser estabelecida, em princípio, com base nos critérios especiais de competência e, subsidiariamente, com base no critério da localização dos bens do réu (desde que o valor dos bens seja proporcional ao valor do pedido e o litígio apresente uma conexão suficiente com o respetivo Estado-Membro) (art. 25º) e no critério da necessidade (art. 26º)[215].

Esta solução tem a vantagem de eliminar certas desigualdades de tratamento entre as partes domiciliadas em Estados-Membros e as partes que não o são. Com efeito, perante o regime vigente, por um lado, a competência com base em critérios legais especiais só pode estabelecer-se, em princípio, em relação a réus domiciliados em Estados-Membros, o que é suscetível de em certos casos favorecer os réus não domiciliados em Estados-Membros e, por outro, os réus não domiciliados em Estados-Membros ficam sujeitos aos critérios de competência do regime interno dos Estados-Membros, que poderão ser exorbitantes. Por acréscimo, o estabelecimento de um regime uniforme de competência internacional nos Estados-Membros promove a previsibilidade sobre a jurisdição competente[216].

---

[214] Cf. também arts. 8º/2 e 13º/2 da Convenções de Bruxelas, que não contempla o caso da entidade patronal, e arts. 9º/2, 15º/2 e 18º/2 da Convenção de Lugano de 2007.

[215] Ver, sobre a desejável concretização dos critérios relevantes para determinar a "conexão suficiente" nos Considerandos do Regulamento, WEBER [2011: 638 e segs.], que, no entanto, defende a substituição deste conceito indeterminado por um critério mais exigente de proporcionalidade. Sobre a introdução do critério da necessidade, cp. MAGNUS/MANKOWSKI [2010: 9] e WEBER [2011: 641 e segs.].

[216] Ver MAGNUS/MANKOWSKI [2010: 7 e segs.] e WEBER [2011: 623 e segs.].

DIREITO INTERNACIONAL PRIVADO

Já as *regras de competência exclusiva*, contidas no art. 22º, são aplicáveis mesmo que o réu não tenha domicílio num Estado-Membro (cf. proémio).

Para as *regras de competência convencional* regem critérios próprios que adiante serão referidos (*infra* J).

D) Âmbito temporal de aplicação

Nos termos do artº 66º do Regulamento, as disposições do Regulamento só são aplicáveis às ações judiciais intentadas e aos atos autênticos exarados posteriormente à sua entrada em vigor (nº 1)[217].

Quer isto dizer que a Convenção de Bruxelas continuará a ser aplicada ao estabelecimento da competência internacional com respeito às ações intentadas antes de 1 de março de 2002. O Protocolo Relativo à Interpretação pelo Tribunal de Justiça (1971) também deve continuar a ser aplicado aos processos pendentes à data da entrada em vigor do Regulamento[218].

Por força do art. 29º/1 da Convenção de San Sebastian (relativa à adesão de Portugal e Espanha à Convenção de Bruxelas) o regime da competência internacional contido na Convenção de Bruxelas só se aplica às ações judiciais intentadas posteriormente à entrada em vigor da Convenção de San Sebastian no Estado de origem[219]. A Convenção de adesão da Áustria, Finlândia e Suécia contém uma disposição semelhante (art. 13º/1).

É concebível que, no interesse de uma aplicação uniforme do Regulamento nos Estados-Membros, o art. 30º do Regulamento que, segundo a sua letra, só dispõe para efeitos da respetiva secção, seja aplicado analogicamente à determinação do momento em que a ação é intentada perante o art. 66º[220].

A regra do art. 66º/1 do Regulamento, à semelhança do que se verifica com o art. 54º/1 da Convenções de Bruxelas e do art. 63º/1 da Convenção de Lugano de 2007, é aplicável aos pactos de jurisdição. Por conseguinte, o Regulamento é aplicável aos pactos de jurisdição celebrados antes da

---

[217] Cf. também art. 54º/1 da Convenção de Bruxelas e art. 63º/1 da Convenção de Lugano de 2007.

[218] Cf. Considerando nº 19.

[219] Cp. STJ 12/6/1997 [*BMJ* 468: 324].

[220] Cf. KROPHOLLER/VON HEIN [2011: Art. 66 nº 2] e MAGNUS/MANKOWSKI/MANKOWSKI [2007: Art. 66 nº 6].

sua entrada em vigor, quando a ação seja intentada depois da sua entrada em vigor[221].

À luz do princípio da economia processual teria a sua lógica que as regras de competência do Regulamento fossem aplicadas às ações intentadas antes da sua entrada em vigor, quando daí resultasse a competência de um tribunal que não era competente perante o regime aplicável no momento da propositura da ação[222]. De outro modo o autor terá de propor uma nova ação no mesmo tribunal. Em sentido contrário, porém, se pronunciaram alguns autores e tribunais nacionais[223]. Até ao momento o TUE ainda não se pronunciou sobre este ponto[224].

Quanto à relevância da litispendência estrangeira, quando a primeira ação tenha sido proposta noutro Estado-Membro antes da entrada em vigor do Regulamento, deve aplicar-se analogicamente o disposto no art. 66º/2 do Regulamento com respeito ao reconhecimento de decisões estrangeiras (*infra* M).

Com efeito, perante o art. 29º da Convenção de San Sebastian, o TCE decidiu que quando em dois Estados contratantes diferentes sejam intentadas ações com o mesmo pedido, a mesma causa de pedir e entre as mesmas partes, tendo a primeira ação sido intentada antes da data da entrada em vigor da Convenção de adesão entre esses Estados e a segunda após essa data, o tribunal a que a ação foi submetida em segundo lugar deve aplicar o artigo 21º da Convenção de Bruxelas se o tribunal a que a ação foi submetida em primeiro lugar se tiver declarado competente com base numa regra conforme com o disposto no título II da mesma Convenção ou com o disposto em Convenção em vigor entre os dois Estados em questão aquando da instauração da ação e, a título provisório, se o tribunal a que a

---

[221] Cf. TCE 13/11/1979, no caso *Sanicentral* [*CTCE* (1979) 03423] e BASEDOW [1982 nº 125]. Criticamente, KROPHOLLER/VON HEIN [2011: Art. 66 nº 3] e MAGNUS/MANKOWSKI/ MANKOWSKI [2007: Art. 66 nºs 9-10]. Cp. ainda STJ 28/2/2008, Proc. 07B1321 [*in http://www. dgsi.pt/jstj.nsf*], e, sobre ele, MATIAS FERNANDES [2008: 1160 e segs.] e TEIXEIRA DE SOUSA [2009: 33].

[222] Cf. MOURA VICENTE [1994: 473 e seg. e 2002b: 303].

[223] Cf. KROPHOLLER/VON HEIN [2011: Art. 66 nº 2], com referências jurisprudenciais, e MAGNUS/MANKOWSKI/MANKOWSKI [2007: Art. 66 nº 5].

[224] No supracit. caso *Sanicentral* este ponto não foi suscitado nem decidido. Cp. MOURA VICENTE [1994: 473 e seg.].

DIREITO INTERNACIONAL PRIVADO

ação foi submetida em primeiro lugar não se tiver ainda pronunciado sobre a sua própria competência. Em contrapartida, o tribunal a que a ação foi submetida em segundo lugar não deve aplicar o artigo 21º da Convenção de Bruxelas se o tribunal a que a ação foi submetida em primeiro lugar se tiver declarado competente com base numa regra não conforme com o disposto no título II da mesma Convenção ou com o disposto em Convenção em vigor entre esses dois Estados aquando da instauração da ação[225].

Sobre o âmbito temporal de aplicação do Regulamento com respeito ao reconhecimento de decisões estrangeiras ver *infra* § 94 D.

E) Relações com o regime interno e com outros instrumentos
O regime de competência contido no Regulamento prevalece, dentro do seu âmbito material e espacial de aplicação, sobre o regime interno.

Segundo uma opinião muito divulgada na jurisprudência europeia e na doutrina esta prevalência fundamentar-se-ia no próprio Direito da União Europeia, designadamente na aplicabilidade direta dos regulamentos nos Estados-Membros nos termos do art. 288º do Tratado sobre o Funcionamento da União Europeia (ex-art. 249º do Tratado da Comunidade Europeia).

Não creio, porém, que a hierarquia das fontes na ordem jurídica interna se possa basear no próprio Direito da União Europeia[226]. Em rigor, o Direito da União Europeia vigora na ordem interna por força de uma norma constitucional de receção (art. 8º/4 CRP) e é desta norma que decorre a superioridade hierárquica do regulamento comunitário sobre a lei ordinária.

A prevalência das Convenções de Bruxelas e de Lugano sobre o regime interno fundamenta-se igualmente na norma constitucional de receção do Direito Internacional Público convencional (art. 8º/2 CRP).

O Regulamento Bruxelas I não prejudica a aplicação das disposições que, em matérias específicas, regulam a competência internacional e o

---

[225] Cf. TCE 9/10/1997, no caso *von Horn* [*CTCE* (1997) I-05451].

[226] Ver também LIMA PINHEIRO – "The 'Denationalization' of Transnational Relationships – Regulation of Transnational Relationships by Public International Law, European Community Law and Transnational Law", *in Aufbruch nach Europa*, 429-465, Tubinga, 2001, 437, e *supra* § 5 B, com mais referências.

reconhecimento de decisões, contidas nos atos comunitários ou nas leis nacionais harmonizadas nos termos desses atos (art. 67º)[227].

O Regulamento substitui, entre os Estados-Membros, a Convenção de Bruxelas, à exceção dos territórios dos Estados-Membros que são abrangidos pela aplicação territorial da Convenção e que ficam excluídos do âmbito de aplicação do Regulamento por força do artigo art. 355º do Tratado sobre o Funcionamento da União Europeia (ex-art. 299º do Tratado da Comunidade Europeia) (art. 68º/1º)[228].

Por conseguinte, em matéria de competência internacional, os tribunais dos territórios de outros Estados-Membros que são abrangidos pela aplicação territorial da Convenção de Bruxelas e que ficam excluídos do âmbito do Regulamento, devem aplicar a Convenção de Bruxelas.

Os tribunais dos Estados-Membros vinculados pelo Regulamento também devem, em princípio, aplicar as regras de competência da Convenção de Bruxelas quando o réu tenha domicílio num Estado-Membro contratante da Convenção de Bruxelas que não seja vinculado pelo Regulamento[229]. Era o caso da Dinamarca. Todavia, como foi atrás assinalado (A), por força do Acordo entre a Comunidade Europeia e a Dinamarca relativo à competência judiciária, ao reconhecimento e à execução de decisões em matéria civil e comercial (2005), o Regulamento e as suas medidas de execução também são aplicáveis, com pequenas alterações, nas relações com a Dinamarca.

O Regulamento substitui os tratados celebrados entre Estados-Membros enumerados no art. 69º, sem prejuízo do disposto sobre a aplicação no tempo do Regulamento, em matéria de reconhecimento de decisões, no art. 66º/2, e da sua aplicação em matérias a que o Regulamento não é

---

[227] Para efeitos das Convenções de Lugano, os atos da União Europeia têm o mesmo tratamento que as Convenções em matéria especial (nº 1 do Protocolo nº 3). O nº 3 do Protocolo nº 3 anexo à Convenção de 2007 acrescenta que também terão o mesmo tratamento as disposições constantes de atos da União europeia que as partes contratantes "incorporem juntamente no direito nacional". Ver, sobre estes preceitos, JENARD/MÖLLER [1989: nºs 120-125] e POCAR [2009: nº 206].

[228] Sobre a determinação dos territórios excluídos ver DROZ/GAUDEMET-TALLON [2001: 613 e seg.] e KROPHOLLER/VON HEIN [2011 *Einl.* nºs 41 e 46 e segs.].

[229] Cf. Considerando nº 9 do Regulamento.

aplicável ou relativamente às decisões proferidas e aos atos autênticos exarados antes da sua entrada em vigor com base nesses tratados (art. 70º)[230].

Esta última hipótese, prevista no art. 70º/2, não será frequente relativamente aos Estados-Membros que são partes na Convenção de Bruxelas, uma vez que esta Convenção prevalece sobre os tratados celebrados por estes Estados que constam do art. 69º (art. 55º) e que, por conseguinte, as decisões proferidas e os atos exarados antes da entrada em vigor do Regulamento estão submetidos à Convenção de Bruxelas se caírem dentro do seu âmbito de aplicação[231]. A este respeito, deve observar-se que o art. 69º foi objeto de aditamentos aquando da adesão de novos Estados-Membros (*supra* § 83 B).

O Regulamento não prejudica as Convenções em que os Estados-Membros são partes e que, em matérias especiais, regulem a competência internacional ou o reconhecimento de decisões (art. 71º/1).

Isto significa, em primeiro lugar, que as normas de competência internacional constantes de uma Convenção especial prevalecem, em princípio, sobre o Regulamento quando todos os Estados em causa são partes nessa Convenção[232].

Em segundo lugar, o Regulamento não impede que um tribunal de um Estado-Membro que seja parte numa Convenção relativa a uma matéria especial se declare competente, em conformidade com tal Convenção, mesmo que o requerido tenha domicílio no território de um Estado-Membro que não seja parte nessa Convenção. Em qualquer caso, o tribunal chamado a pronunciar-se aplicará o artigo 26º do Regulamento (art. 71º/2/a)[233].

---

[230] Cf. também arts. 55º e 56º da Convenção de Bruxelas e arts. 65º e 66º da Convenção de Lugano de 2007.

[231] Cf. KROPHOLLER/VON HEIN [2011: Art. 69º, nº 2 e Art. 70º, nº 2]. Cp. DROZ/GAUDEMET-TALLON [2001: 619 e seg.], defendendo que as normas transitórias do art. 66º são suficientes para delimitar o âmbito temporal de aplicação dos diferentes instrumentos; GAUDEMET-TALLON [2010: 21].

[232] Cf., à face do art. 57º da Convenção de Bruxelas, SCHLOSSER [1979: nº 239].

[233] Ver também art. 57º/2/a da Convenção de Bruxelas e art. 57º/2 da Convenção de Lugano de 1988 e, sobre eles, TCE 28/10/2004, no caso *Nürnberger Allgemeine Versicherung* [*in http://curia.europa.eu*]., entendendo que "o artigo 57º, nº 2, alínea a), da Convenção de Bruxelas deve ser interpretado no sentido de que o tribunal de um Estado contratante, perante o qual o réu

REGIMES EUROPEUS

Recentemente, porém, o TUE entendeu que a aplicação das Convenções especiais "não pode violar os princípios basilares da cooperação judiciária em matéria civil e comercial no seio da União, tal como os invocados no sexto, décimo primeiro, décimo segundo e décimo quinto a décimo sétimo considerandos do Regulamento"[234]. Institui-se assim um critério de controlo da aplicação das normas sobre competência internacional e de reconhecimento de decisões estrangeiras contidas em Convenções especiais. Estas normas só são aplicáveis "desde que ofereçam um elevado nível de certeza jurídica, facilitem a boa administração da justiça e permitam reduzir ao mínimo o risco de processos concorrentes, e assegurem, em condições pelo menos tão favoráveis como as previstas no referido regulamento, a livre circulação das decisões em matéria civil e comercial e a confiança recíproca na administração da justiça no seio da União (*favor executionis)*"[235].

O art. 71º deve ser entendido no sentido de excluir a aplicação do Regulamento nos casos regulados pelas Convenções especiais, mas não nos casos que a Convenção especial não regula[236]. Assim, quando as Convenções especiais contiverem regras sobre a competência internacional, mas nada dispuserem sobre a litispendência e a conexão, são aplicáveis os arts. 27º e 28º do Regulamento[237]. O Estado-Membro demandado em segundo lugar, que funda a sua competência na Convenção especial, tem de suspender a instância nos termos desses preceitos[238]. Parece que um Estado-Membro que não seja parte na Convenção especial também deve suspender a instância, nos termos desses preceitos, quando a competência

---

domiciliado no território de um outro Estado contratante foi demandado, pode declarar-se competente com base numa convenção especial de que o primeiro Estado seja igualmente parte e que contenha regras específicas sobre a competência judiciária, mesmo quando o réu, no âmbito do processo em causa, não se pronuncia quanto o mérito". Ver ainda art. 67º/2 da Convenção de Lugano de 2007.

[234] Cf. TUE 4/5/2010, no caso *TNT Express Nederland BV* [in *http://curia.europa.eu*], nº 49.

[235] Decisão supracit. Ver ainda KROPHOLLER/VON HEIN [2010: Art. 71 nºs 13 e segs.].

[236] Cf., à face do art. 57º da Convenção de Bruxelas, SCHLOSSER [1979: nº 240] e TCE 6/12/1994, no caso *Tatry, CTCE* (1994) I-5439.

[237] Cf., em relação aos arts. 21º e 22º da Convenção de Bruxelas, TCE 6/12/1994, no caso *Tatry* [*CTCE* (1994) I-5439], nº 25.

[238] *Ibidem.*

DIREITO INTERNACIONAL PRIVADO

do tribunal demandado em primeiro lugar se tenha fundado na Convenção especial[239]. Com efeito, se as normas do Regulamento sobre litispendência e conexão são aplicáveis mesmo que a competência dos tribunais dos Estados-Membros se tenha fundado no seu Direito interno, ao abrigo do disposto no art. 4º/1 (*infra* M), não se vê razão para afastar tal aplicabilidade quando a competência do tribunal demandado em primeiro lugar se tenha fundado em Convenção especial. Esta solução é, em todo o caso criticável, pelas razões adiante expostas.

As Convenções de Bruxelas e de Lugano de 1988 (art. 57º/1) não prejudicam as Convenções especiais em que os Estados sejam *ou venham a ser partes*, ao passo que o Regulamento só não prejudica as Convenções em que os Estados-Membros sejam partes (art. 71º/1)[240].

Isto significa, segundo a Exposição de Motivos da Proposta da Comissão, que o Regulamento não permite que os Estados-Membros, depois da entrada em vigor do Regulamento, se tornem partes em Convenções sobre a competência internacional ou o reconhecimento de decisões em matérias especiais[241]. É este também o entendimento do TUE[242].

Uma vez que diversas Convenções de unificação do Direito material incluem normas de competência internacional, esta interdição parece obstar a que os Estados-Membros possam celebrar protocolos que modifiquem estas Convenções ou novas Convenções contendo normas de competência internacional divergentes do Regulamento. O que poderá porventura ser entendido no sentido da atribuição, aos órgãos europeus, de competência exclusiva para a negociação destas Convenções[243].

A Declaração Conjunta do Conselho e da Comissão sobre os arts. 71º e 72º, bem como sobre as negociações no quadro da Conferência da Haia de Direito Internacional Privado, parece apontar neste sentido, quando afirma que o "Conselho e a Comissão prestarão especial atenção à possibilidade

---

[239] Neste sentido, relativamente ao art. 57º da Convenção de Lugano, JENARD/MÖLLER [1989: nº 83]. Ver também TEIXEIRA DE SOUSA/MOURA VICENTE [1994: 58 e 193]

[240] Cp. art. 67º da Convenção de Lugano de 2007 e, sobre ele, POCAR [2009: nº 180].

[241] 26.

[242] Cf. TUE 4/5/2010, no caso *TNT Express Nederland BV [in http://curia.europa.eu]*, nº 38.

[243] Como sugerem DROZ/GAUDEMET-TALLON [2001: 621] e GAUDEMET-TALLON [2010: 21], com considerações críticas. Ver ainda MAGNUS/MANKOWSKI/MANKOWSKI [2007: Art. 71º nº 3].

de encetar negociações com vista à celebração de acordos internacionais em alguns desses domínios"[244].

O ponto está hoje regulado no art. 3º/2 do Tratado sobre o Funcionamento da União Europeia que determina que a competência da União para celebrar acordos internacionais é exclusiva quando tal celebração esteja prevista num ato legislativo da União, seja necessária para lhe dar a possibilidade de exercer a sua competência interna ou seja suscetível de afetar regras comuns ou de alterar o alcance das mesmas (ver, com mais desenvolvimento, *supra* § 10 B).

Os Estados-Membros poderão ser autorizados pela União a celebrar estas Convenções, caso em que estas Convenções prevalecerão sobre o Regulamento, sendo defendida a possibilidade de aplicação analógica do art. 71º/2[245]. As Convenções que forem celebradas pela União também prevalecerão sobre o Regulamento, mas por força do art. 216º/2 do Tratado sobre o Funcionamento da União Europeia.

A esta luz, parece que os Estados-Membros só poderão, sem autorização da União, celebrar com Estados terceiros Convenções, gerais ou especiais, desde que estas Convenções não afetem as regras do Regulamento nem alterem o seu alcance. A referida Declaração Conjunta vai ao encontro deste entendimento, quando afirma que "o Conselho e a Comissão consideram que o regulamento não obsta a que um Estado-Membro celebre acordos com Estados terceiros sobre matérias abrangidas pelo regulamento, quando tais acordos não afetem este último"[246].

Sobre as relações com outros instrumentos no que toca ao reconhecimento de decisões estrangeiras ver *infra* § 94 E.

F) Critério geral de competência legal: domicílio do réu
Em regra, é competente o tribunal do domicílio do réu.

Com efeito, o art. 2º/1 do Regulamento determina que sem prejuízo do disposto neste Regulamento, as pessoas domiciliadas no território de um Estado-Membro devem ser demandadas, independentemente da sua nacionalidade, perante os tribunais desse Estado. E o art. 3º/1 estabelece

---

[244] Nº 2.

[245] Cf. KROPHOLLER/VON HEIN [2011: Art. 71 nº 2]. Ver ainda MAGNUS/MANKOWSKI/MANKOWSKI [2007: Art. 71 nº 4].

[246] Nº 5.

DIREITO INTERNACIONAL PRIVADO

que as pessoas domiciliadas no território de um Estado-Membro só podem ser demandadas perante os tribunais de outro Estado-Membro quando se verifique um critério especial de competência previsto no Regulamento[247]. Neste caso o autor pode escolher entre intentar a ação no tribunal do domicílio do réu ou no tribunal que tem competência especial[248].

A competência do domicílio do réu não pode ser afastada com base numa avaliação das circunstâncias do caso concreto, que leve a concluir que existe outra jurisdição competente mais bem colocada para decidir a causa. Isto resulta não só do texto do art. 2º/1 mas também das finalidades prosseguidas pelo legislador comunitário, que se encontram enunciadas no Considerando nº 11 do Regulamento: as "regras de competência devem apresentar um elevado grau de certeza jurídica e devem articular-se em torno do princípio de que em geral a competência tem por base o domicílio do requerido e que tal competência deve estar sempre disponível, exceto em alguns casos bem determinados em que a matéria em litígio ou a autonomia das partes justificam outro critério de conexão."

Torna-se assim claro que a cláusula do *forum non conveniens* não pode ser invocada pelo tribunal de um Estado-Membro para declinar a sua

---

[247] A menção de algumas regras de competências nacionais (feita no anexo I) – geralmente referidas como "competências exorbitantes" – que nos termos do art. 3º/2 não podem ser invocadas contra as pessoas domiciliadas nos Estados-Membros, não obsta ao afastamento das outras regras de competência de fonte interna, mesmo que não tenham caráter exorbitante – cf. KROPHOLLER/VON HEIN [2011 vor Art. 2 nº 16 e Art. 3 nº 4] e POCAR [2009: nº 36]. No entanto, esta menção é relevante para efeitos dos arts. 35º/1 e 72º do Regulamento (*infra* § 94 E). Entre as regras mencionadas no anexo I (com a redação dada pelo Reg. (UE) nº 416/2010, de 12/5), constam o art. 65º/1/a CPC " na medida em que sejam contemplados critérios de competência exorbitante, como os dos tribunais do lugar onde se encontra a sucursal, agência, filial ou delegação (se localizada em Portugal), sempre que a administração central (se localizada num Estado terceiro) seja a parte requerida", e artigo 10º do Código de Processo do Trabalho "na medida em que sejam contemplados critérios de competência exorbitante, como os dos tribunais do lugar do domicílio do requerente nos processos referentes a contratos de trabalho instaurados pelo empregado contra o empregador". O art. 65º/1/a e /2 CPC foi entretanto revogado pela L nº 52/2008, de 28/8, mas a data da entrada em vigor desta revogação suscita dúvidas (*infra* § 88 A).

[248] Cf. também arts. 2º/1 e 3º/1 da Convenção de Bruxelas e da Convenção de Lugano de 2007. Ver, na jurisprudência portuguesa, RCb 11/1/2007 [*CJ* (2007-I) 58], RLx 16/10/1995 [*CJ* (1995-IV) 217, 24/4/1997 [*CJ* (1997-II) 119 e 17/12/2008 [*CJ* (2008-V) 131] e STJ 25/11/1997 [*BMJ* 471: 339].

competência, ponto que relativamente à Convenção de Bruxelas suscitou algumas dúvidas perante os tribunais ingleses[249].

Esta rigidez do Regulamento não é inteiramente justificada, pelas razões que foram expostas anteriormente (*supra* § 80). É certo que a propositura da ação no foro do domicílio do réu dificilmente pode representar um sacrifício dos seus interesses legítimos. Mas sobretudo no caso de pessoas coletivas, que sejam demandadas no Estado da sua sede estatutária, é concebível que exista outra jurisdição manifestamente mais bem colocada para decidir a causa. Além disso, a questão também se pode colocar relativamente à competência fundada em critérios especiais de competência legal. São facilmente concebíveis situações em que, tendo a ação sido proposta em tribunal competente com base em critérios especiais, existe outra jurisdição manifestamente mais bem colocada para decidir a causa.

A questão de saber se uma pessoa singular está domiciliada no território de um Estado-Membro é apreciada segundo o Direito deste Estado (art. 59º)[250]. Trata-se, portanto, de uma concretização *lege causae* do elemento de conexão domicílio[251].

---

[249] Ver ANCEL [2001: 114] e DROZ/GAUDEMET-TALLON [2001: 609 e seg.], com mais referências. Já neste sentido, à face da Convenção de Bruxelas, SCHLOSSER [1979: nº 78] e TCE 1/3/2005, no caso *Owusu* [*in http://curia.europa.eu*], nº 46. Ver ainda Adrian BRIGGS – "Forum Non Conveniens and the Brussels Convention again", *Law Quarterly Rev.* 107: (1991) 180; Christian KOHLER – "Staatsvertragliche Bindungen der Ausübung internationaler Zuständigkeit und richterliches Ermessen – Bemerkungen zur Harrods-Entscheidung des englischen Court of Appeal", *in Verfahrensgarantien im nationalen und internationalen Prozeßrecht. Festschrift für Franz Matscher*, 251, Viena, 1993; Peter NORTH – "The Brussels Convention and Forum Non Conveniens", *IPRax* 12 (1993) 183, e "La liberté d'appréciation de la compétence (jurisdicional discretion) selon la Convention de Bruxelles", *in Études Franços Rigaux*, 373, 1993; Peter HUBER – *Die englische forum-non-conveniens-Doktrin und ihre Anwendung im Rahmen des Europäischen gerichtsstandes- und Vollstreckungsübereinkommens*, Berlim, 1994; GARCIMARTIN ALFÉREZ – "Caben reducciones teleológicas o 'abuso de derecho' en las normas sobre competencia judicial internacional?", *Rev. Española de Derecho Internacional* 47 (1995) 121; Christine ERWAND – "Forum non conveniens und EuGVÜ", Francoforte-sobre-o-Meno, 1996; Ilaria QUEIROLO – "Forum Non Conveniens e Convenzione di Bruxelles: un rapporto possible?", *RDIPP* 32 (1996) 763; GAUDEMET-TALLON [1996b: 97 e segs.]; MOURA RAMOS [Previsão normativa... 236 e segs.]; KROPHOLLER/VON HEIN [2011: vor Art. 2 nº 20]; VON MEHREN [2007: 338 e segs.].

[250] Cf. também art. 52º da Convenção de Bruxelas e art. 59º da Convenção de Lugano de 2007.

[251] Ver, relativamente ao Direito de Conflitos, LIMA PINHEIRO [2008: § 30 B].

DIREITO INTERNACIONAL PRIVADO

Esta regra é aplicável à determinação do domicílio legal do menor ou incapaz[252].

Para determinar se a pessoa está domiciliada em Portugal são de aplicar os arts. 82º e segs. CC[253].

Já a determinação do conceito relevante de "domicílio" é uma questão de interpretação do Regulamento. Assim, a noção de domicílio não abrange a ficção do domicílio eletivo[254].

O domicílio num Estado-Membro que não seja o do foro só releva quando a pessoa não esteja domiciliada no Estado do foro (cf. art. 59º/2). Portanto, em caso de concurso de domicílios em diferentes Estados, em que um dos domicílios concorrentes seja o do Estado do foro, é este que prevalece[255]. Quando a pessoa for considerada domiciliada em dois Estados-Membros e nenhum deles for o Estado do foro, qualquer dos domicílios é relevante para estabelecer a competência, havendo que atender às regras sobre litispendência e conexão constantes dos arts. 27º e 28º[256].

Em princípio, a falta de domicílio do réu num Estado-Membro conduz à inaplicabilidade das normas de competência legal não exclusiva do Regulamento e à consequente sujeição do réu ao regime interno da competência internacional. O tribunal não tem de verificar se o réu tem domicílio num Estado terceiro[257]. Caso nenhuma jurisdição se considere competente, o estabelecimento de uma competência de necessidade depende dos pressupostos definidos pelo Direito interno (*infra* § 88 C).

Contudo, o problema apresenta-se a uma outra luz quando o réu está ligado exclusivamente a Estados-Membros mas, em virtude de uma divergência nos critérios seguidos pelas respetivas leis para estabelecer o domicílio, nenhum deles o considera domiciliado no seu território. Nesta hipótese de "conflito negativo de domicílios" seria contrário ao sentido do Regulamento que o réu fosse considerado como não tendo domicílio

---

[252] Hipótese que era contemplada pelo art. 52º/3 da Convenção de Bruxelas na versão anterior à revisão de 1989, que consagrava solução diferente. Ver também, relativamente à Convenção de Lugano, JENARD/MÖLLER [1989: nº 73].

[253] O domicílio legal do art. 88º CC, porém, não parece corresponder ao conceito de domicílio do Regulamento, sendo de considerar, para este efeito, como um domicílio fictício.

[254] Cf. JENARD [1979: 138].

[255] Cf. JENARD [1979: 137].

[256] *Ibidem.*

[257] Cf. GEIMER/SCHÜTZE [2010: Art. 59 nº 19].

na União e, por isso, sujeito a competências exorbitantes estabelecidas pelo Direito interno[258]. Por isso, creio que neste caso se deve considerar o réu domiciliado no Estado-Membro em que tenha residência habitual[259]. Com efeito, a residência habitual é um elemento de conexão que releva em alguns preceitos do Regulamento (arts. 5º/2 e 17º/3) e que, subsidiariamente, pode servir para estabelecer autonomamente o domicílio. Não sendo determinável a residência habitual, o réu deve considerar-se domiciliado em qualquer dos Estados-Membros que apresentam uma conexão significativa com a situação.

Em geral, pode dizer-se que seria preferível que, à semelhança do Regulamento Roma I, o Regulamento Bruxelas I utilizasse o elemento de conexão residência habitual, que suscita menos problemas de concretização[260].

Relativamente às "sociedades e pessoas colectivas", o art. 53º da Convenção de Bruxelas equipara a sede ao domicílio. Para determinar a sede o tribunal aplica as regras de Direito Internacional Privado do Estado do foro.

O sentido deste preceito está longe de ser claro. Aparentemente pretendeu-se estabelecer um paralelo entre a determinação do estatuto pessoal e o estabelecimento da competência internacional[261]. Assim, à face do Direito Internacional Privado português é relevante a sede principal e efetiva da administração (art. 33º CC). Mas este paralelo só é evidente quando se adota, em matéria de estatuto pessoal, o critério da sede. E quanto aos sistemas que adotam o critério da constituição? Neste caso a sede efetiva não é, em primeira linha relevante e, por conseguinte, parece que será de atender à sede estatutária.

Segundo um entendimento, por força do art. 3º/1/2ª parte do C. Soc. Com., devem considerar-se sedeadas em Portugal as sociedades que possuem sede estatutária no território nacional[262]. No entanto, em minha opinião, este preceito só concede relevância à sede estatutária para a proteção de terceiros e quando não se demonstre que os terceiros em causa

---

[258] Ver DROZ [1972: 220 e seg.].

[259] Cf. CAPOTORTI [1969: 337].

[260] Em sentido convergente, ver KOHLER [2002b: 474-475]. Cp. POCAR [2009: nº 24].

[261] Cf. JENARD [1979: 172].

[262] Cf. TEIXEIRA DE SOUSA [1997a: 105].

DIREITO INTERNACIONAL PRIVADO

devem contar com a competência da lei do Estado onde se situa a sede da administração[263].

A localização de uma sucursal, agência ou outro estabelecimento não releva para este critério geral de competência, mas só para os critérios especiais de competência quanto aos litígios emergentes da sua exploração (arts. 5º/nº 5, 8º/2 e 13º/2 da Convenção de Bruxelas).

O Regulamento optou por uma definição autónoma do domicílio das "pessoas coletivas", que se estabelece segundo três critérios alternativos: sede estatutária, administração central e estabelecimento principal (art. 60º/1)[264]. Isto corresponde à solução consagrada no art. 54º do Tratado sobre o Funcionamento da União Europeia (ex-art. 48º do Tratado da Comunidade Europeia) para efeitos de atribuição do direito de estabelecimento às sociedades "comunitárias". Este conceito autónomo de domicílio não evita o recurso ao Direito de Conflitos do Estado do foro quando se suscitem questões relativas à validade, nulidade ou dissolução da "pessoa coletiva" que tenha a sua sede num Estado-Membro ou à validade ou nulidade das decisões dos seus órgãos (art. 22º/2).

No caso de concurso de competências estabelecidas com base nestes critérios haverá que atender às regras sobre litispendência e conexão constantes dos arts. 27º e 28º[265].

O art. 60º/2 determina que, no que respeita ao Reino Unido e à Irlanda, "sede social" significa *"registered office"* ou, se este não existir, "sede social" significa *"place of incorporation"* (lugar de constituição) ou, se este não existir, o lugar sob cuja lei ocorreu a *"formation"* (formação). A necessidade deste preceito resulta de o conceito de "sede" ser estranho às ordens jurídicas inglesa e irlandesa[266].

A versão portuguesa do Regulamento reporta-se a "uma sociedade ou outra pessoa coletiva ou associação de pessoas singulares e colectivas"

---

[263] Ver LIMA PINHEIRO [*supra* § 59 D].

[264] Cf. Exposição de Motivos da proposta da Comissão, 24. Ver também art. 60º da Convenção de Lugano de 2007 e, sobre a sua justificação, POCAR [2009: nºs 29-30]. Sobre a determinação do lugar da administração central ver LIMA PINHEIRO [*supra* § 59 B.].

[265] Cf. KROPHOLLER/VON HEIN [2011: Art. 60 nº 2].

[266] Cf. *Cheshire, North & Fawcett* [2008: 210].

(art. 60º/1). Esta formulação pode porventura suscitar dúvidas sobre a possibilidade de inclusão de *organizações sem personalidade jurídica*. As versões francesa e alemã, porém, referem-se a "sociedades e pessoas coletivas" [*les sociétés et les personnes morales/Gesellschaften und juristische Personen*], expressão que fornece apoio claro a esta inclusão[267]. Com efeito, o fim do preceito é o de abranger todos os sujeitos processuais que não sejam pessoas singulares[268]. A esta luz, é suficiente, para a aplicação do art. 60º, que se trate de uma associação ou património autónomo com personalidade judiciária[269].

Nos termos do art. 60º/3[270], para determinar se um "*trust*" tem domicílio no território de um Estado-Membro a cujos tribunais tenha sido submetida a questão, o juiz aplicará as normas do seu Direito Internacional Privado. Este preceito complementa o preceito contido no art. 5º/6 e, por isso, será examinado em sede de critérios especiais de competência legal.

O Regulamento não define o *momento relevante para a determinação do domicílio do réu* com vista ao estabelecimento da competência internacional. Esta lacuna deve ser integrada por uma solução autónoma, segundo a qual é suficiente o domicílio do réu no Estado-Membro do foro quer no momento em que a ação se considera submetida à apreciação do tribunal (nos termos do art. 30º) quer no momento da decisão[271].

A persistência da competência inicialmente estabelecida, em caso de deslocação do domicílio do réu para outro Estado depois de a ação se considerar submetida à apreciação do tribunal, fundamenta-se no princípio da economia processual e na tutela do interesse do autor. De outro modo o réu teria a possibilidade de desencadear a incompetência do tribunal, depois da propositura da ação, mediante a deslocação do domicílio para fora da jurisdição.

A aceitação da competência, no caso de deslocação do domicílio do réu para o Estado do foro depois de a ação se considerar submetida à apreciação

---

[267] Ver também, relativamente ao art. 53º da Convenção de Bruxelas, JENARD [1979: 172].

[268] Cf. KROPHOLLER/VON HEIN [2011: Art. 60 nº 1].

[269] Cf. KROPHOLLER/VON HEIN [2011: Art. 60 nº 1].

[270] Ver também art. 53º/2 da Convenção de Bruxelas e da Convenção de Lugano de 1988 e art. 60º/3 da Convenção de Lugano de 2007.

[271] Ver KROPHOLLER/VON HEIN [2011: vor Art. 2 nºs 12 e segs.]. Em sentido diferente (a favor da aplicação das regras da *lex fori*), perante a Convenção de Bruxelas, TEIXEIRA DE SOUSA/MOURA VICENTE [1994: 78 mas cp. 25].

DIREITO INTERNACIONAL PRIVADO

do tribunal, é justificada, porque de outro modo o autor teria de propor uma nova ação no mesmo tribunal[272].

Nos termos do art. 2º/2 do Regulamento, as pessoas que não possuam a nacionalidade do Estado-Membro em que estão domiciliadas ficam sujeitas nesse Estado-Membro às regras de competência aplicáveis aos nacionais[273]. Este preceito consagra uma *regra de assimilação* dos estrangeiros domiciliados num Estado-Membro aos nacionais[274]. Como já resulta dos preceitos atrás examinados que a aplicação das regras de competência do Capítulo II depende exclusivamente do domicílio do réu num Estado-Membro, o art. 2º/2 tem sido entendido no sentido de os estrangeiros domiciliados num Estado-Membro estarem submetidos às mesmas regras de competência territorial ou em razão da matéria que os nacionais[275].

O aspeto positivo da assimilação encontra-se explicitado no art. 4º/2 do Regulamento, segundo o qual "qualquer pessoa, independentemente da sua nacionalidade, com domicílio no território de um Estado-Membro, pode, tal como os nacionais, invocar contra esse requerido as regras de competência que estejam em vigor nesse Estado-Membro e, nomeadamente, as previstas no anexo I"[276].

Por força deste preceito, as regras de competência de Direito interno de um Estado-Membro, incluindo as que estabelecem competências exorbitantes, podem ser invocadas por qualquer pessoa domiciliada nesse Estado-Membro contra o réu que não tenha domicílio num Estado--Membro[277].

G) Critérios especiais de competência legal
Os critérios especiais de competência legal, estabelecidos na Secção II do Capítulo II, concorrem com o critério do domicílio do réu.

---

[272] Ver também, perante a Convenção de Bruxelas, GEIMER [1976: 445 e seg.].

[273] Ver também art. 2º/2 das Convenções de Bruxelas e de Lugano (1988 e 2007).

[274] Cf. JENARD [1979: 139].

[275] Cf. KROPHOLLER/VON HEIN [2011: Art. 2 nº 3], GAUDEMET-TALLON [2010: nº 84], SCHLOSSER [2009: Art. 2 nº 3] e POCAR [2009: nº 23].

[276] Ver JENARD [1979: 141 e seg.].

[277] Ver considerações tecidas por FERRER CORREIA [2000: 490-491].

Do art. 3º/1 decorre que os critérios especiais de competência são definidos taxativamente pelo Regulamento, em caso algum se admitindo o seu alargamento por via interpretativa ou integrativa[278].

Já é discutível que os arts. 5º e segs. do Regulamento devam ser considerados exceções à regra geral da competência do tribunal do domicílio do réu e que, alegadamente por essa razão, devam ser interpretados restritivamente[279]. A jurisprudência do TCE não aponta sempre nesse sentido, devendo ser tidos em conta todos os elementos e critérios de interpretação, em especial os critérios teleológicos[280].

Em *matéria contratual* estabelece-se como critério especial de competência o lugar onde a obrigação em questão foi ou deva ser cumprida (art. 5º/1/a).

Entendeu-se que o foro do lugar de cumprimento da obrigação não só está bem colocado para a condução do processo como também é aquele que, em regra, apresenta a conexão mais estreita com o litígio. Uma vez que oferece ao autor uma alternativa ao foro do domicílio do réu, esse critério de competência contribui para um equilíbrio entre os interesses do autor e os do réu[281].

---

[278] Neste sentido, perante a Convenção de Bruxelas, uma jurisprudência constante do TCE, referida no ac. 13/7/2000, no caso *Group Josi* [*CTCE* (2000) I-5925], no nº 49.

[279] Neste sentido, porém, perante a Convenção de Bruxelas, TCE 27/9/1988, no caso *Kalfelis* [*CTCE* (1988) 5565], nº 19; perante o Regulamento, designadamente, TCE 23/4/2009, no caso *Falco Privatstiftung* [*in http://curia.europa.eu*], nº 37; ver também TCE 16/7/2009, no caso *Zuid-Chemie BV* [*in http://curia.europa.eu*], nº 22.

[280] Cf. KROPHOLLER/VON HEIN [2011: vor Art. 5 nº 3] e MAGNUS/MANKOWSKI/MANKOWSKI [2007: Art. 5 nºs 13-14].

[281] Cf. também art. 5º/1 da Convenção de Bruxelas e da Convenção de Lugano de 2007. Cp. a crítica de GAUDEMET-TALLON [2010: nº 203] e PIERRE MAYER [2007: 280-281], com mais referências, e a justificação apresentada por MAGNUS/MANKOWSKI/MANKOWSKI [Art. 5 nº 23] e POCAR [2009: nº 47].
Na jurisprudência portuguesa ver RPt 19/6/1995 [*CJ* (1995-III) 237] e 2/4/1998 [*CJ* (1998-II) 223], RCb 26/1/1999 [*CJ* (1999-I) 12], RLx 13/3/2001 [*CJ* (2001-II) 71] e 18/12/2001 [*CJ* (2001-V) 125] e STJ 1/7/1999 [*CJ/STJ* (1999-III) 11], 5/3/2002 [*in www.dgsi.pt/jstj.nsf*], 12/3/2002 [*in www. dgsi.pt/jstj.nsf*], 18/3/2002 [*in www.dgsi.pt/jstj.nsf*], 16/5/2002, [*CJ/STJ* (2002-II) 75], 28/1/2003 [*in www.dgsi.pt/jstj.nsf*], 18/3/2003 [*in www.dgsi.pt/jstj.nsf*], 29/4/2003 [*in www.dgsi.pt/jstj.nsf*], 13/5/2003 [*in www.dgsi.pt/jstj.nsf*] e 12/2/2004 [*in www.dgsi.pt/jstj.nsf*].

Segundo a jurisprudência constante do TCE/TUE o conceito de "matéria contratual" deve ser interpretado autonomamente[282], de acordo com os critérios anteriormente expostos (*supra* § 82 C). Assim, o tribunal já teve ocasião de qualificar como "matéria contratual" a pretensão de indemnização por incumprimento do contrato[283], a pretensão de pagamento fundada na relação associativa entre uma associação e os seus membros[284] e a pretensão de indemnização por rescisão abusiva de um contrato de agência[285]. A mesma qualificação foi negada em situações "em que não existe nenhum compromisso livremente assumido por uma parte relativamente à outra"[286], tais como a ação intentada pelo subadquirente de uma coisa contra o fabricante, que não é o vendedor, em razão dos defeitos da coisa ou da sua inadequação à utilização a que se destina[287], a ação de indemnização por avarias de carga intentada pelo destinatário da mercadoria ou o segurador sub-rogado nos seus direitos contra o efetivo transportador marítimo e não contra o emitente do conhecimento de carga[288] e a acção intentada pelo fiador que, por força de um contrato de garantia celebrado com o transitário, pagou os direitos aduaneiros, contra o terceiro devedor, proprietário da mercadoria importada, se este último, que não é parte no contrato de fiança, não tiver autorizado a celebração do referido contrato[289].

Em contrapartida, o TCE considera suficiente que exista uma obrigação jurídica livremente assumida por uma pessoa relativamente a outra, sem que se exija a celebração de um contrato, parecendo assim incluir ações relativas a obrigações geradas por certos negócios unilaterais[290].

---

[282] Ver referências em TCE 27/10/1998, no caso *Réunion européenne* [*CTCE* (1998) I-6511], nº 15.

[283] Ac. 6/10/1976, no caso *De Bloos* [*CTCE* (1976) 605].

[284] Ac. 22/3/83, no caso *Peters* [*CTCE* (1983) 987], nºs 13 e segs.

[285] Ac. 8/3/1988, no caso *Arcado* [*CTCE* (1988) 1539], nºs 13 e segs.

[286] Ac. 17/6/1992, no caso *Handte* [*CTCE* (1992) I-3967], nº 15.

[287] *Idem*, nº 21.

[288] Ac. 27/10/1998, no caso *Réunion européenne* [*CTCE* (1998) I-6511].

[289] Ac. 5/2/2004, no caso *Frahuil* [*in http://curia.europa*.eu].

[290] Cf. TCE 20/1/2005 no caso *Petra Engler* [*in http://curia.europa*.eu], nºs 45 e 51. Ver também GEIMER/SCHÜTZE [2010: Art. 5 nº 53], TEIXEIRA DE SOUSA [2003a: 75]; RIGAUX/FALLON [2005: 770], MAGNUS/MANKOWSKI/MANKOWSKI [2007: Art. 5 nºs 34 e segs.] e KROPHOLLER/VON HEIN [2011: Art. 5 nº 10].

A competência em matéria contratual compreende a apreciação da existência dos elementos constitutivos do contrato, quando for controvertida a própria existência do contrato[291].

Como melhor veremos a propósito do art. 5º/3, segundo a jurisprudência do TCE, uma pretensão fundada em responsabilidade pré-contratual só é considerada matéria contratual quando se baseie na violação de uma obrigação livremente assumida durante as negociações para a formação de um contrato e já não quando resulte unicamente da violação de um dever legal[292].

A obrigação relevante para o estabelecimento da competência é a que "serve de base à ação judicial"[293]. Tratando-se de uma pretensão de cumprimento de uma obrigação, serão competentes os tribunais do Estado onde a obrigação deve ser cumprida; tratando-se de uma pretensão indemnizatória por incumprimento da obrigação, serão competentes os tribunais do Estado onde a obrigação deveria ter sido cumprida.

Observe-se que a obrigação relevante é sempre a obrigação primariamente gerada pelo contrato e não a obrigação secundária que nasça do seu incumprimento ou cumprimento defeituoso[294].

O elemento de conexão aqui utilizado não se refere ao contrato no seu conjunto mas a cada uma das obrigações por ele geradas. Esta solução pode levar ao fracionamento da competência entre diferentes tribunais com respeito ao mesmo contrato. Isto poderá suceder quando o contrato gere obrigações que devem ser executadas em países diversos.

Caso um mesmo pedido se funde numa pluralidade de obrigações que devem ser executadas em países diferentes, haverá que atender ao lugar de execução da obrigação principal[295]. Se as obrigações forem equivalentes e, segundo o Direito de Conflitos do Estado do foro, uma delas deva ser executada neste Estado e outra deva ser executada noutro Estado-Membro, o tribunal não é competente para conhecer do conjunto da ação[296].

---

[291] Cf. TCE 4/3/1982, no caso *Effer* [*CTCE* (1982) 825].

[292] Ver KROPHOLLER/VON HEIN [2011: Art. 5 nº 18]. Ver ainda MAGNUS/MANKOWSKI/ MANKOWSKI [2007: Art. 5 nº 41, mas cp. nºs 53 e segs.].

[293] Cf. TCE 6/10/1976, no caso *De Bloos* [*CTCE* (1976) 605], nº 11. Ver também STJ 16/5/2002 [CJ (2002-II) 75].

[294] Cf. caso cit., nºs 13 e seg.

[295] Cf. TCE 15/1/1987, no caso *Shenavai* [*CTCE* (1987) 239, nº 19 (em *obiter dictum*).

[296] Cf. TCE 5/10/1999, no caso *Leathertex* [*CTCE* (1999) I-6747], nº 42.

DIREITO INTERNACIONAL PRIVADO

Caso se verifique uma multiplicidade dos lugares de cumprimento da obrigação contratual em causa, importa determinar um lugar único de execução, que, em princípio, é o que apresenta a conexão mais estreita entre o diferendo e o órgão jurisdicional competente[297]. Este critério especial de competência não se aplica num caso em que o lugar de cumprimento da obrigação que serve de fundamento à ação judicial não pode ser determinado, em virtude de a obrigação contratual controvertida consistir num dever de não fazer que não inclui qualquer limitação geográfica e que se caracteriza, portanto, por uma multiplicidade dos lugares onde foi ou devia ser cumprida; nesse caso, a competência só pode ser determinada por aplicação do critério geral de competência previsto no artigo 2º/1[298].

A atuação deste critério de competência suscita dificuldades quando o objeto principal da ação for a existência ou a validade do contrato, uma vez que neste caso o pedido não se fundamenta numa obrigação[299]. Parece defensável que nesta hipótese seja de considerar competente o tribunal do lugar onde deveria ser executada a obrigação característica caso o contrato fosse válido[300].

Também a ação destinada a apreciar a rescisão ou a denúncia do contrato está abrangida pelo critério especial de competência em matéria contratual[301]. Neste caso, parece que é de considerar competente o tribunal do lugar em que deveria ser cumprida a obrigação cujo incumprimento funda a rescisão ou do lugar em que deveria ser cumprida a obrigação da parte que denuncia o contrato.

Se a obrigação já foi cumprida é competente o tribunal do lugar do cumprimento efetivo, mesmo que não corresponda ao lugar onde a obrigação devia ser cumprida. Mas o lugar do cumprimento efetivo da obrigação só releva quando o credor tenha aceitado a prestação neste lugar sem formular reservas[302].

---

[297] Cf. TCE 19/2/2002, no caso *Besix* [*in http://curia.europa.eu*], nº 32.

[298] Cf. caso cit.

[299] Ver GOTHOT/HOLLEAUX [1985: 31 e seg.].

[300] Cf. GAUDEMET-TALLON, an. *Cour de cassation* 25/1/1983 [*R. crit.* 72 (1983) 516], 520. Cp. MAGNUS/MANKOWSKI/MANKOWSKI [2007: Art. 5 nº 137].

[301] Cf. MAGNUS/MANKOWSKI/MANKOWSKI [2007: Art. 5 nºs 38-39] e KROPHOLLER/VON HEIN [2011: Art. 5 nºs 8 e 14-15]. Errada, portanto, a decisão da RLx 13/3/2001 [*CJ* (2001-II) 71].

[302] Cf. KROPHOLLER/VON HEIN [2011: Art. 5 nº 34].

Em princípio, o lugar de cumprimento deve ser determinado segundo a lei designada pelo Direito de Conflitos do foro[303]. Por Direito de Conflitos entendemos aqui não só o Direito de Conflitos geral mas também normas de conexão especiais, como por exemplo, as que desencadeiam a aplicação de Direito material especial.

Se as partes tiverem estipulado o lugar de cumprimento, é suficiente, para estabelecer a competência com base no art. 5º/1, que a cláusula seja válida perante a lei aplicável ao contrato, não sendo necessário que obedeça à forma prescrita para o pacto de jurisdição[304]. Já está sujeita às condições de validade do pacto de jurisdição a estipulação que não vise determinar o lugar efetivo de cumprimento, mas exclusivamente o estabelecimento de um foro[305].

No entanto, relativamente a duas categorias contratuais da maior importância – a venda de bens e a prestação de serviço – o Regulamento veio introduzir uma dita "definição autónoma" do lugar de cumprimento das obrigações contratuais[306].

Com efeito, o art. 5º/1/b determina que para efeitos desta disposição, e salvo convenção em contrário[307], o lugar de cumprimento da obrigação em questão será:

– no caso da venda de bens, o lugar num Estado-Membro onde, nos termos do contrato, os bens foram ou devam ser entregues,

– no caso da prestação de serviços, o lugar num Estado-Membro onde, nos termos do contrato, os serviços foram ou devam ser prestados.

---

[303] Cf. TCE 6/10/1976, no caso *Tessili* [*CTCE* (1976) 585], e 23/4/2009, no caso *Falco Privatstiftung* [*in http://curia.europa.eu*], nºs 46 e segs. Andou mal a RCb no ac. 25/3/2003 [*CJ* (2003-II) 31] ao ignorar o lugar de cumprimento estipulado em cláusula contratual geral, com base no regime português das cláusulas contratuais gerais (aliás interpretado duvidosamente), quando existia uma válida designação do Direito alemão para reger o contrato perante a Convenção de Roma sobre a Lei Aplicável às Obrigações Contratuais e não se afigurava invocável o art. 8º/2 desta Convenção.

[304] Cf. TCE 17/1/1980, no caso *Zelger* [*CTCE* (1980) 89], nºs 5 e seg.

[305] Cf. TCE 20/2/1997, no caso *MSG* [*CTCE* (1997) I-911], nº 35.

[306] Parece também ser esta a razão por que o Regulamento, bem como a Convenção de Lugano de 2007, se referem à "obrigação em questão", ao passo que a Convenção de Bruxelas e a Convenção de Lugano de 1988 se referem à obrigação "que serve de fundamento ao pedido" (art. 5º/1).

[307] A admissibilidade desta convenção em contrário, a par da possibilidade de uma competência convencional nos termos do art. 23º, é criticada por HAU [2000: 360].

DIREITO INTERNACIONAL PRIVADO

Segundo a Exposição de Motivos que acompanha a proposta da Comissão, esta dita "definição autónoma" dispensa o recurso ao Direito de Conflitos do Estado do foro[308].

Bem vistas as coisas, não se trata de uma verdadeira definição autónoma de lugar de cumprimento, mas de estabelecer que só releva, na venda de bens, o lugar de cumprimento da obrigação de entrega e, na prestação de serviços, o lugar de cumprimento da obrigação do prestador de serviços. Pode ver-se aqui uma concretização da ideia de prestação característica (*supra* § 65 C), visto que só releva o lugar em que foi ou deve ser efetuada a prestação característica do contrato[309].

Assim, é irrelevante o lugar de cumprimento da obrigação de pagamento do preço dos bens ou dos serviços, mesmo que o pedido se fundamente nesta obrigação[310].

Os conceitos de "venda de bens" e de "prestação de serviços" devem ser interpretados autonomamente e em linha com os conceitos de "compra e venda de mercadorias" e de "contrato de prestação de serviços" do art. 4º/1 do Regulamento Roma I (als. a e b))[311].

Enquanto a versão portuguesa se refere à "venda de bens", as versões em língua alemã, francesa e inglesa apontam no sentido de abranger essencialmente a venda de coisas móveis corpóreas [*"Verkauf beweglicher Sachen"*, *"vente de marchandises"* e *"sale of goods"*]. A venda de direitos, designadamente, deve considerar-se excluída[312], bem como, segundo parece, a venda de imóveis[313].

O conceito de "prestação de serviços" deve ser entendido em sentido amplo, abrangendo a realização, em benefício da outra parte, de uma atividade não subordinada de qualquer natureza, incluindo a atividade realizada

---

[308] 6 e 14.

[309] Cf. MOURA RAMOS [2002: 210] e BEAUMONT [2002: 17 e segs.].

[310] Cf. Exposição de Motivos da proposta da Comissão, 14.

[311] Cf. Considerando nº 17 do Regulamento Roma I.

[312] Cf. KROPHOLLER/VON HEIN [2011: Art. 5 nº 41] e MAGNUS/MANKOWSKI/MANKOWSKI [2007: Art. 5 nº 88].

[313] Também perante o Regulamento Roma I a venda de mercadorias não abrange a venda de imóveis (arts. 4º/1/a e c). Ver KROPHOLLER/VON HEIN [2011: Art. 5 nº 41] e, após ponderação de argumentos a favor e contra esta exclusão, MAGNUS/MANKOWSKI/MANKOWSKI [2007: Art. 5 nº 84]. Para um exame mais desenvolvido, ver MAGNUS/MANKOWSKI/MANKOWSKI [2007: Art. 5 nºs 78 e segs.].

no interesse de outrem, contra remuneração[314]. Já não abrange um contrato de licença de exploração de um direito de propriedade intelectual[315].

Para distinguir os contratos de venda de bens dos contratos de prestação de serviço deverá atender-se à prestação característica do contrato, determinada com base noutras disposições do Direito da União e de Direito Internacional (designadamente a Convenção de Viena sobre a Venda internacional de Mercadorias) e – no caso de contratos relativos à entrega de bens a fabricar segundo as instruções do comprador –, à origem dos materiais a transformar e à responsabilidade do fornecedor[316].

Assim, se o comprador forneceu a totalidade ou a maioria dos materiais a partir dos quais o bem é fabricado, esta circunstância pode constituir um indício a favor da qualificação do contrato como "contrato de prestação de serviços". Em contrapartida, no caso contrário, não se verificando o fornecimento de materiais pelo comprador, existe um forte indício para que o contrato seja qualificado de "contrato de venda de bens"[317]. Se o vendedor for responsável pela qualidade e pela conformidade do bem com o contrato, que é o resultado da sua atividade, essa responsabilidade fará inclinar a balança para uma qualificação como "contrato de venda de bens". Ao invés, se este só for responsável pela execução correta segundo as instruções do comprador, essa circunstância milita antes a favor de uma qualificação do contrato como "prestação de serviços"[318].

Mas como determinar o lugar onde os bens devem ser entregues ou onde os serviços devem ser prestados?

O art. 5º/1/b refere-se aos "termos do contrato". Se as partes estipularam expressamente o lugar de cumprimento o problema está resolvido. Mas o preceito não deve ser interpretado no sentido de prever apenas os casos em que as partes estipularam o lugar de cumprimento[319]. Na falta de designação expressa poderá ser possível inferir do conjunto das circunstâncias

---

[314] Ver TCE 23/4/2009, no caso *Falco Privatstiftung* [*in http://curia.europa.eu*], nº 29, e, com mais desenvolvimento, KROPHOLLER/VON HEIN [2011 Art. 5 nºs 43-44] e MAGNUS/MANKOWSKI/MANKOWSKI [2007: Art. 5 nºs 89 e segs. e 122 e segs.]. Ver também TUE 11/3/2010, no caso *Wood Floor* [*in http://curia.europa.eu*], nºs 34-35, relativamente ao contrato de agência comercial.

[315] Cf. TCE 23/4/2009, no caso *Falco Privatstiftung* [*in http://curia.europa.eu*].

[316] Cf. TUE 25/2/2010, no caso *Car Trim* [*in http://curia.europa.eu*], nº 32, an. Maria João MATIAS FERNANDES [*in O Direito* 142 (2010) 371].

[317] *Ibidem*, nº 40.

[318] *Ibidem*, nº 42. Ver, em sentido crítico, KROPHOLLER/VON HEIN [2011: Art. 5 nº 40].

[319] Cf. DROZ/GAUDEMET-TALLON [2001: 635].

do caso uma estipulação tácita[320]. Se também não for possível apurar uma vontade tácita, pareceria inevitável o recurso ao Direito de Conflitos do Estado do foro[321].

O TCE/TUE, porém, não seguiu este caminho, entendendo que o art. 5º/1/b exclui o recurso ao Direito de Conflitos do Estado do foro[322]. Na falta de estipulação das partes, o lugar da execução deve ser determinado em função de outro critério que respeite a "génese, os objetivos e o sistema" do Regulamento, designadamente a certeza jurídica e a proximidade[323].

No caso da venda de bens à distância, a determinação desse lugar deve ter em conta todos os termos e todas as cláusulas pertinentes desse contrato que permitam designar de maneira clara esse lugar, incluindo os termos e cláusulas geralmente reconhecidos e consagrados pelos usos do comércio internacional, como os *Incoterms*. Se for impossível determinar o lugar de entrega nesta base, esse lugar é o do ato de entrega material das mercadorias, através do qual o comprador adquiriu ou devia ter adquirido o poder de dispor efetivamente dessas mercadorias no destino final da operação de venda (e não o da entrega do bem ao primeiro transportador)[324].

No caso de uma pluralidade de lugares de entrega num mesmo Estado--Membro, o tribunal competente para conhecer de todos os pedidos baseados no contrato de venda é o tribunal em cuja jurisdição territorial se situa o lugar da entrega principal, que deve ser determinado em função de critérios económicos. Na falta de fatores determinantes para definir o lugar da entrega principal, o autor pode demandar o réu no tribunal do lugar de entrega da sua escolha[325]. O TCE deixou deliberadamente em aberto a solução para o caso de vários lugares de entrega em diferentes

---

[320] Ver também TUE 11/3/2010, no caso *Wood Floor* [*in http://curia.europa.eu*], nº 38.

[321] Cf. DROZ/GAUDEMET-TALLON [2001: 635], GAUDEMET-TALLON [2010: nº 202] e KROPHOLLER [2002: Art. 5 nº 41]. Ver ainda BERAUDO [2001: 1044 e segs.], KOHLER [2002b: 477] e POCAR [2009: nº 51]. Cp. MAGNUS/MANKOWSKI/MANKOWSKI [2007: Art. 5 nº 96 e segs. e 104].

[322] Cf. TUE 25/2/2010, no supracit. caso *Car Trim*, nº 53. Ver também TCE 3/5/2007, no caso *Color Drack* [*in http://curia.europa.eu*], nºs 22 e 39, e 9/7/2009, no caso *Peter Rehder* [*in http:// curia.europa.eu*], nºs 32 e 37.

[323] Cf. TUE 25/2/2010, no supracit. caso *Car Trim*, nºs 57 e segs.

[324] Caso cit. e TUE 9/6/2011, no caso *Electrosteel* [*in http://curia.europa.eu*], nº 26.

[325] Cf. TCE 3/5/2007, no caso *Color Drack* [*in http://curia.europa.eu*].

REGIMES EUROPEUS

Estados-Membros[326]. Na doutrina é defendida a transposição da solução adotada relativamente à prestação de serviço, considerando-se competente a jurisdição do lugar da entrega principal[327].

No caso da prestação de serviço, deve-se atender ao lugar da execução efetiva do contrato[328]. Se a prestação de serviço tiver lugar em diversos Estados-Membros, o tribunal competente para conhecer de todos os pedidos baseados no contrato é o da jurisdição onde se encontra o lugar da principal prestação de serviço[329]. No caso do contrato de transporte aéreo, são considerados como lugares da prestação principal quer o lugar de partida quer o lugar de chegada do avião[330]. Na impossibilidade de determinar o lugar da principal prestação de serviço num contrato de agência, será de atender ao lugar onde o agente está domiciliado[331].

A al. b) do art. 5º/1 pressupõe que o lugar de cumprimento da obrigação de entrega ou da obrigação do prestador de serviço se situa no território de um Estado-Membro. Se isto não se verificar aplica-se somente a al. a) (art. 5º/1/c)[332].

Dado o alcance e importância prática das categorias contratuais abrangidas pela al. b), pode afirmar-se que a maior parte dos casos é abrangida por esta alínea e que são menos frequentes os casos em que se aplica somente a al. a)[333].

Em *matéria extracontratual*, estabelece-se como critério especial de competência "o lugar onde ocorreu ou poderá ocorrer o facto danoso"

---

[326] *Ibidem*, nº 16.

[327] Cf. GAUDEMET-TALLON [2010: nº 199] e KROPHOLLER/VON HEIN [2011: Art. 5 nº 50a], com mais desenvolvimento e referências.

[328] Cf. TUE 11/3/2010, no caso *Wood Floor* [*in http://curia.europa.eu*], nº 41.

[329] Cf. TCE 9/7/2009, no caso *Peter Rehder* [*in http://curia.europa.eu*], nº 38, e TUE 11/3/2010, no caso *Wood Floor* [*in http://curia.europa.eu*].

[330] Cf. TCE 9/7/2009, no supracit. caso *Peter Rehder*, nº 43, sendo de observar que a decisão se cinge ao pedido de indemnização baseado no contrato de transporte e no Reg. (CE) nº 261/2004.

[331] Cf. TUE 11/3/2010, no supracit. caso *Wood Floor*. Cp. a crítica de MANSEL/THORN/WAGNER [2011: 13-14].

[332] Cf. Exposição de Motivos da proposta da Comissão, 14.

[333] Ver KROPHOLLER/VON HEIN [2011: Art. 5 nº 28] e MAGNUS/MANKOWSKI/MANKOWSKI [Art. 5 nº 24].

DIREITO INTERNACIONAL PRIVADO

(art. 5º/3)[334]. As Convenções de Bruxelas e de Lugano de 1988 referem-se apenas ao "lugar onde ocorreu o facto danoso"[335]. A formulação utilizada no Regulamento torna claro que este critério de competência se aplica não só nos casos em que ocorreu um facto danoso mas também naqueles em que este facto pode ocorrer. Esta segunda hipótese releva, designadamente, para efeitos de medidas preventivas[336], tais como ações de abstenção de condutas ilícitas.

Assim, este critério de competência é aplicável a ação intentada por uma associação de proteção dos consumidores com vista a fazer proibir a utilização por um comerciante de cláusulas consideradas abusivas, em contratos com particulares[337].O tribunal precisou que, neste contexto, a noção de "facto danoso" abrange não apenas as situações em que um particular tenha sofrido um prejuízo a título individual, mas também, designadamente, os danos causados à ordem jurídica resultantes da utilização de cláusulas abusivas[338].

Também se considera abrangida a ação destinada a declarar a ilegalidade de uma ação coletiva sindical[339].

Este critério especial de competência é especialmente justificado pela proximidade do foro do lugar onde ocorreu o facto danoso relativamente às provas[340] e pela tendencial coincidência entre este foro e o Direito aplicável à responsabilidade extracontratual[341]. Também visa permitir ao requerente

---

[334] Ver também art. 5º/3 da Convenção de Lugano de 2007.

[335] Cp., na jurisprudência portuguesa, STJ 23/9/1997 [CJ/STJ (1997-III) 28], 9/2/1999 [*in http:// www.dgsi.pt/jstj.nsf*], 12/2/2004 [*in http://www.dgsi.pt/jstj.nsf*], 3/3/2005 [*in http://www.dgsi.pt/jstj. nsf*] e 24/10/2007 [CJ/STJ (2007-III) 280], RCb 1/6/2004 [CJ (2004-III) 21] e 26/6/2007 [CJ (2007-III) 35] e RPt 28/9/1998 [CJ (1998-IV) 194].

[336] Cf. Exposição de Motivos da Proposta da Comissão, 14, e TCE 1/10/2002, no caso *Henkel* [*in http://curia.europa.eu*], nº 48, e 5/2/2004, no caso *DFDS Tortline* [*in http://curia.europa.eu*], nº 27. Ver ainda POCAR [2009: nºs 60-61].

[337] Cf. TCE 1/10/2002, no caso *Henkel* [*in http://curia.europa.eu*].

[338] *Ibidem*, nº 42.

[339] Cf. TCE 5/2/2004, no caso *DFDS Tortline* [*in http://curia.europa.eu*], nº 28.

[340] Cf. TCE 16/7/2009, no caso *Zuid-Chemie* [*in http://curia.europa.eu*], nº 24, com referências relativas à jurisprudência perante a Convenção de Bruxelas.

[341] Sobre o Direito aplicável à responsabilidade extracontratual, *supra* § 68 B e C. Cp. a crítica de PIERRE MAYER [2007: 281].

a fácil identificação do tribunal a que se pode dirigir e ao requerido prever razoavelmente aquele perante o qual pode ser demandado[342].

O conceito de "matéria extracontratual" deve ser interpretado autonomamente[343], segundo os critérios atrás assinalados (*supra* § 82 C).

Esta interpretação suscita algumas dificuldades, para as quais contribui a divergência entre as várias versões linguísticas do Regulamento. Assim, a versão francesa refere-se a *"matière délictuelle ou quasi délictuelle"*, a versão alemã a *"unerlaubte Handlung oder eine Handlung, die einer unerlaubten Handlung gleichgestellt ist"* e a versão inglesa a *"matters relating to tort, delict or quasi-delict"*. Apesar da referência que algumas versões fazem a quase--delitos, parece que a "matéria extracontratual" abrange *essencialmente* a responsabilidade civil por violação de quaisquer direitos ou interesses juridicamente protegidos, bem como a responsabilidade civil pelo risco e pelo sacrifício, na medida em que não seja reconduzível à "matéria contratual"[344].

A delimitação entre o âmbito de aplicação do nº 1 e o do nº 3 deve tanto quanto possível corresponder à delimitação entre o âmbito material de aplicação do Regulamento Roma I e o do Regulamento Roma II, salvo se considerações específicas de Direito da Competência Internacional apontarem em sentido diferente[345].

O conceito abrange igualmente a responsabilidade pré-contratual quando não exista um compromisso livremente assumido por uma parte perante a outra durante as negociações para a formação de um contrato, mas uma rutura injustificada das negociações, "em violação de regras jurídicas, nomeadamente da que impõe às partes o dever de agir de boa fé durante as negociações para a formação de um contrato"[346].

---

[342] Cf. TCE 5/2/2004, no caso *DFDS Tortline* [*in http://curia.europa.eu*], nº 36, e 10/6/2004, no caso *Kronhofer* [*in http://curia.europa.eu*], nº 20.

[343] Ver, designadamente, TCE 27/7/1988, no caso *Kalfelis* [*CTCE* (1988) 5565], nºs 15 e segs.

[344] Cf. TCE 27/9/1988, no caso *Kalfelis* [*CTCE* (1988) 5565]. Ver, com mais desenvolvimento, KROPHOLLER/VON HEIN [2011: Art. 5 nºs 74 e 75] e GAUDEMET-TALLON [2010: nº 211]. Ver ainda MAGNUS/MANKOWSKI/MANKOWSKI [2007: Art. 5 nºs 193 e segs.].

[345] Cf. GAUDEMET-TALLON [2010: nº 213] e KROPHOLLER/VON HEIN [2011: Art. 5 nº 72]. Sobre os âmbitos materiais de aplicação dos Regulamentos Roma I e Roma II, ver *supra* § 65 A e § 68 A.

[346] Cf. TCE 17/9/2002, no caso *Tacconi* [*in http://curia.europa.eu*], nºs 25 e 27. Cp. a crítica de MAGNUS/MANKOWSKI/MANKOWSKI [2007: Art. 5 nºs 57-58]. Ver ainda MARTINY [2002: 654].

A impugnação pauliana não é qualificável como "matéria extracontratual", uma vez que o seu objeto não é o de obter a condenação do devedor no ressarcimento dos danos causados ao credor pelo ato fraudulento, mas o de eliminar, em relação ao credor, os efeitos do ato de disposição praticado pelo devedor[347].

O TCE tem entendido que no caso de uma concorrência de pretensões em que apenas uma das pretensões é reconduzível a "matéria extracontratual", a competência do tribunal não abrange os elementos do pedido que não se fundamentam no delito[348]. Da mesma jurisprudência parece inferir-se que, no caso de concorrência de pretensões contratual e extracontratual, a competência fundada no art. 5º/1 também se limita apenas à pretensão contratual[349], mas não é inteiramente conclusiva neste sentido, suscitando divergências na doutrina[350].

O TCE também tem procedido a uma interpretação autónoma da expressão "lugar onde ocorreu o facto danoso", entendendo que abrange tanto o lugar onde o dano se produz como o lugar onde ocorre o evento causal. Por isso, caso não haja coincidência entre estes lugares, o autor pode escolher entre a jurisdição de cada um deles. O TCE entendeu que ambas as jurisdições têm uma conexão estreita com o litígio, não se justificando a exclusão de qualquer delas[351].

Todavia, pelo menos no que toca às ofensas à honra através dos meios de comunicação social, o tribunal do lugar onde se produz o dano só é competente para o dano causado neste Estado, ao passo que no tribunal do lugar onde ocorre o evento causal pode ser pedida a indemnização global[352]. Na

[347] Cf. TCE 26/3/1992, no caso *Reichert* [*CTCE* (1992) I-2149], nºs 19 e seg.

[348] Cf. TCE 27/9/1988, no caso *Kalfelis* [*CTCE* (1988) 5565] e 27/10/1998, no caso *Réunion européenne* [*CTCE* (1998) I-6511], nº 49.

[349] Neste sentido, POCAR [2009: nº 43]; GAUDEMET-TALLON [2010: nº 181] com apreciação crítica.

[350] Ver KROPHOLLER/VON HEIN [2011: Art. 5 nº 79], com mais referências, SCHLOSSER [2009: vor Art. 5 nº 2] e MARTINY [2002: 655-656].

[351] Cf. acs. 30/11/1976, no caso *Bier* [*CTCE* (1976) 677], nºs 15 e segs., e 27/10/1998, no caso *Réunion européenne* [*CTCE* (1998) I-6511], nº 27 e seg.

[352] Cf. TCE 7/3/1995, no caso *Shevill* [*CTCE* (1995) I-0415], nºs 25 e segs. Ver também KROPHOLLER/VON HEIN [2011: Art. 5 nºs 84 e 85], que se pronunciam no sentido da extensão desta solução a outros "delitos plurilocalizados", como por exemplo certas violações de direitos de autor e da concorrência; em sentido convergente, ver GAUDEMET-TALLON [2010: nº 220],

decisão do caso *Shevill* o TCE afirmou que como lugar do evento causal se entende o lugar do estabelecimento do editor da publicação e como lugar do dano os lugares onde a publicação é divulgada desde que o lesado seja aí conhecido[353]. Ponderou-se que a jurisdição de cada Estado de divulgação é a territorialmente mais qualificada para apreciar a difamação cometida neste Estado e para determinar a extensão do prejuízo daí resultante[354].

Mais recentemente, no caso *eDate Advertising*[355], o TUE entendeu que em caso de alegada violação dos direitos de personalidade através de conteúdos colocados em linha num sítio na Internet, a pessoa que se considerar lesada tem a faculdade de intentar uma ação fundada em responsabilidade pela totalidade dos danos causados, quer nos órgãos jurisdicionais do Estado-Membro do lugar de estabelecimento da pessoa que emitiu esses conteúdos quer nos órgãos jurisdicionais do Estado-Membro onde se encontra o centro dos seus interesses. Esta pessoa pode igualmente, em vez de uma ação fundada em responsabilidade pela totalidade dos danos causados, interpor a sua ação nos órgãos jurisdicionais de cada Estado-Membro em cujo território esteja ou tenha estado acessível um conteúdo em linha. Estes são competentes para conhecer apenas do dano causado no território do Estado-Membro do órgão jurisdicional em que a ação foi intentada.

Por "lugar onde se produz o dano" o mesmo tribunal entende "o lugar onde o facto gerador produz os seus efeitos danosos"[356]. Pode suceder que como consequência de um dano produzido num lugar venha a produzir-se um dano patrimonial adicional noutro lugar. Neste caso o TCE entende que só fundamenta a competência o dano produzido em primeiro lugar[357].

MAGNUS/MANKOWSKI/MANKOWSKI [2007: Art. 5 nº 212] e POCAR [2009: nº 59]. Cp. SCHACK [2010: nºs 346-347] e COESTER-WALTJEN [1999: 182 e seg.].

[353] Caso cit., nº 29.

[354] Caso cit., nº 31.

[355] Cf. TUE 25/10/2011 [*in http://curia.europa.eu*], nº 52.

[356] Cf. 16/7/2009, no caso *Zuid-Chemie* [*in http://curia.europa.eu*], nº 27.

[357] Cf. ac. 19/9/1995, no caso *Marinari* [*CTCE* (1995) I-2719], nºs 14 e segs., e 10/6/2004, no caso *Kronhofer* [*in http:/curia.europa.eu*], nºs 19-21. No caso de uma ação intentada pelo destinatário de mercadoria avariada contra o transportador marítimo efetivo, o TCE, no ac. 27/10/1998, no caso *Réunion européenne* [*CTCE* (1998) I-06511], nºs 33 e segs., decidiu que "o lugar onde ocorreu o facto danoso" é aquele em que o transportador marítimo entregou a mercadoria e não aquele em que o destinatário de mercadorias, após a execução do transporte marítimo e na

DIREITO INTERNACIONAL PRIVADO

Pode igualmente suceder que em consequência do dano causado a uma pessoa outra pessoa venha a sofrer um prejuízo. Também aqui o TCE entende que só fundamenta a competência o lugar onde se produz o dano causado à pessoa diretamente lesada[358]. Por conseguinte, o conceito de "dano" deve, em princípio, ser entendido, à semelhança do que se verifica perante o art. 4º/1 do Regulamento Roma II, como lesão do bem jurídico (por exemplo, a vida ou a propriedade)[359]. Uma vez que o bem jurídico, sendo uma realidade jurídica, não tem uma localização física, a localização da sua lesão é operada pelo resultado prático direto da conduta lesiva (*supra* § 68 B).

No caso de uma ação de responsabilidade extracontratual contra o fabricante de um produto defeituoso considera-se como lugar onde ocorreu o facto danoso o lugar onde o dano inicial surgiu devido à utilização normal do produto para os fins a que se destina e não o lugar da entrega do produto defeituoso ao comprador[360].

Os danos resultantes de uma ação coletiva realizada por um sindicato num Estado contratante no qual navega um navio registado noutro Estado contratante não devem necessariamente ser considerados ocorridos no Estado do pavilhão do navio, de modo a que o armador aí possa intentar uma ação de indemnização contra esse sindicato. O "Estado do pavilhão, ou seja, o Estado no qual o navio está registado, apenas deve ser considerado um elemento, entre outros, que concorre para a identificação do lugar onde o dano ocorreu. A nacionalidade do navio só pode desempenhar um papel decisivo na hipótese de o órgão jurisdicional nacional chegar à conclusão de que os danos se concretizaram a bordo do *Tor Caledonia*. Neste último caso, o Estado do pavilhão do navio deverá necessariamente ser considerado como o lugar em que o facto danoso provocou os prejuízos"[361]. É observado que a relevância da lei do pavilhão nesta matéria não foi qua-

---

sequência do transporte terrestre final, mais não fez do que verificar as avarias da mercadoria que lhe foi entregue. Ver também, na jurisprudência portuguesa, STJ 3/3/2005, proc. 04A4283 [*in http://www.dgsi.pt/jstj.nsf*].

[358] Cf. TCE 11/1/1990, no caso *Dumez France* [*CTCE* (1990) I-00049], nºs 20 e segs.

[359] Cf. Considerando nº 17 do Regulamento Roma II, e KROPHOLLER/VON HEIN [2011: Art. 5 nº 83d].

[360] Cf. TCE 16/7/2009, no caso *Zuid-Chemie* [*in http://curia.europa.eu*].

[361] Cf. TCE 5/2/2004, no caso *DFDS Tortline* [*in http://curia.europa.eu*], nºs 44-45.

REGIMES EUROPEUS

lificada por qualquer referência à posição do navio em águas territoriais ou no alto mar[362].

Deve entender-se que a atribuição de competência ao tribunal do lugar onde poderá ocorrer o facto danoso também faculta uma escolha entre o lugar em que o dano se pode produzir e o lugar em que pode ocorrer o evento causal[363].

Quanto às ações em *matéria de obrigação alimentar*, foi atrás assinalado que o Reg. (CE) n.º 4/2009, relativo às obrigações alimentares, aplicável a partir de 18 de Junho de 2011, veio substituir as disposições do Regulamento Bruxelas I aplicáveis em matéria de obrigações alimentares decorrentes de relações de família (Considerando n.º 44 e art. 68.º/1 do Regulamento sobre obrigações alimentares). O regime sobre competência do Regulamento Bruxelas I continuará, porém, a ser aplicável aos processos instaurados antes de 18 de Junho de 2011 (art. 75.º do Regulamento sobre obrigações alimentares).

Nos termos do art. 5.º/2 do Regulamento Bruxelas I, as ações em matéria de obrigação alimentar podem ser propostas perante o tribunal do lugar em que o credor de alimentos tem o seu domicílio ou a sua residência habitual ou, tratando-se de pedido acessório de ação sobre o estado de pessoas, perante o tribunal competente segundo a lei do foro, salvo se esta competência for unicamente fundada na nacionalidade de uma das partes (art. 5.º/2)[364].

---

[362] Ver Jürgen BASEDOW – "Rome II at Sea – General Aspects of Maritime Torts", *RabelsZ*. 74 (2010) 118-138, 132. Cp. a decisão TCE 27/10/1998 no caso *Réunion européenne* (1998), relativamente a uma pretensão, fundada em responsabilidade extracontratual, do segurador do destinatário, exercendo o seu direito de sub-rogação, por danos sofridos pela carga transportada pelo mar da Austrália para a Holanda e, seguidamente, por estrada para França, contra o transportador marítimo efetivo e não contra o emitente do conhecimento de carga, em que era difícil localizar o facto que originou o dano e o próprio dano. O tribunal concluiu que para efeitos do art. 5.º/3 da supracit. Convenção de Bruxelas seria de considerar que o dano ocorreu no lugar em que o transportador marítimo efetivo devia entregar a mercadoria.

[363] Cf. DROZ/GAUDEMET-TALLON [2001: 637]; MAGNUS/MANKOWSKI/MANKOWSKI [2007: Art. 5 n.ºs 258 e segs.] e POCAR [2009: n.º 62], com mais desenvolvimento.

[364] Ver também art. 5.º/2 da Convenção de Bruxelas e art. 5.º/2/a e b da Convenção de Lugano de 2007. O art. 5.º/2/c desta Convenção acrescenta o tribunal competente segundo a lei do foro, para conhecer de um pedido acessório de ação sobre responsabilidade parental, salvo se

DIREITO INTERNACIONAL PRIVADO

O conceito relevante de obrigação alimentar já foi anteriormente referido (*supra* § 84 B). O art. 5º/2 é aplicável às obrigações alimentares decorrentes de relações de família[365]. Não é, em princípio, aplicável às obrigações alimentares resultantes de contrato (que são abrangidas pelo art. 5º/1)[366], nem às obrigações alimentares resultantes de responsabilidade extracontratual (que são abrangidas pelo art. 5º/3)[367]. Tão-pouco se aplica às pretensões de alimentos que decorram de normas relativas aos regimes matrimoniais de bens, bem como, segundo parece, às resultantes de sucessão por morte, que, como já foi assinalado (*supra* § 84 B), se encontram fora do âmbito de aplicação do regulamento.

O conceito de "credor de alimentos" também é de interpretar autonomamente. Entende-se por credor de alimentos "qualquer requerente de alimentos, incluindo os que intentam, pela primeira vez, uma acção em matéria de alimentos"[368].

Nesta matéria, vigoram na ordem jurídica portuguesa a Convenção da Haia Relativa ao Reconhecimento e Execução de Decisões em Matéria de Prestação de Alimentos a Menores (1958) e a Convenção da Haia sobre o Reconhecimento e Execução de Decisões Relativas a Obrigações Alimentares (1973). Mas estas Convenções não regulam a competência internacional direta. As relações entre estas Convenções e o Regulamento, no que toca ao reconhecimento das decisões, obedecem às regras gerais, adiante examinadas (*infra* § 94 E).

Há fortes razões para em matéria de obrigação alimentar se consagrar o foro do domicílio do credor de alimentos. Primeiro, o credor de alimentos não deve ser forçado a intentar a ação no foro do domicílio do devedor, porque é normalmente uma pessoa com dificuldades económicas e porque o devedor pode ter deslocado o seu domicílio para o estrangeiro depois da obrigação se ter constituído. Segundo, é o tribunal do domicílio do credor de alimentos que está em melhor posição para verificar se ele tem neces-

---

esta competência for unicamente fundada na nacionalidade de uma das partes. Sobre o sentido deste aditamento, ver POCAR [2009: nº 56].

[365] Cf. SCHLOSSER [1979: nº 92] e MAGNUS/MANKOWSKI/MANKOWSKI [2007: Art. 5 nº 160].

[366] Salvo se o contrato se limitou a consagrar uma obrigação alimentar com fundamento jurídico-familiar – cf. SCHLOSSER [1979: nº 92]; cp. GEIMER/SCHÜTZE [2010: Art. 5 nº 171--172]. Ver ainda a crítica de a crítica de GOTHOT/HOLLEAUX [1985: 45].

[367] Cf. SCHLOSSER [1979 nºs 92 e 96]. Cp. GEIMER/SCHÜTZE [2010: Art. 5 nºs 172-176].

[368] Cf. TCE 20/3/1997, no caso *Farrell* [CTCE (1997) I-01683], nº 27.

sidade dos referidos alimentos e para determinar a medida da prestação de alimentos[369]. Terceiro, esta solução contribui para a coincidência entre o foro e o Direito aplicável, visto que à face do Protocolo da Haia sobre a Lei Aplicável às Obrigações Alimentares (2007) se aplica, em princípio, a lei da residência habitual do credor de alimentos[370].

A par do domicílio do credor de alimentos, admite-se também a competência dos tribunais da sua residência habitual, de modo a alinhar o regime comunitário com as Convenções da Haia[371]. Na interpretação do conceito de residência habitual deverá ter-se em conta a jurisprudência do TCE/TUE relativa ao Regulamento Bruxelas II (*infra* § 85) bem como as Convenções da Haia tidas em conta na elaboração do art. 5º/2 do Regulamento Bruxelas I[372].

Se o pedido de alimentos for acessório de ação sobre o estado de pessoas, a competência do tribunal pode estabelecer-se com base no Direito interno, salvo se esta competência for unicamente fundada na nacionalidade de uma das partes[373].

De acordo com o fundamento do art. 5º/2, deve entender-se que só o credor de alimentos se pode prevalecer desta competência especial[374]. Assim, o devedor de alimentos só pode requerer a alteração da pensão de alimentos no foro do domicílio do réu[375].

Como já foi assinalado (*supra* § 84 B), o Regulamento é aplicável às ações propostas pela Administração contra o devedor de alimentos com vista ao reembolso das prestações efetuadas pela Administração em caso de

---

[369] Cf. JENARD [1979: 144]. Ver ainda MAGNUS/MANKOWSKI/MANKOWSKI [2007: Art. 5 nº 155].

[370] Cf. KROPHOLLER/VON HEIN [2011: Art. 5 nº 54] e, sobre o Direito aplicável, LIMA PINHEIRO [*supra* § 56].

[371] Cf. JENARD [1979: 144].

[372] Ver MAGNUS/MANKOWSKI/MANKOWSKI [2007: Art. 5 nºs 182-183] e KROPHOLLER/VON HEIN [2011: Art. 5 nº 59].

[373] Ver, com mais desenvolvimento, KROPHOLLER/VON HEIN [2011: Art. 5 nºs 60 e segs.], TEIXEIRA DE SOUSA [2003a: 76-77] e MAGNUS/MANKOWSKI/MANKOWSKI [2007: Art. 5 nºs 184 e segs.]. Sobre os antecedentes deste preceito, ver FERREIRA PINTO [1992: 67 e seg.].

[374] Cf. KROPHOLLER/VON HEIN [2011: Art. 5 nº 64] e MAGNUS/MANKOWSKI/MANKOWSKI [2007: Art. 5 nº 171]. Cp. GEIMER/SCHÜTZE [2010: Art. 5 nº 193], SCHLOSSER [2009: Art. 5 nº 13], *MüKoZPO*/GOTTWALD [2008: Art. 5 nº 49] e TEIXEIRA DE SOUSA [2003a: 77].

[375] Cf. SCHLOSSER [1979: nº 107].

DIREITO INTERNACIONAL PRIVADO

incumprimento do devedor[376], desde que o fundamento e as modalidades de exercício desta ação sejam regulados pelas regras de Direito comum em matéria de obrigação alimentar[377]. Nesta hipótese, porém, não se verifica a competência especial prevista no art. 5º/2[378]. O mesmo se diga das ações de regresso de particulares que tenham, na mesma situação, prestado alimentos[379].

Da competência do tribunal para a fixação da pensão de alimentos não decorre a competência do mesmo tribunal para uma ação de alteração da pensão de alimentos[380]. Os pressupostos da competência com respeito a esta ação têm de ser verificados à face das regras do Regulamento.

O nº 4 do art. 5º estabelece que, se se tratar de *ação de indemnização ou de ação de restituição fundadas numa infração*, é competente o tribunal onde foi intentada a ação pública, na medida em que, de acordo com a sua lei, esse tribunal possa conhecer da ação cível[381].

Através deste preceito o Regulamento, na linha das Convenções de Bruxelas e de Lugano[382], atende à possibilidade ou mesmo necessidade de dedução do pedido cível, fundado na prática de um crime, no processo penal respetivo, prevista pela maioria dos sistemas dos Estados-Membros[383].

O art. 5º/4 estabelece uma competência internacional adicional para o caso de o tribunal competente para a responsabilidade fundada numa

---

[376] Cf. SCHLOSSER [1979: nº 97].

[377] Isto já não se verifica quando a ação de regresso se baseia em disposições pelas quais o legislador conferiu ao organismo público uma prerrogativa própria – cf. TCE 14/11/2002, no *caso Baten* [*in http://curia.europa.eu*], nº 37, e 15/1/2004, no caso *Blijdenstein* [*in http://curia.europa. eu*], nº 20. Ver ainda TCE 15/5/2003, no caso *Préservatrice foncière TIARD* [*in http://curia.europa. eu*], e 5/2/2004, no caso *Frahuil* [*in http://curia.europa.eu*].

[378] *Ibidem* e TCE 15/1/2004, no caso *Blijdenstein* [*in http://curia.europa.eu*], nº 34.

[379] Cf. KROPHOLLER/VON HEIN [2011: Art. 5 nº 65]. Cp. *MüKoZPO*/GOTTWALD [2008: Art. 5 nº 50].

[380] Cf. JENARD [1979: 145] e SCHLOSSER [1979: nºs 106 e seg.].

[381] Cf. também art. 5º/4 da Convenções de Bruxelas e da Convenção de Lugano de 2007.

[382] Cf. JENARD [1979: 130].

[383] No Direito português, ver arts. 71º e segs. C. Proc. Penal. Sobre o fundamento desta competência, ver TEIXEIRA DE SOUSA/MOURA VICENTE [1994: 94] e MAGNUS/MANKOWSKI/ MANKOWSKI [2007: Art. 5 nº 262].

infração ter sede num lugar que não é o do lugar onde ocorreu o facto danoso[384].

Esta competência pressupõe que o tribunal possa conhecer o pedido cível de acordo com a sua lei. Por conseguinte, o preceito não interfere com as regras internas de competência nem com as normas sobre a dedução do pedido cível no processo penal[385]. Deve, no entanto, ter-se em conta o disposto no art. 61º, que será examinado a propósito do regime de reconhecimento do Regulamento (*infra* § 94 H).

Quanto aos *litígios relativos à exploração de uma sucursal, de uma agência ou de qualquer outro estabelecimento* estabelece-se como critério especial de competência o lugar da situação do estabelecimento (art. 5º/5)[386].

Este critério concorre com o critério geral do domicílio da pessoa que seja titular do estabelecimento e ainda com os critérios especiais estabelecidos para a matéria em causa, designadamente, em matéria contratual, com o critério do lugar do cumprimento da obrigação.

Quer isto dizer, por exemplo, que uma ação contra uma sociedade sedeada em Espanha relativa a um contrato celebrado com uma sucursal portuguesa tanto pode ser interposta em tribunais portugueses como nos tribunais espanhóis.

Com efeito, se o réu atua num Estado através de um centro local de atividade seria injusto que o autor tivesse de propor a ação noutro foro, que lhe pode ser completamente estranho.

Este preceito só se aplica às ações propostas contra titulares de estabelecimentos que sejam domiciliados noutro Estado-Membro[387]. Os titulares de estabelecimentos não podem prevalecer-se desta competência nas ações por si intentadas[388].

O conceito de estabelecimento tem sido, para este efeito, interpretado autonomamente pelo TCE. Por estabelecimento entende-se aqui "um

---

[384] Cf. JENARD [1979: 145].

[385] Cf. JENARD [1979: 130], GAUDEMET-TALLON [2010: nº 223] e KROPHOLLER/VON HEIN [2011: Art. 5 nº 98].

[386] Ver também art. 5º/5 da Convenção de Bruxelas e da Convenção de Lugano de 2007.

[387] Cf. JENARD [1979: 145].

[388] Cf. Procurador-Geral REISCHL relativamente a TCE 6/10/1976, no caso *De Bloos* [CTCE (1976) 1497] e a TCE 18/3/1981, no caso *Blanckaert & Willems* [CTCE (1981) 819], DROZ [1972: 69], BISCHOFF [1977: 727 e seg.], GEIMER/SCHÜTZE [2010: Art. 5 nº 298] e MAGNUS/ /MANKOWSKI/MANKOWSKI [2007: Art. 5 nº 271].

DIREITO INTERNACIONAL PRIVADO

centro de operações que se manifesta externamente de modo duradouro como prolongamento de uma casa-mãe, provido de uma direcção e materialmente equipado de modo a poder negociar com terceiros "[389]. Este "centro de operações" encontra-se subordinado ao controlo e direção do "estabelecimento principal", mas tem autonomia na gestão dos negócios correntes[390].

Um concessionário comercial exclusivo não é um "estabelecimento" de um concedente, visto que o concessionário não está sob a direção e o controlo do concedente[391]. Pela mesma razão, e também porque o agente não participa efetivamente na negociação e na execução dos negócios, mas antes se limita, no essencial, a transmitir as encomendas ao principal, um agente comercial também não é, em princípio, um "estabelecimento" do principal[392].

Uma filial, apesar de ser uma sociedade juridicamente independente, pode em circunstâncias especiais ser considerada como um "estabelecimento" da sociedade-mãe. Com efeito, o decisivo não são as relações jurídicas existentes entre as pessoas coletivas constituídas em diferentes Estados-Membros, mas "o modo por que essas duas empresas se comportam na vida social e se apresentam perante terceiros nas suas relações comerciais"[393]. Assim, a expressão "qualquer outro estabelecimento" pode abranger a filial constituída segundo o Direito alemão como sociedade de responsabilidade limitada [GmbH], "que tem o mesmo nome e a mesma direcção, que age e celebra negócios em seu nome e que ela [a sociedade--mãe] utiliza como prolongamento"[394].

---

[389] Ver TCE 6/10/1976, no supracit. caso *De Bloos*, e 22/11/1978, no caso *Somafer* [*CTCE* (1978) 2183]. Ver, com mais desenvolvimento, MAGNUS/MANKOWSKI/MANKOWSKI [2007: Art. 5 nºs 273 e segs.].

[390] Ver ainda an. HUET ao caso *Somafer* [1979] e an. BISCHOFF [1977], GOTHOT/HOLLEAUX [1977] e GEIMER [1977] ao caso *De Bloos*.

[391] Cf. TCE 6/10/1976, no supracit. caso *De Bloos*, nºs 20 e segs.

[392] Cf. TCE 18/3/1981, no caso *Blanckaert & Willems* [*CTCE* (1981) 819], nº 12 e seg., em que também se teve em conta que segundo o Direito aplicável o principal não podia impedir o agente de representar simultaneamente diversas empresas concorrentes no mesmo setor de produção ou comercialização. Cp. MAGNUS/MANKOWSKI/MANKOWSKI [2007: Art. 5 nºs 294-295].

[393] Cf. TCE 9/12/87, no caso *Schotte* [*CTCE* (1987) 4916], nº 16.

[394] Caso cit. Cp., quanto ao alcance da solução, KROPHOLLER/VON HEIN [2011: Art. 5 nº 108], MAGNUS/MANKOWSKI/MANKOWSKI [2007: Art. 5 nºs 281 e segs.] e POCAR [2009: nº 67].

REGIMES EUROPEUS

Deverá também ter-se em conta, na interpretação do conceito de estabelecimento, os desenvolvimentos que venham a verificar-se com respeito ao art. 19º/2 do Regulamento Roma I e ao art. 23º/1/§ 2º do Regulamento Roma II[395].

Consideram-se como "relativos à exploração" do estabelecimento, em primeiro lugar, os litígios de natureza contratual ou extracontratual que se referem à gestão propriamente dita do estabelecimento como, por exemplo, a locação do imóvel em que o estabelecimento funciona ou a contratação no local do pessoal que aí trabalha. Em segundo lugar, os litígios concernentes a compromissos assumidos pelo centro de operações em nome da casa-mãe[396]. São ainda englobados os litígios sobre obrigações extracontratuais que resultam da atividade realizada pelo estabelecimento no lugar da sua situação por conta da casa-mãe[397].

Uma pessoa com domicílio no território de um Estado-Membro pode ser demandada noutro Estado-Membro *na qualidade de fundador, de "trustee" ou de beneficiário de um "trust" constituído*, quer nos termos da lei quer por escrito ou por acordo verbal confirmado por escrito, perante os tribunais do Estado-Membro em cujo território o *"trust"* tem o seu domicílio (art. 5º/6)[398].

> Para determinar se um *"trust"* tem domicílio no território de um Estado-Membro a cujos tribunais tenha sido submetida a questão, o tribunal aplica as normas do seu Direito Internacional Privado (art. 60º/3)[399].

O *trust* é um instituto dos sistemas do *Common Law*, que é utilizado para a resolução de diversos problemas de regulação que nos sistemas romanogermânicos são visados por outros institutos. O conceito de *trust* referido por SCHLOSSER, no seu Relatório, tem especial interesse para a interpretação da Convenção de Bruxelas e, agora, do Regulamento: "o *trust* existe quando uma ou várias pessoas (os *trustees*) detêm direitos de qual-

---

[395] Cf. KROPHOLLER/VON HEIN [2011: Art. 5 nº 102].

[396] Não sendo necessário, para este efeito, que esses compromissos devam ser executados no Estado do estabelecimento – cf. TCE 6/4/1995, no caso *Lloyd's Register of Shipping* [*CTCE* (1995) I-961], nºs 16 e segs. Cp. POCAR [2009: nº 68].

[397] Cf. TCE 22/11/1978, caso *Somafer*, supracit., nº 13.

[398] Cf. também art. 5º/6 da Convenção de Bruxelas e da Convenção de Lugano de 2007.

[399] Cf. também art. 53º/2 da Convenção de Bruxelas e art. 60º/3 da Convenção de Lugano de 2007.

quer natureza, sob reserva de apenas os exercerem em benefício de uma ou várias pessoas (os beneficiários) ou com um objetivo autorizado pela lei, de tal forma que os benefícios económicos resultantes desses direitos se destinam não aos *trustees* mas aos beneficiários (podendo estes últimos incluir um ou vários *trustees*) ou ainda a um outro objecto do *trust*"[400]. Se o *trust* for instituído por negócio jurídico, o "fundador" (instituidor) é designado *settlor*.

O art. 5º/6 só abrange os *trusts* constituídos expressamente por negócio jurídico ou pela lei, excluindo, assim, os *constructive* ou *implied trusts*[401].

A solução adotada no Regulamento pressupõe uma distinção entre relações internas (relações entre *trustees*, beneficiários e instituidor) e relações externas (relações dos *trustees* com terceiros). As relações dos *trustees* com terceiros estão submetidas às regras gerais de competência do Regulamento. O art. 5º/6 aplica-se, pois, às relações internas que estão sujeitas ao Regulamento[402]. Não estão sujeitas ao Regulamento as relações internas que se refiram a matérias excluídas nos termos do art. 1º/2, por exemplo, um *trust* instituído por disposição por morte[403].

As regras gerais de competência do Regulamento nem sempre são adequadas às relações internas que estão sujeitas ao Regulamento. O *trust* não tem personalidade judiciária e, por isso, não pode ser demandado enquanto tal no foro do seu domicílio (*supra* F)[404]. O art. 23º/4 admite que o ato constitutivo do *trust* atribua competência exclusiva ao tribunal ou aos tribunais de um Estado-Membro para conhecer da ação contra um "fundador", um *trustee* ou um beneficiário se se tratar de relações entre estas pessoas ou dos seus direitos ou obrigações no âmbito do *trust*. Na omissão do ato constitutivo, porém, a ação só poderia ser proposta no foro do domicílio do réu. Ora, o domicílio do *trustee* (contra quem são intentadas a maioria das ações que dizem respeito às relações internas) nem sempre constitui um critério de conexão adequado à matéria.

---

[400] Nº 109.

[401] Cf. SCHLOSSER [1979: nº 117]. Ver ainda MAGNUS/MANKOWSKI/MANKOWSKI [2007: Art. 5 nº 307].

[402] Cf. SCHLOSSER [1979: nºs 110 e segs.].

[403] Sobre as dificuldades de delimitação das competências exclusivas relativamente ao art. 5º/6 ver SCHLOSSER [1979: nº 120].

[404] Ver MAGNUS/MANKOWSKI/MANKOWSKI [2007: Art. 5 nºs 302 e 308].

A solução encontrada foi, então, a de admitir a competência do foro do domicílio do *trust*. A ideia subjacente é a de facultar o foro do Estado em que o *trust* tem um "centro de interesse geográfico" e que poderá desempenhar um papel análogo ao da "sede" das organizações sem personalidade jurídica[405]. A técnica utilizada não é, porém, feliz, uma vez que o conceito de domicílio do *trust* é desconhecido da maioria dos sistemas dos Estados-Membros (entre os quais se conta o sistema português). A remissão para o Direito Internacional Privado destes Estados-Membros significa, então, que os seus tribunais têm de desenvolver soluções para a determinação do domicílio do *trust*[406], soluções que podem divergir entre si.

Isto tão-pouco se harmoniza com o esforço de unificação do Direito de Conflitos realizado pela Conferência da Haia de Direito Internacional Privado, uma vez que a Convenção da Haia Relativa à Lei Aplicável ao Trust e ao seu Reconhecimento (1985) não utiliza o conceito de domicílio do *trust*[407].

Se se tratar de um litígio relativo a *reclamação sobre remuneração devida por assistência ou salvamento de que tenha beneficiado uma carga ou um frete*, uma pessoa com domicílio no território de um Estado-Membro pode ser demandada noutro Estado-Membro perante o tribunal em cuja jurisdição essa carga ou o respetivo frete (art. 5º/7)[408]:

– tenha sido arrestado para garantir esse pagamento; ou

– poderia ter sido arrestado, para esse efeito, se não tivesse sido prestada caução ou outra garantia.

Esta disposição só se aplica quando se alegue que o requerido tem direito sobre a carga ou sobre o frete ou que tinha tal direito no momento daquela assistência ou daquele salvamento.

Trata-se aqui *essencialmente* de consagrar a competência do tribunal em que foi ou poderia ter sido decretado o arresto da carga ou do frete de um navio para a ação principal relativa a remuneração devida por assistência ou salvamento de que tenha beneficiado essa carga ou frete[409].

---

[405] Cf. SCHLOSSER [1979: nº 114].

[406] Cf. SCHLOSSER [1979: nº 119].

[407] Esta Convenção não está em vigor na ordem jurídica portuguesa.

[408] Cf. também art. 5º/7 da Convenção de Bruxelas e da Convenção de Lugano de 2007.

[409] Cf. GEIMER/SCHÜTZE [2010: Art. 5 nº 351]. Mas cp. KROPHOLLER/VON HEIN [2011: Art. 5 nº 126] e MAGNUS/MANKOWSKI/MANKOWSKI [2007: Art. 5 nº 311].

Segundo o Relatório de SCHLOSSER[410], esta regra é inspirada na ideia fundamental constante do art. 7º da Convenção de Bruxelas para Unificação de Certas Regras Sobre o Arresto de Navios de Mar (1952), com respeito à competência do tribunal de *arresto de navio* para a causa principal. Com efeito, este preceito determina que os tribunais do Estado em que se efetuou o arresto serão competentes para conhecer da causa principal ou quando essa competência lhes cabe por força da lei interna do referido Estado ou, entre outros casos, se o crédito provém de assistência ou salvação (art. 7º/1/§ 2º/e).

Em regra, o Regulamento não admite que a competência para a ação principal decorra da competência para medidas provisórias ou cautelares[411]. A exceção contida no art. 5º/7 encontra fundamento na circunstância de a assistência ou salvamento ter sido realizada em benefício da carga ou do frete que são objeto de arresto. Quem rapidamente socorre um navio em dificuldades e salva a carga ou frete deve poder efetivar rapidamente a sua remuneração no foro em que consegue fazer apreender estes bens[412].

O Relatório de SCHLOSSER acrescenta que se "o armador de um navio em dificuldades celebrou um contrato de assistência ou de salvamento – ao que é frequentemente obrigado por força do contrato celebrado com o proprietário da carga – os litígios daí decorrentes não caem sobre a alçada desta disposição"[413]. O alcance desta restrição é, no entanto, controverso[414].

O art. 6º estabelece competências especiais fundadas na existência de uma *conexão relevante entre diferentes pretensões*[415]. Com estas competências especiais visa-se possibilitar a concentração de processos e evitar decisões contraditórias[416].

Nos termos do art. 6º/1, uma pessoa com domicílio no território de um Estado-Membro pode ser demandada, *se houver vários requeridos*, perante o tribunal do domicílio de qualquer um deles, desde que os pedidos estejam

---

[410] 1979: nº 123.

[411] Ver também SCHLOSSER [1979: nº 123].

[412] Cf. GEIMER/SCHÜZTE [2010: Art. 5 nº 348].

[413] Loc. cit.

[414] Cp. MAGNUS/MANKOWSKI/MANKOWSKI [2007: Art. 5 nº 318].

[415] Cf. também art. 6º da Convenção de Bruxelas e da Convenção de Lugano de 2007.

[416] Cf. KROPHOLLER/VON HEIN [2011 Art. 6 nº 1] e TEIXEIRA DE SOUSA/MOURA VICENTE [1994: 98].

ligados entre si por um nexo tão estreito que haja interesse em que sejam instruídos e julgados simultaneamente para evitar soluções que poderiam ser inconciliáveis se as causas fossem julgadas separadamente[417].

Para que as soluções possam ser consideradas inconciliáveis não basta existir uma simples divergência na resolução do litígio, sendo também necessário que essa divergência se inscreva no quadro de uma mesma situação de direito e de facto[418]. Mas já não é necessário que os pedidos deduzidos contra os vários requeridos tenham o mesmo fundamento jurídico[419], nem demonstrar de outra forma que os pedidos não foram apresentados com o único fim de subtrair um dos réus aos tribunais do Estado-Membro do seu domicílio[420].

Neste contexto, o TCE entendeu que não existe o risco de soluções inconciliáveis quando se trate de ações de contrafação de patente europeia concedida para diferentes Estados, uma vez que estas ações devem ser apreciadas em conformidade com as disposições da legislação nacional em vigor na matéria em cada um dos Estados para os quais a patente foi concedida[421]. Com efeito, embora a Convenção sobre a Patente Europeia (1973, revista em 1978 e 2000) estabeleça um processo unificado de concessão da patente para um ou mais Estados Contratantes, quando a patente europeia é concedida para vários Estados surgem vários direitos de propriedade intelectual independentes entre si. Por isso, o tribunal entendeu que quando são submetidas a vários órgãos jurisdicionais de diferentes Estados Contratantes ações por contrafação de uma patente europeia concedida em cada um desses Estados, instauradas contra réus domiciliados nesses Estados, por factos alegadamente cometidos no seu território, eventuais divergências entre as decisões proferidas pelos órgãos jurisdicionais em causa não se inscrevem no quadro da mesma situação de direito. Este entendimento é, no entanto, controverso[422].

---

[417] Na jurisprudência portuguesa ver, designadamente, REv. 30/1/1997 [*CJ* (1997-I) 293] e STJ 27/2/2003 [*CJ/STJ* (2003-I) 111].

[418] Cf. TCE 13/7/2006, no caso *Roche Nederland e o.* [*in http://curia.europa.eu*], nº 26.

[419] Cf. TCE 11/10/2007, no caso *Freeport* [*in http://curia.europa.eu*].

[420] *Idem*, nº 54. Ver também POCAR [2009: nº 70].

[421] Cf. TCE 13/7/2006, no caso *Roche Nederland e o.* [*in http://curia.europa.eu*], nºs 30-32.

[422] Ver KROPHOLLER/VON HEIN [2011: Art. 6 nº 11], com mais referências. Ver ainda, em sentido crítico, MAGNUS/MANKOWSKI/MUIR WATT [2007: Art. 6 nº 25a] e MOURA VICENTE [2008: 388 e segs.]

Por outro lado, o TUE decidiu posteriormente que o simples facto de as ações intentadas contra vários demandados, por violações de direitos de autor substancialmente idênticas, terem bases legais nacionais que diferem segundo os Estados-Membros não obsta à aplicação dessa disposição. Incumbe ao órgão jurisdicional nacional, tendo em conta todos os elementos dos autos, apreciar a existência de um risco de decisões inconciliáveis, se as ações fossem julgadas separadamente[423].

Embora o art. 6º/1 empregue a mesma formulação, para definir a conexão entre os pedidos, que é utilizada para definir a conexão entre ações no art. 28º/3 (*infra* M), é controverso se o critério deve ser entendido do mesmo modo em ambos os preceitos[424].

O art. 6º/1 das Convenções de Bruxelas e de Lugano não exige expressamente que os pedidos estejam ligados por este nexo estreito, mas foi interpretado pelo TCE no mesmo sentido[425]. Este nexo estreito verifica-se, por exemplo, quando os requeridos sejam devedores solidários.

Resulta do texto do preceito que este só é aplicável caso o litígio em questão seja levado ao conhecimento dos tribunais do lugar do domicílio de um dos requeridos. O preceito já não admite que, no caso de o tribunal de um Estado-Membro se ter reconhecido competente em relação a um dos requeridos não domiciliado neste Estado, um outro requerido, domiciliado num Estado-Membro, seja demandado perante esse mesmo tribunal[426].

O preceito também não é aplicável a litígios abrangidos pela Secção V do Capítulo II do Regulamento, relativa às regras de competência em matéria de contratos individuais de trabalho[427], bem como, segundo parece, aos litígios abrangidos pelas Secções III e IV do mesmo Capítulo, em matéria de seguros e contratos celebrados por consumidores[428]. O mesmo se diga relativamente a requeridos que tenham convencionado

---

[423] Cf. TUE 1/12/2011, no caso *Painer* [*in http://curia.europa.eu*].

[424] Cp., em sentido afirmativo, KROPHOLLER/VON HEIN [2011: Art. 6 nº 9] e, pela negativa, conclusões do Advogado-Geral LÉGER, no caso *Roche Nederland*, Proc. C-539/03 [*in http://curia. europa.eu*], nºs 79 e segs., e MAGNUS/MANKOWSKI/FENTIMAN [2007: Art. 28 nº 22]. Ver ainda MAGNUS/MANKOWSKI/MUIR WATT [2007: Art. 6 nºs 6-8].

[425] Cf. TCE 27/9/1988, no *Kalfelis* [*CTCE* (1988) 5565]. Já neste sentido, JENARD [1979: 146].

[426] Cf. TCE 27/10/1998, no caso *Réunion européenne* [*CTCE* (1998) I-06511], nºs 44 e segs.

[427] Cf. TCE 22/5/2008, no caso *Glaxosmithkline e o.* [*in http://curia.europa.eu*].

[428] Cf. KROPHOLLER/VON HEIN [2011: Art. 6 nº 3].

com o requerente um pacto atributivo de jurisdição exclusiva nos termos do art. 23º do Regulamento[429].

Não parece de excluir a possibilidade de aplicação analógica do art. 6º/1 a requeridos com domicílio num Estado terceiro, quando a ação seja proposta no Estado-Membro do domicílio de um requerido[430].

Em princípio, é irrelevante que a ação contra o réu domiciliado no Estado do foro seja julgada inadmissível, desde a propositura, por força da legislação nacional, desde que não tenha por única finalidade subtrair um dos réus aos tribunais do Estado-Membro em que está domiciliado[431]. Claro é, porém, que o tribunal que se considere internacional ou territorialmente *incompetente* em relação ao réu alegadamente domiciliado no Estado do foro também não tem competência relativamente aos outros requeridos[432]. Também parece irrelevante que a ação contra o réu domiciliado no Estado do foro se afigure procedente ou improcedente[433].

Caso se trate de chamamento de um garante à ação ou de qualquer incidente de *intervenção de terceiros*, uma pessoa com domicílio no território de um Estado-Membro pode ser demandada perante o tribunal onde foi instaurada a ação principal, salvo se esta tiver sido proposta apenas com o intuito de subtrair o terceiro à jurisdição do tribunal que seria competente nesse caso (art. 6º/2).

Este preceito permite que, no quadro de um incidente de intervenção de terceiros, o terceiro seja demandado no foro competente para a ação principal, mesmo quando este foro não seja competente em relação a ele segundo as regras gerais do Regulamento. Por exemplo, quando a competência do tribunal para a ação principal se fundamente no art. 5º/1, o terceiro pode ser demandado neste tribunal, mesmo que tenha o seu domicílio noutro Estado-Membro[434].

---

[429] Cf. KROPHOLLER/VON HEIN [2011: Art. 6 nº 17], MAGNUS/MANKOWSKI/MUIR WATT [2007: nº 14] e POCAR [2009: nº 71]. Ver também, em termos genéricos, TCE 14/12/1976, no caso *Estasis Salotti di Colzani Aimo* [in *http://curia.europa.eu*], nº 7, e 9/11/78, no caso *Nikolaus Meeth* [in *http://curia.europa.eu*], nº 5.

[430] Ver KROPHOLLER/VON HEIN [2011: Art. 6 nº 7] e TEIXEIRA DE SOUSA [2003a: 80].

[431] Cf. TCE 13/7/2006, no caso *Reisch Montage* [in *http://curia.europa.eu*], nºs 32-33.

[432] Cf. GEIMER/SCHÜTZE [2010: Art. 6 nº 26].

[433] Cf. KROPHOLLER/VON HEIN [2011: Art. 6 nº 16].

[434] Cf. TCE 15/5/1990, no caso *Kongreß Agentur Hagen* [*CTCE* (1990) I-01845].

DIREITO INTERNACIONAL PRIVADO

Os conceitos de "chamamento de um garante à ação" e de "intervenção de terceiros" devem ser interpretados autonomamente, tendo como base as noções comuns consagradas nos sistemas jurídicos "romanísticos"[435].

No seu Relatório, JENARD socorre-se, quanto à noção de intervenção, dos arts. 15º e 16º do Código Judiciário belga[436]:

"Art. 15º

A intervenção é um processo pelo qual um terceiro se torna parte na ação.

A intervenção tende quer a salvaguardar os interesses do interveniente ou de uma das partes em causa quer a provocar uma condenação ou a decretar uma garantia.

"Art. 16º

A intervenção é voluntária quando o terceiro se apresenta para defender os seus interesses.

A intervenção é forçada quando o terceiro é citado durante um processo por uma ou várias partes."

Esta competência especial pressupõe que o tribunal onde foi instaurada a ação principal é competente segundo um dos critérios estabelecidos pelo Regulamento[437].

O terceiro não pode ser demandado no tribunal em que foi instaurada a ação principal se esta tiver sido proposta apenas com o intuito de subtrair o terceiro à jurisdição do tribunal que seria competente para o demandar. Foi defendido que isto se verifica quer em caso de conluio do autor e do réu em prejuízo do terceiro quer quando o autor, não tendo um fundamento razoável para a ação, a propõe contando com que o réu chame a juízo o terceiro[438]. No entanto, num caso de chamamento, pelo segurador demandado, de outros seguradores, baseado num cúmulo de seguros, o TCE considerou que a existência de uma conexão entre a ação principal e o chamamento de garante, inerente ao próprio conceito de chamamento de um garante, permite concluir que o incidente não se destina apenas a

---

[435] Cf. KROPHOLLER/VON HEIN [2011: Art. 6 nº 26].
[436] 147. No Direito português, ver arts. 320º e segs. CPC.
[437] Cf. KROPHOLLER/VON HEIN [2011: Art. 6 nº 30]; em sentido diferente, MAGNUS/MANKOWSKI/MUIR WATT [2007: Art. 6 nº 32].
[438] Cf. KROPHOLLER/VON HEIN [2011: Art. 6 nº 32].

subtrair o terceiro à jurisdição do tribunal que seria competente para o demandar[439].

A regra de competência do art. 6º/2 tem de ser complementada pelas regras nacionais que determinam quais as pessoas que podem ser chamadas, a que título e com que fim[440]. Mas a aplicação das regras nacionais não pode prejudicar o efeito útil desta regra de competência. Assim, a recusa de um chamamento em garantia não pode ser fundada de maneira explícita ou implícita no facto de terceiros chamados a juízo residirem ou serem domiciliados num Estado-Membro diferente daquele em que foi instaurada a ação principal[441].

Relativamente aos tribunais alemães, austríacos e húngaros há que ter em conta o disposto no art. 65º[442].

O tribunal onde foi instaurada a ação principal também é competente, nos termos do art. 6º/3, para o *pedido reconvencional* que derive do contrato ou do facto em que se fundamenta a ação principal.

Este preceito pressupõe que o tribunal onde foi instaurada a ação principal é competente segundo os critérios definidos pelo Regulamento[443] e que o autor é domiciliado num Estado-Membro (proémio do art. 6º). Mas também neste caso não parece de excluir a possibilidade de aplicação analógica do preceito quando o autor não tenha domicílio num Estado-Membro[444].

O Regulamento define a conexão que tem de haver entre o pedido reconvencional e o pedido principal para efeito da extensão de competên-

---

[439] Ac. 26/5/2005, no caso *GIE Réunion européenne* [*in http://curia.europa.eu*], nºs 29-32 e 36. A mesma decisão assinala que o preceito não exige qualquer outra conexão para além da que é suficiente para concluir pela inexistência de "desvio do foro" (nº 33).

[440] Cf. SCHLOSSER [1979: nº 135].

[441] Cf. TCE 15/5/1990, no supracit. caso *Kongreß Agentur Hagen*, nºs 20 e seg., e 26/5/2005, no supracit. caso *GIE Réunion européenne*, nº 35.

[442] Bem como, perante a Convenção de Lugano de 2007, também em relação aos tribunais suíços, o art. II Protocolo nº 1. Ao ratificar a Convenção, a União Europeia declarou, ao abrigo do art. II/2 do mesmo Protocolo, que as ações referidas no art. 6º/2 também não podem ser invocadas na Estónia, Letónia, Lituânia, Polónia e Eslovénia [*JOUE* L 147/4, de 10/6/2009].

[443] Cf. *MükoZPO*/GOTTWALD [2008: Art. 6 nº 16] e KROPHOLLER/VON HEIN [2011: Art. 6 nº 36]. Cp. SCHLOSSER [2009: Art. 6 nº 9].

[444] Ver GEIMER/SCHÜTZE [2010: Art. 2 nºs 157-158] e TEIXEIRA DE SOUSA [2003a: 81].

DIREITO INTERNACIONAL PRIVADO

cia: o pedido reconvencional deve derivar quer do contrato quer do facto que serve de fundamento ao pedido principal.

Se não se verificarem os pressupostos do art. 6º/3, em especial se faltar a conexão exigida, o tribunal onde foi instaurada a ação principal tem competência para o pedido reconvencional quando esta competência resulte de outra regra do Regulamento.

Os requisitos de admissibilidade da reconvenção são regulados pela *lex fori*[445].

O art. 6º/3 apenas visa os pedidos, apresentados pelos réus, de que seja proferida uma condenação distinta. Não visa a situação em que um réu invoca como simples fundamento de defesa um crédito, de que se afirma titular, sobre o demandante. Os fundamentos de defesa suscetíveis de ser invocados e as condições em que podem sê-lo são regulados pelo Direito nacional[446].

Em *matéria contratual*, se a ação puder ser apensada a uma ação em matéria de direitos reais sobre imóveis dirigida contra o mesmo requerido, o requerido com domicílio no território de um Estado-Membro pode ser demandado perante o tribunal do Estado-Membro em cujo território está situado o imóvel (art. 6º/4).

Este preceito foi primeiro introduzido na Convenção de Lugano e posteriormente aditado à Convenção de Bruxelas pela Convenção de Adesão de 1989[447]. É por isso útil recorrer ao Relatório de JENARD/MÖLLER para a sua compreensão e interpretação.

Segundo este Relatório[448], é frequente que o proprietário de um imóvel hipotecado assuma uma obrigação pessoal a título da garantia da dívida. Por essa razão, o Direito de certos Estados permite apensar uma ação relativa à obrigação pessoal do proprietário a uma ação destinada à venda judicial do imóvel[449]. Isto pressupõe, em relações transnacionais, que o tribunal do lugar da situação do imóvel – que é exclusivamente competente em matéria de direitos reais sobre imóveis (art. 22º/1) –, também seja internacionalmente competente para a ação relativa à obrigação pessoal. O art. 6º/4 destina-se justamente a preencher este pressuposto.

---

[445] Ver BÜLOW/BÖCKSTIEGEL/AUER [1989: Art. 6 nº 55].

[446] Cf. TCE 13/7/1995, no caso *Danvaern Production* [*CTCE* (1995) I-2053], nº 18.

[447] Ver, na jurisprudência portuguesa, STJ 3/3/1998 [*CJ/STJ* (1998-I) 113].

[448] Nº 46.

[449] Ver, relativamente ao Direito português, art. 470º CPC.

REGIMES EUROPEUS

Isto não parece excluir que o preceito seja aplicável noutros casos em que uma ação em matéria contratual possa ser apensada a uma ação em matéria de direitos reais sobre imóveis contra o mesmo requerido[450].

À interpretação do conceito de "matéria contratual" aplicam-se as considerações anteriormente formuladas. Quanto ao conceito de "direitos reais sobre imóveis" remete-se para o exposto relativamente ao art. 22º/1.

É o Direito do foro que determina se a apensação é possível, mas as duas ações apensadas devem ter sido instauradas pelo mesmo requerente[451]. Deve entender-se que a competência especial em matéria contratual depende da efetiva propositura da ação real[452].

O art. 7º determina que sempre "que, por força do presente regulamento, um tribunal de um Estado-Membro for competente para conhecer das acções de responsabilidade emergente da utilização ou da exploração de um navio, esse tribunal, ou qualquer outro que, segundo a lei interna do mesmo Estado-Membro, se lhe substitua, será também competente para conhecer dos pedidos relativos à limitação daquela responsabilidade"[453].

Portugal é parte das Convenções de Bruxelas para a Unificação de Certas Regras Relativas à Limitação da Responsabilidade dos Proprietários de Navios do Mar (1924) e Sobre o Limite de Responsabilidade dos Proprietários de Navios de Alto Mar (1957), que não regulam a competência internacional nem o reconhecimento de decisões neste domínio.

Segundo o Relatório de SCHLOSSER[454], o "novo artigo 6º-A [actual art. 7º do Regulamento] não se aplica nem a uma acção da pessoa lesada contra o proprietário do navio, o administrador do fundo ou pessoas que se considerem titulares do mesmo crédito, nem ao processo colectivo de constituição e de repartição do fundo, mas apenas à acção individual do proprietário do navio contra uma pessoa que se considera titular de um crédito (...). Com excepção destes casos, as actuais disposições da Convenção são aplicáveis aos processos relativos a uma limitação de responsabilidade em matéria marítima".

---

[450] Ver KROPHOLLER/VON HEIN [2011: Art. 6 nºs 46-47].
[451] Cf. JENARD/MÖLLER [nº 47].
[452] Cf. KROPHOLLER/VON HEIN [2011: Art. 6 nº 52].
[453] Cf. também art. 6º-A da Convenção de Bruxelas e art. 7º da Convenção de Lugano de 2007.
[454] 1979: nº 127.

DIREITO INTERNACIONAL PRIVADO

Assim, o proprietário do navio poderá propor uma ação de declaração de que sua responsabilidade é limitada em qualquer dos foros que seja competente por força das disposições do Regulamento para a ação de responsabilidade contra ele[455].

H) Competência em matéria de seguros, contratos celebrados por consumidores e contratos individuais de trabalho

As Secções III, IV e V do Capítulo II do Regulamento comunitário contêm regimes especiais de competência em matéria de seguros, contratos celebrados por consumidores e contratos individuais de trabalho, que visam a proteção da parte mais fraca por meio de regras de competência internacional mais favoráveis aos seus interesses do que o regime geral[456].

O tomador de seguro, o consumidor e o trabalhador são geralmente economicamente mais fracos e juridicamente menos experientes que a sua contraparte e carecem, por isso, de uma proteção especial também no estabelecimento da competência internacional[457].

Esta proteção traduz-se principalmente na concessão à parte mais fraca de foros eletivos e numa limitação da admissibilidade de pactos de jurisdição[458].

No relatório JENARD também se pode ler que as Secções III e IV "são ditadas por considerações de ordem social e têm nomeadamente como objectivo evitar os abusos que podem resultar de contratos de adesão"[459].

Estas Secções contêm uma regulação, em princípio, autónoma e exaustiva da competência internacional dentro do seu âmbito de aplicação[460]. Em especial, excluem, em princípio, a aplicabilidade das regras dos arts. 2º, 5º e 6º[461].

---

[455] Cf. SCHLOSSER [1979: nº 128], que assinala que a disposição autoriza o legislador nacional a atribuir competência territorial a um tribunal diferente. Cp. ainda, sobre as dúvidas de interpretação suscitadas pelo preceito, KROPHOLLER/VON HEIN [2011: Art. 7 nº 3], SCHLOSSER [2009: Art. 7] e MAGNUS/MANKOWSKI/MUIR WATT [2007: Art. 7 nºs 1-2].

[456] Cf. Considerando nº 13.

[457] Cf. KROPHOLLER/VON HEIN [2011: vor Art. 8 nº 2].

[458] Cf. KROPHOLLER/VON HEIN [2011: Art. 15 nº 1].

[459] 1979: 148.

[460] Cf. JENARD [1979: 149], relativamente à Secção III.

[461] Cf. GAUDEMET-TALLON [2010: nº 264], com considerações críticas relativamente ao afastamento do art. 6º/1 em TCE 22/5/2008, no caso *Glaxosmithkline e. o.*[*in http://curia.europa.eu*].

REGIMES EUROPEUS

A reserva a favor dos arts. 4º e 5º/5, feita em cada uma das Secções (arts. 8º, 15º/1 e 18º/1), torna claro que os regimes especiais contidos nestas Secções só se aplicam, em princípio, quando o réu tem o seu domicílio num Estado-Membro e que as ações contra seguradores, contrapartes dos consumidores e entidades patronais podem ser propostas no lugar da situação de um estabelecimento quando o litígio for relativo à sua exploração e o réu esteja domiciliado noutro Estado-Membro[462]. Adiante veremos que a reserva a favor do art. 5º/5 também parece ser relevante para estabelecer a competência nas ações propostas pelo segurador.

A violação das regras de competência das Secções III e IV fundamenta o não reconhecimento da decisão noutros Estados-Membros (art. 35º/1). Assim, se um tribunal de outro Estado-Membro se considerar competente para uma ação relativa a seguro ou contrato celebrado por consumidor, contra o disposto nas Secções III e IV, a decisão não produz efeitos enquanto ato jurisdicional e a declaração de executoriedade poderá ser recusada ou revogada pelo tribunal de recurso (art. 45º/1).

O regime especial em *matéria de seguros* encontra precedente nos arts. 7º a 12º-A da Convenção de Bruxelas e da Convenção de Lugano de 1988. Este regime consta da Secção III, sem prejuízo do disposto no art. 4º e no nº 5 do art. 5º (art. 8º)[463].

O conceito de "matéria de seguros" deve ser objeto de uma interpretação autónoma. Desta interpretação resulta que esta Secção não se aplica, em matéria de resseguro, às relações que os seguradores estabelecem entre si, bem como às relações entre seguradores e resseguradores[464]. Com efeito, nestas relações não se verifica, normalmente, uma desigualdade entre as partes que reclame a proteção da parte mais fraca. A Secção III já se aplicará às ações propostas por segurados contra resseguradores[465]. O conceito de "matéria de seguros" também não abrange a ação do segurador contra o causador do prejuízo[466], nem o chamamento de garante,

---

[462] Ver GAUDEMET-TALLON [2010: nº 265].

[463] Cf. também art. 7º da Convenção de Bruxelas e art. 8º da Convenção de Lugano de 2007.

[464] Cf. SCHLOSSER [1979: nº 151], TCE 13/7/2000, no caso *Group Josi* [*CTCE* (2000) I-05925] nºs 66 e segs. e, já com respeito ao Regulamento, Exposição de Motivos da Proposta da Comissão [15].

[465] Cf. TCE 13/7/2000, no supracit. caso *Group Josi* [*CTCE* (2000) I-05925], nº 75 e, já com respeito ao Regulamento, Exposição de Motivos da Proposta da Comissão [15].

[466] Cf. KROPHOLLER/VON HEIN [2011: vor Art. 8 nº 6].

DIREITO INTERNACIONAL PRIVADO

com fundamento em cúmulo de seguros, dos demais seguradores a fim de obter a sua contribuição para a indemnização do segurado[467].

O segurador domiciliado no território de um Estado-Membro pode ser demandado (art. 9º/1)[468]:

– perante os tribunais do Estado-Membro em que tiver domicílio (a);

– em caso de ações intentadas pelo tomador de seguro, o segurado ou um beneficiário, perante os tribunais do Estado-Membro em que o requerente tiver o seu domicílio (b);

– tratando-se de um co-segurador, perante o tribunal de um Estado-Membro onde tiver sido instaurada ação contra o segurador principal (c)[469].

O art. 8º/2 da Convenção de Bruxelas e da Convenção de Lugano de 1988 apenas facultava o foro do domicílio do autor ao tomador do seguro[470]. A extensão deste foro ao segurado e ao beneficiário é justificada pela finalidade de proteção da parte mais fraca[471].

O segurador que, não tendo domicílio no território de um Estado-Membro, possua sucursal, agência ou qualquer outro estabelecimento num Estado-Membro, será considerado, quanto aos litígios relativos à exploração daqueles, como tendo domicílio no território desse Estado-Membro (art. 9º/2).

Este preceito não só estende o critério de competência do lugar da situação do estabelecimento aos casos em que o segurador não tem domicílio num Estado-Membro, como também alarga o âmbito espacial de aplicação desta Secção do Regulamento para além do estabelecido no art. 4º/1. Por conseguinte, parece que nesta hipótese a competência para as ações contra o segurador não se pode basear no Direito interno[472].

Os conceitos de "estabelecimento" e de "litígio relativo à exploração do estabelecimento" devem ser interpretados da mesma forma que no art. 5º/5 do Regulamento (*supra* G).

---

[467] Cf. TCE 26/5/2005, no caso *GIE Réunion européenne* [*in http://curia.europa.eu*], nºs 19 e 24.

[468] Ver, na jurisprudência portuguesa, STJ 3/3/2005 [*in http://www.dgsi.pt/jstj.nsf*].

[469] Ver, sobre a interpretação desta alínea, SCHLOSSER [1979: nº 149].

[470] Ver JENARD [1979: 150].

[471] Cf. Exposição de Motivos da proposta da Comissão [15]. Ver também POCAR [2009: nº 74].

[472] Ver KROPHOLLER/VON HEIN [2011: Art. 9 nº 5], GAUDEMET-TALLON [2010: nº 265] e MAGNUS/MANKOWSKI/HEISS [2007: Art. 8 nº 3].

Quando se trate de um seguro de responsabilidade civil ou de um seguro que tenha por objeto bens imóveis o segurador pode também ser demandado perante o tribunal do lugar onde o facto danoso ocorreu. Aplica-se a mesma regra quando se tratar de um seguro que incida simultaneamente sobre bens imóveis e móveis cobertos pela mesma apólice e atingidos pelo mesmo sinistro (art. 10º).

O conceito de "lugar onde o facto danoso ocorreu" deve ser interpretado da mesma forma que perante o art. 5º/3 porque, embora se trate no art. 10º de pretensões contratuais contra o segurador, estas pretensões resultam de um facto danoso, por forma que este critério especial de competência serve a facilitação da prova e a concentração de processos[473].

Em matéria de seguros de responsabilidade civil, o segurador pode também ser chamado perante o tribunal onde for proposta a ação do lesado contra o segurado, desde que a lei desse tribunal assim o permita (art. 11º/1).

Esta competência especial pressupõe que a ação do lesado contra o segurado foi proposta num tribunal internacionalmente competente segundo os critérios do Regulamento[474].

Por força do art. 11º/2, o disposto nos artigos 8º, 9º e 10º aplica-se no caso de ação intentada pelo lesado diretamente contra o segurador, sempre que tal ação direta seja possível. Se o Direito aplicável a essa ação direta previr o incidente do chamamento do tomador do seguro ou do segurado, o mesmo tribunal será igualmente competente quanto a eles (nº 3).

Daqui decorre que se ação direta for possível o lesado pode intentar esta ação contra o segurador nos foros previstos nos artigos anteriores. A remissão assim operada para o art. 9º/1/b deve ser interpretada no sentido de que a pessoa lesada pode intentar uma ação diretamente contra o segurador domiciliado num Estado-Membro no tribunal do lugar em que tiver o seu domicílio num Estado-Membro[475].

Por lesado deve entender-se não só a pessoa que sofreu diretamente o dano mas também a que o sofreu indiretamente, bem como o cessionário

---

[473] Cf. DROZ [1972: 86]. Ver também, na jurisprudência portuguesa, RCb 1/6/2004 [*CJ* (2004--III) 21] e STJ 3/3/2005, proc. 04A4283 [*in http://www.dgsi.pt/jstj.nsf*].

[474] Cf. GEIMER/SCHÜTZE [2010 Art. 10 nºs 9-10].

[475] Cf. TCE 13/12/2007, no caso *FBTO Schadeverzekeringen* [*in http://curia.europa.eu*]. Cp. JENARD [1979: 151] e MAGUNS/MANKOWSKI/HEISS [2007: Art. 11 nº 7].

DIREITO INTERNACIONAL PRIVADO

legal dos direitos do lesado direto que possa ser considerado parte economicamente mais fraca, mas já não um organismo de segurança social que seja cessionário legal dos direitos do lesado direto num acidente de viação[476].

A admissibilidade da ação direta referida no nº 2 tem de ser apreciada perante a lei aplicável segundo o Direito de Conflitos do foro[477]. Dentro do âmbito de aplicação do Regulamento Roma II, a ação direta é admissível se a lei aplicável à obrigação extracontratual ou a lei aplicável ao contrato de seguro assim o previr (art. 18º).

O nº 3 do art. 11º permite que a generalidade das ações relativas à atuação do seguro de responsabilidade civil sejam propostas no mesmo tribunal, de modo a evitar que tribunais diferentes profiram sentenças contraditórias. Além disso este preceito é visto como "uma arma contra a fraude"[478].

Parece que a admissibilidade do incidente de chamamento do tomador do seguro ou do segurado depende não só da lei aplicável à ação direta mas também do Direito processual do foro[479].

Relativamente aos tribunais alemães, austríacos e húngaros há a ter em conta o disposto no art. 65º[480].

O segurador só pode intentar uma ação perante os tribunais do Estado-Membro em cujo território estiver domiciliado o requerido, quer este seja tomador do seguro, segurado ou beneficiário (art. 12º/1).

No entanto, isto não prejudica a possibilidade de o segurador chamar a juízo o tomador do seguro ou o segurado no tribunal competente para a ação intentada pelo lesado diretamente contra o segurador (12º/1).

Também não prejudica o direito de o segurador, de o tomador do seguro, de o segurado ou de o beneficiário formular um pedido reconven-

---

[476] Cf. TCE 17/9/2009, no caso *Vorarlberger Gebietskrankenkasse* [*in http://curia.europa*.eu], nºs 25-28, 42, 44 e 47.

[477] Cf. JENARD [1979: 151].

[478] Cf. JENARD [1979: 151].

[479] Neste sentido, KROPHOLLER/VON HEIN [2011: Art. 11 nº 5]. Cp. GEIMER/SCHÜTZE [2010: Art. 11 nº 24].

[480] Bem como, perante a Convenção de Lugano de 2007, também em relação aos tribunais suíços, o art. II do Protocolo nº 1. Ao ratificar a Convenção, a União Europeia declarou, ao abrigo do art. II/2 do mesmo Protocolo, que as ações referidas no art. 11º também não podem ser invocadas na Estónia, Letónia, Lituânia, Polónia e Eslovénia [*JOUE* L 147/4, de 10/6/2009].

cional perante o tribunal em que tiver sido instaurada a ação principal nos termos da presente Secção (12º/2). Este último preceito corresponde ao do art. 6º/3, e a sua aplicação deve depender dos pressupostos definidos nesta disposição[481].

Da reserva a favor do art. 4º, feita pelo art. 8º, resulta que o art. 12º/1 não é aplicável quando o requerido tenha o seu domicílio fora de um Estado--Membro[482]. Por outro lado, parece que da reserva a favor do art. 5º/5, feita no mesmo preceito, resulta que o segurador também pode propor a ação no foro do estabelecimento do requerido, quando o requerido tenha domicílio num Estado-Membro e o litígio diga respeito à exploração de um estabelecimento situado noutro Estado-Membro[483].

Nesta matéria são introduzidas importantes limitações aos pactos de jurisdição, por forma a evitar que o tomador de seguro, o segurado ou o beneficiário sejam privados da proteção que lhe é concedida pelas normas desta Secção[484]. Estas limitações aplicam-se aos contratos celebrados quer por consumidores quer, em princípio, por empresas e profissionais independentes[485].

Os pactos de jurisdição são admissíveis em cinco casos (art. 13º):

– quando sejam posteriores ao surgimento do litígio (nº 1);

– quando permitam ao tomador do seguro, ao segurado ou ao beneficiário recorrer a outros tribunais, além daqueles que são competentes por força das normas desta Secção (nº 2);

– quando sejam concluídos entre um tomador do seguro e um segurador, ambos com domicílio ou residência habitual num mesmo Estado--Membro, e tenham por efeito atribuir competência aos tribunais desse Estado, mesmo que o facto danoso ocorra no estrangeiro, salvo se a lei desse Estado não permitir tais convenções (nº 3);

– quando sejam concluídos por um tomador do seguro que não tenha domicílio num Estado-Membro, salvo se se tratar de um seguro obrigatório ou relativo a imóvel sito num Estado-Membro (nº 4);

---

[481] Cf. KROPHOLLER/VON HEIN [2011: Art. 13 nº 3].

[482] Cf. JENARD [1979: 151].

[483] Cf. GOLDMAN [1971: 16], KROPHOLLER/VON HEIN [2011: Art. 12 nº 2], GAUDEMET--TALLON [2010: nº 269] e MAGNUS/MANKOWSKI/HEISS [2007: Art. 8 nº 11 e Art. 12 nº 7].

[484] Ver também MAGNUS/MANKOWSKI/HEISS [2007: Art. 13 nº 1].

[485] Cf. POCAR [2009: nº 75].

DIREITO INTERNACIONAL PRIVADO

– quando digam respeito a um contrato de seguro que cubra um ou mais dos riscos enumerados no artigo 14º (nº 5).

O TCE entende que, à luz do objetivo de proteção da pessoa economicamente mais fraca, estes casos de admissibilidade do pacto de jurisdição devem ser interpretados restritivamente[486].

O art. 13º só regula a admissibilidade do pacto de jurisdição. Os seus pressupostos e requisitos de validade ficam submetidos ao art. 23º, adiante examinado, e, na parte não regulada pelo art. 23º, ao Direito de Conflitos dos Estados-Membros[487].

O pacto é posterior ao surgimento do litígio "desde que haja desacordo entre as partes quanto a um determinado ponto e que se verifique a iminência ou a possibilidade próxima de um processo judicial"[488].

No nº 3 do art. 13º verifica-se um lapso da versão em língua portuguesa, que se refere apenas a "domicílio num mesmo Estado-Membro", ao passo que outras versões (designadamente francesa, alemã e inglesa) se reportam a "domicílio ou residência habitual num mesmo Estado-Membro"[489]. Este lapso também é evidenciado pela circunstância de a disposição paralela, em matéria de contratos com consumidores, se referir a "domicílio ou residência habitual (...) num mesmo Estado-Membro" (art. 17º/3).

Perante este preceito, a convenção de competência tem de ser permitida pela lei do Estado do domicílio ou residência habitual comum.

É controverso se as convenções de competência entre o segurador e o tomador do seguro podem ser invocadas contra terceiros[490]. O TCE já decidiu que uma cláusula atributiva de jurisdição, estipulada em conformidade com o art. 13º/3 do Regulamento, não é oponível ao segurado beneficiário do contrato que não tenha subscrito expressamente a referida cláusula e

---

[486] Cf., relativamente ao art. 12º/3 da Convenção de Bruxelas, TCE 12/5/2005, no caso *Société financière et industrielle du Peloux* [*in http://curia.europa.eu*], nº 31.

[487] Cf. TCE 14/7/1983, no caso *Gerling* [*CTCE* (1983) 2503], nº 20.

[488] Cf. JENARD [1979: 151].

[489] Este lapso também se verifica no art. 12º/3 da Convenção de Bruxelas e da Convenção de Lugano de 1988, mas já não no art. 13º/3 da Convenção de Lugano de 2007.

[490] Cp. SCHLOSSER [1979: nº 148] e MAGNUS/MANKOWSKI/HEISS [2007: Art. 13 nºs 13 e segs.], com mais referências. Em certos casos estas convenções de competência podem ser invocadas por terceiros – ver *infra* J.

que tenha o seu domicílio num Estado contratante diferente do Estado do tomador de seguro e do segurador[491].

Os pactos de jurisdição concluídos por um tomador do seguro que não tenha domicílio num Estado-Membro são, em princípio, admitidos. Isto não se verifica, porém, caso se trate de um seguro obrigatório ou relativo a imóvel sito num Estado-Membro (art. 13º/4). Esta última ressalva destina-se, antes de mais, a garantir a aplicabilidade do art. 10º, mesmo quando o tomador de seguro se encontra domiciliado fora da União. Mas proíbe também os pactos atributivos de jurisdição por força dos quais apenas os tribunais referidos no art. 10º seriam competentes[492].

O sentido do art. 13º/5 é de o admitir genericamente os pactos de jurisdição em certos seguros de "grandes riscos", visto que nestes seguros não se verifica normalmente aquela desigualdade económica que justifica a proteção do tomador do seguro[493].

Os riscos a que se refere este preceito são os seguintes (art. 14º):

"1. Qualquer dano:

a) Em navios de mar, nas instalações ao largo da costa e no alto mar ou em aeronaves, causado por eventos relacionados com a sua utilização para fins comerciais;

b) Nas mercadorias que não sejam bagagens dos passageiros, durante um transporte realizado por aqueles navios ou aeronaves, quer na totalidade quer em combinação com outros meios de transporte;

"2. Qualquer responsabilidade, com excepção da relativa aos danos corporais dos passageiros ou à perda ou aos danos nas suas bagagens:

a) Resultante da utilização ou da exploração dos navios, instalações ou aeronaves, em conformidade com a alínea a) do ponto 1, desde que, no que respeita a estas últimas, a lei do Estado-Membro de matrícula da aeronave não proíba as cláusulas atributivas de jurisdição no seguro de tais riscos;

b) Pela perda ou pelos danos causados em mercadorias durante um transporte, nos termos da alínea b) do ponto 1;

---

[491] Cf., relativamente ao art. 12º/3 da Convenção de Bruxelas, TCE 12/5/2005, no caso *Société financière et industrielle du Peloux* [*in http://curia.europa.eu*], nº 43.

[492] Cf. SCHLOSSER [1979: nº 139].

[493] Cf. SCHLOSSER [1979: nº 140].

"3. Qualquer perda pecuniária relacionada com a utilização ou a exploração dos navios, instalações ou aeronaves, em conformidade com a alínea a) do ponto 1, nomeadamente a perda do frete ou do benefício do afretamento;

"4. Qualquer risco ligado acessoriamente a um dos indicados nos pontos 1 a 3;

"5. Independentemente dos pontos 1 a 4 acima, todos os 'grandes riscos' tal como definidos na Directiva 73/239/CEE do Conselho, alterada pelas Directivas 88/357/CEE e 90/618/CEE, com as respectivas alterações em vigor"[494]. Parece que a partir de 1 de Novembro de 2012 esta remissão deve entender-se como sendo feita para o art. 13º/27 da Dir. 2009/138/CE[495].

O art. 12º-A da Convenção de Bruxelas e da Convenção de Lugano de 1988 corresponde inteiramente ao art. 14º do Regulamento, salvo no que diz respeito ao nº 5 desta disposição, que vem alargar aos contratos que cubram "grandes riscos", no sentido da legislação europeia, a derrogação do regime especial estabelecido no art. 13º para os pactos de jurisdição. Já a Convenção de Lugano de 2007 inclui um nº 5 que abrange "todos os grandes riscos"[496].

O regime especial em *matéria de contratos celebrados por consumidores* encontra precedente nos arts. 13º a 15º da Convenção de Bruxelas e da Convenção de Lugano de 1988[497].

O TCE tem entendido que as regras de competência específicas contidas nesta Secção, na medida em que constituam uma derrogação da regra geral contida no art. 2º, devem ser objeto de uma "interpretação estrita, que não pode extravasar das hipóteses expressamente previstas"[498]. Parece que a expressão "Em matéria de contrato", utilizada no art. 15º, não é necessariamente interpretada do mesmo modo que a expressão "Em matéria contratual", utilizada no art. 5º/1[499].

---

[494] Sobre a interpretação deste artigo ver SCHLOSSER [1979: nºs 140 e segs.].

[495] Ver art. 310º da Dir. 2009/138/CE.

[496] Esta referência deve ser entendida no sentido de designar os mesmos riscos que os referidos nas Diretivas mencionadas no art. 14º/5 do Regulamento Bruxelas I – cf. POCAR [2009: nº 76].

[497] Ver também arts. 15º a 17º da Convenção de Lugano de 2007.

[498] Cf. TCE 20/1/2005, no caso *Engler* [*in http://curia.europa.eu*], nºs 42-43, e no caso *Gruber* [*in http://curia.europa.eu*], nº 32, e 14/5/2004, no caso *Ilsinger* [*in http://curia.europa.eu*], nº 47.

[499] Ver KROPHOLLER/VON HEIN [2011: Art. 15 nº 3].

Entende-se por contrato celebrado por consumidor o "contrato celebrado por uma pessoa para finalidade que possa ser considerada estranha à sua atividade comercial ou profissional" (art. 15º/1). Este conceito de consumidor deve ser interpretado autonomamente (em relação aos sistemas jurídicos dos Estados-Membros)[500], e, tanto quanto possível, uniformemente no regime europeu da competência internacional, na Convenção de Roma sobre a Lei Aplicável às Obrigações Contratuais e no Regulamento Roma I[501].

O consumidor é protegido como parte economicamente mais fraca e negocialmente menos experiente. O legislador comunitário entendeu que esta necessidade de proteção não se verifica quando os bens ou serviços se destinam ao exercício de uma atividade independente (incluindo uma atividade liberal)[502]. É neste sentido que o art. 15º se refere a "atividade profissional"[503]. Isto permite pensar que o trabalhador por conta doutrem será protegido, como consumidor, quando adquira um bem destinado à sua atividade profissional (por exemplo, um livro profissional)[504].

O que conta é a posição que a pessoa ocupa no quadro de um contrato concreto em ligação com a finalidade deste contrato e não a qualidade que, em abstrato, lhe pode ser atribuída[505]. Daí decorre que uma mesma pessoa pode ser considerada consumidor em relação a um contrato e empresário em relação a outro.

---

[500] Cf. TCE 19/1/1993, no caso *Shearson* [*CTCE* (1993) 139], nº 13 e 3/7/1997, no caso *Benincasa* [*CTCE* (1997) I – 3767], nº 12.

[501] Cf., relativamente às Convenções de Bruxelas e de Roma, GIULIANO/LAGARDE – "Rapport concernant la convention sur la loi applicable aux obligations contractuelles", *JOCE* C 282, 31/10/80, 23, e, relativamente aos Regulamentos, Considerandos 7 e 24 do Regulamento Roma I.

[502] Cf., em relação ao art. 5º da Convenção de Roma, Paul LAGARDE – "Le nouveau droit international privé des contrats après l'entrée en vigueur de la Convention de Rome du 19 juin 1980", *R. crit.* 80 (1991) 287-340, 314.

[503] Os acs. TCE 21/6/1978, no caso *Bertrand* [*CTCE* (1978) 487], e 19/1/1993, no supracit. caso *Shearson*, referem-se a "consumidores finais com carácter privado". Segundo o ac. TCE 3/7/1997, no supracit. caso *Benincasa*, nº 17, a proteção do consumidor só se justifica para contratos celebrados para a satisfação da sua necessidade própria de consumo privado. No mesmo sentido KROPHOLLER [2002: Art. 15 nº 9].

[504] Cf., em relação ao art. 6º do Regulamento Roma I, *MünchKomm.*/MARTINY [2010: Art. 6 nº 7].

[505] Cf. ac. TCE 3/7/1997, no supracit. caso *Benincasa*, nº 16.

DIREITO INTERNACIONAL PRIVADO

Nesta ordem de ideias, o TCE decidiu no caso *Benincasa* (1997) que não é consumidor aquele que celebra um contrato com a finalidade do exercício de atividade comercial ou profissional futura[506].

O mesmo tribunal entendeu que o regime dos contratos com consumidores não é aplicável ao contrato relativo a um bem destinado a uma utilização parcialmente profissional e parcialmente estranha à atividade profissional, salvo se a utilização profissional for marginal, a ponto de apenas ter um papel despiciendo no contexto global da operação em causa, sendo irrelevante, a este respeito, o facto de o aspeto extraprofissional ser dominante[507]. O órgão de aplicação do Direito deverá tomar em consideração para o efeito todos os elementos de facto que resultam objetivamente dos autos. Se estes elementos não forem suscetíveis de constituir prova bastante de que a operação que deu lugar à celebração de um contrato com dupla finalidade tinha um objetivo profissional não despiciendo, o órgão de aplicação do Direito deverá ainda verificar se o alegado consumidor não deu à contraparte a impressão de que agia com fins profissionais[508].

Segundo o entendimento do TCE, o regime especial dos contratos celebrados por consumidores só é aplicável quando o consumidor é pessoalmente autor ou réu numa ação. Com efeito, o tribunal entendeu, no caso *Shearson*, que não pode prevalecer-se do regime especial aplicável aos contratos celebrados por consumidores o cessionário que propõe uma ação com base num crédito contratual adquirido no exercício de uma atividade comercial ou profissional a um cedente consumidor[509]. E, no caso *Henkel*, que este regime não é aplicável à ação proposta por uma associação de proteção dos consumidores para fazer proibir a utilização por um comerciante de cláusulas consideradas abusivas[510].

Deve entender-se que só os indivíduos podem ser considerados consumidores. Neste sentido pode invocar-se a uniformidade com o disposto no art. 6º do Regulamento Roma I e no art. 2º/b da Diretiva sobre cláusulas abusivas (Dir. 93/13/CEE) e o fim deste regime especial de competência

---

[506] Supracit. nºs 17 e segs.

[507] Ac. 20/1/2005, no caso *Gruber* [*in http://curia.europa.eu*], nº 54.

[508] Supracit. nºs 48-54.

[509] Supracit. nºs 19 e segs.

[510] Ac. 1/10/2002, [*in http://curia.europa.eu*], nºs 33-34.

internacional: só o consumidor individual se apresenta, em regra, como parte contratual mais fraca[511].

Também se deve entender que este regime especial não é aplicável a contratos celebrados entre consumidores[512]. Para o efeito pesam igualmente os argumentos da uniformidade com o art. 6º do Regulamento Roma I e do fim deste regime: só quando a contraparte do consumidor atua no quadro de uma atividade económica independente se verifica tipicamente aquela desigualdade económica entre as partes que justifica a proteção da parte mais fraca. O art. 15º/1/c do Regulamento, adiante examinado, confirma este entendimento, visto que pressupõe que a contraparte do consumidor atua no quadro de uma atividade comercial ou profissional.

No entanto, o regime especial dos contratos com consumidores também deve ser aplicado quando a contraparte que desenvolve uma atividade económica independente atua fora do quadro da sua atividade e o consumidor não está nem deveria estar ao corrente deste facto[513].

O regime especial dos contratos celebrados por consumidores só se aplica desde que se trate de contratos de determinado tipo ou que haja uma conexão com o Estado do domicílio do consumidor.

Assim, o regime especial dos contratos celebrados por consumidores aplica-se, em primeiro lugar, às vendas a prestações de bens móveis corpóreos ou às operações de crédito relacionadas com o financiamento da venda de tais bens (art. 15º/1/a e b).

Nas legislações dos Estados-Membros encontram-se diferentes conceitos de venda a prestações, em ligação com as finalidades prosseguidas por cada uma delas. O conceito de venda a prestações utilizado no regime europeu da competência internacional deve ser interpretado autonomamente por forma a promover uma uniformidade de interpretação nos diferentes Estados-Membros[514]. Esta interpretação uniforme deve assentar nos princípios comuns aos Direitos dos Estados-Membros e deve ter em

---

[511] No mesmo sentido, KROPHOLLER/VON HEIN [2011: Art. 15 nº 6] e MAGNUS/MANKOWSKI/ NIELSEN [2007: Art. 15 nº 19].

[512] Cf. KROPHOLLER/VON HEIN [2011: Art. 15 nº 7], TEIXEIRA DE SOUSA/MOURA VICENTE [1994: 108], MAGNUS/MANKOWSKI/NIELSEN [2007: Art. 15 nº 20] e POCAR [2009: nº 80]. No mesmo sentido apontam, em relação à Convenção de Roma, GIULIANO/LAGARDE [op. cit. 23]. Cp. LAGARDE [op. cit. 315].

[513] Neste sentido, em relação à Convenção de Roma, *Dicey, Morris and Collins* [2006: 1637].

[514] Cf. TCE 21/6/1978, no supracit. caso *Bertrand*, nºs 12 e segs.

vista a finalidade de proteção de uma determinada categoria de compradores. Nesta base, vem a entender-se por venda a prestações um contrato de venda em que o preço é pago fracionadamente ou que está ligado a um contrato de financiamento[515]. Isto inclui, por exemplo, a locação-venda[516].

Para que haja uma venda a prestações é necessário que se trate de uma venda a crédito. Não é considerada venda a prestações aquela em que o preço deva ser integralmente pago antes da entrega da coisa, mesmo que o pagamento seja fracionado[517].

A operação de financiamento da venda de bens móveis corpóreos está abrangida pelo art. 15º/1/b mesmo que a venda seja a contado, designadamente quando o preço seja pago com a quantia mutuada[518]. Parece que a locação financeira pode ser reconduzida a esta alínea.

O mesmo regime aplica-se a outros contratos celebrados por consumidores com uma pessoa que tenha atividade comercial ou profissional no Estado-Membro do domicílio do consumidor ou dirija essa atividade, por quaisquer meios, a esse Estado-Membro ou a vários Estados incluindo esse Estado-Membro, desde que o contrato seja abrangido por essa atividade (art. 15º/1/c).

O TCE interpreta o conceito de contrato celebrado por consumidor utilizado no art. 15º/1/c no sentido de abranger o caso em que um vendedor profissional se tenha obrigado juridicamente a pagar um prémio ao consumidor, independentemente de uma encomenda de produtos propostos para venda, desde que o consumidor solicite o seu pagamento através da devolução de um "certificado de reclamação do prémio"[519]. Parece que o mesmo tribunal limita este entendimento aos casos em que o vendedor assume uma obrigação contratual[520].

---

[515] Caso cit., nº 20.

[516] Cf. SCHLOSSER [1979: nº 157].

[517] Cf. TCE 16/3/1999, no caso *Mietz* [*CTCE* (1999) I-2277, nºs 30 e segs.].

[518] Cf. SCHLOSSER [1979: nº 157].

[519] Cf. TCE 14/5/2009, no caso *Ilsinger* [in *http://curia.europa*.eu], nº 60.

[520] Cf. decisão supracit. (nºs 54-59), reafirmando a jurisprudência relativa ao art. 13º da Convenção de Bruxelas, que exige a celebração de um contrato – ver TCE 11/7/2002, no caso *Gabriel* [in *http://curia.europa*.eu], nºs 38 e 60, 20/1/2005 no caso *Engler*, [in *http://curia.europa*.eu], nºs 34-43. Neste último caso, o tribunal entendeu que o art. 5º/1 da Convenção de Bruxelas, diferentemente do art. 13º, não exige a celebração de um contrato [nº 45] – ver *supra* G. Cp. KROPHOLLER/VON HEIN [2011: Art. 15 nº 20].

Neste ponto, o Regulamento afasta-se da Convenção de Bruxelas e da Convenção de Lugano de 1988, que se referem apenas aos contratos que tenham por objeto a prestação de serviços ou o fornecimento de bens móveis corpóreos se a celebração do contrato tiver sido precedida no Estado do domicílio do consumidor de uma proposta que lhe tenha sido dirigida ou de anúncio publicitário e o consumidor tiver praticado nesse Estado os atos necessários para a celebração do contrato (art. 13º/1/3)[521]. Pressupostos de aplicação que são muito semelhantes aos estabelecidos no art. 5º/2 da Convenção de Roma sobre a Lei Aplicável às Obrigações Contratuais, com respeito às normas de conflitos especiais aplicáveis aos contratos celebrados por consumidores.

Este preceito das Convenções de Bruxelas e de Lugano suscitou diversas questões, designadamente no contexto dos contratos celebrados através da internet[522].

O Regulamento vem estender o regime especial dos contratos celebrados por consumidores a contratos celebrados por consumidores que não têm por objeto a prestação de serviços ou fornecimento de bens móveis corpóreos. Por exemplo, um contrato de licença de programa de computador ou, segundo um entendimento, um contrato de *timesharing*[523].

Para além disso, deixa de ser necessário que o consumidor receba uma proposta ou que seja feita publicidade no Estado do seu domicílio. Basta que o contrato seja celebrado no exercício de uma atividade comercial ou profissional realizada no Estado-Membro do domicílio do consumidor ou de uma atividade dirigida a esse Estado-Membro ou a vários Estados incluindo esse Estado-Membro[524].

Cessa também a exigência de que o consumidor tenha praticado nesse Estado os atos necessários para a celebração do contrato. Portanto, o

---

[521] Estes pressupostos de aplicação do regime especial dos contratos com consumidores foram ignorados pela RCb no ac. 4/6/2002 [*CJ* (2002-III) 32].

[522] Ver, designadamente, KROPHOLLER [1998: Art. 13 nº 22]; Gabrielle KAUFMAN-KOHLER – "Internet: mondialisation de la communication mondalisation de la résolution des litiges", *in Internet. Which Cour Decides? Which Law Applies?*, 89-142, A Haia, Boston e Londres, 1998, 135 e segs.; Peter MANKOWSKI – "Das Internet im Internationalen Vertrags- und Deliktsrecht", *RabelsZ*. 63 (1999) 203-294, 232 e seg.

[523] Cf. Exposição de Motivos da Proposta da Comissão, 16, GAUDEMET-TALLON [2010: nº 103] e POCAR [2009: nº 81]. Cp. *infra* I.

[524] Para MOURA RAMOS [2002: 212] verifica-se aqui uma aplicação do critério do "*doing business*".

regime especial dos contratos com consumidores aplica-se mesmo que os atos necessários para a celebração do contrato tenham sido realizados pelo consumidor fora do Estado do seu domicílio[525].

Através da internet os fornecedores de bens e serviços podem alcançar os consumidores de praticamente todos os países do mundo. Daí que, em certas condições, se possa justificar que estes fornecedores suportem o risco de serem demandados em qualquer um destes países. Este risco já existia à face da Convenção de Bruxelas e da Convenção de Lugano de 1988, sem que tal tenha tido qualquer impacto substancial na oferta de produtos na rede. Para isto contribui também a circunstância de raramente os consumidores proporem ações com respeito a litígios emergentes de contratos à distância.

Resta saber em que condições é que, perante o Regulamento, a utilização da internet constitui uma atividade dirigida ao Estado-Membro do domicílio do consumidor.

A proposta do Parlamento Europeu no sentido de consagrar "como critério de apreciação da existência de tal actividade qualquer tentativa do operador para limitar a sua actividade comercial às transacções com consumidores domiciliados em determinados Estados-Membros" não foi aceite[526]. Por outro lado, o Parlamento Europeu terá recusado uma redação nos termos da qual o comerciante deveria "dirigir intencionalmente a sua actividade, de forma substancial", para outros Estados-Membros ou para vários países, nomeadamente o Estado-Membro em está domiciliado o consumidor[527].

Parece inequívoco que há atividade através da rede quando sejam enviadas aos consumidores mensagens publicitárias por correio eletrónico. Segundo a Exposição de Motivos da Proposta da Comissão, o mesmo se verificaria quando o sítio do fornecedor permita celebrar o contrato em linha[528].

Já se suscitariam mais dúvidas quando o sítio se limita a divulgar o produto ("sítio passivo").

Na Exposição de Motivos da Proposta inicial da Comissão podia ler-se que o "simples facto de um consumidor ter tido conhecimento de

---

[525] Cf. Exposição de Motivos da Proposta da Comissão, 16

[526] Cf. Proposta alterada da Comissão [COM (2000(689 final], 6.

[527] Cf. TUE 7/12/2010, nos casos *Peter Pammer* e *Hotel Alpenhof* [*in http://curia.europa.eu*], nº 82. A favor desta solução, que considera consagrada na Convenção de Bruxelas, MOURA VICENTE [2005: 266 e segs., *maxime* 274-275].

[528] Cf., 16.

um serviço ou possibilidade de aquisição de bens por meio de um sítio passivo acessível no país do seu domicílio não desencadeia a competência internacional protectora"[529].

No entanto, na Exposição de Motivos da Proposta Alterada, lê-se que "a própria existência deste contrato [um contrato de consumo] parece, em si própria, ser já uma indicação clara de que o fornecedor de bens ou serviços dirigiu a sua atividade comercial para o Estado do domicílio do consumidor"[530].

A *Declaração Conjunta do Conselho e da Comissão sobre os artigos 15º e 73º*, por seu turno, sublinha "que o simples facto de um sítio da Internet ser acessível não basta para tornar aplicável o artigo 15º, é preciso também que esse sítio Internet convide à celebração de contratos à distância e que tenha efectivamente sido celebrado um contrato à distância, por qualquer meio"[531]. Acrescenta ainda que "A este respeito, a língua ou a moeda utilizadas por um sítio Internet não constituem elementos pertinentes". Esta declaração constitui apenas um elemento de interpretação, mas a sua relevância é reforçada pela circunstância de o Considerando nº 24 do Regulamento Roma I a referir ao mesmo tempo que postula uma "coerência" entre o Regulamento Bruxelas I e o Regulamento Roma I[532].

Este entendimento parecia ser o mais razoável[533]. Assim, o regime especial de proteção do consumidor só se aplicaria, neste contexto, caso se verificassem dois pressupostos. Primeiro, que o sítio do fornecedor na internet permita celebrar o contrato em linha ou, no mínimo, convide à

---

[529] Cf. 16.

[530] Cf. Proposta alterada da Comissão [COM (2000) 689 final], 6. Menos claro, porém, é o sentido da supressão do Considerando nº 13 da proposta inicial, segundo o qual "o consumidor deve gozar da proteção que lhe é concedida quando celebra um contrato de consumo através de meios eletrónicos a partir do seu domicílio."

[531] Deve referir-se que há uma discrepância entre a versão portuguesa deste texto, que é similar às versões francesa e alemã, e a versão inglesa que tem a seguinte redação "The mere fact that an Internet site is accessible is not sufficient for Article 15 to be applicable, although a factor will be that this Internet site solicits the conclusion of distance contracts and that a contract has actually been concluded at a distance, by whatever means. In this respect, the language or currency which a website uses does not constitute a relevant factor".

[532] Ver também POCAR [2009: nº 83].

[533] Cp., porém, DROZ/GAUDEMET-TALLON [2001: 638 e seg.] e BERAUDO [2001: 1056].

celebração do contrato à distância[534]. Segundo, que tenha sido efetivamente celebrado o contrato à distância.

Em qualquer caso, o fornecedor que quisesse evitar o risco de ser demandado fora de certa área ou em certos países pode configurar o seu sítio da rede de modo a só celebrar contratos com consumidores que indiquem residência dentro da área em causa ou fora desses países. Neste caso, deve entender-se que o consumidor não pode invocar um domicílio diferente daquele que indicou ao fornecedor.

Numa decisão recente, porém, o TUE adotou um entendimento que diverge destes elementos de interpretação[535]. Segundo este entendimento, para efeitos do art. 15º/1/c o comerciante deve ter manifestado, ainda que tacitamente, a sua vontade de estabelecer relações comerciais com os consumidores de um ou de vários Estados, entre os quais o Estado-Membro do domicílio do consumidor[536].

Para o efeito não releva a distinção entre sítios "interativos" e "passivos" nem se exige que o comerciante dirija "intencionalmente a sua actividade, de forma substancial", para o Estado-Membro em que está domiciliado o consumidor. O consumidor não tem de provar a intenção do comerciante de desenvolver uma atividade de certa dimensão no Estado do seu domicílio[537].

Assim, a demonstração da existência de uma atividade "dirigida" ao Estado-Membro do domicílio do consumidor pode resultar de diversos indícios, eventualmente combinados entre si. São mencionados, designadamente, a natureza internacional da atividade, a menção de itinerários a partir de outros Estados-Membros para chegar ao local onde o comerciante está estabelecido, a utilização de uma língua ou moeda diferentes das habitualmente utilizadas no Estado-Membro em que o comerciante está estabelecido, com a possibilidade de reservar e confirmar a reserva nessa língua, a menção de números de telefone com a indicação de um indicativo internacional, a realização de despesas num serviço de referenciação na Internet para facilitar aos consumidores domiciliados noutros Estados-Membros o acesso ao sítio do comerciante ou a um sítio do seu

---

[534] Cp. FALLON/MEEUSEN [2002: 436].

[535] Cf. TUE 7/12/2010, nos casos *Peter Pammer e Hotel Alpenhof* [in *http://curia.europa.eu*].

[536] Caso supracit. nºs 75 e segs. A favor deste entendimento, CALVO CARAVACA/CARRASCOSA GONZÁLEZ/CARRASCOSA GONZÁLEZ [2011 II: 816 e segs.].

[537] Caso supracit., nºs 79 e 82.

intermediário, a utilização de um nome de domínio de primeiro nível diferente do do Estado-Membro em que o comerciante está estabelecido e a menção de uma clientela internacional constituída por clientes domiciliados em diferentes Estados-Membros[538].

Já se considera insuficiente a simples acessibilidade do sítio na internet do comerciante ou do intermediário no Estado-Membro do domicílio do consumidor, bem como a menção de um endereço eletrónico e de outros elementos de contacto ou a utilização de uma língua ou moeda que sejam habitualmente utilizadas no Estado-Membro em que o comerciante está estabelecido[539].

É uma solução de compromisso, mas que não evita muitas dificuldades na sua aplicação prática.

Enquanto a Convenção de Bruxelas e a Convenção de Lugano de 1988 se referem apenas ao Estado do domicílio do consumidor, face ao Regulamento só releva o Estado-*Membro* do domicílio do consumidor[540]. Assim, relativamente aos contratos visados pelo art. 13º/1/3 das Convenções e pelo art. 15º/1/c do Regulamento, se o Estado do domicílio do consumidor não for um Estado Contratante/Membro, e a ação for proposta contra a outra parte domiciliada num Estado Contratante/Membro, aplicam-se os arts. 14º e 15º das Convenções, mas não os arts. 16º e 17º do Regulamento.

Isto não parece ter consequências quanto aos critérios de competência legal, uma vez que a sua especialidade reside, tanto à face das Convenções como perante o Regulamento, na possibilidade de o consumidor propor a ação nos tribunais no Estado Contratante/Membro do seu domicílio. Em ambos os casos a atribuição de competência ao foro do domicílio para a ação proposta pelo consumidor só opera quando o consumidor tem domicílio num Estado Contratante/Membro.

Já relativamente à competência convencional parece que se verificam consequências divergentes. O art. 15º das Convenções estabelece limites à admissibilidade dos pactos de jurisdição independentemente de o Estado do domicílio do consumidor ser um Estado Contratante, ao passo que o art. 17º do Regulamento só se aplica aos contratos visados no art. 15º/1/c, quando o Estado do domicílio do consumidor for um Estado-Membro.

---

[538] Caso supracit., nºs 83 e 93.

[539] Caso supracit., nº 94.

[540] Ver também art. 15º/1/c da Convenção de Lugano de 2007.

Se o pacto de jurisdição for válido à face do regime geral e admissível perante o regime especial estabelecido para os contratos celebrados por consumidores é irrelevante que o consumidor tenha ou não domicílio num Estado-Membro[541]. Se o pacto de jurisdição for válido à face do regime geral mas não for admissível perante o regime especial, tudo depende, à face do Regulamento, de o consumidor ter domicílio num Estado-Membro. Se não tiver domicílio num Estado-Membro o pacto de jurisdição é válido, visto que o regime especial é inaplicável. Se tiver domicílio num Estado-Membro o pacto é inválido.

São excluídos do âmbito de aplicação deste regime os contratos de transporte, como exceção dos contratos de fornecimento de uma combinação de viagem e alojamento por um preço global (contrato de viagem) (art. 15º/3). Esta exclusão é atribuída ao facto de estes contratos estarem submetidos a regimes especiais de fonte convencional e de a sua sujeição ao regime especial de competência internacional dos contratos com consumidores "vir complicar a situação jurídica"[542]. Esta justificação suscita dúvidas.

Este preceito deve ser interpretado à luz do art. 2º/1 da Dir. 90/314/ /CEE, bastando, para a inclusão no âmbito de aplicação do regime dos contratos com consumidores, que o contrato inclua dois dos três serviços mencionados nesta disposição: transporte, alojamento e outros serviços turísticos não subsidiários do transporte ou do alojamento que representem uma parte significativa da viagem organizada e que a prestação exceda 24 horas ou inclua uma dormida[543]. O TUE já entendeu que isto se verifica na viagem realizada num cargueiro, que incluía, por um preço global, o transporte e o alojamento, e excedia 24 horas[544].

Também são excluídos os contratos de seguros, que se encontram regulados na Secção anterior. Com efeito as normas desta secção prevalecem, em caso de concurso, sobre as normas da Secção IV[545].

---

[541] Pelo menos na medida em que a outra parte, nos termos do art. 17º/1 da Convenção de Bruxelas e da Convenção de Lugano de 1988, tenha domicílio num Estado Contratante/Membro.

[542] Cf. SCHLOSSER [1979: nº 160].

[543] Cf. TUE 7/12/2010, nos casos *Peter Pammer* e *Hotel Alpenhof* [*in http://curia.europa.eu*], nºs 37 e segs.

[544] Decisão supracit. nº 45.

[545] Cf. SCHLOSSER [1979: nº 156], em relação à Convenção de Bruxelas.

Estabelece-se um *regime diferenciado* conforme a ação é proposta pelo consumidor ou pela contraparte.

O consumidor pode intentar a ação quer perante os tribunais do Estado-Membro em que estiver domiciliada a outra parte (art. 16º/1), quer perante os tribunais do Estado-Membro em que a outra parte tiver um estabelecimento, se o litígio for relativo à exploração deste estabelecimento e o réu tiver domicílio noutro Estado-Membro (art. 5º/5 *ex vi* art. 15º/1), quer ainda perante o tribunal do lugar onde o consumidor tiver domicílio (art. 16º/1).

Se o consumidor domiciliado em Portugal quiser propor a ação em tribunais portugueses contra uma parte que não é domiciliada em Portugal, e não estiverem preenchidos os pressupostos da competência territorial do tribunal do lugar do cumprimento (art. 74º/1 CPC), suscita-se um problema na determinação do tribunal territorialmente competente. Neste caso há que recorrer ao critério geral subsidiário do art. 85º/3 CPC.

Se a contraparte do consumidor, não tendo domicílio no território de um Estado-Membro, possuir um estabelecimento no território de um Estado-Membro, será considerada, quanto aos litígios relativos à exploração deste estabelecimento, como domiciliada neste Estado (art. 15º/2).

À semelhança do que se verifica relativamente à matéria de seguros, este preceito não só estende o critério de competência do lugar da situação do estabelecimento aos casos em que a contraparte do consumidor não tem domicílio num Estado-Membro, como também alarga o âmbito espacial de aplicação da Secção IV do Regulamento para além do estabelecido no art. 4º/1[546]. Por conseguinte, parece que nesta hipótese a competência para as ações contra a contraparte do consumidor não se pode basear no Direito interno[547].

Os conceitos de "estabelecimento" e de "litígio relativo à exploração do estabelecimento" devem ser interpretados da mesma forma que no art. 5º/5 do Regulamento (*supra* G).

A contraparte do consumidor só pode intentar a ação perante os tribunais do Estado-Membro em que estiver domiciliado o consumidor (art. 16º/2).

---

[546] Cf. TCE 15/9/1994, no caso *Brenner e Noller* [*CTCE* (1994) I-4275], nº 18.

[547] Ver KROPHOLLER/VON HEIN [2011: Art. 15 nº 28], GAUDEMET-TALLON [2010: nºs 265 e 289] e MAGNUS/MANKOWSKI/NIELSEN [2007: Art. 15 nº 40 e Art. 16 nº 5].

DIREITO INTERNACIONAL PRIVADO

Esta regra não prejudica o direito de formular um pedido reconvencional perante o tribunal em que tiver sido instaurada a ação principal, nos termos da presente Secção (art. 16º/3). Aplicam-se aqui as considerações tecidas com respeito ao preceito paralelo do art. 12º/2.

O TUE entende que no caso em que um consumidor, parte num contrato de crédito imobiliário de longa duração que prevê a obrigação de informar o co-contratante de qualquer alteração da morada, renuncia ao seu domicílio antes da propositura de uma ação contra si por violação das suas obrigações contratuais, são competentes para conhecer da dita ação os órgãos jurisdicionais do Estado-Membro em cujo território se encontra o último domicílio conhecido do consumidor, caso não consigam determinar o domicílio atual do requerido e também não disponham de indícios probatórios que lhes permitam concluir que este está efetivamente domiciliado fora do território da União Europeia[548].

O art. 16º permite que o consumidor demande e seja demandado no Estado do seu domicílio, fazendo recair sobre a contraparte do consumidor as desvantagens resultantes da participação num processo fora do Estado do seu domicílio[549].

Em caso de mudança de domicílio do consumidor depois de celebrado o contrato de venda a prestações de bens móveis corpóreos ou de operação de crédito relacionada com o financiamento de tais bens, o consumidor pode demandar nos tribunais do Estado-Membro do novo domicílio.

Já relativamente a outros contratos celebrados por consumidores (hipótese contemplada pelo art. 15º/1/c), parece que a secção IV só se aplica quando o consumidor tem domicílio no Estado-Membro em que a outra parte realizou uma atividade comercial ou profissional, ou a que dirigiu essa atividade, abrangendo o contrato. Isto encontra justificação

---

[548] Cf. TUE 17/11/2011, no caso *Hypoteční banca* [*in http://curia.europa.eu*]. Na mesma decisão, o TE decidiu que o Regulamento não se opõe à aplicação de uma disposição do direito processual interno de um Estado-Membro que, com o propósito de evitar situações de denegação de justiça, permite intentar uma ação contra uma pessoa na sua ausência e cujo domicílio é desconhecido, se o órgão jurisdicional que conhece do litígio se tiver assegurado, antes de proferir decisão sobre o mesmo, de que foram efetuadas todas as averiguações exigidas pelos princípios da diligência e da boa fé para encontrar o requerido.

[549] Ver também TEIXEIRA DE SOUSA/MOURA VICENTE [1994: 110].

REGIMES EUROPEUS

na ideia de que, neste caso, a possibilidade de o consumidor propor a ação nos tribunais do Estado do seu domicílio deve depender de uma conexão da atividade da outra parte com este Estado. A ser assim, o consumidor que transfira o seu domicílio para outro Estado depois da celebração do contrato não pode demandar nos tribunais do Estado-Membro do novo domicílio, a menos que os pressupostos do art. 15º/1/c se verifiquem em relação a este Estado-Membro[550].

Para a determinação da competência nos termos do art. 16º/2 (ações propostas contra o consumidor) releva, nos termos gerais (*supra* F), o novo domicílio do consumidor[551].

Os pactos de jurisdição são sujeitos a importantes limitações nesta matéria.

Com efeito, os pactos de jurisdição só são admissíveis em três casos (art. 17º).

Primeiro, quando sejam posteriores ao nascimento do litígio.

Segundo, quando alarguem o leque de competências aberto ao consumidor.

Terceiro, quando atribuam competência aos tribunais do Estado-Membro em que o consumidor e a sua contraparte têm, simultaneamente, domicílio ou residência habitual no momento da celebração do contrato, salvo se a lei deste Estado não permitir tal convenção.

Esta última hipótese atende aos interesses legítimos da contraparte do consumidor na certeza jurídica e na previsibilidade do foro competente. Com efeito, visa-se permitir que, através de um pacto de jurisdição, se eliminem as dificuldades e incertezas que podem resultar para a outra parte de uma mudança de domicílio do consumidor depois da celebração do contrato[552].

O Direito da Competência Internacional de fonte interna, permite, em princípio, esta convenção (art. 99º CPC e art. 19º/g da Lei das Cláusulas Contratuais Gerais – *infra* § 88 F).

---

[550] Sobre a controvérsia doutrinal a este respeito, cp., em relação ao art. 13º/1/3 da Convenção de Bruxelas, SCHLOSSER [1979: nº 161] e GOTHOT/HOLLEAUX [1985: 82], e relativamente ao Regulamento, KROPHOLLER/VON HEIN [2011: Art. 16 nº 2] e MAGNUS/MANKOWSKI/NIELSEN [2007: Art. 16 nº 6].

[551] Cf. JENARD [1979: 152] e MAGNUS/MANKOWSKI/NIELSEN [2007: Art. 16 nº 8].

[552] Cf. JENARD [1979: 152]. Cp. a crítica, a meu ver improcedente, de GAUDEMET-TALLON [2010: nº 292].

DIREITO INTERNACIONAL PRIVADO

À semelhança do que se verifica com o art. 13º, o art. 17º só regula a admissibilidade do pacto de jurisdição. Os seus pressupostos e requisitos de validade ficam submetidos ao art. 23º, adiante examinado, e, na parte não regulada pelo art. 23º, ao Direito de Conflitos dos Estados-Membros[553].

O *Regulamento que cria a injunção europeia de pagamento* contém uma regra especial de competência internacional para o procedimento de injunção de pagamento de um crédito que diga respeito a contrato celebrado por uma pessoa (o consumidor) com um fim que possa ser considerado estranho à sua atividade profissional, quando o procedimento for instaurado contra o consumidor. Neste caso, só são competentes os tribunais do Estado-Membro onde o consumidor tem domicílio (art. 6º/2). Esta regra coincide com a estabelecida no art. 16º/2 do Regulamento Bruxelas I mas a sua aplicação não depende dos pressupostos enunciados no art. 15º/1 deste Regulamento (i.e., aplica-se a quaisquer contratos celebrados por consumidores)[554]. Por outro lado, a relevância de pactos de jurisdição parece ser inteiramente excluída nesta matéria[555].

O regime especial da competência internacional em matéria de *contratos individuais de trabalho*, que consta da Secção V do Capítulo II do Regulamento, só encontra uma correspondência parcial na Convenção de Bruxelas e na Convenção de Lugano de 1988 (ver art. 5º/1/2ª parte de ambas as Convenções, art. 17º/6 da Convenção de Bruxelas e art. 17º/5 da Convenção de Lugano)[556]. Esta autonomização do regime especial da competência internacional em matéria de contratos individuais de trabalho é acompanhada de um certo reforço da proteção do trabalhador[557].

O conceito de "contrato individual de trabalho" deve ser objeto de uma interpretação autónoma e em consonância com a interpretação do art. 8º do Regulamento Roma I. Uma nota fundamental deste conceito é o caráter subordinado da atividade, que exclui, designadamente, as prestações de serviços realizadas através de uma atividade independente[558].

---

[553] Cf. SCHLOSSER [1979: nº 161].

[554] Cf. KROPHOLLER/VON HEIN [2011: Art. 6 EuMVVO nº 7].

[555] Cf. KROPHOLLER/VON HEIN [2011: Art. 6 EuMVVO nº 8].

[556] Ver, sobre as soluções consagradas na Convenção de Bruxelas, MOURA RAMOS [1991: 773 e segs. e 1996: 54 e segs.].

[557] Ver também arts. 18º a 21º da Convenção de Lugano de 2007.

[558] Cf. TCE 15/1/1987, no caso *Shenavai* [*CTCE* (1987) 239], e KROPHOLLER/VON HEIN [2011: Art. 19 nº 2].

REGIMES EUROPEUS

O trabalhador pode demandar a entidade patronal que tenha domicílio no território de um Estado-Membro (art. 19º):

"1. Perante os tribunais do Estado-Membro em cujo território [a entidade patronal] tiver domicílio; ou

"2. Noutro Estado-Membro:

a) Perante o tribunal do lugar onde o trabalhador efectua habitualmente o seu trabalho ou perante o tribunal do lugar onde efectuou mais recentemente o seu trabalho; ou

b) Se o trabalhador não efectua ou não efectuou habitualmente o seu trabalho no mesmo país, perante o tribunal do lugar onde se situa ou se situava o estabelecimento que contratou o trabalhador"[559].

A competência do tribunal do último lugar onde o trabalho foi habitualmente efetuado parece justificada pelo facto de, frequentemente, o litígio surgir após a cessação do contrato de trabalho[560].

Regista-se uma convergência entre os critérios de competência estabelecidos pelo ar. 19º/2 e os critérios de determinação do Direito aplicável que constam do art. 6º/2 da Convenção de Roma sobre a Lei Aplicável às Obrigações Contratuais e do art. 8º/2 e 3 do Regulamento Roma I. Esta convergência contribui para uma coincidência entre *forum* e *ius*[561]. É desejável uma uniformidade de interpretação dos conceitos designativos dos elementos de conexão nestes instrumentos.

No caso *Rutten*[562], o TCE decidiu que por lugar onde o trabalhador efetua habitualmente o seu trabalho se deve entender, no caso de um contrato de trabalho efetuado no território de vários Estados contratantes, o lugar

---

[559] Em sentido semelhante aponta o art. 5º/1 da Convenção de Lugano, que todavia admite que o trabalhador também seja demandado no tribunal do lugar onde se situa o estabelecimento que contratou o trabalhador, e o art. 5º/1 da Convenção de Bruxelas, com a redação dada pela Convenção de Adesão de 1989 – ver também ALMEIDA CRUZ/DESANTES REAL/JENARD [nº 23]. Relativamente à Convenção de Bruxelas, TCE 10/4/2003, no caso *Pugliese* [*in http://curia. europa.eu*], nº 26, decidiu que o art. 5º/1 "deve ser interpretado no sentido de que, em matéria de contratos de trabalho, o local onde o trabalhador efetua o seu trabalho é o único local de cumprimento de uma obrigação que pode ser tomado em consideração para determinar o órgão jurisdicional competente" [nº 30].

[560] Cf. DROZ/GAUDEMET-TALLON [2001: 632 e seg.].

[561] Como observa, em relação ao art. 5º/1 da Convenção de Bruxelas, com a redação dada pela Convenção de Adesão de 1989, MOURA RAMOS [1989: 45].

[562] TCE 9/1/1997 [*CTCE* (1997) I-00057].

DIREITO INTERNACIONAL PRIVADO

em que o trabalhador fixou o centro efetivo das suas atividades profissionais. Para a determinação concreta desse lugar, o tribunal teve em conta a circunstância de o trabalhador efetuar a maior parte da sua prestação laboral num dos Estados contratantes onde tem escritório, a partir do qual organiza as suas atividades por conta da sua entidade patronal e a que volta após cada viagem ao estrangeiro por razões profissionais.

Se isto não se verificar, e o trabalhador realizar a mesma atividade em diferentes Estados-Membros, não pode relevar um critério qualitativo, baseado na natureza e na importância do trabalho cumprido nos diferentes Estados-Membros, devendo antes atender-se ao lugar em que o trabalhador cumpriu a maior parte do seu tempo de trabalho por conta da entidade patronal. Só na hipótese de, tendo em conta os elementos de facto do caso, o objeto do litígio apresentar vínculos mais estreitos com outro lugar de trabalho é que não se aplicará esse critério temporal. Assim, o período de trabalho mais recente deve ser privilegiado quando o trabalhador, após ter cumprido o seu trabalho durante um determinado período num determinado local, exerce em seguida as suas atividades de forma duradoura num local diferente, desde que, segundo a vontade clara das partes, este último se destine a tornar-se o novo lugar habitual de trabalho[563].

Se o trabalhador, após prestar trabalho em vários Estados, estabeleceu na última fase da sua relação de trabalho o centro de gravidade da sua atividade num determinado lugar, é competente o tribunal deste lugar, ao abrigo do disposto no art. 19º/2/a/2ª parte[564].

O trabalho efetuado por um assalariado em instalações fixas ou flutuantes situadas na ou sobre a plataforma continental adjacente a um Estado contratante, no âmbito da exploração e/ou da extração das suas reservas naturais, deve ser considerado trabalho cumprido no território do referido Estado[565].O mesmo se deve entender quando trabalho seja efetuado em instalações semelhantes situadas na zona económica exclusiva de um Estado[566].

---

[563] Cf. TCE 27/2/2002, no caso *Weber* [*in http://curia.europa.eu*], nºs 50 e segs.

[564] Cf. KROPHOLLER/VON HEIN [2011: Art. 19 nº 6]. Já neste sentido aponta TCE 13/7/1993, no caso *Mulox* [*CTCE* (1993) I-04075]. Cp. POCAR [2009: nº 87].

[565] Cf. TCE 27/2/2002, no caso *Weber* [*in http://curia.europa.eu*], nº 36.

[566] Cf. MANKOWSKI [2003: 26-27].

Para a determinação do lugar onde trabalhador efetua habitualmente o seu trabalho é irrelevante que tenha sido destacado temporariamente para outro Estado[567]. Neste sentido dispõe expressamente, relativamente à determinação do Direito aplicável, o art. 6º/2/a da Convenção de Roma e o art. 8º/2 do Regulamento Roma I. De acordo com o Considerando nº 36 deste último Regulamento, "a prestação de trabalho noutro país deverá ser considerada temporária caso se pressuponha que o trabalhador retomará o seu trabalho no país de origem, após o cumprimento das suas tarefas no estrangeiro"[568].

Quando o trabalhador tiver realizado a sua atividade numa pluralidade de países e não for possível determinar um centro preponderante de atividade, o trabalhador pode demandar a entidade patronal perante o tribunal do lugar onde se situa ou se situava o estabelecimento que o contratou (art. 19º/2/b)[569]. Parece que esta possibilidade também

---

[567] Cf. LAGARDE [1994: 576 e seg.]. À luz da jurisprudência do TCE, parece que não basta o destacamento temporário num Estado para fundamentar a competência do tribunal deste Estado, a título de tribunal do lugar onde o trabalhador efetuou mais recentemente o seu trabalho. Em sentido diferente, MOURA VICENTE [2002b: 312].

[568] Ver ainda KROPHOLLER/VON HEIN [2011: Art. 19 nº 7]. Relativamente à Convenção de Bruxelas, TCE 10/4/2003, no caso *Pugliese* [*in http://curia.europa.eu*], nº 26, decidiu que "o artigo 5.º, ponto 1, da convenção deve ser interpretado no sentido de que, num litígio entre um trabalhador e uma primeira entidade patronal, o local onde o trabalhador cumpre as suas obrigações em relação a uma segunda entidade patronal pode ser considerado o local em que exerce habitualmente o seu trabalho, quando a primeira entidade patronal, em relação à qual estão suspensas as obrigações do trabalhador, tenha ela própria, no momento da celebração do segundo contrato, interesse na execução da prestação por parte do trabalhador a favor da segunda entidade patronal num local determinado por esta última. A existência desse interesse deve ser apreciada de modo global, tomando em consideração todas as circunstâncias do caso concreto". Cp. Considerando nº 36, 2ª parte, do Regulamento Roma I, e as considerações críticas de KROPHOLLER/VON HEIN [2011: Art. 19 nº 8].

[569] Cf. TCE 27/2/2002, no caso *Weber* [*in http://curia.europa.eu*], nºs 55-57, referindo as hipóteses "de existirem pelo menos dois lugares de trabalho de igual importância, ou de nenhum dos diversos locais em que o interessado exerceu as suas actividades profissionais apresentar uma relação suficientemente estável e intensa com o trabalho prestado para ser considerado o lugar de vinculação preponderante para efeitos de determinação da jurisdição competente". Cp. GAUDEMET-TALLON [2010: nº 298] e MAGNUS/MANKOWSKI/ESPLUGUES MOTA/PALAO MORENO [2007: Art. 19 nºs 21-22], que criticam a jurisprudência do TCE por limitar excessivamente o âmbito de aplicação do art. 19º/2/b e comprometer a previsibilidade sobre o foro competente.

DIREITO INTERNACIONAL PRIVADO

existe quando o lugar do estabelecimento que contratou o trabalhador se situa num Estado-Membro, e a pluralidade de países em que o trabalho foi executado se localize, total ou parcialmente, fora do território da União[570], mas já não se o trabalho foi habitualmente executado num mesmo terceiro país[571].

O termo "estabelecimento" deve ser interpretado em sentido lato, incluindo qualquer centro de atividade que não tenha personalidade jurídica, como por exemplo uma sucursal ou uma agência[572].

Se se tratar de um litígio relativo à exploração de um estabelecimento situado num Estado-Membro diferente daquele em que a entidade patronal tem domicílio, o trabalhador também pode demandar no tribunal da situação do estabelecimento (art. 5º/5 *ex vi* art. 18º/1). Isto abrange o pessoal contratado localmente para trabalhar no estabelecimento[573].

Se um trabalhador celebrar um contrato individual de trabalho com uma entidade patronal que não tenha domicílio no território de um Estado-Membro mas tenha uma filial, agência ou outro estabelecimento num dos Estados-Membros, considera-se para efeitos de litígios resultantes do funcionamento dessa filial, agência ou estabelecimento, que a entidade patronal tem o seu domicílio nesse Estado-Membro (art. 18º/2).

À semelhança do que se verifica relativamente à matéria de seguros e aos contratos celebrados por consumidores, este preceito não só estende o critério de competência do lugar da situação do estabelecimento aos casos em que a entidade patronal não tem domicílio num Estado-Membro, como também alarga o âmbito espacial de aplicação da Secção V do Regulamento para além do estabelecido no art. 4º/1[574]. Por conseguinte, parece que nesta

---

[570] Cf. ALMEIDA CRUZ/DESANTES REAL/JENARD [1990: nº 23]. Em sentido diferente, perante a primitiva redação do art. 5º/1 da Convenção de Bruxelas, TCE 15/2/1989, no caso *Six Constructions* [*in http://eur-lex.europa.eu*], nº 22, reafirmado, já perante a redação dada ao preceito pela Convenção de San Sebastián de 1989, por TCE 27/2/2002, no supracit. caso *Weber*, nº 27.

[571] Cf. TCE 27/2/2002, no supracit. caso *Weber*, nº 27, e RAUSCHER/MANKOWSKI [2011: Art. 19 nº 17].

[572] Cf. MÖLLER/JENARD [1989: nº 43].

[573] Cf. TCE 22/11/1978, no caso *Somafer* [*Rec.* (1978-9) 2183], nº 13, e MAGNUS/MANKOWSKI/ ESPLUGUES MOTA/PALAO MORENO [2007: Art. 18 nº 8].

[574] Cf. Exposição de Motivos da Proposta da Comissão, 17.

REGIMES EUROPEUS

hipótese a competência para as ações contra a entidade patronal não se pode basear no Direito interno[575].

A diferença de formulação entre os arts. 9º/2 e 15º/2, que se referem a "litígios relativos à exploração" do estabelecimento, e o art. 18º/2, que se reporta a "litígios resultantes do funcionamento" do estabelecimento, parece dever-se também a um lapso, uma vez que não se verifica noutras versões (designadamente em línguas francesa, alemã e inglesa).

A Dir. do Parlamento Europeu e do Conselho 96/71/CE, relativa ao destacamento de trabalhadores no âmbito de uma prestação de serviços, veio estabelecer que os Estados comunitários devem assegurar, aos trabalhadores destacados para o seu território por uma empresa estabelecida noutro Estado comunitário, a *proteção mínima* concedida pelo seu Direito em certas matérias (arts. 1º/1 e 3º)[576]. O art. 6º desta Diretiva determina que a "fim de fazer valer o direito às condições de trabalho e emprego garantidas pelo artigo 3º, pode ser instaurada uma acção num tribunal do Estado-Membro em cujo território o trabalhador esteja ou tenha estado destacado, sem prejuízo, se necessário, da faculdade de, nos termos das Convenções internacionais existentes em matéria de competência judicial, instaurar uma acção num tribunal de outro Estado"[577].

O Regulamento não prejudica a competência que venha a ser estabelecida em conformidade com a Diretiva (art. 67º)[578]. No entanto, a L nº 9/2000, de 15/6, que transpôs a Diretiva, realizou uma transposição imperfeita, uma vez que não contém qualquer norma de competência. Poderá pensar-se que esta é desnecessária uma vez que o regime interno da competência internacional nesta matéria já estabelece que o trabalhador pode propor a ação nos tribunais portugueses se o trabalho for prestado em Portugal ou se tiverem ocorrido em território português, no todo ou em parte, os factos que integram a causa de pedir da ação (*infra* § 88 D). No entanto, uma vez que o regime interno só atua, em princípio, fora do âmbito de aplicação do Regulamento, seria conveniente formular uma norma de competência especial em conformidade com a Diretiva.

---

[575] Ver KROPHOLLER/VON HEIN [2011: Art. 18 nº 5], GAUDEMET-TALLON [2010: nºs 265 e 301] e MAGNUS/MANKOWSKI/ESPLUGUES MOTA/PALAO MORENO [2007: Art. 18 nº 11].

[576] Ver *supra* § 65 D.

[577] Ver também, relativamente à proposta de Diretiva, MOURA RAMOS [1996: 69 e segs.].

[578] Ver também art. 67º e nº 1 do Protocolo nº 3 da Convenção de Lugano de 2007.

DIREITO INTERNACIONAL PRIVADO

A entidade patronal só pode intentar uma ação perante os tribunais do Estado-Membro em cujo território o trabalhador tiver domicílio (art. 20º/1).

À semelhança do que se verifica, em matéria de seguros, perante o art. 12º/2, e em matéria de contratos com consumidores, perante o art. 16º/3, o disposto na presente Secção não prejudica o direito de formular um pedido reconvencional perante o tribunal em que tiver sido instaurada a ação principal, nos termos desta Secção (art. 20º/2). Aplicam-se aqui as considerações tecidas com respeito ao art. 12º/2.

Também nesta matéria se estabelecem limitações aos pactos de jurisdição. Assim, os pactos de jurisdição só são admissíveis em dois casos (art. 21º):

– quando sejam posteriores ao surgimento do litígio (nº 1);
– quando permitam ao trabalhador recorrer a tribunais que não sejam os indicados na presente Secção (nº 2).

Em paralelo com os arts. 13º e 17º, o art. 21º só regula a admissibilidade do pacto de jurisdição. Os seus pressupostos e requisitos de validade ficam submetidos ao art. 23º, adiante examinado e, na parte não regulada pelo art. 23º, ao Direito de Conflitos dos Estados-Membros.

Quanto à questão de saber quando é que o pacto é posterior ao surgimento do litígio remete-se para o exposto relativamente ao art. 13º.

Parece que a circunstância de o contrato de trabalho em causa estar abrangido por um instrumento de regulamentação coletiva de trabalho não prejudica, em princípio, a aplicação deste regime[579].

I) Critérios atributivos de competência legal exclusiva

Os casos de competência exclusiva encontram-se regulados na Secção VI do Capítulo II do Regulamento, que compreende um só artigo (22º).

Este preceito faz sempre referência aos "tribunais do Estado-Membro", formulação que torna claro que apenas é regulada a competência internacional. A competência territorial é regulada pelo Direito interno dos Estados-Membros. Se do Direito interno da jurisdição exclusivamente

---

[579] Cf. MOURA RAMOS [1996: 65], defendendo, porém, pelo menos *de iure condendo*, a inaplicabilidade das limitações contidas no art. 17º/5 da Convenção de Bruxelas às cláusulas de jurisdição contidas em convenções coletivas de trabalho. Cp. KROPHOLLER/VON HEIN [2011: Art. 18 nº 2 e Art. 22 nº 1].

competente não resultar a competência territorial de um tribunal local, verifica-se uma lacuna do regime da competência, que deve ser integrada com base nos critérios vigentes na respetiva ordem jurídica. Geralmente estes critérios apontarão para a aplicação analógica das regras sobre competência internacional contidas no art. 22º do Regulamento à determinação da competência territorial[580].

A competência exclusiva dos tribunais de um Estado-Membro afasta o critério geral do domicílio do réu e os critérios especiais de competência legal. A competência exclusiva também não pode ser derrogada nem por um pacto atributivo de competência nem por uma extensão tácita de competência (arts. 23º/5 e 24º). O tribunal de um Estado-Membro, perante o qual tiver sido proposta, a título principal, uma ação relativamente à qual tenha competência exclusiva um tribunal de outro Estado-Membro deve declarar-se oficiosamente incompetente (art. 25º). Se não o fizer, verifica-se um fundamento de recusa de reconhecimento, nos outros Estados-Membros, da decisão que proferir (arts. 35º/1 e 45º/1).

No caso, pouco frequente, de uma ação ser da competência exclusiva de vários tribunais, o tribunal a que a ação tenha sido submetida posteriormente deve declarar-se incompetente em favor daquele a que a ação tenha sido submetida em primeiro lugar (art. 29º).

Os critérios de competência internacional exclusiva contidos no art. 22º são diretamente aplicáveis sempre que o respetivo elemento de conexão aponte para um Estado-Membro vinculado pelo Regulamento e que o litígio emirja de uma relação transnacional. A competência exclusiva dos tribunais de um Estado-Membro não depende de o réu estar domiciliado no território de um Estado-Membro (cf. proémio do art. 22º). Tão-pouco é necessária uma conexão com outro Estado-Membro[581].

Isto liga-se à justificação genérica das competências legais exclusivas retida pelo TCE: "a existência de um nexo de ligação particularmente

---

[580] Em resultado, também KROPHOLLER/VON HEIN [2011: Art. 22 nº 1], SCHLOSSER [2009: Art. 22 Vorbemerkungen nº 2] e *MüKoZPO*/GOTTWALD [2008: Art. 22 nº 3]. Diferentemente, GEIMER/SCHÜTZE [2010: Art. 22 nº 22] defendem a consagração de uma norma uniforme segundo a qual é territorialmente competente o tribunal da capital do Estado a cujos tribunais o art. 22º atribui competência internacional.

[581] Cf. GOTHOT/HOLLEAUX [1985: 21], GEIMER/SCHÜTZE [2010: Art 22 nºs 7-11], KROPHOLLER/VON HEIN [2011: Art 22 Nº 6] e RAUSCHER/MANKOWSKI [2011: Art. 22 nº 2a].

DIREITO INTERNACIONAL PRIVADO

estreito entre o litígio e um Estado contratante, independentemente do domicílio tanto do requerente como do requerido"[582].

Em rigor, porém, parece que estas competências exclusivas não são justificadas apenas pela intensidade da ligação, mas também pela circunstância de se tratar de matérias em que vigoram, na generalidade dos sistemas nacionais, regimes imperativos cuja aplicação deve ser assegurada sempre que se verifique uma determinada ligação com o Estado que os editou. Na verdade, os critérios de competência exclusiva coincidem tendencialmente com os elementos de conexão relevantes para a aplicação destes regimes imperativos[583].

O art. 22º do Regulamento tem como precedente normativo o art. 16º da Convenção de Bruxelas em que se baseia quase inteiramente. As diferenças de conteúdo, de reduzido alcance, verificam-se apenas em dois casos:

– no 2º § do nº 1 (acrescentado à Convenção de Bruxelas pela Convenção de Adesão de Portugal e da Espanha), em matéria de contratos de arrendamento de imóveis, quanto aos pressupostos de competência dos tribunais do Estado-Membro onde o requerido tiver domicílio;

– no nº 4, em matéria de inscrição ou de validade de direitos de propriedade industrial, com respeito aos direitos regulados por um instrumento comunitário ou pela Convenção relativa à patente europeia.

Estas diferenças serão examinadas quando procedermos ao estudo na especialidade.

Se o elemento de conexão utilizado pela regra de competência legal exclusiva aponta para um terceiro Estado, a competência é regulada pelo Direito interno, se o réu não tiver domicílio num Estado-Membro (art. 4º/1). Se o réu tiver domicílio num Estado-Membro, as opiniões dividem-se: os Relatores[584], seguidos por uma parte da doutrina[585], entendem que são aplicáveis as outras disposições do Regulamento (ou das

---

[582] Cf. ac. 13/7/2000, no caso *Group Josi* [*CTCE* (2000) I-05925], nº 46.

[583] Como também observam GAUDEMET-TALLON [2010: nº 98], CALVO CARAVACA/ CARRASCOSA GONZÁLEZ [2011: 168] e RAUSCHER/MANKOWSKI [2011: Art. 22 nº 2].

[584] Cf. JENARD/MÖLLER [1989: nº 54], ALMEIDA CRUZ/DESANTES REAL/JENARD [1990: nº 25d] e POCAR [2009: nº 93].

[585] Ver MOTA DE CAMPOS [1985: 121], TEIXEIRA DE SOUSA/MOURA VICENTE [1994: 113 e seg., mas cp. 35], TEIXEIRA DE SOUSA [2003b: 322-323], GEIMER/SCHÜTZE [2011: Art. 22 nº 13] e RAUSCHER/MANKOWSKI [2011: Art. 22 nº 2b-2e]. Ver também Parecer TCE 1/03, de 7/2/2006 [*in http://curia.europa.eu*], nº 153.

REGIMES EUROPEUS

Convenções de Bruxelas e de Lugano), designadamente o art. 2º; alguns autores defendem que corresponde ao sentido do Regulamento (ou das Convenções) que nestas matérias só são adequados os elementos de conexão constantes do art. 22º, razão por que os tribunais dos Estados-Membros se podem considerar incompetentes[586].

Este segundo entendimento é de preferir quando os tribunais do terceiro Estado se considerarem exclusivamente competentes[587], por várias razões.

Primeiro, é um entendimento coerente com a valoração subjacente ao art. 22º do Regulamento. Se os Estados-Membros reclamam uma determinada esfera de competência exclusiva também devem reconhecer igual esfera de competência exclusiva a terceiros Estados.

Segundo, este entendimento contribui para uma distribuição harmoniosa de competências. A posição contrária leva a que os tribunais de um Estado-Membro se considerem competentes, ao mesmo tempo que os tribunais de terceiro Estado reclamam competência exclusiva com base em critérios razoáveis.

Terceiro, este entendimento conforma-se com o princípio da relevância da competência exclusiva de tribunais estrangeiros, adiante examinado e justificado (*infra* § 88 E)[588].

---

[586] Cf., designadamente, DROZ [1972: 109 e 1990: 14 e seg.] e GOTHOT/HOLLEAUX [1985: 84], mas só quando o Direito interno do Estado do foro o autorize; GAUDEMET-TALLON [2010: nº 100 e 2002: 72 e seg.]; KROPHOLLER/VON HEIN [2011: Art. 22 nº 7]; *MüKoZPO*/GOTTWALD [2008: Art. 22 nº 7]; FERNÁNDEZ ARROYO [2004: 178 e 186]; e LAYTON/MERCER [2004: nº 19.010].

[587] Cf. JAYME [1988: 110 e seg.] e SCHLOSSER [Art. 22 nº 14] (relativamente ao art. 22º/1). CALVO CARAVACA/CARRASCOSA GONZÁLEZ [2011: 174-175] manifestam preferência por uma teoria mista segundo a qual a competência internacional dos tribunais de um Estado-Membro fundada noutras regras do Regulamento só deveria ser afastada quando a decisão só possa ser executada no Estado terceiro; no entanto, assim como o art. 22º estabelece a competência exclusiva dos tribunais dos Estados-Membros independentemente de a decisão carecer, em caso de necessidade, de ser executada num Estado terceiro, também faz sentido respeitar a competência exclusiva de um Estado terceiro mesmo que a decisão possa, em caso de necessidade, ser executada num Estado-Membro.

[588] À luz deste princípio é indiferente que a decisão que venha a ser proferida pelos tribunais exclusivamente competentes de terceiro Estado esteja ou não em condições de ser reconhecida. A aceitação da competência exclusiva dos tribunais de outro Estado não garante, de per si, que a decisão por eles proferida seja reconhecível no Estado local. Não obstante a diferença

DIREITO INTERNACIONAL PRIVADO

O Regulamento impõe que o tribunal de um Estado-Membro se declare incompetente quando o tribunal de outro Estado-Membro tenha competência exclusiva (art. 25º), mas não proíbe o tribunal de um Estado--Membro de se declarar incompetente noutros casos, quando tal seja conforme ao sentido do Regulamento.

Claro é que o Regulamento também não impõe ao tribunal de um Estado-Membro que se declare incompetente quando o elemento de conexão utilizado por uma das regras do art. 22º aponta para terceiro Estado cujos tribunais reclamem competência exclusiva. Por isso, se, nestas circunstâncias, o tribunal de um Estado-Membro se considerar competente, tal não constitui fundamento de recusa de reconhecimento da decisão noutros Estados-Membros[589].

Do texto do art. 22º e da sua *ratio* resulta inequivocamente que a enumeração de casos de competência internacional exclusiva aí contida tem natureza taxativa[590]. O Regulamento não admite o alargamento dos casos de competência exclusiva por via da analogia ou com base em qualquer outra técnica.

Os conceitos empregues para delimitar a previsão das regras de competência do art. 22º devem ser objeto de uma interpretação autónoma[591]. O TCE tem sublinhado que as disposições do art. 16º da Convenção de Bruxelas – que, conforme já assinalado, constitui o precedente normativo do art. 22º do Regulamento – não devem ser interpretadas em termos mais amplos do que os requeridos pelo seu objetivo, desde logo porque têm como consequência a privação da liberdade de escolha do foro, bem como,

---

de regime aplicável, o problema coloca-se tanto em relação às decisões proferidas em terceiros Estados como em relação às decisões proferidas em Estados-Membros. Pelo menos perante o Direito interno a não reconhecibilidade da decisão proferida pelos tribunais estrangeiros competentes pode fundamentar uma competência de necessidade – cf. *infra* § 88 C.

[589] Ver, em sentido convergente, EUGÉNIA GALVÃO TELES [1996: 152 e seg.].

[590] Cf. KROPHOLLER/VON HEIN [2011: Art. 22 nº 1], GAUDEMET-TALLON [2010: nº 98] e CALVO CARAVACA/CARRASCOSA GONZÁLEZ [2011: 167].

[591] Cp., porém, SCHLOSSER [1979 nº 168], que parece apontar no sentido de uma qualificação *lege causae* com respeito ao conceito de direito real sobre imóvel, i.e., uma qualificação com base no Direito do lugar da situação do imóvel. O TCE, porém, pronunciou-se no sentido de uma interpretação autónoma deste conceito, cf. 10/1/1990, no caso *Reichert e Kockler* [CTCE (1990) I-00027], nº 8.

em determinados casos, a submissão das partes a uma jurisdição em que nenhuma delas está domiciliada[592].

Em princípio, as matérias enumeradas no art. 22º só fundamentam a competência exclusiva quando o tribunal as conhece a título principal (e não quando o pedido suscite uma questão prévia relativa a essas matérias – cf. art. 25º)[593]. No entanto, como adiante veremos, o TCE admitiu um desvio a esta regra com respeito à questão da validade de direitos de propriedade intelectual.

Em *matéria de direitos reais sobre imóveis e de arrendamento de imóveis*, têm competência exclusiva os tribunais do Estado-Membro onde o imóvel se encontre situado (nº 1/§ 1º).

Esta competência exclusiva verifica-se mesmo que o imóvel esteja situado numa zona do território de um Estado-Membro onde o respetivo governo não exerce um controlo efetivo[594].

Todavia, em matéria de arrendamento de imóveis celebrados para uso pessoal temporário por um período máximo de seis meses consecutivos, são igualmente competentes os tribunais do Estado-Membro onde o requerido tiver domicílio, desde que o arrendatário seja uma pessoa singular e o proprietário e o arrendatário tenham domicílio no mesmo Estado-Membro (nº 1/§ 2º).

Esta competência exclusiva também se encontra consagrada na Convenção de Bruxelas e na Convenção de Lugano de 1988 (art. 16º/1), mas regista-se uma divergência entre estas Convenções quanto aos pressupostos da competência dos tribunais do domicílio do requerido. A Convenção de Bruxelas exige que o proprietário e o arrendatário sejam pessoas singulares e estejam domiciliados no mesmo Estado Contratante. Perante a Convenção de Lugano de 1988 é suficiente que o arrendatário seja uma pessoa singular e que nenhuma das partes esteja domiciliada no Estado Contratante onde o imóvel se encontre situado.

O Regulamento seguiu uma via de algum modo intermédia: é suficiente que o arrendatário seja uma pessoa singular, mas exige-se que ambas as

---

[592] Cf. ac. 14/12/1977, no caso *Sanders* [*CTCE* (1977) 00865], nºs 17 e 18, retomado por diversas decisões referidas em TCE 27/1/2000, no caso *Dansommer* [*CTCE* (2000) I-00393], nº 21. Ver ainda TUE 12/5/2011, no caso *Berliner Verkehrsbetriebe* [*in http://curia.europa.eu*], nº 30.

[593] Cf. JENARD [1979: 152].

[594] Cf. TCE 28/4/2009, no caso *Apostolides* [*in http://curia.europa.eu*], nºs 51 e 52.

DIREITO INTERNACIONAL PRIVADO

partes tenham domicílio no mesmo Estado-Membro. O proprietário tanto pode ser uma pessoa singular como uma pessoa coletiva[595]. A mesma solução foi adotada pela Convenção de Lugano de 2007 (art. 22º/1). Esta parece ser, à luz da *ratio* do preceito, a melhor solução[596]. Com efeito, justifica-se a possibilidade de instaurar a ação no foro do domicílio comum do proprietário e do arrendatário mesmo que o proprietário seja, como é frequente, uma pessoa coletiva[597].

Exige-se ainda que o arrendamento seja celebrado para uso pessoal temporário por um período máximo de seis meses consecutivos. O conceito de "uso pessoal" deve ser entendido à luz do conceito de contrato com consumidor que resulta do art. 15º/1 do Regulamento. Por conseguinte, o arrendamento não se considera para uso pessoal quando seja celebrado para o exercício de uma atividade económica independente[598].

Verificando-se estes pressupostos, o autor pode escolher entre propor a ação nos tribunais do Estado-Membro em que o imóvel está situado ou nos tribunais do Estado-Membro em que o réu está domiciliado. Segundo o Relatório de JENARD e MÖLLER (relativo à Convenção de Lugano) trata-se de "duas competências exclusivas", que podem ser qualificadas de "competências exclusivas alternativas"[599].

Este desvio à competência exclusiva do *forum rei sitae* permite normalmente evitar que duas pessoas domiciliadas no mesmo Estado-Membro, que são partes de um contrato de arrendamento de curta duração relativo a imóvel situado noutro Estado-Membro, tenham de discutir os litígios daí emergentes nos tribunais deste Estado-Membro, que será, em regra, um foro inconveniente para ambas as partes. Esta hipótese verifica-se frequentemente com respeito ao arrendamento de casas de férias.

O conceito autónomo de direito real é caracterizado pela "faculdade de o seu titular poder reclamar o bem que é objecto desse direito a qualquer pessoa que não possua um direito real hierarquicamente superior"[600].

---

[595] Cf. Exposição de Motivos da proposta da Comissão, 18.
[596] Cp. RAUSCHER/MANKOWSKI [2011: Art. 22 nº 25].
[597] No mesmo sentido, GAUDEMET-TALLON [2010: nºs 107-108].
[598] Ver também RAUSCHER/MANKOWSKI [2011: Art 22 nº 26].
[599] Nº 52. Ver também *Cheshire, North & Fawcett* [2008: 281] e KROPHOLLER/VON HEIN [2011: Art. 22 nº 32].
[600] Cf. SCHLOSSER [1979: nº 166].

Quanto à delimitação das ações abrangidas pela competência exclusiva, o TCE atende ao fundamento desta competência: "a circunstância de o tribunal do lugar da situação ser o melhor colocado, em atenção à proximidade, para ter um bom conhecimento das situações de facto e para aplicar as regras e os usos que são, em geral, os do Estado da situação"[601]. Acrescente-se que os direitos imobiliários estão geralmente submetidos à *lex rei sitae* e que as regras aplicáveis têm predominantemente caráter imperativo e um nexo estreito com a constituição económica, por forma que a competência exclusiva do *forum rei sitae* garante a aplicação desses regimes imperativos[602].

É controverso se o conceito de imóvel deve ser interpretado autonomamente ou com base no Direito da situação do imóvel[603]. A favor desta segunda posição faz-se valer que o preceito tem vista a conexão entre o tribunal competente e a aplicabilidade da *lex rei sitae*. Na verdade, acabámos de ver que a competência da *lex rei sitae* nesta matéria é uma consideração relevante para fundamentar a competência exclusiva. O argumento que daí se pretende retirar para a interpretação do conceito de imóvel, porém, é inconclusivo, uma vez que a competência da *lex rei sitae* é normalmente independente do caráter móvel ou imóvel da coisa.

A competência exclusiva só abrange a ação que se baseie num direito real, e já não uma ação que se baseie num direito pessoal ou simultaneamente num direito pessoal e num direito real[604]. Assim, estão excluídas a ação de resolução e/ou de indemnização pelo prejuízo com o incumpri-

---

[601] Cf. TCE 10/1/1990, no caso *Reichert e Kockler* [*CTCE* (1990) I-00027], nº 10.

[602] Ver também *Dicey, Morris and Collins* [2006: 448] e GAUDEMET-TALLON [2010: nº 101]. Cp. As considerações críticas de GEIMER/SCHÜTZE [2010: Art. 22 nºs 38 e seg.] e FERNÁNDEZ ARROYO [2004: 177 e seg.].

[603] No primeiro sentido, TCE 10/1/1990, no caso *Reichert e Kockler* [*CTCE* (1990) I-00027], nº 8, e 18/5/2006, no caso *Land Oberösterreich*l [in *http://curia.europa.eu*], nº 25, bem como *MüKo-ZPO*/GOTTWALD [2008: Art. 22 nº 10] e GEIMER/SCHÜTZE [2010: Art. 22 nº 42]; a favor da segunda posição, KROPHOLLER/VON HEIN [2011: Art. 22 nº 11]; SCHLOSSER [2009: Art. 22 nº 2], que fala a este respeito de uma "qualificação segundo o Direito do Estado da situação"; RAUSCHER/MANKOWSKI [2011: Art 22 nº 5].

[604] Cf. SCHLOSSER [1979: nºs 171-172], KROPHOLLER/VON HEIN [2011: Art. 22 nº 21] e GAUDEMET-TALLON [2010: nº 101]. Cp. GEIMER/SCHÜTZE [2010: Art. 22 nº 55 e seg.], e RAUSCHER/MANKOWSKI [2011: Art.22 nº 8].

mento de contrato de venda de imóvel[605]; a ação baseada em responsabilidade extracontratual por violação de direito imobiliário[606]; a ação de cumprimento das obrigações do vendedor com respeito à transmissão da propriedade, nos sistemas em que esta transmissão não constitui efeito automático do contrato de venda[607]; a ação de restituição de imóvel baseada em incumprimento do contrato de venda[608]; a ação de anulação do contrato de venda[609]; a ação que vise obter o reconhecimento de que o filho possui o apartamento em exclusivo benefício do pai (como *trustee*) e a condenação do filho na preparação dos documentos necessários para transferir a propriedade para este[610]; a impugnação pauliana[611]; a ação de indemnização pela fruição de uma habitação na sequência da anulação da respetiva transmissão de propriedade[612]. Embora o ponto seja discutível, o TCE também considerou excluída uma ação destinada a impedir as perturbações que afetam ou podem afetar bens imóveis de que é proprietário o demandante, decorrentes de radiações ionizantes provocadas por uma central nuclear sita no território de um Estado vizinho[613].

A competência exclusiva não compreende o conjunto das ações que dizem respeito aos direitos reais imobiliários, mas somente àquelas que, simultaneamente, estão dentro do âmbito de aplicação do Regulamento e tendem a determinar a extensão, a consistência, a propriedade, a posse de um bem imobiliário ou a existência de outros direitos reais sobre este bem e a assegurar aos titulares destes direitos a proteção das prerrogativas que estão ligadas ao seu título[614].

A extensão desta competência exclusiva ao arrendamento é justificada, por um lado, pelo nexo estreito que frequentemente existe entre os regi-

---

[605] Cf. TCE 5/4/2001, no caso *Gaillard* [*CTCE* (2001) I-02771], nºs 18 e segs.

[606] Cf. SCHLOSSER [1979: nº 163].

[607] Cf. SCHLOSSER [1979: nº 170].

[608] Cf. SCHLOSSER [1979: nº 171] e TCE 5/4/2001, no supracit. caso *Gaillard*, nº 21.

[609] Cf. GOTHOT/HOLLEAUX [1985: 84 e seg.], GAUDEMET-TALLON [2010: nº 101] e RLx 24/4/2001 [*CJ* (2001-III) 73].

[610] Cf. TCE 17/5/1994, no caso *Webb* [*CTCE* (1994) I-01717], nº 15.

[611] Cf. TCE 10/1/1990, no caso *Reichert e Kockler* [*CTCE* (1990) I-00027], nº 12.

[612] Cf. TCE 9/6/1994, no caso *Lieber* [*CTCE* (1994) I-2535], nºs 13 e segs.

[613] Ver18/5/2006, no caso *Land Oberösterreich* [*in http://curia.europa.eu*]. Ver RAUSCHER/MANKOWSKI [2011: Art. 22 nºs 12 e seg.]. Cp. as conclusões do Advogado-Geral POIARES MADURO.

[614] Cf. TCE 10/1/1990, no supracit. caso *Reichert e Kockler*, nº 11.

mes aplicáveis ao arrendamento e o regime da propriedade imobiliária e, por outro, pela circunstância de os regimes aplicáveis ao arrendamento conterem frequentemente normas imperativas protetoras do arrendatário que têm em conta o circunstancialismo do mercado de arrendamento local[615].

Por "arrendamento de imóveis" entende-se qualquer tipo de arrendamento: arrendamento para habitação, arrendamento para exercício de profissão liberal, arrendamento comercial e arrendamento rural[616], incluindo arrendamentos de curta duração, designadamente de habitações de férias[617]. Neste último caso, a circunstância de um contrato tendo por objeto a cessão do uso de um alojamento de férias ser celebrado entre uma agência de viagens (que atua como "intermediário" entre o proprietário e o arrendatário) e um cliente e de conter cláusulas acessórias relativas ao seguro em caso de rescisão e à garantia do preço pago pelo cliente não prejudica a sua qualificação como arrendamento de imóvel[618].

O principal objeto do contrato deve ser o uso de um imóvel. São excluídos os contratos que tenham outro objeto principal[619]. Assim, não se considera "arrendamento de imóvel" um contrato de cessão de exploração de estabelecimento[620]. Tão-pouco se considera como tal um contrato celebrado por um organizador profissional de viagens que, além de se obrigar a obter para o cliente o uso de um alojamento de férias, de que não é proprietário, se obriga igualmente a um conjunto de prestações de serviços – tais como informações e conselhos sobre o destino de férias, a reserva de um alojamento pelo período escolhido pelo cliente, a reserva de lugares para o transporte, o acolhimento no local e, eventualmente, um

---

[615] Ver também JENARD [1979: 153], GAUDEMET-TALLON [2010: nº 103], *Cheshire, North & Fawcett* [2008: 280] e SCHLOSSER [2009: Art. 22 nº 1a]. Cp. GEIMER/SCHÜTZE [2010: Art. 22 nºs 105 e segs.].

[616] Cf. JENARD [1979: 153].

[617] Cf. TCE 15/1/1985, no caso *Rösler* [*CTCE* (1985) 99], nºs 23 e segs.

[618] Cf. TCE 27/1/2000, no caso *Dansommer* [*CTCE* (2000) I-00393], nº 38. Cp. a an. crítica de HUET [*Clunet* (2000) 553].

[619] Cf. Cf. TCE 14/12/1977, no caso *Sanders* [*CTCE* (1977) 865], nº 16, e RAUSCHER/ MANKOWSKI [2011: Art. 22 nº 15].

[620] Cf. TCE 14/12/1977, no caso *Sanders* [*CTCE* (1977) 865], nº 19.

DIREITO INTERNACIONAL PRIVADO

seguro para o caso de cancelamento da viagem – por um preço global[621]. Neste caso trata-se normalmente de um contrato com consumidor, subsumível na al. c) do art. 15º/1 e, eventualmente, na 2ª parte do art. 15º/3 do Regulamento.

Quanto à natureza do litígio, deve entender-se que são abrangidos não só os litígios que dizem respeito à existência ou à interpretação desses contratos, à reparação das deteriorações causadas pelo arrendatário e ao despejo do imóvel[622], mas também a generalidade dos litígios relativos às obrigações geradas por esses contratos, incluindo, portanto, os relativos ao pagamento da renda[623]. Já são excluídos os litígios que só indiretamente dizem respeito ao uso do imóvel arrendado, tais como os que concernem à perda do benefício das férias pelo proprietário e às despesas de viagem em que incorreu alegadamente devido ao incumprimento do contrato[624].

A atuação deste critério de competência com respeito a contratos relativos ao uso a tempo parcial de bens imóveis (frequentemente chamados "contratos de *timesharing*") tem suscitado algumas dificuldades nos tribunais dos Estados-Membros. Estas dificuldades são em vasta medida devidas às diferenças entre os Direitos dos Estados-Membros com respeito à qualificação do direito de uso conferido por esses contratos. Tais diferenças foram reconhecidas pela Dir. 94/47/CE relativa à proteção dos adquirentes quanto a certos aspetos dos contratos de aquisição de um direito de utilização a tempo parcial de bens imóveis[625], que visou apenas estabelecer uma base mínima de regras comuns sobre acordos de *timesharing* que permita assegurar o "bom funcionamento do mercado interno" e a proteção dos adquirentes[626]. Esta diretiva foi revogada pela Dir. 2008/122//CE sobre a proteção do consumidor relativamente a determinados aspetos dos contratos de utilização periódica de bens, de aquisição de produtos

---

[621] Cf. TCE 26/2/1992, no caso *Hacker* [*CTCE* (1992) I-01111], nº 14 e seg. Ver ainda RAUSCHER/MANKOWSKI [2011: Art. 22 nºs 22 e seg.].

[622] Cf. JENARD [1979: 153], seguido pelo TCE 14/12/1977, no supracit. caso *Sanders*, nº 15.

[623] Cf. TCE 15/1/1985, no caso *Rösler* [*CTCE* (1985) 99], nºs 28 e seg.; SCHLOSSER [2009: Art. 22 nºs 7 e 12]; GAUDEMET-TALLON [2010: nº 103] e RAUSCHER/MANKOWSKI [2011: Art. 22 nº 20]. Em sentido oposto, JENARD [1979: 153] e GEIMER/SCHÜTZE [2010 Art. 22 nº 120]. Ver ainda SCHLOSSER [1979: nº 164].

[624] Cf. TCE 15/1/1985, no supracit. caso *Rösler*, nº 28.

[625] Terceiro Considerando, *JOCE* L 280/83, de 29/10/1994.

[626] Segundo e Nono Considerandos.

de férias de longa duração, de revenda e de troca, que vai mais longe na harmonização, mas centra-se nos aspetos da comercialização, venda e revenda, bem como na troca dos direitos decorrentes dos contratos, e não prejudica a legislação nacional relativa à "natureza jurídica" desses direitos (art. 1º/2/§ 2º/d). Outra dificuldade resulta da diferença entre os arrendamentos "tradicionais" e os contratos de *timesharing* no que toca ao modo de pagamento[627].

De modo geral, pode dizer-se que cada contrato de *timesharing* deve ser caracterizado à luz dos efeitos que produz perante o Direito ou Direitos aplicáveis por força das regras de conflitos dos Estados-Membros.

É indubitável que as ações em matéria de direitos reais conferidos por contratos de *timesharing* estão sujeitas ao Art. 22º/1 do Regulamento[628].

Já é controverso se, relativamente a outros aspetos, estes contratos devem, em princípio, estar submetidos à jurisdição exclusiva do art. 22º/1 ou ao regime dos contratos celebrados com consumidores[629]. Neste segundo sentido, pode ser invocada a Exposição de Motivos da Proposta da Comissão[630], bem como o paralelismo com o Regulamento Roma I que, para a determinação do Direito aplicável, sujeita os contratos de *timesharing* ao regime dos contratos celebrados por consumidores (art. 6º/4/c). Em sentido contrário, porém, podem ser invocadas as finalidades prosseguidas pelo art. 22º/1 (proximidade à situação de facto, nexo com o regime geral da propriedade imobiliária e frequente existência de normas imperativas protetoras do adquirente do direito que visam, em primeira linha, os direitos relativos a imóveis situados no território do Estado que as edita), bem como as Diretivas de 1994 e 2008 que, relativamente ao âmbito de aplicação das normas protetoras do adquirente do direito, atendem em primeira linha à localização do imóvel no território de um Estado-Membro (art. 9º da Diretiva de 1994 e art. 12º/2 da Diretiva de 2008). Caberá ao TUE esclarecer melhor este ponto.

---

[627] Quinto Considerando da Diretiva de 1994.

[628] Cf. RAUSCHER/MANKOWSKI [2011: Art. 22 nº 7] e KROPHOLLER/VON HEIN [2011: Art. 22 nº 17].

[629] No primeiro sentido, relativamente ao *timesharing* obrigacional, RAUSCHER/MANKOWSKI [2011: Art.22 nºs 17-17a e 18-18ª, e KROPHOLLER/VON HEIN [2001: Art. 22 nº 17]. No segundo sentido, GAUDEMET-TALLON [2010: nº 103] e POCAR [2009: nº 81].

[630] -16.

DIREITO INTERNACIONAL PRIVADO

A simples circunstância de o contrato proporcionar um serviço de troca de alojamentos de férias não justifica a sua subtração à jurisdição do art. 22º/1[631]. Uma situação diferente pode surgir quando o contrato prevê a adesão a um "clube de férias" que embora confira um direito de uso não se refira a um imóvel individualizado. Neste caso, é defendido que a jurisdição não se pode localizar na situação do imóvel[632]. Este entendimento parece aceitável quando o "clube de férias" confere um direito de uso de imóveis situados em diferentes países[633].

O mesmo entendimento foi sugerido com respeito às relações de *timesharing* que embora formalmente configuradas como "societárias" ou "associativas" são substancialmente equivalentes a relações contratuais de uso de um imóvel[634]. No entanto, o TCE, no caso *Klein*, decidiu que o art. 16º/1/a da Convenção de Bruxelas não se aplica a um "contrato de adesão a um clube" que, em contrapartida de um direito de adesão que representa o elemento dominante do preço global, permite aos aderentes adquirir um direito de utilização a tempo parcial de um bem imobiliário designado apenas pelo seu tipo e pela sua situação e prevê a filiação dos aderentes numa organização que permite uma troca do seu direito de utilização[635].

Os litígios relativos às obrigações geradas por esses contratos devem considerar-se abrangidos pela mesma competência exclusiva, ainda que esses contratos confiram um direito real ao adquirente. Com efeito, faria pouco sentido que esses litígios fossem abrangidos pela competência exclusiva quando resultassem de "arrendamentos meramente contratuais"

---

[631] Cf. RAUSCHER/MANKOWSKI [2011: Art. 22 nº 17b]. Cp. TCE 13/10/2005, no caso *Klein* [*in http:// curia.europa.eu*], nº 25.

[632] Ver RAUSCHER/MANKOWSKI [2011: Art. 22 nº 17b] e TCE 13/10/2005, no supracit. caso *Klein*, nºs 24-26.

[633] O mesmo se pode entender com respeito a contratos que prevejam prestações de serviços que excedam o valor do direito de uso do imóvel – ver TCE 13/10/2005, no supracit. caso *Klein*, nºs 21-22.

[634] Ver também RAUSCHER/MANKOWSKI [2011: Art. 22 nºs 18c-18d. Cp. KROPHOLLER/ VON HEIN [2011: Art. 22 nº 17], SCHLOSSER [2009: Art. 22 nº 10] e GEIMER/SCHÜTZE [2010: Art. 22 nº 112].

[635] TCE 13/10/2005, supracit. Cp. As conclusões do Advogado-Geral L. A. GEELHOED no mesmo caso, [*in http:// curia.europa.eu*], nºs. 27-31.

REGIMES EUROPEUS

e já não quando resultassem de contratos relativos ao uso de imóvel que também conferem um direito real[636].

No caso de uma propriedade imobiliária se situar em dois Estados-Membros, os tribunais de cada um destes Estados são, em princípio, exclusivamente competentes com respeito à propriedade situada no seu território[637]. No entanto, se a parte da propriedade imobiliária situada num Estado-Membro for contígua com a parte situada no outro Estado-Membro e a propriedade se situar quase inteiramente num destes Estados, pode ser apropriado encarar a propriedade como uma unidade inteiramente situada num destes Estados para efeitos de atribuição de competência exclusiva aos tribunais deste Estado[638].

Deve entender-se que estes princípios de solução, formulados pelo TCE relativamente ao arrendamento de imóveis, são transponíveis para os direitos reais imobiliários[639].

Em *matéria de validade, de nulidade ou de dissolução das sociedades ou de outras pessoas coletivas* que tenham a sua sede no território de um Estado-Membro, ou de validade ou nulidade das decisões dos seus órgãos, têm competência exclusiva os tribunais desse Estado-Membro (nº 2)[640].

Para determinar essa sede, o tribunal aplicará as regras do seu Direito Internacional Privado (nº 2/2ª parte). A razão por que não se atende, neste particular, ao conceito autónomo de domicílio definido no art. 60º, reside na necessidade de atribuir competência exclusiva a uma só jurisdição[641].

Quanto ao fundamento desta competência exclusiva, JENARD refere três razões[642]. Primeiro, no interesse da segurança jurídica há que evitar que sejam proferidas decisões contraditórias no que se refere à existên-

---

[636] Pelo contrário, está excluído um litígio relativo ao direito de reembolso de um montante erradamente pago para além do montante pedido em contrapartida do uso de um apartamento, que não se baseia num direito ou obrigação resultante do contrato de *timesharing* mas no enriquecimento sem causa – ver supracit. Conclusões do Advogado-Geral L. A. GEELHOED no caso *Brigitte Klein*, nº 39.

[637] Cf. TCE 6/7/1988, no caso *Scherrens* [*CTCE* (1988) 3791], nº 13.

[638] *Idem*, nº 14. Var ainda RAUSCHER/MANKOWSKI [2011: Art. 22 nº 14].

[639] Cf. GAUDEMET-TALLON [2010: nº 104].

[640] Cf. art. 16º/2 das Convenções de Bruxelas e de Lugano (1988) e art. 22º/2 da Convenção de Lugano de 2007.

[641] Cf. DROZ/GAUDEMET-TALLON [2001: 641].

[642] 1979: 154.

cia das pessoas coletivas e à validade das deliberações dos seus órgãos. Segundo, é no Estado da sede que são cumpridas as formalidades de publicidade da sociedade, razão que justifica a centralização do processo nos tribunais deste Estado. Terceiro, esta solução conduzirá frequentemente à competência do tribunal do domicílio do réu.

A estas razões cabe acrescentar mais duas[643].

Por um lado, esta regra de competência conduzirá frequentemente a uma coincidência entre o foro e o Direito aplicável, porquanto a lei aplicável ao estatuto pessoal da pessoa coletiva é, na maior parte dos casos, a lei em vigor no lugar da sede[644]. Isto é assim mesmo nos sistemas em que vigora a teoria da constituição, visto que normalmente a pessoa coletiva tem a sua sede estatutária no país em que se constituiu.

À luz desta consideração, e na falta de elementos interpretativos que apontem noutro sentido, o art. 22º/2/2ª parte deve ser interpretado por forma que a sede relevante para o estabelecimento da competência seja a mesma que releva para a determinação do estatuto pessoal[645].

Assim, nos países que adotam a teoria da sede releva a sede da administração. Esta teoria é tradicionalmente prevalente na Alemanha e na Áustria mas, devido à jurisprudência do TCE com respeito ao direito de estabelecimento, tem perdido terreno a favor da teoria da constituição relativamente às "sociedades comunitárias"[646]. Os sistemas que seguem a teoria da constituição – tais como o inglês e o holandês –, submetem as pessoas coletivas ao Direito segundo o qual se constituíram. Em regra, as pessoas coletivas têm a sede estatutária no país em que se constituíram e, por conseguinte, poderia pensar-se que nestes sistemas seria apenas relevante a sede estatutária. Perante o Direito inglês, porém, os entes coletivos são para este efeito considerados sedeados em Inglaterra quer tenham sido constituídos em Inglaterra ou tenham a sede da administração no seu território, a menos, nesta segunda hipótese, que o Estado-Membro em

---

[643] Cf. KROPHOLLER/VON HEIN [2011: Art. 22 nº 33]. Cp. as considerações críticas de GEIMER/ SCHÜTZE [2010: Art. 22 nºs 141 e seg.].

[644] Ver Relatório POCAR [2009: nº 97], SCHLOSSER [2009: Art. 22 nº 16] e *supra* § 59 D.

[645] Este entendimento harmoniza-se com o entendimento seguido perante o art. 53º da Convenção de Bruxelas e da Convenção e Lugano de 1988 (*supra* F). Em sentido convergente, RAUSCHER/MANKOWSKI [2011: Art. 22 nºs 29 e seg.].

[646] Ver KROPHOLLER [2006: 577-581], com mais referências. Sobre a jurisprudência europeia em questão ver também *supra* § 59 E.

que a sociedade se tenha constituído a considere sedeada no seu território (Sch. 1 § 10 do *Civil Jurisdiction and Judgments Order 2001*)[647].

Também se suscitam dificuldades em sistemas como o francês e o português, que em matéria de sociedades comerciais combinam a teoria da sede (da administração) com a relevância da sede estatutária nas relações com terceiros[648]. Caso a sociedade tenha apenas a sede estatutária ou a sede da administração em Portugal, creio que a sede relevante para o estabelecimento da competência dos tribunais portugueses deve ser aquela que constitui o elemento de conexão utilizado para a determinação do Direito aplicável à questão controvertida. A relevância da sede estatutária ou da sede da administração depende, portanto, da natureza da questão.

A determinação da sede relevante não deve depender da sua localização num Estado-Membro ou num terceiro Estado[649]. Se for relevante a sede estatutária situada num Estado-Membro os seus tribunais terão competência exclusiva mesmo que a sede da administração esteja situada num Estado terceiro cujos tribunais reclamam igual competência. O mesmo se diga na hipótese inversa.

Por outro lado, em matéria de estatuto das pessoas coletivas há normas imperativas do Estado da sede cuja aplicação deve ser garantida pela competência exclusiva dos respetivos tribunais.

A versão portuguesa do Regulamento, seguindo a versão portuguesa das Convenções de Bruxelas e de Lugano, refere-se a "sociedades ou outras pessoas coletivas". Isto poderia levar a pensar que esta competência exclusiva só diz respeito a sociedades que sejam pessoas coletivas. Também neste ponto, porém, a versão portuguesa parece não exprimir corretamente a intenção do legislador comunitário. Embora a versão inglesa também se refira a "companies or other legal persons", as versões em línguas francesa, alemã e italiana referem-se a "sociedades ou pessoas coletivas" [*sociétés ou personnes morales/Gesellschaft oder juristischen Person/società o persone giuridiche*] e a versão espanhola a "*sociedades y personas jurídicas*". A maioria das versões torna claro que o art. 22º/2 não está confinado a pessoas coletivas em sentido técnico-jurídico. Os comentadores entendem geralmente que as Convenções de Bruxelas e de Lugano, bem como o Regulamento, quando

---

[647] Cp. *Dicey, Morris and Collins* [2006: 450].

[648] Ver BATIFFOL/LAGARDE [1993: 338], MAYER/HEUZÉ [2010: 757 e seg.] e *supra* § 59 D.

[649] Em sentido diferente, GAUDEMET-TALLON [2010: nº 110].

se referem a "sociedades", abrangem determinadas sociedades sem personalidade jurídica – como a *Offene Handelsgesellschaft* do Direito alemão e o *partnership* dos sistemas do *Common Law* – e, mais em geral, determinadas organizações sem personalidade jurídica (*supra* F)[650].

Esta competência exclusiva só abrange as ações relativas à validade, nulidade ou dissolução dos entes coletivos, ou à validade ou nulidade das decisões dos seus órgãos. Ficam excluídas outras questões do âmbito do seu estatuto pessoal[651].

Por ações relativas à validade das decisões dos órgãos de entes coletivos entende-se apenas as que contestem a validade dessas decisões com fundamento no Direito institucional aplicável ao ente ou nas disposições estatutárias relativas ao funcionamento do órgão[652].

Existe uma outra divergência nas várias versões linguísticas do art. 22º/2. Segundo algumas dessas versões linguísticas (designadamente a espanhola, a francesa, a italiana e a portuguesa), verifica-se a competência exclusiva "em matéria de" validade, de nulidade ou de dissolução de pessoas coletivas ou outras organizações ou de validade das decisões dos seus órgãos. Em contrapartida, outras versões (nomeadamente a alemã e a inglesa) preveem tal competência desde que a ação tenha por "objeto" essa questão (*Gegenstand, object*).

Na recente decisão no caso *Berliner Verkehrsbetriebe* (2011), o TUE entendeu que esta divergência deve resolver-se interpretando o preceito no sentido de que visa unicamente as ações cujo objeto principal seja a validade, a nulidade ou a dissolução do ente coletivo ou a validade das decisões dos seus órgãos[653]. Por conseguinte, não se aplica a uma ação em que um ente coletivo alega não lhe ser oponível um contrato por alegada

---

[650] Ver, especificamente em relação ao art. 16º/2 da Convenção de Bruxelas, SCHLOSSER [1979: nº 162] e, em relação ao Regulamento, KROPHOLLER/VON HEIN [2011: Art. 22 nº 35], GAUDEMET-TALLON [2010: nº 110], RAUSCHER/MANKOWSKI [2011: Art. 22 nº 28], GEIMER/SCHÜTZE [2010: Art. 22 nºs 146 e segs.] e CALVO CARAVACA/CARRASCOSA GONZÁLEZ [2011: 172]. Cp. *Dicey, Morris and Collins* [2006: 449] que suscita a dúvida relativamente aos *partnerships* "ingleses".

[651] Cf. SCHLOSSER [2009: Art. 22 nº 19], KROPHOLLER/VON HEIN [2011: Art.22 nº 40] e RAUSCHER/MANKOWSKI [2011: Art.22 nºs 35-37b], com mais desenvolvimento.

[652] Cf. TCE 2/10/2008, no caso *Hassett e Doherty* [*in http://curia.europa.eu*], nº 26

[653] 12/5/2011 [*in http://curia.europa.eu*], nº 44.

invalidade, resultante da violação dos seus estatutos, das decisões dos seus órgãos que conduziram à sua celebração[654].

O termo "dissolução" não deve ser interpretado no sentido técnico restrito que lhe atribuem os sistemas jurídicos da família romanogermânica. Este termo abrange igualmente os processos que têm por objetivo a liquidação após a "dissolução" da sociedade. Entre estes processos contam-se os litígios relativos à partilha do ativo pelos sócios[655].

Poderão surgir dificuldades na delimitação entre ações relativas à "dissolução" e processos de falência ou processos análogos que estão excluídos do âmbito material do Regulamento nos termos do art. 1º/2/b.

O Relatório de SCHLOSSER afirma, com respeito à Convenção de Bruxelas, que esta competência pode abranger aqueles processos judiciais de *winding-up* (de Direitos inglês e irlandês) que, contrariamente ao que sucede na maioria dos casos, não se fundamentem na insolvência da sociedade[656].

O mesmo Relatório esclarece que, no caso de uma sociedade integrada no "sistema jurídico continental", os processos em que se discuta a admissibilidade da falência ou as modalidades da sua execução não se encontram sujeitos à Convenção. "Pelo contrário, todos os outros processos que têm por objetivo verificar ou provocar a dissolução da sociedade não dependem do direito da falência. É irrelevante verificar se se trata de uma sociedade solvente ou insolvente. O facto de existirem questões prejudiciais sujeitas ao direito da falência também em nada altera a situação. Por exemplo, um litígio relativo à eventual dissolução de uma sociedade justificada pela falência de uma pessoa que dela é sócia não se encontra sujeito ao direito da falência, entrando, por conseguinte, no âmbito de aplicação da Convenção. A Convenção também é aplicável quando, no âmbito de uma dissolução não judicial de uma sociedade, terceiros alegam perante os tribunais a sua qualidade de credores da sociedade e têm por isso uma pretensão de pagamento sobre o património da sociedade"[657].

---

[654] Nº 47.

[655] Cf. SCHLOSSER [1979: nº 58 e 2009: Art. 22 nº 17] e KROPHOLLER/VON HEIN [2011: Art. 22 nº 37].

[656] Cf. 1979: nº 57.

[657] Nº 59.

DIREITO INTERNACIONAL PRIVADO

É possível que com base no art. 22º/2 sejam competentes os tribunais de dois Estados-Membros quando, perante os respetivos Direitos de Conflitos, o ente coletivo tiver sede em ambos os Estados. Isto pode suceder por duas razões diferentes.

Por um lado, a lei ou leis aplicáveis podem admitir que o ente coletivo tenha duas sedes. Neste caso, o autor pode intentar a ação em qualquer dos Estados em que o ente coletivo tem sede[658]. Não parece, porém, que os principais sistemas de Direito Internacional Privado devam ser entendidos neste sentido.

Por outro lado, a competência dos tribunais de dois Estados-Membros pode decorrer de uma divergência sobre o conceito de sede relevante perante os respetivos Direitos de Conflitos. Por exemplo, quando uma sociedade seja considerada sedeada em Inglaterra (por ter sido aí constituída) e tenha sede da administração na Alemanha (onde se segue o critério da sede da administração). Também neste caso o autor pode intentar a ação em qualquer dos Estados.

Na hipótese de a mesma ação ser proposta nos tribunais competentes de dois Estados-Membros diferentes aplica-se o disposto no art. 29º.

Em *matéria de validade de inscrições em registos públicos*, são exclusivamente competentes os tribunais do Estado-Membro em cujo território esses registos estejam conservados (nº 3)[659].

O fundamento desta competência exclusiva é evidente: os tribunais de um Estado não podem interferir com o funcionamento de um registo público de outro Estado.

São abrangidas, designadamente, as inscrições no registo predial e no registo comercial. A validade das inscrições no registo civil está, em princípio, excluída do âmbito de aplicação do Regulamento (art. 1º/2/a)[660].

Esta competência exclusiva abrange só a validade de inscrições em registos públicos e já não os efeitos destas inscrições[661].

---

[658] Em sentido convergente, SCHLOSSER [1979: nº 162].

[659] Cf. art. 16º/3 da Convenção de Bruxelas e da Convenção de Lugano de 1988 e art. 22º/3 da Convenção de Lugano de 2007.

[660] Ver também GEIMER/SCHÜTZE [2010: Art. 22 nº 215], RAUSCHER/MANKOWSKI [2011: Art. 22 nº 38] e CALVO CARAVACA/CARRASCOSA GONZÁLEZ [2011: 172]. Cp. GAUDEMET-TALLON [2010: nº 112].

[661] Cf. KROPHOLLER/VON HEIN [2011: Art. 22 nº 42], BÜLOW/BÖCKSTIEGEL/SAFFERLING [1989: Art. 16 nº 22], *MüKoZPO*/GOTTWALD [2008: Art. 22 nº 31] e RAUSCHER/MANKOWSKI

Em matéria de inscrição ou de validade de patentes, marcas, desenhos e modelos, e outros direitos análogos sujeitos a depósito ou a registo, são exclusivamente competentes os tribunais do Estado-Membro em cujo território o depósito ou o registo tiver sido requerido, efetuado ou considerado efetuado nos termos de um instrumento comunitário ou de uma Convenção internacional (art. 22º/4/§ 1º).

Sem prejuízo da competência do Instituto Europeu de Patentes, nos termos da Convenção Relativa à Emissão de Patentes Europeias (Munique, 1973), os tribunais de cada Estado-Membro são os únicos competentes, sem consideração do domicílio do réu, em matéria de inscrição ou de validade de uma patente europeia emitida para esse Estado (art. 22º/4/§ 2º).

Esta competência exclusiva já constava do art. 16º/4 da Convenção de Bruxelas e da Convenção de Lugano de 1988, mas a redação dada pelo Regulamento permite abranger os direitos de propriedade industrial cujo depósito ou registo seja regulado por um instrumento da União Europeia[662].

O segundo parágrafo do art. 22º/4 do Regulamento também torna claro que, sem prejuízo da competência do Instituto Europeu de Patentes, nos termos da Convenção sobre a Patente Europeia, a competência exclusiva se estende à patente europeia. Este preceito incorpora o disposto no art. V-D do Protocolo Anexo à Convenção de Bruxelas, salvo no que diz respeito à Convenção do Luxemburgo Relativa à Patente Europeia para o Mercado Comum (1975), que nunca chegou a entrar em vigor[663].

A Convenção sobre a Patente Europeia (1973, revista em 1978 e 2000) estabelece um processo unificado de concessão da patente para uma ou mais Estados Contratantes (art. 3º). Em cada um dos Estados contratantes para os quais é concedida, a patente europeia tem os mesmos efeitos que uma patente nacional concedida nesse Estado (art. 2º/2). Portanto, quando a patente europeia é concedida para vários Estados surgem vários direitos de propriedade intelectual independentes entre si. Com vista a evitar que

---

[2011: Art. 22 nº 39]. Cp. JENARD [1979: 154], em que a referência a "validade ou aos efeitos das inscrições" se parece dever a um lapso.

[662] Ver também art. 22º/4 da Convenção de Lugano de 2007.

[663] Nos termos do art. 57º/1 da Convenção de Bruxelas é ressalvada a aplicabilidade de regras especiais de competência internacional contidas em Convenções em matéria de patentes. Por força do art. V-D do Protocolo Anexo à Convenção de Bruxelas são exclusivamente competentes, em matéria de inscrição ou de validade de uma patente europeia, os tribunais do Estado para que foi emitida a patente.

DIREITO INTERNACIONAL PRIVADO

as ações relativas à inscrição ou à validade de uma patente concedida para um Estado tenham de ser propostas noutro Estado (do registo), o art. 22º/4/§ 2 atribui competência exclusiva aos tribunais do Estado para o qual a patente foi emitida[664].

O art. 16º/4 da Convenção de Bruxelas, quando se refere ao "registo (...) considerado efectuado nos termos de uma convenção internacional", tem em vista, em primeira linha, o sistema instituído pelo Acordo de Madrid Relativo ao Registo Internacional de Marcas de Fábrica ou de Comércio (1891, com várias revisões e com um Protocolo de 1989), e o Acordo da Haia Relativo ao Depósito Internacional de Desenhos e Modelos Industriais (1925, revisto por último em 1999)[665]. Segundo este sistema, o registo ou depósito feito na secretaria internacional, por intermédio da Administração do país de origem, produz os mesmos efeitos nos outros Estados contratantes que o registo ou depósito direto das marcas, desenhos e modelos nestes Estados. O Tratado de Cooperação em Matéria de Patentes (Washington, 1970, alterado em 1979 e modificado em 1984 e 2001) institui um sistema semelhante.

O art. 22º/4 do Regulamento estende esta previsão ao "registo (...) considerado efectuado nos termos de um instrumento comunitário". Poderia pensar-se que esta extensão visa especialmente o Regulamento sobre a marca comunitária (à data o Reg. (CE) nº 40/94, entretanto substituído pelo Reg. (CE) nº 207/2009)[666]. Tendo em conta o regime instituído por este Regulamento, porém, é muito duvidoso que o preceito seja aplicável à marca comunitária[667]. O mesmo se pode dizer com respeito ao Reg. (CE) nº 6/2002, relativo aos modelos ou desenhos comunitários[668].

O fundamento desta competência exclusiva está, em primeiro lugar, na conexão de certas ações com o processo de concessão do direito e com a organização do registo. Por acréscimo, como o direito de propriedade industrial só é protegido, em princípio, no território do Estado do depósito

---

[664] Cf. KROPHOLLER/VON HEIN [2011: Art. 22 nº 56] e RAUSCHER/MANKOWSKI [2011: Art 22 nº 49].

[665] Cf. JENARD [1979: 154]. Portugal não é parte deste segundo Acordo. Ver ainda RAUSCHER/MANKOWSKI [2011: Art. 22 nº 48a].

[666] JOCE 1994 L 011/1. Cf. KROPHOLLER/VON HEIN [2011: Art. 22 nº 54].

[667] Ver KOHLER [1995: 656-657] e RAUSCHER/MANKOWSKI [2011: Art. 22 nº 52].

[668] Ver RAUSCHER/MANKOWSKI [2011: Art.22 nº 52].

ou registo, esta competência exclusiva conduz geralmente a uma coincidência entre o foro e o Direito aplicável[669].

O conceito de "matéria de inscrição ou de validade de patentes, marcas, desenhos e modelos, e outros direitos análogos sujeitos a depósito ou a registo" deve ser interpretado autonomamente em relação aos Direitos dos Estados-Membros e de modo restritivo[670].

Assim, dizem respeito à *inscrição* os litígios sobre a regularidade da inscrição e à *validade* os litígios sobre a validade do direito ou a própria existência do depósito ou do registo.

A competência exclusiva já não abrange os litígios sobre a titularidade do direito à proteção da propriedade industrial ou que resultem de contratos tendo por objeto direitos de propriedade industrial[671]. Assim, o TCE decidiu que o art. 16º/4 da Convenção de Bruxelas não se aplica ao "...diferendo entre um trabalhador, autor de uma invenção para a qual foi pedida ou obtida uma patente, e a sua entidade patronal, quando o litígio respeita aos seus direitos respectivos sobre esta patente decorrentes da sua relação de trabalho"[672].

Excluídas desta competência exclusiva estão igualmente, em princípio, as ações de responsabilidade extracontratual por violação de direitos de propriedade industrial e as ações de abstenção de condutas lesivas[673], bem como as ações relativas à concessão, revogação ou remuneração de licenças obrigatórias, uma vez que não dizem respeito à inscrição ou à validade do direito mas a uma intervenção pública que limita o poder exclusivo de exploração do direito conferido ao seu titular[674].

Uma questão que tem sido controvertida é a de saber se a competência exclusiva do art. 22º/4 do Regulamento (ou do art. 16º/4 da Convenção

---

[669] Ver, sobre o Direito aplicável, *supra* § 70 C, com mais referências.

[670] Ver TCE 15/11/1983, no caso Duijnstee [CTCE. (1983) 3663].

[671] Cf. KROPHOLLER/VON HEIN [2011: Art. 22 nº 48], GAUDEMET-TALLON [2010: nº 114], TEIXEIRA DE SOUSA/MOURA VICENTE [1994: 116] e FAWCETT/TORREMANS [1998: 19 e seg.].

[672] Ac. 15/11/1983, no supracit. caso *Duijnstee*.

[673] Cf. KROPHOLLER/VON HEIN [2011: Art. 22 nº 50], *Dicey, Morris and Collins* [2006: 452 e seg.] e SCHLOSSER [2009: Art. 22 nº 22].

[674] Cf. KROPHOLLER/VON HEIN [2011: Art. 22 nº 49]. Segundo estes autores, estas ações estarão mesmo excluídas do âmbito de aplicação do Regulamento, por não constituírem "matéria civil e comercial". Cf. Também SCHLOSSER [2009: Art. 22 nº 22] e RAUSCHER/MANKOWSKI [2011: Art.22 nº 44].

de Bruxelas) é extensível às ações de responsabilidade extracontratual por violação de direitos de propriedade industrial quando o réu deduza a exceção de invalidade do direito, bem como às ações de declaração de inexistência de violação quando o autor invoque a invalidade do direito[675].

No caso *GAT*, as Conclusões do Advogado-Geral L. A. GEELHOED[676], dão conta de três posições diferentes defendidas por cada uma das partes, pelos governos envolvidos e pela Comissão.

Segundo um primeiro entendimento, baseado numa "interpretação restrita" do art. 16º/4 da Convenção de Bruxelas, este preceito só é aplicável a um litígio sobre a validade de patente se este litígio constituir a principal causa de pedir do processo[677].

A posição oposta, fundada numa "interpretação ampla" do mesmo preceito, defende a sua aplicação às ações respeitantes à violação de patentes.

Enfim, de acordo com uma posição intermédia, propugnada pelo Advogado-Geral, verifica-se a competência exclusiva sempre que for invocada a questão da validade ou da nulidade de uma patente ou de outro direito de propriedade industrial referido nesta disposição; por conseguinte, o art. 16º/4 da Convenção de Bruxelas será aplicável quando o réu num processo por violação de patente ou o autor num processo de declaração de inexistência de violação de patente aleguem a invalidade dessa patente. Se a ação de violação tiver sido proposta noutra jurisdição e o réu deduzir esta exceção, o tribunal pode "reenviar integralmente o processo, pode suspendê-lo até que o órgão jurisdicional competente de outro Estado-Membro, nos termos do artigo 16.°, n.°4, decida da validade da patente e pode ele próprio apreciar essa validade em caso de má fé do demandado".

---

[675] Em geral, sobre esta questão, ver FAWCETT/TORREMANS [1998: 201 e segs.] e RAUSCHER/ MANKOWSKI [2011: Art. 22 nºs 46 e segs.].

[676] *In http://curia.europa.eu.*

[677] Ver também FAWCETT/TORREMANS [1998: 203]; KROPHOLLER/VON HEIN [2011: Art. 22 nº 50]; GEIMER/SCHÜTZE [2010: Art. 22 nºs 19, 231 e 237 e seg.], assinalando que alguns sistemas não admitem que a nulidade da patente se faça valer mediante exceção na ação de violação; RAUSCHER/MANKOWSKI [2011: Art. 22 nº 47 e segs.], mas distinguindo o caso em que, segundo o Direito processual do foro, o efeito de caso julgado se estenda à questão prévia da validade da patente.

Na decisão do referido caso o TCE seguiu em vasta medida este terceiro entendimento[678]. Com efeito, o tribunal decidiu que esta competência exclusiva se verifica qualquer que seja o quadro processual em que a questão da validade de uma patente é suscitada, ou seja, independentemente de esta questão ser suscitada por via de ação ou por via de exceção, no momento da propositura da ação ou numa fase mais avançada do processo[679].

O tribunal, no entanto, deixou em aberto a questão de saber se o primeiro tribunal deve considerar-se incompetente ou pode suspender o processo até que o tribunal com competência exclusiva decida a questão da validade[680].

A Convenção de Lugano de 2007 já incorpora este entendimento ao dispor que a competência exclusiva se verifica quer a questão seja suscitada por via de ação quer por via de exceção (art. 22º/4)[681]. O mesmo se diga da Proposta de Reformulação do Regulamento (art. 22º/4).

Este entendimento, porém, é criticado por uma parte da doutrina, que assinala que nos termos do art. 25º o tribunal de um Estado-Membro só tem o dever de se declarar incompetente quando a questão abrangida pela competência exclusiva de outro tribunal se suscita a título principal[682]. Ele tem por consequência que no caso de concessão de uma patente europeia para vários Estados, em que está em causa a título principal a infração de patentes paralelas pela mesma parte, não será possível concentrar as ações perante o tribunal de um Estado-Membro (designadamente o do domicílio do réu); a partir do momento em que se suscite a questão da validade das patentes, terão de ser chamados a pronunciar-se os tribunais de todos os Estados-Membros para os quais as patentes em causa foram emitidas.

Sugere-se que o tribunal do Estado de registo deve ter competência exclusiva para decidir sobre a validade do direito com eficácia *erga omnes*, sem prejuízo da competência do tribunal em que é proposta a ação de

---

[678] Ac. 13/7/2006 [*in http://curia.europa.eu*]. Ver também TCE 13/7/2006 no caso *Roche Nederland* [*in http://curia.europa.eu*], nº 40.

[679] Nº 25.

[680] Ver, no primeiro sentido, TORREMANS [2008: 71]; em sentido contrário, WILDERSPIN [2006: 787-788].

[681] Ver POCAR [2009: nº 102].

[682] Ver TORREMANS [2008: 67] e MOURA VICENTE [2008: 390]. Ver ainda GEIMER/SCHÜTZE [2010: Art. 22 nºs 237 e seg.] e GAUDEMET-TALLON [2010: nº 116].

DIREITO INTERNACIONAL PRIVADO

infração para apreciar a questão da validade que seja suscitada incidentalmente com eficácia *inter partes*. Perante a diversidade dos regimes dos Estados-Membros sobre a eficácia desta decisão incidental propõe-se que o próprio Regulamento disponha neste sentido[683].

Os "direitos análogos sujeitos a depósito ou a registo" são outros direitos de propriedade industrial cuja aquisição dependa de depósito ou registo, tais como os direitos sobre variedades vegetais[684].

As regras gerais de competência contidas no Regulamento são aplicáveis às ações em matéria civil e comercial relativas a direitos de propriedade industrial que não sejam abrangidas por esta competência exclusiva[685].

Nos termos gerais, prevalecem sobre as regras do Regulamento as regras especiais contidas em atos comunitários ou nas leis nacionais harmonizadas nos termos desses atos (art. 67º) ou em Convenções internacionais em que os Estados-Membros fossem partes no momento da entrada em vigor do Regulamento (art. 71º).

Assim, há que atender às regras especiais de competência internacional contidas no Reg. (CE) nº 207/2009, de 26/2, Sobre a Marca Comunitária (designadamente arts. 96º a 98º)[686], no Reg. (CE) nº 2100/94, de 27/7/94, Relativo ao Regime Comunitário de Proteção das Variedades Vegetais (arts. 101º e 102º)[687], e no Reg. CE nº 6/2002, do Conselho, de 12/12/2001, Relativo aos Desenhos ou Modelos Comunitários (arts. 81º e segs.).

Em 1 de Agosto de 2000, a Comissão apresentou uma Proposta de Regulamento do Conselho Relativo à Patente Comunitária[688] que, diferentemente da patente europeia, visava instituir uma patente unitária para o território de todos os Estados-Membros. Nos termos dos arts. 30º e segs. desta Proposta as ações de nulidade, de contrafação e utilização de

---

[683] Ver a proposta de um Grupo de Trabalho do *Max-Planck-Institut für ausländisches und internationales Privatrecht* (2006) *in* RAUSCHER/MANKOWSKI [2011: Art. 22 nº 47j] e TORREMANS [2008: 76-77]. Cp. MAGNUS/MANKOWSKI [2010: 17].

[684] Cf. JENARD [1979: 154], GEIMER/SCHÜTZE [2010: Art. 22 nºs 240 e segs.], KROPHOLLER/VON HEIN [2011: Art. 22 nº 52], LAYTON/MERCER [2004: nº 19.054] e RAUSCHER/MANKOWSKI [2011: Art.22 nºs 45-45a].

[685] Cf. JENARD [1979: 154].

[686] *JOUE* L 78/1, de 24/3/2009.

[687] Alterado pelo Reg. (CE) nº 2506/95, de 25/10, pelo Reg. (CE) nº 807/2003, de 14/4, pelo Reg. (CE) nº 1650/2003, de 18/6, e pelo Reg. (CE) nº 873/2004, de 29/4.

[688] COM (2000) 412 final.

uma patente comunitária seriam da competência de um tribunal comunitário. Em 30 de Junho de 2010, a Comissão apresentou Uma Proposta de Regulamento do Conselho Relativo ao Regime de Tradução Aplicável à Patente da União Europeia[689]. A Decisão do Conselho de 10 de Março de 2011[690], verificando a falta de unanimidade para avançar com este Regulamento, veio autorizar uma cooperação reforçada no domínio da criação da proteção de patente unitária entre vários Estados-Membros, incluindo Portugal.

No que toca a Convenções internacionais, prevalecem sobre o Regulamento as regras de competência internacional (bem como as regras de reconhecimento) contidas no Protocolo de Reconhecimento (1973) que faz parte integrante da Convenção de Munique sobre a Patente Europeia (art. 164º/1)[691]. Este Protocolo contém regras de competência internacional com respeito às ações, intentadas contra o requerente, relativamente ao direito à obtenção de uma patente europeia[692].

Em *matéria de execução de decisões*, são exclusivamente competentes os tribunais do Estado-Membro do lugar da execução (nº 5)[693].

Trata-se de uma verdadeira competência exclusiva: só podem praticar atos de execução no território de um Estado os tribunais deste Estado (sem prejuízo de o Estado poder delegar em particulares o poder de decretar e/ou efetivar esses atos)[694]. Esta competência exclusiva já decorre do Direito Internacional Público (*supra* § 79 B)[695]. Como os atos de execução não podem, em princípio, ser decretados num Estado e efetivados noutro

---

[689] COM(2010) 350 final.

[690] 2011/167/UE.

[691] Ver KROPHOLLER/VON HEIN [2011: Art 22 nº 56], e GEIMER/SCHÜTZE [2010: Art. 22 nºs 250 e segs.]. Cp. RAUSCHER/MANKOWSKI [2011: Art. 22 nº 49]

[692] Arts. 2º-6º.

[693] Ver também art. 16º/5 da Convenção de Bruxelas e da Convenção de Lugano 1988 e art. 22º/5 da Convenção de Lugano de 2007. Cp. STJ 7/11/2002, Proc. 02B2894, [*in http://www. dgsi.pt/jstj.nsf*]. Sobre a penhora de créditos internacionais ver SCHLOSSER [1979 nº 207] e RAUSCHER/MANKOWSKI [2011. Art. 22 nº 62]. Ver ainda TEIXEIRA DE SOUSA [2003: 170].

[694] Cf. KROPHOLLER/VON HEIN [2011: Art. 22 nºs 59 e segs.], GAUDEMET-TALLON [2010: nº 120], SCHLOSSER [2009: Art. 22 nº 24], GEIMER/SCHÜTZE [2010: Art. 22 nº 262] e TEIXEIRA DE SOUSA [1998: 125].

[695] Ver também GEIMER/SCHÜTZE [2010: Art. 22 nºs 4 e 264].

Estado[696], daí parece decorrer que a ação executiva é da competência exclusiva dos tribunais do Estado em que devem ser realizados os atos de execução[697]. Mas a dúvida poderia suscitar-se com respeito à inclusão nesta competência exclusiva de certos meios processuais ligados à execução, tais como a oposição do executado e os embargos de terceiro.

Segundo o Relatório de JENARD, constituem "matéria de execução de decisões" os "diferendos a que podem dar lugar 'o recurso à força, à coerção ou ao desapossamento de bens móveis e imóveis para assegurar a execução material de decisões e actos'"[698].

Isto é geralmente entendido no sentido de abranger os procedimentos contraditórios que apresentam um laço estreito com a execução, tais como os embargos de executado[699] e os embargos de terceiro[700].

Já está excluída a impugnação pauliana, que não visa a resolução de um litígio relativo à execução[701]. O mesmo entendimento deve ser seguido com respeito às ações de indemnização por prejuízo causado por execução indevida, em que a regularidade da execução se suscita apenas como questão prévia, bem como relativamente às ações de restituição por enriquecimento sem causa obtido por meio da execução[702].

A jurisprudência europeia também sugere a exclusão das medidas provisórias ou cautelares, mesmo que autorizem ou ordenem atos de execução. Primeiro, porque esta jurisprudência admite genericamente que essas medidas podem ser decretadas pelo tribunal competente para conhecer do mérito da causa[703], bem como por outro tribunal que tenha uma "conexão real entre o objecto das medidas requeridas e a competência

---

[696] Cf. SCHACK [2010: nº 1061] e TEIXEIRA DE SOUSA [2004: 55]. Naturalmente que poderão ser estabelecidos regimes especiais diferentes por Convenções internacionais ou regulamentos europeus.

[697] *Supra* § 79 B. Ver também KROPHOLLER/VON HEIN [2011: Art. 22 nº 59]. Cp. GAUDEMET--TALLON [2010: nº 120], TEIXEIRA DE SOUSA [2004: 53-54] e MOURA VICENTE [2005: 288].

[698] 1979: 154.

[699] Cf. TCE 4/7/1985, no caso *AS-Autoteile Service* [CTCE (1985) 2267], nº 12.

[700] Cf. KROPHOLLER/VON HEIN [2011: Art. 22 nº 61], TEIXEIRA DE SOUSA/MOURA VICENTE [1994: 118] e SCHLOSSER [2009: Art. 22 nº 25].

[701] Cf. TCE 26/3/1992, no caso *Reichert* [CTCE (1992) I-02149], nº 28.

[702] Cf. GEIMER/SCHÜTZE [2010: Art.22 nº 272], KROPHOLLER/VON HEIN [2011: Art. 22 nº 62] e RAUSCHER/MANKOWSKI [2011: Art. 22 nº 59].

[703] TCE 17/11/1998, no caso *Van Uden* [CTCE (1998) I-07091], nº 19. Ver também CALVO CARAVACA/CARRASCOSA GONZÁLEZ [2011: 173].

territorial do Estado contratante do juiz a quem são pedidas"[704]. Segundo, porque os tribunais de outros Estados-Membros (designadamente aqueles que devam praticar os atos de execução) estão, em princípio, obrigados a reconhecer, nos termos dos arts. 33º e segs. e 38º e segs., pelo menos as providências provisórias decretadas por tribunais competentes com base nas regras de competência do Regulamento[705].

A inclusão dos embargos de executado no âmbito desta competência exclusiva não significa que perante os tribunais do lugar de execução possam ser deduzidas todas as exceções admitidas pelo Direito do foro. O TCE teve ocasião de decidir que o art. 16º/5 da Convenção de Bruxelas não permite invocar perante os tribunais do lugar de execução a compensação entre o direito em que se baseia a execução e um crédito que estes tribunais não teriam competência para apreciar caso fosse objeto de uma ação autónoma[706].

Como parece óbvio, esta competência exclusiva não se refere à declaração de executoriedade de decisões estrangeiras, a respeito da qual se fala de "execução" noutro sentido, aliás impróprio (*infra* § 90). O art. 22º/5 não se aplica aos processos que se destinam a declarar exequíveis as sentenças proferidas em matéria civil e comercial noutro Estado-Membro ou num Estado terceiro[707].

---

[704] TCE 17/11/1998, no caso *Van Uden*, supracit., nº 40. Sobre as dúvidas suscitadas por esta formulação, ver GAUDEMET-TALLON [2010: nºs 306 e 311]. Ver também TCE 21/5/1980, no caso *Denilauler* [*CTCE* (1980) 1553], nº 15 e seg.

[705] Permanece em aberto a questão de saber se há, dentro dos mesmos limites, uma obrigação de reconhecimento quanto às providências decretadas com base no art. 31º. Em sentido negativo, KROPHOLLER/VON HEIN [2011: Art. 31 nº 24], com mais referências. Cp. SCHULZ [2001: 824 e segs.]. Ver ainda GAUDEMET-TALLON [2010: nº 367] e, MAGNUS/MANKOWSKI/SENDER [2007: Art. 31 nºs 26-28]. No seu ac. 6/7/2002, no caso *Italian Leather* [*in http://curia.europa.eu*], o TCE parece admitir que o regime de reconhecimento da Convenção de Bruxelas se aplica às medidas provisórias e cautelares decretadas com base no art. 24º (atual art. 31º do Regulamento).

[706] Cf. TCE 4/7/1985, no supracit. caso *AS-Autoteile Service*, nºs 12 e 19. Ver, sobre a bondade desta decisão, GAUDEMET-TALLON [2010: nº 121] com mais referências.

[707] Cf. TCE 20/1/1994, no caso *Owens Bank* [*CTCE* (1994) I-00117], nºs 24 e seg.

DIREITO INTERNACIONAL PRIVADO

J) Competência convencional

A competência diz-se convencional quando é atribuída por convenção das partes. A convenção sobre a jurisdição nacional competente constitui um *pacto de jurisdição*.

O pacto de jurisdição é suscetível de ter um *efeito atributivo de competência* e um *efeito privativo de competência*. Tem um efeito atributivo quando fundamenta a competência dos tribunais de um Estado que não seriam competentes por aplicação dos critérios de competência legal. Tem um efeito privativo quando suprime a competência dos tribunais de um Estado que seriam competentes por aplicação dos critérios de competência legal.

As partes podem designar um tribunal estadual como exclusivamente competente ou como concorrentemente competente.

Por meio do pacto atributivo de competência exclusiva, e contanto que este pacto seja reconhecido pelas ordens jurídicas em causa, as partes podem eliminar a incerteza sobre o foro competente e garantir que litígios atuais ou eventuais serão dirimidos no foro que, em seu juízo, é o mais conveniente. Com a determinação do foro competente determina-se também o sistema estadual de Direito de Conflitos que vai ser aplicado, o que contribui para a previsibilidade do Direito material aplicável.

A competência convencional encontra-se regulada na Secção VII do Capítulo II do Regulamento, composta de dois artigos, que correspondem, com pequenas alterações, aos arts. 17º e 18º da Convenção de Bruxelas e da Convenção de Lugano de 1988[708].

---

[708] Ver também arts. 23º e 24º da Convenção de Lugano de 2007. Na jurisprudência portuguesa ver RPt 19/6/1995 [*CJ* (1995-III) 237], STJ 7/12/1995 [*CJ/STJ* (1995-III) 146, RLx 7/11/1996 [*CJ* (1996-V) 85, STJ 23/4/1996 [*BMJ* 456: 350], RLx 24/4/1997 [*CJ* (1997-II) 119], STJ 12/6/1997 [*CJ/STJ* (1997-II) 122], RPt 2/4/1998 [*CJ* (1998-II) 223], RLx 21/5/1998 [*CJ* (1998-III) 106], RCb 26/1/1999 [*CJ* (1999-I) 12], STJ 17/11/1998, Proc. 98A998 [*in http://www.dgsi.pt/jstj.nsf*], STJ 1/7/1999 [*CJ/STJ* (1999-III) 11], RCb 19/10/1999 [*CJ* (1999-IV) 39], RPt 3/2/2000 [*CJ* (2000-I) 212], STJ 12/3/2002, Proc. 01A4092 [*in http://www.dgsi.pt/jstj.nsf*], RCb 25/3/2003 [*CJ* (2003-II) 31], RGm 4/7/2003 [*CJ* (2003-III) 290], RPt 23/10/2003, Proc. 0334273 [*in http://www.dgsi. pt/jtrp.nsf*], STJ 11/11/2003,Proc. 03A3137 [*in http://www.dgsi.pt/jstj.nsf*], RLx 20/5/2004 [*CJ* (2004-III) 81], STJ 16/12/2004, Proc.04B4076 [*in http://www.dgsi.pt/jstj.nsf*], RLx 18/11/2005 [*CJ* (2005-V) 84], RPt 8/6/2006 [CJ (2006-III) 186], STJ 10/5/2007 [*CJ/STJ* (2007-II) 62], RCb 12/6/2007 [*CJ* (2007-III) 26], RCb 27/11/2007 [*CJ* (2007-V) 25], STJ 27/5/2008 [*CJ/STJ* (2008-II) 91], RLx 21/4/2009 [*CJ* (2009-II) 124]. O STJ também proferiu, em 28/2/2008, Proc. 07B1321 [*in http://www.dgsi.pt/jstj.nsf*], um ac. de uniformização de jurisprudência, num caso que

Nos termos do artigo 23º/1, se "as partes, das quais pelo menos uma se encontre domiciliada no território de um Estado-Membro, tiverem convencionado que um tribunal ou os tribunais de um Estado-Membro têm competência para decidir quaisquer litígios que tenham surgido ou que possam surgir de uma determinada relação jurídica, esse tribunal ou esses tribunais terão competência. Essa competência será exclusiva a menos que as partes convencionem em contrário."

A única diferença relativamente ao art. 17º/1 da Convenção de Bruxelas e da Convenção de Lugano de 1988 está na ressalva da possibilidade de as partes convencionarem uma competência concorrente. O mesmo já resultava da interpretação das disposições das Convenções: às partes não é vedada a atribuição de competência concorrente com a jurisdição competente por força dos critérios de competência legal, mas a sua intenção neste sentido tem de ser expressa inequivocamente no acordo[709].

O art. 23º do Regulamento tem um *âmbito de aplicação no espaço* diferente conforme se trata do efeito atributivo ou do efeito privativo de jurisdição.

No que se refere ao efeito atributivo, o regime contido no preceito é aplicável quando estiverem reunidos dois pressupostos (nº 1/1ª parte):
– uma das partes encontra-se domiciliada no território de um Estado-Membro;
– as partes atribuem competência aos tribunais de um Estado-Membro.

O Regulamento não regula os pactos que atribuam competência aos tribunais de um Estado de terceiro. A eficácia privativa da competência dos tribunais de um Estado-Membro a favor dos tribunais de um Estado terceiro depende do seu Direito interno[710], mas também do respeito das competências exclusivas estabelecidas pelo Regulamento e, tratando-se de réu domiciliado num Estado-Membro, dos limites estabelecidos aos

---

considerou abrangido pelo art. 17º da Convenção de Bruxelas, no sentido seguinte: "A cláusula de atribuição de jurisdição inserida num contrato de agência mantém-se em vigor para todas as questões de natureza cível, mesmo que relativas ao respetivo regime de cessação". De acordo com o anteriormente exposto, seria antes aplicável o art. 23º do Regulamento Bruxelas I. Ver, sobre esta decisão, MATIAS FERNANDES [2008: 1159 e segs.] e TEIXEIRA DE SOUSA [2009: 32 e segs.]. Ver, mais em geral, RATHENAU [2007: 134 e segs. e 161-162].

[709] Cf. KROPHOLLER/VON HEIN [2011: Art. 23 nº 92].

[710] Cf. SCHLOSSER [1979: nº 176] e TCE 9/11/2000, no caso *Coreck* [*CTCE* (2000) I-09337], nº 19. Cp. MAGNUS/MANKOWSKI/MAGNUS [2007: Art. 23 nº 34].

DIREITO INTERNACIONAL PRIVADO

pactos de jurisdição em matéria de contratos de seguros, contratos com consumidores e contratos individuais de trabalho[711].

O Regulamento também não regula o efeito atributivo de competência quando nenhuma das partes se encontra domiciliada num Estado-Membro. A aceitação da competência pelos tribunais de um Estado-Membro depende então do seu Direito interno. No entanto, o efeito privativo da competência dos tribunais de um Estado-Membro de um pacto atributivo de jurisdição a outro Estado-Membro deve ser apreciado uniformemente em todos os Estados-Membros. Por isso, o Regulamento obriga os outros Estados-Membros ao reconhecimento do efeito privativo de competência do pacto atributivo de competência aos tribunais de um Estado-Membro, mesmo que nenhuma das partes tenha domicílio num Estado-Membro (art. 23º/3)[712]. Só não será assim se o tribunal ou os tribunais escolhidos se tiverem declarado incompetentes[713].

Se a ação for primeiramente intentada num Estado-Membro, em violação de um pacto atributivo de competência a outro Estado-Membro, e o réu estiver domiciliado noutro Estado-Membro, o tribunal deve declarar-se incompetente, caso o réu argua a incompetência ou, oficiosamente, caso o réu não compareça (art. 26º/1)[714]. Na mesma hipótese, se nenhuma das partes estiver domiciliada num Estado-Membro, o tribunal deve declarar-se incompetente, nos termos do art. 23º/3, mas o Regulamento não impõe a declaração oficiosa da incompetência; se o réu tiver domicílio no mesmo Estado-Membro ou se só o autor tiver domicílio num Estado-Membro, o art. 23º/1 é aplicável, e o tribunal deve declarar-se incompetente, mas também neste caso o Regulamento não impõe a declaração oficiosa de incompetência. O controlo da competência rege-se neste caso pelo Direito interno do Estado-Membro do foro (*infra* L)[715].

---

[711] É a opinião dominante, seguida, designadamente, por GOTHOT/HOLLEAUX [1971: 764], DROZ [1972: 135], GAUDEMET-TALLON [2010: nº 131], VON HOFFMANN [1973: 63], KROPHOLLER/VON HEIN [2011: Art. 23 nº 83] e MAGNUS/MANKOWSKI/MAGNUS [2007: Art. 23 nº 133]. Cp. BÜLOW/BÖCKSTIEGEL/AUER [1989: Art. 17 nº 61] e TEIXEIRA DE SOUSA/ MOURA VICENTE [1994: 38].

[712] Cf. SCHLOSSER [1979: nº 177].

[713] Ver ainda GAUDEMET-TALLON [2010: nº 155].

[714] Cp. TEIXEIRA DE SOUSA [2003a: 96].

[715] Cf. KROPHOLLER/VON HEIN [2011: Art. 25 nº 2 e Art. 26 nº 1]. Cp. SCHLOSSER [1979: nº 22] e MAGNUS/MANKOWSKI/QUEIROLO [2007: Art. 26 nº 14].

REGIMES EUROPEUS

Se a ação for intentada num Estado-Membro, depois de ter sido proposta uma ação idêntica no Estado-Membro que é competente com base num pacto de jurisdição, aplica-se o disposto no art. 27º (*infra* M).

O Regulamento não define o momento relevante para a determinação do domicílio das partes com vista à aplicação do art. 23º. O ponto é controverso na doutrina[716]. Em minha opinião a lacuna deve ser integrada por uma solução autónoma, segundo a qual é suficiente o domicílio de uma das partes num Estado-Membro no momento da celebração do pacto ou da propositura da ação[717]. Esta solução é justificada porque, em princípio, a competência fixa-se no momento da propositura da ação mas, quando a competência resulta de um pacto de jurisdição, há o risco de uma das partes, domiciliada num Estado-Membro no momento da celebração do pacto, poder desencadear a sua ineficácia através de uma deslocação do seu domicílio para um Estado terceiro[718].

Além disso, o art. 23º só é aplicável quando o litígio em causa diz respeito a *relações transnacionais*[719]. Assim, as partes de uma relação interna não podem invocar este preceito para afastar a competência dos tribunais portugueses.

Não é possível definir o critério de internacionalidade relevante. O domicílio das partes em Estados diferentes é, em princípio, condição suficiente, mas não é condição necessária[720]. Em última análise, à semelhança do que se verifica perante o Direito de Conflitos[721], é necessária uma valoração. Tem de se avaliar se existem elementos de estraneidade que justifiquem a atribuição às partes da faculdade de afastarem a jurisdição competente segundo as regras de competência legal. Para o efeito têm de ser tidos em conta os fins e princípios subjacentes à competência

---

[716] Ver KROPHOLLER/VON HEIN [2011: Art. 23 nº 11], FERREIRA DA ROCHA [1987: 217 e seg.], TEIXEIRA DE SOUSA/MOURA VICENTE [1994: 119] e POCAR [2009: nº 105].

[717] Cf. DROZ [1972: 118] e PHILIP [1993: 141].

[718] Este último ponto é assinalado por TEIXEIRA DE SOUSA/MOURA VICENTE [1994: 119].

[719] Cf. JENARD [1979: 129 e 155], SCHLOSSER [1979: nº 174], KROPHOLLER/VON HEIN [2011: Art. 23 nº 89], GAUDEMET-TALLON [2010: nºs 133-135], MAGNUS/MANKOWSKI/MAGNUS [2007: nºs 24 e segs.] e POCAR [2009: nº 104]; cp., porém, DROZ [1972: 129 e seg.]; ver ainda AUDIT/D'AVOUT [2010: 487-488].

[720] Cf. KROPHOLLER/VON HEIN [2011: Art. 23 nºs 3 e 89].

[721] *Supra* § 1 C.

convencional e ao sistema de competência em que se integra, bem como o conjunto das circunstâncias do caso concreto.

De resto não é necessário que o caso tenha uma conexão com outro Estado-Membro, além do Estado-Membro do foro[722].

Ressalvadas as limitações estabelecidas pelo art. 23º/5, o pacto de jurisdição é admitido em qualquer das matérias abrangidas pelo Regulamento[723]. Quando se trate de uma relação contratual o pacto constituirá frequentemente uma cláusula do contrato. Mas também poderá ser objeto de um negócio separado.

Perante o art. 23º o pacto de jurisdição pressupõe um acordo de vontades, uma "*convenção*". Este conceito de convenção deve ser interpretado autonomamente em relação ao Direito interno dos Estados-Membros[724].

Tendo em conta que as relações entre uma associação e os seus membros são qualificadas como "matéria contratual" à face do art. 5º da Convenção de Bruxelas e que, à face desta Convenção, os estatutos de sociedade devem ser considerados como um contrato, o TCE decidiu que a cláusula atributiva de jurisdição contida nos estatutos de uma sociedade anónima constitui uma convenção no sentido do art. 17º da Convenção de Bruxelas, convenção que vincula o conjunto dos acionistas[725].

A convenção tanto pode ser expressa como tácita e não é necessário que se refira explicitamente à competência internacional; assim, por exemplo, uma cláusula de um contrato internacional que atribui competência ao tribunal da sede do autor vale não só para a competência territorial mas também para a competência internacional[726].

O art. 23º contém um requisito de validade substancial do pacto: este tem de ter por objeto os litígios que tenham surgido ou que possam surgir de uma *determinada relação jurídica*.

---

[722] Cf. JENARD [1979: 156], TCE 13/7/2000, no caso *Group Josi* [*CTCE* (2000) I-05925], nº 42, e 1/3/2005, no caso *Owusu* [*http://curia.europa.eu*], nº 28. Uma parte da doutrina pronuncia-se, porém, em sentido contrário – ver, designadamente, DROZ [1972:121], que entende que o art. 17º da Convenção de Bruxelas só se aplica quando o pacto exclui a competência dos tribunais de outro Estado contratante; e SAMTLEBEN [1995: 689].

[723] Cf. Considerando nº 14.

[724] Cf. TCE 10/3/1992, no caso *Powell Duffryn* [*CTCE* (1992) I-01745], nºs 13 e seg.

[725] Cf. TCE 10/3/1992, no caso *Powell Duffryn* [*CTCE* (1992) I-01745], nºs 15 e segs.

[726] Cf. KROPHOLLER/VON HEIN [2011: Art. 23 nº 25].

REGIMES EUROPEUS

Esta exigência exclui a sujeição a um certo foro dos litígios emergentes de uma relação futura ainda não previsível.

O pacto de jurisdição pode respeitar a litígios emergentes de uma relação a constituir futuramente, quando os seus elementos essenciais sejam suficientemente determináveis no momento da respetiva celebração[727]. Assim, por exemplo, é de aceitar que há uma suficiente determinação quando as partes designam um foro competente para todos os contratos de venda que venham a celebrar entre si[728].

Quanto à cláusula de jurisdição contida nos estatutos de uma sociedade, a exigência de determinação encontra-se satisfeita contanto que a cláusula possa ser interpretada como abrangendo todos os diferendos que oponham a sociedade aos seus acionistas enquanto tais[729].

O pacto tem de determinar a jurisdição competente ou de permitir a sua determinação no momento da propositura da ação com base em critérios objetivos[730].

A determinação da jurisdição não pode ficar sujeita à livre escolha de uma das partes. Mas já será admissível que uma ou ambas as partes possam escolher entre dois ou mais tribunais indicados no pacto ou que uma das partes possa recorrer não só à jurisdição convencionada mas também à que seria competente segundo os critérios de competência legal contidos na convenção[731]. Também é compatível com o Regulamento que duas partes domiciliadas em Estados diferentes estipulem que cada uma delas só pode ser demandada perante os tribunais do Estado da respetiva nacionalidade ou domicílio[732].

Decorre do proémio do art. 23º que as partes tanto podem atribuir competência a um tribunal territorialmente determinado como limitar-se a designar a jurisdição de um Estado. Neste caso o tribunal territorialmente competente determina-se segundo as regras de competência do Direito interno deste Estado. Podem surgir dificuldades quando segundo este Direito nenhum dos tribunais locais se apresentar como territorialmente

---

[727] Cf. DROZ [1972: 126].

[728] *Ibidem.*

[729] Cf. TCE 10/3/1992, no caso *Powell Duffryn* [*CTCE* (1992) I-01745], nº 32.

[730] Cf. TCE 9/11/2000, no caso *Coreck* [*CTCE* (2000) I-09337], nº 15.

[731] Cf. KROPHOLLER/VON HEIN [2011: Art. 23 nº 72].

[732] Cf. TCE 9/11/1978, no caso *Meeth* [*CTCE* (1978) 697], nº 5.

competente. As opiniões dividem-se sobre este ponto[733]. A solução parece residir no recurso às regras gerais de competência territorial, no caso português aos arts. 85º e 86º CPC.

O pacto atributivo de jurisdição deve ser celebrado (art. 23º/1/3ª parte):

a) Por escrito ou verbalmente com confirmação escrita; ou

b) Em conformidade com os usos que as partes estabeleceram entre si; ou

c) No comércio internacional, em conformidade com os usos que as partes conheçam ou devam conhecer e que, em tal comércio, sejam amplamente conhecidos e regularmente observados pelas partes em contratos do mesmo tipo, no ramo comercial considerado.

Para se considerar o pacto de jurisdição *celebrado por escrito* não é necessário que conste de um documento assinado por ambas as partes. Basta que o acordo sobre a jurisdição escolhida resulte de dois documentos separados, por exemplo, uma troca de cartas ou faxes; ou que o texto do contrato faça referência a uma proposta que contém o pacto de jurisdição[734].

O nº 2 do art. 23º, que constitui a segunda inovação do Regulamento em relação às Convenções de Bruxelas e de Lugano, determina que qualquer *comunicação por via eletrónica* que permita um registo duradouro do pacto equivale à "forma escrita".

Com o esclarecimento deste ponto visa-se principalmente assegurar a validade das cláusulas de competência dos contratos celebrados por meios eletrónicos[735].

Isto inclui não só a celebração por troca de mensagens de correio eletrónico, mas também através de sítios interativos, em que a aceitação de cláusulas gerais se faz mediante o preenchimento de um campo ou de um clique num símbolo[736].

Parece que o preceito deve ser interpretado no sentido de abranger apenas a comunicação por via eletrónica de um texto escrito[737]. Dificil-

---

[733] Ver KROPHOLLER/VON HEIN [2011: Art. 23 nºs 76-78], com mais referências. Cp. SCHACK [2010: nº 537].

[734] Cf. TCE 14/12/1976, no caso *Estasis Salotti* [*CTCE* (1976) 717], nºs 12 e seg.

[735] Cf. Exposição de Motivos da Proposta da Comissão, 18.

[736] Cf. KROPHOLLER/VON HEIN [2011 Art. 23 nº 41].

[737] No mesmo sentido, BERAUDO [2001: 1064].

mente se vê como poderia uma transmissão eletrónica da voz ou de imagens equivaler a "forma escrita".

Entende-se que o registo duradouro do pacto é permitido quando for possível a sua impressão, cópia em suporte digital ou qualquer outro modo de conservação[738].

O acordo escrito pode resultar de uma *referência a cláusulas contratuais gerais*. Mas não basta a entrega de um formulário que contenha a cláusula de jurisdição ou a sua impressão no verso de uma fatura[739] ou de um documento contratual[740]. Neste caso, é necessário que o texto contratual subscrito por ambas partes remeta expressamente para as cláusulas contratuais gerais, mas já não se exige uma referência expressa à cláusula de jurisdição[741]. Também é suficiente que o texto contratual faça referência a uma proposta que remeta expressamente para as cláusulas contratuais gerais, desde que esta remissão seja "susceptível de ser controlada por uma parte que empregue uma diligência normal" e se for demonstrado que as cláusulas contratuais gerais tenham sido efetivamente comunicadas à outra parte juntamente com a proposta[742].

Estas exigências podem até certo ponto ser dispensadas, na medida em que a cláusulas gerais em causa se tenham tornado uma prática reiterada nas relações entre as partes ou em que existam usos do comércio relevantes nos termos do art. 23º/1/c[743].

Estes requisitos de forma consideram-se satisfeitos no caso da cláusula de jurisdição contida nos estatutos de uma sociedade, independentemente do modo de aquisição da participação social, contanto que os estatutos se encontrem em lugar acessível ou constem de um registo público[744].

Também se admite que apenas a declaração de uma das partes obedeça a forma escrita.

---

[738] Cf. GAUDEMET-TALLON [2010: nº 138], MAGNUS/MANKOWSKI/MAGNUS [2007: Art. 23 nºs 129 e segs.] e POCAR [2009: nº 109].

[739] Cf. JENARD [1979: 155].

[740] Cf. TCE 14/12/1976, no caso *Estasis Salotti* [*CTCE* (1976) 717], nº 9.

[741] Caso cit., nº 9.

[742] Caso cit., nº 12.

[743] Ver adiante no texto, bem como KROPHOLLER/VON HEIN [2011: Art. 23 nºs 35 e 50], GAUDEMET-TALLON [2010: nºs 144 e 146-147] e MAGNUS/MANKOWSKI/MAGNUS [2007: Art. 23 nºs 109 e segs. e 124 e segs.].

[744] Cf. TCE 10/3/1992, no caso *Powell Duffryn* (*CTCE* (1992) I-01745], nº 28.

DIREITO INTERNACIONAL PRIVADO

Neste caso tem de haver, em primeiro lugar, um acordo oral que inclua o pacto de jurisdição. É suficiente o acordo oral sobre a aplicação das cláusulas contratuais gerais de uma das partes, desde que a outra parte possa tomar conhecimento delas com normal diligência[745].

É insuficiente que depois de um acordo oral em que não foi feita referência às cláusulas gerais de uma das partes, esta parte envie à outra uma confirmação escrita que contém estas cláusulas gerais, entre as quais se conta uma cláusula de jurisdição. Neste caso é necessária uma aceitação expressa e escrita pela contraparte[746]. Mas entende-se que tal acordo inclui a cláusula de jurisdição quando for celebrado no quadro de relações comerciais correntes entre as partes que estão no seu conjunto submetidas a determinadas cláusulas contratuais gerais que contêm a cláusula[747].

Em segundo lugar, exige-se uma confirmação escrita por qualquer das partes, não contestada pela outra[748]. Entende-se que seria contrário à boa fé que a parte que se absteve de formular objeções à confirmação escrita do acordo verbal viesse contestar posteriormente este acordo[749].

O conteúdo desta confirmação escrita tem de corresponder inteiramente ao acordo anteriormente obtido e de satisfazer as exigências formuladas com respeito ao contrato escrito. Assim, é suficiente a remissão para cláusulas contratuais gerais que contêm a cláusula de jurisdição, sendo dispensável uma referência expressa a esta cláusula. A confirmação pode ser transmitida por telegrama ou fax[750], ou ainda por comunicação eletrónica (art. 23º/2).

Dificuldades especiais suscita a hipótese em que a cláusula de jurisdição está contida num contrato escrito que, apesar de ter expirado por decurso de prazo e de determinar que a sua prorrogação deve obedecer a forma escrita, continua, na falta de uma renovação escrita, a constituir o fundamento jurídico das relações contratuais que prosseguiram entre as partes. A este respeito, o TCE distingue duas subhipóteses[751]:

---

[745] Cf. KROPHOLLER/VON HEIN [2011: Art. 23 nº 42].

[746] Cf. TCE 14/12/1976, no caso *Segoura* [*CTCE* (1976) 731], nºs 9 e 10.

[747] Caso cit., nº 11.

[748] Cf. TCE 11/7/1985, no caso *Berghoefer* [*CTCE* (1985) 2699], nº 15 e seg. Ver também POCAR [2009: nº 108].

[749] Caso cit.

[750] Cf. DROZ [1972: 124].

[751] Cf. TCE 11/11/1986, no caso *Iveco Fiat* [*CTCE* (1986) 3337], nºs 7 e segs.

– se a lei aplicável admitir a prorrogação do contrato inicial sem a observância da forma escrita, as partes continuam a ser vinculadas por todas as cláusulas do contrato, incluindo a cláusula de jurisdição, sem necessidade de uma confirmação escrita;

– se a lei aplicável não admitir tal prorrogação, a cláusula de jurisdição só satisfaz os requisitos de forma do art. 17º da Convenção de Bruxelas [e agora também do art. 23º do Regulamento] se uma das partes tiver confirmado por escrito a cláusula ou o conjunto de cláusulas em que se integra, sem que a outra parte que tenha recebido esta confirmação se lhe tenha oposto.

A confirmação escrita também pode ser dispensada, quando o pacto de jurisdição seja celebrado *em conformidade com uma prática reiterada das partes ou a usos do comércio internacional.*

Na versão portuguesa o art. 23º/1/b refere-se aos "usos que as partes estabeleceram entre si", utilizando assim o mesmo termo ("uso") que na al. c), que se reporta aos usos do comércio. É mais um exemplo de tradução deficiente, visto que as versões francesa, alemã e inglesa distinguem claramente entre as *práticas* observadas nas relações entre as partes e os *usos* observados num ramo do comércio [*habitudes* v. *usage/Gepflogenheiten* v. *Handelsbrauch/practices* v. *usage*].

A prática tem de ser observada entre as partes durante tempo suficiente para que cada uma delas possa confiar na utilização de uma determinada forma[752].

Quanto à relevância dos usos a formulação do art. 23º inspira-se no art. 9º/2 da Convenção de Viena sobre os Contratos de Venda Internacional de Mercadorias (1980), o que deve ser tido em conta na sua interpretação.

Encontra-se aqui uma "remissão para aquilo que pode conter uma '*lex mercatoria*' sobre a forma das cláusulas de jurisdição nas transações comerciais internacionais"[753]. Em todo o caso, os usos do comércio internacional não relevam aqui como fonte do Direito autónomo do comércio internacional, mas como fonte da ordem jurídica dos Estados-Membros[754].

Os *usos do comércio internacional* são qualificados objetiva e subjetivamente.

---

[752] Cf. KROPHOLLER/VON HEIN [2011: Art. 23 nº 50].

[753] Cf. GOTHOT/HOLLEAUX [1985: 105].

[754] Ver *supra* § 66 E.

DIREITO INTERNACIONAL PRIVADO

Por um lado são os usos geralmente conhecidos e regularmente observados em contratos do mesmo tipo, no ramo do comércio internacional em causa.

Parece que por "comércio" se deve entender neste contexto as relações económicas entre empresas ou entes equiparados (designadamente pessoas que atuam como profissionais independentes em termos não empresariais)[755]. Este comércio deve considerar-se "internacional" quando comporte contactos juridicamente relevantes com mais de um Estado. Encontramos aqui novamente a dificuldade em definir um critério preciso de internacionalidade, sendo certo que é em princípio suficiente que haja um fornecimento de bens e serviços através das fronteiras ou que se trate de uma relação entre empresas estabelecidas em Estados diferentes[756].

A existência de um uso não tem de ser determinada por referência à lei de um dos Estados-Membros. O uso não tem de ser observado no comércio internacional em geral, mas no ramo comercial em que as partes contratantes exercem a sua atividade. Existirá um uso no ramo comercial considerado, quando, designadamente, um certo comportamento é geral e regularmente seguido pelos operadores nesse ramo no momento da celebração de contratos de um certo tipo[757].

Não é necessário que tal comportamento seja provado em países determinados nem, em especial, em todos os Estados-Membros. O facto de uma prática ser geral e regularmente observada pelos operadores dos países que ocupam uma posição preponderante no ramo do comércio internacional em causa pode constituir um índice que facilite a prova da existência dum uso. O critério determinante continua a ser, todavia, o de saber se o comportamento em questão é geral e regularmente seguido pelos operadores no ramo de comércio internacional em que atuam as partes contratantes[758].

Por outro lado, trata-se apenas dos usos que as partes conhecem ou devem conhecer.

---

[755] Ver MAGNUS/MANKOWSKI/MAGNUS [2007: Art. 23 nº 117] e KROPHOLLER/VON HEIN [2011: Art. 23 nº 54]. Cp. GAUDEMET-TALLON [2010: nº 147].

[756] Neste último sentido, ver TCE 20/2/1997, no caso *MSG* [*CTCE* (1997) I-00911], nº 22.

[757] Caso cit., nº 23. Ver também TCE 16/3/1999, no caso *Castelletti* [*CTCE* (1999) I-01597], nº 25 e seg.

[758] Cf. TCE 16/3/1999, no supracit. caso *Castelletti*, nº 27.

O conhecimento efetivo ou presumido desse uso pelas partes contratantes considera-se provado quando, designadamente, essas partes tinham anteriormente estabelecido relações comerciais entre si ou com outras partes que operam no setor em questão ou quando, neste setor, um certo comportamento é suficientemente conhecido, pelo facto de ser geral e regularmente seguido no momento de celebração de um certo tipo de contratos, para poder ser considerado como uma prática consolidada[759].

No caso de a cláusula de jurisdição ser eficaz em relação a terceiros, o conhecimento do uso deve ser apreciado relativamente às partes originárias[760].

Do disposto no art. 23º/1/c resulta, designadamente, que o silêncio da parte que recebe uma carta comercial de confirmação de um negócio, ou que paga repetidamente faturas, quando estes documentos contêm uma menção previamente impressa indicando o lugar do foro (que não fora anteriormente estipulado), vale como aceitação do pacto de jurisdição, se esse comportamento corresponder a um uso que rege o domínio do comércio internacional em que operam as partes em questão e se estas últimas conhecem esse uso ou devem conhecê-lo[761].

Isto demonstra que esta parte da disposição transcende a regulação da validade formal do pacto de jurisdição, dizendo respeito à própria *formação do consentimento*[762].

Cabe ainda perguntar se no caso do pacto de jurisdição ser usual num dado ramo do comércio não será admissível a sua integração no contrato independentemente de uma estipulação das partes. Creio que não. Perante o nº 1 do art. 23º os usos apenas relevam quanto à *celebração* do pacto (proémio do art. 23º/1). Daí que tem necessariamente de haver uma estipulação[763], ainda que a aceitação seja presumida[764].

---

[759] Cf. TCE 20/2/1997, no supracit. caso *MSG*, nº 24, e 16/3/1999, no supracit. caso *Castelletti*, nº 43. O diferente entendimento seguido por STJ 17/11/1998 [*in http://www.dgsi.pt/jstj.nsf*] não é compatível com a jurisprudência do TCE.

[760] Cf. TCE 16/3/1999, no supracit. caso *Castelletti*, nº 42.

[761] Cf. TCE 20/2/1997, no supracit. caso *MSG*, nº 25. Já neste sentido, SCHLOSSER [1979: nº 179].

[762] Cf. KROPHOLLER/VON HEIN [2011: Art. 23 nºs 27 e 52]. Cp. SCHLOSSER [1979: nº 179].

[763] Cf. JENARD [1979: 155], SCHLOSSER [1979: nº 179], TCE 20/2/1997, no supracit. caso *MSG*, nº 17, 16/3/1999, no supracit. caso *Castelletti*, nº 19, e 9/12/2003, no caso *Gasser* [*in http://curia. europa.eu*], nº 50.

[764] Cf. TCE 20/2/1997, no supracit. caso *MSG*, nº 19 e 16/3/1999, no supracit. caso *Castelletti*, nº 20.

Em princípio o pacto de jurisdição só produz efeitos entre as partes. Em dois casos, porém, o TCE admitiu que o pacto de jurisdição pudesse ser *invocado por e/ou contra terceiros*.

Primeiro, no caso *Gerling* o tribunal decidiu que no quadro de um contrato de seguro, uma cláusula atributiva de jurisdição estipulada *a favor de* um segurado, terceiro em relação ao contrato e pessoa distinta do tomador de seguro, deve ser considerado válido no sentido do art. 17º da Convenção de Bruxelas, se tiver sido satisfeita a condição de forma escrita prevista por este artigo, nas relações entre o segurador e tomador do seguro, e se o consentimento do segurador se tiver manifestado de um modo claro e preciso a este respeito[765].

Como fundamento desta solução, o tribunal invoca a finalidade de proteção do segurado que está subjacente ao regime especial da competência em matéria de seguros e que o art. 12º da Convenção [art. 13º do Regulamento] previu expressamente a possibilidade de estipular pactos de jurisdição a favor do segurado e do beneficiário que podem não ser partes do contrato e podem mesmo não ser conhecidos no momento da sua celebração[766].

O pacto de jurisdição pode, neste caso, ser invocado pelo terceiro contra o segurador. Sobre a possibilidade de a convenção de competência entre o segurador e o tomador do seguro ser invocada contra o terceiro, ver *supra* H.

Segundo, no caso *Tilly Russ*, o tribunal concluiu que as condições estabelecidas pelo art. 17º da Convenção de Bruxelas se encontram satisfeitas no caso de uma cláusula atributiva de jurisdição inserida num conhecimento de carga a partir do momento que esta cláusula foi reconhecida válida entre o carregador e o transportador e que, por força do Direito nacional aplicável, o terceiro portador, ao adquirir o conhecimento de carga, sucedeu ao carregador nos seus direitos e obrigações[767].

O tribunal argumentou que permitir ao terceiro portador subtrair-se ao pacto de jurisdição contido no conhecimento de carga, por não ter dado o seu consentimento a este pacto, seria estranho ao objetivo do art. 17º, "que é o de neutralizar os efeitos das cláusulas que podem passar desper-

---

[765] Cf. 14/7/1983 [*CTCE* (1983) 2503], nº 20.

[766] Caso cit., nºs 17 e 18

[767] Cf. 19/6/1984 [*CTCE* (1984) 2417], nº 26, seguido por TCE 16/3/1999, no supracit. caso *Castelletti*, nº 41 e 9/11/2000, no caso *Coreck* [*CTCE* (2000) I-09337], nº 23.

cebidas nos contratos". Argumentou ainda que o terceiro, ao adquirir o conhecimento, se torna titular de todos os direitos e de todas as obrigações que figuram no conhecimento, incluindo a atribuição de competência[768].

Esta fundamentação parece justificar a extensão da solução a outros casos de transmissão da posição contratual[769].

A cláusula atributiva de jurisdição só é oponível ao terceiro que, perante o Direito nacional aplicável, não tenha sucedido nos direitos e obrigações de uma das partes, caso o tribunal nacional verifique o seu consentimento[770].

Acresce que, na hipótese prevista no art. 23º/4, adiante examinada, também se verifica que a estipulação atributiva de competência contida no negócio jurídico unilateral que institua um *trust* vincula o *trustee* e o beneficiário do *trust* que não são partes nesse negócio.

De acordo com o anteriormente exposto, o art. 23º regula a admissibilidade, forma e eficácia dos pactos de jurisdição, bem como certos aspetos da formação do consentimento. Parece claro que quanto à admissibilidade, forma e aspetos da formação do consentimento regulados pelo art. 23º não há lugar para a atuação do Direito da Competência Internacional de fonte interna e do Direito de Conflitos dos Estados-Membros.

Isto é justificado à luz da finalidade desta competência convencional, que é, segundo o TCE, a de garantir a segurança jurídica através da possibilidade de prever com certeza o foro competente[771].

O TCE já teve ocasião de decidir que não são aplicáveis as limitações aos pactos de jurisdição estabelecidas pelo Direito interno dos Estados--Membros[772] e que os Estados contratantes não podem exigir outras exigências de forma além das previstas pelo art. 17º da Convenção de Bruxelas[773]. Assim, por exemplo, o tribunal de um Estado contratante não pode questionar a validade de um pacto de jurisdição com fundamento em que a língua utilizada não é a prescrita pela sua legislação[774].

---

[768] Caso cit., nºs 24 e seg.

[769] Ver, em sentido convergente, KROPHOLLER/VON HEIN [2011: Art. 23 nºs 64 e 66].

[770] Cf. TCE 9/11/2000, no supracit. caso *Coreck*, nº 26.

[771] Cf. TCE 3/7/1997, no caso *Benincasa* [*CTCE* (1997) I-03767], nº 28.

[772] Cf. TCE 13/11/1979, no caso *Sanicentral* [*CTCE* (1979) 3423].

[773] Cf. TCE 24/6/1981, no caso *Elefanten Schuh* [*CTCE* (1981) 1671], nº 26, e 16/3/1999, no caso *Castelletti* [*CTCE* (1999) I-01597], nº 37-38.

[774] Cf. TCE 24/6/1981, no supracit. caso *Elefanten Schuh*, nº 27.

O mesmo tribunal pronunciou-se no sentido de a validade do pacto de jurisdição não depender de uma conexão entre a relação controvertida e o tribunal designado[775], do mérito do pacto, do motivo da escolha ou das normas substantivas aplicadas pelo tribunal escolhido[776]. Foi ainda decidido que a validade do pacto de jurisdição não pode ser prejudicada pela nulidade do contrato principal[777] e que, por conseguinte, o pacto de jurisdição é tratado como um *negócio jurídico autónomo* relativamente ao contrato principal.

A maioria comentadores da Convenção de Bruxelas e do Regulamento tem entendido que *os pressupostos e requisitos de validade do pacto de jurisdição* que não são regulados diretamente pelo art. 23º estão submetidos às leis competentes segundo o Direito de Conflitos de cada Estado-Membro – por exemplo, a capacidade, os vícios da vontade e o poder de represen-tação[778]. O mesmo se deve entender com respeito à sua *interpretação*. Por certo que, na decisão do caso *Castelletti*, o TCE afirmou em *obiter* que o art. 17º "deve ser interpretado no sentido de que a escolha do tribunal designado numa cláusula atributiva de jurisdição só pode ser apreciada à luz de considerações ligadas às exigências estabelecidas pelo artigo 17º da Convenção"[779]. Mas parece que isto deve ser entendido essencialmente no sentido de excluir a aplicabilidade de outras limitações colocadas aos pactos de jurisdição pelo Direito interno dos Estados-Membros[780].

Sobre a determinação do Direito aplicável a estas questões ver *infra* § 88 G[781].

---

[775] Cf. TCE 17/1/1980, no caso *Zelger* [*CTCE* (1980) 89], nº 4; TCE 3/7/1997, no supracit. caso *Benincasa*, nº 28; 16/3/1999, no caso *Castelletti* [*CTCE* (1999) I-01597], nº 49.

[776] Cf. TCE 16/3/1999, no caso *Castelletti* [*CTCE*1999) I-01597], nº 51 e seg.

[777] Cf. TCE 3/7/1997, no supracit. caso *Benincasa*, nº 29.

[778] Cf., designadamente, GOTHOT/HOLLEAUX [1985: 105 e seg.], DROZ [1972: 133 e seg.], LAYTON/MERCER [2004: nºs 20.036-20.038], KROPHOLLER/VON HEIN [2011: Art. 23 nº 28], FERREIRA DA ROCHA [1987: 225] e TEIXEIRA DE SOUSA/MOURA VICENTE [1994: 124]. Cp. GAUDEMET-TALLON [2010: n. º 152].

[779] Cf. TCE 16/3/1999, supracit., nº 52.

[780] Cp. ainda KROPHOLLER/VON HEIN [2011: Art. 23 nºs 20 e 89] e MAGNUS/MANKOWSKI/ MAGNUS [2007: Art. 23 nºs 73-74 e 76 e segs.].

[781] Cp. a alteração introduzida pela Proposta de Reformulação (art. 23º/1) e, sobre ela, HEINZE [2011: 583 e segs.].

Nos termos do nº 4 do art. 23º, o tribunal ou os tribunais de um Estado-Membro, a que *o ato constitutivo de um "trust"* atribuir competência, têm competência exclusiva para conhecer da ação contra um "fundador", um *"trustee"* ou um beneficiário de um *"trust"*, se se tratar de relações entre essas pessoas ou dos seus direitos ou obrigações no âmbito do *"trust"*.

Aqui não se trata necessariamente de um pacto de jurisdição, visto que o ato constitutivo do *trust* pode ser um negócio jurídico unilateral[782].

Na referência a um "ato constitutivo" parece estar implícita a exigência de forma escrita (expressão correspondente é empregue na versão francesa, a versão inglesa refere-se a um *"instrument"* e a versão alemã exige expressamente esta forma *"schriftlich niedergelegten trust-Bedingungen"*)[783]. À luz do disposto no art. 5º/6 e no art. 23º/1/a creio que é suficiente a confirmação escrita de um *trust* instituído oralmente[784].

Nos termos do art. 23º/5, a admissibilidade dos pactos atributivos de jurisdição bem como das estipulações similares de atos constitutivos de *trust* é limitada em matéria de contratos de seguro (art. 13º), de contratos celebrados com consumidores (art. 17º) e de contratos individuais de trabalho (art. 21º). Os pactos de jurisdição que sejam admissíveis perante estes preceitos estão em princípio sujeitos aos pressupostos e requisitos de validade estabelecidos pelo art. 23º (*supra* H).

Com foi anteriormente assinalado, os pactos de jurisdição são ineficazes em matéria que esteja abrangida por uma competência exclusiva (art. 23º/5).

Uma terceira diferença entre o art. 23º do Regulamento e o art. 17º da Convenção de Bruxelas e da Convenção de Lugano de 1988 consiste na eliminação do parágrafo que determina que se um pacto atributivo de jurisdição tiver sido concluído a favor apenas de uma das partes esta mantém o direito de recorrer a qualquer outro tribunal que seja competente por força da Convenção.

Em princípio o pacto de jurisdição pode ser invocado por ambas as partes. Mas o art. 17º das Convenções admite expressamente o pacto de jurisdição a favor de uma das partes. Sendo este o caso, enquanto a parte

---

[782] Cf. SCHLOSSER [1979: nº 178].
[783] Cf. GAUDEMET-TALLON [2010 nº 147] e KROPHOLLER/VON HEIN [2011: Art. 23 nº 68].
[784] Cf. KROPHOLLER/VON HEIN [2011: Art. 23 nº 68].

beneficiada pode recorrer tanto ao tribunal designado no pacto como à jurisdição competente segundo as regras de competência legal, a outra parte só pode recorrer a esta jurisdição.

Segundo o TCE "é necessário que a vontade comum de beneficiar apenas uma das partes resulte claramente seja dos termos da cláusula seja do conjunto dos indícios contidos no contrato ou das circunstâncias que rodearam a sua celebração"[785].

Devem ser consideradas como cláusulas estipuladas em benefício exclusivo de uma das partes aquelas que indicam expressamente a parte a favor da qual foram estabelecidas e aquelas que, precisando os tribunais em que cada uma das partes deve demandar a outra, conferem a uma delas uma maior escolha de jurisdições. A designação do tribunal do Estado de domicílio de uma das partes não permite, por si, tendo presente a multi-plicidade de motivos que podem inspirar tal estipulação, concluir que há uma vontade comum de beneficiar esta parte[786].

Não é inteiramente claro o sentido da eliminação do referido parágrafo. Parece que, segundo o princípio da autonomia da vontade, nada impede que as partes celebrem um pacto de jurisdição a favor de uma delas[787].

O art. 23º não impede que perante o tribunal competente por força de uma cláusula de jurisdição seja invocada a compensação com um crédito conexo, apesar de o tribunal não ser competente em relação a esse crédito, se considerar que tal é compatível com os termos e o sentido da cláusula de jurisdição[788].

O tribunal a que foi apresentado um pedido principal não será competente quanto ao chamamento de garante à ação (art. 6º/2), quando tiver sido celebrado entre o garante e o garantido um pacto que atribua competência a outro tribunal, desde que este pacto abranja igualmente o chamamento de garante à ação[789].

Segundo a Proposta de Reformulação do Regulamento, o art. 23º passa a ser aplicável ao efeito atributivo de competência aos tribunais de um

---

[785] Cf. 24/6/1986, no caso *Anterist* [*CTCE* (1986) 1951], nº 14.

[786] Caso cit., nºs 15 e seg.

[787] Cf. KROPHOLLER/VON HEIN [2011: Art. 23 nº 93] e MAGNUS/MANKOWSKI/MAGNUS [2007: Art. 23 nºs 34 e 149]. Cp. POCAR [2009: nº 106].

[788] Cf. TCE 9/11/1958, no caso *Meeth* [*CTCE* (1979) 697], nº 8.

[789] Cf. JENARD [1979: 146 e seg.].

Estado-Membro, independentemente do domicílio das partes. Esta proposta merece aprovação[790], uma vez que estabelece um regime uniforme para os efeitos dos pactos atributivos de competência a tribunais dos Estados-Membros, que contribui para a previsibilidade sobre a jurisdição competente.

A competência convencional também pode resultar da propositura da ação no tribunal de um Estado-Membro que não seja, em princípio, competente, seguida da comparência do requerido, nos termos do art. 24º[791].

A competência convencional resulta neste caso de um *acordo tácito no decurso do processo*[792].

O art. 24º ressalva a possibilidade de a comparência ter como objetivo arguir a incompetência.

O réu tanto pode arguir a incompetência com base nas regras de competência do Regulamento, como, no caso de estas regras não serem aplicáveis, com base noutro regime de competência internacional vigente da ordem jurídica do Estado do foro. Pode igualmente basear-se na preterição de tribunal arbitral[793].

Também não se pode estabelecer deste modo a competência de uma jurisdição quando tal contrarie uma competência exclusiva por força do art. 22º. Em contrapartida, a competência convencional tácita afasta as competências estabelecidas em matéria de seguros[794], contratos com consumidores e contratos individuais de trabalho[795], bem como a competência atribuída por um pacto de jurisdição[796].

O TCE estendeu a competência convencional ao caso em que o autor aceita debater, sem suscitar a exceção de incompetência, um pedido de compensação apresentado pelo réu fundado num contrato ou numa situação de facto diferente daquele ou daquela em que se baseia a ação, e para

---

[790] Ver também MAGNUS/MANKOWSKI [2010: 10] e WEBER [2011: 627].

[791] Ver também art. 18º da Convenção de Bruxelas e da Convenção de Lugano de 1988 e art. 24º da Convenção de Lugano de 2007.

[792] Cf. GEIMER/SCHÜTZE [2010: Art. 24 nº 4].

[793] Cf. BÜLOW/BÖCKSTIEGEL/AUER [1989: Art. 18 nº 27].

[794] Cf. TUE 20/5/2010, no caso *Ceska* [*in http://curia.europa.eu*].

[795] Cf. GOTHOT/HOLLEAUX [1985: 111]. Cp. MAGNUS/MANKOWSKI/MANKOWSKI [2007: Art. 35 nº 30].

[796] Cf. TCE 24/6/1981, no caso *Elefanten Schuh* [*CTCE* (1981) 1671], nº 11.

DIREITO INTERNACIONAL PRIVADO

a qual foi convencionada uma atribuição de competência exclusiva a favor dos tribunais de outro Estado contratante[797].

É questão controversa a de saber se a aplicação deste preceito pressupõe que uma das partes tenha domicílio num Estado-Membro, à semelhança do que se verifica com o efeito atributivo de jurisdição no art. 23º. Segundo o entendimento dominante, o preceito é aplicável em todos os casos internacionais[798]. No entanto, este entendimento não parece conforme com ideia retora, que se manifesta no art. 4º/1, segundo a qual as regras de competência do Regulamento se aplicam unicamente a casos que apresentam conexão com um Estado-Membro. A inserção sistemática do art. 24º na mesma secção que o art. 23º e a estreita conexão entre o pacto de jurisdição e a competência convencional tácita sugerem que para o efeito basta o domicílio de qualquer das partes num Estado-Membro[799]. Isto tem por consequência que se nenhuma das partes tiver domicílio num Estado-Membro a relevância da comparência do réu deve ser apreciada segundo o Direito interno.

Também neste caso não é necessário um contacto com outro Estado--Membro[800].

Segundo o Relatório de JENARD, deve recorrer-se ao Direito processual interno do Estado do foro para fixar o momento até ao qual o autor poderá suscitar a exceção de incompetência e para determinar o significado jurídico da palavra "comparecer"[801]. Esta afirmação é, porém, questionável na parte que se refere à interpretação do conceito de "comparência", uma vez que os conceitos utilizados na previsão destas regras de competência são, em princípio, de interpretar autonomamente (*supra* § 82 C)[802].

---

[797] Cf. 7/3/1985, no caso *Spitzley* [CTCE (1985) 787].

[798] Cf., designadamente, em *obiter*, TCE 13/7/2000, no caso *Group Josi* [CTCE (2000) I-05925], nºs 44-45; DROZ [1972: 137 e seg. e 144]; GOTHOT/HOLLEAUX [1985: 111]; CALVO CARAVACA/ CARRASCOSA GONZÁLEZ [2005: 212-215]; MAGNUS/MANKOWSKI/CALVO CARAVACA/ CARRASCOSA GONZÁLEZ [2007: Art. 24 nº 31]; SCHLOSSER [2009: Art. 24 nº 1]; GAUDEMET--TALLON [2010: nº 164].

[799] Cf. KROPHOLLER/VON HEIN [2011: Art. 24 nºs 2-4] e SCHACK [2010: nº 550]. Cp. ainda JENARD [1979: 156] e POCAR [2009 nº 110] que parecem exigir que o réu tenha domicílio num Estado Contratante.

[800] Isto parece ser confirmado por TCE 13/7/2000, no caso *Group Josi* [CTCE (2000) I-05925], nºs 44 e segs.

[801] Cf. 1979: 156. Ver também POCAR [2009: nº 112].

[802] Ver também KROPHOLLER/VON HEIN [2011: Art. 24 nº 7].

O TCE teve ocasião de assinalar, perante a Convenção de Bruxelas, que a comparência do réu não fundamenta a competência do tribunal se o réu, além de contestar a competência, apresentar a sua defesa quanto ao mérito da causa. É, no entanto, necessário que a contestação da competência, se não for prévia a toda a defesa de mérito, tenha lugar o mais tardar no momento da tomada de posição considerada, pelo Direito processual do foro, como a primeira defesa apresentada no tribunal[803].

A versão portuguesa do Regulamento, à semelhança do que já se verifica com o art. 18º da Convenção de Bruxelas e com o art. 18º da Convenção de Lugano de 1988[804], só parece afastar a competência convencional tácita quando a comparência "tiver como único objectivo arguir a incompetência" (além dos casos de competência exclusiva). Isto não tem correspondência nas versões francesa, alemã e inglesa [*"a pour objet de contester la compétence"*, *"um den Mangel der Zuständigkeit geltend zu machen"*, *"to contest the jurisdiction"*]. A Exposição de Motivos da Proposta da Comissão torna claro que se pretendeu consagrar no Regulamento o entendimento adotado pelo TCE perante a Convenção de Bruxelas[805].

No caso *Mietz*, o TCE assinalou que o facto de o réu comparecer perante um tribunal num processo destinado a decretar medidas provisórias ou cautelares em caso de urgência, e que não prejudica o conhecimento do mérito da causa pelo tribunal de outro Estado contratante, não pode, por si só, bastar para conferir a esse tribunal uma competência ilimitada para ordenar qualquer medida provisória ou cautelar que considere apropriada como se fosse competente, ao abrigo da Convenção, para conhecer do mérito[806].

---

[803] Cf. TCE 24/6/1981, no supracit. caso *Elefanten Schuh* [*CTCE* (1981) 1671], nº 17, confirmado por TCE 22/10/1981, no caso *Rohr* [*CTCE* (1981) 2431] e 14/7/1983, no caso *Gerling* [*CTCE* (1983) 2503]. Ver ainda MAGNUS/MANKOWSKI/CALVO CARAVACA/CARRASCOSA GONZÁLEZ [2007: Art. 24 nº 12].

[804] Mas já não com o art. 24º da Convenção de Lugano de 2007, em conformidade com a Ata de retificação de 27/10/2010. Sobre a divergência das versões da Convenção de Bruxelas neste ponto, ver a MAGNUS/MANKOWSKI/CALVO CARAVACA/CARRASCOSA GONZÁLEZ [2007: Art. 24 nº 14].

[805] Cf. 20: "o facto de se defender quanto ao fundo não pode privar de eficácia a contestação da competência se esta for exercida, o mais tardar, ao mesmo tempo que a contestação quanto ao mérito". Ver também POCAR [2009: nº 111].

[806] 27/4/1999 [CTCE (1999) I-02277], nº 52.

DIREITO INTERNACIONAL PRIVADO

L) Controlo da competência

Nos termos do art. 25º do Regulamento, o juiz de um Estado-Membro, perante o qual tiver sido proposta, a título principal, uma ação relativamente à qual tenha *competência exclusiva* um tribunal de outro Estado-Membro por força do artigo 22º, declarar-se-á oficiosamente incompetente[807].

Por conseguinte, a declaração de incompetência do tribunal por violação de regras de competência exclusiva não depende de arguição por parte do réu.

Resulta da expressão "a título principal" que o tribunal não deve declarar-se oficiosamente incompetente se uma questão da competência exclusiva de outro tribunal for suscitada apenas a título prejudicial[808]. Mas foi assinalado que a jurisprudência do TCE admite um regime especial quando a questão da validade de um direito de propriedade industrial seja suscitada a título prejudicial (*supra* I).

O art. 25º deve ser observado em todos os graus de jurisdição. Com efeito, o TCE já teve ocasião de decidir, relativamente à Convenção de Bruxelas, que o tribunal de última instância também tem a obrigação de se declarar oficiosamente incompetente mesmo que o Direito processual interno limite o exame da competência aos meios invocados pelas partes[809].

Não decorre necessariamente dos arts. 25º e 26º/1 que o tribunal seja obrigado a examinar oficiosamente os factos relevantes para a apreciação da competência. Se o tribunal não estiver seguro da sua competência, cabe ao Direito interno do Estado-Membro do foro determinar se é o próprio tribunal que é obrigado a indagar dos factos que determinam a sua competência ou se poderá ou deverá obrigar a parte interessada na competência do tribunal a apresentar as provas necessárias[810].

O tribunal também deverá declarar-se oficiosamente incompetente se a sua competência não resultar das disposições do Regulamento, quando o réu tiver domicílio no território de outro Estado-Membro e não compareça (art. 26º/1)[811].

---

[807] Ver também art. 19º da Convenção de Bruxelas e da Convenção de Lugano de 1988 e art. 25º da Convenção de Lugano de 2007.

[808] Cf. JENARD [1979: 156].

[809] Cf. 15/11/1983, no caso *Duijnstee* [*CTCE* (1983) 3663], nº 15.

[810] Cf. SCHLOSSER [1979: nº 22].

[811] Ver também art. 20º/1 da Convenção de Bruxelas e da Convenção de Lugano de 1988 e art. 26º/1 da Convenção de Lugano de 2007.

O art. 26º/1 aplica-se quando a incompetência do tribunal, à face das regras do Regulamento, não resulta da violação das regras de competência exclusiva contidas no art. 22º, visto que esta hipótese é regulada no art. 25º (independentemente de o réu ter domicílio num Estado-Membro e de comparecer ou não em tribunal)[812].

Por conseguinte, o art. 26º/1 também se aplica quando a incompetência do tribunal resulta de um pacto atributivo de jurisdição aos tribunais de outro Estado-Membro (art. 23º).

A exigência de que o réu tenha domicílio no território de outro Estado--Membro parece pressupor que os tribunais de um Estado-Membro são sempre competentes quando o réu tem domicílio no seu território e que as normas de competência do Regulamento nunca se aplicam quando o réu tem domicílio num Estado terceiro. Isto não é, porém, exato.

Ora, é sistematicamente incoerente que o regime da incompetência seja subtraído inteiramente ao Regulamento quando as suas normas de competência forem aplicáveis[813]. Assim, por exemplo, apesar de o réu ter domicílio no mesmo Estado-Membro ou em terceiro Estado o tribunal local pode ser incompetente, por força do art. 23º, se as partes tiverem atribuído competência aos tribunais de outro Estado-Membro.

Fora do domínio de aplicação dos arts. 25º e 26º/1, o regime processual da competência internacional é definido pelo Direito interno do Estado do foro (ou por outro regime supraestadual que seja aplicável) (*infra* § 88 H).

O juiz deve *suspender a instância*, enquanto não se verificar que ao requerido com domicílio noutro Estado-Membro foi dada a oportunidade de receber o ato que iniciou a instância, ou ato equivalente, em tempo útil para apresentar a sua defesa, ou enquanto não se verificar que para o efeito foram efetuadas todas as diligências (art. 26º/2)[814].

Se o réu domiciliado num Estado-Membro não comparecer em tribunal, o tribunal deve verificar oficiosamente se o réu teve a possibilidade

---

[812] Em sentido convergente, KROPHOLLER/VON HEIN [2011: Art. 26 nº 1]. Cp. TEIXEIRA DE SOUSA/MOURA VICENTE [1994: 128 cp. 43].

[813] Cf. GEIMER/SCHÜTZE [2010: Art. 26 nº 4] e KROPHOLLER [1988: 243]. Ver ainda *supra* J.

[814] Ver também art. 20º/2 da Convenção de Bruxelas e da Convenção de Lugano de 1988 e art. 26º/2 da Convenção de Lugano de 2007. Ver ainda art. IV do Protocolo anexo à Convenção de Bruxelas e do Protocolo nº 1 anexo à Convenção de Lugano de 1988 e art. I do Protocolo nº 1 anexo à Convenção de Lugano de 2007.

DIREITO INTERNACIONAL PRIVADO

de receber a citação ou ato equivalente, em tempo útil para apresentar a sua defesa. Enquanto não verificar que o réu recebeu o ato, ou que para o efeito foram efetuadas todas as diligências, o tribunal deve suspender a instância[815].

A violação deste preceito é sancionada em sede de reconhecimento de decisões estrangeiras, visto que constitui um fundamento de recusa de reconhecimento (art. 34º/2).

O art. 26º/2 não exige que o réu tenha tido efetivo conhecimento da citação ou ato equivalente em tempo útil. Basta que lhe tenha sido dada a oportunidade de receber a citação ou ato equivalente. Os atrasos causados pela sua própria negligência ou pela dos seus familiares ou empregados correm por conta do réu[816].

O tribunal pode condenar o réu à revelia mesmo que não possa ser apresentada nenhuma certidão que prove que o réu foi notificado do ato que iniciou a instância, desde que se prove que para o efeito foram efetuadas todas as diligências junto das autoridade competentes do Estado em cujo território se situa o domicílio do réu, de modo a contactar esse réu em tempo útil[817].

No entanto, se o ato que iniciou a instância tiver sido transmitido por um Estado-Membro a outro em execução do Reg. (CE) nº 1393/2007, Relativo à Citação e à Notificação dos Atos Judiciais e Extrajudiciais em Matéria Civil e Comercial nos Estados-Membros, será aplicável o art. 19º deste Regulamento (art. 26º/3)[818]. Isto inclui a Dinamarca, nos termos dos Acordo celebrado com a Comunidade Europeia[819].

Trata-se, naturalmente, de um preceito introduzido no Regulamento Bruxelas I com vista à sua articulação com o Regulamento relativo à citação e à notificação.

---

[815] Cf. JENARD [1979: 157]. Cp. POCAR [2009: nº 115].

[816] Cf. JENARD [1979: 157].

[817] Cf. JENARD [1979: 158].

[818] Nos termos do art. 25º/2 do Reg. nº 1393/2007, as remissões feitas para o Reg. nº 1348/2000 devem ser consideradas como sendo feitas para o novo Regulamento e devem ser lidas nos termos da tabela de correspondência constante do anexo III deste Regulamento . Ver também art. 26º/4 da Convenção de Lugano de 2007.

[819] Acordo entre a Comunidade Europeia e o Reino da Dinamarca Relativo à Citação e à Notificação dos Atos Judiciais e Extrajudiciais em Matéria Civil e Comercial (2005) [JOUE L 300/55, de 17/11/2005], e notificação à Comissão feita em 20/11/2007 [JOUE L 331/21, de 10/12/2008].

Nos termos do art. 19º deste Regulamento o tribunal deve suspender a instância se uma petição inicial ou um ato equivalente foi transmitido para outro Estado-Membro para citação ou notificação, enquanto não for determinado que o ato foi citado ou notificado (segundo a forma prescrita pela legislação do Estado-Membro requerido para citação ou notificação dos atos emitidos neste país e dirigidos a pessoas que se encontrem no seu território) ou que foi efetivamente entregue ao demandado na sua residência, segundo um outro processo previsto no Regulamento, em tempo útil para que o demandado tenha podido defender-se (nº 1). Em certos casos, porém, o Regulamento atribui a cada Estado-Membro a faculdade de indicar que o processo pode prosseguir apesar de se verificarem tais fundamentos de suspensão da instância (nº 2).

Nos casos em que não sejam aplicáveis as disposições do Regulamento relativo à citação e à notificação, será aplicável o artigo 15º da Convenção da Haia Relativa à Citação e à Notificação no Estrangeiro dos Atos Judiciais e Extrajudiciais em Matérias Civil e Comercial (1965), se o ato que iniciou a instância tiver sido transmitido em aplicação dessa Convenção (art. 26º/4)[820].

O texto do art. 15º desta Convenção é até certo ponto semelhante ao do art. 19º do Regulamento relativo à citação e à notificação, que nele visivelmente se inspirou.

Portanto, a norma do art. 26º/2 é subsidiária. Uma vez que o preceito pressupõe que o réu tem domicílio num Estado-Membro, a citação ou ato equivalente deve ser transmitido, em princípio, para outro Estado-Membro. Neste caso é aplicável o Regulamento relativo à citação e à notificação, desde que o endereço do destinatário seja conhecido (art. 1º).

Portugal é parte na Convenção da Haia relativa à citação e à notificação. Sendo Portugal o Estado do foro, se o réu tiver domicílio na Islândia, Noruega ou Suíça, aplica-se, em princípio, o art. 26º/3 da Convenção de Lugano, visto que estes Estados também são partes na Convenção da Haia relativa à citação e à notificação.

No caso *Turner*[821], o TCE decidiu que a Convenção de Bruxelas deve ser interpretada no sentido de que se opõe a que um órgão jurisdicional

---

[820] Ver também art. 20º/3 da Convenção de Bruxelas e da Convenção de Lugano de 1988 e art. 26º/3 da Convenção de Lugano de 2007.

[821] Ac. 27/4/2004 [*in http;/curia.europa.eu*], nº 31.

DIREITO INTERNACIONAL PRIVADO

de um Estado Contratante profira uma injunção pela qual proíbe a uma parte num processo que aí se encontra pendente que intente ou prossiga uma ação judicial num órgão jurisdicional de outro Estado Contratante, mesmo que essa parte tenha atuado de má-fé com o objetivo de entravar o processo já pendente. As *anti-suit injunctions* de Direito inglês, quando visem obstar à propositura ou ao prosseguimento de uma ação nos tribunais de outro Estado-Membro dentro do âmbito de aplicação do Regulamento são, portanto, consideradas inadmissíveis.

M) Litispendência e conexão

Nos termos do art. 27º/1 do Regulamento, quando ações com o mesmo pedido e a mesma causa de pedir e entre as mesmas partes forem submetidas à apreciação de tribunais de diferentes Estados-Membros (*litispendência*), o tribunal a que a ação foi submetida em segundo lugar suspende oficiosamente a instância até que seja estabelecida a competência do tribunal a que a ação foi submetida em primeiro lugar. Quando estiver estabelecida a competência do tribunal a que a ação foi submetida em primeiro lugar, o segundo tribunal declara-se incompetente em favor daquele (nº 2)[822].

Deste modo, procura-se minimizar a possibilidade de serem instaurados processos concorrentes e evitar que sejam proferidas decisões inconciliáveis em dois Estados-Membros competentes[823].

A expressão "ações com o mesmo pedido e a mesma causa de pedir e entre as mesmas partes" deve ser interpretada autonomamente em relação ao Direito dos Estados-Membros[824]. Assinale-se as diferenças entre as várias versões linguísticas do Regulamento a este respeito: enquanto a versão portuguesa exige o mesmo pedido e a mesma causa de pedir, a versão alemã exige apenas "o mesmo pedido" [*wegen desselben Anspruchs*], a versão francesa o mesmo "objeto e a mesma causa" [*ayant le même objet et la même cause*] e a versão inglesa apenas a mesma "causa de pedir" [*involving the same cause of action*].

---

[822] O mesmo se encontra disposto no art. 21º da Convenção de Bruxelas e da Convenção de Lugano de 1988 e no art. 27º da Convenção de Lugano de 2007.

[823] Cf. Considerando nº 15.

[824] Cf. TCE 8/12/1987, no caso *Gubisch Maschinenfabrik* [*CTCE* (1987) 4861], nº 11, confirmado por 6/12/1994, no caso *Tatry* [*CTCE* (1994) I-05439], nº 30.

A identidade das partes deve ser entendida independentemente da posição que uma e outra ocupam nos dois processos, podendo o autor no primeiro ser o réu no segundo[825].

A expressão "entre as mesmas partes" deve ser interpretada no sentido de que duas pessoas diferentes podem ser consideradas como uma única e mesma parte, quando os seus interesses sejam a tal ponto idênticos que uma decisão proferida contra uma delas tenha força de caso julgado em relação à outra. Tal será normalmente o caso quando uma seguradora, em virtude do seu direito de sub-rogação, propõe ou contesta uma ação em nome do seu segurado sem que este último tenha possibilidade de influir sobre o desenvolvimento do processo[826]. Isto não se verifica, em princípio, no caso de duas ações em que se pede a contribuição para a avaria comum, uma opondo a seguradora do casco de uma embarcação que naufragou ao proprietário da carga que se encontrava a bordo no momento do naufrágio e à sua seguradora, e outra opondo estes dois últimos ao proprietário da embarcação e ao seu fretador[827].

No caso de as partes no processo local só parcialmente coincidirem com as partes no processo anteriormente instaurado, o art. 27º só impõe ao tribunal local a obrigação de se declarar incompetente na medida em que as partes no processo local sejam igualmente partes no processo estrangeiro. Não impede que o processo local continue entre as outras partes[828], ressalvada a possibilidade de aplicação do art. 28º.

A expressão "mesmo pedido" não deve ser entendida no sentido de uma identidade formal dos pedidos. Na verdade, também aqui a versão portuguesa não é das mais felizes. A versão em língua francesa, que se refere ao "mesmo objeto" [*même objet*], exprime melhor o sentido normativo do preceito.

Por "objeto" da ação a jurisprudência do TCE tem entendido o seu fim[829]. Por causa de pedir o mesmo tribunal entende "os factos e as normas jurídicas invocados como fundamento da acção"[830].

---

[825] Cf. TCE 6/12/1994, no supracit. caso *Tatry*, nº 31.

[826] Cf. TCE 19/5/1998, no caso *Drouot* [*CTCE* (1998) I-03075], n. 19.

[827] Caso cit., nº 25.

[828] Cf. TCE 6/12/1994, no supracit. caso *Tatry*, nº 34.

[829] Cf. TCE 6/12/1994, no supracit. caso *Tatry*, nº 41 da versão em língua francesa e nº 40 da versão em língua inglesa; 8/5/2003, no caso *Gantner* [*in http://curia.europa.eu*], nº 25 da versão em língua alemã; e 14/10/2004, no caso *Maersk* [*in http://curia.europa.eu*], nº 35. Ver também GAUDEMET--TALLON [2010: nº 327] e MAGNUS/MANKOWSKI/FENTIMAN [2007: Art. 27 nºs 8 e segs.].

[830] Cf. TCE 6/12/1994, no supracit. caso *Tatry*, nº 39.

DIREITO INTERNACIONAL PRIVADO

Assim, o TCE considerou que uma ação de cumprimento de uma venda internacional de coisas móveis corpóreas tem o "mesmo pedido" que uma ação de anulação ou de resolução do mesmo contrato, uma vez que "o pedido de execução do contrato se destina a torná-lo eficaz, e que o pedido de declaração da nulidade ou da resolução tem precisamente em vista privá-lo de qualquer eficácia. A força obrigatória do contrato encontra-se assim no centro da discussão em ambos os litígios"[831].

O mesmo tribunal entendeu que uma ação, que visa fazer declarar que o réu é responsável por um prejuízo e a sua condenação no pagamento de uma indemnização, tem a mesma causa de pedir e o mesmo objeto que uma ação anterior desse réu que visa fazer declarar que não é responsável pelo referido prejuízo, "pois a questão da existência ou inexistência de uma responsabilidade encontra-se no âmago dos dois processos"[832].

A distinção operada pelos sistemas do *Common Law* entre ação *in personam* e ação *in rem* é irrelevante para este efeito[833].

A identidade do objeto é averiguada exclusivamente à luz das pretensões dos autores, com exclusão dos fundamentos de defesa aduzidos por um dos réus[834].

Assim, o TCE decidiu que um pedido apresentado ao órgão jurisdicional de um Estado contratante pelo proprietário de um navio destinado à criação de um fundo de limitação da responsabilidade, simultaneamente designando a vítima potencial do dano, por um lado, e uma ação de indemnização proposta perante um órgão jurisdicional de outro Estado contratante por esta vítima contra o proprietário do navio, por outro, não criam uma situação de litispendência na aceção do art. 21.° Da Convenção de Bruxelas[835].

---

[831] Cf. TCE 8/12/1987, no supracit. caso *Gubisch Maschinenfabrik*, n⁰ 16.

[832] Cf. TCE 6/12/1994, no supracit. caso *Tatry*, n⁰s 41 e segs.

[833] Caso cit., n⁰ 47.

[834] Neste sentido se pronunciou o TCE 8/5/2003, no caso *Gantner* [*in http://curia.europa.eu*], n⁰ 32, em que na segunda ação a ré opunha ao crédito invocado pela autora a compensação com o crédito por si alegado, como autora, na primeira ação; ver também TCE 14/10/2004, no caso *Maersk* [*in http://curia.europa.eu*], n⁰ 36.

[835] Ac. 14/10/2004, no caso *Maersk* [*in http://curia.europa.eu*], n⁰ 42.

A litispendência estrangeira releva segundo um *princípio de prioridade*: a partir do momento em que esteja estabelecida a competência do tribunal demandado em primeiro lugar, o tribunal demandado em segundo lugar deve declarar-se incompetente[836]. A incompetência deve ser declarada quer a pedido de uma das partes quer oficiosamente, dado que esta disposição pretende assegurar a boa administração da justiça no seio da União[837].

O tribunal local, porém, não tem sempre de verificar oficiosamente se ocorre litispendência estrangeira. Só tem de proceder a esta verificação quando as circunstâncias permitam supor que o processo está pendente nos tribunais de outro país[838].

Enquanto a competência do tribunal demandado em primeiro lugar não estiver estabelecida – designadamente no caso de se aguardar decisão sobre a exceção de incompetência deduzida pelo réu – o tribunal local deve suspender oficiosamente a instância. O procedimento de suspensão é regido pelo Direito processual interno[839].

A litispendência noutro Estado-Membro é diretamente relevante, independentemente da suscetibilidade de reconhecimento da sentença que venha a ser proferida pelo tribunal estrangeiro[840]. Isto não é inteiramente coerente com o regime de reconhecimento de decisões estrangeiras[841]. Se a decisão proferida pelo tribunal estrangeiro não for reconhecida, tem de se admitir a propositura de uma nova ação no Estado-Membro que se declarou incompetente para a primeira ação. Seria preferível que, desde logo, a litispendência estrangeira não relevasse se fosse previsível o não reconhecimento da decisão.

O tribunal local não pode controlar a competência do tribunal demandado em primeiro lugar, quando a competência do tribunal local se baseie em critérios de competência legal não exclusiva ou de competência convencional[842].

---

[836] Cp., *de lege ferenda*, LAGARDE [1986: 155] e *infra* § 89.

[837] Cf. JENARD [1979: 158 e seg.].

[838] *Ibidem*.

[839] Cf. KROPHOLLER/VON HEIN [2011: Art. 27 nºs 22 e segs.].

[840] Cf. KROPHOLLER/VON HEIN [2011: Art. 27 nº 18].

[841] Ver também MOTA DE CAMPOS [1985: 167].

[842] Cf. TCE 27/6/1991, no caso *Overseas Union* [*CTCE* (1991) I-03317], nºs 20 e segs., e TCE 9/12/2003, no caso *Gasser* [*in http://curia.europa.eu*], nº 54. Cp., relativamente a este último caso, HARTLEY [2005: 50-51] e MAGNUS/MANKOWSKI/FENTIMAN [2007: Introduction to Arts. 27-30, nºs 52 e segs.].

DIREITO INTERNACIONAL PRIVADO

É irrelevante, para a aplicação do art. 27º, que a duração dos processos nos tribunais do Estado onde se situa o tribunal no qual a ação foi proposta em primeiro lugar seja excessivamente longa[843]. Este regime de litispendência permite as chamadas "ações torpedo" em que por meio da propositura de uma ação de simples apreciação negativa numa jurisdição morosa se visa bloquear uma ação de cumprimento ou indemnização numa jurisdição mais célere.

A Proposta de Reformulação procura obviar a uma parte destas situações.

Por um lado, estabelecendo que o tribunal a que a ação foi submetida em primeiro lugar deve determinar a respetiva competência no prazo de seis meses, salvo circunstâncias excecionais impeditivas, e, que a pedido de qualquer outro tribunal a que ação tiver sido submetida, o tribunal demandado em primeiro lugar deve informá-lo da data em que ação lhe foi submetida e se já determinou a respetiva competência para a apreciar ou, na ausência desta informação, do tempo estimado para a determinação da competência (art. 29º/2). Parece que, neste ponto, se poderia ter sido mais longe, designadamente retirando as devidas consequências no caso de o tribunal demandado em primeiro lugar não cumprir o prazo para determinar a sua competência e precisando as circunstâncias em que este prazo pode não ser respeitado[844].

Por outro lado, determinando no art. 32º/2 que, com exceção dos pactos de jurisdição em matéria de seguros, contratos com consumidores e contratos individuais de trabalho, se um pacto de jurisdição atribuir competência exclusiva ao tribunal ou aos tribunais de um Estado-Membro, os tribunais dos outros Estados-Membros não são competentes para apreciar o litígio até ao momento em que o tribunal ou tribunais designados no contrato se declarem incompetentes (prioridade da jurisdição designada)[845].

Em aberto permanece a questão de saber se o tribunal local poderá afastar o disposto no art. 27º/1 quando for exclusivamente competente

---

[843] Cf. TCE 9/12/2003, no caso *Gasser* [*in http://curia.europa.eu*], nº 73. Cp. HARTLEY [2005: 49 e segs.] e MAGNUS/MANKOWSKI/FENTIMAN [2007: Introduction to Arts. 27-30, nºs 30 e segs.]
[844] Ver também HEINZE [2011: 597 e segs.].
[845] Cp., sobre esta solução, MAGNUS/MANKOWSKI [2010: 11 e segs.] e HEINZE [2011: 587 e segs.].

por força do art. 22º. O disposto no art. 29º – adiante examinado – sugere a resposta afirmativa, uma vez que este preceito seria desnecessário se o tribunal demandado em segundo lugar, ainda que exclusivamente competente, fosse sempre obrigado a declarar-se incompetente.

A Proposta de Reformulação introduz uma disposição sobre a relevância da litispendência num Estado terceiro. Nos termos do art. 34º, se estiver pendente no tribunal de um país terceiro uma ação relativa à mesma causa de pedir e entre as mesmas partes no momento em que for demandado o tribunal de um Estado-Membro, este tribunal pode suspender a instância, se:

– o tribunal do país terceiro tiver sido demandado em primeiro lugar;

– for previsível que o tribunal desse país terceiro tome, num prazo razoável, uma decisão passível de ser reconhecida e, consoante os casos, executada no Estado-Membro em causa; e

– o tribunal estiver convencido de que a suspensão da instância é necessária para uma correta administração da justiça.

A mesma disposição determina que o tribunal do Estado-Membro deve encerrar a instância se a ação no tribunal do país terceiro tiver sido concluída e dela tiver resultado uma decisão executória nesse país ou passível de reconhecimento e, consoante os casos, execução no Estado--Membro em causa.

A admissibilidade de uma margem de apreciação quanto à relevância da litispendência em tribunais de terceiros Estados parece de aprovar, à luz das considerações que serão tecidas relativamente ao regime interno (*infra* § 89)[846].

Por força do art. 28º do Regulamento, quando *ações conexas* estiverem pendentes em tribunais de diferentes Estados-Membros, o tribunal a que a ação foi submetida em segundo lugar pode suspender a instância (nº 1)[847].

Cai a exigência, feita pela Convenção de Bruxelas e pela Convenção de Lugano de 1988 (art. 22º/1), de que as ações estejam pendentes em primeira instância.

---

[846] Cp. WEBER [2011: 634 e segs.].

[847] Ver também art. 28º/1 da Convenção de Lugano de 2007.

DIREITO INTERNACIONAL PRIVADO

Diferentemente do que se verifica perante o nº 2, o art. 28º/1 permite que o tribunal suspenda a instância oficiosamente[848].

A suspensão da instância destina-se a aguardar a decisão do tribunal demandado em primeiro lugar, ou do tribunal para que seja interposto recurso desta decisão. Assim, o tribunal local pode evitar as contradições entre a sua decisão e a decisão final proferida na jurisdição estrangeira[849].

A exigência de que as ações estejam pendentes em primeira instância já é feita para a declaração de incompetência do tribunal a que a ação foi submetida em segundo lugar. Com efeito, o nº 2 do art. 28º determina que se as ações conexas estiverem pendentes em primeira instância, o tribunal a que a ação foi submetida em segundo lugar pode igualmente declarar-se incompetente, a pedido de uma das partes, se o tribunal a que a ação foi submetida em primeiro lugar for competente e a sua lei permitir a apensação das ações em questão[850].

Isto explica-se, segundo a Exposição de Motivos da proposta da Comissão, porque de outro modo as partes poderiam perder o benefício do segundo grau de jurisdição[851].

A redação do art. 28º/2 do Regulamento também diverge da redação do art. 22º/2 da Convenção de Bruxelas e da Convenção de Lugano de 1988, no que toca à inserção do requisito de "a sua lei permitir a apensação das acções em questão". Perante as Convenções, parece que este requisito se refere à lei do tribunal demandado em segundo lugar[852]. A esta luz se entende o Relatório de JENARD, quando informa que esta exigência se deve a problemas específicos dos Direitos alemão e italiano quanto à admissibilidade da apensação e que um tribunal alemão ou italiano que constitua o segundo tribunal onde uma ação seja instaurada pode suspender a instância mas não pode declarar-se incompetente[853]. Já o texto do art. 28º/2

---

[848] Cf. KROPHOLLER/VON HEIN [2011: Art. 28 nº 7].

[849] Ver também DROZ [1972: 196].

[850] Ver também art. 22º/2 da Convenção de Bruxelas e da Convenção de Lugano de 1988 e art. 28º/2 da Convenção de Lugano de 2007.

[851] 19. Ver ainda POCAR [2009: nº 122].

[852] Cf. GOTHOT/HOLLEAUX [1985: 128] e GAUDEMET-TALLON [2010: nº 346], que se pronunciam criticamente sobre esta exigência. Segundo KROPHOLLER/VON HEIN [2011: Art. 28 nº 8], o tribunal demandado em segundo lugar deve cumulativamente examinar se a apensação é permitida pela lei do tribunal primeiramente demandado.

[853] 1979: 159.

do Regulamento, apesar de não ser inequívoco, é geralmente entendido no sentido de a admissibilidade da apensação ser apreciada segundo a lei do tribunal demandado em primeiro lugar[854].

Relativamente à admissibilidade da apensação de ações no Direito processual civil português ver, designadamente, art. 275º CPC.

O procedimento de apensação de ações é regido pelo Direito processual interno[855].

Nada impede que o tribunal local, após ter suspendido a instância, se venha a declarar incompetente, nos termos do art. 28º/2, se estiverem preenchidos os seus pressupostos de aplicação. Isto é sobretudo pensável no caso de haver inicialmente dúvidas sobre a possibilidade de apensar as ações no tribunal demandado em primeiro lugar.

Para efeitos do art. 28º do Regulamento, consideram-se conexas as ações ligadas entre si por um nexo tão estreito que haja interesse em que sejam instruídas e julgadas simultaneamente para evitar soluções que poderiam ser inconciliáveis se as causas fossem julgadas separadamente (nº 3)[856].

A expressão "ação conexa" deve ser interpretado autonomamente e, a fim de satisfazer o objetivo de uma boa administração da justiça, esta interpretação deve ser ampla e abranger todos os casos em que existe um risco de contrariedade de soluções, mesmo que as decisões possam ser executadas separadamente e que as suas consequências jurídicas não se excluam mutuamente[857].

O termo "inconciliável" tem um significado diferente neste artigo e no art. 34º/3[858], diferença que ressalta na versão em língua alemã, que utiliza no art. 28º/3 o termo *"widersprechende"* [contraditórias] e no art. 34º/3 o termo *"unvereinbar"* [incompatível]. Assim, para que haja conexão entre duas ações não é necessário que o julgamento separado das duas ações implique o risco de consequências jurídicas que mutuamente se excluem.

---

[854] Ver, neste sentido, KROPHOLLER/VON HEIN [2011: Art. 28 nº 8], GAUDEMET-TALLON [2010: nº 346], MAGNUS/MANKOWSKI/FENTIMAN [2007: Art. 28 nºs 4 e 10] e POCAR [2009: nº 122]. Ver também PIERRE MAYER [2007: 299].

[855] Cf. JENARD [1979: 159].

[856] Ver também art. 22º/3 da Convenção de Bruxelas e da Convenção de Lugano de 1988 e art. 28º/3 da Convenção de Lugano de 2007.

[857] Cf. TCE 6/12/1994, no supracit. caso *Tatry*, nºs 52 e seg.

[858] Caso cit., nº 57.

DIREITO INTERNACIONAL PRIVADO

Diferentemente do art. 27º, também não é necessária uma identidade do objeto ou das partes[859].

Por exemplo, o TCE considerou verificada a conexão entre uma ação intentada num Estado-Membro por um grupo de proprietários de mercadorias contra o proprietário de um navio por incumprimento dos contratos de transporte e uma ação intentada noutro Estado-Membro por outro grupo de proprietários de mercadorias que integravam a mesma carga contra o mesmo proprietário de navio por incumprimento de contratos de transporte idênticos aos celebrados entre o primeiro grupo e o proprietário do navio[860].

De resto, como já se assinalou, é controverso se o critério de conexão entre as ações deve ser entendido nos mesmos termos que o critério de conexão entre pedidos utilizado pelo art. 6º/1 (ver *supra* G).

Não pode fundar-se no art. 28º uma *competência por conexão*: este preceito não estabelece a competência do tribunal de um Estado-Membro para uma ação quando for competente para uma ação conexa por força das regras de competência do Regulamento[861]. O art. 28º pressupõe que os tribunais de dois Estados-Membros se consideram competentes.

Nos termos dos nºs 1 e 2 do art. 28º a suspensão da instância ou a declaração de incompetência são facultativas[862]. Como critérios que podem orientar o tribunal nesta decisão são de referir: o grau de conexidade das ações e do risco de soluções contraditórias, a exigência de economia processual, os interesses das partes, situação e duração de ambas as ações, a competência do tribunal demandado em primeiro lugar, bem como, excecionalmente, uma previsível insuscetibilidade de reconhecimento da sua decisão[863].

Sempre que as *ações forem da competência exclusiva de vários tribunais*, qualquer tribunal a que a ação tenha sido submetida posteriormente

---

[859] Cf. TCE 14/10/2004, no caso *Maersk* [*in http://curia.europa.eu*], nºs 39-40. Ver ainda MAGNUS/MANKOWSKI/FENTIMAN [2007: Introduction to Arts. 27-30 nºs 2-3 e Art. 28 nº 6].

[860] Cf. TCE 6/12/1994, no supracit. caso *Tatry*.

[861] Cf. TCE 24/6/1981, no caso *Elefanten Schuh* [*CTCE* (1981) 1671], nº 19, confirmado por TCE 27/10/1998, no supracit. caso *Réunion européenne*, nº 39 e 5/10/1999, no caso *Leathertex* [*CTCE* (1999) I-06747], nº 38. Ver também POCAR [2009: nº 121].

[862] Cf. GAUDEMET-TALLON [2010: nº 344] e POCAR [2009: nº 122]. Ver ainda JENARD [1979: 159] e MAGNUS/MANKOWSKI/FENTIMAN [2007: Art. 28 nºs 29 e segs.].

[863] Cf. KROPHOLLER/VON HEIN [2011: Art. 28 nº 10].

deve declarar-se incompetente em favor daquele a que a ação tenha sido submetida em primeiro lugar (art. 29º)[864].

Esta hipótese é de rara verificação, mas, como houve ocasião de assinalar anteriormente, pode ocorrer à face do art. 22º (*supra* I).

Além disso, ao contrário do art. 25º, o art. 29º não especifica o fundamento jurídico da competência exclusiva dos tribunais em causa. Isto leva alguns autores a defender que o art. 29º também se aplica, designadamente, quando for atribuída competência convencional exclusiva a tribunais de diferentes Estados-Membros (por exemplo, quando for estipulado que cada uma das partes só pode ser demandada no Estado do seu domicílio)[865].

Segundo o comentário de JENARD ao art. 23º da Convenção de Bruxelas, o disposto neste artigo aplica-se quer em caso de litispendência quer em caso de ações conexas[866]. No entanto, isto suscita muitas dúvidas na doutrina, porque no caso de mera conexão não há fundamento para prescrever uma declaração de incompetência e porque o art. 28º/2 mostra que o Regulamento tem em conta os sistemas jurídicos que não admitem uma apensação de ações[867].

A declaração de incompetência deve ser feita quer a pedido de uma das partes quer oficiosamente, em termos semelhantes aos expostos relativamente ao art. 27º/1[868].

À face da Convenção de Bruxelas e da Convenção de Lugano de 1988 entende-se que pertence à *lex fori* de cada tribunal determinar o momento em que se considera a ação submetida à apreciação do tribunal[869].

O Regulamento segue uma via diferente: a definição autónoma da data em que se considera a ação submetida à apreciação do tribunal[870].

---

[864] Cf. art. 23º da Convenção de Bruxelas e da Convenção de Lugano de 1988 e art. 29º da Convenção de Lugano de 2007.

[865] Ver POCAR [2009: nº 120]. Cp. RAUSCHER/LEIBLE [2011: Art. 29 nº 1]. Ver ainda SCHLOSSER [2009: Art. 29] e KROPHOLLER/VON HEIN [2011: Art. 29 nº 1].

[866] 1979: 159. Ver, no mesmo sentido, GAUDEMET-TALLON [2010: nº 337].

[867] Cf. KROPHOLLER/V ON HEIN [2011: Art. 29 nº 2]; BÜLOW/BÖCKSTIEGEL/SAFFERLING [1989: Art. 23 nº 3]; GEIMER/SCHÜTZE [2010: Art. 29 nº 2]; *MüKoZPO*/GOTTWALD [2008: Art. 29 nº 2]; e TEIXEIRA DE SOUSA/MOURA VICENTE [1994: 135].

[868] Ver, em sentido convergente, KROPHOLLER/VON HEIN [2011: Art. 29 nº 2].

[869] Cf. DROZ/GAUDEMET-TALLON [2001: 642].

[870] Ver também art. 30º da Convenção de Lugano de 2007.

DIREITO INTERNACIONAL PRIVADO

Assim, o art. 30º determina, que, para efeitos da presente secção, se considera que a ação está submetida à apreciação do tribunal:

– Na data em que é apresentado ao tribunal o ato que determina o início da instância ou um ato equivalente, desde que o requerente não tenha posteriormente deixado de tomar as medidas que lhe incumbem para que seja feita a citação ao requerido (nº 1); ou

– Se o ato tiver de ser citado antes de ser apresentado ao tribunal, na data em que é recebido pela autoridade responsável pela citação, desde que o requerente não tenha posteriormente deixado de tomar as medidas que lhe incumbem para que o ato seja apresentado ao tribunal (nº 2).

Esta solução atende à divergência entre os sistemas jurídicos quanto ao início dos procedimentos antes ou depois da citação do réu. Se o réu tiver de ser citado antes da apresentação da petição inicial ou de ato equivalente no tribunal considera-se a ação submetida à apreciação do tribunal na data em que o ato é recebido pela autoridade responsável pela citação. Caso contrário, considera-se a ação submetida ao tribunal na data em que o ato é apresentado ao tribunal.

As normas do Regulamento sobre litispendência e conexão são aplicáveis independentemente do domicílio das partes[871] E, segundo parece, mesmo que a competência dos tribunais dos Estados-Membros se tenha fundado no seu Direito interno, ao abrigo do disposto no art. 4º/1[872]. Isto é criticável, porque perante um sistema de reconhecimento de sentenças meramente formal, a relevância da litispendência estrangeira deveria pelo menos pressupor que a competência do tribunal estrangeiro se fundou num título adequado na perspetiva da ordem jurídica do foro. De outro modo contribui-se para o mais desenfreado *forum shopping*.

N) Medidas provisórias e cautelares

Segundo o art. 31º do Regulamento as medidas provisórias ou cautelares previstas na lei de um Estado-Membro podem ser requeridas às autoridades judiciais desse Estado, mesmo que, por força do Regulamento,

---

[871] Cf. TCE 27/6/1991, no caso *Overseas Union* [*CTCE* (1991) I-03317], nº 18; 9/12/2003, no supracit. caso *Gasser* nº 41; e 14/10/2004, no supracit. caso *Maersk*, nº 32.

[872] Cf. JENARD [1979: 141], KROPHOLLER/VON HEIN [2011: vor Art. 27 nº 2] e TEIXEIRA DE SOUSA [2003a: 98].

REGIMES EUROPEUS

um tribunal de outro Estado-Membro seja competente para conhecer da questão de fundo[873].

O Regulamento não contém regras específicas de competência internacional para as medidas provisórias e cautelares. O art. 31º esclarece que a competência dos tribunais dos Estados-Membros para decretar estas medidas não depende da competência para conhecer da questão de fundo.

Isto vale igualmente para os procedimentos relativos à apreciação da validade ou à anulação dessas medidas[874].

O TCE entende que, por se tratar de uma exceção ao sistema de competências instituído pela Convenção de Bruxelas (e agora pelo Regulamento), o preceito deve ser interpretado de forma restritiva[875].

Só são abrangidas as medidas que dizem respeito a matérias que caem dentro do âmbito material de aplicação do Regulamento. Para este efeito não há lugar a distinção entre medidas provisórias e definitivas[876]. Assim, por exemplo, as medidas provisórias estreitamente ligadas seja a questões de estado das pessoas implicadas no processo de divórcio seja a relações jurídicas patrimoniais resultando diretamente de um vínculo conjugal ou da sua dissolução não são abrangidas pelo art. 31º[877].

O que conta, para a aplicação do art. 31º, é a natureza dos direitos salvaguardados pela medida[878]. Assim, o preceito é aplicável às medidas provisórias que salvaguardem direitos contratuais, mesmo que a questão de fundo esteja submetida a arbitragem[879].

Quanto à interpretação do conceito de "medidas provisórias ou cautelares" convém ter em conta a diferença entre as várias versões linguísticas

---

[873] Cf. art. 24º da Convenção de Bruxelas e da Convenção de Lugano de 1988 e art. 31º da Convenção de Lugano de 2007. Ver, na jurisprudência portuguesa, REv 7/12/1995 [*BMJ* 452: 507] e STJ 16/12/2004 [*in http://www.dgsi.pt/jstj.nsf*].

[874] Cf. JENARD [1979: 159].

[875] Cf. TCE 28/4/2005, no caso *St. Paul Dairy Industries* [*in http://curia.europa.eu*], nº 11.

[876] Cf. TCE 27/3/1979, no caso *de Cavel* [*CTCE* (1979) I-00583], nº 9, confirmado por TCE 31/3/1982, no caso *C.H.W.* [*CTCE* (1982) 1189], nº 12, e 28/4/2005, no supracit. caso *St. Paul Daity Industries*, nº 10.

[877] Cf. TCE 27/3/1979, no supracit. caso *de Cavel*, nº 10.

[878] Cf. TCE 27/3/1979, no supracit. caso *de Cavel*, nº 8, confirmado por TCE 26/3/1992, no caso *Reichert* [*CTCE* (1992) I-02149], nº 32, e 17/11/1998, no caso *Van Uden* [*CTCE* (1998) I-07091], nº 33. Cp. TEIXEIRA DE SOUSA [2003: 173].

[879] Cf. TCE 17/11/1998, no supracit. caso *Van Uden* [*CTCE* (1998) I-07091] nº 34.

DIREITO INTERNACIONAL PRIVADO

do Regulamento: *"mesures provisoires ou conservatoires"* na versão em língua francesa, *"einstweiligen Maßnahmen einschließlich solcher, die auf eine Sicherung gerichtet sind"* na versão em língua alemã, *"provisional, including protective, measures"* na versão em língua inglesa, designadamente.

Das versões em língua alemã e em língua inglesa resulta com clareza que todas estas medidas devem ter caráter provisório, i.e., que só proporcionam uma tutela jurídica transitória, que fica dependente da decisão que vier a ser proferida na ação principal. Assim, no caso *Reichert*, o TCE afirmou que por "medidas provisórias ou cautelares", na aceção do art. 24º da Convenção de Bruxelas, se entende as medidas "destinadas a manter uma situação de facto ou de Direito com vista a salvaguardar direitos cujo reconhecimento é por outra via pedido ao juiz da questão de fundo"[880].

No mesmo caso, o TCE decidiu que a impugnação pauliana não pode ser qualificada como medida provisória, uma vez que visa a modificação da situação jurídica do património do devedor e do beneficiário através da revogação, perante o credor, do ato de disposição praticado pelo devedor em fraude aos seus direitos[881]. Excluída se encontra igualmente "uma medida que ordena a inquirição de uma testemunha com o objetivo de permitir ao requerente avaliar a oportunidade de intentar uma eventual ação, de determinar o fundamento dessa ação e de apreciar a pertinência dos fundamentos suscetíveis de serem invocados nesse âmbito"[882].

Das diversas formulações ressalta a inclusão neste conceito das *providências provisórias conservatórias*. Não é tão claro até que ponto podem ser abrangidas *providências provisórias antecipatórias*. No caso *Van Uden*, o TCE decidiu que "o pagamento a título provisório de uma contraprestação contratual não constitui uma medida provisória na aceção desta disposição a menos que, por um lado, o reembolso ao demandado da soma atribuída esteja garantido na hipótese de o demandante não obter ganho de causa quanto ao mérito e, por outro lado, a medida requerida apenas incida sobre

---

[880] TCE 26/3/1992, supracit., nº 34, confirmado por TCE 28/4/2005, no supracit. caso *St. Paul Dairy Industries*, nº 13.

[881] Caso cit., nº 35.

[882] TCE 28/4/2005, no caso *St. Paul Dairy Industries* [*in http://curia.europa.eu*], nº 25.

bens determinados do demandado que se situam ou se devam situar na esfera da competência territorial do juiz a quem é pedida"[883].

Diferentemente do Regulamento Bruxelas II bis (*infra* § 85), o art. 31º não subordina a competência dos tribunais dos Estados-Membros para decretarem providências provisórias à urgência da medida. Esta "condição de urgência" tem sido defendida por uma parte da doutrina francesa mas não encontrou até agora acolhimento na jurisprudência do TCE/TUE[884].

Foi atrás assinalado que o Regulamento não contém regras específicas de competência internacional para as medidas provisórias e cautelares e que o art. 31º se limita a esclarecer que a competência dos tribunais dos Estados-Membros para decretar estas medidas não depende da competência para conhecer da questão de fundo. Perante este quadro, que já se verificava à face do art. 24º da Convenção de Bruxelas, poderia pensar-se que a competência internacional para as medidas provisórias e cautelares se regeria exclusivamente pelo Direito interno dos Estados-Membros (ou por outros regimes supraestaduais que vigorem na sua ordem jurídica). A jurisprudência do TCE, porém, não se orientou inteiramente neste sentido.

Por um lado, o TCE afirmou no caso *Van Uden* que o tribunal competente para conhecer do mérito da causa em conformidade com as regras de competência da Convenção é competente para ordenar as medidas provisórias ou cautelares que se revelem necessárias[885]. Parte-se, pois, do princípio que as regras de competência da Convenção (e também do Regulamento) se aplicam não só à ação principal mas também às providências provisórias.

Parece que certas exigências formuladas para a aplicação do art. 31º devam ser dispensadas relativamente ao tribunal competente para a ação principal, designadamente que a medida antecipatória do cumprimento apenas incida sobre bens que se situam no território do Estado do foro[886].

---

[883] TCE 17/11/1998, supracit., nº 47, confirmado por TCE 27/4/1999, no caso *Mietz* [CTCE (1999) I-02277], nº 42. Ver ainda MAGNUS/MANKOWSKI/PERTEGÁS SENDER [2007: Art. 31 nº 25].

[884] Cf. GOTHOT/HOLLEAUX [1985: 115 e seg.] e GAUDEMET-TALLON [2010: nº 310], com mais referências.

[885] TCE 17/11/1998, supracit., nº 19.

[886] Cf. TCE 17/11/98, no supracit. caso *Van Uden*, nº 22, e 27/4/1999, no supracit. caso *Mietz*, nºs 41 e 46. Ver ainda KROPHOLLER/VON HEIN [2011: Art. 31 nº 12].

DIREITO INTERNACIONAL PRIVADO

Por outro lado, no caso *Denilauler*, o TCE sustentou que em virtude do conhecimento aprofundado das circunstâncias concretas nas quais a providência deve produzir os seus efeitos, o juiz do Estado contratante em que estão situados os bens que são objeto da providência solicitada é o melhor colocado para a decretar[887]. Partindo da mesma consideração, o tribunal concluiu, no caso *Van Uden*, que a competência "fundada" no art. 24º da Convenção [art. 31º do Regulamento] "está dependente, nomeadamente, da condição da existência de um elemento de conexão real entre o objecto das medidas requeridas e a competência territorial do Estado contratante do juiz a quem são pedidas"[888].

A proibição de invocar as competências exorbitantes referidas no art. 3º/2 contra as pessoas domiciliadas num Estado-Membro não se aplica à competência "fundada" no art. 31º[889].

Os tribunais de outro Estados-Membros estão, em princípio, obrigados a reconhecer, nos termos dos arts. 33º e segs. e 38º e segs., as providências provisórias decretadas por tribunais competentes com base nas regras de competência do Regulamento, desde que não se verifiquem fundamentos de recusa de reconhecimento. As providências que são decretadas sem que a parte requerida seja ouvida não beneficiam, porém, do regime de reconhecimento estabelecido pelo Regulamento[890]. Permanece em aberto a questão de saber se há, dentro dos mesmos limites, uma obrigação de reconhecimento quanto às providências decretadas com base no art. 31º[891].

---

[887] TCE 21/5/1980 [*CTCE* (1980) 1553], nº 15 e seg.

[888] TCE 17/11/1998, supracit., nº 40. Ver também POCAR [2009: nº 126]. Sobre as dúvidas suscitadas por esta formulação, ver GAUDEMET-TALLON [2010: nº 311].

[889] Caso cit. nº 42. Ver também POCAR [2009: nº 126].

[890] Cf. TCE 21/5/1980, no supracit. caso *Denilauler*, nºs 7 e segs. Ver ainda KROPHOLLER/VON HEIN [2011: Art. 32: nºs 22 e segs. e Art. 34 nº 25] e MAGNUS/MANKOWSKI/WAUTELET [2007: Art. 32 nº 22].

[891] Cp. KROPHOLLER/VON HEIN [2011: Art. 31 nº 24], com mais referências; SCHULZ [2001: 824 e segs.]; e, MAGNUS/MANKOWSKI/SENDER [2007: Art. 31 nºs 26-28]. Nos seus acs. 27/4/1999, no supracit. caso *Mietz*, nº 54, e 6/7/2002, no caso *Italian Leather* [*in http://curia.europa.eu*], o TCE parece admitir que o regime de reconhecimento da Convenção de Bruxelas se aplica às medidas provisórias e cautelares decretadas com base no art. 24º (atual art. 31º do Regulamento).

A Proposta de Reformulação determina que só as providências decretadas pelo tribunal que seja competente para conhecer do mérito da causa são suscetíveis de reconhecimento noutros Estados-Membros[892]. Acrescenta que são suscetíveis de reconhecimento as medidas decididas sem que o requerido tenha sido convocado para comparecer e cuja execução não depende da citação prévia do requerido, desde que este tenha a possibilidade de contestar subsequentemente a medida nos termos da lei do Estado-Membro de origem (art. 2º/a)[893]. Propõe-se ainda um mecanismo de cooperação entre o tribunal competente para conhecer do mérito da causa e o tribunal a que tenha sido apresentado um pedido de medidas provisórias (art. 31º). Parece que também neste ponto se poderia ir mais longe e atribuir ao tribunal competente para conhecer do mérito da causa o poder de modificar ou revogar as providências decretadas por outro tribunal[894].

85. Regime europeu em matéria matrimonial e de responsabilidade parental

A) Aspetos gerais

O primeiro instrumento comunitário nesta matéria foi o Reg. (CE) nº 1347/2000, de 29/5, Relativo à Competência, ao Reconhecimento e à Execução de Decisões em Matéria Matrimonial e de Regulação do Poder Paternal em Relação a Filhos Comuns do Casal (doravante designado Regulamento Bruxelas II). Este Regulamento entrou em vigor em 1 de Março de 2001 (art. 46º). Este instrumento regulava a competência internacional direta em matéria de divórcio, separação de pessoas e bens ou anulação do casamento proferidas por tribunais de Estados-Membros, bem como em matéria de poder paternal em relação aos filhos comuns do casal por ocasião dessas ações matrimoniais (arts. 1º/1, 2º e 3º).

Este Regulamento teve os seus primeiros *antecedentes* nos trabalhos realizados pelo Grupo Europeu de Direito Internacional Privado, que conduziram a um projeto de Convenção sobre competência internacional e reconhecimento de decisões em matéria familiar, concluído em 1993. No mesmo ano, o Conselho Europeu decidiu impulsionar os trabalhos

---

[892] Ver também Considerando nº 25.
[893] Sobre esta solução, ver HEINZE [2011: 611 e segs.].
[894] Ver MAGNUS/MANKOWSKI [2010: 20-21].

de reflexão sobre a possibilidade de complementar a Convenção de Bruxelas em matéria familiar. Em 1994, tendo em conta as conclusões e recomendações apresentadas, o Conselho Europeu encarregou um grupo de especialistas de elaborar um projeto de Convenção limitado à matéria matrimonial. Com base no trabalho deste grupo, o Conselho adotou, em 28 de maio de 1998, com base no art. K.3 do Tratado da União Europeia, a Convenção Relativa à Competência, ao Reconhecimento e à Execução de Decisões em Matéria Matrimonial[895]. Como o Tratado de Amesterdão veio atribuir competência legislativa à Comunidade Europeia em matéria de Direito Internacional Privado, incluindo a competência internacional e o reconhecimento de decisões estrangeiras, "na medida do necessário ao bom funcionamento do mercado interno" (arts. 61º/c) e 65º do Tratado da Comunidade Europeia com a redação dada pelo Tratado de Amesterdão (*supra* § 83 B), esta Convenção foi convertida, com pequenas modificações, no Regulamento Bruxelas II.

Nos termos dos arts. 1º e 2º do Protocolo Relativo à Posição da Dinamarca, anexo ao Tratado da União Europeia e ao Tratado que institui a Comunidade Europeia, o Regulamento Bruxelas não vinculou a Dinamarca, nem lhe era aplicável (ver também art. 1º/3 do Regulamento).

Os órgãos comunitários prosseguiram os seus trabalhos com vista à unificação do Direito da Competência Internacional e do Direito de Reconhecimento em novos domínios. Neste contexto, a Comissão das Comunidades Europeias apresentou ao Conselho, em Maio de 2002, uma Proposta de Regulamento Relativo à Competência, ao Reconhecimento e à Execução de Decisões em Matéria Matrimonial e em Matéria de Responsabilidade Parental[896].

Esta Proposta conduziu ao Reg. (CE) nº 2201/2003, de 27/11, Relativo à Competência, ao Reconhecimento e à Execução de Decisões em Matéria Matrimonial e em Matéria de Responsabilidade Parental, e que revoga o Regulamento Bruxelas II[897]. Este segundo Regulamento (doravante designado Regulamento Bruxelas II bis) entrou em vigor em 1 de agosto de 2004, mas, com exceção de algumas disposições instrumentais, só se tornou aplicável a partir de 1 de março de 2005.

---

[895] *JOCE* C 221/1, de 16/7/1998.

[896] COM (2002) 222 final.

[897] *JOCE* L 338/1, de 23/12/2003.

O Regulamento Bruxelas II bis visa, essencialmente, ampliar o âmbito material de aplicação deste Regulamento no que toca à responsabilidade parental e suprimir o *exequatur* para certas decisões em matéria de direito de visita e que exigem o regresso da criança.

A expressão "responsabilidade parental" constitui uma tradução, a meu ver menos feliz, das expressões "responsabilité parentale" e "parental responsibility" que constam das versões francesa e inglesa. Em língua portuguesa, o adjectivo "parental" significa "relativo a parente", ao passo que nos idiomas francês e inglês "parentale" e "parental" significam "relativo ao pai e à mãe". A tradução correta seria, pois, "responsabilidade paternal". O certo é que a expressão "responsabilidade parental" foi entretanto introduzida na nossa legislação interna (ver, designadamente, arts. 1877º e segs. CC).

Nos mesmos termos que em relação ao Regulamento Bruxelas II, a Dinamarca não é vinculada pelo Regulamento Bruxelas II bis nem sujeita à sua aplicação[898]. Isto significa que o Regulamento não tem de ser aplicado pelos órgãos dinamarqueses de aplicação do Direito e que a Dinamarca não é considerada um Estado-Membro para efeitos do Regulamento (ver também art. 2º/3 do Regulamento).

Muitas das regras dos Regulamentos Bruxelas II e Bruxelas II bis são inspiradas nos preceitos da Convenção de Bruxelas e, por isso, na sua interpretação deve ser tida em conta a jurisprudência do TCE/TUE relativa a essa Convenção, bem como a jurisprudência sobre as regras do Regulamento Bruxelas I que sejam semelhantes às contidas naqueles Regulamentos.

No que se refere à *prevalência sobre o Direito interno* e à *competência interpretativa do TCE/TUE* ver o exposto com respeito ao Regulamento Bruxelas I (*supra* § 84 A).

Em matéria de competência, o Regulamento em matéria matrimonial regula exclusivamente a *competência internacional*. Diferentemente do que se verifica, em parte, com o Regulamento Bruxelas I, as regras básicas de competência não são relevantes para a determinação da competência territorial. Esta competência determina-se por aplicação do Direito interno.

---

[898] Cf. Considerando nº 31.

DIREITO INTERNACIONAL PRIVADO

Há no entanto a referir que, no caso de ordens jurídicas complexas[899], certas regras de competência designam diretamente como competentes os tribunais de uma das unidades territoriais existentes dentro de um Estado-Membro. Com efeito, o art. 66º determina que relativamente a um Estado-Membro no qual sejam aplicados, em unidades territoriais diferentes, dois ou mais sistemas jurídicos ou conjuntos de regras relativos às questões regidas pelo Regulamento:

a) Qualquer referência à residência habitual nesse Estado-Membro diz respeito à residência habitual numa unidade territorial;

b) Qualquer referência à nacionalidade ou, no caso do Reino Unido, ao "domicílio", diz respeito à unidade territorial designada pela lei desse Estado-Membro;

c) Qualquer referência à autoridade de um Estado-Membro diz respeito à autoridade da unidade territorial desse Estado[900];

d) Qualquer referência às regras do Estado-Membro requerido diz respeito às regras da unidade territorial em que é invocada a competência, o reconhecimento ou a execução.

Por outro lado, em sede de reconhecimento de decisões, o Regulamento contém uma regra sobre competência territorial para o processo de declaração de executoriedade (art. 29º).

No que toca ao *âmbito material de aplicação*, o Regulamento Bruxelas II bis é aplicável, independentemente da natureza do tribunal, às matérias civis relativas (art. 1º/1):

– ao divórcio, à separação e à anulação do casamento;

– à atribuição, ao exercício, à delegação, à limitação ou à cessação da responsabilidade parental.

---

[899] Ver, sobre o conceito de ordem jurídica complexa, *supra* § 2 E.

[900] A versão portuguesa não esclarece qual a unidade territorial ou autoridade relevante, no que diverge de outras versões linguísticas, que também não são uniformes entre si: cp. as versões inglesa, francesa, alemã e espanhola – " any reference to the authority of a Member State shall refer to the authority of a territorial unit within that State which is concerned"; "toute référence à l'autorité d'un État membre vise l'autorité de l'unité territoriale concernée au sein de cet État"; "toda referencia a la autoridad de un Estado miembro se entenderá como una referencia a la autoridad de la unidad territorial en cuestión de ese Estado", com a versão alemã – "Jede Bezugnahme auf die Behörde eines Mitgliedstaats betrifft die zuständige Behörde der Gebietseinheit innerhalb dieses Staates".

REGIMES EUROPEUS

O termo "tribunal" é utilizado no Regulamento num sentido amplo, que abrange quaisquer autoridades judiciais ou administrativas competentes na matéria (art. 2º/1). Já são excluídos os processos de natureza puramente religiosa[901].

O Regulamento limita-se às ações relativas ao vínculo matrimonial propriamente dito (anulação do casamento, divórcio e separação). É controverso se são abrangidas as ações de declaração da existência ou inexistência do casamento[902].

O Regulamento só se refere aos modos de dissolução do casamento "clássico". Não se aplica, pelo menos diretamente, às uniões registadas, admitidas em diversos países estrangeiros, nem às uniões de facto[903]. Está, no entanto, em aberto a questão de saber se o conceito de casamento relevante para o Regulamento não poderá abranger casamentos ou uniões entre pessoas do mesmo sexo que estejam sujeitas a um regime em tudo semelhante ao do casamento[904].

Quanto à responsabilidade parental, enquanto o Regulamento Bruxelas II abrangia apenas as questões relacionadas com a regulação do poder paternal que surgem no momento da decisão sobre o casamento[905] e com respeito aos filhos comuns dos cônjuges[906], o Regulamento Bruxelas II bis abrange o conjunto dos direitos e obrigações conferidos a uma pessoa singular ou coletiva por decisão judicial, por atribuição de pleno direito ou por acordo em vigor relativo à pessoa ou aos bens de uma criança, nomeadamente o direito de guarda e o direito de visita (art. 2º/7). Inclui

---

[901] Cf. ALEGRÍA BORRÁS [1998: nº 20] e RAUSCHER/RAUSCHER [2010: Art. 1 nº 11].

[902] Em sentido afirmativo, HAU [1999: 485]; GRUBER [2000: 1130]; TEIXEIRA DE SOUSA [2003: 107]; e RAUSCHER/RAUSCHER [2010: Art 1 nºs 15-16], mas com redução teleológica dos arts. 21º e segs. (reconhecimento de decisões de outros Estados-Membros) quanto às ações de declaração de existência; contra, HELMS [2001: 259] e *MüKoZPO*/GOTTWALD [2008: Art. 1 nº 8].

[903] Cf. KOHLER [2001: 15], THOMAS/PUTZO/HÜSSTEGE [2011: Vorbem Art 1 nº 5], TEIXEIRA DE SOUSA [2003: 106], HELENA BRITO [2005: 318] e RAUSCHER/RAUSCHER [2010: Art. 1 nº 8].

[904] Cf. GAUDEMET-TALLON [2001: 387]. Em sentido negativo, KOHLER [2002a: 247] (mas admitindo que a questão se deve colocar no plano da política legislativa), *Staudinger*/SPELLENBERG [2005 Art. 1 nº 11]; THOMAS/PUTZO/HÜSSTEGE [2011: Vorbem Art 1 nº 5]; e RAUSCHER/RAUSCHER [Art. 1: nº 6], com mais referências em ambos os sentidos; em sentido afirmativo, CALVO CARAVACA/CARRASCOSA GONZÁLEZ/CASTELLANOS RUIZ [2005: 108].

[905] Cf. ALEGRÍA BORRÁS [1998: nº 23].

[906] Cf. ALEGRÍA BORRÁS [1998: nº 25].

DIREITO INTERNACIONAL PRIVADO

também a generalidade das medidas de proteção da criança (cf. art. 1º/2) que não sejam expressamente excetuadas[907], mesmo que tomadas com base em normas de Direito público[908].

Por "direito de guarda" entende-se os direitos e as obrigações relativos aos cuidados devidos à criança e, em particular, o direito de decidir sobre o seu lugar de residência (art. 2º/9). Talvez fosse mais curial falar de "direito de custódia"[909].

Por "direito de visita" entende-se nomeadamente o direito de levar uma criança, por um período limitado, para um lugar diferente do da sua residência habitual (art. 2º/10).

No que se refere aos bens da criança, o Regulamento apenas é aplicável às medidas de proteção da criança, por exemplo, aos casos em que os pais estão em litígio sobre a administração dos bens da criança. As medidas relativas aos bens da criança não relacionadas com a sua proteção continuam a ser reguladas pelo Regulamento Bruxelas I[910].

São excluídos do âmbito de aplicação do Regulamento (art. 1º/3):
– o estabelecimento ou impugnação da filiação (a);
– as decisões em matéria de adoção (b);
– o nome da criança (c);
– a emancipação (d);
– os alimentos (e);
– os trusts e as sucessões por morte (f);
– as medidas tomadas na sequência de infrações penais cometidas por crianças (g).

O Regulamento não prejudica a aplicação do Direito Internacional Público em matéria de imunidade diplomática. Se o tribunal competente por força do Regulamento não puder exercer a sua competência em razão da existência de uma imunidade diplomática conforme ao Direito nacional, a competência deverá ser determinada, no Estado-Membro em que

---

[907] Cf. Considerando nº 5; *Staudinger*/SPELLENBERG [2005: Vorbem Art. 1 nº 11]; ANCEL/ MUIR WATT [2005: 571]; RAUSCHER/RAUSCHER [2010: Art. 1 nº 22]. Cp. RIGAUX/FALLON [2005: 629 e 643].

[908] Cf. TCE 27/11/2007, no caso C., e 2/4/2009, no caso A. [*in http://curia.europa.eu*].

[909] Era esta a terminologia utilizada na Proposta de Regulamento apresentada pela Comissão das Comunidades Europeias [COM(2002) 222 final/2].

[910] Cf. Considerando nº 9.

a pessoa em causa não beneficie de qualquer imunidade, de acordo com a lei desse Estado[911].

No que se refere ao *âmbito temporal de aplicação*, as regras de competência do Regulamento são aplicáveis às ações judiciais intentadas depois da data de aplicação (que como foi assinalado é 1 de março de 2005) (art. 64º/1)[912]. Às ações intentadas entre 1 de março de 2001 e 1 de março de 1005, que caiam dentro do âmbito material de aplicação do Regulamento Bruxelas II, continua a ser aplicável este Regulamento (art. 42º/1 deste Regulamento).

Esta regra corresponde à contida no art. 54º/1 da Convenção de Bruxelas e no art. 66º/1 do Regulamento Bruxelas I, sendo-lhe extensíveis parte das considerações formuladas a respeito destas disposições (*supra* § 84 D).

O art. 6º do Regulamento Bruxelas II bis determina que o cônjuge que tenha a sua residência habitual no território de um Estado-Membro ou que seja nacional de um Estado-Membro ou, no caso do Reino Unido e da Irlanda, que tenha o seu "domicílio" no território de um destes dois Estados-Membros, só pode ser demandado perante os tribunais de outro Estado-Membro por força do disposto nas normas de competência do Regulamento.

A epígrafe do art. 6º refere-se ao "carácter exclusivo das competências definidas nos artigos 3º, 4º e 5º" em matéria de divórcio, separação e anulação do casamento, mas esta referência é equívoca, visto que se trata apenas de estabelecer o caráter limitativo do Regulamento, e não se trata de competências exclusivas em sentido próprio[913].

Este preceito apresenta um evidente paralelismo com o art. 3º/1 do Regulamento Bruxelas I. Mas este paralelismo já não se estende ao art. 4º/1 deste Regulamento, visto que o Regulamento Bruxelas II bis não determina que se o requerido não tiver a sua residência habitual num

---

[911] Cf. Considerando nº 14.

[912] Cf. RAUSCHER/RAUSCHER [2010: Art. 64 nº 4]. TUE 17/6/2010, no caso *Michalias* [*in http:// curia. europa.eu*], decidiu que o Regulamento Bruxelas II não é aplicável a uma ação de divórcio instaurada nos tribunais de um Estado depois da entrada em vigor do Regulamento antes de este Estado se tornado membro da União Europeia. Este entendimento pode ser transposto para a interpretação do art. 64º/1 do Regulamento Bruxelas II bis – neste sentido MANSEL/ THORN/WAGNER [2011: 22].

[913] Cf., relativamente ao art. 7º do Regulamento Bruxelas II, GAUDEMET-TALLON [2001: 395] e BONOMI [2001: 327 e seg.]. Em sentido diferente, RAUSCHER/RAUSCHER [2010: Art. 6 nºs 2 e segs.].

DIREITO INTERNACIONAL PRIVADO

Estado-Membro, nem for nacional de um Estado-Membro, a competência será regulada pelo Direito do Estado-Membro.

Diferentemente, o Regulamento Bruxelas II bis estabelece, no art. 7º/1, que se nenhum tribunal de um Estado-Membro for competente nos termos do disposto nos artigos 3º, 4º e 5º, a competência, em cada Estado-Membro, é regulada pela lei desse Estado-Membro.

Isto gera, aparentemente, contradições entre os arts. 6º e 7º[914].

Assim, por exemplo, se só o demandado tiver a nacionalidade de um Estado-Membro, pode suceder que não seja competente o tribunal de um Estado-Membro segundo os critérios do Regulamento (cp. art. 3º/1/b). Perante o art. 6º, a ação não pode ser proposta no tribunal de outro Estado-Membro, visto que o cônjuge que tenha a nacionalidade de um Estado-Membro só pode ser demandado perante os tribunais de outro Estado-Membro com base nas competências estabelecidas pelo Regulamento. Ao passo que à face do art. 7º a competência seria regulada pelo Direito de cada Estado-Membro.

Parece que o art. 6º, sob pena de ficar privado de sentido útil, deve, neste caso, prevalecer, e por isso o tribunal de outro Estado-Membro não pode considerar-se competente com base no seu Direito interno[915].

---

[914] O Relatório de ALEGRÍA BORRÁS contém, a este respeito, indicações aparentemente contraditórias: por um lado pode ler-se que o "carácter excludente [que resulta do art. 7º do Regulamento Bruxelas II correspondente ao art. 6º do Regulamento Bruxelas II bis] deve ser entendido sem prejuízo da disposição contida no nº 1 do art. 8º [do Regulamento Bruxelas II que corresponde ao art. 7º/1 do Regulamento Bruxelas II bis]" [nº 44], e que o art. 8º/1 "delimita os critérios que a convenção define com carácter exclusivo e o princípio da aplicação das normas internas de competência, mostrando assim os limites geográficos da convenção"; por outro, que o art. 7º estabelece uma "limitação das regras de competência" [nº 45]. Ver ainda Id. [2008]. Ver também ANCEL/MUIR WATT [2001: 421 e seg.]. Cp. BONOMI [2001: 330 e segs.] e TEIXEIRA DE SOUSA [2003: 116 e segs.].

[915] Em sentido diferente, CALVO CARAVACA/CARRASCOSA GONZÁLEZ/CASTELLANOS RUIZ [2005: 109] e RAUSCHER/RAUSCHER [2010: nºs 14-15]. Uma competência de necessidade pode ser fundamentada na proibição da denegação de justiça consagrada constitucionalmente e na Convenção Europeia dos Direitos do Homem (infra § 88 C), mas parece que dificilmente se verificarão os seus pressupostos, uma vez que o art. 6º não só não obsta à propositura da ação num terceiro Estado como tão-pouco parece obstar a que o nacional de um Estado-Membro seja demandado no Estado da sua nacionalidade com base numa regra de competência de fonte interna.

Suponha-se agora que o requerente tem residência habitual num Estado-Membro, verificando-se os requisitos adicionais estabelecidos pelo art. 3º/1, e que o requerido não tem residência habitual num Estado--Membro nem é nacional de um Estado-Membro. Neste caso, à face do art. 6º pareceria que a competência do tribunal de um Estado-Membro se poderia estabelecer com base no Direito do Estado-Membro, mas perante o art. 7º/1 deve aplicar-se a regra de competência do Regulamento e não o Direito do Estado-Membro.

Neste caso, o art. 7º/1 pode prevalecer sem que o sentido limitativo do art. 6º seja posto em causa e, por conseguinte, a competência só pode estabelecer-se com base no Regulamento. Neste sentido, o TCE decidiu, no caso *Sundelind Lopez*[916], que no âmbito de um processo de divórcio, quando um requerido não tenha sua residência habitual num Estado--Membro e não seja nacional de um Estado-Membro, os tribunais de um Estado-Membro não podem basear a competência no seu Direito interno, se os tribunais de outro Estado-Membro forem competentes nos termos do art. 3º do Regulamento.

Portanto, a competência nestas matérias pode estabelecer-se com base no Direito interno do Estado-Membro quando o requerido não tenha residência habitual num Estado-Membro nem nacionalidade de um Estado--Membro e nenhum tribunal de um Estado-Membro seja competente nos termos dos arts. 3º a 5º[917].

Será a esta situação que se refere o art. 7º/2[918], ao estabelecer que qualquer nacional de um Estado-Membro que tenha a sua residência habitual no território de outro Estado-Membro pode invocar neste último, em pé de igualdade com os respetivos nacionais, as regras de competência aplicáveis nesse mesmo Estado-Membro relativamente a um requerido que não tenha a sua residência habitual e que não possua a nacionalidade de um Estado-Membro ou, no caso do Reino Unido ou da Irlanda, não tenha o seu "domicílio" no território de um destes últimos Estados.

Aparentemente, a competência também se pode basear no Direito interno do Estado-Membro, quando o requerido tenha residência habi-

---

[916] TCE 29/11/2007 [*in http://curia.europa.eu*]. Ver, sobre esta decisão, ALEGRÍA BORRÁS [2008] e REQUEJO ISIDRO [2008].

[917] Decisão supracit., nº 23.

[918] Ibidem.

DIREITO INTERNACIONAL PRIVADO

tual ou seja nacional do Estado-Membro em que é demandado e não sejam competentes os tribunais de outro Estado-Membro nos termos do Regulamento. Se o requerido tem residência habitual no Estado em que é demandado verifica-se a competência prevista no art. 3º/1/a/3º travessão do Regulamento. Mas parece que a competência do Estado da nacionalidade do requerido já se pode fundar no Direito interno deste Estado quando o requerente não seja nacional deste Estado[919].

A seguir-se esta linha de raciocínio, o art. 6º deste Regulamento, ao contrário do que se verifica com o art. 4º/1 do Regulamento Bruxelas I, não limita o *âmbito de aplicação espacial* das regras de competência do Regulamento[920]. Por força do art. 7º/1, as regras de competência do Regulamento são aplicáveis sempre que se trate de uma questão abrangida pelo seu âmbito material de aplicação; mas quando os tribunais de um Estado-Membro não forem competentes por força das regras do Regulamento o Direito de cada Estado-Membro só se aplica dentro dos limites traçados pelo art. 6º[921].

Em matéria de responsabilidade parental, se nenhum tribunal de um Estado-Membro for competente por força dos preceitos do Regulamento (arts. 8º a 13º), a competência é, em cada Estado-Membro, regulada pelas outras fontes que vigorem na sua ordem jurídica (art. 14º)[922]. Parece decorrer daqui que a competência só se pode estabelecer com base no Direito interno de um Estado-Membro quando não resultar do Regulamento a competência da jurisdição de qualquer Estado-Membro[923].

À semelhança do Regulamento Bruxelas I, as regras de competência do Regulamento Bruxelas II bis aplicam-se a *relações transnacionais*[924]. Já não é exigida uma conexão com outro Estado-Membro[925].

Quanto às *relações com outros instrumentos*, em princípio, o Regulamento substitui, entre os Estados-Membros, as Convenções existentes à data da

---

[919] Ver, em sentido convergente, RAUSCHER/RAUSCHER [2010: Art 6 nº 3].

[920] Em sentido convergente, GAUDEMET-TALLON [2001: 389 e 397].

[921] Cp. GAUDEMET-TALLON [2001: 397].

[922] O que abrange a competência fundada no critério da necessidade. Ver exemplos dados por CALVO CARAVACA/CARRASCOSA GONZÁLEZ/CASTELLANOS RUIZ [2005: 207-208].

[923] Cf. RAUSCHER/RAUSCHER [2010: Art 14 nº 7].

[924] Ver também ANCEL/MUIR WATT [2001: 406]. Em sentido diferente, RAUSCHER//RAUSCHER [2010: *Einl* nº 29].

[925] Cf. ANCEL/MUIR WATT [2001: 411] e RAUSCHER/RAUSCHER [2010: *Einl* nº 28].

sua entrada em vigor, *celebradas entre dois ou mais Estados-Membros* e relativas a matérias reguladas pelo Regulamento (art. 59º/1).

Nas relações entre os Estados-Membros, o Regulamento *prevalece sobre determinadas Convenções multilaterais*, na medida em que estas se refiram a matérias por ele reguladas (art. 60º). De entre estas Convenções, Portugal é parte na Convenção de Haia Relativa à Competência das Autoridades e à Lei Aplicável em Matéria de Proteção de Menores (1961) (doravante designada Convenção da Haia de 1961), na Convenção de Haia Sobre o Reconhecimento dos Divórcios e Separações de Pessoas (1970), na Convenção Europeia Sobre o Reconhecimento e a Execução das Decisões Relativas à Guarda de Menores e Sobre o Restabelecimento da Guarda de Menores (1980) e na Convenção da Haia Sobre os Aspetos Civis do Rapto Internacional de Crianças (1980) (doravante designada Convenção da Haia de 1980).

O Regulamento prevalece sobre a Convenção de 1961 nas relações entre os Estados-Membros vinculados por este Regulamento (art. 60º/a do Regulamento)[926]. O que significa que em matéria de competência internacional a Convenção de 1961 passou a ser aplicável só nas relações com Macau e a Turquia[927]. A delimitação entre o âmbito de aplicação dos dois instrumentos pode no entanto suscitar algumas dificuldades.

Quando todos os Estados envolvidos são Estados-Membros vinculados pelo Regulamento aplicam-se as regras de competência do Regulamento. Se a criança residir habitualmente num Estado Contratante da Convenção de 1961 que não é vinculado pelo Regulamento estamos perante relações com Estados terceiros e, por isso, aplica-se a Convenção de 1961[928].

Por seu turno, o art. 61º do Regulamento estabelece que nas relações com a Convenção da Haia Relativa à Competência, à Lei Aplicável, ao Reconhecimento, à Execução e à Cooperação em Matéria de Poder Paternal e de Medidas de Proteção de Menores (1996) (doravante designada

---

[926] Ver RAUSCHER/RAUSCHER [2010: Art. 60, 61 nº 6]; *MünchKomm.*/SIEHR [2006: Anhang I zu Art. 21 nº 19].

[927] Atendendo a que nas relações com a Suíça se aplica a Convenção de 1996.

[928] Ver, neste sentido, MAYER/HEUZÉ [2010: nº 546-5]. Mas o envolvimento de terceiros Estados pode resultar de outros elementos de conexão – ver *MünchKomm.*/SIEHR [2006: Anhang I zu Art. 21 nº 20]; RAUSCHER/RAUSCHER [2010: Art. 60, 61 nº 6] também refere esta possibilidade.

DIREITO INTERNACIONAL PRIVADO

Convenção da Haia de 1996), o Regulamento é aplicável quando a criança tenha a sua residência habitual num Estado-Membro e, quanto ao reconhecimento e à execução de uma decisão proferida pelo tribunal de outro Estado-Membro, quer a criança resida habitualmente no território de um Estado-Membro ou de um Estado terceiro parte nessa Convenção. Como foi atrás assinalado, esta Convenção já se encontra em vigor na ordem jurídica portuguesa.

Foi anteriormente assinalado que as regras de competência do Regulamento em matéria de responsabilidade parental são em parte inspiradas na Convenção de 1996, mas não coincidem inteiramente com as regras contidas nesta Convenção.

Do art. 61º do Regulamento parece resultar que a competência internacional para a responsabilidade parental será em primeira linha disciplinada pelo Regulamento quando a criança resida habitualmente num Estado-Membro, mesmo que estejam envolvidos Estados terceiros que são partes na Convenção de 1996[929]. No entanto, da cláusula de desconexão contida na Convenção resulta que as "leis uniformes" não prejudicam a aplicação das disposições da Convenção nas relações com Estados terceiros partes na Convenção (art. 52º/3 e 4)[930]. Daí que, segundo um entendimento, o Regulamento deveria ceder perante o regime convencional nas relações entre Estados-Membros e Estados terceiros partes na Convenção de 1996[931].

A prevalência do Regulamento sobre estas Convenções internacionais só opera dentro do âmbito material, temporal e espacial de aplicação do Regulamento (ver designadamente arts. 59º/1 e 62º/1). O Regulamento determina expressamente que as Convenções referidas nos arts. 59º/1, 60º

---

[929] Neste sentido, aparentemente, Kai BISCHOFF – "Erläuterungen zu der Verordnung (EG) Nr. 2201/2003", *in Internationaler Rechtsverkehr in Zivil- und Handelssachen*, org. por Reinhold Geimer e Rolf Schütze, vol. II, Munique, 2005, Art. 61 nº 2; TEIXEIRA DE SOUSA [2005: 1612]; *MünchKomm./*SIEHR [2006: Anhang I zu Art. 21 nº 6]; RAUSCHER/RAUSCHER [2010: Art. 60, 61 nº 9]. Ver também Proposta da Comissão [COM(2002) 222 final/2], 9 e 20-21.

[930] Ver, sobre a interpretação do art. 52º/3 da Convenção, LAGARDE [1996: nº 174].

[931] Ver BARATTA [2004: 169]. Ver ainda, sobre os problemas suscitados pela delimitação dos âmbitos de aplicação do Regulamento e da Convenção, TEIXEIRA DE SOUSA [2005: 1613 e segs.]. Sobre as dúvidas suscitadas pela prevalência do Regulamento Bruxelas II sobre as Convenções internacionais multilaterais, tendo em conta a hierarquização do Direito comunitário derivado e do Direito Internacional Público convencional na ordem jurídica dos Estados--Membros, ver GAUDEMET-TALLON [2001: 423 e seg.].

e 61º continuam a produzir efeitos nas matérias em que o Regulamento não é aplicável (art. 62º/1).

O art. 63º contém disposições sobre determinados Tratados entre Estados-Membros e a Santa Sé. As relações entre estes Tratados e o Regulamento serão examinadas a propósito do reconhecimento de decisões estrangeiras (*infra* § 96).

O Regulamento não contém *regras sobre o Direito aplicável*. Sobre a determinação do Direito aplicável ao divórcio e à separação ver *supra* § 73. Sobre a determinação do Direito aplicável à responsabilidade parental *supra* § 55 B.

Quanto ao *reconhecimento de decisões proferidas por autoridades de outros Estados-Membros* aplica-se, em princípio, o Regulamento (ver *infra* 96)[932]. No entanto, este Regulamento não se aplica às decisões proferidas por autoridades dinamarquesas (art. 2º/3).

Diferentemente das Convenções de 1961 e 1996, o Regulamento não define o conceito de "criança". Parece de entender como "criança" a pessoa que perante a lei competente segundo o Direito de Conflitos do foro pode estar sujeita a responsabilidade parental (incluindo aqui medidas de proteção tomadas em função da sua idade)[933]. Uma parte da doutrina propõe, diferentemente, que na linha do art. 2º da Convenção da Haia de 1996 se adote um conceito autónomo de criança com base no limite dos 18 anos de idade[934].

Sobre a articulação dos diferentes instrumentos vigentes em matéria de proteção de menores ver ainda *supra* § 55 B.

B) Competência em matéria matrimonial

São competentes para decidir as questões relativas ao divórcio, separação de pessoas e bens ou anulação do casamento, os tribunais do Estado-Membro (art. 3º/1):

---

[932] Cf. MAYER/HEUZÉ [2010: nº 546-5].

[933] Cf., Guia Prático para a Aplicação do Novo Regulamento Bruxelas II, elaborado pela Comissão, 9; MAYER/HEUZÉ [2010: nº 546-2]; CALVO CARAVACA/CARRASCOSA GONZÁLEZ [2011: 360-361]; GEIMER/SCHÜTZE/GEIMER [2010: Art. 1 nº 50].

[934] Ver, designadamente, *Staudinger*/SPELLENBERG [2005: Art. 1 nº 29], THOMAS/PUTZO/HÜSSTEGE [2011: Art. 2 nº 10] e RAUSCHER/RAUSCHER [2010: Art. 1 nº 24], com mais referências, assinalando que isto permitiria evitar conflitos negativos de competência. Ver ainda ANCEL/MUIR WATT [2005: 577-578 n. 25].

a) Em cujo território se situe:

– a residência habitual dos cônjuges, ou

– a última residência habitual dos cônjuges, na medida em que um deles ainda aí resida, ou

– a residência habitual do requerido, ou

– em caso de pedido conjunto, a residência habitual de qualquer dos cônjuges[935], ou

– a residência habitual do requerente, se este aí tiver residido pelo menos durante um ano imediatamente antes do pedido, ou

– a residência habitual do requerente, se este aí tiver residido pelo menos durante seis meses imediatamente antes do pedido, quer seja nacional do Estado-Membro em questão quer, no caso do Reino Unido e da Irlanda, aí tenha o seu "domicílio";

b) Da nacionalidade de ambos os cônjuges ou, no caso do Reino Unido e da Irlanda, do "domicílio"comum.

Para efeitos do Regulamento, o termo "domicílio" é entendido na aceção que lhe é dada pelos sistemas jurídicos do Reino Unido e da Irlanda (art. 3º/2).

A expressão "residência habitual" deve ser objeto de uma interpretação autónoma. Assim, entende-se por "residência habitual" "o local onde o interessado fixou, com a vontade de lhe conferir um caráter estável, o centro permanente ou habitual dos seus interesses, entendendo-se que para efeitos de determinação dessa residência é necessário ter em conta todos os elementos de facto dela constitutivos"[936].

A relevância conferida quer à residência habitual quer à nacionalidade mostra que, à semelhança do que se verifica em sede de Direito de Conflitos na determinação do estatuto pessoal[937], ambos os elementos de conexão têm um papel a desempenhar na determinação do foro competente em matéria de estatuto pessoal.

Admite-se excecionalmente que a ação seja proposta no Estado-Membro da residência habitual do requerente quando esta residência habitual seja qualificada por um período mínimo de residência de um ano

---

[935] Sobre este critério de competência ver BONOMI [2001: 315 e seg.].

[936] Cf. ALEGRÍA BORRÁS [1998: nº 32], com referência à jurisprudência do TCE. Cp. RAUSCHER/RAUSCHER [2010: Art. 3 nº 22].

[937] *Supra* § 53 C.

ou, simultaneamente, por um período mínimo de residência de seis meses e pela nacionalidade do mesmo Estado ou, no caso do Reino Unido e da Irlanda, pelo domicílio no mesmo Estado. Estes critérios, que estabelecem a competência do foro do autor, foram objeto de crítica, mas encontram até certo ponto justificação na preocupação de assegurar ao cônjuge que após a separação de facto regressa ao Estado da residência habitual anterior ou da sua nacionalidade a possibilidade de instaurar a ação neste Estado[938].

O Regulamento nada dispõe sobre os casos de plurinacionalidade, o que suscitou algumas divergências[939]. O TCE, no caso *Hadady*[940], pronunciou-se no sentido de uma interpretação autónoma, segundo a qual em caso de dupla nacionalidade comum dos cônjuges em dois Estados-Membros estes podem escolher a jurisdição do Estado-Membro em que pretendem instaurar o processo.

A competência nesta matéria só pode basear-se nestes critérios. Fica assim excluída a competência convencional, quer fundada em pacto de jurisdição quer baseada em acordo tácito mediante a participação no processo[941].

Trata-se de critérios alternativos que conferem ao requerente uma faculdade de escolha entre vários foros competentes.

O amplo leque de critérios alternativos, aliado a um sistema de reconhecimento automático e formal das decisões positivas de divórcio, separação e anulação (*infra* § 95), revela um indiscutível *favorecimento da dissolução do casamento*, em especial, do divórcio[942].

Perante estes critérios de competência é certo que o Regulamento não foi pensado para pedidos de anulação apresentados após a morte de ambos os cônjuges. O Relatório de ALEGRÍA BORRÁS sugere que o Regulamento também não se aplica quando um dos cônjuges tenha falecido[943].

---

[938] Ver RAUSCHER/RAUSCHER [2010: Art. 3 nºs 39 e segs. e 45 e segs.], com mais referências (que se manifesta apesar de tudo em sentido crítico relativamente às soluções consagradas), e TEIXEIRA DE SOUSA [2003: 112-113], com mais referências. Ver ainda SCHACK [2010: nº 424].

[939] Ver RAUSCHER/RAUSCHER [2010: Art 3 nº 49], com mais referências.

[940] 16/7/2009 [*in http://curia.europa.eu*].

[941] Cf. ALEGRÍA BORRÁS [1998: nº 28].

[942] Ver também as considerações de SCHACK [2001: 616 e seg.] e ANCEL/MUIR WATT [2001: 416 e segs.]. Cp. a crítica de JAYME [2000: 167 e seg.] e PIERRE MAYER [2007: 282].

[943] Cf. ALEGRÍA BORRÁS [1998: nº 27]. No mesmo sentido, RAUSCHER/RAUSCHER [2010: Art. 1 nº 3], com mais referências.

DIREITO INTERNACIONAL PRIVADO

O tribunal em que, ao abrigo do art. 3º, estiver pendente o processo é igualmente competente para conhecer da reconvenção, desde que esta seja abrangida pelo âmbito de aplicação do Regulamento (art. 4º).

Por exemplo, um dos cônjuges requer o divórcio e outro reconvém pedindo a anulação do casamento.

O art. 5º determina que, sem prejuízo do artigo 3º, o tribunal do Estado--Membro que proferiu uma decisão de separação é igualmente competente para converter a separação em divórcio, se a lei desse Estado-Membro o previr.

Este preceito significa que a ação de conversão tanto pode ser proposta no tribunal competente segundo o art. 3º, como no tribunal que proferiu uma decisão de separação[944]. A principal hipótese que parece estar aqui abrangida é a de, por força de uma alteração das circunstâncias em que se funda a competência, o tribunal ter sido competente segundo o art. 3º para a ação de separação, mas já não o ser para a ação de conversão[945]. Poderá também pensar-se que o art. 5º é aplicável no caso de a competência do tribunal que proferiu a decisão de separação não se ter baseado no art. 3º, por o Regulamento ainda não ter entrado em vigor no Estado do foro à data em que a ação de separação foi intentada.

A admissibilidade da conversão depende do Direito do Estado-Membro, incluindo o Direito de Conflitos vigente na sua ordem jurídica[946].

C) Competência em matéria de responsabilidade parental

As regras de competência em matéria de *responsabilidade parental* são definidas em função do superior interesse da criança e, em particular, do critério da proximidade. Por conseguinte, a competência é, em primeiro lugar, atribuída aos tribunais do Estado-Membro de residência habitual da criança, exceto em determinados casos de mudança da sua residência habitual ou na sequência de um acordo entre os titulares da responsabilidade parental[947]. Estas regras são parcialmente inspiradas na Convenção

---

[944] Cf. ALEGRÍA BORRÁS [1998: nº 43]. Ver ainda RAUSCHER/RAUSCHER [2010: Art. 5 nºs 11-12.

[945] Cf. BONOMI [2001: 319].

[946] Cp. ALEGRÍA BORRÁS [1998: nº 43]. Ver, no Direito material português, art. 1795º-D CC.

[947] Cf. Considerando nº 12. Sobre o fundamento desta solução, ver ainda ANCEL/MUIR WATT [2005: 580].

da Haia de 1996, mas não coincidem inteiramente com as regras contidas nesta Convenção.

As autoridades do Estado da residência habitual são as mais bem colocadas para conhecer o meio social em que a criança está inserida, para avaliar as suas necessidades bem como as pessoas suscetíveis de a tomarem a seu cargo e, assim, para decretar as medidas mais adequadas à situação e para velar pela sua boa execução. Acresce que é também no Estado da residência habitual que, geralmente, estas medidas devem ser efetivadas, não se suscitando, portanto, um problema de reconhecimento de decisões estrangeiras[948].

O Regulamento estabelece, como regra geral, a competência dos tribunais do Estado-Membro em que a criança resida habitualmente à data da instauração do processo (art. 8º/1).

O conceito de "residência habitual" utilizado no art. 8º/1 deve ser objeto de uma interpretação autónoma[949]. Segundo esta interpretação, essa residência habitual "corresponde ao local que revelar uma determinada integração do menor num ambiente social e familiar". Para determinar este lugar, deve ser tido em conta o conjunto das circunstâncias de facto relevantes em cada caso concreto, "nomeadamente a duração, a regularidade, as condições e as razões da permanência no território de um Estado-Membro e da mudança da família para esse Estado, a nacionalidade do menor, o local e as condições de escolaridade, os conhecimentos linguísticos, bem como os laços familiares e sociais que o menor tiver no referido Estado"[950].

Sob certos pressupostos, o art. 9º prolonga a competência do Estado-Membro da anterior residência habitual da criança em caso de deslocação lícita da criança para a alteração de uma decisão sobre o direito de visita proferida nesse Estado-Membro antes da deslocação da criança.

Estes pressupostos são:

– o exercício dessa competência num prazo de três meses após a deslocação;

---

[948] Ver Y. LEQUETTE – "Le droit international privé de la famille à l'épreuve des conventions internationales", *RCADI* 246 (1994) 9-234, 61.

[949] Cf. TCE 2/4/2009, no caso A. [*in http://curia.europa.eu*], nº 34.

[950] Decisão supracit. Ver ainda RAUSCHER/RAUSCHER [2010: Art. 8 nºs 11 e segs.].

DIREITO INTERNACIONAL PRIVADO

– que o titular do direito de visita continue a residir habitualmente no Estado-Membro da anterior residência habitual da criança.

Esta competência afasta a competência estabelecida no art. 8º (art. 9º/1), salvo se o titular do direito de visita tiver aceitado a competência dos tribunais do Estado-Membro da nova residência habitual da criança, participando no processo instaurado nesses tribunais, sem contestar a sua competência (art. 9º/2).

Isto permite que o titular do direito de visita, que por causa da deslocação da criança não pode exercer do mesmo modo o seu direito, possa requerer um ajustamento adequado do direito de visita ao tribunal que o concedeu[951].

A deslocação é lícita se for permitida pela lei aplicável segundo o Direito Internacional Privado do Estado de origem ou por uma decisão proferida neste Estado[952]. Em princípio, se o titular do direito de visita tiver consentido na deslocação a questão da respetiva licitude não se suscitará[953].

Em caso de rapto da criança, os tribunais do Estado-Membro onde a criança residia habitualmente antes da deslocação ou retenção ilícitas mantêm a sua competência até que a criança passe a ter a sua residência habitual noutro Estado-Membro e se verifiquem alternativamente determinadas condições (art. 10º).

A primeira destas condições é que cada pessoa, instituição ou outro organismo titular do direito de guarda dê o seu consentimento à deslocação ou à retenção (a).

A segunda destas condições é que a criança tenha estado a residir nesse outro Estado-Membro durante, pelo menos, um ano após a data em que a pessoa, instituição ou outro organismo, titular do direito de guarda tenha tomado ou devesse ter tomado conhecimento do paradeiro da criança, se esta se encontrar integrada no seu novo ambiente e se estiver preenchida pelo menos uma das seguintes condições complementares (b)

– não ter sido apresentado, no prazo de um ano após a data em que o titular do direito de guarda tenha tomado ou devesse ter tomado conhecimento do paradeiro da criança, qualquer pedido de regresso desta às

---

[951] Ver Guia Prático elaborado pela Comissão, 14.

[952] Ver TUE 5/10/2010, no caso *McB* [*in http://curia.europa.eu*], nºs 43-44, e Guia Prático elaborado pela Comissão, 14.

[953] Ver também RAUSCHER/RAUSCHER [2010: Art. 9 nº 6].

autoridades competentes do Estado-Membro para onde a criança foi deslocada ou se encontra retida (i);

– o titular do direito de guarda ter desistido do pedido de regresso e não ter sido apresentado nenhum novo pedido dentro do prazo previsto na subalínea i) (ii);

– o processo instaurado num tribunal do Estado-Membro da residência habitual da criança imediatamente antes da deslocação ou retenção ilícitas ter sido arquivado nos termos do art. 11º/7 (iii);

– os tribunais do Estado-Membro da residência habitual da criança imediatamente antes da deslocação ou retenção ilícitas terem proferido uma decisão sobre a guarda que não determine o regresso da criança (iv).

Este último preceito deve ser interpretado no sentido de que uma medida provisória não constitui uma decisão sobre a guarda que não determine o regresso da criança, na aceção desta disposição, e não pode constituir fundamento para uma transferência de competências a favor dos tribunais do Estado-Membro para o qual a criança foi ilicitamente deslocada[954].

Parece que o art. 10º não só tutela a competência dos tribunais do Estado de origem em caso de deslocação ou retenção ilícitas da criança, como também obsta ao estabelecimento de uma competência baseada na nova residência habitual da criança nos termos do art. 8º/1[955].

O art. 11º contém regras sobre os pedidos de regresso da criança apresentados às autoridades competentes de um Estado-Membro, com base na Convenção da Haia sobre os Aspetos Civis do Rapto Internacional de Crianças (1980), a fim de obter o regresso de uma criança que tenha sido ilicitamente deslocada ou retida num Estado-Membro que não o da sua residência habitual imediatamente antes da deslocação ou retenção ilícitas. Estas regras foram anteriormente referidas (*supra* § 55 B).

Foi anteriormente assinalado, que a Convenção da Haia de 1980 é um instrumento de cooperação judiciária internacional que tem por objeto assegurar o regresso imediato das crianças ilicitamente transferidas para qualquer Estado Contratante ou nele retidas indevidamente e fazer respeitar de modo efetivo nos outros Estados Contratantes os direitos de

---

[954] Cf. TUE 1/7/2010, no caso *Povse* [*in http://curia.europa.eu*].

[955] Cf. art. 8º/2 e TUE 1/7/2010, no caso *Povse* [*in http://curia.europa.eu*], nº 44. A questão era considerada em aberto por RAUSCHER/RAUSCHER [2010: Art. 8 nº 17].

DIREITO INTERNACIONAL PRIVADO

custódia e de visita existentes num Estado Contratante (art. 1º). Embora formalmente o Regulamento prevaleça sobre a Convenção nas relações entre os Estados-Membros (art. 60º/e art. 62º), aos procedimentos de regresso da criança continuam a aplicar-se nestas relações os preceitos da Convenção, modificados pelo art. 11º do Regulamento[956].

O Regulamento deve ser interpretado no sentido de que não obsta a que o Direito de um Estado-Membro sujeite a aquisição do direito de guarda por parte do pai de um menor, não casado com a mãe deste último, à obtenção por parte do pai de uma decisão do órgão jurisdicional nacional competente que lhe atribua tal direito, que é suscetível de tornar ilícita, nos termos do art. 2º/11, a deslocação da criança pela mãe ou a sua retenção[957].

O art. 12º estabelece uma competência convencional, que pode concorrer com a competência estabelecida nos termos do art. 8º/1[958], em duas situações.

A primeira é a aceitação expressa, ou de outra forma inequívoca, pelos titulares da responsabilidade parental, à data em que o processo é instaurado em tribunal, da competência dos tribunais do Estado-Membro que por força do art. 3º são competentes para o divórcio, separação ou anulação do casamento para decidirem qualquer questão relativa à responsabilidade parental relacionada com esse pedido (nº 1). Esta competência pressupõe ainda que pelo menos um dos cônjuges exerça a responsabilidade parental e que se fundamente no superior interesse da criança.

A questão relativa à responsabilidade parental tem de estar relacionada com o pedido de divórcio, separação ou anulação do casamento, mas não tem necessariamente de dizer respeito a filhos comuns do casal[959].

Esta competência cessa quando a decisão de procedência ou improcedência do pedido de divórcio, de separação ou de anulação do casamento transite em julgado (nº 2/a). No entanto, se, nesta data, ainda estiver pendente no Estado-Membro que foi proferida a decisão sobre o casamento uma ação relativa à responsabilidade parental, a competência só

---

[956] Cf. Considerando nº 17, Guia Prático elaborado pela Comissão, 41, e RAUSCHER/RAUSCHER [2010: Art. 11 nº 6].

[957] Cf. TUE 5/10/2010, no caso *McB* [*in http://curia.europa.eu*].

[958] Cf. RAUSCHER/RAUSCHER [2010: Art. 8 nº 18].

[959] Ver *Staudinger*/SPELLENBERG [2005: Art. 12 nºs 54 e segs.], ANCEL/MUIR WATT [2005: 586] e RAUSCHER/RAUSCHER [2010: Art. 12 nº 6].

cessa quando a decisão deste processo transite em julgado (nº 2/b)[960]. Em qualquer destes casos, a competência também cessa logo que processo tenha sido arquivado por qualquer outra razão (nº 2/c). A al. c) contempla casos residuais em que o processo termina sem uma decisão de mérito, por exemplo, por ter sido retirado o pedido de divórcio ou se ter dado o falecimento de um dos cônjuges[961].

As partes de um processo de responsabilidade parental[962], que não esteja relacionado com uma ação de divórcio, separação ou anulação do casamento, também podem aceitar "explicitamente" ou de qualquer outra forma inequívoca[963], à data em que o processo é instaurado em tribunal, a competência dos tribunais de um Estado-Membro a que a criança tenha uma ligação particular desde que esta competência seja exercida no superior interesse da criança (nº 3). A ligação particular com um Estado-Membro pode resultar em especial de um dos titulares da responsabilidade parental ter a sua residência habitual nesse Estado-Membro ou de a criança ser nacional desse Estado-Membro (a).

Presume-se que a competência baseada no art. 12º é do interesse da criança, se a criança tiver a sua residência habitual num Estado terceiro que não seja parte da Convenção da Haia de 1996, nomeadamente quando for impossível instaurar um processo no Estado terceiro em questão (art. 12º/4).

Parece que a aceitação da competência destes tribunais não pode resultar da mera comparência da parte sem arguir a incompetência do tribunal[964].

À face do Regulamento Bruxelas II, entendeu-se que por força de instrumentos internacionais e, em particular, da Convenção das Nações Unidas sobre os Direitos da Criança (1989), cada filho tinha de ser indivi-

---

[960] Cf. ALEGRÍA BORRÁS [1998: nº 39].

[961] Ibidem.

[962] Cf. RAUSCHER/RAUSCHER [2010: Art. 12 nº 39]. Cp. Staudinger/SPELLENBERG [2005: Art. 12 nº 61] e ANCEL/MUIR WATT [2005: 588-589].

[963] As versões em línguas alemã, francesa e inglesa utilizam o mesmo termo nos nºs 1 e 3 ("ausdrücklich", "expressly" e "expressément"), razão por que não parece que deva ser atribuído à expressão "aceite explicitamente" um significado diferente do que for atribuído à expressão "aceite expressamente" na versão portuguesa.

[964] Ver RAUSCHER/RAUSCHER [2010: Art. 12 nºs 21 e 45], com mais referências.

DIREITO INTERNACIONAL PRIVADO

dualmente considerado. Daí que a competência dos tribunais dos Estados--Membros em matéria de poder paternal dependesse da verificação das condições previstas no art. 3º em relação a cada um dos filhos[965]. O mesmo vale à face do art. 12º do Regulamento Bruxelas II bis.

O art. 13º prevê uma competência subsidiária baseada na presença da criança quando não possa ser determinada a sua residência habitual nem se verifiquem os pressupostos de competência convencional previstos no art. 12º. Isto aplica-se igualmente a crianças refugiadas ou "internacionalmente deslocadas, na sequência de perturbações no seu país"[966].

O art. 15º admite, excecionalmente, que o tribunal de um Estado--Membro competente segundo as regras do Regulamento transfira o processo para um tribunal mais bem colocado para apreciar a ação. Esta transferência só pode ser feita para o tribunal de outro Estado-Membro com que a criança tenha uma ligação particular, se servir o superior interesse da criança (nº 1) e se for feito a pedido de uma das partes ou com aceitação de uma das partes (nº 2).

Trata-se de uma solução que flexibiliza o regime da competência internacional em matéria de responsabilidade parental e que se aproxima da cláusula do *forum non conveniens* dos sistemas do *Common Law* (*supra* § 80) que, como vimos, não é compatível com o Regulamento Bruxelas I[967].

O art. 15º/1 determina que, verificados estes pressupostos, os tribunais de um Estado-Membro competentes para conhecer do mérito podem suspender a instância em relação à totalidade ou a parte do processo em questão e convidar as partes a apresentarem um pedido ao tribunal desse outro Estado-Membro nos termos do nº 4, ou pedir ao tribunal de outro Estado-Membro que se declare competente nos termos do nº 5.

Nos termos do nº 2, isto pode ser feito:

– a pedido de uma das partes, ou

– por iniciativa do tribunal ou a pedido do tribunal de outro Estado--Membro com o qual a criança tenha uma ligação particular, se for aceite pelo menos por uma das partes.

---

[965] Cf. ALEGRÍA BORRÁS [1998: nº 26].

[966] Ver, sobre o sentido e alcance desta solução, ANCEL/MUIR WATT [2005: 584].

[967] Ver ANCEL/MUIR WATT [2005: 595-596].

REGIMES EUROPEUS

Considera-se que a criança tem uma ligação particular com um Estado-Membro[968], se (n.º 3):

– depois de instaurado o processo no tribunal referido no n.º 1, a criança tiver adquirido a sua residência habitual nesse Estado-Membro; ou

– a criança tiver tido a sua residência habitual nesse Estado-Membro; ou

– a criança for nacional desse Estado-Membro; ou

– um dos titulares da responsabilidade parental tiver a sua residência habitual nesse Estado-Membro; ou

– o litígio se referir às medidas de proteção da criança relacionadas com a administração, a conservação ou a disposição dos bens na posse da criança, que se encontram no território desse Estado-Membro.

É controverso se o n.º 3 contém uma enumeração taxativa dos casos em que se verifica uma ligação particular da criança com um Estado-Membro ou contém meras "presunções" desta ligação[969].

O Regulamento não impede os tribunais de qualquer Estado-Membro de tomarem *medidas provisórias ou cautelares* previstas na sua legislação relativas às pessoas ou bens presentes no seu território, em caso de urgência (art. 20.º/1). O efeito destas medidas cessa quando o tribunal do Estado-Membro competente ao abrigo do Regulamento tiver tomado as medidas que considere adequadas (n.º 2).

Este preceito corresponde até certo ponto ao art. 31.º do Regulamento Bruxelas I, devendo ter-se em conta o exposto em relação a esta disposição (*supra* § 84 N).

Constitui sentido comum destes preceitos que a competência dos tribunais dos Estados-Membros para decretar estas medidas não depende da competência para conhecer da questão de fundo.

O art. 20.º do Regulamento Bruxelas II bis acrescenta, porém, que a competência para decretar providências provisórias dos tribunais de um Estado-Membro que não seja competente quanto ao fundo só é admitida

---

[968] Há um lapso na versão portuguesa do art. 15.º/3 do Regulamento: onde se lê "Considera-se que a criança tem uma ligação particular com um Estado-Membro, na aceção do n.º 2", deve ler-se "Considera-se que a criança tem uma ligação particular com um Estado-Membro, na aceção do n.º 1". Cf. versões em língua alemã, francesa e inglesa.

[969] Cp. Guia Prático elaborado pela Comissão, 23, ANCEL/MUIR WATT [2005: 596] e RAUSCHER/RAUSCHER [2010: Art. 15 n.º 8]

DIREITO INTERNACIONAL PRIVADO

"em caso de urgência" e com respeito às pessoas ou bens presentes no território do Estado-Membro em que são decretadas.

Isto não só comporta uma regra de competência internacional para a adoção destas providências, como significa também que estas providências não beneficiam do regime de reconhecimento noutros Estados-Membros estabelecido pelo Regulamento[970]. Isto não obsta a que estas providências possam ser reconhecidas com base noutras fontes vigentes na ordem jurídica do Estado de reconhecimento[971].

O art. 20º não permite ao tribunal de um Estado-Membro adotar uma medida provisória em matéria de responsabilidade parental, destinada a confiar a um dos progenitores a guarda de uma criança que se encontra no território desse Estado-Membro em virtude uma deslocação ilícita, quando um tribunal de outro Estado-Membro, competente ao abrigo do Regulamento para conhecer do mérito da causa, já tiver proferido uma decisão confiando provisoriamente a guarda dessa criança ao outro progenitor e essa decisão tiver sido declarada executória no primeiro Estado-Membro[972].

A aplicação da medida e o seu caráter vinculativo são regulados por outras fontes que vigoram na ordem jurídica do Estado do foro. Após a aplicação da medida, o tribunal não é obrigado a remeter o processo ao tribunal competente de outro Estado-Membro. No entanto, na medida em que a proteção do superior interesse do menor o exija, o órgão jurisdicional nacional que tenha decretado medidas provisórias ou cautelares deve informar desse facto, diretamente ou por intermédio da autoridade central designada nos termos do art. 53.° do Regulamento, o tribunal competente de outro Estado-Membro[973].

O art. 20º reporta-se a medidas que sejam tomadas a respeito de processos abrangidos pelo âmbito de aplicação do Regulamento[974]. Já é controverso se o objeto destas medidas deve também cair dentro do âmbito de aplicação do Regulamento. Da referência a medidas relativas a bens no art. 12º da Convenção, ALEGRÍA BORRÁS extraía a ilação que

---

[970] Cf. ALEGRÍA BORRÁS [1998: nº 59] e TUE 15/7/2010, no caso *Purrucker* [*in http://curia. europa.eu*], nºs 84 e 92.

[971] Cf. TUE 15/7/2010, no caso *Purrucker* [*in http://curia.europa.eu*], nº 92.

[972] Cf. TCE 23/12/2009, no caso *Deticek* [*in http://curia.europa.eu*], nºs 43-44, 48-49, 54-57 e 61.

[973] Cf. TCE 2/4/2009, no caso *A.* [*in http://curia.europa.eu*].

[974] Cf. ALEGRÍA BORRÁS [1998: nº 59] e RAUSCHER/RAUSCHER [2010: nº 9].

o preceito convencional se aplicava a providências provisórias que dizem respeito a matérias não abrangidas pela Convenção (e pelos Regulamentos Bruxelas II e II bis), designadamente matérias relativas a regimes matrimoniais[975]. O argumento tem menos peso relativamente ao Regulamento Bruxelas II bis que também abrange as medidas de proteção das crianças relativas aos seus bens.

Quando se trate de providências que não dizem respeito a matérias abrangidas pelo Regulamento, é de partir do princípio que as disposições do Regulamento não podem prejudicar a competência que os tribunais de um Estado-Membro tenham, com base no seu Direito interno ou noutro regime supraestadual aplicável, para as decretar. Desse ponto de vista, a aplicação do art. 20º a estas providências não tem sentido útil.

Deve cessar a aplicação das medidas decretadas ao abrigo desta disposição quando a autoridade competente profira uma decisão com base num dos critérios de competência do Regulamento e esta decisão seja reconhecida no âmbito do Regulamento[976].

D) Controlo da competência, litispendência e ações dependentes

O *controlo da competência* deve ser feito oficiosamente. Com efeito, o art. 17º estabelece que o tribunal de um Estado-Membro no qual tiver sido instaurado um processo para o qual careça de competência nos termos do Regulamento e para o qual seja competente, por força do Regulamento, um tribunal de outro Estado-Membro, se deve declarar oficiosamente incompetente.

O tribunal não pode aceitar a competência com base na mera da comparência da parte demandada sem arguir a incompetência do tribunal em matéria matrimonial[977], bem como, segundo parece, em matéria de responsabilidade parental (*supra* C).

A competência para apreciar uma questão prévia abrangida pelo âmbito material do Regulamento não depende das suas regras[978].

---

[975] Cf. ALEGRÍA BORRÁS [1998: nº 59]. Ver também TEIXEIRA DE SOUSA [2003: 115] e CALVO CARAVACA/CARRASCOSA GONZÁLEZ/CASTELLANOS RUIZ [2005: 114]. Em sentido contrário, RAUSCHER/RAUSCHER [2010: Art. 20 nºs 10 e segs.], com mais referências.

[976] Cf. ALEGRÍA BORRÁS [1998: nº 59].

[977] Cf. ALEGRÍA BORRÁS [1998: nº 28]. Ver também TEIXEIRA DE SOUSA [2003: 122-123].

[978] No mesmo sentido, RAUSCHER/RAUSCHER [2010: Art. 17 nº 14].

DIREITO INTERNACIONAL PRIVADO

O regime de alegação e prova dos factos em que se fundamenta a competência é definido pelo Direito interno do Estado do foro[979].

O tribunal que se declare incompetente não é obrigado a remeter o processo ao tribunal competente de outro Estado-Membro. Contudo, na medida em que a proteção do superior interesse do menor o exija, o órgão jurisdicional nacional que se tenha declarado oficiosamente incompetente deve informar desse facto, diretamente ou por intermédio da autoridade central designada nos termos do artigo 53.º do Regulamento, o tribunal competente de outro Estado-Membro[980].

Se um requerido, que tenha a sua residência habitual num Estado que não aquele em que foi instaurado o processo, não comparecer, o tribunal competente deve suspender a instância enquanto não se estabelecer que o requerido foi devidamente notificado do ato introdutório da instância, ou ato equivalente, a tempo de deduzir a sua defesa, ou que foram efetuadas todas as diligências nesse sentido (art. 18º/1)[981].

Os direitos de defesa do requerido serão apreciados pelo tribunal, tanto no que se refere ao tempo necessário para providenciar a sua defesa como em relação à realização de todas as diligências no sentido de o citar tempestivamente[982].

Este preceito inspira-se no art. 26º/2 do Regulamento Bruxelas I, sendo de remeter para as considerações formuladas a seu respeito (*supra* § 84 L).

O preceito contido no art. 18º/1 é meramente residual perante os nºs 2 e 3 do mesmo artigo.

Com efeito, aplica-se o art. 19º do Reg. (CE) n.º 1393/2007, Relativo à Citação e à Notificação dos Atos Judiciais e Extrajudiciais em Matérias Civil e Comercial nos Estados-Membros e que revoga o Reg. (CE) nº 1348/2000, se o ato introdutório da instância, ou ato equivalente, tiver

---

[979] Cf., relativamente ao Regulamento Bruxelas II, GAUDEMET-TALLON [2001: 398]. Ver ainda RAUSCHER/RAUSCHER [2010: Art. 17 nº 15-16].

[980] Cf. TCE 2/4/2009, no caso A. [*in http://curia.europa.eu*].

[981] Sobre controvérsia suscitada pelo âmbito pela de aplicação deste preceito, ver RAUSCHER/ RAUSCHER [2010: Art. 17 nºs 4 e segs.]. A versão portuguesa refere-se à "residência habitual num Estado-Membro" diferente daquele em que foi instaurado o processo, mas as versões alemã, francesa e inglesa referem-se apenas à residência habitual noutro Estado.

[982] Cf. ALEGRÍA BORRÁS [1998: nº 50].

sido transmitido de um Estado-Membro para outro nos termos deste Regulamento (18º/2)[983].

Se o Regulamento relativo à citação e à notificação não for aplicável, aplica-se o disposto no art. 15º da Convenção de Haia Relativa à Citação e à Notificação no Estrangeiro dos Atos Judiciais e Extrajudiciais em Matéria Civil ou Comercial se o ato introdutório da instância, ou ato equivalente, tiver sido transmitido para o estrangeiro em aplicação desta Convenção (art. 18º/3).

Sobre estes preceitos do Regulamento relativo à citação e à notificação e da Convenção da Haia remete-se para o exposto com respeito ao Regulamento Bruxelas I (*supra* § 84 L).

Quando processos de divórcio, separação ou anulação do casamento entre as mesmas partes são instaurados em tribunais de Estados-Membros diferentes, o tribunal em que o processo foi instaurado em segundo lugar suspende oficiosamente a instância até que seja estabelecida a competência do tribunal em que o processo foi instaurado em primeiro lugar (art. 19º/1).

Isto inclui não só os casos em que os processos têm o mesmo pedido e causa de pedir (litispendência) mas também todos os outros que tenham sido instaurados entre as mesmas partes e que digam respeito ao divórcio, à separação ou à anulação do casamento ("ações dependentes")[984]. Esta regra representa um compromisso entre os vários sistemas, que se traduz na extensão da solução aplicável à litispendência a *"ações dependentes"*, i.e., ações matrimoniais com pedidos e/ou causas de pedir diferentes[985]. Por exemplo, um dos cônjuges intenta uma ação de divórcio num Estado--Membro e o outro propõe uma ação de anulação do casamento noutro Estado-Membro.

Quando são instauradas em tribunais de Estados-Membros diferentes ações relativas à responsabilidade parental em relação a uma criança, que tenham o mesmo pedido e a mesma causa de pedir, o tribunal em que o processo foi instaurado em segundo lugar suspende oficiosamente a

---

[983] Nos termos do art. 25º/2 do Reg. nº 1393/2007, as remissões feitas para o Reg. nº 1348/2000 devem ser consideradas como sendo feitas para o novo Regulamento e devem ser lidas nos termos da tabela de correspondência constante do anexo III deste Regulamento.

[984] Ver RAUSCHER/RAUSCHER [2010: Art. 19 nºs 20-21].

[985] Cf. ALEGRÍA BORRÁS [1998: nºs 52 e segs.]. Ver, em sentido crítico, RAUSCHER/RAUSCHER [2010: Art. 19 nº 12].

DIREITO INTERNACIONAL PRIVADO

instância até que seja estabelecida a competência do tribunal em que o processo foi instaurado em primeiro lugar (art. 19º/2).

Este preceito corresponde ao contido no 27º/1 do Regulamento Bruxelas I, sendo de remeter para as considerações feitas a seu respeito (*supra* § 84 M). A jurisprudência do TCE/TUE a este respeito é particularmente relevante dadas as diferenças entre as várias versões linguísticas quer do art. 27º/1 do Regulamento Bruxelas I quer do art. 19º/2 do Regulamento Bruxelas II bis[986]. O art. 19º/2 aplica-se quando em tribunais de Estados-Membros diferentes sejam instauradas ações destinadas a regular a responsabilidade parental relativa a uma criança, que tenham "o mesmo objeto e a mesma causa de pedir", mesmo que não sejam instauradas entre as mesmas partes[987].

Para este efeito não é possível estabelecer uma distinção entre processo de medidas provisórias e processo para conhecimento do mérito. O que releva é se a pretensão do requerente no primeiro tribunal, tal como resulta do objeto da petição e das circunstâncias de facto descritas nessa petição, é obter uma decisão desse tribunal em razão da sua competência para conhecer do mérito[988].

Se do objeto da petição submetido ao primeiro tribunal e das circunstâncias de facto descritas nessa petição resultar manifestamente que o mesmo não contém nenhum elemento que permita reconhecer ao tribunal no qual foi apresentada a referida petição uma competência para conhecer de mérito na aceção do Regulamento, o segundo tribunal poderá considerar que não se aplica o art. 19º/2[989]. Em todo o caso, parece que o segundo tribunal tem um dever de averiguação sobre o processo instaurado em primeiro lugar, podendo, designadamente, segundo as possibilidades previstas na *lex fori*, questionar a parte que invoca a exceção de litispendência, contactar o primeiro tribunal ou dirigir-se à autoridade central do seu Estado-Membro[990]. Só deve prosseguir com o processo se

---

[986] Enquanto a versão portuguesa exige o mesmo pedido e a mesma causa de pedir, a versão alemã exige apenas "o mesmo pedido" [*wegen desselben Anspruchs*], versão francesa o mesmo "objecto e a mesma causa" [*ayant le même objet et la même cause*] e a versão inglesa apenas a mesma "causa de pedir" [*involving the same cause of action*].

[987] Cf. TUE 9/11/2010, no caso *Purrucker* [*in http://curia.europa.eu*], nº 65.

[988] Decisão *supracit.*, nºs 75 e 77.

[989] Decisão *supracit.*, nº 77.

[990] Decisão *supracit.*, nº 81.

num prazo razoável em função, em primeiro lugar, do interesse da criança, não obtiver nenhum elemento em sentido contrário[991].

Em contrapartida, se resultar das pretensões do demandante ou dos elementos de facto constantes da petição apresentada ao primeiro tribunal, mesmo que tal petição se destine a obter medidas provisórias, que o mesmo foi apresentado num tribunal que, à primeira vista, poderia ser competente para conhecer do mérito, o segundo tribunal deve suspender a instância, em conformidade com o art. 19º/2, até que a competência do primeiro tribunal seja estabelecida. Em função das circunstâncias e se os requisitos do art. 20.° do Regulamento estiverem preenchidos, o segundo tribunal pode, no interesse da criança, tomar as medidas provisórias necessárias[992].

Quando estiver estabelecida a competência do tribunal em que o processo foi instaurado em primeiro lugar, o tribunal em que o processo foi instaurado em segundo lugar deve declarar-se incompetente a favor daquele (art. 19º/3). Este preceito corresponde ao contido no art. 27º/2 do Regulamento Bruxelas I.

É indiferente que o primeiro tribunal tenha fundado a sua competência nas regras do Regulamento ou no Direito interno[993].

Neste caso, o processo instaurado no segundo tribunal pode ser submetido pelo requerente à apreciação do tribunal em que a ação foi instaurada em primeiro lugar (art. 19º/3/§ 2º).

Isto parece fazer sentido quer no caso de ações dependentes, quer na hipótese de litispendência quando o requerido na ação proposta em primeiro lugar seja o autor na ação proposta em segundo lugar. Deve admitir-se a possibilidade de o processo instaurado em segundo lugar ser submetido ao tribunal em que a ação foi instaurada em primeiro lugar mesmo que tal já não fosse tempestivo segundo a *lex fori* deste tribunal[994].

A este respeito o Relatório de ALEGRÍA BORRÁS contém algumas considerações que suscitam certas dúvidas[995]. Afirma-se que o segundo tribunal deve declarar-se incompetente a favor do primeiro, mesmo que o Direito do foro deste tribunal não reconheça a separação nem a anulação.

---

[991] Decisão *supracit.*, nºs 82 e 83.

[992] Decisão *supracit.*, nº 78.

[993] Cf. TEIXEIRA DE SOUSA [2003: 124] e RAUSCHER/RAUSCHER [2010: Art. 19 nº 46].

[994] Cf. ALEGRÍA BORRÁS [1998: nº 55] e RAUSCHER/RAUSCHER [2010: Art. 19 nº 54].

[995] 1998: nº 57.

Assim, por exemplo, no caso de ser apresentado um pedido de divórcio na Suécia e, em seguida, um pedido de anulação na Áustria, relativamente ao mesmo casamento, o tribunal deve declarar-se incompetente embora o instituto da anulação do casamento seja desconhecido do Direito sueco. Todavia, após ter sido decretado o divórcio na Suécia, a parte interessada poderia recorrer a um tribunal austríaco para assegurar a eficácia *ex tunc* da decisão de dissolução do casamento.

Isto pode dar azo a complexos problemas de adaptação[996]. A anulação do casamento deve depender da lei competente segundo o Direito de Conflitos e não da *lex fori*. E nada impede que o tribunal de um Estado-Membro aplique normas estrangeiras sobre a anulação do casamento apesar de o seu Direito material interno desconhecer este instituto[997]. Portanto, se a anulação for permitida pela lei competente, o cônjuge que pediu a anulação no segundo tribunal deve poder, nos termos do art. 19º/3/2ª parte, formular o mesmo pedido no primeiro tribunal. Todavia, o problema subsistirá se a anulação for permitida pela lei competente segundo o Direito de Conflitos do segundo tribunal mas não pela lei competente segundo o Direito de Conflitos do primeiro tribunal[998].

O preceito deve ser interpretado no sentido de que só quando o tribunal demandado em segundo lugar se declare incompetente dispõe o requerente da possibilidade de apresentar o seu pedido perante o tribunal que se declarou competente em razão de ter sido demandado em primeiro lugar[999].

Manteve-se o entendimento, adotado em relação ao Regulamento Bruxelas II, segundo o qual o art. 19º dispensa uma regra sobre ações conexas semelhante à que consta do art. 28º do Regulamento Bruxelas I[1000].

O art. 16º contém uma definição autónoma do momento em que se considera o processo instaurado:

– na data de apresentação ao tribunal do ato introdutório da instância, ou ato equivalente, desde que o requerente não tenha posteriormente dei-

---

[996] Ver ANCEL/MUIR WATT [2001: 431] e KOHLER [2002a: 235].

[997] Ver *supra* § 46 B.

[998] Isto pode resultar da circunstância de a jurisdição de um Estado só poder decretar a dissolução do casamento com base no Direito material do foro. Segundo KOHLER [2002a: 235], a jurisdição sueca só pode decretar o divórcio segundo o Direito sueco.

[999] Cf. ALEGRÍA BORRÁS [1998: nº 55].

[1000] Segundo o Relatório de ALEGRÍA BORRÁS [1998: nº 56], "não se observa a existência de casos, na matéria objecto da presente convenção, que se situem fora do âmbito previsto nesta disposição".

xado de tomar as medidas que lhe incumbem para que seja feita a citação ou a notificação ao requerido; ou

– se o ato tiver de ser citado ou notificado antes de ser apresentado ao tribunal, na data em que é recebido pela autoridade responsável pela citação ou notificação, desde que o requerente não tenha posteriormente deixado de tomar as medidas que lhe incumbem para que o ato seja apresentado a tribunal.

Este preceito corresponde ao art. 30º do Regulamento Bruxelas I.

86. Apreciação crítica

A unificação do Direito da Competência Internacional e do Direito de Reconhecimento assume a maior importância para a realização das finalidades destes complexos normativos e, mais em geral, do Direito Internacional Privado.

Em primeiro lugar, porque facilita o conhecimento do regime aplicável nos diferentes Estados por parte dos interessados.

Segundo, a unificação do Direito da Competência Internacional contribui para uma distribuição harmoniosa da competência entre as jurisdições estaduais e, por esta via, para *atenuar* o *forum shopping* e a incerteza sobre o foro competente. Quanto menor for a incerteza sobre o foro competente, menor é a incerteza sobre o Direito de Conflitos relevante e mais previsível se torna o Direito material aplicável.

Enfim, a conjugação da unificação do Direito da Competência Internacional com a unificação do Direito de Reconhecimento facilita o reconhecimento das decisões estrangeiras, porque a competência do tribunal de origem, que normalmente constitui a principal condição de reconhecimento, passa a ser assegurada pela vigência no Estado de origem e no Estado de reconhecimento de um regime unificado de competência internacional.

Em princípio, esta unificação deveria ter âmbito universal. Com efeito, as vantagens da unificação verificam-se em todas as situações transnacionais, sejam elas intracomunitárias ou extracomunitárias. Mas perante as inegáveis dificuldades com que tem deparado a unificação do Direito da Competência Internacional e do Direito de Reconhecimento (e, mais amplamente, do Direito Internacional Privado) à escala mundial, justifica-se uma unificação à escala comunitária.

DIREITO INTERNACIONAL PRIVADO

Foi anteriormente feita uma apreciação crítica da atribuição de competência legislativa à União Europeia em matéria de Direito Internacional Privado (*supra* § 10 B).

Após o Tratado de Lisboa, a competência legislativa dos órgãos da União Europeia em matéria de Direito Internacional Privado e Direito Processual Civil Internacional foi incluída no Título V da Parte III do Tratado sobre o Funcionamento da União Europeia que é dedicado ao chamado "espaço de liberdade, segurança e justiça". A "cooperação judiciária em matéria civil" é objeto do Capítulo 3 e é fundamentada no princípio do reconhecimento mútuo de decisões (art. 81º/1 do Tratado sobre o Funcionamento da União Europeia). Esta sistematização aponta no sentido da autonomia do "espaço de liberdade, segurança e justiça", incluindo a "cooperação judiciária em matéria civil", relativamente ao mercado interno[1001].

Com efeito, o exercício dessa competência deixa de estar formalmente condicionado ao necessário para o bom funcionamento do mercado interno, sendo esta apenas umas das considerações relevantes para o efeito (art. 81º/2 do Tratado sobre o Funcionamento da União Europeia).

O reconhecimento mútuo de decisões é elevado a aspeto principal da cooperação judiciária em matéria civil, considerado como um dos princípios em que se baseia o "espaço de liberdade, segurança e justiça" e relacionado com o direito de acesso à justiça (art. 67º/4 do mesmo Tratado) que constitui um direito fundamental também na ordem jurídica da União Europeia (art. 47º da Carta dos Direitos Fundamentais).

O raciocínio subjacente parece ser que as liberdades de circulação de pessoas, de mercadorias, de serviços e de capitais no seio da União Europeia se traduzem num incremento dos litígios transnacionais. Considera-se que os custos e as dificuldades com que depara o reconhecimento das decisões proferidas num Estado-Membro noutro Estado-Membro afetam o direito de acesso à justiça das partes destes litígios transnacionais[1002].

Esta construção é mais elaborada que as razões apresentadas na Exposição de Motivos da Proposta do Regulamento Bruxelas I e nos Considerandos dos Regulamentos Bruxelas I, Bruxelas II e Bruxelas II bis.

[1001] Ver também ALEGRÍA BORRÁS – "Aspectos generales de la cooperación en matéria civil", *in La Cooperación en Materia Civil en La Unión Europea: Textos y Comentarios*, org. por Alegría Borrás, 25-46, Cizur Menor (Navarra), 2009, 31.

[1002] Ver Roberto BARATTA – "Réflexions sur la coopération judiciaire civile suite au traité de Lisbonne", *in Liber Fausto Pocar*, vol. II, 3-22, Milão, 2009, 7-8.

Alega-se que "A disparidade entre determinadas normas nacionais em matéria de jurisdição e de execução dificulta a livre circulação das pessoas, bem como o funcionamento do mercado interno"[1003], mas não se apresenta nenhum argumento concreto neste sentido, nem se vislumbra o nexo entre a livre circulação de pessoas e os regimes da competência internacional e do reconhecimento de decisões estrangeiras.

Invoca-se também "a livre circulação das decisões em matéria civil e comercial"[1004], o que só pode constituir uma metáfora, visto que as decisões não são realidades materiais que sejam suscetíveis de atravessar fronteiras. Além disso, é uma metáfora que não se afigura feliz, na medida em que pretenda estabelecer um paralelo com as liberdades comunitárias, visto que no Direito de Reconhecimento está em causa o reconhecimento na ordem jurídica de um Estado de uma decisão proferida por órgãos de outro Estado, problema completamente diverso dos colocados pela circulação de pessoas, mercadorias, serviços e capitais.

Enfim, já se argumentava que a intervenção em matéria de competência internacional e reconhecimento de decisões estrangeiras contribui para o estabelecimento de um espaço de liberdade, segurança e justiça, que constituía um dos objetivos enunciados pelo art. 2º do Tratado da União Europeia[1005] e que o princípio do reconhecimento mútuo representa a "pedra angular da criação de um verdadeiro espaço judiciário"[1006]. Todavia, o referido preceito atribuía a este espaço as finalidades de "assegurar a livre circulação de pessoas, em conjugação com medidas adequadas em matéria de controlos na fronteira externa, asilo e imigração, bem como de prevenção e combate à criminalidade". Não é fácil de divisar a relação entre a prossecução destas finalidades, a competência internacional e o reconhecimento de decisões estrangeiras.

A invocação do direito de acesso à justiça constitui uma razão mais substancial para a intervenção legislativa da União Europeia nestas maté-

---

[1003] Considerando nº 4 do Regulamento Bruxelas II; ver também Considerando nº 2 do Regulamento em Bruxelas I e Considerando nº 1 do Regulamento Bruxelas II bis.

[1004] Exposição de Motivos, 5, Considerando nº 2 do Regulamento Bruxelas II e Considerando nº 6 do Regulamento Bruxelas I.

[1005] Exposição de Motivos, 5, e Considerando nº 1 dos Regulamentos Bruxelas I e Bruxelas II.

[1006] Considerando nº 2 do Regulamento Bruxelas II bis.

rias, mas também não é muito claro que o princípio do reconhecimento mútuo possa ser visto como um corolário deste direito.

Quais são, então, as verdadeiras razões para a intervenção legislativa dos órgãos da União Europeia em matéria de competência internacional e reconhecimento de decisões estrangeiras?

Creio que há um motivo mais genérico e estratégico e um motivo de ordem prática.

O motivo de ordem prática prende-se com as dificuldades inerentes à utilização de Convenções internacionais, ilustradas pelas sucessivas convenções de adesão à Convenção de Bruxelas que acompanharam os processos de alargamento das Comunidades Europeias. Este motivo não explica, porém, a razão por que a Comunidade Europeia em lugar de recorrer a instrumentos mais flexíveis, optou por uma unificação por via de regulamentos comunitários.

O motivo estratégico, que também parece estar subjacente aos projetos de unificação geral do Direito privado na Europa, consiste na utilização do Direito como um instrumento para promover a integração económica e política europeia, procurando superar, designadamente, os défices de vontade política que se têm verificado nos Estados-Membros.

Esta instrumentalização do Direito é, no mínimo, discutível, quando se preza a autonomia do Direito enquanto subsistema social, o respeito da autonomia legislativa e a identidade cultural dos Estados-Membros e não corresponde a um projeto político claro e definido, baseado na vontade política esclarecida e democraticamente expressa dos cidadãos da União Europeia sobre o modelo de Europa que desejam.

É minha convicção que o prosseguimento da integração económica e política na União Europeia – de que eu sou partidário – seria compatível com mais descentralização e autonomia jurídicas, mesmo no domínio do Direito Internacional Privado.

A União Europeia assenta no respeito da cultura, das tradições e da identidade nacional dos Estados-Membros (§ 6º do Preâmbulo do Tratado da União Europeia e arts. 3º/3/§ 4º e 4º/2 do mesmo Tratado). O Direito está ligado à cultura e participa da identidade nacional e, por isso, estes valores postulam o respeito da autonomia dos sistemas jurídicos dos Estados-Membros e do pluralismo jurídico no seio da União. Isto parece ser reconhecido no art. 67º/1 do Tratado sobre o Funcionamento da União Europeia, quando enuncia que o "espaço de liberdade, segurança e justiça"respeita os "diferentes sistemas e tradições jurídicos dos Estados-Membros".

Como foi anteriormente assinalado (*supra* § 20 D), a integração europeia, mesmo que venha a dar corpo a um Estado federal, não implica uma unificação do Direito.

Não obstante, uma apreciação crítica do Direito Europeu da competência internacional e do reconhecimento de decisões estrangeiras deve também sublinhar o inegável progresso representado pela Convenção de Bruxelas e pelos Regulamentos comunitários relativamente aos Direitos internos dos Estados-Membros.

Relativamente ao Direito interno português há designadamente a assinalar que a competência internacional atribuída aos tribunais portugueses pelo Direito Europeu é menos extensa, excluindo certos casos de competência exorbitante que ainda subsistiam à data da entrada em vigor dos referidos Regulamentos, e que o Direito Europeu é claramente superior no que toca à proteção da parte mais fraca em matéria de seguros e contratos com consumidores e mais desenvolvido no que toca à proteção das crianças.

Em todo o caso, creio que se poderia ter seguido um caminho diferente, e unificar os regimes da competência internacional e do reconhecimento de decisões estrangeiras numa base voluntária, através de convenções internacionais e de outros instrumentos mais flexíveis, como as Leis-Modelo, que os Estados-Membros seriam livres de adotar na legislação interna. Isto permitiria salvaguardar a autonomia legislativa e as competências externas dos Estados-Membros. Por outro lado, embora reconhecendo que os regulamentos europeus têm sido precedidos de uma ampla discussão pública, penso que a elaboração de Leis-Modelo poderia criar melhores oportunidades para o reconhecimento do mérito de soluções que não correspondem necessariamente às conceções dominantes nos Estados-Membros que têm mais influência nas soluções adotadas e para um elevado nível técnico-jurídico.

Capítulo III
Regime Interno

Bibliografia específica:

MACHADO VILLELA – "Notas sobre a competência internacional no novo Código de Processo Civil", *RFDC* 17 (1940/1941) 274-346 e 18 (1942) 1-70; BARBOSA DE MAGALHÃES – *Estudos sobre o novo Código de Processo Civil*, vol. II – *Da competência internacional*, Coimbra, 1947; ALBERTO DOS REIS – *Código de Processo Civil anotado*, 3ª ed., vol. I, Coimbra, 1948; Id. – *Processos Especiais*, vol. II, Coimbra, 1956; Id. – *Comentário ao Código de Processo Civil*, vol. I, 2ª ed., Coimbra, 1960; BAPTISTA MACHADO – "La compétence internationale en droit portugais", *BFDC* 41 (1965) 97-115; FERRER CORREIA [1973] [1982] [1983] [1993] [2000]; FERRER CORREIA e F. FERREIRA PINTO – "Breve apreciação das disposições do anteprojecto de código de processo civil que regulam a competência internacional dos tribunais portugueses e o reconhecimento de sentenças estrangeiras", *RDE* 13 (1987) 25-64; TEIXEIRA DE SOUSA – *O Regime Jurídico do Divórcio*, Coimbra, 1991; Id. [1993]; Id. – "Apreciação de alguns aspectos da 'Revisão do Processo Civil – Projecto'", *ROA* 55 (1995) 353-416; Id. – "O novo regime do Direito português sobre a competência internacional legal", *in Estudos sobre o Novo Processo Civil*, 91-106, Lisboa, 1997 [1997a]; Id. – "Apontamentos sobre a competência e as partes da acção declarativa", *in Estudos sobre o Novo Processo Civil*, 107-135, Lisboa, 1997 [1997b]; Id. – "Die neue internationale Zuständigkeitregelung im portugiesischen Zivilprozeßgesetzbuch und die Brüsseler und Luganer Übereinkommen: Einige vergleichende Bemerkungen", *IPRax* (1997) 352-360 [1997c]; Id. – *Acção Executiva Singular*, Lisboa, 1998; Id. – "Alguns aspectos do reconhecimento de decisões estrangeiras segundo o direito autónomo português", *in Das Recht der lusophonen Länder*, 55-63, Baden-Baden, 2000; Id. – "A competência internacional executiva dos tribunais portugueses: alguns equívocos", *Cadernos de Direito Privado* 5 (2004) 52-57; MOURA RAMOS [1991] [1995]; Id. - *A Reforma do Direito Processual Civil Internacional* (Sep. RLJ), Coimbra, 1998; Id. - "A competência exclusiva dos tribunais portugueses e o reconhecimento de decisões estrangeiras - Ac. do STJ de 13.1.2005, Rec. 3808/04", *Cadernos de Direito Privado* 16(2006) 15-27; ANSELMO DE CASTRO - *A Acção Executiva Singular, Comum e Especial*, 3ª ed., Coimbra, 1977; Id. - *Direito Processual Civil Declaratório*, vol. II, Coimbra, 1982; João de CASTRO MENDES - *Direito Processual Civil*, 3 vols., Lisboa, 1987; Vasco TABORDA FERREIRA - *Sistema do Direito Internacional Privado segundo a lei e a jurisprudência*, Lisboa, 1957; ANTUNES VARELA, MIGUEL BEZERRA e SAMPAIO E NORA - *Manual de Processo Civil*, 2ª ed., Coimbra, 1985; José LEBRE DE FREITAS - "Revisão do processo civil", *ROA* 55 (1995) 417-518; Id. - "O domicílio como critério de competência internacional em caso de intervenção principal", *Cadernos de Direito Privado* 8 (2004) 3-13; Id. - *A Acção Executiva Depois da reforma da reforma*, 5ª ed., Coimbra, 2009 [2009a]; Id. - "Competência ou incompetência internacional dos tribunais portugueses?", *ROA* 69 (2009) 59-71 [2009b]; LEBRE DE FREITAS, RUI PINTO e JOÃO REDINHA - *Código de Processo Civil Anotado*, vol. I, 2ª ed., Coimbra, 2008; Dário MOURA VICENTE - "A competência internacional no Código de Processo Civil revisto: aspectos gerais", *in Aspectos do Novo Processo Civil*, 71-92, Lisboa, 1997; Id. - "Competencia internacional y reconocimiento de sentencias extranjeras en el Derecho autónomo português", *in Direito Internacional Privado. Ensaios*, vol. III, Coimbra, 2005, 281-297; J. REMÉDIO MARQUES - *Acção Declarativa à Luz do Código Revisto*, 3ª ed., Coimbra, 2011; Alexander RATHE-NAU - *Die Anwendung des EuGVÜ durch portugiesische Gerichte unter Berücksichtigung des autonomen internationalen Zivilverfahrensrechts*, Francoforte-sobre-o-Meno, 2007; Carl NORDMEIER - "Portugal", *in Internationaler Rechtsverkehr in Zivil- und Handelssachen*, vol. II, Munique, 2010; KROPHOLLER [1982] [1998] [2006]; MORELLI [1954]; N. FRAGISTAS - "La compétence internationale en droit privé", *RCADI* 104 (1961) 159-270; SCHACK [2010]; BATIFFOL/LAGARDE [1983]; *Dicey, Morris and Collins* [2006]; *Cheshire, North & Fawcett* [2008]; BALLARINO [1999]; HAY/BORCHERS/SYMEONIDES [2010]; ISABEL DE MAGALHÃES COLLAÇO [1963]; LAGARDE - "Le principe de proximité dans le droit international privé contemporain", *RCADI* 196 (1986) 9-238; LIMA PINHEIRO - "A lei aplicável aos direitos de propriedade intelectual", *RFDUL* 42 (2001) 63-75 [2001c]; Id. [2002]; Georges DROZ - *Compétence judiciaire et effets des jugements dans le Marché Commun*, Paris, 1972; TEIXEIRA DE SOUSA e Dário MOURA VICENTE - *Comentário à Convenção de Bruxelas de 27 de Setembro de 1968 Relativa à Competência Judiciária e à Execução de Decisões em Matéria Civil e Comercial*, Lisboa, 1994; ADELINO DA PALMA CARLOS - *Código de Processo Civil Anotado*, Lisboa, 1940, 287 e segs.; João LOPES CARDOSO - *Partilhas Judiciais*, vol. I, 3ª ed., 1979, 435 e segs.; Otto KAHN-FREUND - "Jurisdiction agreements: some reflections", *Int. Comp. L. Q.* 26 (1977) 825-856; Manuel FERNANDES COSTA - "Direitos adquiridos e reconhecimento de sentenças estrangeiras (Da interpretação da al. g) do art. 1096º do Código de Processo Civil)", *in Est. António Ferrer Correia*, vol. I, 121-186, Coimbra, 1986; Maria Victória FERREIRA DA ROCHA – "Competência internacional e autonomia privada: Pactos privativos e atributivos de jurisdição no direito português e na Convenção de Bruxelas de 27-9- -1968", *RDE* 13 (1987) 161-234; SUSANA BRITO – *Dos acordos sobre o tribunal competente em situações internacionais* (diss. não publicada), Lisboa, 1988; Id. – "Sobre a indagação da lei aplicável aos pactos de jurisdição", *in Est. Castro Mendes*, 45-60, Lisboa, 1995; ANTUNES VARELA – "Anotação ao ac. STJ de 21/3/85", *RLJ* 123 (1990/1991) nº 3793 e 3794; Maria João MATIAS FERNANDES – "Pactos de jurisdição – A propósito de um acórdão do STJ", *O Direito* 140 (2008) 1139-1177; Peter SCHLOSSER – "Jurisdiction and international judicial and admnistrative co-operation", *RCADI* 284 (2000) 9-430; J. FAWCETT (org.) – *Declining Jurisdiction in Private International Law*, Oxford, 1995; J. FAWCETT – "General Report", *in* FAWCETT, J. (org.), *Declining Jurisdiction in Private International Law* (cit.), 1-69, 1995; Paul BEAUMONT – "Great Britain", *in* FAWCETT, J. (org.), *Declining Jurisdiction in Private International Law* (cit.), 207-233, 1995; Id. – "The Brussels Convention Becomes a Regulation: Implications for Legal Basis, External Competence, and Contract Jurisdiction", *in Essays Peter North*, 11-30, Oxford, 2002; Louis DEL DUCA e George ZAPHIRIOU – "United States of America", *in* FAWCETT, J. (org.), *Declining Jurisdiction in Private International Law* (cit.), 401-427, 1995; PIERRE MAYER – "Le phénomène de la coordination des ordres juridiques étatiques en droit privé. Cours générale de droit international privé", *RCADI* 327 (2007) 9-378; Carlos FERREIRA DA SILVA– "De la reconnaissance et de l'exécution de jugements étrangers au Portugal (hors du cadre de l'application des conventions de Bruxelles et de Lugano)", *in Recognition and Enforcement of Foreign Judgments Outside the Scope of the Brussels and Lugano Conventions*, 465-491, org. por Gerhard Walter e Samuel Baumgartner, A Haia, Londres e Boston, 2000.

87. Aspetos gerais
A) Âmbito material de aplicação
Segundo o art. 61º CPC "os tribunais portugueses têm competência internacional quando se verifique alguma das circunstâncias mencionadas no art. 65º". Este enunciado é inexato porque a competência internacional dos tribunais portugueses não resulta só do disposto no art. 65º CPC.

Por um lado, o art. 65º CPC, às semelhança dos preceitos sobre competência interna, regula fundamentalmente a *competência internacional dos tribunais judiciais em matéria cível*[1007]. A "matéria cível" é aqui entendida

---

[1007] É também na perspetiva do "Direito Processual Civil Internacional" que os autores alemães colocam o problema da competência internacional – ver, designadamente SCHACK [2010:

DIREITO INTERNACIONAL PRIVADO

em sentido amplo, como abrangendo todo o Direito privado, comum ou especial.

O art. 65º não regula a competência internacional dos tribunais judiciais em matéria criminal e dos tribunais administrativos e fiscais[1008].

Como os tribunais judiciais têm uma competência subsidiária em todas as áreas que não sejam atribuídas a outra ordem jurisdicional (arts. 211º/1 CRP e 66º CPC), é defensável que o art. 65º também valha para matérias que não são estritamente privadas, designadamente matérias relativas a relações com Estados e entes públicos estrangeiros que, apesar de dizerem respeito ao âmbito da sua gestão pública, não sejam abrangidas por uma imunidade de jurisdição (*supra* § 1 B).

Por acréscimo, as normas internas sobre competência internacional regulam fundamentalmente a *competência para a ação declarativa*[1009]

---

nºs 2 e segs.] e KROPHOLLER [2001a: 546 e segs.]. A Lei de Organização e Funcionamento dos Tribunais Judiciais remete a competência internacional dos tribunais judiciais para a lei de processo (art. 17º/2 da L nº 3/99, de 13/1, e art. 23º/2 da L nº 52/2008, de 28/8).

[1008] Aparentemente os tribunais judiciais em matéria criminal e os tribunais administrativos e fiscais são, em regra, internacionalmente competentes quando é aplicável o Direito Penal, Administrativo e Fiscal português. É um caso de competência dependente – ver, em relação à matéria criminal, Germano MARQUES DA SILVA – *Curso de Processo Penal*, vol. I, 5ª ed., Lisboa e São Paulo, 2008, e, em relação aos tribunais administrativos, LIMA PINHEIRO [1998: 337], com mais referências.

[1009] Cf. ANSELMO DE CASTRO [1977: 66 e segs.]. Ver, em sentido contrário, ALBERTO DOS REIS [1960: 145] e BARBOSA DE MAGALHÃES [1947: 48 e segs.]. TEIXEIRA DE SOUSA [1998: 124 e segs.] adota uma posição intermédia: partindo da ideia de dupla funcionalidade das regras sobre competência territorial entendia que o tribunal "que é territorialmente competente mantém essa mesma competência quando a execução apresenta uma conexão, subjectiva ou objectiva, com ordens jurídicas estrangeiras"; mas quando a execução se baseia numa sentença nacional, porém, "a atribuição de competência internacional ao tribunal de primeira instância em que a causa foi julgada fica dependente da existência de um outro elemento de conexão que se mostre relevante"; "os critérios do domicílio do executado e da situação dos bens penhoráveis estabelecem uma conexão suficiente para justificar a competência internacional do tribunal que apreciou a causa em primeira instância se na execução houver que realizar a penhora de bens do executado" mas "são insuficientes para justificar a competência internacional daquele tribunal quando a coisa a entregar se encontre no estrangeiro ou o exequente pretenda utilizar uma garantia real sobre bens situados no estrangeiro"; não exclui, também, a admissibilidade de pactos de jurisdição nesta matéria. Ver ainda LEBRE DE FREITAS [2009a: 112-116] defendendo que se o bem a apreender não se localizar em Estado da União Europeia ou parte da Convenção

REGIME INTERNO

Conforme foi atrás assinalado (*supra* §§ 79 B e 84 I), por força do Direito Internacional Público geral a realização de atos de execução no território de um Estado é, em princípio, da exclusiva competência dos órgãos deste Estado (ou dos particulares em que esse poder seja delegado). Daí parece decorrer que são exclusivamente competentes para a ação executiva os tribunais do Estado onde devam ser praticados os atos de execução. Quando os atos de execução tenham por objeto bens corpóreos são exclusivamente competentes os tribunais do Estado da situação dos bens. Já quando os atos de execução tenham por objeto direitos se suscitam outras dificuldades que[1010], salvo melhor opinião, se deverão resolver com base em critérios fundados em valorações específicas, e não nos critérios de competência internacional estabelecidos para a ação declarativa.

A redação dada ao art. 65º-A CPC pelo DL nº 38/2003, de 8/3, segue esta orientação[1011], pese embora a redação dada à al. e) não seja a mais ajustada no que toca à execução sobre direitos[1012]. Entretanto, a Lei nº 52/2008, de 28/8, alterou a redação do art. 65º-A, passando a dispor, na al. b), que os tribunais portugueses são exclusivamente competentes para "as execuções sobre bens imóveis situados em território português". Veremos mais adiante que o momento da entrada em vigor destas alterações suscita dúvidas (§ 88 A), mas pode dizer-se, à luz do anteriormente

de Lugano a competência do tribunal português para a execução pode resultar de qualquer dos critérios consagrados pelo art. 65º, podendo ser expedida carta rogatória para o país estrangeiro em que se localize o bem a apreender. Este entendimento é, no entanto, contrário ao princípio de que, na falta de instrumento supraestadual que disponha em sentido diferente, as cartas rogatórias não podem ser utilizadas para efetivar atos de execução decretados por um tribunal estrangeiro, consagrado entre nós pelo art. 185º/d CPC – cf. ALBERTO DOS REIS [1956: 153 e segs.]. Ver também LEBRE DE FREITAS/JÃO REDINHA/RUI PINTO [2008: Art. 49º an. 2]. Quanto à competência internacional para as providências cautelares, ver BARBOSA DE MAGALHÃES [1947: 318 e segs.].

[1010] Relativamente à penhora de créditos e de contas bancárias, ver SCHACK [2010: nºs 1086 e segs.] e TEIXEIRA DE SOUSA [1998: 128 e 2004: 55 -57]. Ver ainda Proposta de Regulamento que Cria uma Decisão Europeia de Arresto de Contas para Facilitar a Cobrança Transfronteiriça de Créditos em Matéria Civil e Comercial [COM(2011) 445 final].

[1011] Ver também LEBRE DE FREITAS [2004: 3-4 n. 4].

[1012] Cp. a formulação do Regulamento Bruxelas I (*supra* § 84 I), Ana PAULA COSTA E SILVA – *A Reforma da Acção Executiva*, Coimbra, 2003, 14, e TEIXEIRA DE SOUSA [2004: 55 e segs.]. Para LEBRE DE FREITAS [2004: 4 n. 4] o preceito não abrange a penhora de direito de crédito.

DIREITO INTERNACIONAL PRIVADO

exposto, que não se compreende a exclusão da execução sobre bens corpóreos móveis do âmbito do preceito.

Por outro lado, a competência declarativa em matéria cível não decorre só do art. 65º CPC, mas também de outras disposições, designadamente das contidas nos arts. 65º-A e 99º CPC e em fontes supraestaduais.

B) Relações com as fontes supraestaduais

O regime interno é aplicável fora da esfera de aplicação das fontes supraestaduais ou quando estas para ele remetam.

Relativamente às Convenções de Bruxelas e de Lugano e ao Regulamento Bruxelas I, o regime interno é aplicável:

– nas matérias civis excluídas do âmbito material de aplicação das Convenções e do Regulamento, designadamente estado e capacidade das pessoas singulares, regimes matrimoniais, testamentos e sucessões; falências, concordatas e procedimentos análogos; segurança social e arbitragem.

– nas matérias incluídas no âmbito material de aplicação das Convenções e do Regulamento, mas que não sejam abrangidas por uma competência exclusiva legal ou convencional, quando o requerido não tenha domicílio no território de um Estado Contratante/Membro (arts. 4º/1, 16º e 17º da Convenção de Bruxelas e da Convenção de Lugano de 1988 e arts. 4º/1, 22º e 23º do Regulamento e da Convenção de Lugano de 2007).

Relativamente ao Regulamento Bruxelas II bis, o regime interno é aplicável:

– em matéria de divórcio, separação e anulação do casamento, quando nenhum tribunal de um Estado-Membro seja competente por força dos critérios definidos no Regulamento (art. 7º/1) e, segundo parece, o demandado não tenha residência habitual no território de outro Estado-Membro ou seja nacional de outro Estado-Membro (art. 6º)[1013];

– em matéria de responsabilidade parental, quando nenhum tribunal de um Estado-Membro seja competente por força dos critérios definidos pelo Regulamento (art. 14º).

Enfim, relativamente ao Regulamento Relativo aos Processos de Insolvência, o regime interno é pelo menos aplicável nos processos excluídos do âmbito material de aplicação do regulamento, designadamente os

---

[1013] Ou, no caso do Reino Unido e da Irlanda, tenha o seu "domicílio" no território de um destes Estados-Membros.

processos de insolvência referentes a empresas de seguros e instituições de crédito, a empresas de investimento que prestem serviços que impliquem a detenção de fundos ou de valores mobiliários de terceiros e a organismos de investimento coletivo (ver supra § 69-A D e H).

88. Competência
A) Evolução legislativa
O regime da competência internacional contido no CPC foi nos últimos anos objeto de diversas alterações. As últimas alterações foram introduzidas pelo DL nº 38/2003, de 8/3, e pela L nº 52/2008, de 28/8[1014].

A crítica que antes de mais se pode fazer a estas intervenções legislativas em matéria de competência internacional é de que o legislador introduziu alterações pontuais no quadro de uma reforma do processo executivo (DL nº 38/2003) e da aprovação de uma nova Lei de Organização e Funcionamento dos Tribunais Judiciais (L nº 52/2008). Quaisquer alterações do regime da competência internacional deveriam, a meu ver, inserir-se numa reforma global do Direito Internacional Privado e envolver uma ampla discussão pública.

O DL nº 38/2003 alterou, em primeiro lugar, a redação do proémio e da al. d) do art. 65º/1. O proémio foi alterado no sentido de ressalvar o disposto nos "tratados, convenções, regulamentos comunitários e leis especiais". Embora a prevalência das fontes supraestaduais e das leis especiais já decorra das regras sobre hierarquia das fontes e dos critérios gerais sobre resolução de concursos de normas, esta ressalva pode ter algum valor propedêutico para a prática jurídica. Quanto à alteração da al. d), diz respeito ao critério da necessidade, e será adiante apreciada (C).

O mesmo diploma alterou a redação do art. 65º-A (competência exclusiva dos tribunais portugueses), tendo acrescentado ao proémio ressalva idêntica à feita no art. 65º, e aditado, como já foi referido, a al. e) relativa às "execuções sobre bens existentes em território português". As alterações feitas às restantes alíneas foram meramente formais.

A L nº 52/2008 veio introduzir alterações mais profundas.

[1014] Sobre a abolição do critério da reciprocidade, concretizada pelo DL nº 329-A/95, de 12/12, ver FERRER CORREIA/FERREIRA PINTO [1987: 34 e seg.], FERRER CORREIA [1993: 53 e seg.] e TEIXEIRA DE SOUSA [1995: 367].

DIREITO INTERNACIONAL PRIVADO

No art. 65º, deu nova redação ao proémio, que passou a ressalvar apenas os regulamentos comunitários e "outros "instrumentos internacionais". A nova redação evita a referência a "tratados" e "convenções" (que pode suscitar dúvidas perante a tendência para utilizar estes termos como sinónimos ou para considerar o tratado uma das modalidades de convenção internacional) mas também não deixa de ser controversa ao incluir os regulamentos comunitários na categoria dos "instrumentos internacionais" e ao colocar a questão de saber se a omissão das leis especiais se deve apenas à sua desnecessidade ou tem outra intencionalidade (porventura a de se presumir que as leis especiais não afastam os critérios da coincidência e da necessidade).

Na mesma disposição, foi eliminado o critério do domicílio do réu (nº 1/a e nº 2) e o critério da causalidade (c). As alterações feitas às restantes alíneas parecem meramente formais.

No art. 65º-A, foi eliminada a ressalva feita no proémio, passando a al. a) a referir que os tribunais portugueses são exclusivamente competentes nos "casos previstos em regulamentos comunitários ou em outros instrumentos internacionais". Para além da observação já feita relativamente à inclusão dos regulamentos comunitários na categoria dos "instrumentos internacionais", o sentido desta alteração também não é inteiramente claro. Poderá dizer-se que as fontes supraestaduais prevalecem, dentro do seu âmbito de aplicação, sobre o regime interno, não se limitando pois necessariamente a somar casos de competência exclusiva.

Na mesma disposição, foi reformulada a alínea relativas às execuções nos termos anteriormente expostos (§ 87 A), e alterada a ordenação das alíneas.

A Lei nº 52/2008 não se limitou a alterar os arts. 65º e 65º-A CPC. Ela tem um objeto muito mais vasto, em que se inclui a aprovação de uma nova Lei de Organização e Funcionamento dos Tribunais Judiciais, outras alterações ao CPC e a outros diplomas.

Nos termos do art. 187º/1, a lei entrou em vigor no 1º dia útil do ano judicial seguinte ao da sua publicação. Tendo em conta que nos termos dos arts. 11º e 12º tanto da L nº 3/99, de 13/1, como da L nº 52/2008, o ano judicial corresponde ao ano civil, mas que as férias judiciais decorrem, nomeadamente, de 22 de dezembro e 3 de janeiro, parece que a lei entrou em vigor na segunda-feira dia 5 de janeiro de 2009. O art. 187º/1 acrescenta que a lei é aplicável às comarcas piloto referidas no nº 1 do art. 171º e o art. 187º/3 que só a partir de 1 de setembro de 2010, tendo em conta a avaliação referida no art. 172º, se aplica a todo o território nacional.

A L nº 3-B/2010, de 28/4, que aprovou o Orçamento do Estado para 2010, alterou o art. 187º, passando o nº 3 a determinar que a partir de 1 de setembro de 2010, a lei continua a aplicar-se às comarcas piloto e, tendo em conta a avaliação referida no art. 172º aplica-se ao território nacional de forma faseada, devendo o processo estar concluído a 1 de setembro de 2014. E é introduzido um nº 4 segundo o qual esta aplicação faseada é executada através de DL, que define as comarcas a instalar em cada fase.

Parece claro que as normas de competência internacional se referem ao exercício da função jurisdicional pelo conjunto dos tribunais portugueses e, por conseguinte, não faz sentido que se apliquem diversas regras de competência internacional em diferentes comarcas. Por conseguinte, o novo regime da competência internacional tem de ser aplicável por todos os tribunais a partir da mesma data.

Por outro lado, as valorações subjacentes ao regime da competência internacional são completamente alheias às razões que podem justificar a limitação da aplicação de outras disposições da lei a determinadas comarcas. Por conseguinte, parece defensável uma interpretação segundo a qual a segunda parte do art. 187º/1 não abrange, designadamente, as alterações aos arts. 65º e 65º-A CPC, razão por que o novo regime da competência internacional deve ser aplicado por todos os tribunais em matéria cível desde a entrada em vigor da lei[1015].

Todavia, tanto quanto é do meu conhecimento, ainda não é clara a orientação que será seguida pelos tribunais relativamente a esta questão[1016]. Por outro lado, a restrição operada nos critérios de competência internacional não prejudica a competência que se tenha estabelecido no momento da propositura da ação com base no regime então vigente (art. 22º/2 da L

[1015] Em sentido convergente, mas inclinando-se para a entrada em vigor das alterações aos arts. 65º e 65º-A após o decurso do prazo legal de *vacatio legis*, PAULA COSTA E SILVA – "Algumas alterações de fundo no sistema processual civil", *Cadernos de Direito Privado* 28 (2009) 23-37, 33-34. Cp. LEBRE DE FREITAS [2009: 115 n. 25].

[1016] RCb 11/1/2011, Proc. 506/09.6T2ILH.C1[*in http://www.dgsi.pt*] aplicou o novo regime no pressuposto de que era aplicável na comarca em causa e entendendo que o mesmo se "generalizou" a todo o território nacional em 1 de setembro de 2010 (n. 13).

DIREITO INTERNACIONAL PRIVADO

nº 3/99 e art. 24º/2 da L nº 52/2008)[1017]. Por conseguinte, justifica-se o estudo dos critérios atributivos de competência legal que foram suprimidos pela L nº 52/2008.

Segundo o critério do *domicílio do réu, o*s tribunais portugueses são competentes quando o réu ou algum dos réus tenha domicílio em território português, salvo tratando-se de ações relativas a direitos reais ou pessoais de gozo sobre imóveis sitos em país estrangeiro (art. 65º/1/a CPC na redação anterior à L nº 52/2008)[1018].

Para determinar se o réu tem domicílio no território português haverá que atender aos critérios estabelecidos nos arts. 82º e segs. CC[1019].

Para este efeito, considera-se domiciliada em Portugal a pessoa coletiva cuja sede estatutária ou efetiva se localize em território português, ou que aqui tenha sucursal, agência, filial ou delegação (art. 65º/2 CPC). Isto mesmo que as ações não digam respeito à atividade da sucursal, agência, filial ou delegação[1020], o que pode levar a competências exorbitantes[1021] para decidir casos em que é duvidoso, perante o Direito Internacional Público geral, que os tribunais portugueses tenham jurisdição.

À face do Direito material português, a pessoa coletiva está "domiciliada" ou tem sede, salvo diferente designação estatutária, no lugar onde funciona normalmente a administração principal (art. 159º CC). Do nº 2 do art. 65º CPC resulta, porém, que para efeitos de atribuição de competência internacional aos tribunais portugueses não é necessário que a pessoa coletiva tenha a sua sede estatutária ou a sede principal da

---

[1017] Nos termos dos mesmos preceitos o novo regime já é aplicável se atribuir competência de que os tribunais portugueses careciam no momento da propositura da ação. Dado o sentido das alterações introduzidas esta hipótese, porém, é de difícil verificação. Já no sentido desta solução, relativamente à aplicação no tempo das alterações introduzidas no regime da competência internacional pelo DL nº 329-A/95, MOURA VICENTE [1997: 72 e segs.] com base no princípio da economia processual (caso contrário o réu seria absolvido da instância mas o autor proporia nova ação).

[1018] Sobre o fundamento deste critério, ver FERRER CORREIA/FERREIRA PINTO [1987: 31 e segs.], FERRER CORREIA [1993: 51] e *supra* § 80.

[1019] Cf. MACHADO VILLELA [1942: 20 e segs.], ALBERTO DOS REIS [1960: 121 e seg.] e MOURA RAMOS [1998: 17].

[1020] Cf. FERRER CORREIA/FERREIRA PINTO [1987: 40]; cp. o Projeto de 1995.

[1021] Neste sentido TEIXEIRA DE SOUSA [1995: 369]. Cp. MOURA RAMOS [1998: 18] e FERRER CORREIA [2000: 444].

administração em Portugal, *bastando* a existência de um centro organizado de atividade. Observe-se ainda que este conceito autónomo de sede, mais amplo do que o conceito homólogo de Direito material interno, é de algum modo simétrico ao relevante para a norma de conflitos contida no art. 33º CC, que se reporta exclusivamente à sede principal (e efetiva) da administração.

A tendência que se manifesta no Direito europeu e convencional e numa parte das legislações estrangeiras vai no sentido de limitar a competência do Estado da sucursal, agência, filial ou delegação aos litígios que resultem das atividades destas representações[1022]. É esta a solução que se afigura mais razoável.

A localização em território português de uma representação de sociedade "estrangeira" que não seja uma sucursal, agência, filial ou delegação não é suficiente para que se considere a sociedade domiciliada em Portugal[1023]. É necessário que a sociedade disponha em Portugal de um centro organizado de atividade.

Quando o réu seja domiciliado em Portugal mas não se localize em Portugal o fator de competência das regras de competência territorial será territorialmente competente o tribunal do domicílio do réu[1024].

Dizem respeito a direitos pessoais de gozo sobre imóveis as ações fundadas em relações contratuais que facultam a utilização de um imóvel, designadamente o arrendamento ou o comodato de imóvel. Assim, por exemplo, não pode fundar-se no critério do domicílio do réu a competência para uma ação relativa ao arrendamento comercial de um imóvel situado no estrangeiro.

[1022] Ver FERRER CORREIA [1982: 177 e segs. e 1993: 56]; arts. 5º/5 das Convenções de Bruxelas e de Lugano e do Regulamento Bruxelas I; art. 10º/2 da Convenção da Haia sobre o Reconhecimento e a Execução de Sentenças Estrangeiras em Matéria Civil e Comercial (1971). Ver ainda MACHADO VILLELA [1940/1941: 340 e segs. e 1942: 64 e seg.]. Cp., relativamente aos EUA, LOWENFELD [1994: 84 e seg.] e HAY/BORCHERS/SYMEONIDES [2010: §§ 5.13, 6.7 e 6.9 e n. 19], e, relativamente ao Reino Unido, *Cheshire, North & Fawcett* [2008: 358 e segs. e 363 e segs.].

[1023] Cp. MOURA VICENTE [1997: 84 e 2005: 285] e LEBRE DE FREITAS/PINTO/REDINHA [2008: art. 65º an. 2]. Os arts. 7º/2 e 86º/2 CPC mencionam, a par das sucursais, agências, filiais ou delegações, as "representações", não sendo, porém, claro quais as realidades abrangidas por este último conceito.

[1024] Cf. TEIXEIRA DE SOUSA [1997a: 122].

DIREITO INTERNACIONAL PRIVADO

O alcance da abolição deste critério de competência pela Lei nº 52/2008 é limitado, quando se tem presente que:

– quando o réu tem domicílio em Portugal aplica-se, dentro do âmbito de aplicação do Regulamento Bruxelas I, o regime de competência legal não exclusiva deste Regulamento (*supra* § 84 C), que estabelece como critério geral de competência o domicílio do réu (*supra* § 84 F);

– quando o requerido tem residência habitual em Portugal, os tribunais portugueses têm competência para a ação de divórcio, separação e anulação do casamento por força do Regulamento Bruxelas II bis (*supra* § 85 B);

– por força do critério da coincidência, adiante examinado (B), o critério do domicílio do réu, estabelecido como regra geral em matéria de competência territorial, releva para o estabelecimento da competência internacional dos tribunais portugueses em ações que não sejam abrangidas por fontes supraestaduais nem por preceitos especiais em matéria de competência territorial.

Em todo o caso, a abolição deste critério, juntamente com o critério, mais discutível, da causalidade, pressupõe que o critério da coincidência é, em geral, o mais adequado para a determinação da competência internacional. Remete-se uma tomada de posição a este respeito para o momento em que este critério for examinado[1025].

Segundo o *critério da causalidade*, os tribunais portugueses são internacionalmente competentes quando tenha sido praticado em território português o facto que serve de causa de pedir na ação, ou algum dos factos que a integram (art. 65º/1/c CPC na redação anterior à L nº 52/2008)[1026].

Por exemplo, em matéria de responsabilidade extracontratual, os tribunais portugueses serão internacionalmente competentes para conhecer de uma ação de indemnização emergente de um facto ilícito ocorrido no estrangeiro quando uma parte dos danos se produzir em Portugal.

A favor deste critério pode dizer-se que os tribunais do país em que ocorreram os factos que servem de causa de pedir estão melhor colocados

---

[1025] Na doutrina cp., em sentido crítico, LEBRE DE FREITAS [2009b: 60 e segs.], e em sentido aprovador, REMÉDIO MARQUES [2011: 295].

[1026] No sentido de que bastava a verificação em Portugal de um dos factos que integram uma causa de pedir complexa se pronunciara, face à redação anterior ao DL nº 329-A/95, o Assento nº 6/94 (*DR* 30/3/94). Sobre a concretização deste critério ver BARBOSA DE MAGALHÃES [1947: 368 e segs.] e, relativamente ao divórcio, TEIXEIRA DE SOUSA [1991: 13 e seg.].

REGIME INTERNO

para o acesso às provas e para a sua apreciação[1027]. Mas este argumento não procede quando os factos que integram a causa de pedir estão localizados em diversos países.

Daí que a consagração deste critério, a par do critério do domicílio e da coincidência, seja criticável[1028]. Em certos casos, em que apenas um dos factos que integram a causa de pedir complexa ocorre em Portugal, uma competência fundada neste critério pode mesmo ser exorbitante e de compatibilidade duvidosa com o Direito Internacional Público geral. Por exemplo, se um contrato é celebrado em Portugal entre estrangeiros, residentes em Estados que não são membros da União Europeia nem partes na Convenção de Lugano, para ser executado no estrangeiro, os tribunais portugueses são competentes para a ação de cumprimento.

Na doutrina foi sugerido que este critério fosse combinado com uma cláusula de exceção inspirada na teoria do *forum non conveniens*: seria necessário verificar se o laço existente entre o caso e a ordem jurídica portuguesa é suficientemente forte para justificar a competência dos nossos tribunais[1029].

Não são claras as razões por que o legislador não consagrou esta proposta no texto da lei. O certo é que o fundamento avançado pela doutrina dominante para o critério da causalidade sugere uma interpretação restritiva do mesmo, que permite evitar o exercício de competências exorbitantes e não permitidas pelo Direito Internacional Público geral.

Com efeito, encontram-se na doutrina e na jurisprudência indicações no sentido de que, no caso de plurilocalização dos factos que integram a causa de pedir, a competência internacional dos tribunais portugueses se pode fundar na circunstância de ter ocorrido em Portugal um desses factos que integram a causa de pedir *desde que isso traduza uma conexão suficientemente forte entre o caso e o Estado português*[1030].

[1027] Cf. FERRER CORREIA [2000: 444].

[1028] No mesmo sentido, MACHADO VILLELA [1942: 65 e segs.]; FERRER CORREIA/FERREIRA PINTO [1987: 33 e seg.]; FERRER CORREIA [1993: 52 e 2000: 444 e seg.]; TEIXEIRA DE SOUSA [1995: 368]; e, MOURA RAMOS [1998: 20 e seg. e 51 e seg.]. Cp. LEBRE DE FREITAS [2009b: 60 e segs.].

[1029] Cf. FERRER CORREIA/FERREIRA PINTO [1987: 33 e seg.], FERRER CORREIA [1993: 52] e MOURA RAMOS [1995: 317]. Ver ainda TEIXEIRA DE SOUSA [1993: 61 e segs.].

[1030] Ver ALBERTO DOS REIS [1960: 136 e seg.] e VARELA/BEZERRA/SAMPAIO E NORA [1985: 202], bem como os autores referidos na n. anterior; STJ 19/11/1991 [*BMJ* 411: 505].

DIREITO INTERNACIONAL PRIVADO

Na expressão de ALBERTO DOS REIS, para que se estabeleça nesta base a competência internacional dos tribunais portugueses é necessário que os factos materiais localizados em Portugal "sejam relevantes e característicos do facto jurídico" e que, "dentre a massa dos factos materiais alegados pelo autor, foram praticados em Portugal factos suficientes para justificar a conexão da ação com a jurisdição portuguesa"[1031].

Nesta ordem de ideias, deve entender-se que os tribunais portugueses serão internacionalmente competentes caso se tenham verificado em Portugal factos que integram a causa de pedir e que exprimam uma conexão suficientemente forte com o Estado português.

Quando se verifique o critério da causalidade mas não se localize em Portugal o fator de competência das regras de competência territorial, será territorialmente competente o tribunal do lugar onde se encontrar o réu (art. 85º/3/1ª parte) ou, caso não se encontre em Portugal, o tribunal do domicílio do autor (art. 85º/3/ 2ª parte) ou ainda, caso o autor também não tenha domicílio em Portugal, o tribunal de Lisboa (art. 85º/3 *in fine*)[1032].

B) Critérios gerais atributivos de competência legal – coincidência
O segundo critério geral atributivo de competência legal é o da *coincidência* (art. 65º/1/b CPC). Os tribunais portugueses são internacionalmente competentes quando a ação deva ser proposta em Portugal, segundo as regras de competência territorial estabelecidas na lei portuguesa[1033]. Quer isto dizer que se o elemento de conexão utilizado na norma de competência territorial apontar para um lugar situado no território português os tribunais portugueses são internacionalmente competentes.

Vejamos as principais regras de competência territorial para a ação declarativa, começando pelos *critérios especiais de atribuição de competência territorial.*

[1031] Op. cit., 136 e seg.

[1032] Ver, em sentido convergente, TEIXEIRA DE SOUSA [1997a: 122].

[1033] Para TEIXEIRA DE SOUSA [1993: 46 e seg.] o critério da coincidência não seria um critério atributivo de competência pelo que o art. 65º/1/a não seria uma "norma de recepção". O critério da coincidência seria inútil porque a situação plurilocalizada já acionou a previsão da norma de competência interna que define o tribunal territorialmente competente. Id. [1995: 367 e seg.] propondo o seu abandono. Ver ainda Id. [1997a: 99 e seg. e 1997c: 354]. Em minha opinião, trata-se de uma técnica legislativa de remissão intrassistemática. Ver também MOURA VICENTE [2005: 285-286].

REGIME INTERNO

Para as ações relativas a direitos reais ou pessoais de gozo sobre imóveis é competente o tribunal da situação dos bens (*forum rei sitae*) (art. 73º/1 CPC). Estas ações são abrangidas por regras de competência exclusiva[1034].

No que toca às ações relativas ao cumprimento das obrigações e à responsabilidade contratual, é competente o tribunal do domicílio do réu; quando o réu seja pessoa coletiva ou quando, situando-se o domicílio do credor na área metropolitana de Lisboa ou do Porto, o réu tenha domicílio na mesma área metropolitana, o credor pode optar pelo tribunal do lugar em que a obrigação deveria ter sido cumprida (*forum destinatae solutionis*) (art. 74º/1 CPC com a redação dada pela L nº 14/2006, de 26/4)[1035]. Quando o réu tenha domicílio em Portugal é aplicável o regime de competência legal do Regulamento Bruxelas I. A possibilidade de o autor optar, *só em certas circunstâncias*, pelo foro do lugar de cumprimento, parece dever-se a considerações específicas da competência territorial[1036], razão por que este preceito não parece relevante para a estabelecer a competência internacional dos tribunais portugueses[1037].

Quanto às ações concernentes a responsabilidade extracontratual é competente o tribunal do lugar onde ocorre a conduta causadora de prejuízo (*forum delicti comissi*) (art. 74º/2 CPC)[1038].

Para as ações de divórcio e separação de pessoas e bens é competente o tribunal do domicílio ou da residência do autor (art. 75º CPC)[1039].

[1034] Relativamente às ações relativas a hipotecas sobre navios e aeronaves, ver art. 73º/2.

[1035] Quanto às ações de honorários, ver art. 76º

[1036] Ver REMÉDIO MARQUES [2011: 335-336].

[1037] Quanto à relevância deste critério dentro do âmbito de aplicação do Regulamento Bruxelas I e das Convenções de Bruxelas e de Lugano, *supra* § 84 G.

[1038] No sentido de, em caso de dissociação entre o lugar do facto causal e o lugar onde dano se produziu, o lesado poder propor a ação no tribunal de qualquer um destes lugares, se pronuncia REMÉDIO MARQUES [2011: 336].

[1039] TEIXEIRA DE SOUSA [2003: 119] pronuncia-se no sentido de não poder ser invocado o critério enunciado neste preceito contra um cônjuge português "dado que a sua aplicação poderia ser utilizada para contornar as exigências estabelecidas no art. 2º, nº 1, al. a) 5º e 6º travessão" do Regulamento Bruxelas II (correspondentes às do art. 3º/1/a/5º e 6º travessões do Regulamento Bruxelas II bis). Caso, porém, se verifique algum dos critérios competência estabelecidos pelo art. 3º/1 do Regulamento Bruxelas II bis (designadamente a residência habitual do requerido em Portugal) os tribunais portugueses serão competentes por força deste Regulamento.

Na redação anterior à Ln.º 29/2009, de 29/6, o art. 77.º CPC determinava que, no que se refere às ações de inventário e habilitação na sucessão por morte é competente o tribunal do lugar da abertura da sucessão (n.º 1), i.e., o do lugar do último domicílio do autor da sucessão (art. 2031.º CC). Se o autor da sucessão teve o seu último domicílio no estrangeiro é competente o tribunal do lugar dos bens da herança, atendendo-se primeiramente à situação dos imóveis (art. n.º 2/a); se não deixou bens em Portugal parece que os tribunais portugueses não são competentes para o inventário; quanto à habilitação é neste caso competente o tribunal do domicílio do habilitando (n.º 2/b).

A L n.º 29/2009, ao mesmo tempo que determinou que os interessados podem escolher qualquer serviço de registo designado por Portaria ou qualquer cartório notarial para apresentar o processo de inventário (art. 3.º/2), alterou a redação do art. 77.º CPC, por forma que é territorialmente competente o tribunal da comarca do serviço de registo ou do cartório notarial onde o processo foi apresentado (n.º 1) e que, aberta a sucessão fora do país, as regras anteriormente expostas se aplicam à determinação do tribunal competente para a habilitação (n.º 2). Com a sua nova redação, a disposição não contém explicitamente critérios de competência que possam servir para a determinação da competência internacional relativamente ao processo de inventário, bem como, quando a sucessão seja aberta em Portugal, relativamente à habilitação. No entanto, parece que a disposição pressupõe que os tribunais portugueses são competentes para o processo de inventário quando a sucessão seja aberta em Portugal e quando o autor da sucessão deixou bens em Portugal; e, para a habilitação, quando a sucessão seja aberta em Portugal. No que se refere à habilitação, continua a decorrer do art. 77.º/2 (conjugado com o art. 65.º/1/b) que os tribunais portugueses são internacionalmente competentes, mesmo que a sucessão seja aberta no estrangeiro, quando o autor da sucessão tenha deixado bens em Portugal e quando o habilitando tenha domicílio em Portugal.

Há muito que se debate se no processo de inventário instaurado em tribunais portugueses devem ser relacionados e partilhados os bens situados no estrangeiro.

A jurisprudência tem entendido que não, pelo menos quando os tribunais do Estado da situação dos bens se consideram competentes e, alegadamente, a decisão não é suscetível de reconhecimento neste

Estado[1040]. As decisões menos recentes tão-pouco entram em linha de conta, para a determinação da quota disponível, com os bens situados no estrangeiro. Como fundamento para esta atitude a jurisprudência – na esteira de ALBERTO DOS REIS[1041] – invoca as dificuldades encontradas no cumprimento, por parte dos tribunais do Estado da situação dos bens, das cartas rogatórias relativas às diligências necessárias ao inventário (designadamente a avaliação dos bens) e a insuscetibilidade de reconhecimento da sentença portuguesa neste Estado.

Na jurisprudência mais recente manifesta-se uma tendência para admitir que o valor dos bens situados no estrangeiro seja tido em conta para o cálculo da legítima, embora estes bens não sejam relacionados nem partilhados[1042]. Neste sentido aponta uma doutrina que remonta a BARBOSA DE MAGALHÃES[1043].

Segundo um terceiro entendimento, defendido por ADELINO PALMA CARLOS e LOPES CARDOSO, os tribunais portugueses são competentes para a partilha de bens situados no estrangeiro, independentemente da eficácia que seja reconhecida à decisão no Estado da situação dos bens[1044]. É este o entendimento correto.

A orientação seguida pela jurisprudência contrária não tem fundamento legal e baseia-se em argumentos que se afiguram improcedentes. Nenhuma disposição processual exclui a competência dos tribunais portugueses para a partilha de bens situados no estrangeiro. Nem faria sentido a exclusão quando a lei competente para reger a sucessão, segundo o Direito de Conflitos português, é aplicável à partilha da herança quer os bens se situem em Portugal ou no estrangeiro. Os bens situados no estrangeiro integram

---

[1040] Cf., designadamente, STJ 18/3/47 [*RLJ* 80: 157], 7/3/50 [*BMJ* 18: 242] e 13/11/59 [*BMJ* 91: 484]; RPt 11/10/47 [*RT* 66: 220] e 11/4/78 [*BMJ* 278: 304]. Para um panorama da jurisprudência mais antiga ver *RT* 68 (1950) 178.

[1041] 1960: 217.

[1042] Cf., designadamente, RCb 8/3/68 [*RT* 87: 126], STJ 21/3/85 [*BMJ* 345: 355] e RPt 25/10/94 [*BMJ* 440: 547]

[1043] 256 e segs.; no mesmo sentido TABORDA FERREIRA [1957: 140] e ANTUNES VARELA [1990/1991: 147 e seg.].

[1044] 288 e 446, respetivamente. No mesmo sentido *RT* 68 (1950) 196; STJ 23/10/2008, Proc. 07B4545 [*in www.dgsi.pt/jstj.nsf*] e RGm 11/2/2010; Proc.702/05.5TBCBT-B.G1 [*in http://www. dgsi.pt/jtrg.nsf*]. Também ISABEL DE MAGALHÃES COLLAÇO [1963: 284 e seg.], parecia apontar, *de iure constituto*, para este entendimento.

DIREITO INTERNACIONAL PRIVADO

a herança e, por isso, têm de ser relacionados e partilhados no processo de inventário instaurado nos tribunais portugueses.

As dificuldades no cumprimento de cartas rogatórias, além de não serem de esperar em relação a Estados que sejam partes em Convenções internacionais em matéria de processo civil ou a Estados-Membros da União Europeia vinculados pelo Regulamento comunitário no domínio da obtenção de provas em matéria civil ou comercial[1045], podem quando muito justificar uma adaptação de certas disposições processuais. Assim, por exemplo, como entendeu o STJ no ac. de 21/3/1985, a avaliação dos bens tanto pode ser obtida mediante carta rogatória como de outro modo, designadamente por certidão do inventário instaurado no estrangeiro.

A insuscetibilidade de reconhecimento de uma decisão portuguesa no Estado de situação dos bens tanto se pode verificar em matéria sucessória como noutras matérias. Ora, à face do Direito constituído, a insuscetibilidade de reconhecimento no estrangeiro da decisão nacional não fundamenta, em caso algum, a incompetência dos tribunais portugueses. De resto, não decorre, por si, de os tribunais do Estado de situação se considerarem competentes e de aplicarem à sucessão a lei local que a decisão portuguesa seja insuscetível de reconhecimento[1046]. Acresce que, perante o Direito vigente, as decisões estrangeiras que partilhem bens situados em Portugal são, em princípio, suscetíveis de reconhecimento na ordem jurídica portuguesa[1047].

Enfim, é de assinalar que o princípio da maior proximidade tem um alcance muito reduzido no Direito Internacional Privado português[1048]. O legislador do Código Civil não deu acolhimento ao art. 5º/2 do Anteprojeto de 1964, que mandava observar os princípios de Direito Interna-

---

[1045] Reg. (CE) nº 1206/2001, Relativo à Cooperação entre os Tribunais dos Estados-Membros no Domínio da Obtenção de Provas em Matéria Civil ou Comercial [*JOCE* L 174/1, de 27/6/2001].

[1046] Mas já será este o caso se os tribunais do Estado da situação se considerarem exclusivamente competentes.

[1047] Ver, por exemplo, acs. RCb 18/2/97 [*CJ* (1997-II) 5] e 3/3/2009 [*CJ* (2009-II) 5], REv 11/1/2001 [*CJ* (2001-I) 255] e STJ 24/2/1999 [*in www.dgsi.pt/jstj.nsf*] e 13/1/2005 [*CJ* (2005-I) 31]. A sentença estrangeira já não pode ser confirmada se foi instaurada uma ação idêntica em tribunais portugueses antes da propositura da ação no tribunal estrangeiro, por força do art. 1096º/d CPC.

[1048] *Supra* § 17 B.

cional Privado do Estado da situação de um imóvel se tal fosse necessário e suficiente para assegurar o reconhecimento da decisão a proferir pelo tribunal português[1049]. Isto mostra que, na valoração do legislador, o problema do reconhecimento da sentença no Estado da situação dos bens não justifica qualquer desvio às soluções consagradas pelo Direito de Conflitos português. Muito menos justificará a incompetência dos tribunais portugueses.

Em certas matérias de Direito Marítimo há que atender ao disposto nos arts. 78º a 81º CPC (avaria grossa, abalroação de navios, salvação ou assistência de navios e extinção de privilégios sobre navios).

Observe-se que, em matérias de Direito Marítimo, vigoram diversas normas de competência internacional contidas em diplomas avulsos, que incluem critérios de competência exorbitantes[1050].

Relativamente aos processos de insolvência e recuperação de empresas ver *supra* § 69-A e *infra* E.

Por último, em matéria tutelar cível (tutela de menores), é competente o tribunal da residência do menor no momento em que o processo foi instaurado (art. 155º/1 do DL nº 314/78, de 27/10, que revê a Organização Tutelar de Menores)[1051]. Nos termos do nº 5 do art. 155º deste diploma (com a redação dada pela L nº 133/99, de 28/8), se, no momento da instauração do processo, o menor não residir no país, é competente o tribunal da residência do requerente ou do requerido; quando também estes residirem no estrangeiro e o tribunal português for internacionalmente competente, pertence ao tribunal de Lisboa conhecer da causa. Parece que este último preceito não pode constituir fundamento da competência internacional

---

[1049] Ver também a proposta de relevância da *lex rei sitae*, em matéria sucessória, apresentada por ISABEL DE MAGALHÃES COLLAÇO [1963: 285 e seg.].

[1050] Ver DL nº 349/86, de 17/10, art. 20º (transporte de passageiros por mar); DL nº 352/86, de 21/10, art. 30º (transporte de mercadorias por mar); DL nº 431/86, de 30/12, art. 16º (contrato de reboque); DL nº 191/87, de 29/4, art. 47º (fretamento), e DL nº 203/98, de 10/7, art. 15º (salvação marítima).

[1051] Sendo desconhecida a residência do menor, é competente o tribunal da residência dos titulares do poder paternal; se os titulares do poder paternal tiverem residências diferentes, é competente o tribunal da residência daquele a cuja guarda o menor estiver confiado ou, no caso de guarda conjunta, com quem o menor residir (art. 155º/2 e /3 com a redação dada pela L nº 133/99, de 28/8).

DIREITO INTERNACIONAL PRIVADO

dos tribunais portugueses[1052]. De outro modo bastaria que o requerente ou o requerido deslocasse a sua residência para Portugal para que os tribunais portugueses fossem competentes, o que abriria as portas à manipulação do critério atributivo de competência internacional.

Na maior parte dos casos será aplicável à determinação da competência internacional nesta matéria Regulamento comunitário ou Convenção internacional (*supra* § 55 B). Em todo o caso, fora do âmbito de aplicação desses instrumentos, o critério da necessidade deve ser entendido por forma a conformar-se com o superior interesse da criança, permitindo designadamente que as autoridades portugueses tomem medidas de proteção provisórias em caso de urgência relativamente a todos os menores que se encontrem em Portugal[1053].

Passe-se agora ao *critério geral de atribuição de competência territorial*, que vale para as restantes questões, designadamente para as matérias do estatuto pessoal que não sejam o divórcio ou a separação de pessoas e bens, processos de inventário e habilitação de herdeiros e processos relativos à responsabilidade parental, para as ações de anulação ou declaração de nulidade de contrato e para as ações de reivindicação de bens móveis.

Se o réu for uma pessoa singular, a ação deve ser proposta no tribunal do domicílio do réu (art. 85º/1 CPC). Se o réu for uma pessoa coletiva ou uma sociedade, a ação deve ser proposta no tribunal da sede da administração principal ou no da sede da sucursal, agência, filial, delegação ou representação, conforme a ação seja dirigida contra aquela ou contra estas. Tratando-se de pessoa coletiva ou sociedade "estrangeira" (i.e., de estatuto pessoal estrangeiro, por ter sede principal da administração no estrangeiro) que tenha sucursal, agência, filial, delegação ou representação em Portugal, a ação pode sempre ser proposta no tribunal da sede destas (art. 86º/2 CPC)[1054].

[1052] Em sentido convergente, RUI EPIFÂNIO e ANTÓNIO FARINHA – *Organização Tutelar de Menores*, 2ª ed., Coimbra, 1992, 197, e Tomé D'ALMEIDA RAMIÃO – *Organização Tutelar de Menores. Anotada e Comentada*, 6ª ed., Lisboa, 2007, Art. 155º an. 5.

[1053] Ver também art. 79º da Lei de Proteção de Crianças e Jovens em Perigo (L nº 147/99, de 1/9).

[1054] Observe-se que a competência internacional se encontra condicionada à existência de personalidade judiciária nos termos do art. 7º/2. Se a obrigação não foi contraída com um português, nem com um estrangeiro domiciliado em Portugal, a "representação" local (sem personalidade jurídica) de pessoa coletiva com administração principal no estrangeiro não pode demandar nem ser demandada, mas a ação pode ser proposta contra a pessoa coletiva,

REGIME INTERNO

Como já decorre da apreciação feita relativamente ao critério do domicílio do réu (A), não é de aprovar a extensão da competência internacional dos tribunais portugueses com fundamento na localização em Portugal de uma representação de pessoa coletiva com sede no estrangeiro quando o litígio não resulte das atividades desta representação.

Havendo mais de um réu na mesma causa, devem todos ser demandados no tribunal do domicílio do maior número; se for igual o número nos diferentes domicílios, pode o autor escolher o de qualquer deles (art. 87º/1 CPC). Da aplicação destas regras à competência internacional resulta que em caso de *pluralidade de réus* os tribunais portugueses são internacionalmente competentes quando pelo menos metade dos réus for domiciliada em Portugal[1055].

No caso de *cumulação de pedidos* entre os quais haja uma relação de dependência ou subsidiariedade deve a ação ser proposta no tribunal competente para a apreciação do pedido principal (art. 87º/3 CPC). Poderia pensar-se na transposição deste preceito para a competência internacional, de onde resultaria que os tribunais portugueses internacionalmente competentes para o pedido principal seriam também competentes para os pedidos dependentes ou subsidiários.

Todavia, a lei não permite a cumulação de pedidos (mesmo que entre eles exista uma relação de subsidiariedade), quando os tribunais portugueses não forem internacionalmente competentes para conhecer ambos os pedidos (arts. 469º/2 e 470º/1 CPC conjugados com o art. 31º/1 do mesmo diploma)[1056].

Por conseguinte, a competência internacional tem de ser verificada relativamente a todos os pedidos cumulados.

Embora uma competência internacional fundada na conexão entre pedidos seja desconhecida do Direito português, não se exclui a possibilidade de um desenvolvimento *praeter legem* do Direito da Competência Internacional quanto a certos casos de conexão de pedidos[1057].

---

no tribunal da sede da "representação" – ALBERTO DOS REIS [1960: 253 e seg.] e TEIXEIRA DE SOUSA [1993: 51]; cp. MACHADO VILLELA [1940/1941: 336 e segs.].

[1055] Cf. BARBOSA DE MAGALHÃES [1947: 118 e seg.].

[1056] Ver também LEBRE DE FREITAS – *Introdução ao Processo Civil*, 2ª ed., Coimbra, 2006, 183.

[1057] Ver, relativamente ao Direito alemão, SCHACK [2010: nºs 389 e segs.].

DIREITO INTERNACIONAL PRIVADO

Em resultado, da transposição das regras de competência territorial contidas nos arts. 73º a 84º CPC resulta um conjunto de *critérios especiais de competência legal (ratione materiae)*[1058].

O fundamento do critério da coincidência parece estar na presunção de que os elementos de conexão utilizados para estabelecer a competência territorial traduzem um laço suficientemente forte entre a causa e o Estado português para fundamentar a competência internacional dos seus tribunais[1059]. Estes elementos de conexão são geralmente expressão do princípio de proximidade relativamente às partes e às provas, que é um princípio comum à competência territorial e à competência internacional. Por isso, os elementos de conexão da competência territorial também conduzem na maior parte dos casos a resultados adequados para a competência internacional[1060].

Pode ainda dizer-se que de um ponto de vista técnico-legislativo é mais simples remeter para as normas de competência territorial que reproduzir os elementos de conexão nelas contidos em normas de competência internacional. O mesmo caminho foi seguido pela recente Lei italiana de Direito Internacional Privado (art. 3º/2/2ª parte).

Em todo o caso, entendo que se deve preferir a formulação de regras específicas de competência internacional à remissão para as regras de competência territorial. É a via seguida designadamente pela Lei federal suíça de Direito Internacional Privado, que contém normas gerais de competência internacional na secção II do Capítulo I e em que cada um dos capítulos relativos às diferentes matérias (Capítulos II a XI) principia, em regra, por normas especiais de competência internacional[1061].

[1058] Neste sentido, MOURA RAMOS [1998: 19].

[1059] TEIXEIRA DE SOUSA [1993: 51 e seg.] apresenta como exemplo da inconveniência da extensão da competência territorial à competência internacional o disposto no nº 3 do art. 85º CPC. No entanto, deve entender-se que este preceito não releva para o critério da coincidência, por ser uma regra de emergência que pressupõe a competência internacional dos tribunais portugueses – ALBERTO DOS REIS [1960: 124 e seg.]; CASTRO MENDES [1987: I 354]; VARELA/BEZERRA/SAMPAIO E NORA [1985: 201 n. 1]; cp. LEBRE DE FREITAS [2009b: 69]. A aplicabilidade do nº 2 do art. 85º no quadro do critério da coincidência também não é isenta de dúvidas – cp. CASTRO MENDES [1987: I 353] e LEBRE DE FREITAS [2009b: 69] admitindo que este preceito ainda possa servir para fundar a competência internacional dos tribunais portugueses e VARELA/BEZERRA/SAMPAIO E NORA [loc. cit.], em sentido contrário.

[1060] Cf. KROPHOLLER [1982: nº 133].

[1061] Ver também DROZ [1972: 49 e seg.].

A formulação de regras específicas permite ter em conta a especifici-dade da competência internacional e valores e princípios de Direito da Competência Internacional que nem sempre são comuns à competência territorial. É o que se verifica, designadamente, com a necessidade de articulação entre o Direito da Competência Internacional e o Direito de Conflitos. Evita também as dificuldades suscitadas pela delimitação entre critérios de competência territorial que são relevantes para a determinação da competência internacional e os que o não são e pela transposição de determinados critérios de competência territorial para a determinação da competência internacional.

C) Critérios gerais atributivos de competência legal – necessidade
Segundo o critério da necessidade, os tribunais portugueses são interna-cionalmente competentes quando o direito invocado não possa tornar-se efetivo senão por meio de ação proposta em tribunais portugueses, ou constituir para o autor dificuldade apreciável a sua propositura no estran-geiro, desde que entre o objeto do litígio e a ordem jurídica nacional haja algum elemento ponderoso de conexão, pessoal ou real (art. 65º/1/d CPC).

Com este critério visa-se, em primeira linha, evitar a denegação de justiça (proibida pelo art. 20º/1 CRP e pelo art. 6º/1 da Convenção Euro-peia dos Direitos do Homem), por falta de tribunais competentes para decidirem a causa[1062].

A formulação dada a este critério pela reforma de 1995/1996 veio res-ponder a algumas das dúvidas que anteriormente se suscitavam.

Primeiro, foi discutido se o critério da necessidade também funcionava em caso de mera impossibilidade "prática" de o tornar efetivo. Segundo, foi questionado se a grande dificuldade deveria ser assimilada à impos-sibilidade[1063]. A nova formulação dá resposta afirmativa a esta segunda questão. Por maioria de razão o critério também deve funcionar em caso de impossibilidade material[1064].

[1062] Cf. MACHADO VILLELA [1940/1941: 333 e 1942: 69] e FERRER CORREIA [1993: 54 e 2000: 440 e 445].

[1063] Contra, ALBERTO DOS REIS [1960: 144], BARBOSA DE MAGALHÃES [401 e seg.] e CASTRO MENDES [I 359].

[1064] Neste sentido se pronunciaram FERRER CORREIA/FERREIRA PINTO [1987: 39], FERRER CORREIA [1993: 55] e, quanto à impossibilidade "prática", ALBERTO DOS REIS [1960: 144],

DIREITO INTERNACIONAL PRIVADO

O DL nº 38/2003, de 8/3, introduziu uma nova redação na al. d) do art. 65º/1. A redação anterior estendia o critério da necessidade aos casos em que não fosse "exigível ao autor a sua propositura no estrangeiro". A nova redação refere-se antes à "dificuldade apreciável" na propositura da ação no estrangeiro. Não tenho nenhuma indicação sobre a intencionalidade subjacente a esta alteração nem vislumbro outra explicação para a mesma que não seja a tentativa de clarificar o sentido do preceito. Na verdade, era reconhecido que a determinação da exigibilidade da propositura de uma ação no estrangeiro podia suscitar dificuldades[1065]. Não me parece, porém, que a nova redação tenha minorado as dificuldades de interpretação e aplicação do preceito.

Na falta de indicações em contrário, creio que o preceito deve continuar a ser entendido em conformidade com a doutrina que anteriormente se pronunciou sobre este ponto. Assim, parece que se têm em vista hipóteses como a de se encontrar em guerra o Estado cujos tribunais se consideram competentes, ou de o demandante, seu nacional, se ter exilado por razões políticas, correndo graves riscos se a ele retornasse[1066].

A exigência de uma conexão, real ou pessoal, entre o objeto do litígio e a ordem jurídica nacional aplica-se tanto ao caso de dificuldade "apreciável" de tornar efetivo o direito invocado como ao caso de impossibilidade[1067]. Esta exigência já era formulada, para os casos de impossibilidade, na anterior redação do art. 65º, consistindo a principal alteração feita na introdução da dificuldade "apreciável" *a par* da impossibilidade[1068].

A qualificação do elemento de conexão como "ponderoso" pode suscitar algumas dúvidas de interpretação. Deve entender-se que é "ponderoso" qualquer elemento de conexão que seja significativo. Não se vê qualquer razão para maior exigência, visto que a competência internacional dos tri-

---

CASTRO MENDES [1987: I 359], TEIXEIRA DE SOUSA [1993: 54] e FERRER CORREIA [2000: 446 e seg.]. Cp. BARBOSA DE MAGALHÃES [1947: 402].

[1065] LEBRE DE FREITAS [1995: 442] sugeria que este ponto fosse clarificado.

[1066] Ver FERRER CORREIA/FERREIRA PINTO [1987: 39]. Ver também RGm 18/12/2006 [*CJ* (2006-I) 294] e STJ 3/10/2007, Proc. 07S922 [*in http://www.dgsi.pt/jstj.nsf*].

[1067] Já não seria assim perante a redação proposta por FERRER CORREIA para o art. 26º do Projeto – cf. Id. [1993: 55 e seg.].

[1068] Ver também o art. 3º da Lei federal suíça de Direito Internacional Privado.

bunais portugueses só não se justificaria, mesmo em caso de necessidade, se faltasse qualquer laço significativo com o Estado português[1069].

Uma questão mais complexa é a da aplicabilidade deste critério quando a impossibilidade de tornar efetivo o direito invocado não decorre da falta de uma jurisdição estrangeira competente mas da solução material que será dada ao caso nesta jurisdição. Este modo de colocar a questão pressupõe uma divergência entre o Direito de Conflitos português e o Direito de Conflitos do Estado cujos tribunais são competentes, designadamente o chamamento de leis diferentes a regularem o caso.

Uma primeira posição, defendida por ALBERTO DOS REIS, BARBOSA DE MAGALHÃES, VARELA/BEZERRA/SAMPAIO E NORA e uma parte da jurisprudência, é a de que a impossibilidade (ou grande dificuldade) de tornar efetivo o direito invocado diz apenas respeito à disponibilidade de uma jurisdição estrangeira e não à questão de fundo[1070].

Outra é a posição adotada por parte da jurisprudência, e defendida por ANSELMO DE CASTRO, FERRER CORREIA e TEIXEIRA DE SOUSA[1071]. Esta posição admite que se fundamente a competência internacional dos tribunais portugueses na decisão do fundo segundo o Direito Internacional Privado português, em especial, para FERRER CORREIA/FERREIRA PINTO, quando o autor for português[1072]. Pressupõe-se que a norma de competência internacional suscita a questão prévia da existência do direito invocado, e que esta questão prévia é resolvida por atuação do Direito de Conflitos português.

Como fundamento desta posição, lê-se apenas em FERRER CORREIA/ FERREIRA PINTO que a posição contrária leva a desprover de toda a consistência prática um direito que se deve ter por existente à face do sistema jurídico português e, assim, a uma denegação de justiça[1073].

[1069] Ver também MACHADO VILLELA [1940/1941: 334 e segs. e 1942: 69] e ALBERTO DOS REIS [1960: 140].

[1070] 1960: 142, 1947: 404 e seg. e 1985: 205 e seg., respetivamente.

[1071] Cf. ANSELMO DE CASTRO [1982: 32 n. 1], FERRER CORREIA [1993: 55 e 2000: 447] e TEIXEIRA DE SOUSA [1993: 54], respetivamente.

[1072] Cf. FERRER CORREIA/FERREIRA PINTO [1987: 38] e FERRER CORREIA [1993: 55] invocando, neste sentido, a proteção especial concedida aos portugueses pelo então art. 1096º/g CPC, e hoje estabelecida pelo art. 1100º/2 CPC.

[1073] 1987: 37 e seg.

DIREITO INTERNACIONAL PRIVADO

Este argumento merece-me reservas. O cerne do problema reside na relação entre a esfera competência internacional dos tribunais portugueses e o âmbito de aplicação no espaço do Direito de Conflitos português. Sem dúvida que o Direito de Conflitos português tem vocação para regular as situações que apresentam uma conexão ponderosa com o Estado português. A posição defendida por estes autores leva a um significativo alargamento da esfera de competência internacional dos tribunais portugueses, que pode contribuir para uma melhor correspondência com a esfera de aplicação no espaço reclamada pelo Direito Internacional Privado português. No entanto, uma restrição da competência internacional de cada jurisdição estadual é plenamente justificada por outros princípios relevantes nesta matéria: o princípio da proximidade e, principalmente, o princípio da distribuição harmoniosa de competências. Tal alargamento da competência internacional dos tribunais de um Estado levaria à multiplicação de competências concorrentes e favoreceria aquele que invoca uma posição jurídica ativa perante o sujeito passivo por meio do *forum shopping*.

E não é aceitável que haja denegação de justiça sempre que, em virtude de uma restrição do âmbito de competência internacional dos tribunais portugueses relativamente à esfera de aplicação no espaço do Direito de Conflitos português, um direito atribuído pelo Direito de Conflitos português seja privado de tutela judiciária.

Se assim fosse, também o reconhecimento da sentença estrangeira que nega a existência de um direito atribuído pela lei competente segundo o Direito de Conflitos português constituiria uma denegação de justiça. Ora, o regime interno de reconhecimento de sentenças estrangeiras, enquanto sistema fundamentalmente formal, admite que a sentença estrangeira produza os seus efeitos na ordem jurídica portuguesa, mesmo que tenha sido aplicada uma lei que não é a competente segundo o nosso Direito de Conflitos. Só não é assim quando o reconhecimento viole a ordem pública internacional (art. 1096º/e CPC) ou quando a sentença tenha sido proferida contra português, o Direito material português seja aplicável segundo o nosso sistema conflitual e o resultado da ação lhe tivesse sido mais favorável caso o tribunal estrangeiro tivesse aplicado o Direito material português. Nesta hipótese o art. 1100º/2 CPC estabelece um fundamento de impugnação do pedido. Admito que este preceito, para se conformar com o princípio constitucional da equiparação, deva ser objeto de uma extensão analógica, por forma a conceder a mesma proteção aos estrangeiros e apátridas residentes em Portugal (*infra* § 97 G).

Nestes casos, não há necessariamente uma denegação de justiça, mas um limite à aplicação do Direito de Conflitos português, visto que se admite que a situação jurídica seja definida por tribunais estrangeiros que aplicam o seu próprio Direito de Conflitos.

Não excluo, porém, que a falta de tutela judiciária de um direito concedido pela lei competente segundo o Direito de Conflitos português possa constituir uma denegação de justiça. Creio que isto sucederá quando haja uma forte conexão pessoal entre o titular do direito e o Estado português, seja competente a lei portuguesa e não haja tribunais estrangeiros competentes que a apliquem. Com efeito, se for competente uma lei estrangeira não há um laço suficientemente importante com o Estado português para que este tenha necessariamente de assegurar a tutela judiciária dos direitos atribuídos por essa lei. Não basta sequer que seja competente a lei portuguesa. Só uma forte conexão pessoal com o Estado português, acompanhada da aplicabilidade do Direito nacional, impõe que em relações transnacionais este assegure a uma pessoa, em qualquer caso, a tutela dos seus tribunais. Nestas circunstâncias, a falta de tutela judiciária do direito concedido pela lei portuguesa representa uma denegação de justiça, porque a confiança depositada na competência da lei portuguesa é justificada por uma forte conexão pessoal com o Estado português.

Isto harmoniza-se com o regime aplicável ao reconhecimento de sentenças estrangeiras, uma vez que, de acordo com o exposto, uma pessoa só pode opor-se à confirmação da sentença estrangeira que negue um direito atribuído pela lei portuguesa, que seria aplicável perante o Direito de Conflitos português, quando haja uma forte conexão pessoal com o Estado português.

Por certo que, pelas razões anteriormente expostas, seria desejável que os tribunais portugueses fossem competentes sempre que seja aplicável o Direito material português. Mas o que justificaria esta solução, em todo o seu alcance, seriam razões de coerência, uma correta articulação entre Direito aplicável e competência internacional, e não já a proibição de denegação de justiça.

Por estas razões, defendo uma terceira posição, de algum modo intermédia, relativamente à questão de saber se o critério da necessidade deve fundamentar a competência internacional dos tribunais portugueses

DIREITO INTERNACIONAL PRIVADO

quando não está em causa a competência de uma jurisdição estrangeira mas a solução material dada ao caso por esta jurisdição.

Consiste esta terceira posição, em primeiro lugar, na atribuição de competência internacional aos tribunais portugueses quando a solução dada ao caso pelo Direito Internacional Privado do Estado estrangeiro cujos tribunais se consideram competentes viole a ordem pública internacional portuguesa[1074]. Claro é que a reserva de ordem pública internacional desempenharia neste caso uma função diferente da que normalmente lhe é atribuída: a de fundamento da competência internacional dos tribunais portugueses.

Creio que faz todo o sentido que o critério da necessidade seja concebido por forma a satisfazer as exigências da ordem pública internacional portuguesa. *De iure constituto*, poderá pensar-se que na avaliação do "elemento ponderoso de conexão" o órgão de aplicação goza de alguma margem de apreciação, sendo legítimo que se mostre menos exigente quando esteja em causa a ordem pública internacional. *De iure condendo*, seria de ir mais longe, e prescindir, neste caso, de qualquer exigência de conexão com o Estado português que não seja a ligação normalmente pressuposta pela atuação da cláusula de ordem pública internacional.

Em segundo lugar, também parece defensável a atribuição de competência internacional aos tribunais portugueses quando, por outros motivos, a sentença proferida ou suscetível de ser proferida pela jurisdição estrangeira competente não seja suscetível de reconhecimento em Portugal e exista um elemento ponderoso de conexão com o nosso país.

Só nestes casos, apesar de haver uma jurisdição estrangeira competente, a falta de competência internacional dos tribunais portugueses poderia levar a uma denegação de justiça.

Vejamos o que se passa com alguns sistemas estrangeiros.

A lei suíça de Direito Internacional Privado também consagra o critério da necessidade (art. 3º), mas a redação do preceito só abrange a impossibilidade ou a inexigibilidade da propositura da ação em jurisdição estrangeira.

A Lei italiana de Direito Internacional Privado de 1995 desconhece o critério da necessidade e não contém qualquer disposição que possa levar

---

[1074] Ver também FRAGISTAS [1961: 173 e segs.]. Sobre a admissibilidade desta competência de necessidade dentro do âmbito de aplicação da Convenção de Bruxelas e da Convenção de Lugano de 1988, ver KROPHOLLER [1998: vor Art. 2 nº 20] e TEIXEIRA DE SOUSA [1997c: 355].

REGIME INTERNO

a alargar a competência internacional dos tribunais italianos no sentido atrás examinado.

No Direito francês, a jurisprudência aceita o critério da necessidade para os casos de conflito negativo de competências[1075]. Segundo BATTIFFOL/LAGARDE, este critério de competência só parece subsistir em hipóteses excecionais e desde que exista um laço entre o litígio e o território francês[1076]. Há uma decisão que parece admitir, *a contrario*, que também haveria denegação de justiça no caso de a solução que daria o tribunal estrangeiro competente ser contrária à ordem pública[1077]. Mas a discussão sobre este ponto parece concernir mais à questão de saber se a aplicabilidade de uma "lei de ordem pública" fundamenta a competência internacional dos tribunais franceses – questão que parece ser respondida negativamente pela opinião dominante[1078] – que à ordem pública internacional. Além disso, os tribunais franceses são internacionalmente competentes quando um francês é autor ou réu (arts. 14º e 15º CC), em todas as matérias, com exclusão das ações reais imobiliárias e "de partilha" sobre imóveis situados no estrangeiro e das ações relativas a meios de execução praticados fora de França.

A doutrina dominante na Alemanha aceita o critério da necessidade para os casos de conflito negativo de competências[1079]. Admite-se que também há um conflito negativo de competências quando as sentenças estrangeiras não podem ser reconhecidas e não são competentes os tribunais locais pois que neste caso é impossível ao autor fixar a situação jurídica com eficácia na ordem local[1080]. Uma extensão deste critério de necessidade, pelo menos quanto à chamada "competência de ordem pública internacional" [*ordre-public-Zuständigkeit*], é admitida por alguns autores[1081].

O sistema inglês é muito diferente. Nas ações *in personam* os tribunais ingleses são competentes sempre que o réu tenha sido citado no território inglês, quando o réu se submete à jurisdição dos tribunais ingleses e

---

[1075] Ver MAYER/HEUZÉ [2010: nº 288].

[1076] 1983: 463 e seg.

[1077] Paris 10/11/1959 cit. por MAYER/HEUZÉ [2010: nº 288 n. 21].

[1078] Cf. BATIFFOL/LAGARDE [1983: 462 e seg.].

[1079] Cf. SCHACK [2010: nº 457] e KROPHOLLER [2006: 611].

[1080] Cf. SCHACK [2010: nº 456].

[1081] Cf. KROPHOLLER [1982: 272 e seg.], com mais referências.

ainda nos casos em que o réu é citado fora do território inglês ao abrigo do art. 6.33(3) das *Civil Procedure Rules* e do § 3.1 da *Practice Direction* 6B das *Civil Procedure Rules*, sendo esta ampla competência internacional limitada pela doutrina do *forum non conveniens*. Esta última disposição permite a citação do réu no estrangeiro em diversos casos, dando larga margem de apreciação ao tribunal e, em certas matérias, tendo em conta a aplicabilidade do Direito material inglês[1082].

Nos EUA, constituem critérios gerais atributivos de competência [*general jurisdiction*] a citação do réu num Estado da União; a aceitação pelo réu da jurisdição; o domicílio, a nacionalidade e a residência; a necessidade; e, o "mínimo de contactos"[1083]. Para além disto há critérios especiais atributivos de competência [*specific jurisdiction*] em certas matérias. Também neste caso a ampla competência internacional é limitada pela doutrina do *forum non conveniens*. A competência de necessidade é controversa, mas é geralmente aceite que ela se verifica quando não existe um foro alternativo razoável e a conexão com as partes e os factos torna o foro escolhido apropriado[1084].

Quanto à determinação do tribunal territorialmente competente quando se verifique o critério da necessidade aplicam-se as considerações tecidas relativamente ao critério da causalidade (A).

D) Critérios atributivos de competência legal em matéria de contrato de trabalho
A competência internacional em matéria de contrato de trabalho é objeto de um regime especial que consta dos arts. 10º e 11º C. Proc. Trabalho. O art. 11º, relativo aos pactos privativos de jurisdição, será adiante examinado.

O art. 10º/1 C. Proc. Trabalho estabelece dois critérios atributivos de competência legal.

O primeiro critério, pese embora a infelicidade da formulação do art. 10º C. Proc. Trabalho, é o *critério da coincidência*: os tribunais de trabalho portugueses são internacionalmente competentes quando o elemento de conexão utilizado nas normas de competência territorial estabelecidas no Código de Processo do Trabalho apontar para um lugar situado no território português (nº 1/1ª parte).

[1082] Ver *Dicey, Morris and Collins* [2006: nºs 11-141 e segs. e 2011: nºs 11-141 e segs.]
[1083] Ver HAY/BORCHERS/SYMEONIDES [2010: §§ 6.2-6.7].
[1084] Ver HAY/BORCHERS/SYMEONIDES [2010: § 6.6].

REGIME INTERNO

O critério geral atributivo de competência territorial é o domicílio do réu (art. 13º/1). As entidades empregadoras ou seguradoras, bem como as instituições de previdência, consideram-se também domiciliadas no lugar onde tenham sucursal, agência, filial, delegação ou representação (art. 13º/2). Em paralelo com o assinalado a respeito dos critérios gerais de competência legal, é criticável que a competência dos tribunais portugueses se possa fundamentar na localização em Portugal de um centro de atividade ou representação do réu, mesmo que as ações não digam respeito à atividade deste centro ou representação.

Com este critério geral concorrem critérios especiais atributivos de competência territorial em matéria de ações emergentes de contrato de trabalho (art. 14º), de acidentes de trabalho ou de doença profissional (art. 15º), de despedimento coletivo (art. 16º) e de liquidação e partilha de bens de instituições de previdência e associações sindicais e outras em que sejam requeridas essas instituições ou associações (art. 18º).

Por força destes critérios especiais, em matéria de contrato de trabalho o trabalhador pode propor a ação não só no tribunal do domicílio da entidade patronal, mas também no tribunal do lugar da prestação do trabalho ou do seu domicílio (14º/1). Ao passo que a entidade patronal só pode propor a ação no tribunal do domicílio do trabalhador.

O segundo critério é o da *causalidade*: terem ocorrido em território português, no todo ou em parte, os factos que integram a causa de pedir da ação.

A consagração do critério da causalidade é especialmente criticável nesta matéria. Do critério da coincidência já decorre uma ampla competência internacional dos tribunais portugueses, não se justificando alargá-la a outros casos.

O art. 10º/2 C. Proc. Trab. determina que os tribunais do trabalho portugueses também são internacionalmente competentes nos "casos de destacamento para outros Estados de trabalhadores contratados por empresas estabelecidas em Portugal" e para as "questões relativas a conselhos de empresas europeus e procedimentos de informação e consulta em que a administração do grupo esteja sediada em Portugal ou que respeita a empresa do grupo sediada em Portugal". O sentido da previsão do destacamento para Estado estrangeiro não é inteiramente claro. Dado que o preceito só atuará fora do âmbito de aplicação das regras de competência do Regulamento Bruxelas I, parece que a intencionalidade normativa será

DIREITO INTERNACIONAL PRIVADO

principalmente a de permitir que, em matéria de contrato de trabalho, um trabalhador contratado por um estabelecimento, situado em Portugal, de uma entidade patronal que não tenha domicílio num Estado-Membro (no caso de ente coletivo, que não tenha sede social, nem administração central, nem estabelecimento principal num Estado-Membro), possa propor a ação em Portugal, mesmo que o litígio não diga respeito ao funcionamento do estabelecimento que o contratou. A previsão afigura-se demasiado ampla, uma vez que, pelo menos literalmente, abrange situações em que é contratado um trabalhador que reside num país estrangeiro para prestar trabalho noutro país estrangeiro (ver ainda *supra* § 84 H sobre a Diretiva relativa ao destacamento de trabalhadores).

É de assinalar que a reforma de 1995/1996 eliminou do elenco das competências exclusivas constante do art. 65º-A CPC as ações referentes às relações de trabalho[1085]. Por certo que, nos termos em que se encontrava consagrada, esta competência exclusiva era demasiado ampla[1086]. Poderá, porém, ser questionado se é coerente com a finalidade de proteção do trabalhador, subjacente ao regime especial dos arts. 10º e 11º CPC, que a competência dos tribunais portugueses nesta matéria seja sempre concorrente com a de tribunais estrangeiros, por forma que nunca constitua fundamento de oposição ao reconhecimento das decisões proferidas por tribunais estrangeiros[1087].

F) Critérios atributivos de competência legal exclusiva

A competência dos tribunais portugueses é exclusiva quando a ordem jurídica portuguesa não admite a privação de competência por pacto de jurisdição nem reconhece decisões proferidas por tribunais estrangeiros que se tenham considerado competentes (cf. arts. 99º/3/d e 1096º/c CPC)[1088].

A competência exclusiva contrapõe-se à competência concorrente, que é aquela que pode ser afastada por um pacto de jurisdição e que não obsta ao reconhecimento de decisões proferidas por tribunais estrangeiros.

[1085] Relativamente a esta competência exclusiva, ver MOURA RAMOS [1991: 778 e segs.].

[1086] Cf. op. cit. 780.

[1087] Ressalvada a obrigação de reconhecer as decisões proferidas por tribunais de outros Estados-Membros da União Europeia.

[1088] Em sentido próximo, à face do Direito alemão, KROPHOLLER [1982: nº 149]. Como este autor indica, o conceito de competência exclusiva não é uniforme nos diferentes sistemas.

REGIME INTERNO

A principal *ratio* dos casos de competência exclusiva contidos no art. 65º-A CPC parece ser a salvaguarda da aplicação de certos regimes imperativos contidos no Direito material português[1089].Com efcito, nestes casos, o Direito material competente segundo o nosso Direito de Conflitos, será, em regra, o português.

A maior parte destes casos corresponde aos estabelecidos pelo Regulamento Bruxelas I. O legislador português de 1995 teve a intenção de alinhar tanto quanto possível o regime interno da competência internacional com o disposto na Convenção de Bruxelas e na Convenção de Lugano de 1988[1090]. A intervenção do legislador português em matéria de competência exclusiva, que ocorreu com o DL nº 38/2003, de 8/3, teve expressamente em vista reforçar o alinhamento do art. 65º-A com o Regulamento Bruxelas I, como resulta do Preâmbulo desse diploma. Já a limitação da competência exclusiva em matéria de execução, operada pela L nº 52/2008, de 28/8, veio criar uma nova divergência com o Regulamento Bruxelas I que, porém, não parece ter alcance prático.

Por conseguinte, na falta de indicação clara em sentido diferente que resulte do texto legal, *os preceitos do art. 65º-A CPC devem ser interpretados em conformidade com o Regulamento*[1091].

Na nossa ordem jurídica, as competências internacionais legais são, em regra, concorrentes. *Os casos de competência legal exclusiva são excecionais.* À semelhança do que se verifica perante o Regulamento Bruxelas I (*supra* § 84 I), a enumeração de casos de competência internacional exclusiva contida no art. 65º-A tem *natureza taxativa*. O intérprete não pode alargar os casos de competência exclusiva legalmente estabelecidos por via da analogia ou com base em qualquer outra técnica.

O primeiro caso de competência exclusiva são *as execuções sobre bens imóveis situados em território português* (art. 65º-A/b). Foi anteriormente assinalado que a competência exclusiva dos tribunais do lugar da execução já decorre do Direito Internacional Público e, dentro do respetivo âmbito

---

[1089] Em sentido convergente, TEIXEIRA DE SOUSA [1993: 58]. Já merece reserva a afirmação, feita pelo mesmo autor, que o legislador visa a "protecção de interesses económicos nacionais"; com efeito, boa parte dos regimes imperativos em causa destina-se à proteção de interesses particulares, sejam eles nacionais ou estrangeiros.

[1090] Cf. MOURA RAMOS [1998: 9 e 34].

[1091] No mesmo sentido, ver STJ 13/1/2005 [*CJ* (2005-I) 31].

DIREITO INTERNACIONAL PRIVADO

de aplicação, das Convenções de Bruxelas e de Lugano e do Regulamento Bruxelas I (*supra* § 87 A). O preceito das Convenções e do Regulamento tem pelo menos a utilidade de tornar claro que certos meios processuais ligados diretamente à execução, tais como a oposição do executado e os embargos de terceiro, estão abrangidos pela competência exclusiva. O mesmo parece de entender fora do âmbito de aplicação destes instrumentos (por exemplo, na execução fundada em sentença homologatória da partilha realizada no processo de inventário), ainda que esteja em causa a execução designadamente sobre bens móveis corpóreos. Daí que a limitação introduzida pela L nº 52/2008 a esta competência exclusiva não pareça ter alcance prático.

Em segundo lugar, temos *as ações relativas a direitos reais ou pessoais de gozo sobre imóveis sitos em território português* (art. 65º-A/c)[1092].

Esta matéria é regulada pelas Convenções de Bruxelas e de Lugano (art. 16º/1 da Convenção de Bruxelas e da Convenção de Lugano de 1988 e art. 22º/1 da Convenção de Lugano de 2007) e pelo Regulamento Bruxelas I (art. 22º/1). O art. 65º-A/c estabelece uma competência exclusiva mais ampla, porquanto abrange todos os direitos pessoais de gozo sobre imóveis (ao passo que aqueles preceitos só referem o arrendamento)[1093], e não contém um regime especial em matéria de contratos de arrendamento de imóveis para uso pessoal temporário por um período máximo de seis meses consecutivos (que consta daqueles preceitos).

Em terceiro lugar, temos os *processos especiais de recuperação da empresa e de falência*, relativamente a pessoas domiciliadas em Portugal ou a pessoas coletivas ou sociedades cuja sede esteja situada em território português (art. 65º-A/d).

A competência internacional é principalmente disciplinada pelo Regulamento relativo aos processos de insolvência (*supra* § 69-A H). Suscita dúvida a aplicabilidade das normas internas em matéria de ações decorrentes diretamente do processo de insolvência dentro do âmbito de aplicação do Regulamento (*supra* § 69-A D). Certo é que as normas

---

[1092] À face do art. 65ºA/a na redação anterior ao DL nº 329-A/95, TEIXEIRA DE SOUSA [1993: 58] defendia que não são abrangidas as ações de despejo e de preferência sobre imóveis. O ponto suscita dúvidas, em particular quanto às ações de despejo, que são relativas a direitos pessoais de gozo.

[1093] Ver LEBRE DE FREITAS/JOÃO REDINHA/RUI PINTO [2008: Art. 65º-A an. 3].

internas sobre competência internacional são aplicáveis aos processos de insolvência que se encontrem fora do âmbito material (e temporal) de aplicação do Regulamento.

A competência exclusiva estabelecida pelo art. 65º-A/d não abrange a instauração destes processos com respeito a sucursal ou outra forma de representação local de sociedade com sede no estrangeiro, que se encontrava prevista no nº 2 do art. 82º CPC e é atualmente permitida no quadro definido pelo art. 294º C. Insolv./Rec. Emp.[1094].

É de supor que o legislador quis estabelecer esta competência exclusiva para as pessoas coletivas ou entes equiparados que tenham estatuto pessoal português. Como já foi assinalado a respeito do Regulamento Bruxelas I (*supra* § 84 I), isto suscita dificuldades num sistema como o nosso, que em matéria de sociedades comerciais combina a teoria da sede (da administração) com a relevância da sede estatutária nas relações com terceiros[1095]. A sede estatutária é o ponto privilegiado de referência para terceiros. Por conseguinte, de harmonia com o exposto com respeito ao Regulamento relativo aos processos de insolvência, parece que esta competência exclusiva diz respeito, em princípio, aos entes coletivos com sede estatutária em Portugal. Só quando a generalidade dos credores conheça, ou devesse conhecer, a localização em Portugal da sede da administração de um ente coletivo com sede estatutária no estrangeiro é que a competência exclusiva dos tribunais portugueses se poderá basear na localização da sede da administração.

Quarto, *as ações referentes à apreciação da validade do ato constitutivo ou ao decretamento da dissolução de pessoas coletivas ou sociedades que tenham a sua sede em território português, bem como as destinadas a apreciar a validade das deliberações dos respetivos órgãos* (art. 65º-A/e).

Esta matéria é regulada pelas Convenções de Bruxelas e de Lugano (art. 16º/2 da Convenção de Bruxelas e da Convenção de Lugano de 1988 e art. 22º/2 da Convenção de Lugano de 2007) e pelo Regulamento Bruxelas I (art. 22º/2).

Por último, temos *as ações que tenham como objeto principal a apreciação da validade da inscrição em registos públicos de quaisquer direitos sujeitos a registo em Portugal* (art. 65º-A/f).

[1094] No mesmo sentido, face ao art. 65ºA/b na redação anterior ao DL nº 329-A/95, TEIXEIRA DE SOUSA [1993: 49].

[1095] Ver *supra* § 59 D.

DIREITO INTERNACIONAL PRIVADO

A formulação dada a esta alínea dá azo a diversas dúvidas, desde logo porque os principais registos públicos têm por objeto factos e não direitos. Parece que o preceito deve ser entendido em sintonia com os nºs 3 e 4 do art. 16º da Convenção de Bruxelas e da Convenção de Lugano de 1988 e do art. 22º do Regulamento Bruxelas I e da Convenção de Lugano de 2007 (*supra* § 84 I). Assim, o art. 65º-A/f abrangerá quer a validade da generalidade das inscrições em registos públicos quer a regularidade da inscrição ou a validade de direitos sujeitos a registo[1096].

O art. 65º-A CPC será aplicável às ações relativas aos registos públicos de factos ou de direitos que se encontrem fora do âmbito de aplicação das Convenções de Bruxelas e de Lugano e do Regulamento Bruxelas I (designadamente as inscrições no registo civil)[1097].

Porquanto o art. 16º da Convenção de Bruxelas e da Convenção de Lugano de 1988 e o art. 22º do Regulamento Bruxelas I e da Convenção de Lugano de 2007 são aplicáveis mesmo que o requerido não tenha domicílio num Estado Contratante/Membro, as competências exclusivas estabelecidas pelo art. 65º-A CPC só não são redundantes quando estejam para além do disposto naquele preceito. É o que se verifica com a al. d) e, só parcialmente, com as als. c) e f) do art. 65º-A.

Nestes casos, a competência exclusiva dos tribunais portugueses pode, em princípio, fundar-se no regime interno, desde que o requerido não tenha domicílio num Estado vinculado por aqueles instrumentos (pressuposto de aplicação do regime interno)[1098].

No entanto, a competência fundada no regime interno será afastada pelo pacto atributivo de jurisdição aos tribunais de outro Estado-Membro ou pela competência convencional tácita dos tribunais de outro Estado--Membro caso se verifiquem os pressupostos estabelecidos pelos arts. 17º e

---

[1096] Ver, em sentido convergente, MOURA RAMOS [1998: 34 e seg.].

[1097] LEBRE DE FREITAS/JOÃO REDINHA/RUI PINTO [2008: Art. 65º-A an. 5], seguindo sugestão feita anteriormente por LEBRE DE FREITAS [1995: 443], defendem que a al. f), ao limitar a competência exclusiva às ações que têm como objeto principal a validade da inscrição em registos públicos, exclui aquelas em que essa apreciação seja feita acessoriamente. Ver considerações feitas sobre o art. 22º do Regulamento Bruxelas I (*supra* § 84 I).

[1098] Cp. MOURA VICENTE [2005: 283]. Nestes casos, dificilmente se concebe a existência de uma competência exclusiva dos tribunais de outro Estado Contratante/Membro por força das Convenções de Bruxelas e de Lugano ou do Regulamento Bruxelas I. No entanto, se isto se verificar, os tribunais portugueses não podem basear a sua competência no Direito interno.

18º da Convenção de Bruxelas e da Convenção de Lugano de 1988 e pelos arts. 23º e 24º do Regulamento Bruxelas I e da Convenção de Lugano de 2007, dentro do âmbito de aplicação destes instrumentos.

Para efeitos de competência internacional indireta (reconhecimento de decisões estrangeiras), os referidos preceitos internos só relevam no reconhecimento de decisões proferidas num Estado que não seja vinculado por aqueles instrumentos[1099].

A *relevância da competência exclusiva de tribunais estrangeiros,* por forma a afastar a competência legal concorrente ou a competência convencional dos tribunais portugueses, é questão que não tem sido suscitada entre nós. A falta de base legal não encerra a questão, uma vez que há valores e princípios da ordem jurídica que apontam para a relevância da competência exclusiva de tribunais estrangeiros. É o que se verifica com a igualdade, com o bem comum e com o princípio da harmonia internacional de soluções[1100].

Quando a principal *ratio* dos casos de competência exclusiva seja a salvaguarda da aplicação de regimes imperativos contidos no Direito material do foro, há um nexo estreito entre o Direito da Competência Internacional e o Direito de Conflitos. A igualdade de tratamento das situações internas e das situações transnacionais, designadamente quanto à incidência de normas imperativas e à eliminação de conflitos de deveres, também justifica a relevância da competência exclusiva estrangeira. O respeito da competência exclusiva estrangeira, quando prossiga fins coletivos comuns às normas de competência exclusiva do Estado do foro, também é postulado pelo bem comum universal. Enfim, o respeito da competência exclusiva estrangeira evita até certo ponto o surgimento de decisões contraditórias e de decisões não reconhecíveis noutro Estado em contacto com a situação, contribuindo para a harmonia internacional de soluções.

Sem pretender ser conclusivo neste ponto, direi apenas que, em minha opinião, só pode relevar a competência estrangeira exclusiva que, além de estabelecida com base no Direito da Competência Internacional do respetivo Estado, se baseie num critério atributivo de competência exclusiva consagrado no Direito português[1101]. Além disso, esta competência exclu-

---

[1099] Ver também, para o caso particular do art. 65º-A/a), na redação dada pelo DL nº 329-A/95 [atual al. c)], TEIXEIRA DE SOUSA [1997a: 102].

[1100] Ver, relativamente ao Direito de Conflitos, *supra* §§ 16 e 17 B.

[1101] Ver também KROPHOLLER [1982: nº 156], que, porém, parece determinar a competência exclusiva estrangeira somente com base no Direito da Competência Internacional interno.

DIREITO INTERNACIONAL PRIVADO

siva só pode ser relevante fora do âmbito de aplicação de instrumentos supraestaduais; designadamente, ela não pode ser respeitada quando os tribunais portugueses forem competentes por força das Convenções de Bruxelas e de Lugano ou do Regulamento Bruxelas I, e, se os tribunais de outro Estado-Membro se considerarem competentes, não pode obstar ao reconhecimento da decisão por eles proferida (ver também *supra* § 84 I).

G) Competência convencional

As partes podem designar um tribunal estadual como exclusivamente competente ou como concorrentemente competente (art. 99º/2 CPC). Em caso de dúvida presume-se a competência concorrente (art. 99º/2 *in fine*). Esta última solução é criticável, uma vez que o sentido típico da eleição de foro é a atribuição de competência exclusiva[1102].

O pacto de jurisdição é um negócio jurídico que tem um efeito atributivo de competência aos tribunais de um Estado e um efeito privativo competência dos tribunais dos outros Estados que, na sua falta, seriam competentes

Quando diz respeito a uma relação contratual, o pacto de jurisdição constitui normalmente uma cláusula do negócio fundamental. Todavia, o pacto de jurisdição deve ser encarado como um negócio jurídico autónomo, cuja validade e eficácia não é *necessariamente* prejudicada pela invalidade ou ineficácia do negócio fundamental[1103], à semelhança do que se verifica com respeito à cláusula compromissória[1104]. Por conseguinte, a validade e eficácia da cláusula de jurisdição deve ser apreciada separadamente da validade e eficácia do contrato em que está inserida. Daí decorre que o tribunal designado tem competência para apreciar a validade e eficácia do pacto de jurisdição mesmo que se discuta a validade e eficácia do contrato e que, caso considere a cláusula válida e o contrato inválido, tem competência para decidir sobre as consequências da invalidade do contrato[1105].

[1102] Neste sentido TEIXEIRA DE SOUSA [1995: 372] e MOURA VICENTE [1997: 89].

[1103] Cf. FRAGISTAS [1961: 246], KROPHOLLER [1982: nº 480 n. 1094], TEIXEIRA DE SOUSA [1993: 104 e 2003: 60] e Peter SCHLOSSER – "The Separability of Arbitration Agreements – A Mode for Jurisdiction and Venue Agreements?", *in Essays Peter Nygh*, 305-324, A Haia, 2004.

[1104] Sobre a autonomia da cláusula compromissória, ver LIMA PINHEIRO – *Arbitragem Transnacional. A Determinação do Estatuto da Arbitragem*, Almedina, Coimbra, 2005, 119 e segs. e *Direito Comercial Internacional*, Almedina, Coimbra, 2005, 386 e segs., com mais referências.

[1105] Cf. BALLARINO [1999: 127].

A *admissibilidade, requisitos específicos de validade* e *eficácia do pacto de jurisdição* dependem da ordem jurídica do foro[1106]. O Direito de cada Estado determina se e até que ponto admite que o acordo das partes prive os seus tribunais da competência que lhes é conferida pelas suas normas de competência internacional ou lhes atribua competência quando esta não lhes é conferida pelas mesmas normas.

Já relativamente a outros aspetos, designadamente à *capacidade,* à *formação e à interpretação do pacto de jurisdição*, se suscitam problemas de determinação do Direito aplicável[1107]. Estes problemas têm de ser resolvidos por aplicação analógica do Direito de Conflitos geral.

É certo que o pacto de jurisdição é um negócio jurídico-processual, visto que produz essencialmente efeitos processuais. Mas não se pode inferir desta natureza jurídica a sujeição global do pacto de jurisdição à *lex fori*. A sua ligação a uma relação transnacional justifica a aplicação analógica do Direito de Conflitos.

Em todo o caso, o âmbito de aplicação das leis reguladoras da formação e da interpretação do pacto é limitado pelas normas do foro que regulam diretamente estes aspetos[1108]. Assim, por exemplo, são frequentemente formuladas exigências de forma e regras interpretativas que se aplicam a todos os pactos de jurisdição que se pretendam fazer valer na ordem jurídica local.

Como o pacto de jurisdição está excluído do âmbito de aplicação do Regulamento Roma I (art. 1º/2/e), o Direito aplicável à formação e à interpretação teria aparentemente de ser determinado com recurso aos arts. 35º, 36º, 41º e 42º CC. Isto seria, porém, altamente inconveniente, porque poderia levar a apreciar a formação e interpretação do pacto de jurisdição, que normalmente constitui uma cláusula do negócio fundamental, segundo Direitos diferentes daqueles que regem o negócio fundamental. Estes aspetos do pacto de jurisdição devem, em princípio, ser apreciados

---

[1106] Em sentido convergente, KROPHOLLER [1982: nº 478 e segs.], FERREIRA DA ROCHA [1987: 175] e TEIXEIRA DE SOUSA [1993: 105 e seg. e 2003: 60].

[1107] No mesmo sentido, KAHN-FREUND [1977: 827 e seg.]; quanto à formação, KROPHOLLER [1982: nº 482]; relativamente à formação e à capacidade, FERREIRA DA ROCHA [1987: 175 e seg.]; e, quanto à formação e aos requisitos de validade, TEIXEIRA DE SOUSA [1993: 106 e 2003: 60]. Cp. SUSANA BRITO [1995: 55 e segs.].

[1108] No mesmo sentido, FERREIRA DA ROCHA [1987: 175].

segundo os mesmos Direitos que regem o negócio fundamental[1109] e, por isso, as normas do Regulamento Roma I devem ser aplicadas por analogia.

No que se refere aos pactos de jurisdição que constituam cláusulas contratuais gerais haverá também que ter em conta as normas de conflitos contidas no art. 23º do DL nº 446/85, de 25/10, com a redação dada pelo DL nº 249/99, de 7/7[1110].

A regra contida no art. 99º CC só é aplicável nos casos que não sejam abrangidos por normas supraestaduais, principalmente pelas Convenções de Bruxelas ou de Lugano e pelo Regulamento Bruxelas I.

Relativamente a estas fontes, a regra será aplicável nas seguintes hipóteses:

– quando se trate de matéria excluída do domínio material de aplicação destas fontes;

– quando nenhuma das partes se encontre domiciliada no território de um Estado contratante, sem prejuízo da aplicabilidade do art. 17º/1/3º período da Convenção de Bruxelas e da Convenção de Lugano de 1988 e do art. 23º/3 do Regulamento e da Convenção de Lugano de 2007, que mesmo neste caso obriga os outros Estados contratantes a reconhecerem o efeito privativo de jurisdição (*supra* § 84 J);

– quando as partes tenham atribuído competência aos tribunais de um Estado não Contratante/Membro (art. 17º/1 Convenção de Bruxelas e da Convenção de Lugano de 1988 e 23º/1 do Regulamento e da Convenção de Lugano de 2007).

Passe-se agora aos *requisitos específicos de validade do pacto de jurisdição*. Os requisitos gerais são seis: determinabilidade do litígio, internacionalidade do objeto do litígio, disponibilidade da matéria, interesse sério, respeito da competência exclusiva dos tribunais portugueses e forma escrita.

Primeiro, o pacto de jurisdição deve ter por objeto um litígio determinado ou os litígios eventualmente decorrentes de certa relação jurídica (art. 99º/1/1ª parte CPC)[1111].

Segundo, o objeto do litígio (a relação controvertida) deve ter "conexão com mais de uma ordem jurídica" (art. 99º/1/2ª parte). Aqui exige-se

---

[1109] Cf. KROPHOLLER [2006: 627-628] e BALLARINO [1999: 127]. Cp. MATIAS FERNANDES [2008: 1171 e segs.].

[1110] *Supra* § 66 C.

[1111] Ver FERREIRA DA ROCHA [1987: 192 e segs.] e RATHENAU [2007: 123-124].

um contacto da relação controvertida com a esfera social de mais de um Estado que, à luz dos valores e princípios gerais do Direito da Competência Internacional, seja suficientemente importante para justificar a faculdade de designar a jurisdição competente.

Terceiro, o litígio deve concernir a direitos disponíveis (art. 99º/3/a). Em regra os direitos patrimoniais são disponíveis. São indisponíveis os direitos que as partes não podem constituir nem extinguir por ato de vontade e os direitos a que não podem renunciar voluntariamente[1112]. Por exemplo, os direitos familiares pessoais, os direitos de personalidade e o direito de alimentos são indisponíveis.

Quarto, o pacto deve ser justificado por um interesse sério de ambas as partes ou de uma só delas; neste segundo caso exige-se "que não envolva inconveniente grave" para a outra parte (art. 99º/3/c).

Observe-se que por força do DL nº 446/85, de 25/10 (regime das cláusulas contratuais gerais), a convenção de competência que constitua cláusula contratual geral é nula quando, perante o "quadro negocial padronizado", "envolva graves inconvenientes para uma das partes, sem que os interesses da outra o justifiquem" (art. 19º/g). A *ratio* subjacente a este preceito parece ser a salvaguarda do equilíbrio de interesses[1113]. Este preceito é aplicável em situações transnacionais quando o contrato for regido pela lei portuguesa e ainda, nas relações com consumidores finais, sempre que o contrato apresente uma conexão estreita com o território português[1114].

Terá o legislador querido generalizar este requisito a todos os pactos de jurisdição[1115]? Se esta era a intenção não se exprimiu por forma adequada, uma vez que da redação dada à al. c) do nº 3 do art. 99º CPC não resulta claro que o interesse de uma das partes possa justificar o inconveniente grave para a outra parte.

[1112] Ver CASTRO MENDES [1987: I 210 e segs.] e TEIXEIRA DE SOUSA [1993: 117].

[1113] Em sentido convergente, ALMEIDA COSTA e MENEZES CORDEIRO – *Cláusulas Contratuais Gerais*, Coimbra, 1986, art. 19º an. 8, e MOURA RAMOS [1995: 320]. Cp. ANA PRATA – *Contratos de Adesão e Cláusulas Contratuais Gerais*, Coimbra, 2010, 451 e segs.

[1114] *Supra* § 66 C.

[1115] Neste sentido, aparentemente, MOURA RAMOS [1998: 24]. O autor observa que a limitação à validade do pacto de jurisdição estabelecida pelo regime das cláusulas contratuais gerais é reclamada pelo objetivo de proteção da parte contratualmente mais fraca, preocupação que não está presente em todos os casos visados pelo art. 99º CPC.

DIREITO INTERNACIONAL PRIVADO

Em qualquer caso, ao sujeitar a generalidade dos pactos de jurisdição à demonstração de um interesse sério o legislador agiu ao arrepio da tendência manifestada no Direito convencional e nas legislações estrangeiras quer no que toca ao pacto *de foro prorogando* quer quanto à escolha do Direito aplicável aos contratos obrigacionais[1116]. A avaliação da seriedade do interesse que presidiu à escolha da jurisdição introduz um elemento de incerteza que é indesejável nesta matéria.

Por interesse sério deve entender-se qualquer motivo socialmente relevante ou fundamento objetivamente razoável[1117]. São exemplos deste interesse sério a escolha de uma jurisdição em atenção à qualidade e//ou celeridade da justiça administrada ou tendo em conta a existência de tribunais especialmente habilitados e/ou experientes na decisão de certo tipo de causas, da jurisdição do Estado em que a decisão deverá, em caso de necessidade, ser executada e da jurisdição do Estado em que vigora o Direito de Conflitos que, no juízo das partes, é mais apropriado. Cada uma das partes tem um interesse sério na competência exclusiva dos tribunais do Estado da sua residência habitual, sede ou estabelecimento (mas neste caso exige-se que a escolha do foro não envolva inconveniente grave para a outra parte).

Já nas *relações com consumidores* se justifica um limite à validade ou eficácia dos pactos de jurisdição, à semelhança do que se verifica perante o regime europeu. A Diretiva comunitária relativa às cláusulas abusivas nos contratos celebrados com os consumidores[1118] considera abusiva a cláusula contratual geral que, contrariamente às exigências da boa fé, dê origem a desequilíbrio significativo, em detrimento do consumidor, entre os direitos e obrigações das partes decorrentes do contrato (art. 3º/1). Entre as cláusulas que podem ser consideradas abusivas referidas na lista indicativa

---

[1116] Cf. *supra* § 84 J; ver também FERRER CORREIA [1993: 57] e MOURA RAMOS [1998: 24 e seg.]; cp. FERRER CORREIA/FERREIRA PINTO [1987: 43]. Quanto à escolha do Direito aplicável aos contratos obrigacionais, ver MOURA RAMOS [1991: 428 e segs.] e *supra* § 65 B.

[1117] Ver também STJ 23/7/1981 [*BMJ* 309: 303] e RATHENAU [2007: 120-123]. Cp. TEIXEIRA DE SOUSA [1997b: 127] e LEBRE DE FREITAS/JOÃO REDINHA/RUI PINTO [2008: Art. 99º an. 3]; na jurisprudência, designadamente, STJ 10/7/1997 [*BMJ* 469: 418] e 23/9/2003 [*in www.dgsi.pt/jstj.nsf*], utilizando fórmulas mais restritivas que não correspondem ao significado geralmente atribuído ao "interesse sério" em Direito Internacional Privado. Além disso, esta última decisão parece confundir uma cláusula compromissória com um pacto de jurisdição.

[1118] Dir. 93/13/CEE do Conselho, de 5/4/1993 [*JOCE* L 95/29, de 21/4/93].

anexa (art. 3º/3) contam-se as que tenham como objetivo ou como efeito suprimir ou entravar a possibilidade de intentar ações judiciais ou utilizar outro meio de tutela jurídica (1/q).

Daqui decorre, designadamente, que os pactos atributivos de competência exclusiva ao foro da sede do fornecedor de bens ou serviços, frequentes nos modelos contratuais utilizados pelos fornecedores, não vinculam o consumidor (art. 6º/1 da Diretiva), e que o tribunal nacional pode apreciar oficiosamente o caráter abusivo da cláusula[1119].

É a esta luz que, nos contratos com consumidores, deve ser interpretado o atrás referido art. 99º/3/c CPC, bem como o regime das cláusulas contratuais gerais quando proíbe as cláusulas que "Excluam ou limitem de antemão a possibilidade de requerer tutela judicial para situações litigiosas que surjam entre os contratantes..." (art. 21º/h).

Quinto, o pacto não pode recair sobre matéria da exclusiva competência dos tribunais portugueses (art. 99º/3/d).

Enfim, o pacto tem de resultar de acordo escrito ou confirmado por escrito, devendo nele fazer-se menção expressa da jurisdição competente (art. 99º/3/e). Considera-se reduzido a escrito o acordo emergente de troca de cartas, telex, telegramas ou outros meios de comunicação de que fique prova escrita (art. 99º/4). É suficiente que destes instrumentos conste cláusula de remissão para algum documento que contenha o acordo (*idem*). Desde que exista uma proposta escrita que designe expressamente a jurisdição competente, parece que a aceitação pode ser tácita contanto que se deduza de factos escritos[1120]. Basta também a confirmação por um documento escrito do acordo oral, sem que seja necessário que o documento seja assinado pelas partes[1121].

O art. 3º/1 do DL nº 290-D/99, de 2/8, estabelece que o "documento electrónico satisfaz o requisito legal de forma escrita quando o seu

---

[1119] Ver TCE 27/6/2000, no caso *Océano Grupo Editorial* [*CTCE* (2000) I-04941] e an. de Thomas PFEIFFER [*ZEuP* (2003) 141-154]. Ver também, relativamente ao Direito dos EUA, VON MEHREN [2007: 216 e segs.], referindo o art. 80º do *Second Restatement of Conflict of Laws*, revisto em 1986, e o respetivo *Comment c.*

[1120] Cf. STJ 23/7/1981 [*BMJ* 309: 303] e 17/6/1997 [*CJ/STJ* (1997-II) 128, embora neste segundo caso com referência a uma cláusula compromissória, que não está sujeita ao disposto no art. 99º CPC. Cp. STJ 10/2/2000, Proc. nº 99B1147 [*in http://www.dgsi.pt/jstj.nsf*], e RATHENAU [2007: 125-126].

[1121] Ver também RATHENAU [2007: 125]. Cp. LEBRE DE FREITAS/JOÃO REDINHA/RUI PINTO [2008: Art. 99º an. 6].

conteúdo seja susceptível de representação como declaração escrita". Relativamente à força probatória, o nº 2 (alterado pelo DL nº 62/2003, de 3/4) estabelece que quando "lhe seja aposta uma assinatura electrónica qualificada certificada por uma entidade certificadora credenciada, o documento electrónico com o conteúdo referido no número anterior tem a força probatória de documento particular assinado, nos termos do artigo 376º do Código Civil". O nº 5 do mesmo artigo (alterado pelo DL nº 62/2003, de 3/4) determina que "o valor probatório dos documentos electrónicos aos quais não seja aposta uma assinatura electrónica qualificada certificada por entidade certificadora credenciada é apreciado nos termos gerais de direito".

Também o art. 26º do DL nº 7/2004, de 7/1, que visou transpor para a ordem jurídica portuguesa a Directiva sobre o comércio eletrónico, determina que as "declarações emitidas por via electrónica satisfazem a forma escrita quando contidas em suporte que ofereça as mesmas garantias de fidedignidade, inteligibilidade e conservação" (nº 1) e que o "documento electrónico vale como documento assinado quando satisfizer os requisitos da legislação sobre assinatura electrónica e certificação" (nº 2).

Os documentos particulares não provam, por si sós, a sua autoria; em caso de impugnação é ao apresentante do documento que incumbe provar a autoria contestada (art. 374º/2 CC). Por maioria de razão, os documentos eletrónicos sem assinatura digital certificada não provam a autoria nem a integridade do documento. A força probatória destes documentos é apreciada livremente pelo tribunal (art. 366º CC)[1122].

Por isso, nos casos em que não se considerem admitidos por acordo os factos não impugnados[1123], o órgão de aplicação do Direito pode exigir que a autoria e integridade do documento sejam provadas através de outros meios independentemente de impugnação pela parte contra quem o documento é apresentado.

Geralmente a prova da autoria e integridade destes documentos só será possível se houver um registo da proveniência e conteúdo do documento eletrónico na posse de terceiro idóneo, por exemplo, da empresa que fornece acesso à Internet ou em que está armazenado um sítio.

[1122] Ver, em sentido convergente, REMÉDIO MARQUES [2011: 73 n. 1].
[1123] Ver art. 490º/2 CPC.

Em todo o caso, parece que ao exigir "prova escrita" o art. 99º/4 CPC se satisfaz – em consonância com o art. 3º/1 do DL nº 290-D/99 e com o art. 26º/1 do DL nº 7/2004 – com a existência de documento ou documentos contendo um texto escrito. Para haver um documento contendo um texto escrito não é necessário que o texto conste de um suporte em papel. Parece suficiente que o texto escrito se encontre registado num suporte magnético, como um CD-ROM, um DVD ou um disco rígido.

Da anterior redação do nº 3 do art. 99º resultava, por remissão para o nº 2 do art. 100º, que quando o litígio resultasse de um contrato o pacto também tinha de obedecer à forma legal do contrato. Esta exigência não se mantém[1124].

Há ainda a referir um requisito especial dos pactos atributivos de jurisdição a tribunais estrangeiros: o art. 99º/3/b exige a aceitação pelos tribunais designados.

A compatibilidade do pacto de jurisdição atributivo de competência a tribunais estrangeiros com a reserva de ordem pública internacional, o Direito Internacional Público, o Direito Comunitário e a Constituição não constitui propriamente um requisito de validade do pacto de jurisdição[1125]. No entanto, em resultado, o efeito privativo de competência dos tribunais portugueses não se deve produzir quando se verifiquem os pressupostos de uma *competência de necessidade*, por a sentença suscetível de ser proferida pela jurisdição estrangeira competente não ser previsivelmente reconhecível em Portugal e existir um elemento ponderoso de conexão com o nosso país. Por esta via, o pacto privativo de competência dos tribunais portugueses será frequentemente ineficaz quando seja previsível que a jurisdição escolhida dará uma solução ao caso que viola a ordem pública internacional do Estado português, o Direito Internacional Público geral, normas e princípios imperativos de Convenções internacionais aplicáveis e vigentes na ordem jurídica portuguesa, o Direito da União Europeia ou a Constituição portuguesa.

Há duas matérias em que não são eficazes os pactos privativos de jurisdição, embora se trate, em princípio, de relações disponíveis.

Por força do art. 11º C. Proc. Trabalho, não podem ser invocados perante tribunais portugueses os pactos que os privem da competência interna-

---

[1124] Cf. MOURA RAMOS [1998: 27 e seg.].
[1125] Ver também SCHACK [2010: nºs 215, 506 e 516].

DIREITO INTERNACIONAL PRIVADO

cional "atribuída ou reconhecida pela lei portuguesa, salvo se outra for a solução estabelecida em convenções internacionais"[1126].

Já sabemos que dentro do âmbito de aplicação do regime de competência internacional em matéria de contratos individuais de trabalho estabelecido pelas Convenções de Bruxelas e de Lugano e pelo Regulamento, os pactos de jurisdição são admitidos em certos casos (art. 17º/§ 6º da Convenção de Bruxelas e art. 17º/5 da Convenção de Lugano de 1988, que não são inteiramente coincidentes, e art. 21º do Regulamento Bruxelas I e da Convenção de Lugano de 2007) (supra 84 H)[1127].

A outra matéria em que, por forma algo surpreendente, não são eficazes os pactos privativos de jurisdição é o Direito Marítimo. Com efeito, nos termos do art. 7º da Lei nº 35/86, de 4/9, não é admissível o pacto destinado a privar de jurisdição os tribunais portugueses, exceto se as partes forem estrangeiras e se tratar de obrigação que, devendo ser cumprida em território estrangeiro, não respeite a bens sitos, registados ou matriculados em Portugal[1128].

Como as Convenções de Bruxelas e de Lugano e o Regulamento Bruxelas I admitem os pactos de jurisdição nesta matéria, a referida disposição (bem como outras disposições semelhantes contidas na legislação marítima) só terá campo de aplicação quando se trate de um pacto atributivo de competência aos tribunais de um Estado não vinculado por estes instrumentos.

[1126] Ver as críticas de MOURA RAMOS [1991: 781 e 1998: 31] e MOURA VICENTE [1997: 89], relativamente ao art. 12º do anterior C. Proc. Trabalho, e, relativamente ao atual art. 11º, de RATHENAU [2007: 132].

[1127] Poderá pensar-se que caso se verifiquem os pressupostos de aplicação do art. 17º da Convenção de Bruxelas e da Convenção de Lugano de 1988 ou do art. 23º do Regulamento Bruxelas I e da Convenção de Lugano de 2007 (supra § 84 J), mas a situação se encontre fora do âmbito de aplicação do regime de competência internacional em matéria de contratos individuais de trabalho neles contido, os tribunais portugueses terão de aceitar o efeito privativo de competência do pacto de jurisdição. A ser assim, o art. 11º C. Proc. Trabalho só terá campo de aplicação quando não se aplique o regime de competência internacional em matéria de contratos de trabalho estabelecido pelas Convenções ou pelo Regulamento e se trate de um pacto atributivo de competência aos tribunais de um Estado não vinculado por estes instrumentos. Mas o ponto oferece dúvida.

[1128] Ver ainda DL nº 349/86, de 17/10, art. 20º; DL nº 352/86, de 21/10, art. 30º; DL nº 431/86, de 30/12, art. 16º; DL nº 191/87, de 29/4, art. 47º, e DL nº 203/98, de 10/7, art. 15º. Ver também a crítica de RATHENAU [2007: 131-132].

Face ao regime interno, e contrariamente ao que se verifica perante as Convenções de Bruxelas e de Lugano e o Regulamento Bruxelas I, a comparência do réu perante tribunal incompetente, sem arguir a incompetência, não fundamenta, em regra, uma competência convencional[1129]. Deve, porém, ter-se em conta que, dentro do âmbito (material e temporal) de aplicação do Regulamento Bruxelas I, o regime interno só é aplicável neste ponto, a casos transnacionais, quando nenhuma das partes esteja domiciliada num Estado-Membro (*supra* § 84 J).

Com efeito, a infração "das regras de competência internacional, salvo quando haja mera violação de um pacto privativo de jurisdição, determina a incompetência absoluta do tribunal" (art. 101º CPC). A incompetência absoluta deve ser suscitada oficiosamente pelo tribunal (art. 102º/1 CPC). Se uma ação é proposta em tribunal português, sem que este seja competente por força das regras de competência internacional legal ou de pacto atributivo de jurisdição, é irrelevante que o réu não argua a incompetência.

Já a infração das regras de competência convencional só gera uma incompetência relativa (arts. 101º e 108º CPC). Por conseguinte, se o autor propuser uma ação em tribunal português, que seria internacionalmente competente segundo as regras de competência legal, mas em violação de um pacto de jurisdição, fica na disponibilidade do réu a arguição da incompetência (arts. 109º e 495º CPC). Se a exceção for arguida e julgada procedente o réu é absolvido da instância (arts. 111º/3, 494º/a, 493º/2 e 288º/1/e CPC).

A Decisão do Conselho da União Europeia de 26/2/2009 aprovou em nome da Comunidade Europeia, a assinatura da Convenção sobre os Acordos de Eleição do Foro celebrada na Haia, em 30 de Junho de 2005, sob reserva da sua eventual celebração em data posterior[1130]. Esta Convenção foi assinada pela União Europeia, mas ainda não se encontra internacionalmente em vigor.

Esta Convenção visa essencialmente facilitar o reconhecimento dos pactos de jurisdição no comércio internacional, bem como o reconhecimento das sentenças proferidas pelos tribunais designados por esses pactos de jurisdição.

[1129] O ponto também é assinalado por FERREIRA DA ROCHA [1987: 228].

[1130] 2009/397/CE, *JOUE* L 133/1, de 29/5/2009.

DIREITO INTERNACIONAL PRIVADO

Assim, a Convenção é aplicável aos pactos de jurisdição exclusiva celebrados em matéria civil ou comercial (art. 1º), com uma extensão optativa do capítulo sobre reconhecimento às sentenças proferidas por um tribunal designado por um pacto de jurisdição não exclusiva (art. 22º). São excluídos, entre outras matérias, os contratos com consumidores e os contratos de trabalho (art. 2º).

A Convenção determina que:

– o tribunal designado deve apreciar o caso se o pacto de jurisdição for válido segundo os preceitos estabelecidos pela Convenção (salvo se este for considerado nulo nos termos do Direito do respetivo Estado relativamente a aspetos que não sejam regulados pela Convenção) (art. 5º);

– qualquer tribunal que não tenha sido escolhido deve declarar-se incompetente a menos que se verifique uma das exceções previstas pela Convenção (art. 6º);

– qualquer sentença proferida por um tribunal de um Estado Contratante designado num pacto de jurisdição exclusivo que seja válido segundo os preceitos estabelecidos pela Convenção deve ser reconhecida nos outros Estados Contratantes (art. 8º) a menos que se verifique um dos fundamentos de recusa de reconhecimento previstos pela Convenção (art. 9º).

Esta Convenção prevalecerá sobre os regulamentos comunitários (art. 216º/2 do Tratado sobre o Funcionamento da União Europeia), mas não prejudicará a sua aplicação quando nenhuma das partes seja residente num Estado Contratante que não seja um Estado-Membro da União Europeia e no que respeita ao reconhecimento de sentenças entre Estados-Membros da União Europeia (art. 26º/6 da Convenção).

H) Competência para questões prejudiciais e reconvencionais

Os tribunais portugueses têm competência internacional para as questões prejudiciais quando forem internacionalmente competentes para as questões principais[1131]. É duvidoso, porém, que se possa invocar neste sentido o art. 96º/1 CPC, que determina que o tribunal competente para a ação é também competente para conhecer dos incidentes que nela se levantem e das questões que o réu suscite como meio de defesa. Embora

---

[1131] No mesmo sentido dispõe o art. 6º da Lei italiana de Direito Internacional Privado e se pronuncia, à face do Direito alemão, SCHACK [2010: nº 399].

REGIME INTERNO

esta extensão de competência abranja a competência internacional[1132], é defendido que as questões prejudiciais relativas à causa de pedir estão fora do âmbito deste preceito[1133].

Diferentemente se passam as coisas quanto às questões reconvencionais. A decisão destas questões pelos tribunais portugueses pressupõe a verificação da competência internacional relativamente a elas (art. 98º/1 CPC, cuja redação não é feliz, designadamente por se referir a competência "em razão da nacionalidade")[1134].

O regime interno afasta-se assim dos regimes europeus, que estendem a competência internacional do tribunal da ação principal ao pedido reconvencional, quando, dentro do âmbito do Regulamento Bruxelas I, este pedido derive do contrato ou do facto em que se fundamenta a ação principal (art. 6º/3) ou, em matéria matrimonial, seja abrangido pelo âmbito de aplicação do Regulamento Bruxelas II bis (art. 4º).

Também a Lei suíça de Direito Internacional Privado estende a competência internacional do tribunal encarregado do pedido principal ao pedido reconvencional se houver conexão entre os dois pedidos (art. 8º).

Uma solução deste tipo afigura-se claramente preferível, de acordo com o princípio da economia processual e por forma a evitar a desarmonia entre decisões relativas aos mesmos factos.

I) Momento da fixação e controlo da competência
A competência fixa-se *no momento da propositura da ação*, sendo irrelevantes as modificações de facto que ocorram posteriormente (Lei de Organização

---

[1132] Cf. TEIXEIRA DE SOUSA [1993: 119].

[1133] Mas já não do nº 2 do art. 96º – cf. LEBRE DE FREITAS/JOÃO REDINHA/RUI PINTO [2008: art. 96º ns. 2 e 4].

[1134] A atual redação do art. 98º/1 consagra a doutrina de MACHADO VILLELA e ALBERTO DOS REIS [1948: an. ao art. 98º e 1960: 290 e seg.], segundo a qual o tribunal só pode decidir a questão reconvencional caso se verifique um dos critérios atributivos de competência internacional em relação a ela. Dentro da mesma lógica, a incompetência internacional para decidir o pedido principal não implica a incompetência internacional para decidir o pedido reconvencional – cf. REv. 28/4/1983 [*CJ* (1983-II) 307]. A expressão "competência em razão da nacionalidade" é empregue como sinonímia de "competência internacional" – cf. ALBERTO DOS REIS [1960: 285 e 291]. No sentido do texto parecem apontar, implicitamente, TEIXEIRA DE SOUSA [1993: 120] e LEBRE DE FREITAS/JOÃO REDINHA/RUI PINTO [2008: art. 98º nº 2]. Cp., face à primitiva redação do art. 98º, BARBOSA DE MAGALHÃES [1947: 422 e seg.] e, face à redação atual, TEIXEIRA DE SOUSA/MOURA VICENTE [1994: art. 6º an. 4].

DIREITO INTERNACIONAL PRIVADO

e Funcionamento dos Tribunais Judiciais: art. 22º/1 da L nº 3/99, de 13/1, e art. 24º/1 da L nº 52/2008, de 28/8)[1135].

Isto justifica-se não só por um princípio de economia processual (aproveitamento dos trâmites já realizados pelo tribunal em que a ação foi proposta) mas também, e principalmente, pela tutela do interesse do autor[1136]. De outro modo o réu teria a possibilidade de desencadear a incompetência do tribunal, depois da propositura da ação, mediante uma manipulação dos elementos de conexão utilizados pelas normas de competência internacional (por exemplo, a deslocação do domicílio para fora da jurisdição).

Como já foi assinalado, a violação das regras de competência internacional legal determina a incompetência absoluta do tribunal (art. 101º CPC), que é de conhecimento oficioso (art. 102º/1 CPC), e implica a absolvição do réu da instância ou o indeferimento em despacho liminar, quando o processo o comporte (arts. 105º/1, 234º-A/1, 288º/1/a, 493º/2 e 494º/a CPC). Esta incompetência pode ser arguida ou conhecida em qualquer estado do processo, enquanto não houver sentença com trânsito em julgado proferida sobre o fundo da causa (art. 102º/1 CPC)[1137].

Já a infração das regras de competência convencional só gera uma incompetência relativa (art. 108º CPC). Por conseguinte, se o autor propuser uma ação em tribunal português, que seria internacionalmente competente segundo as regras de competência legal, mas em violação de um pacto de jurisdição, fica na disponibilidade do réu a arguição da incompetência (art. 109º e 495º CPC).

89. Litispendência estrangeira

Perante o regime interno a propositura de uma ação em tribunais estrangeiros não tem um efeito preventivo de competência dos tribunais por-

---

[1135] Quanto aos problemas originados pela independência das antigas províncias ultramarinas, ver CASTRO MENDES [I 364 e segs.]. Sobre a irrelevância da intervenção de terceiro para o estabelecimento da competência internacional, ver STJ 24/10/2002 [*in http:// www.dgsi.pt/jstj. nsf*] e 27/2/2003 [*CJ/STJ* (2003-I) 111].

[1136] Cf. TEIXEIRA DE SOUSA [1994: 33]. A relevância da modificação de facto atributiva da competência, defendida por BARBOSA DE MAGALHÃES [1947: 58], pode apoiar-se no princípio da economia processual – cf. MORELLI [1954: 166] e FRAGISTAS [1961: 254]. Não parece, porém, defensável de *iure constituto*.

[1137] Ver também REMÉDIO MARQUES [2011: 301].

tugueses (art. 497º/3 CPC)[1138]. Por isso se diz que é irrelevante a litispendência estrangeira[1139]. A mesma solução era tradicionalmente seguida pela jurisprudência francesa e pela legislação italiana (art. 3º CPC de 1942)[1140].

À face do Direito português creio que é preferível afirmar que a litispendência estrangeira não tem relevância direta[1141]. Com efeito, o art. 1096º/d CPC não admite a invocação da exceção de litispendência ou de caso julgado com fundamento em causa afeta a tribunal português, contra o reconhecimento de uma sentença estrangeira, *quando esta sentença foi proferida numa ação proposta no estrangeiro antes da propositura da ação em Portugal*. Por conseguinte, indiretamente, a existência de uma ação proposta num tribunal estrangeiro pode ter relevância.

A ação pode ser proposta no tribunal português mesmo que a decisão estrangeira que já tenha sido proferida ou venha a ser proferida esteja em condições de ser confirmada em Portugal[1142]. Só após a confirmação da decisão estrangeira se pode invocar perante um tribunal português a exceção de caso julgado (art. 1094º/1 CPC)[1143].

Não há contradição normativa entre os arts. 497º/3 e 1096º/d CPC, porque as normas aí contidas têm um domínio de aplicação diferente: a primeira aplica-se à invocação da litispendência estrangeira na ação proposta em Portugal, a segunda ao reconhecimento da sentença estrangeira[1144].

Também não há, a meu ver, contradição valorativa. A irrelevância direta da litispendência estrangeira tem a sua lógica num sistema de reconhecimento individualizado: se o reconhecimento depende de um processo de

---

[1138] O Código de Processo Civil de 1939 consagrou a doutrina de MACHADO VILLELA [1922: 202 e seg.], contra a opinião de ALBERTO DOS REIS, expressa na primeira edição do *Processo Civil Ordinário [apud* 1948: 148] e MARNOCO DE SOUSA – *Execução Extraterritorial das Sentenças Civeis e Comerciais*, Coimbra, 1898, 212.

[1139] Ver FERRER CORREIA [1982: 161] e TEIXEIRA DE SOUSA [1993: 63 e seg.]. Cp. FERREIRA DA SILVA [2000: 491], defendendo que quando já exista um caso julgado estrangeiro, e principalmente depois de ser pedida a revisão da decisão estrangeira, o tribunal português pode suspender a instância até que seja proferida a decisão na ação de revisão.

[1140] Cf. BATIFFOL/LAGARDE [1983: 467], MORELLI [1954: 170] e LUZZATTO [1995: 944].

[1141] Cf. ALBERTO DOS REIS [1956: 171].

[1142] Em sentido diferente, TEIXEIRA DE SOUSA – "Alguns aspectos do reconhecimento de decisões estrangeiras segundo o direito autónomo português", *in Das Recht der lusophonen Länder*, org. por Erik Jayme, 55-63, Baden-Baden, 2000, 62.

[1143] Ver também RCb 9/4/2002 [*CJ* (2002-II) 15].

[1144] Cf. ALBERTO DOS REIS [1956: 170 e seg.].

DIREITO INTERNACIONAL PRIVADO

revisão da sentença estrangeira, antes da confirmação tudo se passa como se não existisse uma ação intentada no estrangeiro; mas nada obsta a que a circunstância de a ação ter sido primeiramente intentada no estrangeiro seja tida em conta nas condições de reconhecimento.

Não é esta, todavia, a única solução possível do problema[1145].

À face da Convenções de Bruxelas e da Convenção de Lugano de 1988 (art. 21º), do Regulamento Bruxelas I e da Convenção de Lugano de 2007 (art. 27º), e do Regulamento Bruxelas II bis (art. 19º), a litispendência noutro Estado-Membro (ou Contratante) onde foi primeiramente proposta ação é diretamente relevante, independentemente da suscetibilidade de reconhecimento da sentença que venha a ser proferida pelo tribunal estrangeiro (*supra* §§ 84 M e 85 D). Isto não é inteiramente coerente com o regime de reconhecimento de decisões estrangeiras. Se a decisão proferida pelo tribunal estrangeiro não for reconhecida, tem de se admitir a propositura de uma nova ação no Estado-Membro que se declarou incompetente para a primeira ação. Seria preferível que, desde logo, a litispendência estrangeira não relevasse se fosse previsível o não reconhecimento da decisão.

Neste último sentido vai a jurisprudência alemã[1146], a Lei suíça de Direito Internacional Privado (art. 9º/1), a Lei italiana de Direito Internacional Privado (art. 7º/1) e o Código belga de Direito Internacional Privado (art. 14º)[1147]. Também a jurisprudência francesa se reorientou nesta direção, embora se entenda que a admissibilidade da exceção de litispendência estrangeira pelo tribunal francês é meramente facultativa[1148].

A relevância direta da litispendência estrangeira anterior fundamenta-se em três razões: economia processual, prevenção de decisões contraditórias e proteção do réu[1149].

[1145] Para um panorama de Direito Comparado, ver SCHLOSSER [2000: 76 e segs.].

[1146] Cf. KROPHOLLER [2006: 657] e SCHACK [2010: nºs 840-841].

[1147] Ver também o art. 88º da Lei eslovena sobre o Direito Internacional Privado e Processo (1999), a qual, porém, exige ainda a reciprocidade.

[1148] Cf. BATIFFOL/LAGARDE [1983: 468 e nº 676 n. 7] e MAYER/HEUZÉ [2010: nºs 445-446]. Ver também o art. 20º da Convenção da Haia sobre o Reconhecimento e a Execução de Sentenças Estrangeiras em Matéria Civil e Comercial (1971) e o art. 3137º do Código Civil do Quebeque.

[1149] Cf. SCHACK [2010: nºs 833-834] e KROPHOLLER [2001a: 612].

REGIME INTERNO

Primeiro, é evidente que a relevância da litispendência estrangeira anterior como exceção processual dispensa a afetação de recursos a um processo nos tribunais locais.

Segundo, convém evitar na medida possível o surgimento de decisões contraditórias[1150].

Terceiro, deve proteger-se o réu perante o aproveitamento abusivo pelo autor da concorrência de competências jurisdicionais, por forma a que não tenha de se defender em mais do que uma ação perante o mesmo pedido e a mesma causa de pedir.

Há, no entanto, outras considerações a ter em conta, e que podem justificar uma diferenciação de soluções e/ou uma flexibilização mediante a tomada em conta das circunstâncias do caso concreto[1151].

A concorrência de competências jurisdicionais faculta ao autor da ação a escolha da jurisdição mais conveniente para os seus interesses. A relevância direta da litispendência estrangeira significa que tanto o autor como o réu na ação proposta no estrangeiro ficam vinculados por esta escolha. Se isto não custa a aceitar no que toca ao autor, já merece melhor reflexão se a tutela da confiança depositada pelo réu na competência dos tribunais locais e na aplicabilidade do Direito de Conflitos local não pode justificar a irrelevância da litispendência estrangeira anterior.

A jurisprudência francesa, através da discricionariedade judicial na apreciação da litispendência estrangeira, e, principalmente, os sistemas do *Common Law* documentam uma maior flexibilidade na solução deste problema.

Nos sistemas do *Common Law* o problema é encarado no quadro da cláusula do *forum non conveniens*. No exercício da faculdade de declinar a competência, o tribunal pode reconhecer um peso considerável ao fator da litispendência[1152].

A jurisprudência inglesa entende que a ação só deve ser paralisada, perante a existência de uma causa idêntica no estrangeiro, quando se demonstre que o foro estrangeiro é claramente mais apropriado. Para o efeito tem-se em conta, entre outros aspetos, se está em jogo a ordem pública internacional do foro, se é o mesmo autor que propõe ações em

---

[1150] Ver também *Cheshire, North & Fawcett* [2008: 440].
[1151] Ver também LAGARDE [1986: 155]. Cp. PIERRE MAYER [2007: 294 e segs.].
[1152] Cf. FAWCETT [1995: 29].

DIREITO INTERNACIONAL PRIVADO

duas jurisdições diferentes ou se a posição das partes está invertida e, ainda, qual a motivação que está subjacente à instauração de uma ação no estrangeiro. O autor que propõe ações em diferentes países é geralmente forçado a escolher o país em que quer obter uma decisão[1153]. A circunstância de a ação proposta em Inglaterra ser de "simples apreciação negativa" [negative declaration] também pode pesar no sentido de o tribunal declinar a sua competência[1154].

Nos EUA, assinala-se que os tribunais podem abster-se de exercer a sua competência quando se verifique a litispendência estrangeira anterior[1155]. Os tribunais federais estão divididos sobre a questão de saber se, em regra, devem prosseguir com o processo ou recorrer à cláusula do *forum non conveniens*[1156]. É afirmado que estes tribunais tendem a favorecer a continuação de um processo paralelo nos EUA e não se abstêm em favor de uma ação pendente no estrangeiro, mesmo quando uma ponderação de conveniência favorece ligeiramente o foro estrangeiro[1157]. A nacionalidade das partes pode ser relevante para o efeito. Assim, a litispendência pode ser irrelevante quando o autor for nacional dos EUA e a ação instaurada nos seus tribunais for meramente inconveniente, mas não "opressiva", para o réu estrangeiro[1158].

Entendo que na escolha da melhor solução se tem de atender ao regime de reconhecimento de decisões estrangeiras.

O sistema que se afigura preferível é aquele que pondera a confiança dos interessados na aplicabilidade do Direito de Conflitos do Estado de reconhecimento e na aplicabilidade do Direito de Conflitos do Estado de origem da decisão. A melhor solução será admitir excecionalmente um certo controlo de mérito da decisão estrangeira quando os tribunais do Estado de reconhecimento forem competentes e, perante o conjunto das circunstâncias do caso concreto, não se afigurar razoável o afastamento do Direito de Conflitos deste Estado. Para averiguar se o afastamento do

---

[1153] Cf. *Cheshire, North & Fawcett* [2008: 441 e segs.].

[1154] Cf. BEAUMONT [1995: 216].

[1155] Cf. DEL DUCA/ZAPHIRIOU [1995: 423] e HAY/BORCHERS/ SYMEONIDES [2010: § 11.10 n. 7].

[1156] Cf. VON MEHREN [2007: 297].

[1157] Cf. DEL DUCA/ZAPHIRIOU [1995: 424].

[1158] Cf. HAY/BORCHERS/ SYMEONIDES [2010: § 11.10 n. 7].

REGIME INTERNO

Direito de Conflitos do foro de reconhecimento é razoável, serão tidos em conta a conexão da relação controvertida com o Estado de reconhecimento e com o Estado de origem da decisão e os interesses legítimos das partes (*infra* § 93 B).

Perante tal regime de reconhecimento de sentenças estrangeiras não custaria admitir a relevância direta da litispendência estrangeira anterior, como causa de suspensão da instância, de conhecimento oficioso, quando for previsível que a jurisdição estrangeira proferirá, num prazo razoável, uma sentença suscetível de reconhecimento[1159]. Com o reconhecimento da sentença estrangeira a instância seria declarada extinta.

Perante a propositura de uma ação em tribunal estrangeiro, a confiança depositada pelo réu na aplicabilidade do Direito de Conflitos português seria protegida quando não se afigurasse razoável o afastamento deste Direito de Conflitos. Primeiro, porque a ação que tivesse proposta em seguida em tribunal português poderia prosseguir caso não fosse previsível que o tribunal estrangeiro desse ao caso uma solução equivalente. Segundo, porque se contrariamente ao previsto, a sentença não desse ao caso uma solução equivalente, a instância reiniciar-se-ia no tribunal português.

O regime interno de reconhecimento de sentenças estrangeiras é, porém, um regime essencialmente formal e que não exige uma conexão adequada entre o caso e o Estado da origem da sentença, mesmo quando os tribunais portugueses são internacionalmente competentes para a causa.

O que cria uma necessidade de ter em conta a confiança do réu na competência dos tribunais portugueses e na aplicabilidade do Direito de Conflitos português sempre que o autor, segundo as suas conveniências, opta por propor a ação num tribunal estrangeiro.

Sendo assim, entendo que a litispendência estrangeira anterior só deveria ter relevância direta em dois casos.

Primeiro, quando for o autor da ação proposta no estrangeiro que intenta a ação em Portugal. A propositura de ações idênticas em países diferentes constitui uma forma de aproveitamento abusivo da concorrência de competências jurisdicionais que deve ser evitada. O réu deve ser protegido perante este aproveitamento abusivo. Por isso, com a propositura

---

[1159] Ver também as considerações tecidas por Paolo PICONE – *Les méthodes de coordination entre ordres juridiques en droit international privé* (Sep. *RCADI* 276), A Haia, Boston e Londres, 2000, 63 e seg. Cp. FAWCETT [1995: 34 e seg.].

DIREITO INTERNACIONAL PRIVADO

de uma ação no estrangeiro deveria ficar precludida a possibilidade de o autor instaurar uma ação idêntica num tribunal português.

Quando é o réu da ação proposta no estrangeiro que intenta a ação no tribunal português, a relevância direta da litispendência estrangeira justifica-se quando a jurisdição estrangeira estiver mais bem colocada para decidir a causa, e ofereça garantias suficientes de justiça processual e substantiva, à luz do conjunto das circunstâncias do caso (especialmente a conexão do caso com o Estado do foro estrangeiro e com o Estado português e os interesses legítimos das partes). Isto harmoniza-se com o anteriormente exposto sobre o acolhimento da doutrina do *forum non conveniens* no nosso sistema de competência internacional, mas atende à circunstância de a questão não se colocar exatamente do mesmo modo quando a ação for primeiramente proposta num tribunal estrangeiro.

Já se aceita que, noutros casos, a litispendência estrangeira anterior não possa ser invocada quando é o réu da ação proposta no estrangeiro que intenta a ação em tribunal português (designadamente uma ação de simples apreciação negativa)[1160].

[1160] Cp., no sentido de uma diferenciação desfavorável às ações de simples apreciação negativa, VON MEHREN [2007: 304 e segs.].

Parte IV
Direito de Reconhecimento

BIBLIOGRAFIA GERAL

São aqui indicadas exclusivamente obras de interesse geral para o Direito de Reconhecimento. No início de cada Capítulo encontram-se referências bibliográficas específicas.

ARAUJO, NADIA DE 2011 – *Direito Internacional Privado. Teoria e Prática Brasileira*, 5ª ed., Rio de Janeiro, São Paulo e Recife.

BALLARINO, Tito 1999 – *Diritto internazionale privato*, 3ª ed., Milão.

BARIATTI, Stefania 1995 – "Articoli 64-68", *in Riforma del sistema italiano di diritto internazionale privato: legge 31 maggio 1995 n. 218 - Commentario*, RDIPP 31: 905-1279.

BAR, CHRISTIAN VON 1987 – *Internationales Privatrecht*, vol. I, Munique.

BAR, CHRISTIAN von e Peter MANKOWSKI 2003 – *Internationales Privatrecht*, vol. I, 2ª ed., Munique.

BATIFFOL, Henri e Paul LAGARDE 1983 – *Droit international privé*, vol. II, 7ª ed., Paris.

Cheshire, North & Fawcett Private International Law 2008 – 14ª ed. por J. FAWCETT, J. CARRUTHERS e Peter NORTH, Londres.

COLLAÇO, ISABEL DE MAGALHÃES 1963 – *Revisão de sentenças estrangeiras* (Apontamentos de alunos), Lisboa.

CORREIA, António FERRER 1982 – "La reconnaissance et l'exécution des jugements étrangers en matière civile et commerciale (droit comparé)", *in Estudos Vários de Direito*, 105-191, Coimbra. 2000 – *Lições de Direito Internacional Privado I*, Coimbra.

Dicey, Morris and Collins on the Conflict of Laws 2006/2011 – 14ª ed. por Lawrence COLLINS (ed. geral), Adrian BRIGGS, Jonathan HARRIS, J. MCCLEAN, Campbell MCLACHLAN e C. MORSE, e 4º supl, Londres.

GAUDEMET-TALLON, Hélène 2010 – *Compétence et exécution des jugements en Europe. Règlement 44/2001. Conventions*

DIREITO INTERNACIONAL PRIVADO

de Bruxelles (1968) et de Lugano (1988 et 2007), 4ª ed., Paris.

HAY, Peter, Patrick BORCHERS e Symeon SYMEONIDES 2010 – *Conflict of Laws*, 5ª ed., St. Paul, Minn.

HOFFMANN, Bernd VON e Karsten THORN 2007 – *Internationales Privatrecht einschließlich der Grundzüge des Internationalen Zivilverfahrensrechts*, 9ª ed., Munique.

KEGEL, Gerhard e Klaus SCHURIG 2004 – *Internationales Privatrecht – ein Studienbuch*, 9ª ed., Munique.

KROPHOLLER, Jan 1998 – *Europäisches Zivilprozeßrecht. Kommentar zumEu-GVÜ*, 6ª ed., Heidelberga. 2005 – *Europäisches Zivilprozeßrecht. Kommentar zum EuGVO, Lugano-Übereikommen und Europäischem Vollstreckungstitel*, 8ª ed., Heidelberga. 2006 – *Internationales Privatrecht*, 6ª ed., Tubinga.

KROPHOLLER, Jan e Jan VON HEIN 2011 – *Europäisches Zivilprozeßrecht. Kommentar zum EuGVO, Lugano-Übereikommen 2007, EuVTVO, EuMVVO und EuGFVO*, 9ª ed., Francoforte--sobre-o-Meno.

LUZZATTO, Riccardo 1997 – "Il riconoscimento di sentenze e provvedimenti stranieri nella riforma del diritto internazionale privato italiano", *in Comunicazioni e studi*, vol. XXI, 83-105, Milão.

MAGNUS, Ulrich e Peter MANKOWSKI (org.) 2007 – *Brussels I Regulation*, Munique.

MARTINY, Dieter 1984 – "Anerkennung ausländischer Entscheidungen nach autonomen Recht", *in Handbuch des Internationalen Zivilverfahrensrechts*, vol. III/1, Tubinga.

MAYER, Pierre e Vincent HEUZÉ 2010 - *Droit international privé*, 10ª ed., Paris.

MORELLI, Gaetano 1954 – *Diritto processuale civile internazionale*, 2ª ed., Pádua.

NEUHAUS, Paul Heinrich 1976 – *Die Grundbegriffe des internationalen Privatrechts*, 2ª ed., Tubinga.

PINHEIRO, Luís de LIMA 2000 – *Um Direito Internacional Privado para o Século XXI. Relatório sobre o Programa, os Conteúdos e os Métodos do Ensino do Direito Internacional Privado*, Lisboa. 2001 – "Regime interno de reconhecimento de decisões judiciais estrangeiras", *ROA* 61: 561-628. 2002 – "A triangularidade do Direito Internacional Privado – Ensaio sobre a articulação entre o Direito de Conflitos, o Direito da Competência Internacional e o Direito de Reconhecimento", *in Estudos em Homenagem à Professora Isabel de Magalhães Collaço*, Almedina, Coimbra. 2008 – *Direito Internacional Privado*, vol. I – *Introdução e Direito de Conflitos/ Parte Geral*, 2ª ed., Almedina, Coimbra. 2009 – *Direito Internacional Privado*, vol. II – *Direito de Conflitos/Parte Especial*, 3ª ed., Almedina, Coimbra.

RAMOS, Rui MOURA 1991 – *Da Lei Aplicável ao Contrato de Trabalho Internacional*, Coimbra. 2002 – *Estudos de Direito Internacional Privado e de Direito Processual Civil Internacional*, vol. I, Coimbra. 2007 – *Estudos de Direito Internacional Privado e de Direito Processual Civil Internacional*, vol. II, Coimbra.

RAUSCHER, Thomas 2006 – *Europäisches Zivilprozeßrecht. Kommentar*, vol. I, 2ª ed., Munique.

RAUSCHER, Thomas (org.) 2010 – *Brüssel IIa-VO, EG-UntVO, EG-ErbVO-E, HUntStProt 2007*, Munique.

RAUSCHER, Thomas (org.) 2011 – *Bearbeitung 2011. Brüssels I-VO, LugÜbk 2007*, Munique.

RIGAUX, François e Marc FALLON 2005 – *Droit international privé*, 3ª ed., Bruxelas.

ROZAS, José Carlos FERNÁNDEZ e Sixto LORENZO 1996 – *Curso de Derecho Internacional Privado*, 3ª ed., Madrid. 2009 – *Derecho Internacional Privado*, 5ª ed., Madrid.

SANTOS, António MARQUES DOS 1991 – *As Normas de Aplicação Imediata no Direito Internacional Privado. Esboço de Uma Teoria Geral*, 2 vols., Coimbra.

SCHACK, Haimo 1996 – *Internationales Zivilverfahrensrecht*, 2ª ed., Munique.

2010 – *Internationales Zivilverfahrensrecht*, 5ª ed., Munique.

SOUSA, Miguel TEIXEIRA DE 2003 – *Direito Processual Civil Europeu* (Relatório pol.), Lisboa.

VISCHER, Frank 1992 – "General Course on Private International Law", *RCADI* 232: 9-256.

VITTA, Edoardo 1979 – "Cours general de droit international privé", *RCADI* 162: 9-243.

WENGLER, Wilhelm 1961 – "The General Principles of Private International Law", *RCADI* 104: 271-469. 1981 – *Internationales Privatrecht*, Berlim.

WOLFF, Martin K. 1984 – "Vollstreckbarerklärung", *in Handbuch des Internationalen Zivilverfahrensrechts*, vol. III/2, Tubinga.

Capítulo I
Aspectos Gerais

Bibliografia específica:
MARTINY [1984]; VITTA; MORELLI; ISABEL DE MAGALHÃES COLLAÇO [1963]; Id. – *Da qualificação em Direito Internacional Privado*, Lisboa, 1964; FERRER CORREIA [1982] [2000]; LIMA PINHEIRO [2000: 26 e segs.]; Id. [2001]; Id. [2008: § 1 D, § 4 F E § 14 B]; Wilhelm WENGLER [1961]; Arthur BÜLOW – "Vereinheitlichtes internationales Zivilprozessrecht in der Europäischen Wirtschaftsgemeinschaft", *RabelsZ.* 29 (1965) 473-510; Berthold GOLDMAN – "Un traité fédérateur: La Convention entre les États membres de la C.E.E. sur la reconnaissance et l'exécution des décisions en matière civile et commerciale", *R. trim. dr. eur.* 7 (1971) 1-39; BAPTISTA MACHADO [1982]; Martha WESER – *Convention communautaire sur la compétence judiciaire et l'exécution des décisions*, Bruxelas, 1975; Georges DROZ – An a TCE 14/10/77, no caso *Eurocontrol*, *R. crit.* (1977) 776-785; Peter SCHLOSSER – "Der EuGH und das Europäische Gerichtsstands- und Vollstreckungsübereikommen", *NJW* 30 (1977) 457-463; CHRISTIAN VON BAR [1987]; CHRISTIAN VON BAR/MANKOWSKI [2003]; WOLFF [1984]; MOURA RAMOS [1991: 631 e segs.]; VISCHER [1992]; Jürgen BASEDOW – "Qualifikation, Vorfrage und Anpassung im Internationalen Zivilverfahrensrecht", *in Materielles Recht und Prozessrecht und die Auswirkungen der Unterscheidung in Recht der internationalen Zwangsvollstreckung - eine rechtsvergleichenden Grundlagenuntersuchung*, 131-156, Bielefold, 1992; SCHACK [2010]; Jan KROPHOLLER – "Die Auslegung von EG-Verordnungen zum Internationalen Privat- und Verfahrensrecht – Eine Skizze", *in Aufbruch nach Europa. 75 Jahre Max-Planck-Institut für Privatrecht*, 583-594, Tubinga, 2001; TEIXEIRA DE SOUSA – "Âmbito de aplicação do Regulamento nº 44/2001, de 22/12/2000 (Regulamento Bruxelas I)", *in Estudos em Homenagem à Professora Doutora Isabel Magalhães Collaço*, vol. II, 675-691, Coimbra 2002; Id. [2003].

90. Identificação do problema

O problema do *reconhecimento* é geralmente colocado, entre nós, com respeito aos *atos públicos estrangeiros* e às *decisões arbitrais "estrangeiras"*. Trata-se de saber se estes atos podem produzir efeitos na ordem jurídica local e, em caso afirmativo, quais as condições a que é subordinada essa eficácia. Para uma correta identificação do problema importa, porém, procurar uma maior precisão conceptual e terminológica.

Os atos públicos podem classificar-se em internos e externos conforme são praticados por autoridades nacionais ou por autoridades estrangeiras ou supraestaduais.

As *decisões arbitrais* não são atos públicos, porquanto os árbitros são particulares que, segundo o melhor entendimento, não exercem uma função pública mas uma atividade jurisdicional privada[1161]. A lei portuguesa trata as decisões arbitrais "nacionais" como atos internos, embora fosse concebível que estas decisões fossem consideradas como atos externos, visto que os tribunais arbitrais não são órgãos públicos nacionais de aplicação do Direito. Já as decisões arbitrais "estrangeiras" são encaradas pela lei portuguesa como atos externos.

O problema da eficácia na ordem local também se coloca relativamente a atos externos desta natureza. Como todos estes atos são decisões[1162], podemos dizer que *o problema do reconhecimento se coloca relativamente a decisões externas*.

Tradicionalmente entende-se que enquanto os atos internos produzem diretamente efeitos na ordem jurídica interna os atos externos carecem de ser *reconhecidos* para poderem produzir efeitos na ordem jurídica interna.

Todavia, o conceito de "reconhecimento" não é inequívoco e este modo de colocar as coisas não é inteiramente correto.

O *reconhecimento em sentido amplo* é a atribuição a um ato externo de relevância na ordem jurídica interna. Tanto podem estar em causa efeitos desencadeados pela decisão externa segundo um Direito estrangeiro ou

---

[1161] Ver LIMA PINHEIRO – Arbitragem Transnacional. A Determinação do Estatuto da Arbitragem, Coimbra, 2005, 191 e segs.

[1162] Cf., relativamente aos atos administrativos, Diogo FREITAS DO AMARAL – *Curso de Direito Administrativo*, vol. II, 2ª ed., Coimbra, 2011, 249 e segs., e MARCELO REBELO DE SOUSA e André SALGADO DE MATOS – *Direito Administrativo Geral*, Tomo III – *Actividade administrativa*, Lisboa, 2007, 67 e segs.

ASPECTOS GERAIS

não-estadual, como a "execução" da decisão externa como ainda outros modos de relevância.

Por "execução" não se quer aqui significar a realização da decisão por meios coercivos, mas a concessão a esta decisão de força executiva, designadamente por meio de uma declaração de executoriedade. Não se trata do reconhecimento de um efeito produzido pelo ato segundo um Direito estrangeiro ou não-estadual, mas da atribuição à decisão externa da força executiva que assiste a um ato interno equivalente[1163]. Em rigor, não se deve falar a este respeito de execução mas antes de atribuição de força executiva.

Entre os outros modos de relevância conta-se o valor como título de registo, o valor probatório e a tomada em consideração como mero facto material.

A relevância das decisões externas na ordem jurídica interna depende das proposições jurídicas desta ordem[1164]. As proposições jurídicas que atribuem a uma decisão externa relevância na ordem interna operam o seu reconhecimento.

Numa *aceção média*, entende-se por reconhecimento a produção na ordem jurídica local de efeitos desencadeados pela decisão externa segundo um Direito estrangeiro ou não estadual. Podemos falar, neste sentido, de *reconhecimento de efeitos*.

O reconhecimento de efeitos pode ser operado por dois modos diferentes.

Um destes modos é dependente do *Direito de Conflitos*: na aplicação do Direito material designado pelo Direito de Conflitos pode dar-se relevância aos efeitos jurídicos produzidos por uma decisão externa. Pode igualmente dizer-se que este reconhecimento depende do Direito aplicável (segundo o Direito de Conflitos).

Este modo de relevância é admitido quando, por exemplo, para que um estrangeiro divorciado no estrangeiro tenha capacidade para celebrar novo casamento em Portugal seja suficiente que o divórcio seja reconhecido pela lei competente (em princípio a lei da sua nacionalidade).

Este modo de reconhecimento de efeitos não permite, porém, uma contraposição de decisões externas a decisões internas. Do ponto de vista

---

[1163] Em sentido próximo, MARTINY [1984: nº 424] e WOLFF [1984: nº 11].

[1164] Cf. ISABEL DE MAGALHÃES COLLAÇO [1963: 7].

do reconhecimento de efeitos por via do Direito de Conflitos é indiferente que a decisão seja estrangeira ou portuguesa. Se dois nacionais de um Estado estrangeiro se divorciam em Portugal os efeitos do divórcio sobre a capacidade para contrair novo casamento não se produzem "diretamente" na ordem jurídica portuguesa, visto que a sua produção depende da lei competente determinada pelo Direito de Conflitos.

Outro modo de relevância é a receção na ordem jurídica local dos efeitos produzidos pelo ato na ordem jurídica de origem, quer seja ou não a ordem jurídica designada pelo Direito de Conflitos, ou a atribuição à decisão externa do mesmo valor que uma decisão interna por via de *normas de reconhecimento.*

Por exemplo, o credor de uma sociedade sedeada em Portugal obteve, no Brasil, uma sentença que a condena no pagamento de uma indemnização. A sociedade devedora não cumpre a sentença nem tem bens que respondam pela dívida no país onde foi proferida. O credor pretende executar em Portugal a sentença. Através da ação de revisão de sentença estrangeira pode ser atribuída à sentença condenatória a mesma força executiva que tem uma sentença nacional.

A este *reconhecimento autónomo* de decisões externas corresponde a *aceção estrita* de reconhecimento.

A tendência, entre nós, é para circunscrever o reconhecimento de decisões externas ao modo de relevância autónomo perante o Direito de Conflitos e à atribuição de força executiva. Isto corresponde ao âmbito do *Direito de Reconhecimento* como parte autónoma do Direito Internacional Privado. Mas esta tendência encerra um risco: o de perder de vista que tanto o Direito de Conflitos como o Direito de Reconhecimento servem a regulação das situações transnacionais e a realização dos fins do Direito Internacional Privado e que tem de haver uma adequada articulação intrassistemática entre eles[1165]. Ora, parece haver toda a conveniência no relacionamento dos dois modos de relevância dos efeitos de decisões externas.

Por estas razões, adota-se aqui uma aceção ampla de reconhecimento que abrange todos os modos de relevância de decisões externas e procura articulá-los.

[1165] Ver VISCHER [1992: 234 e segs.].

ASPECTOS GERAIS

O Direito Internacional Privado não se ocupa de todos os problemas de reconhecimento de decisões externas, mas tão-somente daqueles que surgem no contexto específico da regulação de *situações "privadas"*. Isto abrange essencialmente o reconhecimento de decisões de autoridades estrangeiras que incidam sobre situações "privadas" e de decisões arbitrais "estrangeiras". Complementarmente, o Direito de Reconhecimento Internacional Privado deve ainda ocupar-se dos efeitos na ordem jurídica interna de decisões de autoridades supraestaduais que incidam sobre situações "privadas".

O caráter "privado" destas situações deve ser entendido com certa autonomia em relação ao Direito material interno, de harmonia com o entendimento seguido com respeito à delimitação das situações reguladas pelo Direito Internacional Privado[1166]. Não são "privadas", para este efeito, essencialmente as situações que por dizerem respeito a certas atividades públicas estrangeiras só podem ser objeto de regulação na ordem jurídica de um Estado estrangeiro e as situações que são primariamente conformadas por Direito público português. Assim, por exemplo, não são reconhecíveis *ao abrigo do Direito de Reconhecimento Internacional Privado* as decisões estrangeiras com caráter penal e as decisões proferidas por tribunais estrangeiros em violação da imunidade de jurisdição do Estado português. À face das conceções dominantes, também não são, em princípio, reconhecíveis as decisões que tenham acolhido uma pretensão do Estado de origem relativa ao exercício de um poder de autoridade.

O reconhecimento de decisões arbitrais "estrangeiras" suscita uma problemática específica que será examinada no capítulo que lhes é dedicado. As linhas que se seguem dizem respeito ao reconhecimento de outras decisões externas.

Afora as decisões arbitrais "estrangeiras", as decisões externas mais importantes são os atos públicos estrangeiros. Os atos públicos estaduais podem ser legislativos, jurisdicionais, políticos e administrativos.

Os atos legislativos (em sentido material amplo) são gerais e, em princípio, abstratos e, por conseguinte, não desencadeando efeitos jurídicos concretos, não suscitam problemas de reconhecimento. Os atos políticos são os tomados no exercício da função política ou de governo, para além dos atos legislativos; normalmente não modelam diretamente situações

---

[1166] Ver *supra* § 1 B.

"privadas" e, por conseguinte, não suscitam problemas de reconhecimento. Estamos assim limitados aos atos administrativos e aos atos jurisdicionais, de que se ocupam os capítulos seguintes.

91. Noção de Direito de Reconhecimento

O *Direito de Reconhecimento Internacional Privado* é o complexo normativo formado pelas normas e princípios que regulam autonomamente a relevância das decisões externas que incidem sobre "situações privadas" na ordem jurídica interna.

Como foi anteriormente assinalado, o Direito de Reconhecimento integra, a par do Direito de Conflitos, o Direito Internacional Privado enquanto ramo do Direito.

Entre os modos de relevância autónoma das decisões externas na ordem interna conta-se o reconhecimento autónomo de efeitos produzidos na ordem jurídica de origem, i.e., aquela que atribui competência à autoridade que tomou a decisão. O reconhecimento autónomo de efeitos é uma técnica de regulação das situações transnacionais. É uma das técnicas do processo conflitual ou indireto. Com efeito as normas que determinam o reconhecimento desses efeitos e estabelecem as suas condições não disciplinam materialmente a situação[1167]. A definição da situação jurídico-material resulta da remissão para a ordem jurídica de origem, i.e., a ordem jurídica que atribui competência à autoridade que proferiu a decisão. São os efeitos jurídicos desencadeados pela decisão segundo o Direito de origem que se produzem na ordem jurídica do Estado de reconhecimento.

As normas sobre o reconhecimento autónomo de efeitos de atos externos integram uma categoria especial de normas de conflitos: as normas de reconhecimento (*supra* § 14 B).

O Direito de Reconhecimento de efeitos também é Direito de Conflitos, embora seja um Direito de Conflitos com certa especificidade e autonomia.

Nos sistemas que controlam a competência internacional indireta (i.e., a competência do tribunal de origem da decisão), este Direito de Conflitos contém diversas normas de conexão e faz pleno sentido a afirmação de que o sistema de reconhecimento atua como um Direito de Conflitos

---

[1167] Cp. FERRER CORREIA [1982: 372], afirmando que se trata de normas de Direito Internacional Privado material.

ASPECTOS GERAIS

"oculto"[1168]. Com efeito, os elementos de conexão utilizados pelas proposições sobre competência internacional indireta formam, em conjunto com outras proposições do Direito de Reconhecimento, verdadeiras normas de conexão que dão corpo a um segundo sistema conflitual.

Não é este o caso, porém, do regime interno português que, de forma algo surpreendente, renuncia ao controlo da competência internacional indireta (*infra* § 97 E). A remissão para o Direito do Estado de origem da decisão não se baseia, perante este regime, em qualquer conexão.

O Direito de Reconhecimento Internacional Privado é essencialmente Direito substantivo, razão por que considero equívoca a sua inclusão num "Direito Processual Civil Internacional"[1169].

A inserção das normas sobre reconhecimento de sentenças estrangeiras em leis do processo, tradicional em sistemas como o alemão, italiano e português, terá levado a que estas normas fossem consideradas processuais. Mas, segundo creio, erradamente. As normas sobre reconhecimento de decisões externas, à semelhança das outras normas de Direito Internacional Privado, são essencialmente substantivas.

Isto é particularmente evidente no que toca às normas que estabelecem o reconhecimento automático de certos efeitos de atos públicos estrangeiros, visto que neste caso a atribuição de efeitos na ordem jurídica do foro não depende de qualquer processo prévio. Mas mesmo quando se subordine todos os efeitos da sentença, enquanto ato jurisdicional, a um processo de revisão e confirmação, como é o caso do regime interno de reconhecimento de sentenças estrangeiras, as normas que determinam a produção na ordem jurídica do foro dos efeitos que a sentença desencadeia segundo o Direito do Estado de origem e fixam as respetivas condições substantivas têm autonomia relativamente às normas processuais.

92. Interpretação e aplicação das normas de reconhecimento
A) Aspetos gerais
As normas de reconhecimento de decisões externas assumem conformações muito diversas.

As normas de reconhecimento *de efeitos* de decisões externas constituem uma modalidade de norma de conflitos, na medida em que remetem para

---

[1168] Ver WENGLER [1961: 443], MARTINY [1984: nº 266] e CHRISTIAN VON BAR [1987: 347].
[1169] Ver LIMA PINHEIRO [2000: 26 e seg.].

o Direito do Estado de origem da decisão[1170]. Só estas normas integram a categoria internacionalprivatística das *normas de reconhecimento*[1171].

Outras normas de reconhecimento de decisões externas são normas materiais que associam à decisão externa determinados efeitos estatuídos pelo Direito do Estado de reconhecimento. É isto que, em princípio, se verifica com as normas que atribuem força executiva, valor de título de registo e força probatória às decisões externas.

Por vezes estas diferentes normas de reconhecimento de decisões externas encontram-se expressas nas mesmas disposições legais. É o que se verifica no regime interno de reconhecimento de decisões judiciais estrangeiras (arts. 1094º e segs. CPC), que não distingue entre reconhecimento de efeitos e atribuição de força executiva. Do ponto de vista lógico, porém, é sempre possível e, para certos efeitos, necessário, distinguir entre as diferentes normas de reconhecimento que se inferem dessas disposições.

As normas de reconhecimento de decisões externas, quer sejam normas de conflitos ou normas materiais, podem ou não ser normas de conexão. As principais normas de reconhecimento de decisões externas vigentes na ordem jurídica portuguesa não são normas de conexão, visto que o reconhecimento não depende de uma conexão entre a situação que é objeto da decisão e o Estado de origem da decisão. Daí que o paralelismo com o Direito de Conflitos *stricto sensu*, no que se refere à interpretação e aplicação, seja mais limitado do que o assinalado com respeito às normas de competência internacional.

Ainda assim, há a assinalar que o problema da interpretação e aplicação das normas de reconhecimento de decisões externas apresenta importantes afinidades com o problema da interpretação e aplicação das normas de conflitos *stricto sensu*.

Primeiro, tanto num caso como noutro vigoram na ordem jurídica portuguesa normas de fonte interna e normas de fonte supraestadual.

Segundo, a interpretação dos conceitos técnico-jurídicos utilizados para delimitar o objeto da norma de reconhecimento de decisões externas coloca, à semelhança da interpretação dos conceitos técnico-jurídicos utilizados para delimitar a previsão das normas de conflitos *stricto sensu*, a questão de saber a que sistema jurídico-material recorrer para o efeito.

[1170] Ver, sobre o conceito de reconhecimento, *supra* § 90.
[1171] Sobre esta categoria ver *supra* § 14 B.

Por exemplo, qual o significado a atribuir às expressões "matéria civil e comercial" e "direitos privados" e aos termos "decisão" e "divórcio".

O mesmo se diga, com respeito às normas de reconhecimento de decisões externas que comportem elementos de conexão, quanto à interpretação dos conceitos técnico-jurídicos utilizados para designar os elementos de conexão e à concretização dos elementos de conexão que constituem dados normativos.

A resposta a estas questões é, até certo ponto, comum ao Direito de Conflitos *stricto sensu*, ao Direito da Competência Internacional e ao Direito de Reconhecimento.

Assim, os critérios de interpretação aplicáveis são os que regem a interpretação de cada uma destas categorias de normas. Remete-se, a este respeito, para o exposto relativamente à competência internacional (*supra* § 82 A).

Também em paralelo com o Direito de Conflitos *stricto sensu* e com o Direito da Competência Internacional, podemos designar por *qualificação* em sentido amplo a resolução do conjunto dos problemas de interpretação e aplicação da norma de reconhecimento de decisões externas que dizem respeito aos conceitos técnico-jurídicos utilizados na sua previsão[1172].

Este paralelismo mantém-se quanto à especificidade da qualificação: a qualificação em Direito de Reconhecimento também tem de ter em conta dois níveis – o do Direito material e o do Direito de Reconhecimento – e a pluralidade de ordens jurídicas em presença.

Os três momentos da qualificação em Direito de Reconhecimento são a interpretação dos conceitos que delimitam a previsão, a delimitação do objeto e a recondução da matéria ao conceito utilizado na previsão da norma (qualificação em sentido estrito).

O *objeto da norma de reconhecimento* de decisões externas é a própria decisão externa. Esta norma de reconhecimento reporta-se a uma decisão externa com certas características e atribui-lhe determinada relevância

---

[1172] Em geral, sobre a qualificação dos conceitos utilizados nas normas de reconhecimento, ver VITTA [1979: 114 e seg.] e MARTINY [1984: nºs 185 e seg.]. No sentido de as questões de saber o que se deve entender por "decisão sobre direitos privados" e por "tribunal estrangeiro" poderem ser configuradas como problemas de substituição ver BASEDOW [1992: 148]. Sobre a qualificação em geral ver ISABEL DE MAGALHÃES COLLAÇO [1964], FERRER CORREIA [2000: 199 e segs.], BAPTISTA MACHADO [1982: 93 e segs.], MOURA RAMOS [1991: 631 e segs.] e *supra* § 39.

jurídica na ordem jurídica local. Isto é assim mesmo quando a norma de reconhecimento se reporta a uma decisão externa que produz determinado tipo de efeitos na ordem jurídica do Estado de origem e opera uma receção destes efeitos na ordem jurídica local.

Não se deve confundir o objeto da norma de reconhecimento com o *objeto do reconhecimento* no sentido em que esta expressão é utilizada na presente obra: o da relevância jurídica reconhecida à decisão externa na ordem jurídica local. Esta relevância jurídica da decisão externa na ordem jurídica local diz respeito à estatuição da norma de reconhecimento.

B) Normas de reconhecimento de fonte interna

Aplicam-se aqui, com as devidas adaptações, as considerações que foram tecidas com respeito às normas de competência internacional de fonte interna (*supra* § 82 B).

É concebível uma qualificação da decisão externa segundo o Direito do Estado de origem. Por exemplo, seria de reconduzir ao conceito de "decisão sobre direitos privados" das nossas normas de reconhecimento a decisão que no Estado de origem seja como tal considerada. Mas a qualificação segundo o Direito do estado de origem é de excluir, uma vez que cabe ao Direito do Estado de reconhecimento decidir quais as decisões a que confere relevância jurídica na ordem interna e quais as condições de que depende essa relevância.

Uma "dupla qualificação", que exija a coincidência entre a qualificação feita perante o Direito do Estado de origem e a qualificação segundo o Direito do Estado de reconhecimento, também é de recusar, porque dificultaria o reconhecimento de decisões externas.

A qualificação deve ser feita segundo o Direito de Reconhecimento português, mas com base numa *interpretação autónoma* dos conceitos utilizados para delimitar a previsão da norma de reconhecimento. Quando estes conceitos se reportam a características das decisões externas que dizem respeito, designadamente, à natureza da entidade que as proferiu, à qualidade em que atuou esta entidade ou à eficácia da decisão na ordem jurídica do Estado de origem, torna-se necessária uma *caracterização* segundo o Direito do Estado de origem[1173].

[1173] Em sentido convergente, MARTINY [1984: nº 186].

Assim, por exemplo, a qualificação de uma decisão estrangeira como "decisão sobre direitos privados" para efeitos do art. 1094º CPC, deve ser feita segundo o critério definido perante o Direito de Reconhecimento português e com base numa interpretação autónoma.

Por "decisão" entende-se qualquer ato público que segundo a ordem jurídica do Estado de origem tenha força de caso julgado[1174]. Há que aferir perante o Direito do Estado de origem se a decisão foi proferida por um órgão público e se tem força de caso julgado.

Pelo que toca ao caráter "privado" o que importa é o objeto da decisão e não a natureza do tribunal que a proferiu[1175].

A decisão deve ter por objeto uma relação que no Estado de reconhecimento seja considerada "privada"[1176]. Para efeito desta apreciação a relação tem de ser caracterizada juridicamente perante a ordem jurídica do Estado de origem. É uma qualificação segundo o Direito de Reconhecimento do foro com base numa caracterização feita perante a ordem jurídica do Estado de origem.

C) Normas de reconhecimento de fonte supraestadual

Também aqui se aplicam, com as devidas adaptações, as considerações que foram tecidas com respeito às normas de competência internacional de fonte supraestadual (*supra* § 82 C).

A definição autónoma dos conceitos técnico-jurídicos utilizados para delimitar a previsão das normas supraestaduais de reconhecimento de decisões externas é excecional. Constitui exemplo a definição de "decisão" contida no art. 32º do Regulamento Bruxelas I (*infra* § 94 B).

Na falta de uma definição autónoma as soluções possíveis para o problema da qualificação são fundamentalmente três: a qualificação segundo o Direito do Estado de origem, a "dupla qualificação" e a "qualificação autónoma".

[1174] Cf. MORELLI [1954: 311], MARTINY [1984: nº 487 e segs.] e SCHACK [2010: nº 910. Em sentido convergente, FERRER CORREIA [2000: 455 e seg.]. Sobre o problema do reconhecimento das providências cautelares, ver BARIATTI [1995: 1225] com mais referências, MARTINY [1984: nºs 492 e segs.] e SCHACK [2010: nºs 914 e segs.].

[1175] Cf. ISABEL DE MAGALHÃES COLLAÇO [1963: 25] e FERRER CORREIA [1982: 107 e 2000: 455].

[1176] Cf. MARTINY [1984: nº 500] e SCHACK [2010: nºs 906 e segs.].

DIREITO INTERNACIONAL PRIVADO

Todas estas soluções foram defendidas, perante a Convenção de Bruxelas sobre a Competência Judiciária e a Execução de Decisões em Matéria Civil e Comercial (1968), com respeito à qualificação de uma decisão como relativa a "matéria civil e comercial".

Num primeiro momento, alguma doutrina inclinou-se no sentido de uma qualificação segundo o Direito do Estado de origem[1177].

O TCE, porém, estabeleceu com a decisão proferida no caso *Eurocontrol* uma orientação no sentido da autonomia da qualificação feita pelo tribunal de reconhecimento[1178]. Como já se assinalou, entende-se por "qualificação autónoma" uma qualificação baseada numa interpretação autónoma dos conceitos utilizados na previsão destas normas de reconhecimento. Isto não exclui que o conceito assim interpretado se reporte a características das decisões que devem ser apreciadas segundo o Direito do Estado de origem ou segundo o Direito interno de outro Estado. Assim, parece que a questão de saber se uma decisão judicial, por ter por objeto uma relação conexa com o exercício de poderes de autoridade, não é reconduzível ao conceito de "matéria civil e comercial", exige uma consulta do Direito do Estado direta ou indiretamente implicado na relação[1179].

[1177] Cf. BÜLOW [1965: 476 e seg. n 10], GOLDMAN [1971: 9], WESER [1975: 223 e seg.] e SCHLOSSER [1977: 459].

[1178] 14/10/1976 [*CTCE* (1976) 629]. Ver an de DROZ [1977: 779 e segs.]. Ver também TCE 14/7/1977, no caso *Bavaria* [*CTCE* (1977) 535] e TEIXEIRA SOUSA [2002: 680 e seg.].

[1179] Cp., porém, *supra* § 84 B.

Capítulo II
Reconhecimento de Decisões Judiciais Estrangeiras

Bibliografia específica:
MARTINY [1984]; KROPHOLLER [1998]; Id. – *Europäisches Zivilprozeßrecht. Kommentar zu EuGVO und Lugano-Übereikommen*, 7ª ed., Heidelberga, 2002; Id. [2005]; KROPHOLLER/VON HEIN [2011]; MORELLI [1954]; WENGLER [1961] [1981]; BATIFFOL/LAGARDE [1983]; Arthur VON MEHREN – "Recognition and Enforcement of Foreign Judgments – General Theory and the Role of Jurisdictional Requirements", *RCADI* 167 (1980) 9-112; Id. – "Recognition and Enforcement of Sister-State Judgements: Reflections on General Theory and Current Practice in the European Economic Community and the United States", *Columbia L. Rev.* 81 (1981) 1044-1060; Id. – *Adjudicatory Authority in Private International Law. A Comparative Study*, com a colaboração de Eckart GOTTSCHALK, Leiden, 2007; Arthur VON MEHREN e Donald TRAUTMAN – "Recognition of Foreign Adjudications: A Survey and a Suggested Approach", *Harv. L. Rev.* 81 (1968) 1601-1696; Jürgen BASEDOW – "Europäisches Zivilprozeßrecht – Generalia", *in Handbuch des Internationalen Zivilverfahrensrechts*, vol. I, Tubinga, 1982; Id. – "Qualifikation, Vorfrage und Anpassung im Internationalen Zivilverfahrensrecht", *in Materielles Recht und Prozessrecht und die Auswirkungen der Unterscheidung in Recht der internationalen Zwangsvollstreckung – eine rechtsvergleichenden Grundlagenuntersuchung*, 131-156, Bielefeld, 1992; Id. – "Variationen über die spiegelbildliche Anwendung deutschen Zuständigkeitsrechts", *IPRax* 14 (1994) 183-186; ISABEL DE MAGALHÃES COLLAÇO [1963]; FERRER CORREIA – *Lições de Direito Internacional Privado – Aditamentos – Do reconhecimento e execução das sentenças estrangeiras*, Coimbra, 1973; Id. – "Breves reflexões sobre a competência internacional indi-

DIREITO INTERNACIONAL PRIVADO

recta", *in Estudos Vários de Direito*, Coimbra, 193-222, 1976; Id. [1982]; Id.– "O reconhecimento das sentenças estrangeiras no direito brasileiro e no direito português", *RLJ* 116 (1983) nºs 3707 a 3711; Id. – "Quelques réflexions sur le système portugais concernant la reconnaissance et l'exécution des jugements étrangers en matière civile et commerciale", *Droit international et droit communautaire*, 135-141, Paris, 1991; Id. [2000]; Rui MOURA RAMOS – *L'adhésion du Portugal aux conventions communautaires en matière en matière de droit international privé* (Sep. da BFDUC 63), Coimbra, 1987; Id. – "La Convention de Bruxelles après la Convention d'Adhésion du Portugal e de l'Espagne", *BFDUC* 65 (1989) 29-59; Id. – "Les clauses d'exception en matière de conflits de lois et de conflits de juridictions – Portugal", *in Das Relações Privadas Internacionais. Estudos de Direito Internacional Privado*, Coimbra, 1995; Id. – "A Convenção de Bruxelas sobre a competência judiciária e execução de decisões: sua adequação à realidade juslaboral actual", *in Estudos de Direito Internacional Privado e de Direito Processual Civil Internacional*, 41-73, 1996; Id. – *A Reforma do Direito Processual Civil Internacional* (sep. RLJ), Coimbra, 1998; Id. – "Public Policy in the Framework of the Brussels Convention Remarks on Two Recent Decisions by the European Court of Justice", *in Estudos de Direito Internacional Privado e de Direito Processual Civil Internacional*, 283-300, 2000; Id.– "Previsão normativa e modelação judicial nas convenções comunitárias relativas ao Direito Internacional Privado", *in Estudos de Direito Internacional privado e de Direito Processual Civil Internacional*, 208-244, Coimbra, s.d.; Id. – "L'expérience portugaise des conventions de La Haye du 5 octobre 1961 relative à la protection des mineus, du premier juin 1970 relative à la reconnaissance du divorce et du 25 octobre 1980 sur l'enlèvement international d'enfants, et de la convention de Luxembourg du 20 mai 1980 relative à la reconnaissance des décisions en matière de garde", *in Estudos de Direito Internacional Privado e de Direito Processual Civil Internacional*, 9-20, s.d.; Id. – "The New EC Rules on Jurisdiction and the Recognition and Enforcement of Judgments", *in Law and Justice in a Multistate World. Essays in Honor of Arthur T. Von Mehren*, 199-218, Ardsley, Nova Iorque, 2002; Id. – "The new EC rules on jurisdiction and the recognition and enforcement of judgments", *in Estudos de Direito Internacional Privado e de Direito Processual Civil Internacional*, vol. II, 7-38, Coimbra 2007; Id. – "A Concordata de 2004 e o Direito Internacional Privado português", *in Estudos de Direito Internacional Privado e de Direito Processual Civil Internacional*, vol. II, 335-388, Coimbra, 2007; TEIXEIRA DE SOUSA – *O Regime Jurídico do Divórcio*, Coimbra, 1991; Id. – *A Competência Declarativa dos Tribunais Comuns*, Lisboa, 1993; Id.– "A concessão de exequatur a uma decisão estrangeira segundo a Convenção de Bruxelas", *RFDUL* 35 (1994) 445-460; Id. – "Apreciação de alguns aspectos da 'Revisão do Processo Civil – Projecto'", *ROA* 55 (1995) 353-416; Id. – *Acção Executiva Singular*, Lisboa, 1998; Id. – "Alguns aspectos do reconhecimento de decisões estrangeiras segundo o direito autónomo português", *in Das Recht der lusophonen Länder*, org. por Erik Jayme, 55-63, Baden-Baden, 2000 [2000a]; Id. – "Sobre a competência indirecta no reconhecimento de sentenças estrangeiras. Anotação ao acórdão do Supremo Tribunal de Justiça de 21 de Maio de 1998", *ROA* 60 (2000) 757-783 [2000b]; Id. – "Âmbito de aplicação do Regulamento nº 44/2001, de 22/12/2000 (Regulamento Bruxelas I)", *in Estudos em Homenagem à Professora Doutora Isabel Magalhães Collaço*, vol. II, 675-691, Coimbra 2002; Id. [2003]; Id. – "Ausgewählte Probleme aus dem Anwendungsbereich der Verordnung EG Nr. 2201/2003 und des Haager Übereinkommens v. 19.10.1996 über den Schutz von Kindern", *FamRZ* 52 (2005) 1612-1615; António MARQUES DOS SANTOS – "Revisão e confirmação de sentenças estrangeiras no novo Código de Processo Civil de 1997 (alterações ao regime anterior)", *in Aspectos do novo Processo Civil*, 105-155, Lisboa, 1997; LIMA PINHEIRO [2001] [2002]; Id – "Reconhecimento autónomo de decisões estrangeiras e controlo do direito aplicável", *RFDUL* 46 (2005) 215-240; Id. – "O reconhecimento de decisões estrangeiras em matéria matrimonial e de responsabilidade parental – Regulamento (CE) nº 2201/2003, do Conselho, de 27 de Novembro de 2003", *ROA* 66 (2006) 517- -546; Ernst FRANKENSTEIN – *Internationales Privatrecht*, vol. I, Berlim-Grunewald, 1926; J.-P. NIBOYET – *Traité de droit international privé français*, vol. VI/2 – *Le conflit des juridictions (fin)*, Paris, 1950; WOLFF [1984]; MAYER/HEUZÉ [2010]; Paul LAGARDE – "Le principe de proximité dans le droit international privé contemporain", *RCADI* 196 (1986) 9-238; PIERRE MAYER – "Le phénomène de la coordination des ordres juridiques étatiques en droit privé. Cours générale de droit international privé", *RCADI* 327 (2007) 9-378; SCHACK [1996]; Id. – "Das neue Internationale Eheverfahrensrecht in Europa", *RabelsZ.* 65 (2001) 615-633; Id. [2010]; LUZZATTO [1997]; BALLARINO [1999]; HAY/BORCHERS/SYMEONIDES [2010]; Max KELLER e Kurt SIEHR – *Allgemeine Lehren des internationalen Privatrechts*, Zurique, 1986; VISCHER [1992]; Andreas LOWENFELD – "International Litigation and the Quest for Reasonableness. General Course on Private International Law", *RCADI* 245 (1994) 9-320; Yvon LOUSSOUARN, Pierre BOUREL e Pascal de VAREILLES-SOMMIÈRES – *Droit international privé*, 8ª ed., Paris, 2004; N FRAGISTAS – "La compétence internationale en droit privé", *RCADI* 104 (1961) 159-271; Paolo PICONE – *Ordinamento competente e diritto internazionale privato*, Milão, 1986; Id. – "Sentenze straniere e norme italiane di conflitto", *Riv. dir. int.* 80 (1997) 913-955; Id. – *Les méthodes de coordination entre ordres juridiques en droit international privé* (Sep. de *RCADI* 276), A Haia, Boston e Londres, 2000; Álvaro MACHADO VILLELA – *Tratado Elementar (Teórico e Prático) de Direito Internacional Privado*, 2 vols., Coimbra, 1921/1922; Id. – "Observações sobre a execução das sentenças estrangeiras", *BMJ* 32 (1952) 31-66; Raymond VANDER ELST e Martha WESER – *Droit international privé belge et droit conventionnel international*, vol. II – *Conflits de juridictions*, por Martha WESER e Paul JENARD, Bruxelas, 1985; Paul H. NEUHAUS – "Der schweizer IPR-Entwurf – ein internationals Modell?", *RabelsZ.* 43 (1979) 277; Erik JAYME – "Recognition of foreign judgements: international jurisdiction of foreign courts revisited", *in Studi Ago*, vol. IV, 139-148, Milão, 1987; René van ROOIJ e Maurice

DIREITO INTERNACIONAL PRIVADO

POLAK– *Private International Law in the Netherlands*, Deventer et al., 1987; Beat
RECHSTEINER – *Direito Internacional Privado. Teoria e Prática*, 7ª ed., s.l., 2004;
P. JENARD – "Relatório sobre a Convenção, de 27 de Setembro de 1968, relativa à
competência judiciária e à execução de decisões em matéria civil e comercial", *JOCE*
C 189, 28/7/90, 122-179, 1979; Peter SCHLOSSER –"Relatório sobre a Convenção, de
9 de Outubro de 1978, relativa à Adesão do Reino da Dinamarca, da Irlanda e do
Reino Unido da Gra-Bretanha e da Irlanda do Norte à Convenção relativa à competência judiciária e à execução de decisões em matéria civil e comercial, bem como ao
Protocolo Relativo à sua interpretação pelo Tribunal de Justiça", *JOCE* C 189, 28/7/90,
184-256, 1979; Id. – "Conflits entre jugement judiciaire et arbitrage", *R. arb.* (1981)
371-393.; Id. – Recensão a *Handbuch des Internationalen Zivilverfahrensrecht, RabelsZ.*
47 (1983) 525-531; Id. – "Das internationale Zivilprozeßrecht der Europäischen
Wirtschaftsgemeinschaft und Österreich", *in FS Winfried Kralik*, 287-299, Viena, 1986;
P. JENARD e G. MÖLLER – "Relatório sobre a Convenção Relativa à Competência
Judiciária e à Execução de Decisões em Matéria Civil e Comercial, celebra em Lugano
em 16 de Setembro de 1988", *JOCE* C 189, de 28/7/90, 57-121, 1990; D. EVRIGENIS
e K. KERAMEUS – "Relatório sobre a adesão da República Helénica à Convenção
relativa à competência judiciária e à execução de decisões em matéria civil e comercial", *JOCE* C 189/257, de 28/7/1990; Georges DROZ – *Compétence judiciaire et effets des
jugements dans le Marché Commun*, Paris, 1972; Id. – An a TCE 14/10/77, no caso *Eurocontrol, R. crit.* (1977) 776-785; Georges DROZ e Hélène GAUDEMET-TALLON – An
a TCE 28/9/1999, no caso *Coursier, R. crit.* 89 (2000) 242-244; Id. – "La transformation de la Convention de Bruxelles du 27 septembre 1968 en Règlement du Conseil
concernant la compétence judiciaire, la reconnaissance et l'exécution des décisions
en matière civile et commerciale", *R. crit.* 90 (2001) 601-652; Reinhold GEIMER e
Rolf SCHÜTZE – *Internationale Urteilsanerkennung*, vol. I., t. I, Munique, 1983; Id. –
Europäisches Zivilverfahrensrecht, 3ª ed., Munique, 2010; Hélène GAUDEMET-TALLON
– "Les fontières extérieures de l'espace judiciaire européen: quelques repères", *in E
Pluribus Unum. Liber Amicorum Georges A. L. Droz*, 85-104, A Haia, Boston e Londres,
1996 [1996b]; Id. – "Le Règlement nº 1347/2000 du Conseil du 29 mai 2000: ´Com-
pétence, reconnaissance et exécution des décisions en matière matrimoniale et en
matière de responsabilité parentale des enfants communs`", *Clunet* 128 (2001) 381-
431; Id. [2010]; MAGNUS/MANKOWSKI (org.) [2007]; Id. – "Brussels I on the Verge
of Reform – A Response tot he Green Paper on the Review of the Brussels I Regulation", *ZVgl RW* 109 (2010) 1-41; Pierre GOTHOT e Dominique HOLLEAUX – *La
Convention de Bruxelles du 27 Septembre 1968*, Paris, 1985; Arthur BÜLOW, Karl-Heinz
BÖCKSTIEGEL, Reinhold GEIMER e Rolf SCHÜTZE (org.) – *Das internationale Rechtsverkehr in Zivil- und Handelssachen*, vol. II, B I le por Stefan AUER, Christiane SAFFER-
LING e Christian WOLF, Munique, 1989; Peter GOTTWALD – "Internationales Zivilprozeßrecht", *in Münchener Kommentar zur Zivilprozeßordnung*, vol. III, 3ª ed., Munique,

2008; Miguel TEIXEIRA DE SOUSA e Dário MOURA VICENTE – *Comentário à Convenção de Bruxelas de 27 de Stembro de 1968 Relativa à Competência Judiciária e à Execução de Decisões em Matéria Civil e Comercial*, Lisboa, 1994; Martha WESER – *Convention communautaire sur la compétence judiciaire et l'exécution des décisions*, Bruxelas, 1975; Alexander LAYTON e Hugh MERCER – *European Civil Practice*, 2ª ed., Londres, 2004; Franco MOSCONI – *Diritto internazionale privato e processuale*, Turim, 1996; Id.– "Un confronto tra la disciplina del riconoscimento e dell'esecuzione delle decisioni straniere nei recenti regolamenti comunitari", *RDIPP* 37 (2001) 545-556; ELENA MERLIN – "Riconoscimento ed esecutività della decisione straniera nel regolamento 'Bruxelles I'", *Riv. dir. processuale* 56 (2001) 433-461; Arthur BÜLOW – "Vereinheitlichtes internationales Zivilprozessrecht in der Europäischen Wirtschaftsgemeinschaft", *RabelsZ.* 29 (1965) 473-510; Berthold GOLDMAN – "Un traité fédérateur: La Convention entre les États membres de la C.E.E. sur la reconnaissance et l'exécution des décisions en matière civile et commerciale", *R. trim. dr. eur.* 7 (1971) 1-39; Reinhold GEIMER – An a OLG München/Augsburg 28/5/1974, *NJW* 28 (1975) 1086-1088; Id. – "Das Anerkennungsverfahren gemäß Art. 26 Abs. 2 des EWG-Übereikommens vom 27 September 1968", *JZ* (1977) 145-150 e 213-217; Giuseppe CAMPEIS e Arrigo DE PAULI – *La procedura civile internazionale*, Pádua, 1991; J. MOTA DE CAMPOS – "Um instrumento jurídico de integração europeia. A Convenção de Bruxelas de 27 de Setembro de 1968 sobre Competência Judiciária, Reconhecimento e Execução das Sentenças", *DDC (BMJ)* 22 (1985) 73-235; Dário MOURA VICENTE – "Da aplicação no tempo e no espaço das Convenções de Bruxelas de 1968 e de Lugano de 1988 (Anotação de jurisprudência)", *RFDUL* 35 (1994) 461-485; Id. – "A Convenção de Bruxelas de 27 de Setembro de 1968 Relativa à Competência Judiciária e à Execução de Decisões em Matéria Civil e Comercial e a Arbitragem", *ROA* 56 (1996) 595-618; Id. – "A competência internacional no Código de Processo Civil revisto: aspectos gerais", in *Aspectos do Novo Processo Civil*, 71-92, Lisboa, 1997; Id. – *Problemática Internacional da Sociedade da Informação*, Coimbra, 2005, 330 e segs.[2005a]; – "Competencia internacional y reconocimiento de sentencias extranjeras en el Derecho autónomo português", in *Direito Internacional Privado. Ensaios*, vol. III, Coimbra, 2005, 281-297 [2005b]; EUGÉNIA GALVÃO TELES – "Reconhecimento de sentenças estrangeiras: o controle de competência do tribunal de origem pelo tribunal requerido na Convenção de Bruxelas de 27 de Setembro de 1968", *RFDUL* 37 (1996) 119-169; José MOITINHO DE ALMEIDA – "A Convenção de 27 de Setembro de 1968 sobre Competência Judiciária e Execução de Decisões em Matéria Civil e Comercial, e os actos a ela relativos, nos seus reflexos na ordem jurídica portuguesa", *DDC (BMJ)* 3-4 (1980) 137-147; Id. – "A Convenção de 27 de Setembro de 1968 sobre Competência Judiciária e Execução de Decisões em Matéria Civil e Comercial na perspectiva da adesão de Portugal às Comunidades Europeias", *Assuntos Europeus* 1 (1982) 63-79; MONTALVÃO MACHADO – *O tratamento na ordem interna portuguesa da exequibilidade das decisões judi-*

ciais e dos actos autênticos estrangeiros, segundo a Convenção de Bruxelas (Sep. *Scientia Iuridica* 45), 1996; TAVARES DE SOUSA – "A Convenção de Bruxelas de 1968 e a Convenção paralela de Lugano de 1988 na jurisprudência portuguesa – 1993-1997", *in Das Recht der lusophonen Länder*, org. por Erik Jayme, 29-41, Baden-Baden, 2000; Hartmut LINKE – An a TCE 24/4/1999, no caso *Coursier, IPRax* 20 (2000) 8-11; Jean--Paul BERAUDO – "Le Règlement (CE) du Conseil du 22 décembre 2000 concernant la compétence judiciaire, la reconnaissance et l'exécution des décisions en matière civile et commerciale", *Clunet* 128 (2001) 1033-1085; Wendy KENNETT – "The Brussels I Regulation", *Int. Comp. L. Q.* 50 (2001) 725-737; Kurt NADELMANN – "Jurisdictionally Improper Fora in Treaties on Recognition of Judgments: The Common Market Draft", *Columbia L. R.* 67 (1967) 995-1023; Id. – "The Outer World and the Common Market Expert's Draft of a Convention on Recognition of Judgments", Common Market L. R. 5 (1967/1968) 409-420; Friedrich JUENGER – "La Convention de Bruxelles du 27 septembre 1968 et la courtoisie internationale. Réflexions d'un Américain", *R. crit.* (1983) 37-51; Peter HAY – "Flexibility versus Predictability and Uniformity in Choice of Law. Reflexions on Current European and United States Conflicts Law", *RCADI* 226 (1991) 281-412; Paul BEAUMONT –"The Brussels Convention Becomes a Regulation: Implications for Legal Basis, External Competence, and Contract Jurisdiction", *in Essays Peter North*, 11-30, Oxford, 2002; Alexander RATHENAU – "Das Brüsseler- und Lugano-Übereikommen sowie die Brüssel-I--Verordnung in der portugiesischen Rechtsprechung (1992-2006): Der Einfluss eigentypischer Regelungen des autonomen Rechts", *ZZPInt* 10 (2005) 195-226; Id. – *Die Anwendung des EuGVÜ durch portugiesische Gerichte unter Berücksichtigung des autonomen internationalen Zivilverfahrensrechts*, Francoforte-sobre-o-Meno, 2007; Fernando FERREIRA PINTO – *Do Conflito de Leis em Matéria de Obrigação de Alimentos*, Lisboa, 1992; Giuseppe TARZIA – "Il Titolo esecutivo Europeo per i crediti non contestati", *in FS Peter Schlosser*, 985-996, Tubinga, 2005; PAULA COSTA E SILVA – *A jurisdição nas relações entre Portugal e a Santa Sé (Os Regulamentos (CE) n 1347/2000 e n 2201/2003 e a Concordata)*, Coimbra, 2004; Id. – *O Título Executivo Europeu*, Coimbra, 2005; Id. – *Processo de Execução*, vol. – *Títulos Executivos Europeus*, Coimbra, 2006; PAULA COSTA E SILVA e João de OLIVEIRA GERALDES – "A Concordata de 2004 e o novo artigo 1626º do Código Civil", *in Estudos Sérvulo Correia*, \vol. III, 795-816, Coimbra, 2010; ALEGRÍA BORRÁS – "Relatório explicativo da Convenção, elaborada com base no artigo K.3 do Tratado da União Europeia, relativa à competência, ao reconhecimento e à execução de decisões em matéria matrimonial", *JOCE* C 221/27, de 16/7/98, 1998; Id. – "Aspectos generales de la cooperación en matéria civil", *in La Cooperación en Materia Civil en la Unión Europea: Textos y Comentarios*, org. por Alegría Borrás, 25-46, Cizur Menor (Navarra), 2009; JÄNTERÄ-JAREBORG – "Marriage Dissolution in an Integrated Europe", *Yb. PIL* 1 (1999) 1-36; Bertrand ANCEL e Horatia MUIR WATT – "La desunion européenne: le Règlement dit 'Bruxelles II'", *R. crit.* 90 (2001) 404-

-459; Id. – "L'intérêt supérieur de l'enfant dans le concert des juridictions: le Règlement Bruxelles II *bis*", *R. crit.* 94 (2005) 569-605; Andrea BONOMI – "Il regolamento comunitario sulla competenza e sul riconoscimento in material matrimoniale e di potestà dei genitori", *RDI* 84 (2001) 298-346; Christian KOHLER – "Libre circulation du divorce? Observations sur le règlement communautaire concernant les procédures en matière matrimoniale", *in Estudos Isabel de Magalhães Collaço*, vol. I, 231-248, Coimbra, 2002 [2002a]; Id. –"Vom EuGVÜ zur EuGVVO: Grenzen und Konsequenzen der Vergemeinschaftung", *in Einheit und Vielfalt des Rechts. FS Reinhold Geimer*, 461-484, Munique, 2002 [2002b]; Paolo PICONE – "Diritto internazionale privato comunitario e pluralità dei metodi di coordinamento tra ordinamenti", *in Diritto internazionale privato e diritto comunitario*, org. por Paolo Picone, 485-525, Pádua, 2004; Roberto BARATTA – "Il regolamento comunitario sul diritto internazionale privato della famiglia", *in Diritto internazionale privato e diritto comunitario*, org. por Paolo Picone, 163-203, Pádua, 2004; Rainer HÜSSTEGE – "Verordnung (EG) Nr. 2201/2003 des Rates über die Zuständigkeit und die Anerkennung und Vollstreckung von Entscheidungen in Ehesachen und in Verfahren betreffend die elterliche Verantwortung und zur Aufhebung der Verordnung (EG) Nr. 1347/2000", *in Zivilprozessordnung Kommentar*, org. por Heinz THOMAS e Hans PUTZO, 32ª ed., Munique, 2011; Ulrich SPELLENBERG – "IntVerfREhe", *in J. von Staudingers Kommentar zum Bürgerlichen Gesetzbuch, Einführungsgesetz zum Bürgerlichen Gesetzbuch/IPR*, Berlim, 2005; Mário TENREIRO – "L'espace judiciaire européen en matière de droit de la famille, le nouveau règlement 'Bruxelles II'", *in Les enlèvements d'enfants à travers les frontières*, 19-31, Bruxelas, 2004; Maria HELENA BRITO – "O Regulamento (CE) do Conselho, de 27 de Novembro de 2003, relativo à competência, ao reconhecimento e à execução de decisões em matéria matrimonial e em matéria de responsabilidade parental", *in Est. Marques dos Santos*, 305-356, Coimbra, 2005; Alfonso CALVO CARAVACA, Javier CARRASCOSA GONZALEZ e Esperanza CASTELLANOS RUIZ – *Derecho de Familia Internacional*, 3ª ed., Madrid, 2005, 131 e segs. e 227 e segs.; MANUEL CALHEIROS – "Bruxelas II e a Concordata", *in Rechtsentwicklungen in Portugal, Brasilien und Macau*, org. por Erik Jayme e Christian Schindler, 39-46, Baden-Baden, 2002; Pierre BELLET e Berthold GOLDMAN – "La Convention de La Haye sur la reconnaissance des divorces et des séparations de corps", *Clunet* 96 (1969) 843-872; Id. – "Rapport explicatif", *in Actes et documents de la Onzième session, Conference de La Haye de droit international privé*, t. II, 210-224, 1970; Bernard DUTOIT e Pierre MERCIER – "La onzième session de la Conférence de La Haye de droit international privé", *RDIPP* 5 (1969) 367-423; Roberta CLERICI – "Una codificazione tropo prudente? A proposito della convenzione dell'Aja sul riconoscimento dei divorzi e delle separazioni personali", *in Studi Mario Giuliano*, 313-360, 1989; António FERRER CORREIA e F. FERREIRA PINTO – "Breve apreciação das disposições do anteprojecto de código de processo civil que regulam a competência internacional dos tribunais portugueses e o reconhecimento

DIREITO INTERNACIONAL PRIVADO

de sentenças estrangeiras", *RDE* 13 (1987) 25-64; ALBERTO DOS REIS – *Código de Processo Civil anotado*, vol. III, 3ª ed., Coimbra, 1948; Id. – *Processos Especiais*, vol. II, Coimbra, 1956; José LEBRE DE FREITAS – "A fraude à lei na provocação da competência de tribunal estrangeiro", *RFDUL* 39 (1998) 7-1; Id. – *Introdução ao Processo Civil. Conceitos e Princípios Gerais*, 2ª ed., Coimbra, 2006; Id. – *A Acção Executiva Depois da reforma da reforma*, 5ª ed., Coimbra, 2009; Carlos FERREIRA DA SILVA – "De la reconnaissance et de l'exécution de jugements étrangers au Portugal (hors du cadre de l'application des conventions de Bruxelles et de Lugano)", *in Recognition and Enforcement of Foreign Judgments Outside the Scope of the Brussels and Lugano Conventions*, 465-491, org. por Gerhard Walter e Samuel Baumgartner, A Haia, Londres e Boston, 2000; TABORDA FERREIRA– *Sistema do Direito Internacional Privado segundo a lei e a jurisprudência*, Lisboa, 1957; A. PESSOA VAZ e J. ÁLVARO DIAS – "La reconnaissance et l'exécution des jugements étrangers judiciaires et arbitraux en matière civile et commerciale au Portugal", *DDC/BMJ* 33/34 (1988) 521-583; Dominique HOLLEAUX – *Compétence du juge étranger et reconnaissance des jugements*, Paris, 1970; Gerhard KEGEL – "Reform des deutschen internationalen Eherechts", *RabelsZ*. 25 (1970) 201-221; Leo RAAPE e Fritz STURM – *Internationales Privatrecht*, 6ª ed., Munique, 1977; Rainer HAUSMANN – *Kollisionsrechtliche Schranken von Scheidungsurteilen*, Munique, 1980; CHRISTIAN VON BAR e Peter MANKOWSKI – " Art 13 EGBGB", *in J. von Staudingers Kommentar zum BGB*, 13ª ed., Berlim, 1996; Peter MANKOWSKI – "Art 13 EGBGB", *in J. von Staudingers Kommentar zum BGB*, Neubearbeitung 2011, Berlim; Klaus SCHURIG – "Art. 13", *in Soergel Kommentar zum Bürgerlichen Gesetzbuch* vol. X, 12ª ed., Estugarda, Berlim e Colónia, 1996; António FERRER CORREIA e Rui MOURA RAMOS – "A propósito do reconhecimento, em Espanha, das decisões judiciais portuguesas, particularmente do mecanismo da reciprocidade", *RDE* 12 (1986) 43-67; BARBOSA DE MAGALHÃES – *Estudos sobre o novo Código de Processo Civil*, vol. II – *Da Competência Internacional*, Coimbra, 1947; João BAPTISTA MACHADO – "La compétence internationale en droit portugais", *BFDC* 41 (1965) 97-115; Id. – *Lições de Direito Internacional Privado*, 2ª ed., Coimbra, 1982; Id.– Anotação a STJ 31/3/87, *RLJ* 121 (1989) 267-270; João de CASTRO MENDES – "Alguns problemas sobre revisão de sentença estrangeira", *RFDUL* 19 (1965) 133-169; Artur ANSELMO DE CASTRO – *A Acção Executiva Singular, Comum e Especial*, 3ª ed., Coimbra, 1977; Manuel FERNANDES COSTA – "Direitos adquiridos e reconhecimento de sentenças estrangeiras (Da interpretação da al. g) do Código de Processo Civil)", *in Est. António Ferrer Correia*, vol. I, 121-186, Coimbra, 1986; José de OLIVEIRA ASCENSÃO – Anotação ao ac. STJ de 18/3/86, *BFDUL* 28 (1987) 193-200; ANA PERALTA e João CURADO NEVES – *A Competência Internacional Indirecta em Direito Processual Civil*, Lisboa, 1988; SUSANA BRITO – *Dos acordos sobre o tribunal competente em situações internacionais* (diss. policopiada), Lisboa, 1988; ANTUNES VARELA – Anotação aos Acs. STJ 1/7/86 e 26/10/86, *RLJ* 126 (1993) nºs 3828 e 3829/3830.

93. Aspectos gerais

A) Objecto do reconhecimento

O reconhecimento de uma decisão judicial estrangeira, entendido em sentido amplo, abrange o reconhecimento de efeitos, a atribuição de força executiva e outros modos de relevância.

Quanto ao *reconhecimento de efeitos*, importa esclarecer quais os efeitos da sentença que entram em jogo.

O efeito específico da sentença enquanto ato jurisdicional é o caso julgado. A sentença faz caso julgado quando a decisão nela contida se torna imodificável, impedindo que o mesmo ou outro tribunal, ou qualquer outra autoridade, possa definir em termos diferentes a situação jurídica[1180].

Quanto à definição da relação jurídica a sentença pode ter um efeito declarativo (reconhece ou nega um direito) ou constitutivo (constitui, modifica ou extingue situações jurídicas). São exemplo de sentenças constitutivas as de divórcio, anulação de negócio jurídico, investigação de paternidade, insolvência e dissolução de uma sociedade comercial.

O caso julgado abrange ambos os efeitos.

O reconhecimento do efeito constitutivo pode depender da lei competente para reger a situação em causa segundo o Direito de Conflitos do Estado de reconhecimento ou ser um reconhecimento autónomo relativamente ao Direito de Conflitos.

A sentença pode ainda produzir efeitos acessórios ou reflexos. Por exemplo, face à lei portuguesa o trânsito em julgado da decisão que condena o réu a cumprir uma obrigação tem reflexamente por efeito o início da contagem de um novo prazo de prescrição (arts. 326º e 327º CC)[1181]. O efeito acessório ou reflexo distingue-se do efeito constitutivo porque não constitui objeto da decisão[1182].

Segundo uma aceção restrita, o reconhecimento de sentenças estrangeiras limita-se ao reconhecimento autónomo dos efeitos diretos. Nesta

---

[1180] Cf. ANTUNES VARELA, J. MIGUEL BEZERRA e SAMPAIO E NORA – *Manual de Processo Civil*, 2ª ed., Coimbra, 1985, 702 e seg., e CASTRO MENDES – *Direito Processual Civil*, vol. II, Lisboa, 1987, 768 e segs.

[1181] Sobre estes efeitos, ver E. BARTIN – "Le jugement étranger considéré comme un fait", *Clunet* 51 (1924) 857-876, BATIFFOL/LAGARDE [1983: 613 e seg.], FERRER CORREIA [1982: 131 e segs. e 144, 1983 nº 10 e 2000: 471 e segs.] e SCHACK [2010: nºs 870 e segs.].

[1182] Os autores alemães falam a este respeito de um "efeito de pressuposição" [*Tatbestandswirkung*] – ver MARTINY [1984: nºs 427 e segs.].

DIREITO INTERNACIONAL PRIVADO

ótica o reconhecimento dos efeitos das sentenças estrangeiras apresenta-se como um problema de receção, pelo Estado de reconhecimento, dos efeitos produzidos segundo o Direito do Estado de origem da decisão.

Na Alemanha fala-se a este respeito de uma teoria da extensão de eficácia [*Wirkungserstreckung*][1183]. A prática jurisprudencial parece antes favorecer uma equiparação da sentença estrangeira com a sentença interna. Quanto ao efeito de caso julgado, alguns autores defendem ainda uma teoria da cumulação, segundo a qual a eficácia desencadeada pelo Direito do Estado de origem só se produz dentro dos limites de eficácia de uma decisão interna correspondente[1184]. Na Itália prevalecia tradicionalmente a teoria da equiparação[1185], mas há modulações na doutrina mais recente[1186].

Qual a posição mais correta?

No que se refere ao efeito de caso julgado, deve partir-se da teoria da extensão da eficácia. Há uma receção dos efeitos produzidos segundo o Direito do Estado de origem da decisão[1187]. Isto assegura a harmonia de soluções com este Direito e evita a atribuição à sentença estrangeira de efeitos com que não se podia contar no momento da propositura da ação ou durante o desenrolar do processo.

Exclui-se, porém, a receção daqueles efeitos que por razões de princípio forem desconhecidos do Direito do Estado de reconhecimento[1188]. Parece que esta exclusão se pode basear na ordem pública internacional, que neste caso se opõe apenas ao reconhecimento de certos efeitos da sentença[1189].

[1183] Cf. KROPHOLLER [2006: 678 e segs.], KEGEL/SCHURIG [2004: 1061] e MARTINY [1984: nºs 362 e segs.].

[1184] Ver SCHACK [2010: nº 886.] e CHRISTIAN VON BAR/MANKOWSKI [2003: 432].

[1185] Cf. MORELLI [1954: 310].

[1186] Ver LUZZATTO [1997: 91].

[1187] Ver também, em relação à Convenção de Bruxelas sobre a Competência Judiciária e a Execução de Decisões em Matéria Civil e Comercial, JENARD [1979: 160] e TCE 4/2/1988, no caso *Hoffmann* [CTCE (1988) 645] nº 11 e, em relação ao Regulamento Bruxelas I, TCE 28/4/2009, no caso *Apostolides* [*in http:// http://curia.europa.eu*], nº 66, e KROPHOLLER/VON HEIN [2011: vor Art. 33 nº 9].

[1188] Cf. MARTINY [1984: nº 369] e KROPHOLLER [2006: 679-680], dando como exemplo o efeito de caso julgado que abranja os factos demonstrados. Em nota de rodapé [76] o autor considera duvidosa a situação jurídica quando o Estado de origem estende o caso julgado a questões jurídicas prévias; ver também MARTINY [1984: nº 382]. Ver ainda TEIXEIRA DE SOUSA [2003: 164-165].

[1189] Cf. KROPHOLLER [2006: 680]; cp. MARTINY [1984: nº 370].

RECONHECIMENTO DE DECISÕES JUDICIAIS ESTRANGEIRAS

É controvertido se os efeitos constitutivos são objeto de reconhecimento dependente do Direito de Conflitos ou autónomo[1190]. Em princípio, entendo que o reconhecimento do efeito constitutivo deve depender da lei competente: é o Direito aplicável à situação que compete determinar se a produção de um certo efeito jurídico depende de um ato público e fixar as condições em que um ato público "estrangeiro" é idóneo para o efeito[1191]. Veremos, porém, que o Direito positivo coloca limites importantes a este entendimento. Se estes efeitos forem objeto de um reconhecimento autónomo parece que, pelas razões apresentadas com respeito ao efeito de caso julgado, devem ser objeto de receção[1192]. Já consequências jurídicas que decorrem da constituição, modificação ou extinção da relação são em qualquer caso determinadas pelo Direito competente segundo o nosso sistema conflitual.

Relativamente aos efeitos acessórios ou reflexos é geralmente aceite que dependem exclusivamente do Direito competente[1193].

Quanto à atribuição de força executiva às sentenças estrangeiras parece certo que não há receção, mas equiparação a uma sentença interna. A sentença estrangeira reconhecida tem o mesmo valor como título executivo que uma sentença interna do mesmo tipo[1194]. Algo de paralelo se verifica com a relevância da sentença estrangeira reconhecida como título de registo.

Entre outros modos de relevância da sentença estrangeira conta-se o seu valor probatório e a sua consideração como mero facto material[1195]. O valor probatório e o valor da sentença como mero facto material são geralmente aceites, sem dependência de quaisquer normas de reconhecimento[1196].

[1190] Ver *infra* § 97 A.

[1191] Ver WENGLER [1981: 156 e segs.].

[1192] Cf. MARTINY [1984: nº 415].

[1193] Cf. MARTINY [1984: nº 428], com mais referências.

[1194] Cf. SCHACK [2010: nº 883] e KROPHOLLER [2006: 682]. Em sentido convergente, relativamente ao Regulamento Bruxelas I, TCE 28/4/2009, no caso *Apostolides* [*in http://curia.europa. eu*], nº 66, e KROPHOLLER/VON HEIN [2011: vor Art. 33 nº 18].

[1195] Ver, quanto ao valor probatório, *infra* § 97 A e quanto à tomada em consideração como facto material, MARTINY [1984: nº 342].

[1196] Ver, porém, arts. 26º, 28º e 29º do Código belga de Direito Internacional Privado de 2004.

B) *Fundamento do reconhecimento*

A tentativa de fundamentar o reconhecimento das sentenças estrangeiras no respeito da soberania do Estado estrangeiro teve a mesma sorte que a conceção clássica sobre o objeto e a função da norma de conflitos[1197]. No reconhecimento de uma sentença estrangeira não está em causa a soberania do Estado que a proferiu, visto que se trata apenas da relevância que lhe é concedida na ordem interna do Estado de reconhecimento. É mesmo duvidoso que o Direito Internacional Público geral contenha quaisquer diretrizes nesta matéria[1198], salvo o dever de não reconhecer decisões proferidas sem jurisdição[1199]. Em princípio, cada Estado é livre de determinar a relevância que concede na ordem interna às sentenças estrangeiras.

Contrariamente ao defendido por MACHADO VILLELA[1200], o reconhecimento das sentenças estrangeiras também não decorre do princípio dos direitos adquiridos. Desde logo este princípio não poderia fundamentar genericamente o reconhecimento de sentenças estrangeiras uma vez que nem todas as sentenças declaram ou constituem direitos. Em segundo lugar, para haver um direito adquirido na perspetiva do Estado de reconhecimento é necessário que a lei competente, segundo o Direito de Conflitos deste Estado, o atribua. A simples circunstância de uma sentença estrangeira declarar ou constituir um direito segundo o Direito do Estado de origem não justifica o seu reconhecimento noutros Estados. Em qualquer caso, a teoria dos direitos adquiridos é criticável e o nosso sistema de Direito Internacional Privado não consagra o princípio dos direitos adquiridos[1201].

O reconhecimento de sentenças estrangeiras deve fundamentar-se em valores e princípios gerais do Direito Internacional Privado vigente. O Direito de Conflitos e o Direito de Reconhecimento são subsistemas do sistema de Direito Internacional Privado que devem ser articulados entre si por forma coerente.

A favor do reconhecimento das sentenças estrangeiras é invocada a tutela da confiança depositada na definição da relação controvertida por via

---

[1197] *Supra* § 12 B e C].

[1198] Cf. MARTINY [1984: nºs 156 e segs.] e SCHACK [2010: nº 865].

[1199] Cf. BATIFFOL/LAGARDE [1983: 563 e seg.] e SCHACK [2010: nº 919].

[1200] 1952: 36 e seg. e 51 e segs. Cp. FERRER CORREIA [1982: 117 e seg.].

[1201] Ver *supra* § 28 C, com mais referências.

judicial, a continuidade e estabilidade de situações jurídicas consolidadas ou constituídas pela sentença e a harmonia internacional de soluções[1202]. Faz-se valer que perante a inevitabilidade das divergências entre sistemas nacionais de Direito de Conflitos, o reconhecimento de sentenças promove a continuidade e estabilidade de situações jurídicas, em especial em áreas particularmente sensíveis como é o caso do estatuto pessoal[1203].

Alega-se ainda que o reconhecimento recíproco das sentenças estrangeiras facilita o comércio internacional[1204]. Daí que já o Tratado que instituiu a Comunidade Económica Europeia, na sua versão original de 1957, previsse no art. 220º que os Estados comunitários estabelecessem negociações tendo em vista simplificar as "formalidades" a que se encontrava subordinado o reconhecimento de sentenças.

Duas outras considerações depõem a favor do reconhecimento das sentenças estrangeiras. Primeiro, o reconhecimento das sentenças estrangeiras contribui para a eficácia prática das decisões jurisdicionais, evitando que a execução possa ser impedida pela localização dos bens fora do país em que foi proferida a sentença de condenação[1205]. Segundo, um princípio da economia justifica que se evite a repetição, num Estado, da causa já decidida noutro Estado.

Mas estes fins não impõem o reconhecimento incondicional das sentenças estrangeiras. Há certos condicionamentos que estão ínsitos nesta fundamentação ou que decorrem de outros fins prosseguidos pelo Direito Internacional Privado.

Desde logo é importante assinalar que se a situação que foi objeto da decisão estrangeira é regulada pelo Direito de Conflitos do Estado de reconhecimento, *maxime* se os seus tribunais são competentes, a suscetibilidade de reconhecimento reduz a certeza e previsibilidade jurídicas na ordem jurídica local[1206]. A confiança depositada na competência dos tribunais locais e na aplicabilidade do Direito de Conflitos local por parte de um

---

[1202] Em sentido convergente, FERRER CORREIA [1982: 119, 1983 nº 2 e 2000: 460 e seg.].

[1203] Ver VISCHER [1992: 234 e segs.].

[1204] Cf. SCHACK [2010: nº 880]. Ver também Ronald BRAND – "Recognition of foreign judgments as a trade law issue: The economics of private international law", *in Economic dimensions in international law*, org. por Jagdeep Bhandari e Alan Sykes, 592-641, Cambridge, 1997, 613 e segs.

[1205] Cf. SCHACK [2010: nº 880].

[1206] Neste último sentido, VON MEHREN [2007: 33].

sujeito jurídico é frustrada quando este sujeito se vê forçado a participar num processo que corre noutro Estado.

A favor do reconhecimento só pode ser invocada a tutela da confiança objetivamente justificada na definição da situação jurídica sob a égide da ordem jurídica de outro Estado. Ora, esta justificação objetiva só se verifica se existir uma conexão significativa entre este Estado e a relação em causa.

Da mesma forma a continuidade e a estabilidade da situação definida por uma decisão estrangeira só merecem tutela se havia uma forte conexão com o Estado de origem da decisão (e não se os seus tribunais se consideraram competentes com base em conexões fracas ou fortuitas com este Estado).

Enfim, a harmonia internacional só justifica o reconhecimento da decisão dos tribunais de um Estado quando a relação tem uma conexão mais significativa com este Estado do que com outros Estados estrangeiros. Se o Direito de Conflitos do Estado de reconhecimento remete para o Direito de outro Estado estrangeiro, a harmonia com este Estado é mais importante do que a harmonia com o Estado de origem da decisão. O princípio da harmonia internacional de soluções pode mesmo ser invocado, *de iure condendo*, contra o reconhecimento de decisões que não são reconhecíveis na ordem jurídica estrangeira que é competente segundo o sistema conflitual do Estado de reconhecimento[1207].

Acresce ainda que se os tribunais do Estado de reconhecimento forem internacionalmente competentes, o reconhecimento de uma decisão proferida por um tribunal estrangeiro representa um limite ao exercício da jurisdição do Estado de reconhecimento. Este limite significa geralmente que uma pessoa que está intimamente ligada ao Estado de reconhecimento, designadamente em razão da sua residência ou estabelecimento, tem de sujeitar-se a um processo instaurado noutro Estado, com todas as desvantagens que daí advêm. Ora, parece claro que o Estado de reconhecimento só tem motivos para aceitar este limite ao exercício da sua jurisdição

---

[1207] Neste sentido aponta a chamada "teoria da *lex causae*" defendida designadamente por FRANKENSTEIN [1926: 347] e, com respeito às sentenças constitutivas, WENGLER [1961: 446 e segs. – ver também 1981: 392 e segs.] e NEUHAUS [1976: 438 e seg.], este último autor entendendo que devem ser reconhecidos os atos constitutivos que produzem efeitos segundo a *lex causae*, tendo por único limite a reserva de ordem pública internacional; as condições de reconhecimento fixadas pelo Direito alemão só se aplicariam quando ele fosse a *lex causae*.

quando os tribunais de outro Estado se consideram competentes com base numa conexão com a relação controvertida que é, na perspetiva do Estado de reconhecimento, adequada.

A exigência de uma conexão adequada entre o Estado de origem da decisão e a relação controvertida – geralmente apresentada como "competência internacional indireta" dos tribunais de origem – surge assim como a principal condição de reconhecimento das sentenças estrangeiras[1208].

Por outro lado, o tribunal de origem pode ter aplicado na decisão do caso uma lei diferente da designada pela nossa norma de conflitos. Se estivermos dispostos a reconhecer decisões estrangeiras sem um controlo do Direito material aplicado estamos a admitir um limite à aplicação do nosso sistema de Direito de Conflitos.

Como assinalou WENGLER, o reconhecimento de decisões estrangeiras proferidas segundo uma lei diferente da que seria competente de acordo com o Direito de Conflitos do foro opera como uma referência global à ordem jurídica do Estado de origem da decisão[1209]. A ordem jurídica do Estado de reconhecimento vai receber a situação jurídica definida pela ordem jurídica do Estado de origem, considerada no seu conjunto, com inclusão do seu Direito Internacional Privado.

O sistema de reconhecimento, ao operar a referência à ordem jurídica do Estado de origem da decisão, afasta o Direito de Conflitos geral[1210].

Um sistema de reconhecimento formal (i.e., sem controlo do Direito material aplicado) está disposto a remeter globalmente para a ordem jurídica de qualquer dos Estados que considera internacionalmente competentes[1211]. Esta remissão, porém, só se opera quando o tribunal de um destes Estados profere uma decisão ou, perante um sistema que conceda

---

[1208] Cf. BARBOSA DE MAGALHÃES [1947: 304]; VON MEHREN/TRAUTMAN [1968: 10 e segs.]; Georges VAN HECKE – "Principes et méthodes de solution des conflits de lois", *RCADI* 126 (1969-I) 399-569, 529; KEGEL/SCHURIG [2004: 1062]; FERRER CORREIA [1976: 195, 1982: 121 e 2000: 461 e seg.]; WENGLER [1981: 394]; MARTINY [1984: nº 630]; e *Cheshire, North & Fawcett* [2008: 516]. Ver ainda CHRISTIAN VON BAR/MANKOWSKI [2003: 437 e segs.]. Em sentido contrário, JAYME [1987: 141 e segs.].

[1209] 1981: 7.

[1210] Ver também WENGLER [1981: 11].

[1211] Em sentido próximo, WENGLER [1981: 395]. Isto pode eventualmente ser contrariado pela antecipação da outra parte mediante a propositura no Estado de reconhecimento de uma ação de simples apreciação negativa – cf. também WENGLER [1981: 113].

DIREITO INTERNACIONAL PRIVADO

relevância à litispendência estrangeira, a partir do momento em que a litispendência seja invocável.

O Direito de Reconhecimento constitui assim, em parte, um Direito de Conflitos especial[1212].

A norma de reconhecimento pode ou não ser uma norma de conexão. As normas de reconhecimento de atos públicos estrangeiros serão normas de conexão se condicionarem o reconhecimento à existência de uma conexão entre o Estado de origem da decisão e a situação. Isto pode resultar da conjugação do regime de reconhecimento de atos públicos estrangeiros com regras de competência internacional unificadas ou, na sua falta, pelo controlo da competência do tribunal de origem (competência internacional indireta)[1213].

A exigência de uma conexão adequada entre o Estado de origem da decisão e a situação constitui o principal fundamento para o sistema de reconhecimento formal, i.e., sem controlo da lei aplicada. O controlo da lei aplicada é substituído pelo controlo da competência do tribunal de origem[1214].

Nesta base, o entendimento dominante favorece o sistema de reconhecimento formal, contanto que entre o Estado de origem e a relação em causa exista uma conexão adequada (*infra* D).

Mas será que basta uma conexão adequada entre o Estado de origem e a situação para justificar um limite ao Direito de Conflitos geral do Estado de reconhecimento? Não haverá que atender também ao grau de ligação com o Estado de reconhecimento? Se existe uma ligação suficientemente forte com o Estado de reconhecimento para fundamentar a competência dos seus tribunais e, até, a aplicabilidade do seu Direito material, será justificado o afastamento do seu Direito de Conflitos geral?

Não haverá que tutelar a confiança depositada no Direito de Conflitos geral do Estado de reconhecimento e na definição da relação controvertida pela lei competente?

[1212] Cf. LIMA PINHEIRO [2000: 26]. Ver considerações convergentes de WENGLER [1961: 443], seguido por BATIFFOL/LAGARDE [1983: 586] e por PICONE [2000: 59], que fala de "regra de conflitos oculta adicional" [*disguised additional allocation rule*]. Em sentido contrário, MAYER/ /HEUZÉ [2010: nº 360].

[1213] Cf. LIMA PINHEIRO [2000: 26]. Ver considerações convergentes de PICONE [2000: 61].

[1214] Cf. PICONE [2000: 61].

É evidente que se a competência internacional indireta for objeto de controlo por meio de normas de conexão determinadas, os interessados podem ter em conta não só o Direito de Conflitos geral, mas também o Direito de Conflitos especial contido no sistema de reconhecimento.

A questão que aqui se coloca, porém, é a adequação de um sistema que, nos termos atrás expostos, leva à aplicação de uma lei que não é a do Estado com a conexão mais significativa, só pelo facto de a situação ter sido definida por uma decisão judicial estrangeira.

Parece que o único fundamento para admitir uma aplicação da lei competente segundo o Direito de Conflitos do Estado de origem, mesmo que não seja a lei do Estado que apresenta a conexão mais significativa com a situação, é a tutela da confiança depositada pelas partes na existência de situações baseadas na lei competente segundo o Direito de Conflitos do Estado de origem, em virtude da conexão existente entre a situação e este Estado[1215].

É certo que se justifica em certos casos a tutela da confiança depositada pelas partes na existência de situações que se constituíram segundo a lei de um Estado, que apresenta um laço particularmente significativo com a situação, embora não seja a lei competente perante o Direito de Conflitos do foro. Mas não deverá esta preocupação traduzir-se em normas apropriadas do sistema de Direito de Conflitos, que limitem as normas de conflitos gerais, e não num limite à aplicação do sistema de Direito de Conflitos pelo Direito de Reconhecimento, uma vez que a confiança das partes é digna de tutela independentemente de a situação ser definida por uma decisão judicial?

O Direito de Reconhecimento não se mostra idóneo para a tutela da confiança nestas situações, porque a decisão estrangeira tanto pode declarar ou constituir uma situação como declarar a não existência ou extinguir a mesma situação.

Um sistema de reconhecimento formal gera, deste ponto de vista, efeitos perversos, visto que permite que através do reconhecimento de uma decisão estrangeira de simples apreciação negativa ou de uma decisão

---

[1215] A razão para a opção pelo Direito de Conflitos do Estado de origem em detrimento do Direito de Conflitos do Estado de reconhecimento residiria, então, na confiança objetivamente justificada numa situação duradoura que se constituiu segundo o Direito de Conflitos do Estado de origem.

DIREITO INTERNACIONAL PRIVADO

que absolveu o réu do pedido seja negada na ordem jurídica do Estado de reconhecimento uma situação jurídica que se constituiu validamente perante o Direito que esta ordem jurídica considera competente.

Acresce que o reconhecimento de uma situação jurídica, que não se constituiu segundo o Direito competente, através de um sistema formal de reconhecimento, fica subordinado a um pressuposto aleatório: que a parte que se opõe a esse reconhecimento não proponha uma ação de declaração de não reconhecimento no Estado de reconhecimento antes da propositura da ação estrangeira. Quer isto dizer que o reconhecimento ou não reconhecimento da situação jurídica fica dependente da iniciativa processual dos interessados.

Não posso pois deixar de concordar, no essencial, com muitas das críticas que foram movidas por alguns dos mais eminentes internacional-privatistas do séc. XX ao sistema de reconhecimento formal.

NEUHAUS observou que o sistema de reconhecimento formal instiga à fraude ao Direito competente para os tribunais locais através do "forum shopping"[1216].

VON MEHREN assinalou o efeito adverso sobre a segurança jurídica que resulta de permitir, na ordem jurídica local, diferentes soluções para uma controvérsia conforme a ação é proposta originariamente nos tribunais locais ou em tribunais estrangeiros[1217].

Enfim, WENGLER sublinhou que o sistema de reconhecimento formal compromete a função reguladora do Direito de Conflitos do Estado de reconhecimento e sacrifica a confiança depositada, pelos sujeitos jurídicos, neste Direito de Conflitos[1218].

Estas críticas, porém, não conduzem a meu ver à aceitação de um controlo de mérito generalizado[1219].

[1216] 1979: 280.

[1217] 1980: 39 e segs.

[1218] 1981: 396 e segs.

[1219] O controlo de mérito da decisão estrangeira no caso de competência do Direito material do Estado de reconhecimento foi defendido por NIBOYET [1950: 111 e segs.] e, quanto às sentenças constitutivas, por WENGLER [1961: 447 e segs.]. Ver ainda, mais limitadamente, MAYER/HEUZÉ [2010: nºs 385 e segs.].

WENGLER [1981: 397] defende que também deve ser recusado o reconhecimento da decisão que se baseou numa lei que não é a competente segundo o Direito de Conflitos do Estado de

Há antes uma difícil ponderação a fazer. De um lado, temos uma exigência de tutela da confiança que possa ter sido depositada no Direito de Conflitos português quando os tribunais portugueses forem internacionalmente competentes. Por outro lado, se o Estado de origem da decisão apresenta uma conexão adequada com a relação controvertida, também pode merecer tutela a confiança depositada no seu Direito de Conflitos e na solução a que ele conduz.

As situações transnacionais são muito variadas e é impossível antecipar todas as constelações de interesses a que dão lugar. Os regimes de competência internacional direta e de controlo da competência internacional indireta dos diferentes sistemas nacionais apresentam divergências vincadas e, amiúde, estão longe de corresponder a modelos ideais. O sistema português, designadamente, reclama uma esfera de competência internacional dos tribunais portugueses demasiado ampla, ao mesmo tempo que, em sede de reconhecimento de sentenças estrangeiras, renuncia quase completamente ao controlo da competência do tribunal de origem. Por tudo isto, parece inevitável deixar alguma margem de apreciação do conjunto das circunstâncias do caso concreto ao tribunal de reconhecimento.

A teoria da "fraude à sentença" permite esta ponderação das circunstâncias do caso concreto mas apresenta uma desvantagem importante: faz depender o reconhecimento da averiguação do motivo da propositura da ação no estrangeiro. Ora, não só a averiguação de motivos suscita sempre dificuldades, como também, e esta é a objeção fundamental, pode justificar-se a tutela da confiança depositada no Direito de Conflitos português mesmo que exista um motivo legítimo para a propositura da ação no estrangeiro.

Creio que a melhor solução será admitir excecionalmente um certo controlo de mérito quando os tribunais do Estado de reconhecimento

---

reconhecimento, quando os seus tribunais não forem internacionalmente competentes, se este Direito de Conflitos estiver em sintonia com os Direitos de Conflitos da maioria dos Estados que são internacionalmente competentes. Esta posição, porém, não leva em conta que, neste caso, é justificada a confiança depositada no Direito de Conflitos de um Estado, em contacto com a situação no momento relevante, mesmo que este Direito de Conflitos divirja dos Direitos de Conflitos da maioria dos Estados em contacto coma situação nesse momento. Consideração que justifica o reconhecimento formal.

Sobre as críticas dirigidas ao controlo de mérito, ver LIMA PINHEIRO [2005: 225-227], com mais referências, a que importa acrescentar LAGARDE [1986: 182 e segs.].

DIREITO INTERNACIONAL PRIVADO

forem competentes e, perante o conjunto das circunstâncias do caso concreto, não se afigurar razoável o afastamento do Direito de Conflitos deste Estado. Para averiguar se o afastamento do Direito de Conflitos do foro de reconhecimento é razoável, serão tidos em conta a conexão da relação controvertida com o Estado de reconhecimento e com o Estado de origem da decisão e os interesses legítimos das partes[1220].

Por exemplo, não é, em princípio, legítimo o interesse de uma das partes em atuar num tribunal estrangeiro uma pretensão contratual que previsivelmente não seria acolhida por um tribunal do Estado de reconhecimento, quando ambas as partes têm residência habitual, sede e estabelecimento no Estado de reconhecimento. Já é legítimo o interesse na propositura da mesma ação em tribunal estrangeiro, se o réu tiver bens executáveis nesse Estado estrangeiro e não os tiver no Estado de reconhecimento; mas mesmo neste caso não se pode excluir que o réu possa ter um interesse atendível na aplicação do Direito de Conflitos do Estado de reconhecimento, por exemplo, quando na perspetiva deste Direito de Conflitos for aplicável uma norma de proteção que invalida o contrato.

Este controlo de mérito deve ser entendido em termos de equivalência de soluções materiais. É indiferente que tenha sido aplicada pela decisão estrangeira uma lei que não é a competente segundo o Direito de Conflitos do Estado de reconhecimento a partir do momento em que a solução seja equivalente à que se chegaria por aplicação da lei competente.

O controlo de resultado só deve ser completamente afastado em espaços em que o Direito de Conflitos esteja unificado[1221], como poderá ser, em breve, o caso do espaço da União Europeia.

Em minha opinião, a preocupação de tutelar a confiança depositada na válida constituição de situações jurídicas perante a ordem jurídica de um Estado estrangeiro que apresenta uma ligação especialmente significativa com a situação, apesar de não ser a ordem jurídica primariamente competente segundo o nosso Direito de Conflitos, deve ser tida em conta em primeira linha no quadro do sistema de Direito de Conflitos. Com efeito, esta confiança deve ser tutelada não só quando é proposta uma ação

---

[1220] Ver as considerações convergentes VON MEHREN/TRAUTMAN [1968: 1636 e segs.], e, em especial, VON MEHREN [1980: 39 e segs.].

[1221] Incluindo as normas de conexão especiais ligadas a Direito material especial e a normas materiais "autolimitadas".

em tribunal estrangeiro mas também quando o litígio é originariamente apreciado por um tribunal local.

É o que se verifica, na ordem jurídica portuguesa, com o art. 31º/2 CC. Este preceito permite salvar a validade do negócio do estatuto pessoal que, embora inválido segundo a lei pessoal, seja celebrado no país da residência habitual do declarante, em conformidade com a lei desse país, desde que esta se considere competente. Seria concebível, *de iure condendo*, uma solução mais geral, que permitisse o reconhecimento das situações do estatuto pessoal constituídas validamente no Estado da residência habitual, em conformidade com o seu Direito de Conflitos, ou constituídas num terceiro Estado, mas em conformidade com o Direito de Conflitos do Estado da residência habitual ou da nacionalidade, contanto que também tenham sido validamente constituídas do ponto de vista do Direito de Conflitos do Estado da constituição[1222].

Uma solução deste tipo projetar-se-ia no plano do Direito de Reconhecimento, quer por meio do reconhecimento do efeito constitutivo que a decisão judicial produza segundo a lei da nacionalidade ou a lei da residência habitual, quer, relativamente a outros efeitos, no quadro do controlo de mérito que tivesse lugar em casos excecionais.

Não se exclui, porém, que essa preocupação também seja atendida por soluções específicas do Direito de Reconhecimento. Isto verifica-se, desde logo, com a consagração de um sistema de reconhecimento autónomo de efeitos jurisdicionais que assente, em regra, num controlo meramente formal das decisões proferidas por tribunais de Estados que apresentem uma conexão adequada com a situação. Por outro lado, em certos casos poderá justificar-se um regime mais favorável de reconhecimento de decisões que são eficazes na ordem jurídica de um Estado estrangeiro que apresenta uma ligação especialmente significativa com a situação[1223]. Assim, por exemplo, parece defensável *de iure condendo* que, em princípio, sejam reconhecidos os efeitos não só das decisões que constituem mas também daquelas que reconheçam situações do estatuto pessoal e que sejam eficazes segundo a lei da nacionalidade ou segundo a lei da residência habitual dos interes-

---

[1222] Ver *supra* § 53 C.

[1223] Ver considerações parcialmente convergentes de PIERRE MAYER [2007: 311 e segs.]. Ver ainda LAGARDE [1986: 179 e segs.].

sados, desde que o reconhecimento seja compatível com a ordem pública internacional do Estado do foro[1224].

No reconhecimento está em causa a produção de efeitos e a exequibilidade de uma decisão estrangeira na ordem jurídica interna. Por isso, ressalvados os casos que acabei de referir, o reconhecimento deve estar sujeito a garantias mínimas de justiça substantiva e processual. Não se trata de exigir o padrão de justiça substantiva e processual assegurado pela ordem jurídica interna, mas de afastar resultados intoleráveis[1225]. Daí que a conformidade com a ordem pública internacional e o respeito de certos princípios fundamentais em matéria de processo devam constituir também condições de reconhecimento.

Uma outra consideração a ter em conta decorre do princípio da harmonia material, que também se projeta no Direito de Reconhecimento. Por força deste princípio uma decisão estrangeira não deve ser reconhecida quando entre em colisão com uma decisão eficaz na ordem jurídica do Estado do reconhecimento[1226]. Adiante veremos os termos em que esta ideia se concretiza.

Enfim, o Direito Internacional Público também fundamenta uma oposição ao reconhecimento, quando a decisão haja sido proferida por um tribunal que não tenha jurisdição perante o Direito Internacional Público ou o viole[1227].

Sem entrarmos por agora no estudo das condições de reconhecimento, servem os exemplos dados para demonstrar que o Estado de reconhecimento tem de acautelar certos princípios e valores do Direito Internacional Privado mediante a subordinação do reconhecimento a condições apropriadas.

No estabelecimento destas condições de reconhecimento importa atender às exigências da certeza e da previsibilidade. As condições de reconhecimento devem, em princípio, ser fixadas por regras gerais e abstratas. O resultado a que conduz a aplicação das normas de reconhecimento (reconhecimento ou não reconhecimento da decisão) deve ser

---

[1224] Ver a solução defendida *de iure condito*, perante o art. 31º/2 CC, por FERRER CORREIA e BAPTISTA MACHADO, *supra* § 53 F, e a apreciação aí feita.

[1225] Ver as considerações de VON MEHREN [2007: 38 e seg.] quanto ao aspeto processual.

[1226] Cf. MARTINY [1984: nº 110].

[1227] Cf. MARTINY [1984: nºs 160 e 563 e segs.].

tanto quanto possível previsível. Isto nem sempre é possível perante a admissibilidade de casos de controlo de mérito e a possibilidade de atuação da reserva de ordem pública internacional.

Dentro do âmbito de aplicação da Convenção Europeia dos Direitos do Homem, o Tribunal Europeu dos Direitos do Homem já esboçou alguns limites aos regimes de reconhecimento de decisões estrangeiros que entram em tensão com estas exigências de certeza e previsibilidade.

No caso *Wagner e J.M.W.L.* v. *Luxemburg* (2007), o TEDH entendeu que violava a Convenção (direito ao respeito da vida familiar e não--discriminação no gozo de um direito garantido pela Convenção) o não reconhecimento de decisão estrangeira de adoção com base num controlo de mérito[1228]. Para o efeito, o TEDH procedeu a uma ponderação das expectativas legítimas das partes quanto ao reconhecimento da situação constituída segundo a ordem jurídica estrangeira com o fim prosseguido pela lei que o Direito de Estado de reconhecimento considera aplicável.

Nos casos *Monique, Oriane e Lilian Hussin* v. *Bélgica* (2004)[1229] e *McDonald* v. *França* (2008)[1230], o TEDH entendeu que o não-reconhecimento de deci-sões estrangeiras pode violar o direito ao respeito da vida privada e familiar, o direito ao respeito dos bens de uma pessoa e o direito a um processo equitativo, mas também que o controlo da competência internacional do tribunal origem justificava nos casos *sub iudice* a recusa de reconhecimento.

C) Fontes

O Direito de Reconhecimento tem fontes internacionais, europeias e internas.

Como *fontes internacionais* temos convenções multilaterais e bilaterais. São fontes do Direito de Reconhecimento as seguintes convenções mul-tilaterais:

– Convenção de Genebra Relativa ao Transporte Internacional de Mercadorias por Estrada – CMR (1956), com Protocolo de 1978[1231];

[1228] 28/6/2007 [*R. crit.* 96: 807 an KINSCH].

[1229] 6/5/2004 [*in http://cmiskp.echr.coe.int*], relativamente ao reconhecimento judicial de pater-nidade e a obrigação alimentar.

[1230] 29/4/2008 [*R. crit.* 97: 830 an KINSCH], relativamente ao divórcio.

[1231] Aprovada, para adesão, pelo DL nº 46235, de 18/3; depósito do instrumento de adesão em 22/9/69 (Av. DR nº 129, de 3/6/70).

DIREITO INTERNACIONAL PRIVADO

– Convenção da Haia Relativa ao Reconhecimento e Execução de Decisões em Matéria de Prestação de Alimentos a Menores (1958)[1232];

– Convenção de Paris sobre a Responsabilidade Civil no Domínio da Energia Nuclear, assinada em Paris (1960) modificada pelo Protocolos de 1964, 1982 e 2004 – art. 13º/i[1233];

– Convenção da Haia Relativa à Competência das Autoridades e à Lei Aplicável em Matéria de Proteção de Menores (1961)[1234];

– Convenção de Bruxelas Relativa à Competência Judiciária e à Execução de Decisões em Matéria Civil e Comercial (1968)[1235] – alterada pela Convenção Relativa à Adesão da Dinamarca, Reino Unido e Irlanda (1978), pela Convenção Relativa à Adesão da República Helénica (1982), pela Convenção de Adesão de Portugal e Espanha (Convenção de San Sebastian, 1989) e pela Convenção de Adesão da Áustria, da Finlândia e da Suécia (Convenção de Bruxelas, 1996);

– Convenção da Haia sobre o Reconhecimento dos Divórcios e Separações de Pessoas (1970)[1236];

– Convenção da Haia sobre o Reconhecimento e a Execução de Sentenças Estrangeiras em Matéria Civil e Comercial (1971)[1237];

[1232] Aprovada para ratificação pelo DL nº 246/71, de 3/6 (retificado no DG nº 224, de 24/9/73); depósito do instrumento de ratificação em 27/12/73 (Av. DG nº 18, de 22/1/74). Esta Convenção foi substituída pela Convenção de 1973 nas relações entre os Estados que nela se tornaram partes.

[1233] Aprovada, para ratificação, pelo Dec. nº 33/77, de 11/3; de pósito do instrumento de ratificação em 29/9/77 (Av. DR nº 259, de 9/11/77). O Protocolo de 12/2/2004 foi aprovado de pelo Dec. nº 17/2011, de 21/6.

[1234] Supracit.

[1235] A Convenção de San Sebastian Relativa à Adesão de Portugal e de Espanha à Convenção de Bruxelas Relativa à Competência Judiciária e à Execução de Decisões em Matéria Civil e Comercial (1989) foi aprovada para ratificação pela Resol. AR nº 34/91, de 30/10; ratificada pelo Dec. PR nº 52/91, da mesma data; depósito do instrumento de ratificação em 15/4/92 (Av. nº 92/95, de 10/7). Entrou em vigor para Portugal em 1/7/92.

[1236] Aprovada para ratificação pela Resol. AR nº 23/84, de 27/11/84; depósito do instrumento de ratificação em 10/5/85 (Av. DR nº 164, 19/7/85, e DR nº 196, de 27/8/85).

[1237] Aprovada para ratificação, juntamente com o Protocolo Adicional, pelo Dec. nº 13/83, de 24/2; depósito do instrumento de ratificação em 21/6/83 (Av. DR nº 167, de 22/7/83). Embora a Convenção tenha entrado em vigor para Portugal em 20/8/83, a aplicação das disposições da Convenção e do Protocolo Adicional só terá lugar depois da conclusão dos acordos complementares previstos no art. 21º da Convenção e no nº 3 do Protocolo adicional, conforme declaração feita no depósito do instrumento de ratificação.

RECONHECIMENTO DE DECISÕES JUDICIAIS ESTRANGEIRAS

– Convenção da Haia sobre o Reconhecimento e Execução de Decisões Relativas a Obrigações Alimentares (1973)[1238];

– Convenção de Munique sobre a Patente Europeia (1973, Protocolo sobre o Reconhecimento)[1239];

– Convenção Europeia sobre o Reconhecimento e a Execução das Decisões Relativas à Guarda de Menores e Sobre o Restabelecimento da Guarda de Menores (1980)[1240];

– Convenção Relativa aos Transportes Internacionais Ferroviários (COTIF, 1980), alterada pelo Protocolo de 1999[1241] – art. 12º;

– Convenção de Lugano Relativa à Competência Judiciária e à Execução de Decisões em Matéria Civil e Comercial (1988)[1242];

– Convenção sobre Responsabilidade Civil pelos Prejuízos Devidos à Poluição por Hidrocarbonetos (CLC 1992) – art. 10º[1243];

– Convenção para a Constituição de um Fundo Internacional para a Compensação pelos Prejuízos Devidos à Poluição por Hidrocarbonetos (1992), complementada pelo Protocolo de 2003 – art. 8º[1244];

– Convenção da Haia Relativa à Proteção das Crianças e à Cooperação em Matéria de Adoção Internacional (1993)[1245];

[1238] Aprovada para ratificação pelo Dec. nº 338/75, de 2/7; depósito do instrumento de ratificação em 4/12/75 (Av. DR nº 107, de 9/5/77); sobre a reserva feita aquando da ratificação e a autoridade central ver Av. nº 144/98, de 31/7.

[1239] Aprovada para ratificação pelo Dec. nº 52/91, de 30/8; entrada em vigor para Portugal em 1/1/92 (Av. nº 198/91, de 21/12). O DL nº 42/92, de 31/3, estabeleceu regras para a aplicação da Convenção. Protocolo de 1978 aprovado para adesão pelo Dec. nº 28/88, de 6/9; depósito do instrumento de adesão em 17/8/89 (Av. DR nº 206, de 7/8/89). Ato de Revisão de 2000 aprovado pela Resol. AR nº 60-A/2007, de 12/12; ratificado pelo Dec. PR nº 126-A/2007, da mesma data.

[1240] Aprovada para ratificação pelo Dec. nº 136/82, de 21/12; depósito do instrumento de ratificação em 18/3/83 (Av. DR nº 91, de 20/4/83).

[1241] Aprovado pelo Dec. nº 3/2004, de 25/3.

[1242] Aprovada para ratificação pela Resol. AR nº 33/91, 30/10; ratificada pelo Dec. PR nº 51/91, da mesma data; depósito do instrumento de ratificação em 14/4/92 (retificações nº 7/92, de 8/6 e 11/92, de 14/11). Entrou em vigor para Portugal em 1/7/92.

[1243] Protocolo aprovado pelo Dec. nº 40/2001, de 28/9.

[1244] Protocolo de 1992 aprovado pelo Dec. nº 38/2001, de 25/9; Protocolo de 2003 aprovado pelo Dec. nº 1/2005, de 28/1..

[1245] Aprovada para ratificação pela Resol. AR nº 8/2003, de 25/2; ratificada pelo Dec. PR nº 6/2003, da mesma data. Depósito do instrumento de ratificação em 19/3/3004, com três declarações (Av. nº 110/2004, de 3/6). Entrou em vigor para Portugal em 1/7/2004.

DIREITO INTERNACIONAL PRIVADO

– Convenção da Haia Relativa à Competência, à Lei Aplicável, ao Reconhecimento, à Execução e à Cooperação em Matéria de Responsabilidade Parental e Medidas de Proteção das Crianças (1996)[1246];

– Convenção sobre a Patente Europeia (2000) – Protocolo Sobre a Competência Judiciária e o Reconhecimento de Decisões Sobre o Direito à Obtenção da Patente Europeia (Protocolo sobre o Reconhecimento)[1247].

– Convenção de Lugano Relativa à Competência Judiciária e à Execução de Decisões em Matéria Civil e Comercial (2007)[1248], que visa substituir a Convenção de 1988, estabelecendo um regime semelhante ao Reg. (CE) nº 44/2001. A Decisão do Conselho de 27/11/2008 aprovou, em nome da Comunidade Europeia, a celebração desta Convenção[1249], que entrou em vigor entre a União Europeia (com exceção da Dinamarca), a Noruega e a Dinamarca em 1/1/2010[1250], entre a União Europeia e a Suíça em 1/1/2011 e entre a União Europeia e a Islândia em 1/5/2011[1251].

A Convenção da Haia sobre a Cobrança Internacional de Alimentos em Benefício dos Filhos e de outros Membros da Família (2007) foi aprovada por Decisão do Conselho UE[1252], mas ainda não está internacionalmente em vigor;

De entre estas fontes, vamos ter em conta as Convenções de Bruxelas e de Lugano e a Convenção da Haia sobre o Reconhecimento de Divórcios e das Separações de Pessoas.

São fontes do Direito de Reconhecimento as seguintes convenções bilaterais:

– Acordo de Cooperação Jurídica e Judiciária entre Portugal e Cabo Verde, assinado na Praia (2003)[1253], que regula nos arts. 25º e segs. o reconhecimento de decisões sobre direitos privados;

[1246] Aprovada pelo Dec. nº 52/2008, de 13/11.

[1247] Faz parte integrante da Convenção sobre a Patente Europeia (2000), aprovada para ratificação pela Resol. AR nº 60-A/2007, de 12/12 e ratificada pelo Dec. PR nº 126-A/2007, da mesma data, nos termos do art. 164º da mesma Convenção.

[1248] *JOCE* L 339/3, de 21/12/2007.

[1249] *JOCE* L 147/1, de 10/6/2009. Sobre a competência da Comunidade Europeia para a celebração desta Convenção ver Parecer nº 1/03 (2006), de 7/2/2006, *in http://curia.europa.eu.*

[1250] Informação publicada no *JOUE* L 140/1, de 8/6/2010.

[1251] Informação publicada no *JOUE* L 138/1, de 26/5/2011.

[1252] Aprovada pela Decisão do Conselho de 9/6//2011 (2011/432/UE).

[1253] Aprovado para ratificação pela Resol. AR nº 6/2005, de 15/2; ratificado pelo Dec. PR nº 10/2005, da mesma data.

RECONHECIMENTO DE DECISÕES JUDICIAIS ESTRANGEIRAS

– Acordo Judiciário entre Portugal e São Tomé e Príncipe, assinado em Lisboa (1976)[1254] – o art. 8º regula o reconhecimento de decisões não penais judiciais e arbitrais;

– Acordo de Cooperação Jurídica entre Portugal e a Guiné-Bissau, concluído em Bissau (1988)[1255] – o reconhecimento de decisões judiciais e arbitrais é regulado, em geral, nos arts. 13º e 14º e, pelo que toca às decisões relativas a obrigações alimentares, pelos arts. 15º e segs.;

– Acordo de Cooperação Jurídica e Judiciária entre Portugal e Moçambique, assinado em Lisboa (1990) – o reconhecimento de decisões judiciais e arbitrais é regulado, em geral, nos arts. 13º e 14º e, pelo que toca às decisões relativas a obrigações alimentares, pelos arts. 15º e segs.[1256];

– Acordo de Cooperação Jurídica e Judiciária entre Portugal e Angola, assinado em Luanda (1995) – o reconhecimento de decisões judiciais e arbitrais é regulado, em geral, nos arts. 12º e 13º e, pelo que toca às decisões relativas a obrigações alimentares, pelos arts. 14º e segs.[1257];

– Acordo sobre Cobrança de Alimentos entre Portugal e os EUA (2000) – o art. 7º dispõe sobre o reconhecimento das decisões em matéria de alimentos[1258];

– Convenção Relativa ao Auxílio Judiciário em Matéria Civil e Comercial entre Portugal e a Argélia (2007)[1259].

Estas convenções bilaterais não serão examinadas nesta obra.

Como *fontes europeias* do Direito de Reconhecimento temos os seguintes Regulamentos:

[1254] Aprovado para ratificação pelo Dec. nº 550-M/76, de 12/7; troca dos instrumentos de ratificação em 20/4/79 (Av. DR nº 213, de 14/9/79).

[1255] Aprovado para ratificação pela Resol. AR nº 11/89, de 19/5; ratificado pelo Dec. PR nº 38/89, de 16/6; entrou em vigor em 10/1/94 (Av. nº 63/94, de 11/2).

[1256] Aprovado para ratificação pela Resol. AR nº 7/91, de 14/2; ratificado pelo Dec. PR nº 8/91, da mesma data; o Av. nº 71/96, de 29/2, informa que em 22/1/96 se achavam trocados os instrumentos de ratificação e que entraria em vigor em 22/2/96.

[1257] Aprovado para ratificação pela Resol. AR nº 11/97, de 4/3; ratificado pelo Dec. PR nº 9/97, da mesma data.

[1258] Aprovado pelo Dec. nº 1/2001, de 24/1; entrou em vigor em 14/3/2001 (Av. nº 30/2001, de 10/4).

[1259] Aprovada pelo Dec. nº 14/2008, de 6/6; entrou em vigor em 20/8/2008 (Av. nº 219/2008, de 31/10).

DIREITO INTERNACIONAL PRIVADO

– Reg. (CE) nº 1346/2000, de 29/5, Relativo aos Processos de Insolvência[1260], que entrou em vigor em 31 de maio de 2002;

– Reg. (CE) nº 1347/2000, de 29/5, Relativo à Competência, ao Reconhecimento e à Execução de Decisões em Matéria Matrimonial e de Regulação do Poder Paternal em Relação a Filhos Comuns do Casal[1261], que entrou em vigor em 1 de março de 2001 (art. 46º) e já foi revogado;

– Reg. (CE) nº 44/2001, de 22/12/2000, Relativo à Competência Judiciária, ao Reconhecimento e à Execução de Decisões em Matéria Civil e Comercial[1262], que veio substituir a Convenção de Bruxelas, salvo nas relações com a Dinamarca e relativamente aos territórios dos Estados-Membros que são abrangidos pela aplicação territorial da Convenção e que ficam excluídos do âmbito de aplicação do Regulamento por força do art. 299º do Tratado da Comunidade Europeia; entrou em vigor em 1 de Março de 2002;

– Reg. (CE) nº 6/2002, de 12/12/2001, Relativo aos Desenhos ou Modelos Comunitários[1263], que embora se destine principalmente a criar um regime material especial para certos direitos de propriedade industrial,

---

[1260] *JOCE* L 160/1, de 30/6/2000. Alterado pelo Ato relativo às condições de adesão da República Checa, da República da Estónia, da República de Chipre, da República da Letónia, da República da Lituânia, da República da Hungria, da República de Malta, da República da Polónia, da República da Eslovénia e da República Eslovaca e às adaptações dos Tratados em que se funda a União Europeia Anexo II, Cap. 18 [*JOUE* L 236/711, de 23/9/2003], no que se refere ao art. 44º/1e aos anexos; alterado pelo Reg. (CE) nº 694/2006, de 27/4 [*JOUE* L 121/1, de 6/5/2006], no que se refere aos anexos; alterado pelo Reg. (CE) nº 1791/2006, de 20/11 [*JOUE* L 363/1, de 20/12/2006], relativamente à adesão da Bulgária e da Roménia; alterado pelo Reg. (CE) nº 681/2007, de 13/6 [*JOUE* L 159/1, de 20/6/2007], no que se refere aos anexos; alterado pelo Reg. (CE) nº 788/2008, de 24/7 [*JOUE* L 213/1, de 8/8/2008], no que se refere aos anexos.

[1261] *JOCE* L 160/19, de 30/6/2000.

[1262] *JOCE* L 012/1, de 16/1/2001. Alterado pelo Ato relativo às condições de adesão da República Checa, da República da Estónia, da República de Chipre, da República da Letónia, da República da Lituânia, da República da Hungria, da República de Malta, da República da Polónia, da República da Eslovénia e da República Eslovaca e às adaptações dos Tratados em que se funda a União Europeia Anexo II, Cap. 18 [*JOUE* L 236/711, de 23/9/2003], no que se refere aos arts. 65º e 69º e aos anexos I-IV; alterado pelo Reg. (CE) nº 1791/2006, de 20/11 [*JOUE* L 363/1, de 20/12/2006], relativamente à adesão da Bulgária e da Roménia, no que se refere ao art. 69º e aos anexos I-IV. Os mesmos anexos foram alterados por diversos Regulamentos, sendo os mais recentes o Reg. (CE) nº 280/2009, de 6/4 [*JOUE* L 93/13, de 7/4/2009] e o Reg. (EU) nº 416/2010, de 12/5 [*JOUE* L 119/7, de 13/5/2010] (anexos I, II e III).

[1263] *JOCE* L 3/1, de 5/1/2002.

RECONHECIMENTO DE DECISÕES JUDICIAIS ESTRANGEIRAS

também contém uma regra sobre reconhecimento de decisões estrangeiras (art. 87º);

– Reg. (CE) nº 2201/2003, de 27/11/2003, Relativo à Competência, ao Reconhecimento e à Execução de Decisões em Matéria Matrimonial e em Matéria de Responsabilidade Parental e que revoga o Reg. (CE) nº 1347/2000[1264], modificado, em relação aos tratados com a Santa Sé, pelo Reg. (CE) nº 2116/2004, de 2/12/2004[1265]; este Regulamento entrou em vigor em 1/8/2004, mas, com exceção de algumas disposições instrumentais, só se tornou aplicável a partir de 1/3/2005;

– o Reg. (CE) nº 805/2004, de 21/4/2004, que Cria o Título Executivo Europeu para Créditos Não Contestados[1266]; este Regulamento entrou em vigor em 21/1/2005;

– Reg. (CE) nº 1896/2006, de 12/12/2006, que Cria um Procedimento Europeu de Injunção de Pagamento[1267], aplicável a partir de 12 de dezembro de 2008;

– Reg. (CE) nº 861/2007, de 11/7/2007, que Estabelece um Processo Europeu para Ações de Pequeno Montante[1268], aplicável a partir de 1 de janeiro de 2009;

– Reg. (CE) nº 4/2009, de 18/12/2008, Relativo à Competência, à Lei Aplicável, ao Reconhecimento e à Execução das Decisões e à Cooperação em Matéria de Obrigações Alimentares[1269], aplicável, com exceção de algumas disposições instrumentais, a partir de 18 de junho de 2011.

Ver ainda o Reg. (CE) nº 664/2009, de 7/7/2009, que estabelece um procedimento para a negociação e a celebração de acordos entre Estados-Membros e países terceiros relativamente à competência, ao reconhecimento e à execução de sentenças e decisões em matéria matrimonial, de

---

[1264] JOCE L 338/1, de 23/12/2003.

[1265] JOCE L 367/1, de 14/12/2004.

[1266] JOCE L 143/15, de 30/4/2004. O Reg. (CE) nº 1869/2005, de 16/11/2005 [JOCE L 300/6, de 17/11/2005] alterou os anexos I a VI.

[1267] JOCE L 399/1, de 30/12/2006.

[1268] JOCE L 199/1, de 31/7/2007.

[1269] JOUE L 7/1, de 10/1/2009. Aplica-se ao Reino Unido conforme Decisão da Comissão, de 8 de Junho de 2009 (2009/451/CE), JOUE L 149/73, de 12/6/2009. O art. 75º foi retificado no JOUE L 131/26, de 18/5/2011. O Regulamento de Execução (UE) nº 1142/2011, de 10/11, estabeleceu os anexos X e XI [JOUE L 293/24, de 11/11/2011].

DIREITO INTERNACIONAL PRIVADO

responsabilidade parental e de obrigações de alimentos, bem como à lei aplicável em matéria de obrigações de alimentos[1270].

A Comissão das Comunidades Europeias apresentou em 2009 uma Proposta de Regulamento do Parlamento Europeu e do Conselho Relativo à Competência, à Lei Aplicável, ao Reconhecimento e Execução das Decisões e dos Atos Autênticos em Matéria de Sucessões e à Criação de um Certificado Sucessório Europeu[1271].

Enfim, em 2010 a Comissão Europeia apresentou uma Proposta de Regulamento do Parlamento Europeu e do Conselho Relativo à Competência Judiciária, ao Reconhecimento e à Execução de Decisões em Matéria Civil e Comercial[1272], que se destina a substituir o Regulamento Bruxelas I.

Vamos estudar os Regulamentos Bruxelas I e Bruxelas II bis. Os Regulamentos sobre o título executivo europeu, sobre a injunção europeia de pagamento e sobre o processo europeu para ações de pequeno montante serão objeto de uma breve referência.

Há ainda a mencionar o Acordo entre a Comunidade Europeia e o Reino da Dinamarca relativo à competência judiciária, ao reconhecimento e à execução de decisões em matéria civil e comercial que tem por objetivo aplicar, com pequenas alterações, as disposições do Regulamento Bruxelas I e suas medidas de execução nas relações entre a Comunidade e a Dinamarca[1273].

[1270] *JOUE* L 200/46, de 31/7/2009. Rediffuser *JOUE* L 241/35, de 17/9/2011.

[1271] COM(2009) 154 final.

[1272] COM(2010) 748.

[1273] *JOCE* L 299/62, de 16/11/2005. A assinatura do Acordo foi aprovada pela Decisão do Conselho de 20/9/2005 [*JOCE* L 299/61, de 16/11/2005]. O Acordo foi aprovado pela Decisão do Conselho de 27/4/2006 [*JOCE* L 120/22, de 5/5/2006].

Nos termos do nº 2 do artigo 3º do acordo, a Dinamarca notificou a Comissão, por carta de 14 de Janeiro de 2009, da decisão de aplicar o conteúdo do Regulamento (CE) nº 4/2009 na parte em que esse regulamento altera o Regulamento (CE) nº 44/2001 [*JOCE* L 149/80, de 12/6/2009]. Tal significa que as disposições do Regulamento (CE) nº 4/2009 relativas à competência, à lei aplicável, ao reconhecimento e execução das decisões e à cooperação em matéria de obrigações alimentares são aplicáveis às relações entre a Comunidade e a Dinamarca, com exceção do disposto nos capítulos III e VII. As disposições do artigo 2º e do capítulo IX do Regulamento (CE) nº 4/2009, contudo, são aplicáveis apenas na medida em que digam respeito à competência judiciária, ao reconhecimento e à executoriedade e execução de decisões judiciais, bem como ao acesso à justiça.

A principal *fonte interna* é o Código de Processo Civil – arts. 49º, 497º/3 e 1094º e segs. Além disso há a referir o art. 7º do Código de Registo Civil, o art. 711º do Código Civil (título de registo da hipoteca judicial/sentença estrangeira), os arts. 274º, 288º a 293º e 296º do Código da Insolvência e da Recuperação de Empresas e o art. 38º do DL nº 199/2006, de 25/10, que regula a liquidação de instituições de crédito e sociedades financeiras com sede em Portugal e suas sucursais criadas noutro Estado-Membro[1274].

D) Principais sistemas de reconhecimento

Quanto ao reconhecimento de efeitos e à atribuição de força executiva às sentenças estrangeiras podemos começar por distinguir entre o sistema de não-reconhecimento e os sistemas de reconhecimento.

No *sistema de não-reconhecimento* ou de *actio iudicati* as sentenças estrangeiras não produzem quaisquer efeitos enquanto atos jurisdicionais na ordem jurídica local. A parte que ganhou a ação declarativa proposta no estrangeiro tem de propor uma nova ação declarativa nos tribunais locais, que tem por causa de pedir a sentença estrangeira.

O sistema de não-reconhecimento das sentenças estrangeiras corresponde ao entendimento inicialmente dado ao art. 431º CPC holandês[1275], e vigora, com limitações, na Suécia, Noruega e Finlândia[1276].

Também segundo o *Common Law* a execução de uma sentença estrangeira depende da propositura de uma "nova ação".

Em resultado, porém, vigora hoje no Direito inglês um sistema de reconhecimento. Pelo que toca ao caso julgado este sistema aproxima-se do reconhecimento automático, como adiante se assinalará, e quanto à atribuição de força executiva corresponde substancialmente ao sistema de reconhecimento individualizado com controlo formal.

A sentença estrangeira que condena no pagamento de uma quantia certa constitui uma *legal obligation* que pode ser realizada coercivamente em Inglaterra por meio de uma "*action of debt*". Uma vez feita a prova da sen-

---

[1274] Transpondo para a ordem jurídica interna a Dir. nº 2001/24/CE, de 4/4, relativa ao saneamento e à liquidação das instituições de crédito.

[1275] Cf. ROOIJ/POLAK [1987: 71].

[1276] Cf. SCHACK [2010: nº 999].

DIREITO INTERNACIONAL PRIVADO

tença, o devedor tem o ónus de demonstrar que não deve cumprir a obrigação[1277]. De acordo com a Parte 24 das *Civil Procedure Rules* o autor pode requerer um "julgamento sumário" com fundamento na falta de meios de defesa por parte do réu; acrescente-se que o réu não pode usar nesta ação dos meios de defesa de que dispunha perante o tribunal estrangeiro[1278]. Além disso há diversas leis especiais que dispensam a propositura de "nova ação"[1279]: além da atribuição de força executiva às sentenças estrangeiras em matéria civil e comercial ao abrigo da Convenção de Bruxelas e das Convenções de Lugano e dos Regulamentos europeus, temos a concessão de *exequatur* mediante registo com respeito às decisões proferidas noutras partes do Reino Unido (art. 18º do *Civil Jurisdiction and Judgments Act 1982*), que pode também ser requerida relativamente às decisões que condenem no pagamento de uma quantia proferidas noutros países da *Commonwealth* (*Administration of Justice Act 1920*); esta possibilidade pode ainda ser estendida às decisões que condenem no pagamento de uma quantia proferidas noutros países por *Order in Council*, numa base de reciprocidade (*Foreign Judgments (Reciprocal Enforcement) Act 1933*).

Perante o Direito dos EUA a posição tradicional faculta ao autor que tenha obtido sentença favorável a opção entre o reconhecimento e "execução" da decisão estrangeira e a propositura de uma nova ação[1280]. A tendência, na maioria dos Estados, é para reconhecer as sentenças estrangeiras na mesma base que as sentenças de outros Estados da União[1281]. Quanto à atribuição de força executiva, isto corresponde substancialmente ao sistema de reconhecimento individualizado com controlo formal[1282]; veremos

---

[1277] Cf. Cheshire, North & Fawcett [2008: 514].

[1278] Cf. *Cheshire, North & Fawcett* [2008: 516 e 542].

[1279] Ver *Cheshire, North & Fawcett* [2008: 573 e segs.].

[1280] Cf. art. 95º do *Second Restatement, Conflict of Laws, comment* c (1) e, criticamente, HAY/ BORCHERS/SYMEONIDES [2010: §§ 24.3 e 24.4].

[1281] Cf. art. 98º do *Second Restatement, Conflict of Laws, comment* b e HAY/BORCHERS/ SYMEONIDES [2010: §§ 24.4, 24.6 e 24.35]. Alguns Estados ainda condicionam o reconhecimento à reciprocidade – ver HAY/BORCHERS/SYMEONIDES [2010: §§ 24.6 e 24.35].

[1282] Com efeito, entende-se que a execução das decisões de outros Estados da União depende de reconhecimento pela autoridade local do Estado do foro, que é geralmente objeto de um processo sumário nos termos do *Uniform Enforcement of Foreign Judgments Act* – cf. HAY/ BORCHERS/SYMEONIDES [2010: § 24.13]. Esta lei está em vigor na grande maioria dos Estados.

que a posição restritiva quanto ao reconhecimento automático do efeito de caso julgado também tende a ser superada.

Os principais *sistemas de reconhecimento* são o reconhecimento genérico, *ipso iure* ou automático e o reconhecimento individualizado.

No *sistema de reconhecimento automático* certos efeitos produzem-se na ordem jurídica do Estado de reconhecimento pela simples verificação das condições fixadas por normas de reconhecimento, independentemente de um procedimento prévio de reconhecimento.

Claro que este sistema não impede que os tribunais se tenham de pronunciar sobre o reconhecimento da sentença invocada a título principal ou prejudicial nem a admissibilidade de uma ação de declaração de não reconhecimento[1283].

O sistema de reconhecimento automático encontra consagração jurídico-positiva principalmente quanto ao efeito de caso julgado e ao efeito constitutivo.

É o que se verifica perante os Regulamentos Bruxelas I e II bis, nas Convenções de Bruxelas e de Lugano, no Direito alemão, com exceção de matérias relativas ao casamento e à adoção[1284], no Direito francês, pelo menos quanto às sentenças constitutivas e à generalidade das sentenças em matéria de estado e capacidade de pessoas[1285], no Direito suíço (arts. 25º e 29º/3 da Lei federal de Direito Internacional Privado), no Direito italiano (art. 64º da Lei de Direito Internacional Privado de 1995) e no Direito belga (art. 22º/1/§ 2º do Código de Direito Internacional Privado de 2004).

Também no Direitos inglês os efeitos de caso julgado são de certo modo reconhecidos automaticamente, em regra segundo os princípios do *estoppel* (*estoppel per rem judicatam*)[1286]. Quer isto dizer que tendo sido proferida uma decisão final por um tribunal estrangeiro competente as pessoas interessadas na ação (*party or privy*) ficam impedidas de pôr em causa o mérito da decisão em quaisquer ações subsequentes[1287]. Nos

---

[1283] Cf. SCHACK [2010: nºs 978 e seg.] e BATIFFOL/LAGARDE [1983: 629 e seg.].

[1284] Por exemplo, o reconhecimento do divórcio estrangeiro nos termos do art. 107º *FamFG* é feito mediante um ato da *Landesjustizverwaltung* – cf. SCHACK [2010: nº 984 e segs.].

[1285] Cf. BATIFFOL/LAGARDE [1983: 617 e segs.] e MAYER/HEUZÉ [2010: nºs 399 e segs.].

[1286] Cf. *Cheshire, North & Fawcett* [2008: 544 e segs.].

[1287] No Direito inglês distingue-se entre "*estoppel as a defence*" – quando a sentença estrangeira é invocada como exceção pelo réu perante nova ação proposta pelo autor em Inglaterra – "*cause of action estoppel*" que constitui um impedimento à invocação ou negação por uma parte

EUA, infere-se da Constituição federal (art. IV § 1º) e do *Judiciary Act* de 1790 que a decisão de um Estado da União tem noutro Estado da União o efeito de caso julgado [*preclusion*] que lhe é atribuído pela lei do Estado de origem[1288]. O entendimento tradicional é desfavorável à extensão desta solução às decisões de tribunais estrangeiros[1289]. A tendência de evolução aponta, no entanto, no sentido da equiparação destas decisões às proferidas pelos tribunais de outros Estados da União[1290].

No *sistema de reconhecimento individualizado* o ordenamento local faz depender certos modos de relevância da sentença estrangeira de um procedimento de verificação da conformidade da sentença com as condições de reconhecimento.

O sistema de reconhecimento individualizado é seguido não só pela generalidade das ordens jurídicas quanto à atribuição de força executiva (com exceções introduzidas por regulamentos europeus), mas também pelos Direitos português, espanhol e brasileiro quanto ao efeito de caso julgado[1291].

---

processual de uma "causa de pedir" cuja existência ou inexistência foi determinada por um tribunal estrangeiro competente numa prévia ação entre as mesmas partes – e *"issue estoppel"* – por força do qual as partes processuais estão impedidas de contestar uma questão que foi previamente determinada por uma sentença estrangeira proferida em processo que correu entre as mesmas partes. Relativamente ao reconhecimento de sentenças estrangeiras de divórcio e anulação do casamento ao abrigo do *Family Law Act 1986*, ver *Dicey, Morris and Collins* [2006: nºs 18-113, 18-114 e 18-136 e segs.].

[1288] Neste sentido dispõe o comentário *g* do art. 95º do *Second Restatement, Conflict of Laws*. Trata--se de um reconhecimento automático – ver Peter HAY – *Law of the United States*, Munique, et al., 2002, 82 e segs.

[1289] Cf. comment *c (1)* do art. 95º do *Second Restatement, Conflict of Laws*, e HAY/BORCHERS/ SYMEONIDES [2010: § 24.3].

[1290] Ver Peter HAY – "On Merger and Preclusion (Res Judicata) in U.S. Foreign Judgments Recognition – Unresolved Doctrinal Problems", *in FS Reinhold Geimer*, 325-338, Munique, 2002, e HAY/BORCHERS/SYMEONIDES [2010: § 24.4].

[1291] Quanto ao Direito português *infra* § 97 A. No que se refere ao Direito espanhol, cf. ROZAS/ LORENZO [2009: 207 e segs.] e CALVO CARAVACA/CARRASCOSA GONZÁLEZ [2011: 548-549], com ressalva da prática jurisprudencial de reconhecimento incidental do efeito constitutivo de decisões sobre estado civil – cf. ROZAS/LORENZO [2009: 400-401.]; no que toca ao Direito brasileiro, cf. RECHSTEINER [2004: 249 e segs.] e NADIA DE ARAUJO [2011: 328 e segs]. Quanto à exigência de reciprocidade, ver FERRER CORREIA [1973: 48 e segs.], FERRER CORREIA/ MOURA RAMOS e MARQUES DOS SANTOS [1997: 107]. Esta exigência também é feita pelos Direitos peruano – cf. arts. 2102º/2, 2103º e 2104º nº 8 CC de 1984, romeno – cf. art. 167º/1/c

No sistema de reconhecimento individualizado é usual subdistinguir-se conforme há um *controlo de mérito* ou um *controlo formal*. Em rigor, porém, esta alternativa também se coloca perante um sistema de reconhecimento automático.

O *controlo de mérito* apresenta dois graus. No grau mais fraco, há apenas um controlo da lei aplicável, negando-se o reconhecimento quando o tribunal de origem aplicou uma lei diferente da que seria competente segundo o Direito de Conflitos do Estado de reconhecimento. No grau mais forte o tribunal também examina, pelo menos, se a lei competente foi corretamente interpretada e aplicada[1292]. É ainda possível que o reconhecimento só seja negado quando a solução não for equivalente à que resultaria da aplicação do Direito competente, o que constitui uma flexibilização do controlo de mérito.

O reconhecimento só envolve, em regra, no Direito Convencional e Europeu e na grande maioria dos regimes de fonte estadual, um controlo formal[1293]. A tendência de evolução tem ido no sentido do abandono dos casos de controlo de mérito[1294]. É o que se verificou designadamente com a Convenção da Haia sobre o Reconhecimento e a Execução de Sentenças Estrangeiras em Matéria Civil e Comercial (1971), com as Convenções de Bruxelas e de Lugano, com os Regulamentos europeus e com os Direitos alemão, francês, italiano e suíço.

No Direito francês esta evolução é recente. Até ao acórdão *Cornelissen* (2007)[1295], tanto o reconhecimento automático do efeito de caso julgado como o *exequatur* envolviam, em princípio, um controlo da lei aplicável, embora esta regra já tivesse sido atenuada[1296]. Por via desta atenuação,

---

da Lei sobre a Regulamentação das Relações de Direito Internacional Privado, de 1992 – e tunisino – cf. arts. 11º e 18º do Código de Direito Internacional Privado, de 1998.

[1292] Foi o sistema seguido pela jurisprudência francesa até 1964 – cf. BATIFFOL/LAGARDE [1983: 582 e segs.].

[1293] No sistema de reconhecimento individualizado também se fala, a este respeito, de delibação.

[1294] Ver FERRER CORREIA [1982: 150 e segs. e 2000: 466] e VISCHER [1992: 234 e segs.].

[1295] *Cass. fr.* 20/2/2007 [*R. crit.* 96 (2007) 420, an MUIR WATT].

[1296] Cf., na jurisprudência, *Cass. civ.* 22/1/1951 [*R. crit.* 40 (1951) 167]; *Cass. civ.* 19/2/1952 [*R. crit.* 42 (1953) 806]; *Cass. civ.* 17/4/1953 [*R. crit.* 42 (1953) 412]; *Cass.* 17/6/1958 [*R. crit.* 47 (1958) 736; na doutrina, BATIFFOL/LAGARDE [1983: 585 e 630] e MAYER/HEUZÉ [2010: nºs 386-387].

DIREITO INTERNACIONAL PRIVADO

considerava-se suficiente uma equivalência entre a lei aplicada e a lei competente com respeito à solução do caso[1297].

O novo Código belga de Direito Internacional Privado (2004), embora proíba o controlo de mérito (art. 25º/2), consagra um fundamento de recusa de reconhecimento que, em certos casos, pode conduzir ao mesmo resultado: ter a decisão sido obtida, numa matéria em que as pessoas não dispõem livremente dos seus direitos, com o único fim de escapar à aplicação do Direito designado pelo Direito de Conflitos belga (art. 25º/1/3º). Este fundamento de recusa de reconhecimento é entendido como uma aplicação do instituto da fraude à lei[1298].

94. Regime europeu em matéria civil e comercial
A) Preliminares
A principal fonte de Direito Europeu de Reconhecimento é o Regulamento Bruxelas I (*supra* § 93 C).

Relativamente aos antecedentes deste Regulamento, à competência do TUE para a sua interpretação e à Proposta de Reformulação apresentada pela Comissão, ver *supra* § 84 A.

Como foi então assinalado, o Reg. (CE) nº 4/2009, sobre as obrigações alimentares, que é aplicável a partir de 18 de Junho de 2011, veio substituir as disposições do Regulamento Bruxelas I em matéria de obrigações alimentares decorrentes de relações de família (art. 68º/1 do Regulamento sobre obrigações alimentares). No entanto, o Regulamento Bruxelas I continua a ser aplicável aos procedimentos de reconhecimento e de execução em curso na data de aplicação do Regulamento sobre as obrigações alimentares (art. 75º/2 do Regulamento sobre obrigações alimentares).

Em especial no que toca aos aspetos processuais do reconhecimento que ficam submetidos ao Direito interno dos Estados-Membros, faz-se sentir a necessidade de uma lei de execução, à semelhança do que se veri-

---

[1297] Outros aspetos desta atenuação são a interdição de controlar a interpretação da lei aplicada pelo tribunal estrangeiro, a aceitação da devolução e, em matéria de estatuto pessoal, a consideração, como nacionalidade relevante de um plurinacional, da nacionalidade estrangeira do Estado de origem da decisão, apesar de o interessado também ter nacionalidade francesa.
[1298] Cf. Comentário ao art. 25º da Exposição de Motivos da Proposta de Lei e Jean-Yves CARLIER – "Le Code belge de droit international privé", *R. crit.* 94 (2005) 11-45, 26.

fica, na Alemanha, com a *Anerkennungs- und Vollstreckungsausführungsgesetz* de 17 de Fevereiro de 2001[1299].

B) Âmbito material de aplicação

Quanto ao âmbito de material de aplicação do Regulamento em matéria civil e comercial remete-se para o anteriormente exposto (*supra* § 84 B).

O Regulamento é aplicável ao reconhecimento de uma decisão cujo objeto está compreendido no seu âmbito material de aplicação, mesmo que esta decisão diga respeito a uma parte acessória de um processo principal que, em razão do seu objeto, não está submetido ao Regulamento[1300].

O TUE entende que o Regulamento é igualmente aplicável ao reconhecimento de uma condenação em multa destinada a fazer respeitar uma decisão em matéria civil e comercial, apesar de reverter para o Estado de origem e ter caráter penal[1301].

O que releva não é a natureza da jurisdição que proferiu a decisão, mas o seu objeto. O Regulamento aplica-se ao reconhecimento das decisões proferidas num Estado-Membro em matéria civil e comercial por tribunais criminais ou administrativos[1302].

Se o objeto da decisão só está parcialmente compreendido no âmbito material de aplicação do Regulamento é possível um reconhecimento parcial limitado a esta parte, nos termos do art. 48º. Assim, uma decisão que estabeleça uma prestação que em parte tem natureza alimentar e noutra parte decorre do regime matrimonial pode ser parcialmente executada, desde que dela claramente resultem os objetivos a que correspondem respetivamente as diferentes partes da prestação ordenada[1303].

A *qualificação da decisão* não é feita segundo o Direito do Estado de origem, mas com base numa interpretação autónoma (*supra* § 92 C). Por isso, o tribunal do Estado de reconhecimento não é vinculado pela qualificação feita pelo tribunal do Estado de origem, e só está obrigado a reconhecer, nos termos dos arts. 33º e segs. e 38º e segs. do Regulamento, as decisões

---

[1299] Ver MERLIN [2001: 460 e seg.].

[1300] Cf. TCE 6/3/1980, no caso *de Cavel* [*in http://eur-lex.europa.eu*], nºs 6-8, e KROPHOLLER/ VON HEIN [2011: Art. 1 nº 18].

[1301] Cf. 18/10/2011, caso *Realchemie* [*in http://curia.europa.eu*], nº 44.

[1302] Cf. JENARD [1979: 160].

[1303] Cf. TCE 27/2/1997, no caso *Van den Boogaard* [*CTCE* (1997) I-01147], nº 22.

DIREITO INTERNACIONAL PRIVADO

que tiverem um objeto que, segundo a sua apreciação, caia dentro do âmbito material de aplicação do Regulamento[1304].

Para efeitos do Regulamento, considera-se *"decisão"* qualquer decisão proferida por um tribunal de um Estado-Membro independentemente da designação que lhe for dada, tal como acórdão, sentença, despacho judicial ou mandado de execução, bem como a fixação pelo secretário do tribunal do montante das custas do processo (art. 32º).

Para poder ser qualificado como "decisão", o ato deve emanar de um órgão jurisdicional pertencente a um Estado-Membro e que decide por sua própria autoridade sobre as questões controvertidas entre as partes[1305].

Assim, uma transação judicial que não seja objeto de uma decisão homologatória com força de caso julgado não é considerada uma "decisão", encontrando-se antes abrangida pelo disposto no art. 58º (*infra* § 98)[1306].

As *decisões de autoridades administrativas*, mesmo que digam respeito a matéria civil e comercial, estão, em princípio, excluídas[1307].

[1304] Cf. DROZ [1972: 27], MARTINY [1984: nº 28], GEIMER/SCHÜTZE [2010: Art. 32 nºs 9 e segs.], GOTHOT/HOLLEAUX [1985: 16 e 134] e KROPHOLLER/VON HEIN [2011: Art. 32 nº 3]. Cp. BÜLOW [165: 476 e seg. n 10], GOLDMAN [1971: 9], WESER [1975: 223 e seg.] e SCHLOSSER [1977: 459].

[1305] Cf. TCE 2/6/1994, no caso *Solo Kleinmotoren* [*CTCE* (1994) I-02237], nº 17; TCE 14/10/2004, no caso *Maersk* [*in http://curia.europa.eu*], nºs 45 e 52, entendendo que uma decisão que determina a constituição de um fundo de limitação de responsabilidade do proprietário de um navio constitui uma decisão judicial na aceção do art. 25º da Convenção de Bruxelas. Ver ainda e TEIXEIRA DE SOUSA [2003: 171-172] e POCAR [2009: nº 130]. Sobre a questão de saber se são abrangidas as decisões de absolvição da instância, cp., em sentido afirmativo, SCHLOSSER [1979: nº 191] e KROPHOLLER/VON HEIN [2011: vor Art. 33 nº 13]; em sentido contrário, GEIMER/ SCHÜTZE [2010: Art. 32 nºs 16 e 20-21] e TEIXEIRA DE SOUSA [2003: 160, mas cp. 172].

[1306] Cf. TCE 2/6/1994, no supracit. caso *Solo Kleinmotoren*, nº 18.

[1307] Cf. KROPHOLLER/VON HEIN [2011: Art. 32 nº 9]. Parece que já serão abrangidas as decisões que uma autoridade administrativa tome na realização de uma atividade que possa ser considerada como exercício de uma função jurisdicional – neste sentido, MAGNUS/MANKOWSKI/ WAUTELET [2007: Art. 32 nº 9]. O art. 62º da Convenção de Lugano de 2007 estabelece que o "termo 'tribunal' inclui quaisquer autoridades designadas por um Estado vinculado pela presente convenção com competência nas questões abrangidas pelo âmbito de aplicação da mesma". Ver, sobre este preceito, POCAR [2009: nº 175].

O art. 62º introduz uma exceção: na Suécia, nos processos simplificados de "injunção de pagar" [*betalningsföreläggande*] e nos "pedidos de assistência" [*handräckning*], os termos "juiz", "tribunal" e "órgão jurisdicional" abrangem igualmente o serviço público sueco de cobrança forçada [*kronofogdemyndighet*][1308].

Excluídas estão igualmente as *decisões de tribunais não-estaduais*, como os tribunais arbitrais ou os tribunais internacionais ou supranacionais[1309].

Não se formulam exigências quanto à forma e conteúdo da decisão, razão por que a omissão dos factos ou a falta de fundamentação não obstam ao reconhecimento, desde que o tribunal local, caso tenha de verificar as condições de reconhecimento, possa obter por outra via os elementos necessários para esta verificação[1310].

Segundo o entendimento geralmente seguido, as decisões de tribunais de outros Estados-Membros que declaram que estão verificados os pressupostos de reconhecimento de decisões estrangeiras ou a sua executoriedade não podem ser objeto de reconhecimento ao abrigo do Regulamento[1311]. Fala-se a este respeito de uma proibição do duplo *exequatur*.

[1308] Cf. também art. V-A/2 do Protocolo anexo à Convenção de Bruxelas. O art. V-A/1 do mesmo Protocolo alarga esta exceção às autoridades administrativas dinamarquesas, em matéria de obrigação alimentar. O mesmo resulta do art. 2º/2/b do Acordo entre a Comunidade Europeia e a Dinamarca sobre a aplicabilidade do Regulamento Bruxelas I. Por seu turno, o art. V-A do Protocolo nº 1 anexo à Convenção de Lugano de 1988 estabelece que, em matéria de obrigação alimentar, os termos "juiz", "tribunal" e "autoridade judicial" abrangem as autoridades administrativas dinamarquesas, islandesas e norueguesas; e que, em matéria civil e comercial, os mesmos termos abrangem o "ulosotonhaltija/överexekutor" finlandês. Relativamente à Convenção de Lugano de 2007, ver n anterior.

[1309] Já a Convenção de Lugano de 2007 regula o reconhecimento das decisões dos tribunais europeus nos Estados contratantes que não são membros da União Europeia, uma vez que a União Europeia é considerada como um Estado vinculado pela Convenção nos termos do art. 1º/3 – cf. POCAR [2009: nºs 130, 131 e 142]

[1310] Cf. KROPHOLLER [2002 Art. 32 nº 13]. Ver, entre nós, RLx 4/12/2006 [*CJ* (2006-V) 100].

[1311] Cf., designadamente, GEIMER/SCHÜTZE [2010: Art. 33: 3-6], MARTINY [1984: nº 64], GOTHOT/HOLLEAUX [1985: 134 e seg.], TEIXEIRA DE SOUSA/MOURA VICENTE [1994: 139], TEIXEIRA DE SOUSA [2003: 166 e 169] e LAYTON/MERCER [2004: nºs 24.038 e seg.]. Este entendimento foi implicitamente aceite pelo TCE 20/1/1994, no caso *Owens Bank* [*CTCE* (1994) I-00117], nºs 26 e segs., em que foi negada a autonomia, relativamente ao processo de

DIREITO INTERNACIONAL PRIVADO

Esta proibição deve abranger não só as declarações de executoriedade e as decisões de confirmação (como as proferidas pelos tribunais portugueses ao abrigo do regime interno), mas também decisões que embora formalmente resultem de uma nova ação, se baseiam na decisão estrangeira e são substancialmente equivalentes àquelas decisões, como se verifica nomeadamente em Inglaterra (*supra* § 93 D)[1312].

De outro modo o regime contido no Regulamento seria indiretamente aplicado ao reconhecimento de decisões de terceiros Estados e não haveria um controlo das condições de reconhecimento relativamente à primeira decisão, designadamente a sua compatibilidade com a ordem pública internacional do Estado de reconhecimento.

As *providências provisórias*, na aceção atrás referida (*supra* § 84 N), são, em princípio, suscetíveis de reconhecimento, incluindo a atribuição de força executiva[1313]. Frequentemente, porém, estas providências são decretadas sem que a parte requerida seja ouvida, caso em que não beneficiam do regime de reconhecimento estabelecido pelo Regulamento (*supra* § 84 N). Permanece em aberto a questão de saber se há obrigação de reconhecer as providências provisórias proferidas por tribunais cuja competência se tenha fundado no art. 31º (*supra* § 84 N).

Embora abrangidas pela letra do art. 32º, as *decisões interlocutórias* que não têm por objetivo regular a relação controvertida mas o andamento do processo não são suscetíveis de reconhecimento ao abrigo do Regulamento[1314]. Quanto às decisões que impliquem a obtenção de provas no estrangeiro ver as Convenções da Haia Relativa ao Processo Civil (1954) e Sobre a Obtenção de Provas no Estrangeiro em Matéria Civil e Comercial (1970) e o Reg. (CE) nº 1206/2001 Relativo à Cooperação entre os Tribunais dos Estados-Membros no Domínio da Obtenção de Provas em Matéria Civil ou Comercial.

---

reconhecimento, da decisão que se pronuncia sobre a questão de saber se uma decisão de um Estado terceiro foi obtida por meios fraudulentos.

[1312] Cf. GOTHOT/HOLLEAUX [1985: 135]; cp. DROZ [1972: 271 n 1].

[1313] Cf. JENARD [1979: 160] e POCAR [2009: nº 130]. Na jurisprudência do TCE podem ver-se acs. 6/3/1980, no caso *de Cavel* [CTCE (1980) 731], 21/5/1980, no caso *Denilauler* [CTCE (1980) 1553], nº 17, e 27/4/1999, no caso *Mietz* [CTCE (1999) I-02277], nºs 50 e segs.

[1314] Cf. SCHLOSSER [1979: nº 187].

RECONHECIMENTO DE DECISÕES JUDICIAIS ESTRANGEIRAS

C) Âmbito espacial de aplicação

O regime de reconhecimento de decisões estrangeiras contido no Regulamento aplica-se às decisões proferidas por tribunais de Estados-Membros vinculados pelo Regulamento (arts. 32º e 38º).

O Regulamento vincula todos os Estados-Membros da Comunidade Europeia, com exceção da Dinamarca, nos termos dos arts. 1º e 2º do Protocolo Relativo à Posição da Dinamarca, anexo ao Tratado da União Europeia e ao Tratado que institui a Comunidade Europeia[1315].

Não obstante, por força do Acordo entre a Comunidade Europeia e a Dinamarca relativo à competência judiciária, ao reconhecimento e à execução de decisões em matéria civil e comercial (2005), o Regulamento nº 44/2001 e suas medidas de execução também são aplicáveis, com pequenas alterações, nas relações com a Dinamarca. Este Acordo é aplicável em matéria de reconhecimento e de execução sempre que a Dinamarca é o Estado de origem ou o Estado requerido (art. 10º/2/c).

Não é necessário que a decisão tenha por objeto uma *relação transnacional*. A proveniência da decisão do tribunal de outro Estado-Membro constitui um elemento de estraneidade suficiente para a aplicação deste regime. Pode tratar-se, por conseguinte, de uma decisão que teve por objeto uma situação meramente interna[1316].

O lugar do domicílio e a nacionalidade das partes são irrelevantes[1317].

[1315] TCE 28/4/2009, no caso *Apostolides* [*in http://curia.europa.eu*], decidiu que a "suspensão da aplicação do acervo comunitário nas zonas da República de Chipre onde o governo deste Estado-Membro não exerce um controlo efetivo, determinada pelo artigo 1º, nº 1, do Protocolo nº 10 sobre Chipre do Ato relativo às condições de adesão à União Europeia da República Checa, da República da Estónia, da República de Chipre, da República da Letónia, da República da Lituânia, da República da Hungria, da República de Malta, da República da Polónia, da República da Eslovénia e da República Eslovaca e às adaptações dos Tratados em que se funda a União Europeia, não obsta à aplicação" do Regulamento Bruxelas I "a uma decisão proferida por um tribunal cipriota situado na zona da ilha efectivamente controlada pelo Governo cipriota, mas referente a um imóvel sito nas referidas zonas".

[1316] Cf. MARTINY [1984: nº 11].

[1317] Cf. JENARD [1979: 160].

D) Âmbito temporal de aplicação

Nos termos do artº 66º do Regulamento, o regime contido neste Regulamento é aplicável ao reconhecimento[1318]:

– das decisões proferidas por tribunais de Estados-Membros em ações judiciais intentadas e aos documentos autênticos exarados posteriormente à sua entrada em vigor (nº 1);

– das decisões proferidas por tribunais de Estados-Membros depois da sua entrada em vigor em ações intentadas antes da sua entrada em vigor, se as ações tiverem sido intentadas após a entrada em vigor das Convenções de Bruxelas ou de Lugano quer no Estado-Membro de origem quer no Estado-Membro requerido ou se as regras de competência aplicadas forem conformes com as previstas pelo Regulamento ou com uma convenção celebrada entre o Estado de origem e o Estado requerido que estava em vigor quando as ações foram intentadas (nº 2).

Nesta última hipótese (decisões proferidas por tribunais de Estados--Membros depois da sua entrada em vigor em ações intentadas antes da sua entrada em vigor com base em regras de competência conformes com as previstas pelo Regulamento ou com uma convenção celebrada entre o Estado de origem e o Estado requerido), o tribunal do Estado de reconhecimento pode controlar a competência do tribunal de origem[1319].

Deve observar-se que esta disposição também é aplicável em relação aos Estados-Membros que aderiram à União depois da entrada em vigor do Regulamento, com referência à respetiva data de adesão[1320].

Por força do art. 29º da Convenção de San Sebastian (relativa à adesão de Portugal e de Espanha) a Convenção de Bruxelas só se aplica ao reconhecimento de decisões[1321]:

– que tenham sido proferidas em ações intentadas após a entrada em vigor da Convenção de Adesão no Estado de origem e cujo reconhecimento

---

[1318] Ver também art. 54º/1 e /2 da Convenção de Bruxelas e da Convenção de Lugano de 1988 e art. 63º da Convenção de Lugano de 2007. Na jurisprudência portuguesa, ver RLx 10/11/1998 [*CJ* (1998-V) 86].

[1319] Cf. JENARD [1979: 173] e SCHLOSSER [1979: nº 236].

[1320] Cf. KROPHOLLER/VON HEIN [2011: Art. 66 nº 1].

[1321] Cp. RCb 14/12/1993 [*CJ* 18 (1993-V) 51] e 17/10/1995 [*CJ* (1995-IV) 35 e RLx 10/11/1998 [*CJ* (1998-V) 86].

seja pedido após a entrada em vigor da Convenção de Adesão no Estado requerido;

– que tenham sido proferidas após a entrada em vigor da Convenção de Adesão no Estado de origem na sequência de ações intentadas antes dessa data, se as regras de competência aplicadas forem conformes com as previstas na Convenção de Bruxelas ou com outra convenção em vigor entre o Estado de origem e o Estado requerido aquando da instauração da ação.

Disposição similar consta do art. 13º da Convenção de Adesão da Áustria, da Finlândia e da Suécia.

E) Relações com o regime interno e com outros instrumentos

O regime de reconhecimento de decisões estrangeiras contido no Regulamento prevalece sobre o *regime interno*, porquanto o regulamento comunitário é uma fonte do Direito hierarquicamente superior à lei ordinária (*supra* § 94 A).

O reconhecimento de sentenças proferidas por tribunais de Estados terceiros, e que não caia dentro do âmbito de aplicação de outros regimes supraestaduais, continua sujeito ao regime interno (ressalvado o respeito das competências exclusivas estabelecidas pelo art. 22º do Regulamento)[1322].

A Convenção de Lugano de 2007 é aplicável ao reconhecimento de decisões proferidas num Estado contratante (arts. 32º e 38º), quando o Estado de origem ou o Estado requerido não for membro da União Europeia (art. 64º/2/c). É o caso da Islândia, da Noruega e da Suíça.

Os regimes de reconhecimento contidos nas Convenções de Bruxelas e de Lugano prevalecem sobre o regime interno, uma vez que as Convenções internacionais são uma fonte do Direito hierarquicamente superior à lei ordinária (*supra* § 94 A).

Como já foi assinalado a respeito da competência internacional, o Regulamento não prejudica, em princípio, as Convenções em que os Estados-Membros sejam partes à data da sua entrada em vigor e que, em matérias especiais, regulem a competência internacional ou o reconhecimento de decisões (art. 71º/1).

[1322] Cf. GEIMER/SCHÜTZE [2010: *Einl.* nº 245], KROPHOLLER/VON HEIN [2011: Art. 32 nº 19] e MAGNUS/MANKOWSKI/MANKOWSKI [2007: Art. 35 nº 28].

DIREITO INTERNACIONAL PRIVADO

No entanto, as normas das Convenções especiais só são aplicáveis "desde que ofereçam um elevado nível de certeza jurídica, facilitem a boa administração da justiça e permitam reduzir ao mínimo o risco de processos concorrentes, e assegurem, em condições pelo menos tão favoráveis como as previstas no referido regulamento, a livre circulação das decisões em matéria civil e comercial e a confiança recíproca na administração da justiça no seio da União (*favor executionis*)"[1323].

As decisões proferidas num Estado-Membro por um tribunal cuja competência se funde numa Convenção relativa a uma matéria especial serão reconhecidas nos outros Estados-Membros, nos termos do Regulamento (art. 71º/2/b)[1324].

Isto é criticável, porque o Regulamento não permite, em regra, o controlo da competência do tribunal de origem (art. 35º/3). Ora isto só pode encontrar justificação na vigência de um regime unificado de competência internacional nos Estados de origem e de reconhecimento. Segundo schlosser, "as regras de competência criadas pelas convenções especiais deverão ser consideradas como regras de competência da própria convenção de *exequatur*, mesmo no caso de apenas um único Estado-Membro ser parte nesta convenção especial"[1325]. Este argumento é puramente retórico, visto que as regras de competência contidas numa Convenção especial só vigoram na ordem jurídica dos Estados Contratantes. Não existe qualquer fundamento substancial para obrigar um Estado-Membro a reconhecer, nos termos do Regulamento, uma decisão proferida no exercício de uma competência estabelecida com base numa Convenção de que não é parte.

Se uma Convenção relativa a uma matéria especial, de que sejam partes o Estado-Membro de origem e o Estado-Membro requerido, tiver estabelecido as condições para o reconhecimento de decisões, tais condições devem ser respeitadas. Em qualquer caso, pode aplicar-se o disposto no

---

[1323] Cf. TUE 4/5/2010, no caso *TNT Express Nederland BV* [*in http://curia.europa.eu*].

[1324] Ver também art. 57º/2 da Convenção de Bruxelas, art. 57º/3 da Convenção de Lugano de 1988 e art. 67º/3 da Convenção de Lugano de 2007. Cp. arts. 57º/4 da Convenção de Lugano de 1988 e 67º/4 da Convenção de Lugano de 2007 e, sobre eles, *infra* H.

[1325] Nº 240.

Regulamento, no que respeita ao processo de reconhecimento e execução de decisões (art. 71º/2/b)[1326].

Recorde-se, porém, que o TUE instituiu um critério de controlo da aplicação das normas sobre competência internacional e de reconhecimento de decisões estrangeiras contidas em Convenções especiais (*supra* § 84 E).

Na hipótese de o Estado-Membro de origem e o Estado-Membro requerido serem partes numa Convenção especial que estabeleça as condições para o reconhecimento de decisões, pode acontecer que a Convenção especial ressalve expressamente a aplicação do regime mais favorável estabelecido por outras fontes, caso em que nada impede que o requerente invoque o Regulamento, se for mais favorável ao reconhecimento[1327].

Isto pode verificar-se, designadamente, quando forem simultaneamente aplicáveis o Regulamento e a Convenção da Haia sobre o Reconhecimento e Execução de Decisões Relativas a Obrigações Alimentares (1973), visto que o art. 23º desta Convenção determina que a "Convenção não obsta a que outro instrumento internacional em vigor entre o Estado de origem e o Estado requerido ou o direito não convencional do Estado requerido sejam invocados para se obter o reconhecimento ou a execução de uma decisão ou de uma transacção"[1328].

Foi anteriormente assinalado (*supra* § 84 E), que após a entrada em vigor do Regulamento, os Estados-Membros só podem celebrar Convenções gerais ou especiais, que afetem as regras do Regulamento ou alterem o seu alcance, mediante autorização da União. As Convenções especiais que sejam celebradas ao abrigo desta autorização prevalecerão sobre o Regulamento, sendo defendida a possibilidade de aplicação analógica do art. 71º/2[1329]. E que as Convenções que forem celebradas pela União também prevalecerão sobre o Regulamento, mas por força do art. 216º/2 do Tratado sobre o Funcionamento da União Europeia.

[1326] Ver também art. 57º/2/§ 2º da Convenção de Bruxelas, art. 57º/5 da Convenção de Lugano de 1988 e art. 67º/5 da Convenção de Lugano de 2007.

[1327] Cf., em relação à Convenção de Bruxelas, DROZ [1972: 419] e BASEDOW [1982: nº 144].

[1328] Ver, em relação à Convenção de Bruxelas e à Convenção de Lugano de 1988, FERREIRA PINTO [1992: 64 e segs.], com mais referências, e STJ 30/4/2002 [*CJ* (2002-II) 38].

[1329] Cf. KROPHOLLER/VON HEIN [2011: Art. 71 nº 2]. Ver ainda MAGNUS/MANKOWSKI/MANKOWSKI [2007: Art. 71 nº 4].

DIREITO INTERNACIONAL PRIVADO

Também já se assinalou que com a entrada em vigor do Regulamento sobre obrigações alimentares, e sob reserva das disposições transitórias deste Regulamento, as obrigações alimentares resultantes de relações de família ficaram fora do âmbito de aplicação do Regulamento Bruxelas I (Considerando nº 44 e art. 68º/1 do Regulamento sobre obrigações alimentares).

As Convenções de Bruxelas e de Lugano obrigam, em princípio, um Estado Contratante a reconhecer decisões proferidas noutro Estado Contratante, no exercício de uma competência baseada no Direito interno, ainda que exorbitante, quando o réu não tenha domicílio num Estado Contratante. Isto resulta da conjugação do art. 4º/1 com a inexistência de controlo da competência do tribunal de origem, que constitui a regra.

Esta consequência pode não ser bem aceite no Estado terceiro em que está domiciliado o réu, e o Estado Contratante pode ser sensível a este desagrado, sobretudo se tiver estreitas relações económicas, culturais ou políticas com esse Estado.

A Convenção de Bruxelas e a Convenção de Lugano de 1988 atendem a esta preocupação, quando permitem, através do art. 59º, que os Estados Contratantes se vinculem, perante um Estado terceiro, nos termos de uma Convenção relativa ao reconhecimento de decisões, a não reconhecer uma decisão proferida, nomeadamente noutro Estado Contratante, contra requerido que tinha domicílio ou residência habitual no território do Estado terceiro, quando a decisão só pudesse fundamentar-se numa das competências referidas no segundo parágrafo do art. 3º.

Esta permissão não passou para o Regulamento, embora o problema se coloque nos mesmos termos perante o regime aí contido[1330].

Com efeito, o Regulamento limita-se a ressalvar as Convenções já celebradas entre um Estado-Membro e um Estado terceiro, por forma que as obrigações internacionais decorrentes destas Convenções possam ser respeitadas[1331].

O art. 72º determina que o Regulamento não prejudica os acordos por meio dos quais os Estados-Membros se comprometeram antes da sua entrada em vigor, nos termos do artigo 59º da Convenção de Bruxelas, a

---

[1330] Cf. Considerando nº 10 e KROPHOLLER/VON HEIN [2011: Art. 32 nºs 4 e 17]

[1331] Cf. Exposição de Motivos da Proposta da Comissão, 26, KROPHOLLER/VON HEIN [2011: Art. 72 nº 1] e MOURA RAMOS [2002: 218].

não reconhecer uma decisão proferida, nomeadamente noutro Estado Contratante da referida Convenção, contra um demandado que tenha o seu domicílio ou residência habitual num Estado terceiro quando a decisão só possa fundar-se numa competência referida no segundo parágrafo do artigo 3º dessa mesma Convenção[1332].

O Regulamento veio assim restringir a autonomia dos Estados-Membros na celebração de Convenções sobre o reconhecimento de decisões estrangeiras com terceiros Estados[1333], que deixaram de poder atender a preocupações legítimas destes Estados.

Segundo a Declaração Conjunta do Conselho e da Comissão sobre os arts. 71º e 72º, bem como sobre as negociações no quadro da Conferência da Haia de Direito Internacional Privado, o "Conselho e a Comissão prestarão especial atenção à possibilidade de encetar negociações com vista à celebração de acordos internacionais que permitam minorar as consequências do capítulo III do regulamento para as pessoas domiciliadas no território de Estados terceiros, no que diz respeito às decisões proferidas com fundamento em alguns critérios de competência nacionais"[1334].

A mesma Declaração afirma que "O Conselho e a Comissão consideram que a criação desse espaço europeu não deve ter como consequência excluir a celebração, com Estados terceiros ou organizações internacionais, de acordos internacionais com um âmbito de aplicação geográfica mais amplo, que podem nomeadamente permitir criar, a nível mundial ou regional, um ambiente jurídico favorável à circulação das decisões judiciais em matéria civil e comercial"[1335]. De acordo com anteriormente exposto, estas Convenções universais ou regionais só podem ser celebradas pela União ou, pelos Estados-Membros, mediante autorização da União[1336].

À face das Convenções de Bruxelas e de Lugano entende-se que o requerente poderá sempre invocar o regime interno quando for mais favorável ao reconhecimento (designadamente por não exigir controlo de

---

[1332] Cp. art. 68º da Convenção de Lugano de 2007 e, sobre ele, POCAR [2009: nº 184].

[1333] Na linha do entendimento seguido pelos órgãos comunitários, que era controverso anteriormente ao Tratado de Lisboa (ver *supra* § 10 B e § 84 E).

[1334] Nº 1.

[1335] Nº 3.

[1336] Ver as considerações críticas de DROZ/GAUDEMET-TALLON [2001: 622 e seg.] e BEAUMONT [2002: 25 e segs.].

mérito nos casos do art. 27º/4)[1337]. Com a abolição dos casos de controlo de mérito, só em casos muito especiais é concebível que o regime interno possa ser mais favorável ao reconhecimento que o regime do Regulamento. Segundo o entendimento dominante, porém, mesmo nestes casos não é possível invocar o regime interno[1338].

F) Objeto do reconhecimento

O Regulamento Bruxelas I, na esteira das Convenções de Bruxelas e de Lugano, distingue entre reconhecimento e "execução", i.e., atribuição de força executiva. Estes instrumentos utilizam a palavra "reconhecimento" na aceção restrita de reconhecimento de efeitos. Neste âmbito, estes instrumentos regulam, pelo menos, o reconhecimento do *efeito de caso julgado*[1339].

Quanto ao *efeito constitutivo* da sentença, a situação não se encontra bem esclarecida.

KROPHOLLER entende que o reconhecimento da sentença de um Estado-Membro está desligado do Direito de Conflitos[1340]. Mas, em rigor, o que decorre do Regulamento é que o reconhecimento do efeito de caso julgado não pode ficar dependente da eficácia ou potencial eficácia da decisão perante a lei competente. Na medida em que o caso julgado abranja o efeito constitutivo, este efeito também é reconhecido autonomamente[1341].

[1337] Cf. SCHACK [1996: 317], KROPHOLLER [1998 Art. 25 nº 8] e TEIXEIRA DE SOUSA/MOURA VICENTE [1994: 46 e seg.]. Cp. TCE 6/7/2002, no caso *Italian Leather* [*in http://curia.europa. eu*], nº 52, em que se entendeu que, no caso previsto no art. 27º/3 da Convenção de Bruxelas, o tribunal do Estado de reconhecimento é obrigado a negar o reconhecimento da decisão estrangeira; EVRIGENIS/KERAMEUS [1990: nº 84].

[1338] Cf., designadamente, SCHLOSSER [2009: Art. 34-36 nº 1]; RAUSCHER/LEIBLE [2011: Art. 32 nº 3]; MAGNUS/MANKOWSKI/FRANCQ [2007: Art. 34 nº 6]; MAGNUS/MANKOWSKI/ KERAMEUS [2007: Art. 38 nº 14]; e KROPHOLLER/VON HEIN [2011: Art. 32 nº 6], com mais referências. Ver ainda SCHACK [2010: nº 899].

[1339] Ver também *supra* § 93 A.

[1340] Cf. 2006: 682. KROPHOLLER já entende que os efeitos indirectos [*Tatbestandwirkungen*] não dependem do "Direito Processual Civil Internacional", tratando-se de uma questão de substituição suscitada pelas normas do Direito material competente [2006: 681]. Também GOTHOT/HOLLEAUX [1985: 140] e [1996a: 235] afirmam que os "efeitos como facto" não dependem da Convenção de Bruxelas.

[1341] No mesmo sentido, em resultado, GOTHOT/HOLLEAUX [1985: 141], GEIMER/SCHÜTZE [1983: 1029 e seg.] e KROPHOLLER/VON HEIN [2011: vor Art. 33 nº 15].

RECONHECIMENTO DE DECISÕES JUDICIAIS ESTRANGEIRAS

Já admite dúvida se uma decisão que não satisfaz as condições de reconhecimento estabelecidas pelo Regulamento pode produzir o seu efeito constitutivo segundo a lei competente. O entendimento dominante, segundo o qual o regime interno mais favorável ao reconhecimento não pode ser invocado dentro do âmbito de aplicação do Regulamento (*supra* E), parece conduzir à resposta negativa.

G) Reconhecimento automático e declaração de executoriedade

Nos termos do art. 33º, o reconhecimento da decisão proferida num Estado-Membro é automático ou *ipso iure*, porque não depende de um processo prévio[1342].

O reconhecimento automático justifica-se, segundo o Preâmbulo do Regulamento, pela confiança recíproca na administração da justiça no seio da Comunidade[1343].

Como já se observou, isto não obsta a que o reconhecimento seja objeto de uma decisão judicial.

Os nºs 2 e 3 do art. 33º referem duas hipóteses em que o reconhecimento é objeto de uma decisão judicial[1344].

A primeira hipótese verifica-se quando o *reconhecimento é invocado a título principal*, "ou seja, independentemente de qualquer processo e sem que haja lugar a execução compulsiva"[1345] – e é "impugnado". Neste caso a parte que invoca o reconhecimento pode intentar uma ação com vista a obter a declaração judicial do reconhecimento, que seguirá o processo simplificado estabelecido para a declaração de executoriedade (nº 2).

A referência a uma "impugnação" não significa obviamente que o reconhecimento tenha sido contestado num processo judicial. Quando muito é de exigir que o reconhecimento da decisão seja objeto de uma controvérsia real[1346].

[1342] Ver também art. 26º/1 da Convenção de Bruxelas e da Convenção de Lugano de 1988 e art. 33º/1 da Convenção de Lugano de 2007. Na jurisprudência portuguesa ver STJ 15/3/2001 [*CJ/STJ* (2001-I) 168],

[1343] Cf. Considerando nº 16.

[1344] Ver também art. 26º/2 da Convenção de Bruxelas e da Convenção de Lugano de 1988 e art. 33º/2 da Convenção de Lugano de 2007.

[1345] Cf. JENARD [1979: 160].

[1346] Neste sentido, MAGNUS/MANKOWSKI/WAUTELET [2007: Art. 33 nº 27], mas cp. JENARD [1978:160] e KROPHOLLER/VON HEIN [2011: Art. 33 nº 4].

DIREITO INTERNACIONAL PRIVADO

Como a declaração de executoriedade já estabelece que as condições de reconhecimento estão verificadas, uma ação de declaração de reconhecimento pode fazer sentido principalmente para decisões que não têm um conteúdo idóneo à execução, por exemplo, decisões proferidas em ações de simples apreciação ou decisões constitutivas[1347]. Se a decisão contiver uma parte condenatória e uma parte declarativa é possível requerer a declaração de reconhecimento a par da declaração de executoriedade[1348].

Esta ação tem a natureza de ação de simples apreciação, visto que apenas se pede a declaração de que a decisão proferida noutro Estado-Membro produz os seus efeitos na ordem jurídica local[1349].

O Regulamento não obsta à propositura de uma *ação de declaração de não reconhecimento* da decisão, mas também não faculta, neste caso, o processo simplificado estabelecido para a declaração de executoriedade[1350]. Na verdade, como JENARD assinala em relação à Convenção de Bruxelas[1351], este "processo foi concebido apenas para favorecer a execução das decisões e, consequentemente o reconhecimento. Aliás, o mecanismo instituído seria dificilmente aplicável se o processo também pudesse ser alegado pela parte que se opõe ao reconhecimento". As alterações introduzidas pelo Regulamento acentuaram o desajustamento deste processo a uma ação de declaração de não reconhecimento. Por conseguinte, serão aplicáveis a esta ação as regras de processo estabelecidas pelo Direito interno do Estado do foro[1352].

Em regra, porém, *o reconhecimento é invocado* perante um tribunal *incidentalmente*, i.e., para fundamentar a exceção de caso julgado ou para resolver uma questão prévia de que depende a decisão da questão principal[1353]. Neste caso, se o reconhecimento ainda não tiver sido declarado judicialmente, o tribunal tem competência para pronunciar-se sobre o reconhecimento (nº 3). Assim, não é necessário um processo autónomo de declaração de reconhecimento. O reconhecimento segue os termos do

[1347] Cf. KROPHOLLER/VON HEIN [2011: Art. 33 nº 2].
[1348] Cf. GEIMER/SCHÜTZE [2010: Art. 33 nºs 88-92] e MARTINY [1984: nº 234].
[1349] Cf. TEIXEIRA DE SOUSA/MOURA VICENTE [1994: 141].
[1350] Cf. JENARD [1979: 160]. Ver também e TEIXEIRA DE SOUSA [2003: 175]. Cp. GEIMER/ SCHÜTZE [2010: Art. 33 nº 85] e TEXEIRA DE SOUSA/MOURA VICENTE [1994: 141].
[1351] 1979: 160 e seg.
[1352] Cf. JENARD [1979: 161].
[1353] Cf. JENARD [1979: 161] e SCHLOSSER [1979: nº 189].

RECONHECIMENTO DE DECISÕES JUDICIAIS ESTRANGEIRAS

processo em curso, que é regulado pelas regras gerais do Direito processual interno, se não tiverem sido introduzidas regras especiais para o efeito[1354].

Este reconhecimento incidental não é, em princípio, abrangido pelo caso julgado formado pela decisão (art. 96º/2 CPC)[1355].

Do reconhecimento automático do efeito de caso julgado decorre que, se foi proferida noutro Estado-Membro uma decisão condenatória que pode ser declarada executória no Estado local, o autor não pode propor neste Estado uma nova ação de condenação com o mesmo pedido contra o mesmo réu[1356].

Já a *atribuição de força executiva* às decisões proferidas noutro Estado--Membro depende de um processo prévio. É necessária, em regra, uma declaração de executoriedade ou *exequatur* a requerimento de qualquer parte interessada (art. 38º/1 do Regulamento)[1357].

Todavia, no Reino Unido, tais decisões são executadas na Inglaterra e no País de Gales, na Escócia e na Irlanda do Norte, depois de registadas para execução, a requerimento de qualquer parte interessada numa dessas regiões do Reino Unido, conforme o caso (art. 38º/2).

Veremos mais adiante que os Regulamentos que criam o título executivo europeu, a injunção europeia de pagamento e o processo europeu para ações de pequeno montante atribuem força executiva a decisões condenatórias ou injunções de pagamento relativas a créditos pecuniários não contestados proferidas noutros Estados – Membros, bem como a

---

[1354] Cf. MARTINY [1984: nºs 222 e seg.].

[1355] Ver também KROPHOLLER/VON HEIN [2011: Art. 34 nº 11] e e TEIXEIRA DE SOUSA [2003: 175]. Cp. MAGNUS/MANKOWSKI/WAUTELET [2007: Art. 33 nº 36].

[1356] Cf. TCE 30/11/1976, no caso *de Wolf* [CTCE (1976) 695].

[1357] Ver também art. 31º da Convenção de Bruxelas e da Convenção de Lugano de 1988 e art. 38º da Convenção de Lugano de 2007. Ver, na jurisprudência portuguesa, REv 30/1/1997 [*CJ* (1997-I) 293], RGm 21/9/2006 [*CJ* (2006-IV) 261], RLx 21/2/2008 [*CJ* (2008-I) 114], RPt 7/6/1994 [*CJ* (1994-III) 228], 23/9/1996 [*BMJ* 459: 604], 2/10/1997 [*CJ* (1997-IV) 208] (em que a Convenção de Lugano foi erradamente aplicada em lugar da Convenção de Bruxelas), 8/1/2004 [*CJ* (2004-I) 165] e 4/12/2006 [*CJ* (2006-V) 189] e STJ 11/7/2000 [*CJ/STJ* (2000-II) 158], 30/11/2004 [*CJ* (2004-III) 126] (em que a Convenção de Lugano foi erradamente apli-cada em lugar da Convenção de Bruxelas), 31/1/2007, Proc. nº 06A4568 [*in http://www.dgsi. pt/jstj.nsf*], 22/3/2007 [*CJ/STJ* (2007-I) 139], 10/4/2008 [*CJ/STJ* (2008-II) 28], 28/4/2008 [*CJ/ STJ* (2008-II) 22] e 11/3/2010, Proc. nº 2580/08.3TVLSB.L1.S1 [*in http://www.dgsi.pt/jstj.nsf*].

DIREITO INTERNACIONAL PRIVADO

decisões proferidas em ações de pequeno montante, sem necessidade de uma declaração de executoriedade.

A Proposta de Reformulação também elimina, em regra, a necessidade de uma declaração de executoriedade (arts. 38º/2 e 41º), bem como a possibilidade de oposição ao reconhecimento de efeitos (art. 38º/1). Excecionalmente, mantém-se a exigência de declaração de executoriedade para as decisões relativas a obrigações extracontratuais decorrentes de violações da privacidade e de "direitos de personalidade", incluindo a difamação – em correspondência com a exclusão feita no Regulamento Roma II, e a ações coletivas (art. 37º/3 e 50º)[1358].

A supressão do *exequatur* e da possibilidade de oposição ao reconhecimento é acompanhada da concessão de algumas garantias aos requeridos.

A Proposta estabelece, em primeiro lugar, que a autoridade competente do Estado-Membro de execução deve, a pedido do requerido, recusar, no todo ou em parte, a execução da decisão, se esta for inconciliável com uma decisão proferida num litígio entre as mesmas partes no Estado--Membro de execução ou com uma decisão anteriormente proferida noutro Estado-Membro, ou num país terceiro, numa ação com a mesma causa de pedir e entre as mesmas partes, desde que essa decisão anterior reúna as condições necessárias para ser reconhecida no Estado-Membro de execução (art. 43º).

Segundo, prevê-se, na fase da execução, medidas extraordinárias em benefício dos requeridos que não tenham comparecido em juízo por falta de citação ou que tenham sido prejudicados por qualquer outro vício processual, verificado no tribunal de origem, que possa ser considerado uma violação do artigo 47º da Carta dos Direitos Fundamentais da União Europeia[1359].

Assim, nos termos do art. 45º, o requerido que não tenha comparecido em juízo no Estado-Membro de origem pode apresentar um pedido de reapreciação da decisão não só no tribunal competente desse Estado mas também o tribunal competente do Estado-Membro de execução, que deve remetê-lo sem demora ao tribunal competente do Estado-Membro de origem, se:

– não lhe tiver sido notificado o ato que inicia a instância, ou ato equivalente, em tempo útil para apresentar a sua defesa; ou

---

[1358] Ver Considerando nº 23.
[1359] Cf. Considerando nº 23.

RECONHECIMENTO DE DECISÕES JUDICIAIS ESTRANGEIRAS

– lhe tiver sido impossível apresentar a contestação por motivo de força maior ou devido a circunstâncias excecionais, sem que tal facto lhe possa ser imputável;

salvo se não tiver contestado a decisão embora tivesse a possibilidade de o fazer.

Por último, nos casos que não sejam abrangidos pelo art. 45º, as partes têm o direito de solicitar ao tribunal do Estado-Membro de execução a recusa do reconhecimento ou da execução de uma decisão, se esse reconhecimento ou execução não forem permitidos pelos princípios fundamentais subjacentes ao direito a um tribunal imparcial (art. 46º).

Apesar destas garantias, não parece que a confiança mútua na administração da justiça no seio da União Europeia justifique a supressão do *exequatur* e de determinadas condições de reconhecimento, designadamente a conformidade com a ordem pública internacional do Estado de reconhecimento. A exigência de uma declaração de executoriedade e de determinadas de condições de reconhecimento é, em minha opinião, postulada pela desejável autonomia dos sistemas jurídicos dos Estados-Membros[1360].

Como condição específica da declaração de executoriedade, o Regulamento apenas exige que a decisão tenha *força executiva* segundo o Direito do Estado de origem (arts. 38º/1 e 53º)[1361]. As Convenções de Bruxelas e de Lugano de 1988 exigem, além disso, que a decisão tenha sido notificada (arts. 31º/1 e 47º)[1362].

Estas condições são de conhecimento oficioso[1363]. Mas a verificação da força executiva da decisão segundo o Direito do Estado de origem deve basear-se exclusivamente na certidão referida no art. 54º, da qual, de acordo com o formulário contido no Anexo V, consta o caráter executório da decisão no Estado-Membro de origem[1364].

[1360] Em sentido convergente, ver Peter SCHLOSSER – "The Abolition of Exequatur Proceedings – Including Public Policy Review?", *IPRax* (2010) 101-104. Em sentido contrário, ver MAGNUS/MANKOWSKI [2010: 2 e segs.].

[1361] Ver também arts. 38º/1 e 53º da Convenção de Lugano de 2007.

[1362] Cp. art. 42º/2 do Regulamento.

[1363] Cf. KROPHOLLER/VON HEIN [2011: Art. 38 nº 7].

[1364] Cf. TCE 28/4/2009, no caso *Apostolides* [*in http://curia.europa.eu*], nº 68, e KROPHOLLER/VON HEIN [2011: Art. 38 nº 9]. Para um panorama dos requisitos de que depende a exequibilidade nos principais sistemas europeus, ver WOLFF [1984: nºs 246 e segs.].

A exigência da exequibilidade da sentença segundo o Direito do Estado de origem, também feita em alguns sistemas nacionais, tem subjacente a ideia que a sentença não deve produzir na ordem jurídica local efeitos que não lhe são atribuídos no país de origem[1365].

O que se deve entender por caráter executório da decisão não é, porém, inteiramente claro perante a jurisprudência do TCE.

A este respeito a decisão do TCE no caso *Coursier*[1366] suscita algumas interrogações. No Estado de origem de uma decisão condenatória foi posteriormente declarada a falência do devedor e proferida uma decisão de encerramento da liquidação que exclui as execuções singulares.

Por um lado, o TCE interpreta a Convenção de Bruxelas no sentido de exigir que a decisão tenha formalmente caráter executório, independentemente de a decisão estar em condições para ser efetivamente executada (por exemplo, em virtude do pagamento da dívida ou por outra razão)[1367]. E decide, nesta base, que a decisão condenatória reveste caráter executório e beneficia, por isso, do regime de atribuição de força executiva contido na Convenção de Bruxelas (nº 31).

Por outro lado, o TCE decide que no "que respeita a uma decisão como a declaração de falência, matéria expressamente excluída do âmbito de aplicação da convenção de Bruxelas, compete ao órgão jurisdicional do Estado em que foi interposto um recurso nos termos do artigo 36º da Convenção de Bruxelas determinar, segundo o seu próprio direito nacional, incluindo as normas de direito internacional privado, quais os respetivos efeitos jurídicos no seu território." O que parece pressupor que no recurso interposto pelo requerido a exequibilidade da decisão condenatória pode ser posta em causa se a declaração de encerramento de liquidação produzir na ordem jurídica do Estado de reconhecimento o efeito preclusivo de execuções singulares.

Isto vai ao encontro da posição assumida por JENARD, no seu Relatório[1368], quando afirma que o recorrente poderá invocar argumentos que se fundam em factos supervenientes à sentença estrangeira, por exemplo, a

---

[1365] Cf. JENARD [1979: 164].

[1366] TCE 29/4/1999 [*CTCE* (1999) I-02543], nºs 24 e segs.

[1367] Cp., em sentido crítico, DROZ [2000: 243].

[1368] 167. Ver também SCHLOSSER [1979: nº 220], KROPHOLLER/VON HEIN [2011: Art. 43 nº 27 e Art. 45 nº 6] e TEIXEIRA DE SOUSA/MOURA VICENTE [1994: 159].

liquidação da dívida após ter sido proferida a sentença estrangeira. Esta interpretação, porém, não é comportada pela letra do art. 45º/1[1369].

A incerteza daqui resultante é bastante indesejável, uma vez que existe o risco de um requerido, que, por exemplo, só invoque a extinção da dívida em embargos de executado, ver os seus embargos recusados por não ter invocado esta extinção no recurso da declaração de executoriedade. Seria claramente preferível que estes factos supervenientes só pudessem ser invocados em oposição à execução.

No caso *Apostolides*, o TCE esclareceu que o caráter executório da decisão não é prejudicado pela existência de dificuldades à execução efetiva da decisão no Estado de origem. Assim, entendeu que o facto de uma decisão proferida pelos tribunais de um Estado-Membro relativamente a um imóvel sito numa zona desse Estado-Membro onde o respetivo governo não exerce um controlo efetivo não poder, na prática, ser executada no local onde se situa o imóvel, não implica a falta de executoriedade da decisão no sentido do art. 38º/1 do Regulamento[1370].

Não é necessário que a força executiva seja definitiva, visto que se admite a atribuição de força executiva a providências provisórias (*supra* § 84 N)[1371]. A força executiva pode também cessar por causa superveniente, como a caducidade ou a anulação da decisão no Estado de origem[1372].

O Regulamento não só regula os pressupostos da declaração de executoriedade mas também estabelece um enquadramento processual para esta declaração.

A declaração de executoriedade pode ser requerida por qualquer interessado[1373].

O interessado pode requerer a declaração de executoriedade em vários Estados-Membros, por forma a poder executar a decisão em qualquer

---

[1369] Ver, com mais desenvolvimento e referências, RAUSCHER/MANKOWSKI [2011: Art. 45 nºs 4 e segs.]. Cp. TEIXEIRA DE SOUSA [2003: 168 e 205-206] e a posição intermédia de GEIMER/SCHÜTZE [2010: Art. 45 nºs 11-12].

[1370] Cf. TCE 28/4/2009 [*in http://curia.europa.eu*], nºs 70-71.

[1371] Ver também JENARD [1979: 164].

[1372] Cf. KROPHOLLER/VON HEIN [2011: Art. 38 nº 10].

[1373] Cf. JENARD [1979: 165].

DIREITO INTERNACIONAL PRIVADO

um deles. Naturalmente que a declaração de executoriedade obtida num Estado-Membro só tem eficácia perante os tribunais do mesmo Estado[1374].

O processo de declaração de executoriedade segue os termos dos arts. 39º e segs. É um processo sumário não contraditório em que a parte requerida não pode apresentar observações (art. 41º)[1375].

A justificação para o caráter não contraditório deste processo reside, segundo o Relatório de JENARD, em que "as garantias concedidas ao requerido no processo inicial devem implicar para o requerente a possibilidade de proceder rapidamente a todas as diligências úteis no estado requerido, de aí atuar com um efeito surpresa e de aí obter, sem complicações inúteis, a execução forçada"[1376].

Por esta razão, SCHLOSSER entende que apesar "de esta disposição não proibir formalmente que, nesta fase do processo, a parte contra a qual a execução é promovida seja informada de que foi apresentado uma requerimento destinado a obter a concessão da fórmula executória, essa informação deverá, no entanto, ser limitada a circunstâncias muito excepcionais", por exemplo, quando requerimento seja apresentado muito tempo depois de a sentença ter sido pronunciada. Seja como for, em caso algum poderá o tribunal tomar em consideração quaisquer observações do requerido[1377].

O requerimento da declaração de executoriedade deve ser apresentado ao tribunal ou à autoridade competente indicados na lista constante do anexo II ao Regulamento (art. 39º/1 do Regulamento)[1378]. Em Portugal o tribunal competente é o Tribunal de Comarca[1379].

A Convenção de Bruxelas e a Convenção de Lugano de 1988 concedem à parte requerida a faculdade de interpor *recurso* da decisão que autorizou

---

[1374] Cf. KROPHOLLER/VON HEIN [2011: Art. 38 nº 4]. Ver também *supra* B sobre a proibição do duplo *exequatur*.

[1375] Ver também art. 34º/1 da Convenção de Bruxelas e da Convenção de Lugano de 1988 e art. 41º da Convenção de Lugano de 2007. Sobre a natureza da declaração de executoriedade, ver MAGNUS/MANKOWSKI/KERAMEUS [2007: Art. 41 nº 10], com mais referências.

[1376] 164. Cp. FERRER CORREIA [1991: 137].

[1377] 1979: nº 219.

[1378] Alterado, relativamente à Alemanha e aos Países Baixos, pelo Reg. (CE) nº 1496/2002, de 21/8/2002 [*JOCE* L 225/13, de 22/8/2002].

[1379] Ver. também art. 32º da Convenção de Bruxelas e da Convenção de Lugano de 1988 e art. 39º/1 da Convenção de Lugano de 2007.

a execução (art. 36º/1)[1380] e ao requerente a faculdade de interpor recurso da decisão que indeferiu o requerimento (art. 40º)[1381]. Também o Regulamento e a Convenção de Lugano de 2007 determinam que qualquer das partes pode interpor recurso da decisão sobre o pedido de declaração de executoriedade (art. 43º/1)[1382].

O processo de recurso é necessariamente contraditório (art. 43º/3)[1383].

O TCE já teve ocasião de negar que a regra do caráter contraditório do processo de recurso possa ser derrogada numa situação em que, por razões imputáveis ao requerente, o tribunal recusou a declaração de executoriedade por razões puramente formais (falta de apresentação tempestiva de documentos) e de afirmar que não releva, para o efeito, que o requerido não tenha o seu domicílio no Estado requerido[1384].

O recurso é interposto junto do tribunal indicado na lista constante do anexo III (nº 2). Em Portugal é competente o Tribunal de Relação.

O tribunal onde foi interposto o recurso ao abrigo dos artigos 43º ou 44º apenas recusará ou revogará a declaração de executoriedade por um dos motivos especificados nos artigos 34º e 35º[1385]. Este tribunal decidirá sem demora (art. 45º/1)[1386].

[1380] No sentido de o art. 36º/1 não excluir a legitimidade do Ministério Público para recorrer dessa decisão, designadamente com fundamento em violação da ordem pública internacional, na defesa de interesses coletivos, se pronunciam MOITINHO DE ALMEIDA [1980: 146 e 1982: 77] e TEIXEIRA DE SOUSA/MOURA VICENTE [1994: 158].

[1381] Por esta razão o art. 34º das Convenções não viola o princípio constitucional do contraditório – cf. ac. nº 304/00, de 16/6/2000 [*in http://www.tribunalconstitucional.pt*], ac. nº 331/00, de 5/7/2000 [*in http://www.tribunalconstitucional.pt*] e ac. 522/00, de 29/11/2000 [*in http://www.tribunalconstitucional.pt*], com comentário aprovador de JORGE MIRANDA – "O Tribunal Constitucional em 2000", *O Direito* 133 (2001) 468 e seg.

[1382] Já o credor de um devedor não pode recorrer de uma decisão proferida num pedido de declaração de executoriedade se não tiver intervindo formalmente como parte no processo em que outro credor do mesmo devedor tenha pedido essa declaração de executoriedade – cf. TCE 23/4/2009, no caso *Draka NK Cables e o.* [*in http://curia.europa.eu*].

[1383] Cf. também art. 37º da Convenção de Bruxelas e da Convenção de Lugano de 1988 e art. 43º/3 da Convenção de Lugano de 2007.

[1384] Cf. TCE 12/7/1984, no caso *Firma P.* [*CTCE* (1984) 3033], nºs 11 e seg.

[1385] Cf. TUE 13/10/2011, no caso *Prism Investments* [*in http://curia.europa.eu*], nº 43, relativamente ao cumprimento da decisão do Estado de origem.

[1386] Ver também art. 45º/1 da Convenção de Lugano de 2007.

DIREITO INTERNACIONAL PRIVADO

Apesar da formulação restritiva do art. 45º/1, é forçoso reconhecer, por razões de coerência intrassistemática, que há *pressupostos da declaração de executoriedade* que devem ser tidos em conta: que se trate de uma decisão na aceção relevante para o Regulamento, que o objeto da decisão caia dentro do âmbito material de aplicação do Regulamento, que a cópia da decisão satisfaça os requisitos de autenticidade (art. 53º/1) e que a decisão tenha força executiva no Estado de origem (art. 38º/1) (a verificação deste último pressuposto, como vimos anteriormente, deve basear-se exclusivamente na certidão referida no art. 54º)[1387]. Os três primeiros pressupostos também condicionam a declaração de reconhecimento.

O Regulamento exclui qualquer meio de oposição à declaração de executoriedade facultado a terceiros pelo Direito interno[1388], o que abrange o recurso de terceiro da decisão proferida no recurso sobre a declaração de executoriedade[1389].

Embora a Secção 2 do Capítulo III do Regulamento se refira à "execução", já sabemos que a palavra "*execução*" é aqui utilizada em sentido impróprio (*supra* § 90), visto que se trata da atribuição de força executiva. O Regulamento limita-se a regular a atribuição de força executiva e não versa sobre a execução propriamente dita, que é regida pelo Direito processual interno (na falta de outro regime supraestadual aplicável)[1390].

Por isso, o executado ou terceiros podem atuar na ação executiva os meios de oposição que lhe sejam conferidos pelo Direito interno do foro[1391].

Contudo, o Regulamento contém um limite implícito aos fundamentos de oposição que podem ser invocados pelo requerido com base no Direito interno: o requerido que não interpôs tempestivamente recurso da declaração de executoriedade não pode invocar, num meio processual

---

[1387] Ver também MERLIN [2001: 449 e seg.] e KROPHOLLER/VON HEIN [2011: Art. 32 nº 3 e Art. 45 nº 6].

[1388] Cf. TCE 2/7/1985, no caso *Deutsche Genossenschaftsbank* [CTCE (1985) 1981], nº 17, e 23/4/2009, no caso *Draka NK Cables e o.* [*in http://curia.europa.eu*], nº 27.

[1389] Cf. TCE 21/4/1993, no caso *Sonntag* [*CTCE* (1993) I-01963], nº 35.

[1390] Cf. TCE 2/7/1985, no supracit. caso *Deutsche Genossenschaftsbank*, nº 18, 4/2/1988, no caso *Hoffmann* [*CTCE* (1988) 645], nº 27 e 29/4/1999, no caso *Coursier* [*CTCE* (1999) I-02543], nºs 28.

[1391] Cf. TCE 2/7/1985, no supracit. caso Deutsche Genossenschaftsbank, nº 18, e 23/4/2009, no caso *Draka NK Cables e o.* [*in http://curia.europa.eu*], nº 29, e TUE 13/10/2011, no caso *Prism Investments* [*in http://curia.europa.eu*], nº 40.

fundado no Direito interno, um fundamento de oposição que poderia ter sido invocado nesse recurso[1392].

O Regulamento estabelece que o tribunal ou autoridade competente do Estado-Membro onde tiver sido proferida a decisão emitirá, a pedido de qualquer das partes interessadas, uma certidão segundo o formulário uniforme constante do Anexo V ao Regulamento (art. 54º). Esta certidão uniforme, que contém a informação básica sobre o processo, deve, em princípio, ser junta ao requerimento da declaração de executoriedade (art. 53º/2). Com esta exigência via-se tornar mais célere e facilitar o processo[1393].

O requerente pode pedir uma declaração de executoriedade limitada a parte da decisão (art. 48º/2)[1394]. Isto independentemente de a decisão ter condenado o réu em um ou em vários pedidos[1395]. Esta possibilidade faz especialmente sentido no caso de extinção parcial de obrigações pecuniárias, designadamente através de um cumprimento parcial ou de uma execução noutro país.

Quando a decisão estrangeira se tiver pronunciado sobre vários pedidos e a declaração de executoriedade, requerida quanto a todos os pedidos, não puder ser proferida quanto a todos eles, o tribunal ou a autoridade competente profere-a relativamente a um ou vários de entre eles (art. 48º/1)[1396].

As decisões estrangeiras que condenem em sanções pecuniárias compulsórias só são executórias no Estado-Membro requerido se o respetivo montante tiver sido definitivamente fixado pelos tribunais do Estado-Membro de origem (art. 49º)[1397].

São aqui visadas, em primeira linha, as condenações numa quantia pecuniária por cada dia de mora que visam levar o devedor a cumprir a

---

[1392] Cf. TCE 4/2/1988, no caso *Hoffmann* [*CTCE* (1988) 645], nº 30.

[1393] Cf. Exposição de Motivos da Proposta da Comissão, 7.

[1394] Ver também art. 42º/2 das Convenção de Bruxelas e da Convenção de Lugano de 1988 e art. 48º/2 da Convenção de Lugano de 2007.

[1395] Cf. JENARD [1979: 169].

[1396] Ver também art. 42º/1 da Convenção de Bruxelas e da Convenção de Lugano de 1988 e art. 48º/1 da Convenção de Lugano de 2007.

[1397] Ver também art. 43º da Convenção de Bruxelas e da Convenção de Lugano de 1988 e art. 49º da Convenção de Lugano de 2007.

DIREITO INTERNACIONAL PRIVADO

obrigação[1398]. Estas decisões só beneficiam do regime de declaração de executoriedade estabelecido no Regulamento se foi fixado pelo tribunal de origem o montante total devido pelo requerido[1399].

O regime do Regulamento aplica-se também ao reconhecimento de uma sanção pecuniária compulsória, imposta por um tribunal de marcas comunitárias em aplicação do seu Direito nacional para garantir o respeito de uma proibição de continuar a cometer atos de contrafação ou de ameaça de contrafação noutros Estados-Membros. Quando o Direito nacional de um desses outros Estados-Membros não contemple nenhuma medida coerciva análoga à pronunciada pelo referido tribunal, o objetivo tido em vista por essa medida deve ser prosseguido pelo tribunal competente desse Estado-Membro recorrendo às disposições pertinentes do seu Direito interno que permitam garantir de forma equivalente o respeito da referida proibição[1400].

Não pode ser exigida qualquer caução ou depósito, seja qual for a sua designação, com fundamento na qualidade de estrangeiro ou na falta de domicílio ou de residência no país, à parte que requerer a execução (art. 51º)[1401].

A exigência de constituição de uma garantia dos custos do processo é regulada pelo Direito processual interno. O art. 17º da Convenção da Haia Relativa ao Processo Civil (1954) afasta esta exigência com respeito aos nacionais dos Estados contratantes domiciliados em Estados contratantes.

[1398] Cf. JENARD [1979: 169]. A questão de saber se o regime de reconhecimento do Regulamento se aplica a sanções pecuniárias compulsórias que revertem a favor do Estado foi deixada em aberto – cf. SCHLOSSER [1979: nº 213]. A dúvida também se pode suscitar relativamente aos casos em que a medida reverte parcialmente a favor do Estado (como sucede perante o art. 829º-A CC) – ver, sobre o ponto, TEIXEIRA DE SOUSA [2003: 174]. No seu Relatório, POCAR defende que a disposição só é aplicável aos "pagamentos pecuniários ao Estado se estes forem claramente de natureza civil, e desde que a sua execução seja pedida por um particular que seja parte num processo de declaração de executoriedade" [2009: nº 167].

[1399] Já não sendo necessário o seu trânsito em julgado – cf. LAYTON/MERCER [2004: nº 27.094], MAGNUS/MANKOWSKI/PALSSON [2007: Art. 49 nº 5] e KROPHOLLER/VON HEIN [2011: Art. 49 nº 1].

[1400] Cf. 12/4/2011, no caso *DHL Express* [*in http://curia.europa.eu*], nº 59

[1401] Ver art. 45º da Convenção de Bruxelas e da Convenção de Lugano de 1988 e art. 51º da Convenção de Lugano de 2007.

O art. 51º do Regulamento exclui esta exigência (quando fundada na qualidade de estrangeiro, não domiciliado ou não residente) relativamente ao requerente da declaração de executoriedade, independentemente da sua nacionalidade ou do seu domicílio.

O art. 51º não prejudica a possibilidade de ser ordenada a constituição de uma garantia com outros fundamentos.

O tribunal territorialmente competente para a declaração de executoriedade determina-se pelo domicílio da parte contra a qual a execução for promovida ou pelo lugar da execução (art. 39º/2)[1402]. O lugar da execução é, normalmente, o lugar da situação dos bens do devedor[1403]. O credor tem uma faculdade de escolha entre o foro do domicílio da parte contra a qual a execução for promovida e o foro do lugar da execução[1404]. Se o devedor não tiver domicílio num Estado-Membro, o credor apenas pode recorrer ao foro do lugar da execução[1405]. Se a decisão tiver condenado vários devedores, com domicílio em diferentes comarcas do mesmo Estado-Membro, parece defensável que o credor pode recorrer ao tribunal do domicílio de qualquer dos devedores, por aplicação analógica do art. 6º/1[1406].

A determinação do tribunal territorialmente competente para a ação de declaração do reconhecimento é ponto controverso[1407]. Em minha opinião, por aplicação analógica do art. 39º/2, é competente o tribunal do domicílio do requerido. Se o requerido não tiver domicílio no Estado de reconhecimento deve recorrer-se à competência subsidiária estabelecida pelo Direito interno, que é, no nosso caso, a do art. 85º/3 CPC.

[1402] Ver também art. 39º/2 da Convenção de Lugano de 2007. Cp. art. 32º/2 da Convenção de Bruxelas e da Convenção de Lugano de 1988.

[1403] Cf. JENARD [1979: 165].

[1404] Cf. KROPHOLLER/VON HEIN [2011: Art. 39 nº 6] e POCAR [2009 nº 144].

[1405] Cf. POCAR [2009: nº 144] (relativamente à Convenção de Lugano de 2007).

[1406] Cf. GEIMER [1975: 1087], WOLFF [1984: nº 231] e KROPHOLLER/VON HEIN [2011: Art. 39 nº 11]. Cp., no sentido de a questão ser decidida pela lei nacional do Estado de execução, POCAR [2009: nº 144].

[1407] Cp., designadamente, GEIMER [1977: 213], DROZ [1972: 360 e seg.], KROPHOLLER/VON HEIN [2011: Art. 33 nº 8], GOTHOT/HOLLEAUX [1985: 206] e TEIXEIRA DE SOUSA/MOURA VICENTE [1994: 155].

A forma de apresentação do requerimento regula-se pela lei do Estado--Membro requerido (art. 40º/1)[1408]. Neste ponto registam-se grandes divergências entre as várias versões linguísticas do Regulamento, e a versão portuguesa é das menos felizes. A "forma de apresentação" inclui o teor do requerimento, o número de exemplares, a autoridade a que deve ser apresentado, eventualmente a língua em que deve ser redigido e a exigência de intervenção de um advogado ou de um procurador judicial[1409].

Ao conteúdo necessário do requerimento pertencem a designação do tribunal onde é apresentado, a identificação do requerente e do requerido, a indicação da decisão a executar e o pedido da declaração de executoriedade[1410].

O requerente deve escolher domicílio na área de jurisdição do tribunal em que tiver sido apresentado o requerimento. Todavia, se a lei do Estado-Membro requerido não previr a escolha de domicílio, o requerente designará um mandatário *ad litem* (art. 40º/2)[1411].

Como o requerente está normalmente domiciliado fora do Estado requerido, este preceito destina-se a evitar a notificação do requerente no estrangeiro, quer da decisão sobre o pedido de declaração de executoriedade quer do recurso desta decisão interposto pelo requerido[1412].

A escolha de domicílio é regulada pelo Direito processual interno. Se este Direito não definir o momento em que a escolha deve ser feita, ela deve ter lugar o mais tardar aquando da notificação da decisão que concede a declaração de executoriedade[1413].

O Direito processual português não prevê a escolha de domicílio na área de jurisdição do tribunal e, por isso, nos pedidos de declaração de executoriedade apresentados em tribunais portugueses o requerente deve designar um mandatário com poder para receber notificações. Esta designação não é necessária se o requerido tiver constituído advogado ou tiver domicílio na área de circunscrição do tribunal.

[1408] Ver também art. 33º/1 da Convenção de Bruxelas e da Convenção de Lugano de 1988 e art. 40º/1 da Convenção de Lugano de 2007.

[1409] Cf. JENARD [1979: 165].

[1410] Cf. KROPHOLLER/VON HEIN [2011: Art. 40 nº 1].

[1411] Ver também art. 33º/2 e 3 da Convenção de Bruxelas e da Convenção de Lugano de 1988 e art. 40º/2 da Convenção de Lugano de 2007.

[1412] Cf. JENARD [1979: 166].

[1413] Cf. TCE 10/6/1986, no caso *Carron* [*CTCE* (1986) 2437], nº 10.

RECONHECIMENTO DE DECISÕES JUDICIAIS ESTRANGEIRAS

O Direito processual interno também determina as consequências da inobservância do art. 40º/2, mas com respeito dos objetivos visados pelo Regulamento: a sanção prevista não pode pôr em causa a declaração de executoriedade nem permitir que sejam violados os direitos da parte contra a qual a execução é promovida[1414].

O requerimento tem de ser acompanhado de uma cópia da decisão que satisfaça os necessários requisitos de autenticidade (ver *infra* H) e, em princípio, de uma certidão segundo o formulário uniforme constante do Anexo V ao Regulamento (arts. 40º/3, 53º e 54º do Regulamento)[1415].

A certidão é normalmente emitida pelo tribunal que proferiu a decisão, mas também pode ser emitida "por outra pessoa no tribunal, ou por outra autoridade para o efeito designada no Estado de origem[1416].

Na falta de apresentação desta certidão, o tribunal ou a autoridade competente pode fixar um prazo para a sua apresentação ou aceitar documentos equivalentes ou, se se julgar suficientemente esclarecida, dispensá-los (art. 55º/1)[1417].

O art. 55º/1 não exclui a aplicação conjugada de normas de Direito processual interno que sejam compatíveis com o disposto no Regulamento[1418].

Deve ser apresentada uma tradução dos documentos desde que o tribunal ou a autoridade competente a exija; a tradução deve ser autenticada por pessoa habilitada para o efeito num dos Estados-Membros (art. 55º/2)[1419].

[1414] Caso cit., nºs 13 e seg.

[1415] Ver também arts. 40º/3, 53º e 54º da Convenção de Lugano de 2007. Cp. arts. 46º e 47º da Convenção de Bruxelas e da Convenção de Lugano de 1988. Dispensa-se a apresentação de um documento que certifique a comunicação ou notificação do ato que iniciou a instância à parte revel, exigida pelo art. 46º/2 da Convenção de Bruxelas e da Convenção de Lugano de 1988 (mas nos termos do nº 4.4. do Anexo V deve constar da certidão a data da citação ou notificação do acto que determinou o início da instância, no caso de a decisão ter sido proferida à revelia).

[1416] Cf. POCAR [2009: nº 146]. Ver também MAGNUS/MANKOWSKI/VÉKÁS [2007: Art. 54 nº 2].

[1417] Ver também art. 48º da Convenção de Bruxelas e da Convenção de Lugano de 1988 e art. 55º/1 da Convenção de Lugano de 2007.

[1418] Cf. TCE 14/3/1996, no caso *van der Linden* [*CTCE* (1996) I-01393.

[1419] Ver também art. 48º da Convenção de Bruxelas e da Convenção de Lugano de 1988 e art. 55º/2 da Convenção de Lugano de 2007.

DIREITO INTERNACIONAL PRIVADO

Portanto, os documentos podem ser apresentados na língua original ou em tradução não autenticada, mas o tribunal, em qualquer grau de jurisdição, pode solicitar ao requerente uma tradução autenticada. A autenticação da tradução pode ser feita em qualquer Estado-Membro[1420].

Não é exigível a legalização ou outra formalidade análoga destes documentos, bem como da procuração *ad litem*, se for caso disso (art. 56º)[1421].

Também se dispensa, por conseguinte, a aposição de uma apostila nos termos da Convenção da Haia Relativa à Supressão da Exigência da Legalização dos Atos Públicos Estrangeiros (1961).

Por procuração *ad litem* entende-se aquela que mandata, por exemplo, um advogado ou um procurador judicial a representar o requerente no processo de declaração de executoriedade[1422].

A decisão sobre o pedido de declaração de executoriedade será imediatamente levada ao conhecimento do requerente, na forma determinada pela lei do Estado-Membro requerido (art. 42º/1)[1423].

A declaração de executoriedade será notificada à parte contra quem é pedida a execução, e será acompanhada da decisão, se esta não tiver sido já notificada a essa parte (art. 42º/2)[1424].

Se a parte contra a qual a execução é promovida não comparecer perante o tribunal de recurso nas ações relativas a um recurso interposto pelo requerente, aplica-se o disposto nos nºs 2 a 4 do artigo 26º, mesmo que a parte contra a qual a execução é promovida não tenha domicílio no território de um Estado-Membro (43º/4)[1425].

O recurso da declaração de executoriedade é interposto no prazo de um mês a contar da sua notificação. Se a parte contra a qual a execução é promovida tiver domicílio num Estado-Membro diferente daquele onde foi proferida a declaração de executoriedade, o prazo será de dois meses

---

[1420] Cf. KROPHOLLER/VON HEIN [2011: Art. 56 nº 3].

[1421] Ver também art. 49º da Convenção de Bruxelas e da Convenção de Lugano de 1988 e art. 56º da Convenção de Lugano de 2007. Na jurisprudência portuguesa, ver REv 30/1/1997 [*CJ* (1997-I) 293], em que a Convenção de Lugano foi erradamente aplicada em lugar da Convenção de Bruxelas.

[1422] Cf. JENARD [1979: 171].

[1423] Ver também art. 35º da Convenção de Bruxelas e da Convenção de Lugano de 1988 e art. 42º/1 da Convenção de Lugano de 2007.

[1424] Ver também art. 42º/2 da Convenção de Lugano de 2007.

[1425] Ver também art. 43º/4 da Convenção de Lugano de 2007.

RECONHECIMENTO DE DECISÕES JUDICIAIS ESTRANGEIRAS

e começará a correr desde o dia em que tiver sido feita a citação pessoal ou domiciliária. Este prazo não é suscetível de prorrogação em razão da distância (43º/5)[1426].

Se o requerido tiver domicílio fora da União é controverso se o prazo é de um mês ou se é determinado pelo Direito interno do Estado requerido[1427]. Parece que neste caso o prazo pode ser dilatado em virtude da distância[1428].

A notificação será feita segundo o disposto no Direito interno ou noutro regime supraestadual aplicável (designadamente no caso de notificação de requerido que não tenha domicílio no Estado do foro)[1429], mas terá de ser pessoal ou domiciliária quando o requerido tenha domicílio noutro Estado-Membro. A notificação domiciliária inclui a entrega do ato a uma pessoa presente, habilitada por lei a receber uma cópia do ato ou, na sua falta, a uma autoridade competente[1430].

A contagem dos prazos rege-se pelo Direito interno do Estado requerido[1431].

O Regulamento não estabelece um prazo para o recurso da decisão que negue a declaração de executoriedade. O requerente pode interpor o recurso no prazo que considerar oportuno e que pode, designadamente, ser-lhe necessário para organizar a documentação útil[1432]. O requerido, que tenha conhecimento do processo, pode obviar à incerteza jurídica

---

[1426] Ver também art. 36º da Convenção de Bruxelas e da Convenção de Lugano de 1988 e art. 43º/5 da Convenção de Lugano de 2007.

[1427] No primeiro sentido, KROPHOLLER/VON HEIN [2011: Art. 43 nº 21] e MAGNUS/ MANKOWSKI/KERAMEUS [2007: Art. 43 nº 15]; no segundo, POCAR [2009: nº 153.

[1428] Cf. JENARD [1979: 167].

[1429] TCE 16/2/2006, no caso *Verdoliva* [*in http://curia.europa.eu*], entendeu que o art. 36º da Convenção de Bruxelas "deve ser interpretado no sentido de que exige a notificação regular da decisão que autoriza a execução, face às regras processuais do Estado contratante em que esta é promovida, e que, portanto, no caso de notificação inexistente ou irregular, a simples tomada de conhecimento desta decisão pela pessoa contra a qual a execução é promovida não é suficiente para fazer correr o prazo fixado no referido artigo".

[1430] Cf. JENARD [1979: 167 n 1].

[1431] Cf. JENARD [1979: 167].

[1432] Cf. JENARD [1979: 168] e KROPHOLLER/VON HEIN [2011: Art. 43 nº 13]. Cp. GOTHOT/ HOLLEAUX [1985: 201], MOTA DE CAMPOS [199] e TEIXEIRA DE SOUSA/MOURA VICENTE [1994: 165]. Ver ainda TEIXEIRA DE SOUSA [2003: 209], considerando que a solução não afasta os prazos de interrupção e de deserção da instância estabelecidos nos arts. 285º e 291º/1 CPC.

DIREITO INTERNACIONAL PRIVADO

daí resultante através de uma ação de declaração de não reconhecimento baseada no Direito interno, se este Direito a admitir[1433].

A decisão proferida no recurso apenas pode ser objeto do recurso referido no anexo IV (art. 44º do Regulamento)[1434]. Estes recursos são restritos à matéria de Direito. Com efeito, no interesse da celeridade do processo de declaração de executoriedade, justifica-se que o controlo da matéria de facto só seja possível no primeiro recurso e que o segundo recurso seja limitado à matéria de Direito[1435].

A expressão "decisão proferida no recurso" deve ser interpretada restritivamente, no sentido de decisão final proferida sobre o recurso, excluindo decisões preparatórias, interlocutórias[1436] ou sobre a suspensão da instância ou a constituição de uma garantia nos termos do art. 46º[1437].

O Regulamento não fixa o prazo deste recurso nem determina o tribunal competente, competindo ao Direito interno regular estes pontos.

O Regulamento exclui que o requerido possa opor-se à declaração de executoriedade ou retardá-la com base em quaisquer meios processuais suplementares[1438].

Quando uma decisão tiver de ser reconhecida em conformidade com o Regulamento, nada impede o requerente de recorrer a medidas provisórias, incluindo cautelares, nos termos da lei do Estado-Membro requerido, sem ser necessária a declaração de executoriedade prevista no artigo 41º (art. 47º/1)[1439].

A declaração de executoriedade implica a autorização para tomar tais medidas (art. 47º/2)[1440].

[1433] Cf. DROZ [1972: 370].

[1434] Ver também art. 41º da Convenção de Bruxelas e da Convenção de Lugano de 1988 e art. 44º da Convenção de Lugano de 2007.

[1435] Cf. SCHLOSSER [1979: nº 207]. Ver também JENARD [1979: 167 e seg.] e POCAR [2009: nº 159].

[1436] Cf. TCE 27/11/1984, no caso *Brennero* [CTCE (1984) 3971], nº 15.

[1437] Cf. TCE 4/10/1991, no caso *van Dalfsen* [CTCE (1991) I-04743], nº 21 e 11/8/1995, no caso *SISRO* [CTCE (1995) I-2269], nº 42.

[1438] Cf. TCE 11/8/1995, no supracit. caso *SISRO*, nº 41.

[1439] Ver também art. 47º/1 da Convenção de Lugano de 2007.

[1440] Ver também art. 39º/2 da Convenção de Bruxelas e da Convenção de Lugano de 1988 e art. 47º/2 da Convenção de Lugano de 2007.

Durante o prazo de recurso previsto no n° 5 do artigo 43° contra a declaração de executoriedade e na pendência de decisão sobre o mesmo, só podem tomar-se medidas cautelares sobre os bens da parte contra a qual a execução for promovida (art. 47°/3)[1441].

Isto significa que durante o prazo de recurso e na pendência deste os bens do requerido só podem ser objeto de providências provisórias. O objetivo desta disposição é assegurar, na fase de *exequatur* "um equilíbrio entre os direitos e interesses das partes". O requerente deve poder tomar urgentemente todas as medidas necessárias para evitar que o devedor possa subtrair bens à execução. Mas estas medidas não devem ser irreversíveis, porque o recurso da declaração de executoriedade ainda é possível ou está pendente. Por isso, durante este prazo não se poderá proceder à venda dos bens do devedor[1442].

Ao abrigo do art. 47°/1, o credor fica em posição de requerer medidas provisórias sobre os bens do devedor situados em vários Estados-Membros segundo o Direito local (sem ter de previamente obter declarações de executoriedade nestes Estados), e de decidir, em função do sucesso destas medidas, em que Estado é que promove integralmente a execução[1443].

O art. 47°/2, ao dispor que a declaração de executoriedade implica a autorização para tomar as medidas referidas no n° 1 ("tais medidas"), pode suscitar dificuldades de interpretação quanto à relevância do Direito interno do Estado requerido.

No seu Relatório, JENARD afirma que "a decisão que permite a execução implica a autorização para tomar tais medidas. Essa autorização é automática. Nos Estados cuja legislação impõe esse requisito, o requerente não terá que estabelecer que o caso requer celeridade ou que há perigo de mora. A permissão das medidas cautelares não está tão pouco sujeita à apreciação do juiz do *exequatur*"[1444]. Por seu turno, SCHLOSSER, no seu Relatório, informa que a disposição tomou como modelo o Direito francês em que certas medidas de execução podem ser tomadas pelo oficial de justiça sem intervenção do tribunal e em que é a parte que promove a execução que escolhe entre os diferentes tipos possíveis de medidas de

---

[1441] Ver também art. 39°/1 das Convenções de Bruxelas e de Lugano e art. 47°/3 da Convenção de Lugano de 2007.

[1442] Cf. JENARD [1979: 168].

[1443] Cf. KROPHOLLER/VON HEIN [2011: Art. 47 n° 6]. Ver ainda POCAR [2009: n° 162].

[1444] 1979: 168.

DIREITO INTERNACIONAL PRIVADO

execução; mas afirma também que a disposição não garante quaisquer medidas específicas de execução à parte que promove a execução e que é compatível com a obrigação de recorrer ao tribunal[1445].

No seu acórdão no caso *Capelloni*, o TCE interpretou o art. 39º/2 da Convenção de Bruxelas [que corresponde ao art. 47º/2 do Regulamento] no sentido mais favorável à autonomia das providências provisórias em relação ao Direito do Estado requerido[1446]. Segundo o tribunal, o Direito processual interno Estado requerido regula todas as questões que não sejam objeto de disposições específicas da Convenção (nº 20). No entanto, a aplicação do Direito processual interno não pode frustrar os princípios estabelecidos, expressa ou implicitamente, pela Convenção. A aplicabilidade de disposições do Direito processual interno tem, por isso, de ser examinada caso a caso (nº 21). O tribunal entendeu que a parte pode promover [*faire proceder*] diretamente medidas provisórias independentemente de uma autorização judicial específica, distinta da declaração de executoriedade, mesmo que ela seja normalmente exigida pelo Direito processual interno (nº 24), independentemente de prazo fixado pelo Direito interno (nº 30) e sem controlo judicial *a posteriori* do fundamento da medida (nºs 34 e segs.). Este entendimento parece ir longe de mais, não respeitando a competência do Direito processual interno em matéria de execução nem dando ao devedor lesado por medidas abusivas outra proteção que não seja, aparentemente, a ação de indemnização pelo prejuízo sofrido[1447]. Certo é que o credor só pode recorrer às providências provisórias previstas na lei do Estado requerido[1448].

O requerente que, no Estado-Membro de origem, tiver beneficiado no todo ou em parte de assistência judiciária ou de isenção de preparos e custas, beneficiará, no processo de declaração de executoriedade, da assistência mais favorável ou da isenção mais ampla prevista no Direito do Estado-Membro requerido (art. 50º)[1449].

[1445] Nº 221. Ver ainda POCAR [2009: nºs 163-164].

[1446] 3/10/1985 [*CTCE* (1985) 3147], nºs 21 e segs.

[1447] Ver caso cit., nº 36.

[1448] Ver ainda GAUDEMET-TALLON [2010: nº 459], KENNETT [2001: 735] e KROPHOLLER/VON HEIN [2011: Art. 47 nº 12].

[1449] Ver também art. 44º/1 da Convenção de Bruxelas e da Convenção de Lugano de 1988, que porém, se limitam ao processo sumário de declaração de executoriedade, e art. 50º/1 da Convenção de Lugano de 2007. Ver ainda art. 2º/2/b do Acordo entre a Comunidade Europeia e a Dinamarca.

RECONHECIMENTO DE DECISÕES JUDICIAIS ESTRANGEIRAS

O tribunal do Estado requerido não pode controlar se a assistência judiciária concedida no Estado-Membro de origem é justificada ou se os seus fundamentos subsistem[1450]. O requerente só tem de entregar a certidão referida no art. 54º que, de acordo com o formulário constante do Anexo V, menciona o nome das partes que beneficiaram da assistência judiciária.

Esta norma não obriga os Estados que não têm atualmente um sistema de assistência judiciária a introduzir tal sistema[1451], mas há que ter em conta que o direito à assistência judiciária se encontra consagrado no art. 47º/3 da Carta dos Direitos Fundamentais da União Europeia.

Fora do âmbito de aplicação do art. 50º há que atender aos arts. 20º e segs. da Convenção da Haia Relativa ao Processo Civil (1954) e também ao Direito interno, visto que o art. 50º não exclui que a assistência judiciária seja concedida com base no Direito interno.

No Estado-Membro requerido não pode ser cobrado nenhum imposto, direito ou taxa proporcional ao valor do litígio no processo de emissão de uma declaração de executoriedade (art. 52º)[1452].

H) Condições de reconhecimento

Os fundamentos de recusa do reconhecimento, incluindo da declaração de executoriedade (cf. art. 45º/1)[1453],constam dos arts. 34º e 35º[1454]. Há, por assim dizer, uma presunção favorável ao reconhecimento[1455].

O TCE entendeu que o art. 27º da Convenção de Bruxelas deve ser interpretado estritamente, porque "constitui um obstáculo à realização de um dos objectivos fundamentais da Convenção que visa facilitar, em toda a medida do possível, a livre circulação das decisões prevendo um processo

---

[1450] Cf. DROZ [1972: 376] e POCAR [2009: nº 168]..

[1451] Cf. SCHLOSSER [1979: nº 223].

[1452] Ver também art. III do Protocolo anexo à Convenção de Bruxelas e do Protocolo nº 1 anexo à Convenção de Lugano de 1988 e art. 52º da Convenção de Lugano de 2007.

[1453] Cf. também art. 34º/§ 2º da Convenção de Bruxelas e da Convenção de Lugano de 1988 e art. 45º/1 da Convenção de Lugano de 2007.

[1454] Cf. também arts. 27º e 28º da Convenção de Bruxelas e da Convenção de Lugano de 1988 e arts. 34º e 35º da Convenção de Lugano de 2007.

[1455] Cf JENARD [1979: 160].

DIREITO INTERNACIONAL PRIVADO

de exequatur simples e rápido"[1456]. O mesmo entendimento é seguido pelo tribunal em relação ao art. 34º do Regulamento[1457].

À face da Convenção de Bruxelas e da Convenção de Lugano de 1988, a questão de saber se os fundamentos de recusa de reconhecimento – no caso de o reconhecimento ser invocado num tribunal ou de ser requerida a declaração de executoriedade – são de *conhecimento oficioso* ou estão sujeitos a um ónus de alegação e prova a cargo da parte interessada é largamente controvertida.

O art. 34º/2 das Convenções determina que o requerimento da declaração de executoriedade pode ser indeferido pela verificação de um fundamento de recusa de reconhecimento.

No entanto, SCHLOSSER, no seu Relatório[1458], defende que o juiz só pode tomar oficiosamente em consideração as razões que justificam uma recusa de reconhecimento, no caso de resultarem da sentença ou de serem conhecidas do tribunal; o juiz já não poderia, por exemplo, proceder a um inquérito para averiguar da existência de tais razões, dado que tal seria incompatível com a natureza sumária do processo.

GEIMER e SCHÜTZE limitam o conhecimento oficioso aos fundamentos de não reconhecimento que põem em jogo diretamente interesses públicos do Estado de reconhecimento[1459].

Diferentemente, KROPHOLLER defende que os fundamentos de reconhecimento são, em princípio, de conhecimento oficioso, embora a parte que se opõe ao reconhecimento tenha o ónus de provar os respetivos factos[1460]. Isto aplica-se igualmente ao processo sumário de declaração de executoriedade, mas o tribunal só deve indeferir o requerimento se resultar dos documentos apresentados ou de factos conhecidos do tribunal um fundamento de recusa de reconhecimento[1461].

[1456] Cf. TCE 2/6/1994, no caso *Solo Kleinmotoren* [*CTCE* (1994) I-02237], nº 20, confirmado por TCE 28/3/2000, no caso *Krombach* [*CTCE* (2000) I-01935], nº 21, e 11/5/2000, no caso *Renault* [*CTCE* (2000) I-02973], nº 26.

[1457] Cf. TCE 28/4/2009, no supracit. caso *Apostolides*, nº 55.

[1458] 1979: 235.

[1459] 1997: 1096. No mesmo sentido TEIXEIRA DE SOUSA/MOURA VICENTE [1994: 149, mas cp. 49 e 157].

[1460] 1998: vor Art. 26 nºs 6 e segs.

[1461] 1998: Art. 34 nº 7.

RECONHECIMENTO DE DECISÕES JUDICIAIS ESTRANGEIRAS

Por seu turno, GOTHOT e HOLLEAUX entendem que no processo sumário de declaração de executoriedade o juiz deve exercer oficiosamente o seu poder de controlo e que o requerente lhe deve fornecer os elementos necessários à verificação da regularidade da decisão estrangeira[1462]. Já num processo contraditório, designadamente em caso de recurso da decisão proferida no processo de declaração de executoriedade, os autores sustentam que cabe à parte que se opõe ao reconhecimento (incluindo a atribuição de força executiva) alegar um dos fundamentos de recusa de reconhecimento e de provar os seus elementos, salvo no que diz respeito à falta de comunicação ou notificação ao requerido revel, regularmente e em tempo útil, do ato que determinou o início da instância (art. 27º/2 da Convenção de Bruxelas), por força do disposto no art. 46º/2 da Convenção de Bruxelas. Isto não excluiria, porém, que o juiz controlasse oficiosamente os fundamentos de não reconhecimento, na medida em que resultasse da sua *lex fori* que este controlo interessa à ordem pública interna[1463].

Em minha opinião, o tribunal deve verificar oficiosamente, além do cumprimento dos requisitos estabelecidos pelo art. 46º, se ocorrem fundamentos de não reconhecimento que se destinem a proteger interesses públicos, designadamente, a contrariedade à ordem pública internacional do Estado de reconhecimento e a divergência entre o Direito de Conflitos aplicado pelo tribunal de origem e o Direito de Conflitos do Estado de reconhecimento relativamente a questões prévias de estatuto pessoal. O tribunal só atenderá a outros fundamentos de recusa de reconhecimento se eles resultarem do exame do processo ou do conhecimento derivado do exercício das suas funções ou (em processo contraditório) se forem alegados e provados pela parte que se opõe ao reconhecimento.

O art. 41º do Regulamento, por forma algo surpreendente, determina que a declaração de executoriedade será proferida imediatamente, desde que sejam apresentados os documentos referidos no art. 53º, sem verificação dos fundamentos de recusa de reconhecimento[1464].

Estes fundamentos apenas podem ser invocados no recurso da decisão sobre a executoriedade (art. 45º/1). Isto aplica-se igualmente à ação de declaração do reconhecimento, nos termos do art. 33º/2.

[1462] 1985: 192 e 198.

[1463] 1985: 199.

[1464] Cp. Art. III/2/b do Protocolo nº 1 da Convenção de Lugano de 2007.

DIREITO INTERNACIONAL PRIVADO

Segundo o Preâmbulo do Regulamento, a confiança recíproca na administração da justiça no seio da Comunidade justificaria que a declaração de executoriedade deva ser dada "de forma quase automática, após um simples controlo formal dos documentos fornecidos"[1465].

Todavia, subsiste a controvérsia sobre o regime aplicável ao conhecimento dos fundamentos de recusa de reconhecimento no procedimento de recurso. Uma vez que, para efeitos de declaração de executoriedade e de declaração de reconhecimento, a apreciação dos fundamentos de recusa de reconhecimento depende da interposição de recurso, parece que, em regra, a parte que se opõe ao reconhecimento deve ter o ónus de alegação de eventuais fundamentos de recusa de reconhecimento bem como da prova dos respetivos factos. Como exceções a esta regra podem referir-se os casos de violações particularmente graves da ordem pública internacional, que ponham em causa diretamente interesses públicos, ou o desrespeito de uma competência exclusiva estabelecida pelo Regulamento[1466]. Além disso, como resulta do adiante exposto, os fundamentos de recusa de reconhecimento que decorram do Direito Internacional Público ou da Constituição devem ser conhecidos oficiosamente.

Por acréscimo, parece que, apesar do disposto no art. 41º, alguns pressupostos da declaração de executoriedade –"esquecidos" no art. 45º/1 (*supra* G) – também devem ser verificados oficiosamente na primeira fase do processo[1467]. Assim, a declaração de executoriedade deve ser recusada quando não se trate de uma decisão na aceção relevante para o Regulamento, quando o objeto da decisão esteja fora do âmbito material de aplicação do Regulamento, quando a cópia da decisão não satisfaça os

---

[1465] Cf. Considerando nº 17.

[1466] Cf. RAUSCHER/LEIBLE [2011: Art. 34 nº 3]. Em sentido convergente, GEIMER/SCHÜTZE [2010: Art. 34 nºs 62-64] e, mais limitadamente, POCAR [2009: nº 156]. Ver ainda MAGNUS/ MANKOWSKI/FRANCQ [2007: Art. 34 nº 7]. Cp., no sentido de os fundamentos de recusa de reconhecimento serem, em regra, de conhecimento oficioso, KROPHOLLER/VON HEIN [2011: vor Art. 33 nº 6] e SCHACK [2010: nº 974]; ver também MOSCONI [2001: 552 e seg.] e LAYTON/ MERCER [2004: nºs 26.004 e 26.089]. Ver ainda e TEIXEIRA DE SOUSA [2003: 177-178] e MAGNUS/MANKOWSKI/MANKOWSKI [2007: Art. 35 nºs 15 e segs.]. No sentido de a questão ser submetida à *lex fori*, GAUDEMET-TALLON [2010: nº 454].

[1467] Cf. MERLIN [2001: 450], TEIXEIRA DE SOUSA [2003: 202], *Dicey, Morris and Collins* [2006: nº 14-202] e MAGNUS/MANKOWSKI/KERAMEUS [2007: Art. 41 nº 11]. Cp. POCAR [2009: nº 149] e KROPHOLLER/VON HEIN [2011: Art. 41 nº 5].

RECONHECIMENTO DE DECISÕES JUDICIAIS ESTRANGEIRAS

requisitos de autenticidade ou quando a decisão não tenha força executiva segundo o Direito do estado de origem[1468].

O regime de verificação dos fundamentos de recusa de reconhecimento estabelecido pelo Regulamento é, em geral, criticável, porque há fundamentos de recusa de reconhecimento que não se limitam a proteger os interesses individuais da parte requerida, mas se destinam também a proteger interesses públicos[1469]. A "confiança recíproca na administração da justiça no seio da Comunidade" não obsta a que os Estados-Membros tenham interesse no controlo da conformidade do reconhecimento com a ordem pública internacional. Este controlo constitui um corolário da autonomia dos sistemas jurídicos dos Estados-Membros, que vai muito além do modo como os seus tribunais administram a justiça.

São os seguintes os fundamentos de recusa do reconhecimento.

Primeiro, a decisão provir de um *tribunal incompetente* segundo as regras do Regulamento em matéria de seguros e contratos com consumidores ou de competências legais exclusivas (art. 35º/1)[1470].

Observe-se que, de acordo com o anteriormente exposto, a competência em matéria de seguros ou contratos com consumidores também se pode fundamentar no art. 24º do Regulamento (competência convencional tácita), caso em que não há fundamento de recusa de reconhecimento[1471].

O art. 35º/1 também permite recusar o reconhecimento na hipótese em que uma Convenção internacional, celebrada nos termos do art. 59º da Convenção de Bruxelas, antes da entrada em vigor do Regulamento, obrigue os Estados-Membros a não reconhecer uma decisão proferida

---

[1468] Além disso o tribunal também deverá verificar a legitimidade do requerente (art. 38º/1 *in fine*) e outros pressupostos processuais que segundo o Direito processual interno devam ser verificados oficiosamente (como é o caso, perante o Direito português, da competência territorial do tribunal de comarca em que foi requerida a declaração de executoriedade – art. 110º/1/b e 111º/3 CPC). Ver sobre o ponto, TEIXEIRA DE SOUSA [2003: 202-203].

[1469] Ver, em sentido convergente, KOHLER [2002b: 482].

[1470] Cf. art. 28º/1 da Convenções de Bruxelas e da Convenção de Lugano de 1988 e art. 35º/1 da Convenção de Lugano de 2007. TCE 28/4/2009, no caso *Apostolides* [*in http://curia.europa.eu*], entendeu que este preceito "não permite a um tribunal de um Estado-Membro recusar o reconhecimento ou a execução de uma decisão proferida por um tribunal de outro Estado-Membro relativamente a um imóvel sito numa zona deste último Estado onde o respectivo governo não exerce um controlo efectivo". Ver, na jurisprudência portuguesa, RCb 9/2/1999 [*CJ* (1999-I) 28].

[1471] Cf. TUE 20/5/2010, no caso *Ceska* [in *http://curia.europa.eu*], nº 29.

DIREITO INTERNACIONAL PRIVADO

contra um réu com domicílio ou residência habitual num Estado terceiro com base numa competência referida no segundo parágrafo do art. 3º da Convenção (art. 72º do Regulamento)[1472].

Nestes casos o tribunal de reconhecimento está vinculado às decisões em matéria de facto com base nas quais o tribunal de origem estabeleceu a sua competência (art. 35º/2 do Regulamento)[1473]. Com isto visa-se evitar o recurso a expedientes dilatórios nos casos em que, excecionalmente, a competência do tribunal de origem possa ser controlada[1474].

Por que razão não se inclui aqui a violação das regras de competência internacional estabelecidas em matéria de contratos individuais de trabalho? Segundo a Exposição de Motivos da Proposta da Comissão, o requerente do reconhecimento é, geralmente, o trabalhador e, por isso, não tem sentido prático o controlo da competência do tribunal de origem à face de regras que se destinam à proteção do trabalhador[1475]. Este argumento não é, porém, satisfatório[1476]. Também o segurado e o consumidor são, na grande maioria dos casos, os requerentes do reconhecimento e isso não obsta ao controlo da competência em matéria de seguros e contratos com consumidores[1477].

O respeito das regras em matéria de seguros, contratos com consumidores e competências legais exclusivas justifica um fundamento de recusa de reconhecimento não só das decisões proferidas por tribunais de Estados-Membros que sejam incompetentes mas também das decisões proferidas por tribunais de terceiros Estados. Trata-se de um *efeito reflexo* do Regulamento sobre o Direito interno dos Estados-Membros que regula

---

[1472] Ver também arts. 35º/1 e 68º da Convenção de Lugano de 2007.

[1473] Cf. art. 28º/2 da Convenção de Bruxelas, art. 28º/3 da Convenção de Lugano de 1988 e art. 35º/2 da Convenção de Lugano de 2007.

[1474] Cf. JENARD [1979: 163].

[1475] 23. Ver também POCAR [2009: nº 139].

[1476] No mesmo sentido, DROZ/GAUDEMET-TALLON [2001: 648].

[1477] Ver, porém, no sentido de uma redução teleológica do art. 35º/1, aos casos em que a ação tenha sido proposta no Estado de origem pelo segurador ou pelo profissional e em que a incompetência do tribunal seja invocada no Estado de reconhecimento pela outra parte, GEIMER/SCHÜTZE [2010: Art. 35 nºs 20 e segs. e 48]. Ver também SCHLOSSER [2009: Art. 34-36 nº 32] e LAYTON/MERCER [2004: nº 26-090]. Ver ainda MAGNUS/MANKOWSKI/MANKOWSKI [2007: Art. 35 nºs 32 e segs.] e MAGNUS/MANKOWSKI [2010: 38-39].

o reconhecimento das decisões de terceiros Estados (na falta de outro regime supraestadual aplicável)[1478].

No caso da competência exclusiva estabelecida pelo art. 22º/2 (sociedades ou outras pessoas coletivas), pode suceder que tanto o Estado de origem como o Estado de reconhecimento se considerem exclusivamente competentes, por adotarem diferentes conceitos de sede. Neste caso o tribunal do Estado requerido pode recusar o reconhecimento[1479].

Ao abrigo das Convenções de Lugano de 1988 e 2007 o reconhecimento também *pode* ser recusado em duas outras hipóteses[1480].

Primeiro, se a regra de competência com fundamento na qual a decisão foi proferida divergir da que resulta da Convenção e se o reconhecimento for pedido contra uma parte que se encontre domiciliada no território de um Estado Contratante que não seja membro da União Europeia, a menos que a decisão possa de outro modo ser reconhecida segundo o Direito do Estado requerido (arts. 28º/2 e 54º-B/3 da Convenção de 1988 e arts. 35º/1 e 64º/3 da Convenção de 2007)[1481].

Segundo, quando a competência do tribunal de origem se fundar numa Convenção que, em matéria especial, regule a competência internacional, o reconhecimento ou a "execução" de decisões, de que o Estado requerido não seja parte, e a pessoa contra quem for pedido o reconhecimento tiver domicílio nesse Estado ou, quando o Estado requerido é um Estado--Membro da União Europeia e se trata de Convenções que deveriam ser concluídas pela União Europeia, num dos seus Estados-Membros, a menos que a decisão possa de outro modo ser reconhecida ou executada ao abrigo de qualquer outra disposição legal no Estado requerido (arts. 28º/2 e 57º/4 da Convenção de 1988 e arts. 35º/1 e 67º/4 da Convenção de 2007)[1482].

[1478] Cf. GOTHOT/HOLLEAUX [1985: 175], GAUDEMET-TALLON [1996a: 246], TEIXEIRA DE SOUSA/MOURA VICENTE [47 e 150] e EUGÉNIA GALVÃO TELES [1996: 151 e seg.]; só em relação às competências exclusivas, GEIMER/SCHÜTZE [1983: 315 e seg. e 2010: *Einl.* nº 245] e KROPHOLLER/VON HEIN [2011: Art. 32 nº 19 e Art. 35 nº 12].

[1479] Cf. JENARD [1979: 172]; cp. KROPHOLLER/VON HEIN [2011: Art. 35 nº 13], com mais referências, TEIXEIRA DE SOUSA [2003: 193] e MAGNUS/MANKOWSKI/MANKOWSKI [2007: Art. 35 nºs 24 e segs.].

[1480] Ver JENARD/MÖLLER [1989: nº 82].

[1481] Ver interpretação restritiva defendida por KROPHOLLER/VON HEIN [2011: Art. 35 nº 18].

[1482] Ver POCAR [2009: nº 181].

DIREITO INTERNACIONAL PRIVADO

Decorre do nº 3 do art. 35º do Regulamento que não pode invocar-se a violação da ordem pública internacional com relação à competência internacional do tribunal de origem[1483]. SCHLOSSER propôs uma interpretação restritiva deste preceito por forma a permitir a invocação da ordem pública internacional quando tratando-se de réu domiciliado fora da Comunidade o tribunal de origem tenha exercido uma competência exorbitante[1484]. O TCE, porém, já decidiu que o art. 28º/3 da Convenção de Bruxelas [correspondente ao art. 35º/3 do Regulamento] é aplicável mesmo no caso do tribunal de origem ter aplicado uma regra de competência que se funda na nacionalidade do autor[1485].

Em regra, portanto, não há controlo da competência do tribunal de origem (art. 35º/3)[1486].

Isto é justificado quando a decisão foi proferida em ação proposta contra um réu domiciliado num Estado-Membro, pois neste caso o tribunal de origem tinha o dever de aplicar as normas de competência do Regulamento.

Segundo JENARD, a plena confiança no tribunal do Estado de origem estende-se à aplicação feita pelo juiz das normas de competência da Convenção de Bruxelas [agora também do Regulamento]. Com a não verificação da competência do tribunal de origem visa-se evitar que se inicie, no estádio do reconhecimento, um novo debate sobre a aplicação dessas normas[1487].

Já é inexplicável que não haja controlo da competência do tribunal de origem quando a ação foi proposta contra um réu domiciliado num Estado

---

[1483] Cf. também art. 28º/3 da Convenção de Bruxelas, art. 28º/4 da Convenção de Lugano e art. 35º/3 da Convenção de Lugano de 2007. Ver, na jurisprudência portuguesa, RCb 9/2/1999 [CJ (1999-I) 28.

[1484] Cf. 1983: 529.

[1485] Cf. 28/3/2000, no supracit. caso Krombach, nº 33. Cp. MAGNUS/MANKOWSKI/MANKOWSKI [2007: Art. 35 nºs 60-62], invocando a primazia do direito a um processo equitativo consagrado pelo art. 6º da Convenção Europeia dos Direitos do Homem. Ao mesmo resultado se poderá chegar com base no entendimento segundo o qual a desconformidade da decisão com o Direito Internacional Público constitui um fundamento autónomo de recusa de reconhecimento (infra).

[1486] Cf. arts. 28º/3 da Convenção de Bruxelas, art. 28º/4 da Convenção de Lugano de 1988 e art. 35º/3 da Convenção de Lugano de 2007. Todavia, decorre do anteriormente exposto que, perante as Convenções de Lugano, é mais amplo o controlo da competência do tribunal de origem. Na jurisprudência portuguesa, ver RCb 5/4/2005 [CJ (2005-II) 9].

[1487] 1979: 163.

terceiro[1488], pois neste caso o tribunal de origem estabelece a sua competência com base no Direito interno (art. 4º/1) (a menos que se apliquem as normas do Regulamento sobre de competência exclusiva)[1489]. Isto tem por consequência que os Estados-Membros são obrigados a reconhecer decisões dos tribunais de outros Estados-Membros mesmo que tenham sido proferidas no exercício de competências exorbitantes. O Regulamento devia admitir, quando as suas regras de competência não são aplicáveis, que os Estados-Membros aplicassem as normas internas sobre competência internacional indireta.

Um segundo fundamento de recusa de reconhecimento consiste na manifesta contrariedade do reconhecimento à *ordem pública internacional do Estado de reconhecimento* (art. 34º/1)[1490].

O aditamento do qualificativo "manifestamente" ao texto contido no art. 27º/1 da Convenção de Bruxelas e da Convenção de Lugano de 1988 destina-se a sublinhar o caráter excecional da ordem pública internacional[1491]. Este caráter excecional já é assinalado, pelo TCE, perante a Convenção de Bruxelas[1492], com referência ao Relatório de JENARD[1493].

Embora esteja em causa a ordem pública internacional do Estado de reconhecimento[1494], o TCE já teve ocasião de reivindicar o controlo dos

---

[1488] O Considerando nº 10 não deixa qualquer margem para dúvidas quanto à obrigação de reconhecer as decisões proferidas contra réus domiciliados em terceiros Estados.

[1489] Ver NADELMANN [1967: 1001 e segs. e 1967/1968: 411 e segs.]; VON MEHREN [1980: 99 e 1981: 1055 e segs.], JUENGER [1983: 41 e segs.], EUGÉNIA GALVÃO TELES [1996: 136 e seg.] e MOURA RAMOS [2007: 36]. Cp. SCHLOSSER [1986: 294 e segs.] e GAUDEMET-TALLON [2010: nºs 95-97 e 381-382].

[1490] Na jurisprudência portuguesa ver, designadamente, RLx 4/12/2006 [*in CJ* (2006-V) 100] e RPt 9/10/2008 [*CJ* (2008-IV) 192].

[1491] Cf. Exposição de Motivos da Proposta da Comissão, 23. Ver também art. 34º/1 da Convenção de Lugano de 2007.

[1492] TCE 4/2/1988, no caso *Hoffmann* [*CTCE* (1988) 645], nº 21, 10/10/1996, no caso *Hendrikman e Feyen* [*CTCE* (1996) I-4943], nº 23, 28/3/2000, no supracit. caso *Krombach*, nº 21, 11/5/2000, no supracit. caso *Renault*, nº 26, 2/4/2009, no caso *Gambazzi* [*in http://curia.europa.eu*], nº 27. Sobre as decisões proferidas nos casos *Krombach* e *Renault*, ver MOURA RAMOS [2000]. No mesmo sentido, relativamente ao art. 34º/1 do Regulamento, TCE 28/4/2009, no supracit. caso *Apostolides*, nº 55.

[1493] 1979: 161.

[1494] Ver, para a caracterização da reserva de ordem pública internacional, *supra* § 47.

DIREITO INTERNACIONAL PRIVADO

limites no quadro dos quais o tribunal de um Estado Contratante pode invocar a ordem pública internacional para não reconhecer a decisão proveniente da jurisdição de outro Estado Contratante[1495].

Assim, de acordo com o TCE, o recurso à cláusula de ordem pública internacional só é concebível quando o reconhecimento ou a "execução" da decisão proferida noutro Estado Contratante viole de uma forma inaceitável a ordem jurídica do Estado requerido, por atentar contra um princípio fundamental. A fim de respeitar a proibição de revisão de mérito da decisão estrangeira, esse atentado deve constituir uma violação manifesta de uma regra de Direito considerada essencial na ordem jurídica do Estado requerido ou de um direito reconhecido como fundamental nessa ordem jurídica[1496]. Esta regra ou direito tanto pode ser de natureza substantiva como processual, designadamente o direito de defesa[1497].

Nesta base, no caso *Krombach*, o tribunal decidiu "que o órgão jurisdicional do Estado requerido pode, relativamente a um arguido domiciliado no seu território e acusado de uma infração dolosa, ter em conta, para efeitos da cláusula de ordem pública referida no artigo 27º, nº 1, da convenção [que corresponde ao art. 34º/1 do Regulamento], o facto de o órgão jurisdicional do Estado de origem ter recusado ao arguido o direito de se fazer representar para se defender sem comparecer pessoalmente"[1498].

E, no caso *Marco Gambazzi*, que o "juiz do Estado requerido pode ter em conta, à luz da cláusula relativa à ordem pública visada nesse artigo, o facto de o juiz do Estado de origem ter decidido do pedido do demandante sem ouvir o demandado, que compareceu regularmente perante ele mas foi excluído do processo por um despacho com o fundamento de que não cumpriu as obrigações que lhe foram impostas por um despacho proferido

---

[1495] TCE 28/3/2000, no supracit. caso *Krombach*, nº 23, 11/5/2000, no supracit. caso *Renault*, nº 28, 2/4/2009, no supracit. caso *Gambazzi*, nº 26, e 28/4/2009, no supracit. caso *Apostolides*, nº 57.

[1496] TCE 28/3/2000, no supracit. caso *Krombach*, nº 37, 11/5/2000, no supracit. caso *Renault*, nº 30, 2/4/2009, no supracit. caso *Gambazzi*, nº 27, e 28/4/2009, no supracit. caso *Apostolides*, nº 59. Ver também POCAR [2009: nº 133].

[1497] Cf. TCE 28/3/2000, no supracit. caso *Krombach*, nº 44, e ver MOURA RAMOS [2000: 292 e segs.]. Cp. DROZ [1972: 310] e GOTHOT/HOLLEAUX [1985: 155 e segs.]. Em geral, sobre o ponto, ver GAUDEMET-TALLON [2010: nºs 402 e segs.] e POCAR [2009: nº 133].

[1498] Nº 45.

anteriormente no quadro do mesmo processo, quando, no termo de uma apreciação global desse mesmo processo e face a todas as circunstâncias, concluir que a referida medida de exclusão constituiu uma violação manifesta e desmesurada do direito do demandado a ser ouvido"[1499].

A atuação da cláusula de ordem pública internacional é justificada, em especial, quando estejam em causa direitos fundamentais que integram o Direito da União Europeia, designadamente os consagrados pela Carta dos Direitos Fundamentais da União Europeia (art. 6º/1 do Tratado da União Europeia) e pela Convenção Europeia dos Direitos do Homem e que resultam das tradições constitucionais comuns aos Estados-Membros (art. 6º/3 do Tratado da União Europeia)[1500].

O facto de a sentença ter sido obtida por fraude pode constituir, em princípio, uma violação dos princípios fundamentais da ordem pública do Estado requerido. Mas o tribunal do Estado requerido deverá sempre averiguar se existe violação destes princípios caso a sentença que o requerido alega ter sido obtida por fraude possa ou pudesse ser objeto de recurso perante os tribunais do Estado de origem[1501].

Em todo o caso, quando se verifiquem outros fundamentos de recusa de reconhecimento não há lugar para a invocação da ordem pública internacional[1502].

É o reconhecimento, e não a própria decisão, que deve ser compatível com a ordem pública internacional. No seu Relatório, JENARD assinala que "não faz parte das funções do juiz do processo fazer uma apreciação da compatibilidade da decisão estrangeira com a ordem pública do país, o que poderá ser considerado como uma crítica dessa decisão, mas verificar se o reconhecimento dessa decisão é de natureza a ofender essa ordem pública"[1503].

[1499] Cf. TCE 2/4/2009, supracit.

[1500] Já no sentido da relevância das "tradições constitucionais comuns aos Estados-Membros e dos instrumentos internacionais relativos à protecção dos direitos do homem com os quais os Estados-Membros cooperaram ou a que aderiram", entre os quais a Convenção Europeia dos Direitos do Homem, TCE 28/3/2000, no supracit. caso *Krombach*, nºs 26 e seg. e 38 e seg,, e 2/4/2009, no supracit. caso *Gambazzi*, nº 28.

[1501] Cf. SCHLOSSER [1979: nº 192].

[1502] Cf. TCE 10/10/1996, no caso *Hendrikman e Feyen* [*CTCE* (1996) I-04943], nº 23, e 4/2/1988, no caso *Hoffmann* [*CTCE* (1988) 645], nº 21.

[1503] 1979: 161.

DIREITO INTERNACIONAL PRIVADO

Por isso, o momento relevante para a concretização da ordem pública internacional é o do reconhecimento, e não o momento em que a decisão é proferida[1504].

Verifica-se um terceiro fundamento de recusa de reconhecimento quando *o ato que iniciou a instância, ou ato equivalente, não tiver sido comunicado ao requerido revel em tempo útil e de modo a permitir-lhe a defesa*, a menos que o requerido não tenha interposto recurso contra a decisão embora tendo a possibilidade de o fazer (art. 34º/2 do Regulamento)[1505].

Este fundamento de recusa de reconhecimento tutela o direito de defesa do réu, no caso de falta de citação ou citação intempestiva[1506]. Os nºs 2 a 4 do art. 26º visam acautelar o direito de defesa do réu revel que tenha domicílio num Estado-Membro diferente do Estado do foro (*supra* § 84 L). O art. 34º/2 tutela o mesmo direito, em sede de reconhecimento da decisão, independentemente do lugar do domicílio do réu. O art. 34º/2 aplica-se mesmo que o réu tenha domicílio no Estado-Membro de origem da decisão[1507] ou num terceiro Estado. Quando, excecionalmente, as garantias do Regulamento ou do Direito do Estado de origem não forem suficientes, o art. 34º/2 permite que o reconhecimento seja recusado.

À semelhança do que se verifica quanto à contrariedade à ordem pública internacional, na interpretação do art. 34º/2 devem ser tidos em conta os direitos fundamentais que integram o Direito da União Europeia[1508].

[1504] Cf. MARTINY [1984: nº 104].

[1505] Na jurisprudência portuguesa, ver RCb 17/10/1995 [*CJ* (1995-IV) 35, RPt 5/2/1996 [*BMJ* 454: 804], RLx 10/11/1998 [*CJ* (1998-V) 86] S.l., STJ 18/10/2007 [*CJ/STJ* (2007-III) 95] e 8/4/2008 [*CJ/STJ* (2008-II) 22].

[1506] Quanto ao conceito de revelia do requerido, que deve ser objeto de interpretação autónoma, cp. KROPHOLLER/VON HEIN [2011: Art. 34 nº 27], SCHLOSSER [2009: Art. 34-36 nº 20], TEIXEIRA DE SOUSA [2003: 184], MAGNUS/MANKOWSKI/FRANCQ [2007: Art. 34 nº 44] e RAUSCHER/LEIBLE [Art. 34 nº 37]. Uma intervenção no processo limitada à invocação da incompetência do tribunal não afasta a revelia do requerido – cf. TCE 14/10/2004, no caso *Maersk* [*in http://curia.europa.eu*], nº 57.

[1507] Cf. TCE 16/6/1981, no caso *Klomps* [*CTCE* (1981) 1593], nº 24, e 11/6/1985, no caso *Debaecker* [*CTCE* (1985) 1779], nº 13, e POCAR [2009: nº 137].

[1508] Cf. TCE 14/12/2006, no caso *ASML* [*in http://curia.europa.eu*], nºs 26 e segs., e KROPHOLLER/ VON HEIN [2011: Art. 34 nº 22].

O preceito é igualmente aplicável à decisão proferida contra um requerido a quem não foi comunicado ou notificado, regularmente e em tempo útil, o ato que determinou o início da instância e que nesta não foi validamente representado, numa situação em que, em consequência da comparência, no tribunal de origem, de um advogado não mandatado pelo requerido, a decisão não seja considerada como proferida à revelia perante o Direito processual do Estado de origem[1509].

Se, no quadro de uma ação penal em que é deduzido um pedido cível, um requerido, por intermédio do seu defensor, toma posição na audiência sobre as acusações que lhe são feitas, essa tomada de posição deve, em princípio, ser considerada como comparência no processo no seu conjunto. Isso não exclui, no entanto, a possibilidade de o requerido se recusar a comparecer na ação cível. Se, todavia, o requerido não agiu assim, a sua tomada de posição sobre as acusações em sede penal tem também valor de comparência em sede cível[1510].

Por "acto que iniciou a instância, ou acto equivalente" entende-se "o acto ou actos cuja comunicação ou notificação ao requerido, efectuada regularmente e em tempo útil, dá a este a possibilidade de fazer valer os seus direitos antes de ser proferida no Estado de origem uma decisão com força executiva"[1511].

O TCE já teve ocasião de decidir que a injunção de pagamento [*Zahlungsbefehl*] do Direito alemão então vigente, cuja notificação ao réu permitia ao autor, no caso de não contestação, obter uma decisão exequível segundo a Convenção de Bruxelas, e que devia ser notificada regularmente e em tempo útil para que o réu se pudesse defender, deve ser considerada abrangida pela noção de "acto que iniciou a instância"[1512]. O tribunal também entendeu que o *"decreto ingiuntivo"* de Direito italiano e o requerimento do requerente constituem um acto que determina o início da instância, ou ato equivalente, dado que, por um lado, a sua comunicação conjunta faz começar a correr um prazo em que o requerido pode deduzir oposição e que, por outro, o requerente não pode obter uma decisão com força

---

[1509] Cf. TCE 10/10/1996, no supracit. caso *Hendrikman e Feyen* [*CTCE* (1996) I-04943], nº 21.

[1510] Cf. TCE 21/4/1993, no caso *Sonntag* [*CTCE* (1993) I-01963], nº 41.

[1511] Cf. TCE 13/7/1995, no caso *Hengst Import* [*CTCE* (1995) I-2113], nº 19.

[1512] Cf. TCE 16/6/1981, no supracit. caso *Klomps*, nº 9.

DIREITO INTERNACIONAL PRIVADO

executiva antes do termo desse prazo[1513]. E que constitui um "ato equivalente" o despacho que fixa provisoriamente o limite da responsabilidade do proprietário de um navio, proferido interlocutoriamente pelo tribunal no termo de um processo unilateral, para seguidamente ser objeto de debate contraditório[1514].

Num processo com várias fases, em que a segunda fase constitui uma continuação da primeira, só há um ato que inicia a instância. Por isso, o tribunal entendeu que uma autorização de execução [*Vollstreckungsbefehl*] do Direito alemão então vigente, que seria proferida após a notificação de uma injunção de pagamento e que seria, por si, exequível segundo a Convenção, não é abrangida pela noção de ato que iniciou a instância, mesmo se a oposição formada contra uma tal decisão transforma o procedimento, à semelhança da contestação deduzida contra a injunção de pagamento, num procedimento contencioso[1515].

Para que o requerido tenha a possibilidade de se defender é necessário que através da citação tenha sido informado dos elementos do litígio[1516].

Compete ao tribunal de reconhecimento verificar se a comunicação foi feita em tempo útil e de modo a permitir a defesa do réu, independentemente do juízo formulado a este respeito pelo tribunal de origem[1517].

Assim, esta verificação tem lugar mesmo que o tribunal de origem tenha decidido, na sequência de um procedimento contraditório separado, que a citação ou notificação foi regular[1518]. O mesmo se diga no caso de o tribunal de origem, por aplicação combinada do art. 26º/3 ou /4 do Regulamento Bruxelas I e do art. 19º do Regulamento relativo à citação ou à notificação ou do art. 15º da Convenção da Haia relativa à citação e à notificação, ter

---

[1513] Cf. TCE 13/7/1995, no supracit. caso *Hengst Import*, nº 20.

[1514] Cf. TCE 14/10/2004, no supracit. caso *Maersk*, nº 59.

[1515] Cf. TCE 16/6/1981, no supracit. caso *Klomps*, nº 9. Ver ainda, sobre a decisão de constituição de um fundo de limitação de responsabilidade do proprietário de navio, TCE 14/10/2004, no caso *Maersk* [*in http://curia.europa.eu*], nºs 53 e segs.; sobre a relação entre o art. 27º/2 da Convenção de Bruxelas e o art. IV/1 do Protocolo anexo à Convenção de Bruxelas, TCE 13/10/2005, no caso *Scania Finance France* [*in http://curia.europa.eu*].

[1516] Cf. TCE 21/4/1993, no supracit. caso *Sonntag*, nº 39.

[1517] Cf. JENARD [1979: 161].

[1518] Cf. TCE 16/6/1981, no supracit. caso *Klomps*, nº 16.

decidido que o réu teve a possibilidade de receber o ato que iniciou a instância em tempo útil para se defender[1519].

Não se exige a prova de o réu tenha efetivamente tido conhecimento do ato que iniciou a instância. O tribunal de reconhecimento pode partir do princípio que o réu está em posição de defender os seus interesses a partir do momento em que o ato foi citado ou notificado no seu domicílio ou noutro lugar. Em regra, portanto, o tribunal de reconhecimento pode limitar-se a examinar se o prazo a contar da data em que a citação ou a notificação foi feita deixa ao réu tempo útil para a sua defesa. No entanto, o tribunal também deve atender às circunstâncias excecionais que podem conduzir a que a citação ou notificação não seja suficiente para colocar o réu em posição de iniciar a sua defesa. Para isso o tribunal deve ter em conta o conjunto das circunstâncias do caso concreto e, designadamente, o modo de citação ou notificação empregue, as relações entre o autor e o réu e o caráter da ação que o réu deve realizar para evitar uma decisão à revelia[1520].

Assim, se o litígio diz respeito a relações comerciais, e se o ato que iniciou a instância foi citado ou notificado num endereço onde o réu exerce tais atividades, a simples ausência do réu no momento da notificação não o impede normalmente de se defender[1521].

Também devem ser tidas em conta as circunstâncias excecionais que, intervindo depois da notificação, possam impedir ou dificultar a defesa do réu[1522].

Neste ponto o Regulamento apresenta duas alterações relativamente à Convenção de Bruxelas e à Convenção de Lugano de 1988 (art. 27º/2)[1523].

Por um lado, deixa de se exigir a "regularidade" da comunicação ou notificação[1524]. Isto torna claro que só há fundamento para recusar o reconhecimento quando a citação não seja feita com a antecedência suficiente e de modo a que o requerido possa assegurar a sua defesa. Uma mera irre-

---

[1519] Cf. TCE 15/7/1982, no caso *Pendy Plastic* [*CTCE* (1982) 2723], nº 14.

[1520] Caso cit., nºs 19 e seg.

[1521] Caso cit., nº 20.

[1522] Cf. TCE 11/6/1985, no caso *Debaecker* [*CTCE* (1985) 1779], nºs 20 e segs.

[1523] Ver TCE 14/12/2006, no caso *ASML* [*in http://curia.europa.eu*], nº s 20 e 21. Ver também art. 34º/2 da Convenção de Lugano de 2007, mas tendo em conta o art. III/1 do Protocolo nº 1.

[1524] A regularidade da citação aprecia-se segundo o Direito do Estado de origem, cf. JENARD [161] e TCE 16/6/1981, no supracit. caso *Klomps*, nº 15.

DIREITO INTERNACIONAL PRIVADO

gularidade formal da citação não obsta ao reconhecimento contanto que não tenha impedido o requerido de assegurar a sua defesa[1525].

Por outro lado, o Regulamento limita este fundamento de recusa de reconhecimento, ao impedir que o requerido invoque uma irregularidade processual como fundamento de recusa de reconhecimento quando, no Estado de origem, pudesse ter interposto um recurso com base nesta irregularidade, e não o tenha feito[1526]. Por maioria de razão, o reconhecimento de uma decisão proferida à revelia não pode ser recusado se o requerido tiver exercido o direito de recurso da decisão proferida à revelia e se esse recurso lhe tiver permitido alegar que o ato que iniciou a instância ou o ato equivalente não lhe foram comunicados ou notificados em tempo útil e de modo a permitir-lhe a defesa[1527].

O preceito deve ser interpretado no sentido de que o requerido só tem a "possibilidade" de interpor recurso de uma decisão condenatória proferida à revelia se tiver tido efetivamente conhecimento do seu conteúdo, através de comunicação ou notificação efetuada em tempo útil para lhe permitir defender-se no tribunal do Estado de origem[1528]. Esta comunicação ou notificação deve obedecer a exigências formais equivalentes às decorrentes do art. 34º/2 relativamente aos atos que determinam o início da instância[1529].

Outras violações do direito de defesa poderão ser relevantes a título de contrariedade à ordem pública internacional.

O art. 61º determina que, sem "prejuízo de disposições nacionais mais favoráveis, as pessoas domiciliadas no território de um Estado-Membro e contra quem decorre processo por infração involuntária nos tribunais com competência penal de outro Estado-Membro de que não sejam nacionais podem entregar a sua defesa a pessoas para tanto habilitadas, mesmo que não compareçam pessoalmente. Todavia, o tribunal a que foi submetida a questão pode ordenar a comparência pessoal; se tal não ocorrer, a decisão

---

[1525] Cf. Exposição de Motivos da Proposta da Comissão, 24. Ver ainda POCAR [2009: nº 135].

[1526] O TCE seguiu uma orientação interpretativa oposta em relação à Convenção de Bruxelas no ac. 12/11/1992, no caso *Minalmet* [*CTCE* (1992) I-05661], nº 21. Ver também MERLIN [2001: 438 e segs.].

[1527] Cf. TCE 28/4/2009, no caso *Apostolides* [*in http://curia.europa.eu*], nº 78.

[1528] Cf. TCE 14/12/2006, no caso ASML [*in http://curia.europa.eu*]. Cp. MERLIN [2001: 439].

[1529] Caso cit., nºs 44 e segs.

RECONHECIMENTO DE DECISÕES JUDICIAIS ESTRANGEIRAS

proferida na ação cível sem que a pessoa em causa tenha tido a possibilidade de assegurar a sua defesa pode não ser reconhecida nem executada nos outros Estados-Membros"[1530].

A primeira parte do preceito deve ser entendida no sentido de o arguido ter direito a ser defendido sem comparência pessoal nos processos penais relativos a uma infração involuntária em que também se faz valer ou é suscetível de ser posta em causa ulteriormente a responsabilidade civil do arguido resultante dos factos constitutivos da infração de que é acusado[1531].

A segunda parte do preceito significa que se o tribunal ordenar a comparência pessoal do arguido e este não comparecer, o tribunal pode proferir a decisão sem autorizar a defesa do arguido por um representante; a consequência desta falta de defesa será que a decisão cível pode não ser reconhecida nos outros Estados-Membros[1532].

A expressão "infração involuntária" deve ser objeto de uma interpretação autónoma[1533]. Assim, o TCE entende por "infração involuntária" toda a infração cuja definição legal não exige, expressamente ou pela própria natureza do delito que define, a intenção do agente de cometer a ação ou a omissão penalmente sancionada[1534].

O tribunal do Estado de reconhecimento tem a faculdade de negar o reconhecimento da decisão, mas não está vinculado a fazê-lo[1535].

A 2ª parte do art. 61º não pode justificar, segundo um raciocínio *a contrario*, que no caso de infrações dolosas exista uma obrigação de reconhecimento mesmo que o requerido não tenha tido a possibilidade de assegurar a sua defesa. Neste caso, o tribunal de reconhecimento pode ter em conta, à luz da cláusula de ordem pública internacional, o facto de o órgão jurisdicional do Estado de origem ter recusado ao arguido o direito de se fazer representar para se defender sem comparecer pessoalmente[1536].

[1530] Ver também art. II do Protocolo anexo à Convenção de Bruxelas e do Protocolo nº 1 anexo à Convenção de Lugano de 1988 e art. 61º da Convenção de Lugano de 2007.

[1531] Cf. TCE 26/5/1981, no caso *Rinkau* [*CTCE* (1981) 1391], nº 21.

[1532] Caso cit., nº 9.

[1533] Caso cit., nº 11.

[1534] Caso cit., nº 16.

[1535] Cf. KROPHOLLER/VON HEIN [2011: Art. 61 nº 3]. Cp. DROZ [1972: 344 e seg.] e MARTINY [1984: nº 35].

[1536] Cf. TCE 28/3/2000, no caso *Krombach* [*CTCE* (2000) I-01935], nº 45. Ver ainda POCAR [2009: nº 66] e KROPHOLLER/VON HEIN [2011: Art. 61 nº 3].

Constitui um quarto fundamento de recusa de reconhecimento ser a *decisão incompatível com uma decisão proferida no Estado de reconhecimento entre as mesmas partes* (art. 34º/3 do Regulamento)[1537].

O disposto, nos art. 27º e segs. do Regulamento, em matéria de litispendência e conexão permite, em regra, evitar o surgimento de decisões incompatíveis de tribunais de Estados-Membros diferentes. Excepcionalmente, porém, esta hipótese pode verificar-se, designadamente quando o tribunal demandado em segundo lugar não tenha tido conhecimento da existência de um processo paralelo no tribunal de outro Estado-Membro.

O conceito de "decisão" relevante para o art. 34º/3 é o que se encontra definido no art. 32º., só incluindo, em princípio, decisões proferidas por órgãos jurisdicionais[1538].

Duas decisões são incompatíveis entre si quando desencadeiam consequências jurídicas que se excluem mutuamente[1539]. Estas consequências jurídicas apreciam-se, em princípio, segundo o Direito do Estado de origem da decisão (*supra* § 93 A).

Não é necessário que se trate do mesmo litígio e da mesma causa de pedir. Assim, por exemplo, a decisão que decrete uma indemnização por prejuízos sofridos com o incumprimento contratual é incompatível com a decisão, proferida entre as mesmas partes, que declare a nulidade do mesmo contrato[1540]; a decisão que condene um dos cônjuges a prestar alimentos ao outro a título de dever de assistência resultante do casamento é incompatível com uma decisão que tenha decretado o divórcio entre os mesmos cônjuges[1541].

A incompatibilidade pode verificar-se entre medidas provisórias. Assim, a decisão estrangeira de medidas provisórias que decreta uma medida que intima o devedor a abster-se de praticar determinados atos é considerada inconciliável com uma decisão de medidas provisórias que recusa decretar essa medida proferida entre as mesmas partes no Estado requerido[1542].

[1537] Cf. art. 27º/3 da Convenção de Bruxelas e da Convenção de Lugano de 1988 e art. 34º/3 da Convenção de Lugano de 2007.

[1538] Cf. TCE 2/6/1994, no caso *Solo Kleinmotoren* [*CTCE* (1994) I-02237], nºs 15 e 20.

[1539] Cf. TCE 4/2/1988, no caso *Hoffmann* [*CTCE* (1988) 645], nº 22.

[1540] Cf. JENARD [1979: 162].

[1541] Cf. TCE 4/2/1988, no supracit. caso *Hoffmann*, nº 25.

[1542] Cf. TCE 6/7/2002, no caso *Italian Leather* [*in http://curia.europa.eu*], nº 47.

RECONHECIMENTO DE DECISÕES JUDICIAIS ESTRANGEIRAS

A expressão "quanto às mesmas partes" deve ser interpretada do mesmo modo que a expressão "entre as mesmas partes" utilizada no art. 27º/1 (*supra* § 84 M).

É indiferente que a decisão proferida no Estado de reconhecimento seja anterior ou posterior à decisão estrangeira. A incompatibilidade entre decisões fundamenta recusa de reconhecimento mesmo que a decisão estrangeira seja anterior à decisão interna ou que o tribunal estrangeiro tenha sido o primeiro a ser demandado[1543].

A questão de saber se este fundamento de recusa de reconhecimento depende da força de caso julgado da decisão interna é deixada à apreciação do tribunal do Estado de reconhecimento[1544].

Como quinto fundamento de recusa de reconhecimento surge a *inconciliabilidade da decisão com outra anteriormente proferida noutro Estado-Membro ou num Estado terceiro* entre as mesmas partes, em ação com o mesmo pedido e a mesma causa de pedir, desde que a decisão proferida anteriormente reúna as condições necessárias para ser reconhecida no Estado-Membro requerido (art. 34º/4 do Regulamento)[1545].

A Convenção de Bruxelas e a Convenção de Lugano de 1988 apenas contemplam a incompatibilidade com uma decisão anterior proferida num Estado não contratante (art. 27º/5), mas a mesma solução já era defendida na doutrina com respeito à incompatibilidade com uma decisão anterior proferida num Estado contratante[1546]. Esta solução funda-se no princípio da prioridade temporal: não deve ser reconhecida a decisão proferida em segundo lugar.

As expressões "entre as mesmas partes", "mesmo pedido" e "mesma causa de pedir" devem ser interpretadas de harmonia com o exposto em relação ao art. 27º/1 (*supra* § 84 M)[1547].

[1543] Cf. DROZ [1972: 325 e seg.], KROPHOLLER/VON HEIN [2011: Art. 34 nº 54]. Cp. GOTHOT/HOLLEAUX [1985: 159 e seg.], FERRER CORREIA [2000: 497], TEIXEIRA DE SOUSA [2003: 188](que considera a solução discutível) e POCAR [2009: nº 138] .

[1544] Cf. JENARD [1979: 162].

[1545] Ver também art. 34º/4 da Convenção de Lugano de 2007.

[1546] Cf. KROPHOLLER [1998: Art. 27 nº 50] e FERRER CORREIA [2000: 497].

[1547] Relativamente à questão de saber se a referência ao "mesmo pedido" e à "mesma causa de pedir" implica um diferente critério de incompatibilidade nos nºs 3 e 4 do art. 34º, cp. KROPHOLLER/VON HEIN [2011: Art. 34 nº 58], GEIMER/SCHÜTZE [2010: Art. 34 nº 183],

DIREITO INTERNACIONAL PRIVADO

A inclusão das decisões proferidas num Estado terceiro evita "complicações diplomáticas" com Estados terceiros no caso de o Estado-Membro requerido estar obrigado a reconhecer as decisões proferidas num Estado terceiro por força de uma Convenção internacional. No entanto, o art. 34º/4 também se aplica quando a decisão proferida num Estado terceiro deva ser reconhecida por força do Direito interno do Estado requerido[1548].

Como o termo "decisão", interpretado em conformidade com o disposto no art. 32º, exclui as decisões de tribunais não-estaduais (*supra* B), os nºs 3 e 4 do art. 34º não regulam diretamente o caso de a *decisão que é objeto de reconhecimento ser inconciliável com uma decisão arbitral* proferida no Estado--Membro requerido ou com uma decisão arbitral anteriormente proferida noutro Estado-Membro ou em Estado terceiro.

Trata-se de uma lacuna do Regulamento que não pode deixar de ser integrada à luz da preocupação de evitar a invocação de duas decisões contraditórias no Estado requerido.

No caso de decisão arbitral anteriormente proferida entre as mesmas partes, com o mesmo objeto e a mesma causa de pedir noutro Estado--Membro ou em Estado terceiro não parece haver dúvida que se deve aplicar analogicamente o disposto no art. 34º/4[1549].

Já no caso de decisão arbitral proferida no Estado requerido oferece dúvida se deve aplicar-se analogicamente o disposto no art. 34º/3[1550], sendo pois indiferente que a decisão arbitral seja anterior ou posterior à decisão que é objeto de reconhecimento, ou se deve também aqui seguir-se o princípio da prioridade estabelecido pelo art. 34º/4. Em minha opinião é de preferir o segundo entendimento, uma vez que as decisões arbitrais podem sempre ser consideradas decisões externas (*supra* § 90 e *infra* § 101), não justificando a circunstância de serem proferidas no território do Estado

---

TEIXEIRA DE SOUSA [2003: 190], LAYTON/MERCER [2004: 26.079]. MAGNUS/MANKOWSKI/FRANCQ [2007: Art. 34 nºs 73 e 75], e POCAR [2009: nº 138].

[1548] Cf. SCHLOSSER [1979: nº 205]. Ver ainda MAGNUS/MANKOWSKI/FRANCQ [2007: Art. 34 nº 77], com mais referências.

[1549] Em sentido convergente, ver, designadamente, SCHLOSSER [1981: 388 e seg.] e GEIMER/SCHÜTZE [1983: 1000 e seg.].

[1550] Neste sentido, em relação ao art. 27º/3 da Convenção de Bruxelas, GEIMER/SCHÜTZE [*loc. cit.*], seguidos entre nós por TEIXEIRA DE SOUSA/MOURA VICENTE [1994: 146] e MOURA VICENTE [1996: 618]. Ver também SCHLOSSER [2001: 17].

RECONHECIMENTO DE DECISÕES JUDICIAIS ESTRANGEIRAS

requerido uma diferença de tratamento no que toca ao reconhecimento de uma decisão estrangeira.

Assim, constitui fundamento de recusa de reconhecimento a incompatibilidade entre a decisão de outro Estado-Membro e uma decisão arbitral anteriormente proferida entre as mesmas partes, com o mesmo pedido e a mesma causa de pedir, que seja eficaz na ordem jurídica do Estado requerido ou esteja em condições de ser reconhecida nesta ordem jurídica.

O art. 27º/4 da Convenção de Bruxelas e da Convenção de Lugano de 1988 estabelece ainda, como fundamento de recusa de reconhecimento, fundar-se a decisão na resolução de uma questão prévia concernente ao estado e capacidade de indivíduos, direitos patrimoniais resultantes de uma relação matrimonial, disposições de última vontade ou sucessão legal, quando as normas de Direito Internacional Privado do Estado de reconhecimento conduzissem a um resultado diferente. Assim, embora o art. 29º das Convenções exclua o controlo de mérito[1551], verifica-se que há, neste caso, um controlo de mérito limitado a estas questões prévias, ainda que seja um controlo de mérito em sentido fraco.

O Regulamento suprimiu este fundamento de recusa do reconhecimento, mantendo a proibição da revisão de mérito (arts. 36º e 45º/2)[1552]. Como motivo para esta supressão, alega a Exposição de Motivos da Proposta da Comissão que estas normas de Direito Internacional Privado estão a ser gradualmente aproximadas nos Estados-Membros[1553]. É um argumento pouco convincente, uma vez que ainda é muito limitado o Direito de Conflitos europeu em matéria de estatuto pessoal. Só depois de esta unificação estar concluída é que se justificaria tal supressão. É mais uma manifestação do favorecimento do reconhecimento *à tout prix* e da desvalorização da autonomia dos sistemas jurídicos dos Estados-Membros.

KROPHOLLER e VON HEIN defendem que a violação de proposições fundamentais do Direito Internacional Privado pode em casos excecionais conduzir a uma recusa de reconhecimento com base em contrariedade à ordem pública internacional (art. 34º/1)[1554]. A unificação do Direito de

---

[1551] Ver, na jurisprudência portuguesa, RPt 25/2/1997 [*BMJ* 464: 622] e STJ 19/9/2006 [*CJ/STJ* (2006-III) 57].

[1552] Ver também arts. 36º e 45º/2 da Convenção de Lugano de 2007.

[1553] 23.

[1554] 2011: Art. 34 nº 17.

DIREITO INTERNACIONAL PRIVADO

Conflitos das Obrigações realizada pelos Regulamentos Roma I e Roma II limita estes casos, mas não os elimina. Estes casos excecionais verificam-se especialmente com normas de Direito da Economia, designadamente normas de Direito da Concorrência, que sendo qualificáveis como "normas de aplicação imediata" no sentido do art. 9º/1 do Regulamento Roma I, reclamam aplicação independentemente da lei designada pelo Direito de Conflitos geral (*supra* § 13 B)[1555]. Em sentido contrário se pronunciam outros autores e parece apontar o relatório de JENARD[1556], segundo a qual "o reconhecimento não poderá ser recusado, por motivo de ordem pública, pelo facto de o juiz estrangeiro ter aplicado uma lei que não a determinada pela norma de conflitos do tribunal em que se invoca o reconhecimento". KROPHOLLER e VON HEIN, porém, entendem esta passagem no sentido de que nem todo o desvio relativamente ao Direito Internacional Privado do Estado de reconhecimento deve ser encarado como um caso de aplicação da ordem pública internacional. Não ficaria, porém, excluída a possibilidade de uma intervenção da ordem pública internacional, com este fundamento, em casos excecionais.

Sobre o conceito de controlo de mérito remete-se para o anteriormente exposto (*supra* § 93 D). No Relatório de JENARD pode ler-se que o tribunal de reconhecimento "'não pode substituir a vontade do juiz estrangeiro pela sua, nem recusar o reconhecimento' se considerar que qualquer questão de facto ou de direito foi mal julgada"[1557].

A *autenticidade da cópia da decisão* também constitui uma condição de reconhecimento, uma vez que, nos termos do art. 53º/1 do Regulamento, a parte que invocar o reconhecimento ou requerer uma declaração de executoriedade de uma decisão deve apresentar uma cópia da decisão que satisfaça os necessários requisitos de autenticidade[1558].

[1555] Ver arts. 9º/2 e 3 do Regulamento Roma I e art. 16º do Regulamento Roma II. A norma de conflitos geral em matéria de obrigações extracontratuais decorrentes de restrições da concorrência consta do art. 6º/3 do Regulamento Roma II – *supra* § 68 B.

[1556] 1979: 161. Ver também, designadamente, GEIMER/SCHÜTZE [1983: 1060 e 2010: *Einl.* nºs 119 e segs. e Art. 34 nºs 37 e 185] e GAUDEMET-TALLON [2010: nº 389]. Ver ainda MAGNUS/MANKOWSKI/FRANCQ [2007: Art. 34 nº 25].

[1557] 1979: 163.

[1558] Ver também art. 46º/1 da Convenção de Bruxelas e da Convenção de Lugano de 1988 e art. 53º/1 da Convenção de Lugano de 2007.

Segundo o Relatório de JENARD, a autenticidade da cópia da decisão será estabelecida de acordo com a regra *locus regit actum*; é portanto a lei do lugar onde a decisão foi proferida que estipula os requisitos de validade da certidão[1559].

Parece que o requisito de autenticidade formulado pelo art. 53º/1 deve ser entendido em consonância com o conceito de "ato autêntico" utilizado no art. 57º (*infra* § 98). Assim, para que a cópia seja autêntica é necessário que provenha de uma autoridade competente segundo o Direito do Estado de origem[1560].

Não se exige, para o reconhecimento, que a decisão tenha transitado em julgado[1561]. Mas concede-se ao tribunal de reconhecimento a faculdade de *suspender a instância* se a decisão for objeto de recurso ordinário ou, no caso de decisão proferida na Irlanda ou no Reino Unido, se a execução for suspensa no Estado de origem por força da interposição de um recurso (art. 37º)[1562].

Em sede de recurso da decisão sobre a executoriedade também se admite que o tribunal de recurso suspenda a instância, a pedido da parte requerida, se a decisão estrangeira for, no Estado-Membro de origem, objeto de recurso ordinário ou se o prazo para o interpor não tiver expirado; neste caso, o tribunal pode fixar um prazo para a interposição desse recurso (art. 46º/1)[1563]. Alternativamente, o tribunal pode declarar a executoriedade da decisão, mas sujeitá-la à constituição de uma garantia por si determinada (art. 46º/3)[1564].

Esta regra deve ser aplicada em todos os graus de jurisdição de recurso[1565].

[1559] 1979: 170.

[1560] Cf. TCE 17/6/1999, no caso *Unibank* [*CTCE* (1999) I-0 3715], nºs 18 e segs.

[1561] Na jurisprudência portuguesa, ver RCb 17/10/1995 [*CJ* (1995-IV) 35, e STJ 19/9/2006 [*CJ/STJ* (2006-III) 57].

[1562] Ver também art. 30º da Convenção de Bruxelas e da Convenção de Lugano de 1988 e art. 37º da Convenção de Lugano de 2007. Ver, na jurisprudência portuguesa, REv 7/12/1995 [*BMJ* 452: 507].

[1563] Ver também art. 38º da Convenção de Bruxelas e da Convenção de Lugano de 1988 e art. 46º da Convenção de Lugano de 2007. Ver, na jurisprudência portuguesa, STJ 11/7/2000 [*CJ/STJ* (2000-II) 158].

[1564] Cf. KROPHOLLER/VON HEIN [2011: Art. 46 nº 1]. Ver, no Direito interno português, art. 47º/3 CPC e, sobre a sua conjugação com o art. 46º/3 do Regulamento, TEIXEIRA DE SOUSA [2003: 2008].]

[1565] Cf. Exposição de Motivos da Proposta da Comissão, 23. Segundo a interpretação do art. 38º da Convenção de Bruxelas feita por TCE 11/8/1995, no supracit. caso *SISRO*, nºs 34 e

DIREITO INTERNACIONAL PRIVADO

Em princípio, é recomendável que o tribunal de recurso exija a constituição de uma garantia, em lugar de suspender a instância, uma vez os interesses da parte requerida já são suficientemente assegurados por esta via[1566].

Estas regras visam evitar que as decisões estrangeiras possam ser reconhecidas num momento em que ainda existe a possibilidade da sua anulação ou modificação no Estado de origem[1567].

O art. 37º só se aplica ao reconhecimento incidental, uma vez que o art. 46º é aplicável à ação de declaração de reconhecimento por força da remissão operada pelo art. 33º/2[1568].

Segundo a posição adotada pelo TCE à face da Convenção de Bruxelas, a expressão "recurso ordinário" deve ser determinada por meio de uma interpretação autónoma, no quadro do sistema convencional, e não segundo o Direito dos Estados Contratantes[1569]. Entende-se por "recurso ordinário" "todo o recurso que faz parte do curso normal de um processo e que, enquanto tal, constitui um desenvolvimento processual com que qualquer das partes deve contar razoavelmente"[1570]. Assim, constitui um recurso ordinário interposto ou suscetível de ser interposto de uma decisão estrangeira "todo o recurso que pela sua natureza pode conduzir à anulação ou à modificação da decisão que é objeto do processo de reconhecimento ou de execução segundo a Convenção e cuja interposição está ligada, no Estado de origem, a um prazo determinado pela lei e contado da própria decisão"[1571].

No entanto, parece que o critério do prazo de interposição só é aplicável quando o recurso ainda não foi interposto; se o recurso já se encontra interposto no momento em que o tribunal de reconhecimento se ocupa

---

segs., a faculdade de suspender a instância é limitada ao tribunal de 2ª instância. Mas o contrário resulta expressamente do texto do art. 46º do Regulamento e da Convenção de Lugano de 2007.

[1566] Cf. KROPHOLLER/VON HEIN [2011: Art. 46 nº 1].

[1567] Ver também JENARD [1979: 168].

[1568] Cf. KROPHOLLER/VON HEIN [2011: Art. 37 nº 2], com mais referências. Cp. TCE 22/11/1977, no caso *Industrial Diamond* [*CTCE* (1977) 791], nº 31, GAUDEMET-TALLON [2010: nº 449], LAYTON/MERCER [2004: nº 26.102] e MAGNUS/MANKOWSKI/WAUTELET [2007: Art. 37 nº 7].

[1569] 22/11/1977, no supracit. caso *Industrial Diamond*, nº 28.

[1570] Cf. 22/11/1977, no supracit. caso *Industrial Diamond*, nº 37.

[1571] Caso cit., nº 42.

do assunto, o risco de uma anulação ou modificação da decisão justifica a faculdade de suspensão da instância, independentemente de a interposição do recurso estar sujeita a um prazo[1572].

A suspensão da instância é uma faculdade do tribunal de reconhecimento. Mas enquanto no reconhecimento incidental esta faculdade pode ser exercida oficiosamente (art. 37º), na declaração de reconhecimento e na declaração de executoriedade só pode ser exercida a pedido da parte contra a qual é pedido o reconhecimento ou a execução (art. 46º/1).

À solução adotada no art. 46º/1 pode objetar-se que, no caso de ter sido interposto um recurso no Estado de origem depois de requerida a declaração de executoriedade no Estado local, pode haver um interesse público e, até, um interesse do próprio requerente, em que o tribunal local aguarde a decisão do recurso. Seria pois preferível que a faculdade de suspensão de instância também pudesse neste caso ser exercida oficiosamente[1573].

Na tomada de decisão sobre a suspensão da instância nos termos do art. 46º, o tribunal de recurso só pode ter em consideração os meios de defesa que o requerido não estava em posição de fazer valer perante o tribunal do Estado de origem da decisão[1574].

A suspensão da instância rege-se pelo Direito processual do foro.

A distinção entre recursos ordinários e extraordinários é desconhecida na Irlanda e no Reino Unido, razão por que os arts. 37º/2 e 46º/2 permitem atender, quanto às decisões proferidas nesses países, a qualquer recurso. Espera-se que um exercício judicioso da faculdade de suspensão da instância permita, nestes casos, "salvaguardar o equilíbrio" na aplicação dos arts. 37º e 46º em todos os Estados-Membros[1575].

O art. 46º/3 deve ser interpretado no sentido de que o tribunal onde foi interposto recurso da declaração de executoriedade só pode ordenar a constituição de uma garantia quando decida o recurso[1576].

O Regulamento é omisso quanto à exigência de *conformidade do reconhecimento com o Direito Internacional Público e com o Direito da União Europeia.* À semelhança do que se verifica perante o regime interno (ver *infra* § 97

[1572] Cf. GOTHOT/HOLLEAUX [1985: 186].

[1573] Neste sentido, BERAUDO [2001: 1082].

[1574] Cf. TCE 4/10/1991, no caso *van Dalfsen* [*CTCE* (1991) I-04743], nºs 27 e segs.

[1575] Cf. SCHLOSSER [1979: nº 204].

[1576] Cf. TCE 27/11/84, no caso *Brennero* [*in http://eur-lex.europa.eu*], nº 13.

DIREITO INTERNACIONAL PRIVADO

G), porém, a decisão do tribunal de outro Estado-Membro só pode ser reconhecida se foi proferida por um tribunal dentro dos limites fixados pelo Direito Internacional Público e se o seu conteúdo não violar o Direito Internacional Público[1577].

A decisão proferida sem jurisdição é nula e, por isso, não é suscetível de reconhecimento. Uma vez que o respeito do Direito Internacional Público geral ou convencional não pode depender da iniciativa da parte requerida, este fundamento de recusa de reconhecimento tem de ser de conhecimento oficioso.

No caso de o conteúdo da decisão violar o Direito Internacional Público, é defensável a invocação da ordem pública internacional do Estado de reconhecimento[1578], mas, em rigor, trata-se de uma condição de reconhecimento autónoma, cuja verificação não pode ficar dependente da iniciativa da parte requerida e que, por isso, deve ser feita oficiosamente.

No caso *Apostolides*, o TCE entendeu que o facto de uma decisão proferida pelos tribunais de um Estado-Membro relativamente a um imóvel sito numa zona desse Estado-Membro onde o respetivo governo não exerce um controlo efetivo não poder, na prática, ser executada no local onde se situa o imóvel, não constitui um motivo de recusa de reconhecimento ou de execução ao abrigo do artigo 34º/1 do Regulamento[1579].

Poderia pensar-se que estas considerações também valeriam para a violação do Direito da União Europeia. O TCE, porém, seguiu um entendimento algo diverso no caso *Renault*[1580]. O TCE entendeu que a circunstância de o tribunal de origem ter eventualmente errado na aplicação do Direito da União Europeia "não altera as condições de recurso à cláusula de ordem pública. Com efeito, cabe ao juiz nacional garantir com a mesma eficácia a proteção dos direitos estabelecidos pela ordem jurí-

---

[1577] No mesmo sentido, quanto aos limites à jurisdição, KROPHOLLER/VON HEIN [2011: vor Art. 33 nºs 5 e 15c], MAGNUS/MANKOWSKI/FRANCQ [2007: Art. 34 nº 46] e MAGNUS/ MANKOWSKI/MANKOWSKI [2007: Art. 35 nº 65].

[1578] Ver BASEDOW [1982: nº 145], MOURA RAMOS [2000: 292 e segs.] e KROPHOLLER/VON HEIN [2011: Art. 34 nº 19 e Art. 71 nº 17].

[1579] Cf. TCE 28/4/2009 [*in http://curia.europa.eu*].

[1580] 11/5/2000, supracit., nºs 32 e seg., reiterado por TCE 28/4/2009, no supracit. caso *Apostolides*, nº 60. Ver também MOURA RAMOS [2000: 291 e seg.].

dica nacional e dos direitos conferidos pela ordem jurídica comunitária".
O tribunal acrescenta que o "juiz do Estado requerido não pode, sob pena de pôr em causa a finalidade da convenção, recusar o reconhecimento de uma decisão emanada de outro Estado contratante pelo mero motivo de considerar que, nesta decisão, o direito nacional ou o direito comunitário foi mal aplicado. Importa, pelo contrário, considerar que, em tais casos, o sistema das vias de recurso posto em prática em cada Estado contratante, completado pelo mecanismo de reenvio prejudicial previsto no artigo 177º do Tratado, fornece aos particulares uma garantia suficiente".

À semelhança do que se verifica com a aplicação do Direito estrangeiro, a violação da Constituição portuguesa e, em especial, dos direitos fundamentais aí estabelecidos, pela sentença de outro Estado-Membro é normalmente reconduzível à ordem pública internacional. Mas a invocação do art. 34º/1 do Regulamento não deve fazer esquecer que, segundo o melhor entendimento, o Regulamento tem um valor infraconstitucional e que, por conseguinte, o controlo da conformidade do reconhecimento com a Constituição portuguesa também não pode ficar dependente da iniciativa da parte requerida e deve ser feito oficiosamente[1581].

I) Caracterização do regime europeu e apreciação crítica
O Regulamento Bruxelas I consagra, quanto ao efeito de caso julgado e ao efeito constitutivo, um sistema de reconhecimento automático. Relativamente à atribuição de força executiva consagra-se um sistema de reconhecimento que, embora individualizado, é sumário e meramente formal.

Uma apreciação crítica da competência legislativa da União em matéria de Direito Internacional Privado, bem como do exercício desta competência através dos Regulamentos Bruxelas I e Bruxelas II bis, já foi feita anteriormente (*supra* §§ 10 B e 86).

A unificação do Direito da Competência Internacional e do Direito de Reconhecimento em matéria civil e comercial à escala europeia representou, em alguns aspetos essenciais, um progresso em relação ao regime

---

[1581] Observe-se que perante a jurisprudência firmada pelo Tribunal Constitucional com base no art. 280º/1 CRP e no art. 70º/1 da Lei Orgânica do Tribunal Constitucional não se admite recurso para este tribunal da decisão que reconheça sentença estrangeira com fundamento na violação de normas ou princípios constitucionais pela decisão de reconhecimento – cf. ac. nº 360/99, de 16/6/1999 [*in http://www.tribunalconstitucional.pt*].

interno. Saliente-se a consagração de um sistema de reconhecimento automático do efeito de caso julgado.

Mas também no domínio do reconhecimento de decisões estrangeiras se manifestam consequências negativas de uma instrumentalização do Direito ao serviço de finalidades políticas.

Assim, a confiança recíproca na administração da justiça no seio da Comunidade é invocada para justificar que a "declaração de executoriedade de uma decisão deve ser dada de forma quase automática, após um simples controlo formal dos documentos fornecidos, sem a possibilidade de o tribunal invocar por sua própria iniciativa qualquer dos fundamentos previstos no presente regulamento para uma decisão não ser executada"[1582]. Por conseguinte, o tribunal nem sequer pode conhecer oficiosamente dos fundamentos de não reconhecimento que se destinam a proteger interesses públicos.

Como ficou atrás assinalado, a confiança recíproca na administração da justiça no seio da Comunidade não justifica esta solução. Ela só pode explicar-se pela intenção de reduzir ao mínimo a autonomia dos sistemas jurídicos dos Estados-Membros, que se traduz aqui na tendencial equiparação de uma decisão de outro Estado-Membro a uma decisão interna.

O mesmo comentário se aplica a outros aspetos do regime de reconhecimento instituído pelo Regulamento.

É o que se verifica com a inadmissibilidade do controlo da competência do tribunal de origem mesmo quando a competência foi estabelecida com base no Direito interno ou numa Convenção em matéria especial de que o Estado de reconhecimento não é parte. A inadmissibilidade do controlo da competência do tribunal de origem só pode encontrar justificação na vigência de um regime unificado de competência internacional nos Estados de origem e de reconhecimento. Não existe, pois, qualquer fundamento razoável para obrigar um Estado-Membro a reconhecer, nos termos do Regulamento, uma decisão proferida no exercício de uma competência estabelecida com base no Direito interno do Estado de origem ou numa Convenção em vigor no Estado de origem de que o Estado de reconhecimento não é parte.

É o que se verifica ainda com a supressão de todo o controlo de mérito, mesmo no caso extremo da decisão de questões prévias relativas ao estatuto

---

[1582] Considerando nº 17.

pessoal. Esta supressão do controlo de mérito não corresponde ao presente grau de unificação do Direito de Conflitos à escala europeia, visto que, com exceção das obrigações contratuais e extracontratuais, das obrigações alimentares e do divórcio e separação, há uma vasta divergência entre os Direitos de Conflitos dos Estados-Membros. Fora das áreas unificadas, um certo controlo de mérito pode excecionalmente justificar-se, de acordo com o anteriormente exposto (*supra* § 93 B), quando os tribunais do Estado de reconhecimento forem internacionalmente competentes para a ação que foi proposta no Estado de origem e não se afigurar razoável o afastamento do Direito de Conflitos português.

Ainda mais redutora da autonomia dos sistemas jurídicos dos Estados--Membros é a tentativa de suprimir a exigência de uma declaração de executoriedade para a execução de decisões proferidas noutros Estados--Membros já consumada, ainda que limitadamente, pelos Regulamentos que criam o título executivo europeu, a injunção europeia de pagamento e o procedimento europeu para as ações de pequeno montante e pelo Regulamento Bruxelas II bis, examinados em seguida, bem como pelo Regulamento sobre obrigações alimentares, e que consta da Proposta de Reformulação do Regulamento Bruxelas I.

A crítica desta instrumentalização do Direito já foi anteriormente feita, dando-se aqui por reproduzidas as considerações então formuladas (*supra* §§ 20 e 86). A unidade política e o mercado comum são compatíveis com uma pluralidade de sistemas jurídicos, e a autonomia dos sistemas jurídicos dos Estados-Membros tem como corolário que o reconhecimento de decisões proferidas por órgãos de outros Estados-Membros deve ser subordinado a condições apropriadas, que estas condições devem ser verificadas oficiosamente quando estejam em jogo interesses públicos e que a execução de uma decisão proferida por tribunais de outro Estado-Membro deve depender de uma declaração de executoriedade.

95. Título executivo europeu, injunção europeia de pagamento e processo europeu para ações de pequeno montante

Dentro do âmbito de aplicação do Regulamento Bruxelas I, há que ter em conta três regulamentos comunitários que dispensam a declaração de executoriedade para a atribuição de força executiva a decisões em matéria de créditos pecuniários não contestados ou em ações de pequeno montante.

DIREITO INTERNACIONAL PRIVADO

O primeiro é o *Regulamento que Cria o Título Executivo Europeu* (Reg. nº 805/2004, de 21/4).

Este Regulamento aplica-se em matéria civil e comercial, com as mesmas exclusões que o Regulamento em matéria civil e comercial (art. 2º). Os dois Regulamentos baseiam-se também num conceito substancialmente comum de "decisão" (art. 4º/1 do Regulamento que cria o título executivo europeu). Além disso é necessário que se trate de um crédito pecuniário não contestado (arts. 3º e 4º/2).

Com a entrada em vigor do Regulamento sobre obrigações alimentares, o Regulamento que cria o título executivo europeu só é aplicável aos títulos relativos a obrigações alimentares emitidos num Estado-Membro vinculado por este Regulamento e não vinculado pelo Protocolo da Haia sobre a Lei Aplicável às Obrigações Alimentares (2007) (art. 68º/2 do Regulamento sobre obrigações alimentares). É o caso do Reino Unido.

As decisões condenatórias abrangidas pelo Regulamento que Cria o Título Executivo Europeu, proferidas num Estado-Membro, gozam de força executiva nos outros Estados-Membros sem necessidade de uma declaração de executoriedade (art. 5º). Este regime é aplicável não só às decisões condenatórias mas também às transações homologadas pelo tribunal ou celebradas perante um tribunal no decurso de um processo, num Estado-Membro (arts. 3º/1 e 24º), e aos instrumentos autênticos lavrados ou registados pela autoridade competente de um Estado-Membro (arts. 3º/1, 4º/3/a e 25º) (*infra* § 99)[1583].

Este Regulamento não vincula a Dinamarca nem é aplicável às decisões proferidas neste país (Considerando nº 25 e art. 2º/3).

Compete a um tribunal ou autoridade do Estado de origem certificar uma decisão como título executivo europeu[1584]. Esta certificação depende de determinados requisitos (art. 6º/1), que são de conhecimento oficioso[1585].

São dois os requisitos aplicáveis a todas as decisões sobre créditos não contestados[1586].

[1583] Ver ainda, relativamente às convenções em matéria de obrigações alimentares, art. 4º/3/b.

[1584] Sobre a possibilidade de o tribunal ou autoridade competente para a certificação não ser o tribunal que proferiu a decisão ou o tribunal ou autoridade que interveio na transação ou no instrumento autêntico, ver KROPHOLLER/VON HEIN [2011: Art. 6 nº 3, Art. 10 nº 3, Art. 24 nº 4 e Art. 25 nº 4] e PAULA COSTA E SILVA [2006: 46].

[1585] Cf. VON HOFFMANN/THORN [2007: 165].

[1586] Ver ainda KROPHOLLER/VON HEIN [2011: Art. 6 nº 4].

Primeiro, que a decisão seja executória no Estado-Membro de origem (a).

Segundo, que não seja incompatível com as regras de competência em matéria de seguros e com as regras de competência exclusiva do Regulamento em matéria civil e comercial (b).

Outros dois requisitos são aplicáveis às decisões em que o devedor nunca tenha deduzido oposição ou não tenha comparecido nem se tenha feito representar na audiência relativa a esse crédito, após lhe ter inicialmente deduzido oposição durante a ação judicial, quando esse comportamento implique uma admissão tácita do crédito ou dos factos alegados pelo credor em conformidade com a legislação do Estado-Membro de origem.

Primeiro, que o processo judicial no Estado-Membro de origem respeite as normas mínimas estabelecidas pelo Regulamento que cria o título executivo europeu (c)[1587].

Segundo que a decisão tenha sido proferida no Estado-Membro do domicílio do devedor, quando diga respeito a um contrato celebrado com um consumidor e o devedor seja o consumidor (d).

Os trâmites de execução são regidos pelo Direito do Estado-Membro de execução, sem prejuízo das disposições contidas no Cap. IV do Regulamento. Uma decisão certificada como título executivo europeu será executada nas mesmas condições que uma decisão proferida no Estado-Membro de execução (art. 20º/1). A decisão ou a sua certificação como título executivo europeu não pode, em caso algum, ser revista quanto ao mérito no Estado-Membro de execução (art. 21º/2).

A execução pode ser recusada, a pedido do devedor, se a decisão certificada como título executivo europeu for inconciliável com uma decisão anteriormente proferida num Estado-Membro ou num país terceiro e desde que (art. 21º/1):

– envolva as mesmas partes e a mesma causa de pedir;

– tenha sido proferida no Estado-Membro de execução ou reúna as condições necessárias para o seu reconhecimento no Estado-Membro de execução;

– não tenha sido alegada, nem tenha sido possível alegar, a incompatibilidade para impugnar o crédito durante a ação judicial no Estado-Membro de origem.

[1587] Ver, sobre a compatibilidade do Direito processual português com os requisitos estabelecidos pelo art. 19º do Regulamento, PAULA COSTA E SILVA [2006: 74 e segs.].

DIREITO INTERNACIONAL PRIVADO

Além disso, são admitidos os meios de oposição à execução que se encontrem previstos na lei do Estado de execução, com os fundamentos que não sejam incompatíveis com o Regulamento, por exemplo, facto extintivo do crédito posterior ao encerramento da discussão no processo de declaração[1588].

O trânsito em julgado não é requisito da certificação como título executivo nem pressuposto da execução[1589]. Todavia, se o devedor tiver impugnado uma decisão certificada como título executivo europeu ou requerido a retificação ou revogação da certidão de Título Executivo Europeu no país de origem o tribunal de execução pode, a pedido do devedor (art. 23º):

– limitar o "processo de execução" a providências cautelares; ou

– subordinar a execução à constituição de uma garantia;

– em circunstâncias excecionais, suspender o processo de execução.

A transação relativa a um crédito, na aceção do art. 4º/2, que tenha sido homologada pelo tribunal ou celebrada perante um tribunal no decurso de um processo e seja executória no Estado-Membro onde tenha sido homologada ou celebrada, poderá ser certificada como título executivo europeu no Estado de origem (art. 24º/1). Isto tem por consequência a exequibilidade da transação nos outros Estados-Membros sem necessidade de declaração de executoriedade e sem que seja possível contestar a sua força executória (art. 24º/2).

Nos termos do seu art. 27º, o Regulamento que cria o título executivo europeu não afeta a possibilidade de requerer o reconhecimento e a "execução" de uma decisão relativa a um crédito não contestado, de uma transação homologada por um tribunal ou de um instrumento autêntico com base no Regulamento Bruxelas I. Por conseguinte, o Regulamento que cria o título executivo europeu confere ao credor uma opção adicional.

Um outro caso em que se verifica a dispensa de declaração de executoriedade resulta do *Regulamento que Cria a Injunção Europeia de Pagamento* (Reg. nº 1896/2006, de 12/12).

Este Regulamento tem por objetivo (art. 1º/1):

– simplificar, acelerar e reduzir os custos dos processos judiciais em casos transfronteiriços de créditos pecuniários não contestados, através da criação de um procedimento europeu de injunção de pagamento;

[1588] Cf. VON HOFFMANN/THORN [2007: 166] e KROPHOLLER/VON HEIN [2011: Art. 20 nºs 12-13.

[1589] Cf. KROPHOLLER/VON HEIN [2011: Art. 6 nº 5].

RECONHECIMENTO DE DECISÕES JUDICIAIS ESTRANGEIRAS

– permitir a "livre circulação" das injunções europeias de pagamento em todos os Estados-Membros, através do estabelecimento de normas mínimas cuja observância torne desnecessário qualquer procedimento intermédio no Estado-Membro de execução anterior ao reconhecimento e à execução.

O procedimento estabelecido pelo Regulamento constitui um meio suplementar e facultativo à disposição do requerente, que mantém toda a liberdade de recorrer aos procedimentos previstos no Direito interno ou no Direito da União Europeia. Por conseguinte, este Regulamento não substitui nem harmoniza os mecanismos de cobrança de créditos não contestados previstos no Direito interno (Considerando nº 10 e art. 1º/2).

O Regulamento aplica-se em matéria civil e comercial, com todas as exclusões que constam do Regulamento em matéria civil e comercial, salvo a arbitragem (art. 2º/1 e 2). A omissão de uma exclusão expressa da arbitragem pode suscitar dúvidas. Tudo indica que o Regulamento só se aplica a injunções emitidas por autoridades públicas (cf. art. 1º/1/a, art. 5º/3, art. 6º e art. 29º/1/a). Isto não obsta a que os tribunais estaduais competentes possam titular como injunções europeias créditos abrangidos por uma convenção de arbitragem, caso o requerido não deduza oposição, ou créditos contratuais que digam respeito a custas de um processo arbitral[1590].

Por outro lado, o Regulamento não é aplicável a créditos resultantes de obrigações não contratuais, a não ser que as partes tenham chegado a acordo sobre esses créditos ou tenha havido um reconhecimento da dívida ou que esses créditos se relacionem com dívidas líquidas decorrentes da compropriedade de bens (art. 2º/2/d).

Diferentemente do Regulamento que cria o título executivo europeu, o Regulamento que cria a injunção europeia de pagamento só se aplica em casos transfronteiriços (art. 2º/1). Considera-se transfronteiriço o caso em que pelo menos uma das partes tem domicílio ou residência habitual num Estado-Membro distinto do Estado-Membro do tribunal demandado (art. 3º/1)[1591]. De resto é indiferente que uma das partes tenha domicílio num Estado terceiro[1592].

[1590] Cf. SCHLOSSER [2009: Art. 3 nº 6] e KROPHOLLER/VON HEIN [2011: Art. 2 nº 5].

[1591] O domicílio é determinado nos termos dos arts. 59º e 60º do Regulamento em matéria civil e comercial (art. 3º/2).

[1592] Cf. KROPHOLLER/VON HEIN [2011: Art. 3 nº 5]; cp. ALEGRÍA BORRÁS [2009: 30-31].

DIREITO INTERNACIONAL PRIVADO

O Regulamento contém, por isso, Direito processual especial privativo de casos transnacionais.

O Regulamento não vincula a Dinamarca nem é aplicável ao reconhecimento de decisões proferidas por autoridades dinamarquesas (Considerando nº 32 e art. 2º/3).

A competência internacional do tribunal é determinada com base nos regimes europeus aplicáveis, em primeira linha com base no Regulamento Bruxelas I (art. 6º/1)[1593]. No caso de contrato celebrado com um consumidor, em que o requerido seja o consumidor, são exclusivamente competentes os tribunais do Estado-Membro do domicílio do consumidor (art. 6º/2). Este preceito tem sentido útil, apesar do disposto no art. 16º/2 do Regulamento Bruxelas I, por duas razões. Por um lado, tem um âmbito de aplicação mais vasto: a sua aplicação não depende dos requisitos que constam do art. 15º/1/a a c do Regulamento Bruxelas I, não é excluída relativamente ao contrato de transporte (cp. art. 15º/3 do Regulamento Bruxelas I) e abrange contratos de seguro celebrados com consumidores. Por outro, o preceito não pode era afastado por pacto de jurisdição (cp. art. 17º do Regulamento Bruxelas I) nem por uma competência exclusiva fundada no art. 22º do Regulamento Bruxelas I (em matéria contratual)[1594].

Em Portugal, o tribunal competente para a emissão de uma injunção de pagamento europeia é o Tribunal da Comarca do Porto (varas cíveis). O mesmo tribunal é competente para o procedimento de reapreciação previsto no art. 20º do Regulamento[1595].

O Regulamento estabelece algumas normas processuais mínimas, que devem ser complementadas pelo Direito processual do Estado-Membro do foro.

A injunção de pagamento europeia que tenha adquirido força executiva no Estado-Membro de origem é reconhecida e executada nos outros Estados-Membros sem que seja necessária uma declaração de executoriedade e sem que seja possível contestar o seu reconhecimento (art. 19º).

[1593] Ver, com mais desenvolvimento, KROPHOLLER/VON HEIN [2011: Art. 6 nºs 1 e segs.]

[1594] Cf. KROPHOLLER/VON HEIN [2011: Art. 6 nºs 7 e 8]; cp. PAULA COSTA E SILVA [2006: 187].

[1595] Comunicação feita à Comissão em conformidade com o art. 29º do Regulamento [in *http://ec.europa.eu/justice_home/judicialatlascivil/html/pdf/vers_consolide_pt_1896.pdf*]. Sobre a compatibilidade desta solução com o regime europeu, ver SCHLOSSER [2009: Art. 6 nº 1] e KROPHOLLER/VON HEIN [2011: Art. 6 nº 12], com mais referências.

RECONHECIMENTO DE DECISÕES JUDICIAIS ESTRANGEIRAS

Sem prejuízo do disposto no Regulamento, o processo de execução rege-se pela lei do Estado-Membro de execução. A injunção europeia de pagamento que tenha adquirido força executiva é executada nas mesmas condições que uma decisão executória proferida no Estado-Membro de execução (art. 21º/1).

A pedido do requerido, a execução é recusada pelo tribunal competente do Estado-Membro de execução se a injunção de pagamento europeia for incompatível com uma decisão anteriormente proferida em qualquer Estado-Membro ou país terceiro, desde que se verifiquem cumulativamente os seguintes requisitos (art. 22º/1):

– a decisão anterior diga respeito à mesma causa de pedir e às mesmas partes;

– a decisão anterior reúna as condições necessárias ao seu reconhecimento no Estado-Membro de execução;

– não tenha sido possível alegar a incompatibilidade durante a ação judicial no Estado-Membro de origem.

A pedido, a execução também é recusada se, e na medida em que, o requerido tiver pago ao requerente o montante reconhecido na injunção (art. 22º/2).

A injunção europeia de pagamento não pode, em caso algum, ser reapreciada quanto ao mérito no Estado-Membro de execução (art. 22º/3).

Caso o requerido tenha pedido a reapreciação da injunção no Estado-Membro de origem (nos termos do artigo 20º), o tribunal competente do Estado-Membro de execução pode, a pedido do requerido (art. 23º):

– limitar o "processo de execução" a providências cautelares; ou

– subordinar a execução à constituição de uma garantia, que lhe compete determinar; ou

– em circunstâncias excecionais, suspender o processo de execução.

O regime contido neste Regulamento é aplicável desde 12 de Dezembro de 2008.

Um terceiro caso em que se verifica a dispensa de declaração de executoriedade resulta do *Regulamento que Estabelece um Processo Europeu para Ações de Pequeno Montante* (Reg. nº 861/2007, de 11/7).

Este Regulamento tem objetivos semelhantes ao que cria a injunção europeia de pagamento em relação às ações de pequeno montante (art. 1º), mas não se limita a créditos pecuniários não contestados. O procedimento estabelecido por este Regulamento também constitui um meio

DIREITO INTERNACIONAL PRIVADO

alternativo aos processos previstos no Direito interno (art. 1º/1/2ª parte) e tem caráter facultativo relativamente a outros instrumentos europeus, quando se verifiquem os respetivos pressupostos de aplicação[1596].

O Regulamento aplica-se em matéria civil e comercial, com todas as exclusões que constam do Regulamento em matéria civil e comercial, e ainda as obrigações de alimentos, o Direito do Trabalho, o arrendamento de imóveis (exceto em ações pecuniárias) e as violações da vida privada e dos direitos de personalidade (art. 2º).

Consideram-se ações de pequeno montante aquelas em que o valor do pedido não exceda € 2000 excluindo todos os juros, custos e outras despesas (art. 2º/1).

À semelhança do Regulamento que cria a injunção europeia, o Regulamento que estabelece o processo europeu para ações de pequeno montante só se aplica em casos transfronteiriços, contendo, por conseguinte, Direito processual especial privativo de casos transnacionais. Para o efeito releva o mesmo conceito de caso transfronteiriço (art. 3º).

O Regulamento não vincula a Dinamarca nem é aplicável ao reconhecimento de decisões proferidas por autoridades dinamarquesas (Considerando nº 38 e art. 2º/3).

O Regulamento não contém normas de competência internacional. Esta competência tem de ser estabelecida em primeira linha com base no Regulamento Bruxelas I[1597]. A competência territorial é regida pelo Regulamento Bruxelas I, quando este instrumento contenha disposição relevante na matéria, e, caso isto não se verifique, pelo Direito interno dos Estados-Membros[1598].

O regime aplicável ao reconhecimento e à execução das decisões proferidas num Estado-Membro em processo europeu para ações de pequeno montante nos outros Estados-Membros é semelhante ao que se encontra

---

[1596] Cf. SCHLOSSER [2009: *Einleitung* nº 5] e KROPHOLLER/VON HEIN [2011: Art. 1 nºs 3 e segs.]

[1597] Ver VON HOFFMANN/THORN [2007: 168] e KROPHOLLER/VON HEIN [2011: Art. 4 nºs 1 e segs.], com mais desenvolvimento.

[1598] Cf. KROPHOLLER/VON HEIN [2011: Art. 4 nº 4]. Portugal comunicou, nos termos do art. 25º do Regulamento, que são competentes para proferir decisões em processo europeu para ações de pequeno montante os tribunais de comarca [*in* http://ec.europa.eu/justice_home/judicialatlascivil/html/sc_courtsjurisd_pt.jsp? countrySession=10#statePage0].

estabelecido para a injunção europeia de pagamento (art. 20º/1, art. 21º/1, art. 22º e art. 23º).

O regime contido neste Regulamento é aplicável desde 1 de Janeiro de 2009.

96. Regime europeu em matéria matrimonial e de responsabilidade parental

A) Preliminares e âmbito de aplicação

O Reg. (CE) nº 1347/2000 Relativo à Competência, ao Reconhecimento e à Execução de Decisões em Matéria Matrimonial e de Regulação do Poder Paternal em Relação a Filhos Comuns do Casal (Regulamento Bruxelas II) estabeleceu um regime de reconhecimento de decisões estrangeiras em matérias excluídas do âmbito de aplicação do Regulamento em matéria civil e comercial. O Regulamento entrou em vigor em 1 de Março de 2001 (art. 46º).

Sobre os antecedentes do Regulamento Bruxelas II, ver *supra* § 85.

O Reg. (CE) nº 2201/2003 Relativo à Competência, ao Reconhecimento e à Execução de Decisões em Matéria Matrimonial e em Matéria de Responsabilidade Parental (Regulamento Bruxelas II bis) veio revogar o Reg. CE nº 1347/2000; este Regulamento entrou em vigor em 1 de agosto de 2004, mas, com exceção de algumas disposições instrumentais, só se tornou aplicável a partir de 1 de março de 2005.

O art. 63º do Regulamento em matéria matrimonial e de responsabilidade parental foi alterado pelo Reg. (CE) nº 2116/2004, de 2/12[1599].

Quanto ao seu *âmbito material de aplicação*, o Regulamento em matéria matrimonial e de responsabilidade parental regula o reconhecimento de decisões de divórcio, separação de pessoas e bens ou anulação do casamento, bem como de decisões em matéria de responsabilidade parental (art. 1º/1)[1600].

No que toca ao *âmbito espacial de aplicação*, o Regulamento regula o reconhecimento das decisões proferidas por tribunais de Estados-Membros (art. 21º/1), com exceção da Dinamarca (art. 2º/3).

[1599] *JOCE* L 367/1, de 14/12/2004.

[1600] O Regulamento aplica-se também à execução de decisões sobre custas de processos instaurados ao abrigo do regulamento (art. 49º).

DIREITO INTERNACIONAL PRIVADO

No que se refere ao seu *âmbito temporal de aplicação*, o Regulamento só rege, em princípio, o reconhecimento de decisões proferidas em ações intentadas depois da sua data de aplicação (art. 64º/1).

Admite-se, porém, a aplicação do regime do Regulamento a decisões proferidas em ações intentadas antes da data da aplicação deste Regulamento, nos seguintes casos (art. 64º/2 a 4):

– as decisões proferidas após a data de aplicação do Regulamento, na sequência de processos instaurados antes dessa data, mas após a data de entrada em vigor do Reg. nº 1347/2000, são reconhecidas e executadas ao abrigo do Regulamento, sempre que a competência do tribunal de origem se tenha fundamentado em critérios conformes com os estabelecidos pelo Regulamento, pelo Reg. nº 1347/2000 ou por uma Convenção em vigor entre o Estado-Membro de origem e o Estado-Membro requerido aquando da instauração da ação[1601];

– as decisões proferidas antes da data de aplicação do Regulamento, na sequência de processos intentados após a data de entrada em vigor do Reg. nº 1347/2000, são reconhecidas e executadas ao abrigo do regime do Regulamento desde que sejam abrangidas pelo Reg. nº 1347/2000, i.e., as relativas ao divórcio, à separação ou à anulação do casamento ou à responsabilidade parental de filhos comuns no âmbito de uma ação de natureza matrimonial;

– as decisões proferidas antes da data de aplicação do Regulamento, mas após a data de entrada em vigor do Reg. nº 1347/2000, na sequência de processos instaurados antes da entrada em vigor do Reg. nº 1347/2000, são reconhecidas e executadas ao abrigo do Regulamento, desde que sejam abrangidas pelo Reg. nº 1347/2000 e que a competência do tribunal de origem se tenha fundamentado em critérios conformes com os estabelecidos pelo Regulamento, pelo Reg. nº 1347/2000 ou por uma Convenção em vigor entre o Estado-Membro de origem e o Estado-Membro requerido aquando da instauração da ação.

Quando o tribunal do Estado-Membro requerido deve verificar, nos termos do art. 64º/4 do Regulamento Bruxelas II bis, se o tribunal do Estado-Membro de origem de uma decisão jurisdicional seria competente ao abrigo do artigo 3º/1/b) do mesmo Regulamento, esta última disposi-

---

[1601] Ver TCE 27/11/2009, no caso *C*. [*in http://curia.europa.eu*].

ção opõe-se a que o tribunal do Estado-Membro requerido considere os cônjuges, que têm ambos a nacionalidade tanto desse Estado como do Estado-Membro de origem, unicamente como nacionais do Estado-Membro requerido. Pelo contrário, esse tribunal deve ter em conta o facto de os cônjuges terem igualmente a nacionalidade do Estado-Membro de origem e que, como tal, os tribunais deste último são competentes para conhecer do litígio[1602].

O Regulamento em matéria matrimonial e de responsabilidade parental é aplicável ao reconhecimento das *decisões proferidas, em matérias civis, por autoridades judiciais ou administrativas* de outro Estado-Membro que se considerem competentes na matéria (arts. 1º/1 e 2º/1)[1603].

Como o Regulamento se reporta a decisões de autoridades, deve entender-se que, à semelhança do que se verificava com o Reg. nº 1347/2000[1604], estão excluídas as decisões proferidas em processos de natureza puramente religiosa[1605]. No entanto, é assinalado mais adiante que o regime de reconhecimento do Regulamento se aplica, em princípio, às decisões de anulação proferidas pelos tribunais eclesiásticos em conformidade com as normas das Concordatas celebradas por Portugal, Itália, Espanha e Malta com a Santa Sé (art. 63º/2 a 4).

Este regime de reconhecimento também não é aplicável aos divórcios privados, que não constituem decisões[1606]. A eficácia destes divórcios depende, em primeira linha, da lei competente (*infra* § 97 B).

O Regulamento só abrange o reconhecimento das decisões positivas de divórcio, separação de pessoas e bens e anulação de casamento, i.e., daquelas que tenham decretado o divórcio ou separação ou anulado o casamento (art. 2º/4)[1607].

[1602] Cf. TCE 16/7/2009, no caso *Hadady* [*in http://curia.europa.eu*].

[1603] Ver também Considerando nº 7 e Proposta da Comissão [COM (2002) 222 final/2], 6.

[1604] Cf. Considerando nº 9 e ALEGRÍA BORRÁS [1998: nº 20].

[1605] Neste sentido, BARATTA [2004: 167], CALVO CARAVACA/CARRASCOSA GONZALEZ/CASTELLANOS RUIZ [2005: 132] e *Staudinger*/SPELLENBERG [2005: Art 21 nº 9].

[1606] Cf. BONOMI [2001: 341] e *Staudinger*/SPELLENBERG [2005: nº 9].

[1607] Ver ainda Considerando nº 8, BARATTA [2004: 187], THOMAS/PUTZO/HÜSSTEGE [2011: Vorbem Art. 21 nº 1b], *Staudinger*/SPELLENBERG [2005: Art. 21 nºs 20 e segs.] e, relativamente ao Reg. nº 1347/2000, ALEGRÍA BORRÁS [1998: nº 60]. Cp. CALVO CARAVACA/CARRASCOSA GONZALEZ/CASTELLANOS RUIZ [2005: 132].

DIREITO INTERNACIONAL PRIVADO

Para justificar esta limitação o Relatório de ALEGRÍA BORRÁS (relativo à Convenção que esteve na base do Reg. nº 1347/2000) invoca que, segundo o mandato conferido ao grupo encarregado de preparar a Convenção, esta deveria facilitar o reconhecimento das decisões de divórcio, separação e anulação do casamento[1608]. A verdadeira razão, porém, parece residir no receio dos países escandinavos de que o reconhecimento de decisões baseadas em leis estrangeiras mais restritivas pudesse prejudicar o direito ao divórcio consagrado pelas suas legislações internas[1609]. Não sendo a decisão negativa proferida num Estado-Membro reconhecida noutro Estado-Membro cujos tribunais são internacionalmente competentes para o divórcio, abre-se a possibilidade de ser proposta uma nova ação neste Estado-Membro[1610].

Além disso, o reconhecimento só tem por objeto a dissolução do vínculo matrimonial, e já não as suas consequências económicas ou de outro tipo, designadamente quanto aos bens do casal e à obrigação alimentar[1611].

O Regulamento também se aplica ao reconhecimento das decisões em matéria de responsabilidade parental, que inclui todas as decisões de autoridades que confiram direitos e obrigações relativamente à pessoa ou aos bens de uma criança, incluindo as medidas de proteção da criança, o direito de guarda e o direito de visita[1612].

Como foi anteriormente assinalado, no que se refere aos bens da criança, este Regulamento só é aplicável às medidas de proteção da criança. As medidas relativas aos bens da criança não relacionadas com a sua proteção estão submetidas ao Regulamento em matéria civil e comercial[1613].

O Regulamento não é aplicável às medidas tomadas na sequência de infrações penais cometidas por crianças (art. 1º/3/g).

Por "direito de guarda" entende-se os direitos e as obrigações relativos aos cuidados devidos à criança e, em particular, o direito de decidir sobre o

---

[1608] Cf. ALEGRÍA BORRÁS [1998: nº 60].

[1609] Cf. ANCEL/MUIR WATT [2001: 436].

[1610] Ver ainda, em sentido crítico, GAUDEMET-TALLON [2001: 406]. Isto não obsta ao reconhecimento da decisão negativa com base no regime interno dos Estados-Membros – cf. RAUSCHER/RAUSCHER [2010: Art. 2 nº 11], com mais referências; em sentido contrário, TEIXEIRA DE SOUSA [2003: 214 e 222-223].

[1611] Cf. Considerando nº 8 e ALEGRÍA BORRÁS [1998: nºs 22 e 64].

[1612] Cf. Considerandos nºs 5 e 7.

[1613] Cf. Considerando nº 9.

seu lugar de residência (art. 2º/9). Talvez fosse mais curial falar de "direito de custódia".

Por "direito de visita" entende-se nomeadamente o direito de levar uma criança, por um período limitado, para um lugar diferente do da sua residência habitual (art. 2º/10).

Quanto ao reconhecimento do *efeito constitutivo*, a situação é semelhante à que se verifica perante o Regulamento Bruxelas I[1614]. O Regulamento Bruxelas II bis determina mesmo expressamente que o reconhecimento de uma decisão não pode ser recusado com o fundamento de a lei do Estado-Membro requerido não permitir o divórcio, a separação de pessoas e bens ou a anulação com base nos mesmos factos (art. 25º). A expressão "lei do Estado-Membro" inclui tanto o Direito material como o Direito de Conflitos[1615].

Daqui decorre que o reconhecimento do efeito constitutivo não depende da lei competente, o que é criticável (*infra* § 97 A). Por exemplo, a dissolução do casamento operada por uma sentença de divórcio proferida noutro Estado-Membro pode ser reconhecida em Portugal mesmo que o divórcio não seja reconhecido pela ordem jurídica competente segundo o Direito de Conflitos vigente na ordem jurídica portuguesa (o Reg. UE nº 1259/2010 que Cria uma Cooperação Reforçada no Domínio da Lei Aplicável em Matéria e Divórcio e Separação Judicial só será aplicável, a partir de 21 de Junho de 2012, nos Estados-Membros que participam nesta cooperação).

Já admite dúvida se uma decisão que não satisfaz as condições de reconhecimento estabelecidas pelo Regulamento pode produzir o seu efeito constitutivo segundo a lei competente. A este respeito é de notar que a questão de saber se o regime interno mais favorável ao reconhecimento pode ser invocado dentro do âmbito de aplicação do Regulamento não encontra resposta tão categórica na doutrina quanto em relação ao Regulamento Bruxelas I (*supra* § 94 E)[1616].

[1614] Cf. KROPHOLLER [2006: 682].

[1615] Cf. ALEGRÍA BORRÁS [1998: nº 76], THOMAS/PUTZO/HÜSSTEGE [2011: Art. 25 nº 2] e *Staudinger*/SPELLENBERG [2005: Art 25 nº 5].

[1616] RAUSCHER/RAUSCHER [2010: *Einl* nº 16 e Art. 21 nº 11] afirma que a o reconhecimento segundo o regime interno é afastado dentro do âmbito de aplicação do Regulamento, mas no pressuposto que a questão do recurso ao regime interno mais favorável não se coloca, porque o regime do Regulamento é, em geral, mais favorável. Ver ainda SCHACK [2010: nº 899].

DIREITO INTERNACIONAL PRIVADO

B) Relações com o regime interno e com outros instrumentos
O Regulamento Bruxelas II bis prevalece quanto a decisões proferidas por tribunais de Estados-Membros sobre a Convenção da Haia Relativa à Competência das Autoridades e à Lei Aplicável em Matéria de Proteção de Menores (1961), a Convenção da Haia sobre o Reconhecimento dos Divórcios e Separações de Pessoas (1970) e a Convenção Europeia sobre o Reconhecimento e a Execução das Decisões Relativas à Guarda de Menores e Sobre o Restabelecimento da Guarda de Menores (1980)[1617], na medida em que estas Convenções se refiram a matérias reguladas pelo Regulamento (art. 60º).

No que se refere às relações com a Convenção da Haia Relativa à Competência, à Lei Aplicável, ao Reconhecimento, à Execução e à Cooperação em Matéria de Poder Paternal e de Medidas de Proteção de Menores (1996), o Regulamento é aplicável ao reconhecimento e à execução de uma decisão proferida pelo tribunal de outro Estado-Membro quer a criança resida habitualmente no território de um Estado-Membro ou de um Estado terceiro parte nesta Convenção (art. 61º) (ver ainda *supra* § 55 B)[1618].

Uma regulação europeia do reconhecimento de decisões em matéria de dissolução do casamento coloca problemas de compatibilidade com os *tratados internacionais celebrados entre alguns Estados-Membros e a Santa Sé* com respeito à dissolução dos casamentos católicos. Estes tratados contêm regras sobre o reconhecimento das decisões dos tribunais eclesiásticos e, no caso da Concordata celebrada com Portugal em 1940, também uma regra de competência exclusiva dos tribunais eclesiásticos relativamente a certos modos de dissolução.

O Regulamento determina que a sua aplicação não prejudica a Concordata de 1940 entre a Santa Sé e Portugal (art. 63º/1).

O art. 25º/§ 1º desta Concordata atribuía aos tribunais eclesiásticos competência exclusiva para conhecer da nulidade do casamento católico e da dispensa do casamento rato e não consumado. Em conformidade com este preceito, o art. 1625º CC determina que o conhecimento das causas respeitantes à nulidade do casamento católico e à dispensa do casamento rato e não consumado é reservado aos tribunais e às repartições eclesiásticas competentes. Por conseguinte, os tribunais portugueses só

[1617] Para referir apenas as que estão em vigor na ordem jurídica portuguesa.
[1618] Ver ainda BARATTA [2004: 168 e seg.].

RECONHECIMENTO DE DECISÕES JUDICIAIS ESTRANGEIRAS

reconheciam decisões de anulação dos casamentos concordatários que fossem proferidas por tribunais eclesiásticos[1619].

Nos termos do art. 25º/§ 2º da mesma Concordata, bem como do art. 1626º/1 CC e do art. 7º/3 C. Reg. Civil na redação anterior ao DL nº 100/2009, de 11/5, as decisões de anulação proferidas em conformidade com as normas da Concordata beneficiavam em Portugal do regime de reconhecimento automático incondicionado, mesmo quanto ao valor como título de registo.

O art. 63º/2 do Regulamento Bruxelas II bis determina que as decisões de anulação proferidas por tribunais eclesiásticos em conformidade com as normas da Concordata são reconhecidas nos outros Estados-Membros nas condições estabelecidas para a generalidade das decisões judiciais e administrativas (art. 63º/2)[1620]. O mesmo se verifica com as decisões de anulação proferidas em conformidade com as normas da Concordata entre a Santa Sé e a Itália (1929, alterada em 1984), o Acordo de 1979 entre a Santa Sé e a Espanha e o Acordo de 1993 (com Protocolos de 1993 e 1995) entre a Santa Sé e Malta (art. 63º/3 com a redação dada pelo Reg. CE nº 2116/2004).

Parece que a obrigação de reconhecimento destas decisões depende da sua eficácia no Estado-Membro parte no tratado[1621].

[1619] Cf. ALEGRÍA BORRÁS [1998: nº 120].

[1620] Cf. RAUSCHER/RAUSCHER [2010: Art. 63 nº 7].

[1621] Cf., relativamente à Concordata de 1940, ALEGRÍA BORRÁS [1978: nº 120]. Ver ainda TEIXEIRA DE SOUSA [2003: 213]. Apesar de o sentido literal do art. 63º/2 parecer inequívoco, alguns autores têm defendido que são as decisões dos tribunais portugueses, italianos, espanhóis ou malteses que declaram executória ou confirmam as decisões eclesiásticas que são objeto de reconhecimento – ver *Staudinger*/SPELLENBERG [2005: Art. 21 nºs 13 e 15], com mais referências. Neste sentido faz-se valer que só então as decisões eclesiásticas obtêm eficácia civil e que não faz sentido obrigar os outros Estados-Membros a reconhecer uma decisão concordatária antes de esta decisão ser eficaz no Estado-Membro parte na Concordata e mesmo que o não possa ser. Em sentido convergente, RAUSCHER/RAUSCHER [2010: Art. 63 nº 7], segundo o qual só as decisões eclesiásticas reguladas pela Concordata de 1940 deveriam ser diretamente reconhecidas. Numa posição intermédia, pode entender-se que o Regulamento só obriga ao reconhecimento das decisões eclesiásticas que sejam eficazes no Estado-Membro parte no tratado, mas que é a decisão eclesiástica, e não a decisão de confirmação, que é objeto do reconhecimento. Ver também CALVO CARAVACA/CARRASCOSA GONZÁLEZ/CASTELLANOS RUIZ [2005: 132].

DIREITO INTERNACIONAL PRIVADO

Não obstante, o reconhecimento das decisões proferidas por tribunais eclesiásticos em conformidade com as normas da Concordata de 1940 entre a Santa Sé e Portugal em Espanha, Itália, ou Malta pode ficar sujeito aos mesmos procedimentos e verificações que sejam aplicáveis a decisões proferidas por tribunais eclesiásticos de acordo com os tratados internacionais celebrados por estes Estados com a Santa Sé (art. 63º/4 com a redação dada pelo Reg. CE nº 2116/2004)[1622].

A Concordata de 1940 foi entretanto substituída por uma nova Concordata entre Portugal e a Santa Sé. Talvez porque o art. 25º da Concordata de 1940, e os arts. 1625º e segs. CC, suscitaram dúvidas quanto à sua constitucionalidade[1623], a nova Concordata de 2004 estabelece um regime diferente. Por um lado, a nova Concordata não atribui competência exclusiva aos tribunais eclesiásticos. Por outro, veio admitir que o reconhecimento dos efeitos civis na ordem jurídica interna fique dependente de revisão e confirmação. Com efeito, nos termos do art. 16º da Concordata de 2004, as decisões relativas à nulidade e à dispensa pontifícia do casamento rato e não consumado pelas autoridades eclesiásticas competentes, verificadas pelo órgão eclesiástico de controlo superior, produzem efeitos civis, a requerimento de qualquer das partes, após revisão e confirmação, nos termos do Direito português, pelo competente tribunal do Estado (nº 1). O nº 2 do mesmo artigo define as condições de reconhecimento (*infra* § 98 B).

[1622] Ver também PAULA COSTA E SILVA [2010: 803-804].

[1623] Ver GOMES CANOTILHO/VITAL MOREIRA – *Constituição da República Portuguesa Anotada*, 4ª ed., Coimbra, 2007, art. 36º an IV, e PAULA COSTA E SILVA [2004: 23 e segs. e 45 e segs.]. Cp., no sentido da constitucionalidade, ANTUNES VARELA – an a STJ 6/3/1980, *RLJ* 113 (1981/1982) 328-336, 330-333; Francisco PEREIRA COELHO e GUILHERME DE OLIVEIRA – *Curso de Direito da Família*, vol. I – Introdução. *Direito Matrimonial*, 4ª ed., Coimbra, 2008, 184-185; Miguel TEIXEIRA DE SOUSA – "Le marriage réligieux et son efficacité civile. Le cas portugais", *in Marriage and Religion in Europe. Proceedings of the Meeting, Augsburg, November 28-29, 1991*, 61-65, Milão, 1993, 64-65; STJ 29/6/1978 [*BMJ* 278: 228] e 22/2/1994 [*CJ/STJ* (1994-I) 115]. Ver ainda ISABEL DE MAGALHÃES COLLAÇO – "A Reforma de 1977 do Código Civil de 1966. Um olhar vinte e cinco anos depois", *in Comemorações dos 35 Anos do Código Civil e dos 25 Anos da Reforma de 1977*, vol. I – *Direito da Família e das Sucessões*, 17-40, Coimbra, 2004, 25-27, e MOURA RAMOS [2007: 359 e segs.].

Os arts. 1626º CC e 7º/3 C. Reg. Civ. foram alterados em conformidade pelo DL nº 100/2009, de 11/5[1624].

O art. 1625º CC permaneceu inalterado, mas parece que não pode ser invocado como fundamento de recusa de reconhecimento de decisões de anulação de casamentos canónicos proferidos por autoridades de outros Estados-Membros, uma vez que a competência exclusiva dos tribunais eclesiásticos deixou de ter fundamento num tratado previsto pelo art. 63º/1 do Regulamento Bruxelas II bis[1625].

Por outro lado, parece que o regime estabelecido pelo art. 63º/2 não será aplicável sem mais às decisões reguladas pela Concordata de 2004. A dúvida está em saber se, para a aplicação deste regime, bastará uma comunicação à Comissão nos termos do art. 63º/5/b (que se refere à alteração dos Tratados)[1626], ou se será necessário rever o art. 63º do Regulamento no sentido de substituir a referência à Concordata de 1940 pela referência à Concordata de 2004 (que é um novo tratado e não uma mera alteração do tratado anterior).

Em qualquer caso, creio que deverá estabelecer-se um regime unitário para o reconhecimento das decisões reguladas pelas Concordatas celebradas com Portugal, Itália, Espanha e Malta, e que, por conseguinte, deverá reformular-se o art. 63º[1627]. De acordo com o anteriormente exposto, parece que isto terá por consequência que a aplicação do regime de reconhecimento do Regulamento às decisões reguladas pela Concordata de 2004 pressuporá a sua revisão e confirmação em Portugal.

O Regulamento prevalece igualmente sobre o regime interno de reconhecimento de sentenças (*supra* § 94 A).

[1624] Ver, relativamente à situação anterior, LIMA PINHEIRO [2006: 526], no sentido de que, a admitir-se a constitucionalidade dos arts. 1626º/1 CC e 7º/3 C. Reg. Civ., se poderia entender que, enquanto estas normas não fossem alteradas, as decisões dos tribunais eclesiásticos continuariam a beneficiar em Portugal do regime de reconhecimento automático incondicionado dos seus efeitos. Em sentido contrário, Jorge DUARTE PINHEIRO – *Direito da Família e das Sucessões*, vol. I, 2ª ed., Lisboa, 2005, 273; MOURA RAMOS [2007: 383 n 141] que considerava o art. 1626º "implicitamente revogado" pelo art. 16º da Concordata de 2004; PEREIRA COELHO/ GUILHERME DE OLIVEIRA, op. cit., 329-330, que consideravam o art. 1626º CC e o art. 7º/3 C. Reg. Civ. "revogados" pela Concordata de 2004. Neste mesmo sentido, RPt 22/9/2005 [*CJ* (2005-IV) 171]. Ver também REv 16/12/2008 [*CJ* (2008-V) 262].

[1625] Cp. MOURA RAMOS [2007: 360 e 282-383].

[1626] Como sugere HELENA BRITO [2005: 354].

[1627] Em sentido convergente, HELENA BRITO [2005: 354].

DIREITO INTERNACIONAL PRIVADO

C) Reconhecimento automático e declaração de executoriedade

O art. 21º estabelece o princípio do *reconhecimento automático*: as decisões proferidas num Estado-Membro são reconhecidas nos outros Estados-Membros sem necessidade de recurso a qualquer procedimento (nº 1).

O reconhecimento automático estende-se ao valor como *título de registo* do estado civil das decisões em matéria de divórcio, separação de bens ou anulação do casamento de que já não caiba recurso segundo a lei do Estado-Membro de origem (nº 2)[1628].

A palavra "recurso" utilizada neste preceito tem o significado de recurso ordinário[1629]. Quanto ao conceito relevante de recurso ordinário deve atender-se ao entendimento seguido relativamente aos arts. 37º e 46º/1 do Regulamento em matéria civil e comercial (*supra* § 94 H).

Isto não exclui que o reconhecimento seja invocado a *título principal ou incidental* num processo judicial.

O Regulamento determina que qualquer parte interessada pode pedir uma declaração judicial de reconhecimento ou de não reconhecimento aplicando-se neste caso o procedimento estabelecido para a declaração de executoriedade (art. 21º/3).

Contudo, nos casos em que o processo tenha por objeto uma decisão em matéria de direito de visita ou de regresso da criança certificada nos termos dos arts. 11º/8 e 40º a 42º, não se admite o pedido de declaração de não reconhecimento (arts. 41º/1 e 42º/1)[1630]. Nos outros casos, qualquer parte interessada pode pedir o não reconhecimento de uma decisão judicial mesmo que não tenha sido previamente apresentado um pedido de reconhecimento dessa mesma decisão[1631].

Embora o art. 21º/3 remeta, a este respeito, para o procedimento estabelecido para a declaração de executoriedade, entende-se que o artigo 31º/1, na medida em que prevê que nem a pessoa contra a qual é pedida a execução nem a criança podem, nessa fase do processo, apresentar observações, não é aplicável a um processo de não reconhecimento de uma decisão judicial instaurado sem que tenha sido previamente apresentado um pedido de reconhecimento dessa mesma decisão. Nessa situação, a

---

[1628] Cf. ALEGRÍA BORRÁS [1998: nº 63]. Ver ainda TEIXEIRA DE SOUSA [2003: 217].

[1629] Cf. ALEGRÍA BORRÁS [1998: nº 63].

[1630] Ver também Proposta da Comissão [COM (2002) 222 final/2], 15.

[1631] Cf. TCE 11/7/2008, no caso *Rinau* [*in http://curia.europa.eu*], nº 89.

parte demandada, que pede o reconhecimento da decisão, pode apresentar observações[1632].

O interesse na declaração judicial de reconhecimento pode, por exemplo, decorrer de divergências entre os órgãos de aplicação do Direito do Estado de reconhecimento sobre a eficácia da decisão estrangeira ou da negação desta eficácia por uma das partes do casamento. Podem ser titulares deste interesse não só as partes do casamento mas também terceiros que sejam sujeitos de relações jurídicas que dependam da existência ou inexistência do casamento (tais como filhos e herdeiros) e o Ministério Público nos Estados em que tem legitimidade para intervir nestes processos (designadamente, em Portugal, com respeito às decisões de anulação do casamento fundada em impedimento dirimente)[1633].

O reconhecimento também pode ser invocado a título incidental, i.e., como exceção de caso julgado ou na decisão de uma questão prévia num outro processo. Neste caso é competente o tribunal perante o qual o reconhecimento é invocado (art. 21º/4).

Por exemplo, na contestação de uma ação principal de anulação do casamento com fundamento em casamento anterior não dissolvido o réu invoca uma decisão estrangeira de divórcio.

O Regulamento dispõe sobre a *atribuição de força executiva* às decisões proferidas num Estado-Membro sobre o exercício da responsabilidade parental (art. 28º). Este regime também é aplicável às decisões sobre custas de processos instaurados ao abrigo do Regulamento (art. 49º). As decisões em matéria de divórcio, separação de bens ou anulação do casamento não têm um conteúdo suscetível de execução e, por isso, não suscitam um problema de atribuição de força executiva.

A atribuição de força executiva depende, em regra, de um processo prévio. É necessária uma *declaração de executoriedade*. O regime aplicável é semelhante ao das Convenções de Bruxelas e de Lugano.

Constituem requisitos específicos da declaração de executoriedade que a decisão tenha *força executiva* no Estado-Membro de origem e que tenha sido notificada (art. 28º/1).

[1632] Cf. TCE 11/7/2008, no caso *Rinau* [*in http://curia.europa.eu*], nº 107.

[1633] Ver também THOMAS/PUTZO/HÜSSTEGE [2011: Art. 21 nº 7] e *Staudinger*/SPELLENBERG [2005: Art. 21 nº 85].

A declaração de executoriedade pode ser requerida por qualquer parte interessada (art. 28º/1) e segue os termos dos arts. 30º e segs. Têm legitimidade para requerer a declaração de executoriedade não só as partes do casamento, mas também a criança, o tutor ou a pessoa a quem a criança esteja confiada[1634]. O Ministério Público ou autoridade similar também é *"parte interessada"* nos Estados em que tem legitimidade para intervir nestes processos[1635], como é o caso de Portugal.

É um processo sumário não contraditório em que nem a parte requerida nem a criança podem apresentar observações (art. 31º/1). Mas qualquer das partes pode interpor recurso da decisão sobre o pedido de declaração de executoriedade (art. 33º/1).

A principal diferença relativamente ao Regulamento Bruxelas I consiste no exame dos fundamentos de recusa de reconhecimento no primeiro estádio do processo (art. 31º/2), ao passo que aquele Regulamento apenas admite a verificação dos fundamentos de recusa de reconhecimento no recurso da decisão sobre a executoriedade (art. 45º/1) (*supra* § 94 H).

A atribuição de força executiva é parcial quando a decisão se tenha pronunciado sobre vários aspetos do pedido e a execução só possa ser autorizada quanto a uma parte e quando o requerente o tenha pedido (art. 36º).

O requerimento da declaração de executoriedade deve ser apresentado ao tribunal identificado na lista publicada pela Comissão no Jornal Oficial da União Europeia (arts. 29º/1 e 68º)[1636]. Em Portugal, é competente para o efeito o Tribunal de Comarca ou o Tribunal de Família e Menores.

O *recurso* da decisão proferida sobre o pedido de declaração de executoriedade é interposto no tribunal identificado na lista publicada pela Comissão no Jornal Oficial da União Europeia (arts. 33º/2 e 68º)[1637]. Em Portugal, é competente para o efeito o Tribunal da Relação.

O recurso é tratado segundo as regras do processo contraditório (art. 33º/3). Se o recurso é interposto pelo requerente da declaração de executoriedade, a parte contra a qual a execução é requerida deverá ser notificada para comparecer perante o tribunal de recurso. Se essa pessoa não comparecer, é aplicável o disposto no artigo 18º (*supra* § 85) (nº 4).

[1634] Cf. THOMAS/PUTZO/HÜSSTEGE [2011: Art. 28 nº 3].

[1635] Cf. ALEGRÍA BORRÁS [1998: nº 80].

[1636] 2005/C 40/02 [*JOCE* C 40/2, de 17/2/2005].

[1637] 2005/C 40/02 [*JOCE* C 40/2, de 17/2/2005].

No que toca a decisões sobre o *direito de visita* e sobre o *regresso da criança*, o Regulamento determina sob certas condições a atribuição de força executiva independentemente de qualquer processo prévio (Secção 4 do Cap. III).

As decisões sobre o regresso da criança aqui visadas são as referidas no art. 11º/8: decisões do tribunal do Estado-Membro da residência habitual da criança antes da deslocação ou retenção ilícitas que ordenam o regresso da criança quando tenha sido previamente proferida uma decisão de retenção no Estado-Membro de execução ao abrigo do art. 13º da Convenção da Haia de 1980 (cf. também art. 42º/2/c)[1638].

Nestas matérias, as decisões executórias no Estado-Membro de origem gozam de força executiva nos outros Estados-Membros sem necessidade de declaração de executoriedade e sem que seja possível contestar o seu reconhecimento (arts. 41º/1 e 42º/1).

Para que as decisões sobre direito de visita e sobre regresso da criança gozem de força executiva automática é necessário que o tribunal do Estado de origem as homologue através da emissão de uma *certidão* utilizando o formulário constante do anexo III (no caso do direito de visita) ou do anexo IV (no caso do regresso da criança) (arts. 41º/2 e 42º/2).

O tribunal de origem só deve emitir esta certidão caso se verifiquem determinados pressupostos, que são em parte comuns e em parte específicos.

São dois os pressupostos comuns.

Primeiro, *que a criança tenha tido a oportunidade de ser ouvida*, exceto se for considerada inadequada uma audição, em função da sua idade ou grau de maturidade (arts. 41º/2/c e 42º/2/a).

Segundo, *que as partes tenham tido a oportunidade de ser ouvidas* (art. 41º/2/b, sublinhando que se trata de "todas as partes", e art. 42º/2/b).

É pressuposto específico da certidão relativa ao direito de visita que a parte revel, se não tiver sido notificada do ato que determinou o início da instância ou ato equivalente, tenha aceitado a decisão de forma inequívoca (art. 41º/2/a). O legislador comunitário entendeu que o problema não se coloca em relação ao regresso da criança, tendo em conta a sua natureza e o mecanismo de cooperação previsto no Capítulo IV[1639].

[1638] Ver Considerando nº 17 e TCE 11/7/2008, no caso *Rinau* [*in http://curia.europa.eu*], nºs 73-74. Ver a crítica de ANCEL/MUIR WATT [2005: 602-603].

[1639] Cf. Proposta da Comissão [COM (2002) 222 final/2], 17.

É pressuposto específico da certidão relativa ao regresso da criança que o tribunal, ao pronunciar-se, tenha tido em conta a justificação e as provas em que assentava a decisão pronunciada ao abrigo do art. 13º da Convenção da Haia de 1980 (art. 42º/2/c).

O titular da responsabilidade parental pode requerer o reconhecimento e a declaração de executoriedade de decisões que não beneficiem de certificação (art. 40º/2)[1640].

No que toca às disposições processuais aplicáveis à força executória das decisões visadas pela Secção 4 do Cap. III, importa ter em conta o seguinte.

Se o direito de visita se referir a uma situação que tenha, desde que a decisão foi proferida, um caráter transfronteiriço, a certidão é emitida oficiosamente, logo que a decisão se torne executória, mesmo que provisoriamente. Se a situação adquirir o caráter transfronteiriço apenas posteriormente, a certidão é emitida a pedido de uma das partes (art. 41º/3).

No que toca ao regresso da criança, o tribunal de origem deve emitir a certidão por sua própria iniciativa (art. 42º/2/§ 3º). Se o tribunal ou qualquer outra autoridade tomarem medidas para garantir a proteção da criança após o seu regresso ao Estado-Membro onde reside habitualmente, essas medidas deverão ser especificadas na certidão (art. 42º/2/§ 2º).

Depois de uma decisão de retenção ter sido proferida ao abrigo do art. 13º da Convenção da Haia de 1980 e levada ao conhecimento do tribunal de origem, é irrelevante, para efeitos da emissão da certidão prevista no artigo 42º, que essa decisão tenha sido suspensa, revogada, anulada ou, por qualquer razão, não tenha transitado em julgado ou tenha sido substituída por uma decisão de regresso, desde que o regresso do menor não tenha efetivamente tido lugar. Se não tiverem sido manifestadas dúvidas relativamente à autenticidade dessa certidão e esta tiver sido emitida em conformidade com o formulário cujo modelo figura no Anexo IV do Regulamento, a oposição ao reconhecimento da decisão de regresso é proibida, incumbindo tão-só ao tribunal requerido declarar a executoriedade da decisão certificada e providenciar pelo regresso imediato do menor[1641].

A certidão é redigida na língua da decisão (arts. 41º/2/§ 2º) e 42º/2/§ 4º).

[1640] Cf. Proposta da Comissão [COM (2002) 222 final/2], 18.
[1641] Cf. TCE 11/7/2008, no caso *Rinau* [*in http://curia.europa.eu*], nº 89.

A emissão de uma certidão nos termos do art. 41º/1 ou do art. 42º/1 não é suscetível de recurso independente (art. 43º/2)[1642]. Só pode dar origem a uma ação de retificação em caso de erro material, ou seja, quando a certidão não reflita corretamente o conteúdo da decisão[1643]. A legislação do Estado-Membro de origem é aplicável à retificação da certidão (art. 43º/1).

Parece que, em princípio, isto não exclui que no Estado de reconhecimento possam ser acionados os meios de oposição à execução que também são oponíveis a uma decisão interna com o mesmo conteúdo (ver a disposição geral constante do art. 47º). O art. 47º/2/§ 2º determina que "Em particular, uma decisão homologada nos termos do nº 1 do art. 41º ou do nº 1 do art. 42º não pode ser executada em caso de conflito com uma decisão com força executória proferida posteriormente". Este preceito deve ser interpretado como referindo-se a um conflito entre decisões proferidas no Estado-Membro de origem[1644]. Por conseguinte, uma decisão proferida posteriormente por um tribunal do Estado-Membro de execução, que concede um direito de guarda provisório e é considerada executória por força do direito desse Estado, não pode obstar à execução de uma decisão homologada, proferida anteriormente pelo tribunal competente do Estado-Membro de origem e que ordena o regresso da criança[1645]. Isto conforma-se com a ideia de que é o tribunal da residência habitual da criança antes da sua deslocação ilícita que tem a última palavra[1646].

A execução de uma decisão homologada não pode ser recusada no Estado-Membro de execução, com fundamento no facto de, devido a uma alteração das circunstâncias ocorrida após ter sido proferida, ser suscetível de prejudicar gravemente o superior interesse da criança. Tal alteração deve ser invocada no tribunal competente do Estado-Membro de origem, ao qual deve ser igualmente submetido um eventual pedido de suspensão da execução da sua decisão[1647].

A parte que requer a execução de uma decisão deve apresentar (art. 45º/1):

[1642] Cf. Proposta da Comissão [COM (2002) 222 final/2], 18.
[1643] Cf. Considerando nº 24.
[1644] Cf. TUE 1/7/2010, no caso *Povse* [*in http://curia.europa.eu*], nº 76.
[1645] Caso cit., nº 79.
[1646] Cf. TENREIRO [2004: 26 e 28-29].
[1647] Caso cit., nº 83.

DIREITO INTERNACIONAL PRIVADO

a) Uma cópia dessa decisão, que satisfaça os requisitos de autenticidade necessários; e

b) A certidão referida no art. 41º/1 ou no art. 42º/1.

Para este efeito, a certidão referida no art. 41º/1 deve ser acompanhada de uma tradução do ponto 12 relativo às disposições respeitantes ao exercício do direito de visita e a certidão referida no art. 42º/1 deve ser acompanhada de uma tradução do ponto 14 relativo às disposições sobre as medidas tomadas para assegurar o regresso da criança. A tradução é feita para a língua ou para uma das línguas oficiais do Estado-Membro de execução ou para qualquer outra língua que este tenha declarado aceitar. A tradução deve ser autenticada por uma pessoa habilitada para esse efeito num dos Estados-Membros (art. 45º/2).

Nos termos da disposição geral do art. 48º, os tribunais do Estado-Membro de execução podem adotar "disposições práticas" para o exercício do direito de visita quando as disposições necessárias não tenham sido previstas ou não tenham sido suficientemente previstas na decisão proferida pelos tribunais competentes para conhecer do mérito e desde que os elementos essenciais dessa decisão sejam respeitados (nº 1). Estas "disposições práticas" deixam de ser aplicáveis no caso de uma decisão posterior dos tribunais competentes para conhecer do mérito vir regular o ponto (nº 2).

D) Condições de reconhecimento

Os arts. 22º e 23º definem as *condições de reconhecimento* por forma negativa, como "fundamentos de não reconhecimento".

O requerimento de declaração de executoriedade só pode ser indeferido com os mesmos fundamentos (art. 31º/2)[1648].

No entanto, há *pressupostos da declaração de executoriedade* que são impostos por razões de coerência intrassistemática: que se trate de uma decisão na aceção relevante para o Regulamento (art. 2º/4), que o objeto da decisão caia dentro do âmbito material de aplicação do Regulamento

---

[1648] A referência ao art. 24º feita neste preceito parece tratar-se de um lapso de redação, uma vez que aquela disposição não contém qualquer fundamento de recusa de reconhecimento – neste sentido, em relação aos arts. 24º/2 e 17º do Regulamento Bruxelas II, TEIXEIRA DE SOUSA [2003: 232], e, em relação ao Regulamento Bruxelas II bis, RAUSCHER/RAUSCHER [2010: Art. 5 nº 4].

RECONHECIMENTO DE DECISÕES JUDICIAIS ESTRANGEIRAS

(art. 1º) e que a decisão tenha força executiva e tenha sido notificada no Estado-Membro de origem (art. 28º)[1649]. Os dois primeiros pressupostos também condicionam a declaração de reconhecimento.

Quanto à questão de saber se os *fundamentos de recusa de reconhecimento* são de conhecimento oficioso, poderia pensar-se na transposição da controvérsia suscitada pela Convenção de Bruxelas para o âmbito do Regulamento (*supra* § 94 H). No entanto, em matéria familiar justifica-se que todos os fundamentos de não reconhecimento sejam, em princípio, de conhecimento oficioso[1650]. Não se estranha, por isso, que esta solução se depreenda do nº 2 do art. 31º do Regulamento[1651].

Houve a preocupação de reduzir os fundamentos de não reconhecimento ao "mínimo necessário", por se entender que o reconhecimento e a "execução" das decisões proferidas pelos tribunais de outros Estados--Membros assentam no "princípio da confiança mútua"[1652].

São os seguintes os fundamentos de recusa de reconhecimento de decisões em matéria matrimonial (art. 22º).

Primeiro, se *o reconhecimento for manifestamente contrário à ordem pública do Estado-Membro requerido* (a). Trata-se obviamente da ordem pública internacional e não da ordem pública interna. A jurisprudência do TCE sobre este fundamento de recusa de reconhecimento, perante a Convenção de Bruxelas, deve valer igualmente para a interpretação deste preceito.

Como já se assinalou, o art. 25º determina que o reconhecimento não pode ser recusado com o fundamento de a lei do Estado-Membro requerido não permitir o divórcio, a separação de pessoas e bens ou a anulação do casamento com base nos mesmos factos, à semelhança do que se verifica com a Convenção da Haia sobre o Reconhecimento dos Divórcios e Separações de Pessoas.

Deverá este preceito ser entendido no sentido de não se poder invocar a ordem pública internacional quando factos idênticos não permitiriam o

---

[1649] Ver, em sentido convergente, THOMAS/PUTZO/HÜSSTEGE [2011: Art. 31 nº 3]. Além disso o tribunal também deverá verificar a legitimidade do requerente (art. 28º/1) – cf. TEIXEIRA DE SOUSA [2003: 232].

[1650] No mesmo sentido, em resultado, JÄNTERÄ-JAREBORG [1999: 22], MOSCONI [2001: 551], KROPHOLLER [2002: *Einl* nº 129] e THOMAS/PUTZO/HÜSSTEGE [2011: Art. 21 nº 2].

[1651] Ver também BARATTA [2004: 193].

[1652] Cf. Considerando nº 21.

DIREITO INTERNACIONAL PRIVADO

divórcio, a separação ou a anulação do casamento no Estado de reconhe-cimento[1653]? Isto neutralizaria praticamente a reserva de ordem pública internacional. Em minha opinião, o art. 25º apenas exclui que a inadmissi-bilidade do divórcio, separação de pessoas e bens e anulação do casamento com base nos mesmos factos face à lei competente segundo o Direito de Conflitos do Estado de reconhecimento seja um fundamento autónomo de recusa de reconhecimento e não constitui um limite à atuação da reserva de ordem pública internacional[1654].

Segundo, se *o ato que determinou o início da instância ou ato equivalente não tiver sido objeto de citação ou notificação ao requerido revel, em tempo útil e de forma a permitir-lhe deduzir a sua defesa*, exceto se estiver estabelecido que o requerido aceitou a decisão de forma inequívoca (b).

O requerido aceita a decisão de forma inequívoca, por exemplo, quando tenha contraído novo casamento[1655]. Diferentemente do art. 34º/2 do Regulamento Bruxelas I, não basta que o requerido, tendo a possibilidade de interpor recurso da decisão, o não tenha feito[1656].

Terceiro, se *a decisão for inconciliável com outra decisão proferida em processo entre as mesmas partes no Estado-Membro requerido* (c). É indiferente que a decisão proferida no Estado-Membro de reconhecimento seja anterior ou posterior à proferida no Estado de origem[1657]. Também não se exige que a decisão tenha o mesmo objeto. Basta que as decisões produzam efeitos jurídicos que se excluem reciprocamente[1658].

Naturalmente que não há incompatibilidade entre uma decisão estrangeira de divórcio e uma decisão interna de separação, visto que a separação pode ser considerada um estádio preliminar do divórcio. O reconhecimento já deverá ser recusado na hipótese inversa – decisão estrangeira de separação e decisão interna de divórcio –, caso em que a decisão de divórcio substitui a decisão de separação e deve também ser

---

[1653] Como parecem sugerir ALEGRÍA BORRÁS [1998: nºs 69 e 76] e THOMAS/PUTZO/HÜSS-TEGE [2011: Art. 25 nº 1].

[1654] Ver, sem sentido convergente, *Staudinger*/SPELLENBERG [2005: Art 25 nºs 3, 7 e seg.].

[1655] Cf. ALEGRÍA BORRÁS [1998: nº 70].

[1656] Cf. MOSCONI [2001: 549], KROPHOLLER [2002: *Einl* nº 132] e THOMAS/PUTZO/HÜSSTEGE [2011: Art. 22 nº 2].

[1657] Cf. ALEGRÍA BORRÁS [1998: nº 71].

[1658] No mesmo sentido, BARATTA [2004: 190].

reconhecida no Estado de origem da decisão de separação[1659]. Em minha opinião, também constitui fundamento de recusa de reconhecimento da decisão estrangeira de divórcio a existência de uma decisão interna que negue o divórcio com base nos mesmos factos[1660].

Quarto, se *a decisão for inconciliável com uma decisão anteriormente proferida noutro Estado-Membro ou num país terceiro entre as mesmas partes*, desde que esta decisão reúna as condições necessárias para o reconhecimento no Estado-Membro requerido (d).

No que toca às decisões em matéria responsabilidade parental os fundamentos de recusa de reconhecimento são os seguintes (art. 23º).

Primeiro, *a contrariedade à ordem pública internacional*, nos mesmos termos, tendo em conta o superior interesse da criança (a). Isto significa que o reconhecimento só deve ser recusado se além da manifesta contrariedade à ordem pública internacional tal corresponder ao superior interesse da criança[1661].

Segundo, se, exceto em caso de urgência, *a decisão tiver sido proferida sem que a criança tenha tido a oportunidade de ser ouvida*, em violação de regras processuais fundamentais do Estado-Membro requerido (b).

Sobre o direito da criança a ser ouvida deve atender-se ao art. 12º da Convenção sobre os Direitos da Criança (Nova Iorque, 1990), que garante "à criança com capacidade de discernimento o direito de exprimir livremente a sua opinião sobre as questões que lhe respeitem, sendo devidamente tomadas em consideração as opiniões da criança, de acordo com a sua idade e maturidade". Naturalmente que a falta de audição da criança não constitui violação das regras processuais fundamentais do Estado-Membro requerido se, perante a sua lei, a criança não tem idade para ser ouvida.

Terceiro, se *o ato que determinou o início da instância ou ato equivalente não tiver sido objeto de citação ou notificação à parte revel, em tempo útil e de forma a permitir-lhe deduzir a sua defesa*, exceto se estiver estabelecido que essa pessoa aceitou a decisão de forma inequívoca (c).

[1659] Cf. ALEGRÍA BORRÁS [1998: nº 71].

[1660] No mesmo sentido, BARATTA [2004: 190]. Cp. KOHLER [2002a: 239 e seg.] e THOMAS/ PUTZO/HÜSSTEGE [2011: Art. 22 nº 3].

[1661] Cf. ALEGRÍA BORRÁS [1998: nº 73]. Ver também TEIXEIRA DE SOUSA [2003: 224].

Quarto, se *qualquer pessoa alegar que a decisão obsta ao exercício da sua responsabilidade parental,* caso a mesma tenha sido proferida sem que a essa pessoa tenha sido oferecida a possibilidade de ser ouvida (d).

Quinto, se *a decisão for inconciliável com uma decisão ulteriormente proferida em matéria de responsabilidade parental no Estado-Membro requerido* (e).

Sexto, se *a decisão for inconciliável com uma decisão ulteriormente proferida em matéria de responsabilidade parental noutro Estado-Membro ou no Estado terceiro em que a criança tenha a sua residência habitual,* desde que esta decisão posterior reúna as condições necessárias para o reconhecimento no Estado-Membro requerido (f).

Nestes casos prevalece a decisão proferida em último lugar. Isto é justificado pela natureza precária e modificável das decisões sobre responsabilidade parental[1662].

Por último, se *não tiver sido respeitado o procedimento de cooperação entre autoridades para a colocação da criança noutro Estado-Membro* (g e art. 56º).

Não pode proceder-se ao *controlo da competência* do tribunal de origem (art. 24º/1ª parte). O desrespeito das próprias regras de competência do Regulamento não pode constituir fundamento de recusa de reconhecimento por contrariedade à ordem pública internacional do Estado requerido (art. 24º/2ª parte). Cabe, em princípio, ao tribunal de origem sancionar a fraude às suas regras de competência. Mas a doutrina tende a entender que se a competência do tribunal de origem foi fraudulentamente estabelecida o reconhecimento pode ser recusado com fundamento em contrariedade à ordem pública internacional do Estado requerido[1663]. Isto parece de aceitar nos casos em que o tribunal de origem não teve conhecimento dos factos relevantes de modo a poder sancionar a fraude e em que, face às circunstâncias do caso, o reconhecimento seria manifestamente contrário à ordem pública internacional do Estado requerido.

À semelhança do que se verifica relativamente ao Regulamento Bruxelas I, isto é criticável quando a competência do tribunal de origem não foi estabelecida com base nos critérios definidos pelo Regulamento (*supra* § 85 A).

[1662] Cf. GAUDEMET-TALLON [2001: 413].

[1663] Ver GAUDEMET-TALLON [2001: 410], *Staudinger*/SPELLENBERG [2005: Art 24 nº 4] e RAUSCHER/RAUSCHER [2010: Art. 24 nº 3] (assinalando que é sempre necessário verificar se face às circunstâncias do caso o reconhecimento contraria a ordem pública internacional).

O Regulamento Bruxelas II apenas admite que o reconhecimento seja recusado, nos casos em que nenhum tribunal de um Estado-Membro seja competente por força dos critérios definidos no Regulamento (art. 8º), com base num acordo relativo ao reconhecimento e à execução de decisões com Estados terceiros (art. 16º), à semelhança do que se verifica perante o art. 59º/1 da Convenção de Bruxelas[1664]. Este Regulamento diverge do Regulamento Bruxelas I (art. 72º), na medida em que não exclui a celebração de acordos deste tipo depois da sua entrada em vigor. Esta divergência afigura-se incoerente[1665].

Perante a possibilidade de dúvidas sobre a competência para a celebração de acordos deste tipo, uma Declaração do Conselho esclarece que o Regulamento Bruxelas II "não obsta a que um Estado-Membro celebre com Estados terceiros acordos que abranjam as matérias nele tratadas, quando esses acordos não afectem o regulamento"[1666].

O legislador comunitário entendeu que não era necessário incluir no Regulamento Bruxelas II bis um preceito respeitante aos acordos com países terceiros. Argumenta, neste sentido, que os acordos em vigor já são salvaguardados por força do art. 307º do Tratado da Comunidade Europeia (atual art. 351º do Tratado sobre o Funcionamento da União Europeia) e que futuros acordos, em conformidade com a jurisprudência do TCE, só podem ser celebrados pela Comunidade na medida em que sejam suscetíveis de afetar o Regulamento ou de modificar o seu âmbito de aplicação e "prevalecerão sobre o regulamento mesmo na falta de qualquer disposição específica nesse sentido"[1667]. Vimos anteriormente que esta jurisprudência se encontra consagrada no art. 3º/2 do Tratado sobre o Funcionamento da União Europeia e que a prevalência dos acordos internacionais celebrados pela União decorre do art. 216º/2 do mesmo Tratado (ver, com mais desenvolvimento, *supra* § 84 E).

[1664] Neste caso, contrariamente ao que se verificava com o art. 16º/2 da Convenção Relativa à Competência, ao Reconhecimento e à Execução de Decisões em Matéria Matrimonial, o Regulamento não vincula o tribunal requerido à matéria de facto em que o tribunal do Estado de origem fundamentou a sua competência.

[1665] Cf. GAUDEMET-TALLON [2001: 410].

[1666] *JOCE* C 183/1, de 30/6/2000.

[1667] Proposta da Comissão [COM (2002) 222 final/2], 14 e seg.

DIREITO INTERNACIONAL PRIVADO

Em minha opinião é incompreensível que o reconhecimento também não possa ser recusado, nestes casos, com base no Direito interno do Estado de reconhecimento.

O Regulamento não admite o *controlo de mérito* da decisão (arts. 22º, 23º e 26º). A proibição do controlo de mérito não obsta a que os tribunais do Estado requerido possam produzir uma nova decisão sobre a responsabilidade parental quando se tenha verificado uma alteração das circunstâncias existentes ao tempo em que foi proferida a decisão reconhecida[1668].

Quanto à conformidade do reconhecimento com o Direito Internacional Público, o Direito da União Europeia e a Constituição remete-se para o exposto em relação ao Regulamento Bruxelas I (supra § 94 H).

Não se exige, para o reconhecimento, que a decisão tenha transitado em julgado[1669].

No entanto, o tribunal do Estado-Membro ao qual seja requerido o reconhecimento *pode suspender a instância* se a decisão for objeto de recurso ordinário ou, tratando-se de decisão proferida na Irlanda ou no Reino Unido, se a execução estiver suspensa no Estado de origem em virtude da interposição de um recurso (art. 27º).

O mesmo se verifica em recurso da decisão sobre a executoriedade, quando a decisão que se pretende executar tiver sido objeto de recurso ordinário no Estado de origem, ou se o prazo para o interpor ainda não tiver expirado, caso em que o tribunal pode fixar prazo para a interposição desse recurso (art. 35º/1). Neste caso, porém, o tribunal só pode suspender a instância a pedido da parte contra a qual a execução é requerida, o que se presta à crítica já formulada com respeito ao art. 46º/1 do Regulamento Bruxelas I (*supra* § 94 H). Além disso é muito discutível que, em matéria de responsabilidade parental, o tribunal a que é pedida a declaração de executoriedade não possa, independentemente de recurso, suspender a instância quando a decisão que se pretende executar tenha sido objeto de recurso ordinário ou quando o prazo para o interpor ainda não tenha expirado[1670].

[1668] Cf. ALEGRÍA BORRÁS [1998: nº 78] e THOMAS/PUTZO/HÜSSTEGE [2011: Art. 26 nº 1].

[1669] Cf. *Staudinger*/SPELLENBERG [2005: Art. 27 nºs 1 e segs.], assinalando que só podem ser reconhecidas as decisões que produzem na ordem jurídica de origem efeitos suscetíveis de reconhecimento mas também que a circunstância de a decisão ainda não produzir efeitos suscetíveis de reconhecimento não exclui que uma parte requeira o reconhecimento.

[1670] Ver também ANCEL/MUIR WATT [2001: 455].

Por outro lado, é difícil de compreender que o art. 27º não admita a faculdade de suspensão da instância se o prazo para interpor recurso ordinário ainda não tiver expirado.

A expressão "recurso ordinário" deve ser interpretada à luz da jurisprudência anteriormente referida.

Na decisão sobre a suspensão da instância, o tribunal do Estado de reconhecimento deve ter em conta a probabilidade de sucesso do recurso interposto no Estado de origem[1671].

O tribunal territorialmente competente para a ação de reconhecimento ou de não reconhecimento determina-se pela lei interna do Estado-Membro em que a ação seja instaurada (art. 21º/3/2ª parte)[1672].

O tribunal territorialmente competente para a declaração de executoriedade é o do lugar da residência habitual da parte contra a qual a execução é requerida ou o do lugar da residência habitual da criança a que o requerimento diga respeito. Quando nenhum dos lugares de residência se situe no Estado-Membro onde a execução é requerida, o tribunal territorialmente competente determina-se pelo lugar da execução (art. 29º/2).

A forma de apresentação do requerimento é regulada pela lei do Estado-Membro requerido (art. 30º/1). "Significa isto que há que remeter para as legislações nacionais no que respeita aos elementos que o requerimento deve conter, ao número de exemplares a entregar ao tribunal, à autoridade perante a qual se deve apresentar se for caso disso, à língua em que deve ser redigido e também ao que respeita a saber se é necessária a intervenção de um advogado ou de qualquer outro representante ou mandatário"[1673].

O requerente deve eleger domicílio na área de jurisdição do tribunal competente. Todavia, se a lei do Estado-Membro requerido não previr a eleição de domicílio (como sucede com o Direito português), o requerente designa um mandatário *ad litem* (art. 30º/2).

O requerimento deve ser instruído com os documentos referidos nos artigos 37º e 39º (art. 30º/3).

A decisão proferida sobre o requerimento deve ser rapidamente comunicada ao requerente pelo funcionário do tribunal, na forma determinada pela lei do Estado-Membro requerido (art. 32º).

[1671] Ver também THOMAS/PUTZO/HÜSSTEGE [2011: Art. 35 nº 4].

[1672] Ver regra geral do art. 85º CPC e art. 286º/1 C. Reg. Civil.

[1673] ALEGRÍA BORRÁS [1998: nº 85].

DIREITO INTERNACIONAL PRIVADO

O recurso da declaração de exequibilidade é interposto no prazo de um mês a contar da sua notificação. Se a parte contra a qual a execução é requerida tiver a sua residência habitual num Estado-Membro diferente daquele onde foi proferida a declaração de executoriedade, o prazo é de dois meses a contar da data em que tiver sido feita a citação pessoal ou domiciliária. Este prazo não é suscetível de prorrogação em razão da distância (art. 33º/5).

A decisão de um tribunal de recurso só pode ser objeto de um dos recursos previstos na lista comunicada por cada Estado-Membro à Comissão e publicada pela Comissão no Jornal Oficial (arts. 34º e 68º). Em Portugal, é admitido recurso para o Supremo Tribunal de Justiça restrito à matéria de Direito[1674].

O requerente que, no Estado-Membro de origem, tiver beneficiado, no todo ou em parte, de assistência judiciária ou de isenção de preparos e custas, beneficia, nos processos de reconhecimento e não reconhecimento e de declaração de executoriedade, da assistência judiciária mais favorável ou da isenção mais ampla prevista na lei do Estado-Membro requerido (art. 50º).

Não pode ser exigida qualquer caução ou depósito, seja qual for a sua designação, à parte que, num Estado-Membro, requer a execução de uma decisão proferida noutro Estado-Membro, com base num dos seguintes fundamentos (art. 51º):

a) Não ter residência habitual no Estado-Membro onde se requer a execução; b) Tratar-se de um residente estrangeiro ou, quando se requeira a execução no Reino Unido e na Irlanda, não ter "domicílio" num desses Estados-Membros.

A parte que requerer ou impugnar o reconhecimento ou requerer uma declaração de executoriedade de uma decisão deve apresentar os seguintes documentos (arts. 37º/1 e 39º):

a) Uma cópia dessa decisão que satisfaça os necessários requisitos de autenticidade; e b) A certidão passada pelo tribunal ou autoridade competente do Estado-Membro de origem utilizando o formulário constante do anexo I (decisões sobre questões matrimoniais) ou do anexo II (decisões sobre responsabilidade parental).

[1674] *JOCE* C 40/4, de 17/2/2005.

Além disso, em caso de decisão à revelia, a parte que pede o reconhecimento ou uma declaração de exequibilidade deve apresentar (art. 37º/2):

a) O original ou uma cópia autenticada do documento que ateste que a petição inicial ou um ato equivalente foi objeto de citação ou notificação à parte revel; ou

b) Um documento que indique a aceitação inequívoca da decisão pelo requerido.

A prova da aceitação da decisão pelo requerido pode ser feita por documento particular[1675].

Na falta de apresentação dos documentos referidos no nº 1, alínea b), ou no nº 2 do artigo 37º, o tribunal pode conceder um prazo para a sua apresentação, aceitar documentos equivalentes ou, caso se considere suficientemente esclarecido, dispensar a sua apresentação (art. 38º/1).

Se o tribunal competente o exigir, deve ser apresentada tradução dos documentos. A tradução deve ser certificada por pessoa habilitada para o efeito num dos Estados-Membros (art. 38º/2).

Não é necessária a legalização, ou outra formalidade análoga, no tocante aos documentos referidos nos artigos 37º, 38º e 45º, ou à procuração *ad litem* (art. 52º).

A execução das decisões continua a ser regulada pelo Direito processual interno (art. 47º/1)[1676], mas com equiparação da decisão declarada executória ou homologada a uma decisão interna (art. 47º/2) (sobre este preceito, bem como o do art. 48º, relativamente a "disposições práticas" do Estado de execução para o exercício do direito de visita, ver ainda *supra* C).

O Capítulo IV do Regulamento institui mecanismos de cooperação entre autoridades centrais em matéria de responsabilidade parental.

E) Considerações finais

As considerações tecidas relativamente à necessidade de uma lei de execução, bem como à caracterização e à apreciação crítica do Regulamento Bruxelas I são, no essencial, transponíveis para o Regulamento Bruxelas II bis (*supra* § 94 A e I).

Cabe acrescentar que as profundas divergências entre os Direitos de Conflitos dos Estados-Membros em matéria de estatuto pessoal tornam

---

[1675] Ver também THOMAS/PUTZO/HÜSSTEGE [2011: Art. 37 nº 7].

[1676] Cf. Considerando nº 23.

DIREITO INTERNACIONAL PRIVADO

ainda mais difícil de aceitar um sistema de reconhecimento meramente formal das decisões sobre o casamento[1677]. O Reg. UE nº 1259/2010 que Cria uma Cooperação Reforçada no Domínio da Lei Aplicável em Matéria e Divórcio e Separação Judicial apenas atenua este problema, uma vez que só unifica o Direito de Conflitos dos Estados-Membros que participam nesta cooperação reforçada.

Este sistema, aliado a um leque muito amplo de critérios alternativos de competência internacional direta, permite ao interessado na dissolução do casamento a escolha do Direito de Conflitos que remete para a lei mais favorável ao resultado por si pretendido. Com efeito, o interessado na dissolução do casamento pode escolher, de entre as várias jurisdições nacionais competentes, aquela que aplicará a lei mais favorável à sua pretensão. Não se tutela a confiança depositada no Direito de Conflitos de um Estado-Membro, fundada na competência internacional dos seus tribunais, mesmo que perante o conjunto das circunstâncias do caso concreto não se afigure razoável o afastamento deste Direito de Conflitos.

Admito que um certo favorecimento da eficácia internacional das decisões de dissolução do casamento possa ter justificação. De acordo com o anteriormente exposto, porém, entendo que este favorecimento deve ser promovido pelo Direito de Conflitos e não pelo regime de reconhecimento (*supra* § 93 B).

A atribuição automática de força executiva a decisões proferidas noutros Estados-Membros, seja em matéria de Direito da Família, seja noutras matérias, também não parece compatível com o respeito da autonomia dos sistemas jurídicos dos Estados-Membros[1678].

Em minha opinião, a coerência intrassistemática e a justiça do Direito Internacional Privado apontariam para um caminho diferente.

97. Convenção da Haia sobre o Reconhecimento dos Divórcios e Separações de Pessoas

A Convenção da Haia sobre o Reconhecimento dos Divórcios e Separações de Pessoas tem alguma *importância prática*, visto que são partes nesta Convenção 18 países, entre os quais se contam alguns países com importantes

---

[1677] No mesmo sentido, ver KOHLER [2002a: 236 e segs. e 244 e segs.]. Cp. PICONE [2004: 507 e segs.].

[1678] Cp. Considerando nº 23.

RECONHECIMENTO DE DECISÕES JUDICIAIS ESTRANGEIRAS

comunidades portuguesas. No entanto, parte desta importância foi perdida com a entrada em vigor do Regulamento Bruxelas II bis, que prevalece sobre a Convenção quando às decisões proferidas por Estados-Membros da União Europeia (com exceção da Dinamarca) (*supra* § 95).

Esta Convenção visa facilitar o reconhecimento dos divórcios e das separações de pessoas, através de uma limitação dos fundamentos de recusa de reconhecimento.

A Convenção aplica-se ao reconhecimento de divórcios e separações de pessoas obtidos noutro Estado Contratante na sequência de um processo judicial ou de um processo não-judicial oficialmente reconhecido neste Estado e que aí produza efeitos jurídicos (art. 1º/1).

Tanto pode tratar-se de uma decisão judicial como de uma decisão administrativa ou religiosa. Tem é de resultar de um processo oficialmente reconhecido no Estado em que é proferida. Assim, por exemplo, não se obriga ao reconhecimento nem de um divórcio por simples acordo dos cônjuges, ainda que eficaz no país onde foi celebrado, nem de uma decisão religiosa de divórcio quando o Estado em que foi proferida não reconhece o processo dos tribunais religiosos. A repudiação de Direito hebraico e a repudiação de Direito muçulmano cairão no âmbito de aplicação da Convenção contanto que haja um processo oficialmente reconhecido em que intervenha uma autoridade (pública ou religiosa)[1679].

A exigência de um "processo oficialmente reconhecido" comporta dois elementos distintos. Por um lado, um *processo*, i.e., um mínimo de atos prescritos por uma regulamentação e realizados por uma autoridade ou, pelo menos, com a sua intervenção ou na sua presença. Por outro lado, um *reconhecimento oficial* deste processo, que se verifica quando o Estado de origem prescreve ou autoriza a utilização do processo para a obtenção do divórcio ou da separação de pessoas[1680].

A Convenção não se aplica ao reconhecimento das decisões de anulação do casamento[1681] ou das decisões que neguem o divórcio ou a separação de pessoas[1682]. Tão-pouco se aplica às obrigações acessórias proferidas na

[1679] Cf. BELLET/GOLDMAN [1970: nº 13].
[1680] Cf. BELLET/GOLDMAN [1969: 847].
[1681] Cf. BELLET/GOLDMAN [1970: nº 6].
[1682] Cf. BELLET/GOLDMAN [1970: nº 15].

DIREITO INTERNACIONAL PRIVADO

sentença de divórcio ou de separação, designadamente as obrigações de alimentos e as providências sobre o exercício do poder paternal (art. 1º/2).

Quanto ao *reconhecimento do efeito constitutivo* aplicam-se as considerações já tecidas com respeito aos regulamentos europeus: o reconhecimento do efeito de caso julgado da sentença de divórcio não pode ficar dependente da eficácia ou potencial eficácia da decisão perante a lei competente. O art. 11º estabelece expressamente que qualquer "Estado obrigado a reconhecer um divórcio ao abrigo da presente Convenção não pode impedir um novo casamento de qualquer dos cônjuges alegando que a lei de um outro Estado não reconhece esse divórcio"[1683].

No entanto, nada obsta a que uma decisão que não satisfaz as condições de reconhecimento estabelecidas pela Convenção da Haia possa produzir o seu efeito constitutivo segundo a lei competente. Com efeito, a Convenção não obsta à invocação do regime interno quando for mais favorável ao reconhecimento (art. 17º).

Só há obrigação de reconhecimento quando a decisão foi proferida num Estado competente segundo o disposto nos arts. 2º a 5º da Convenção.

O art. 2º contém *critérios autónomos de competência internacional indireta*. Assim, os divórcios ou as separações de pessoas devem ser reconhecidos quando à data do pedido se verifique um dos seguintes elementos de conexão com o Estado de origem:

– residência habitual do demandado;
– residência habitual do demandante, desde que tenha durado pelo menos 1 ano imediatamente anterior à data do pedido ou que os cônjuges tenham aí tido a última residência habitual comum;
– nacionalidade comum dos cônjuges;
– nacionalidade do demandante, desde que o demandante tivesse aí a sua residência habitual ou tivesse aí residido habitualmente durante um período ininterrupto de 1 ano, abrangido, pelo menos em parte, nos 2 anos que precederam a data do pedido;
– nacionalidade do demandante do divórcio, desde que o demandante se encontrasse aí à data do pedido e os cônjuges tenham tido a última residência habitual comum num Estado cuja lei não conhecia o divórcio à data do pedido.

[1683] Ver também BELLET/GOLDMAN [1970: nº 54], MARTINY [1984: nº 425] e CLERICI [1989: 329-331].

RECONHECIMENTO DE DECISÕES JUDICIAIS ESTRANGEIRAS

É difícil de entender a razão por que esta última hipótese se restringe ao divórcio; em todo o caso os relatores BELLET e GOLDMAN entendem que, perante o teor inequívoco do texto convencional, não é admissível uma extensão analógica à ação de separação de pessoas[1684].

O conceito de *residência habitual* deve ser definido por dois elementos que, na opinião dos relatores BELLET e GOLDMAN são meramente fácticos[1685]: a residência no território e uma certa permanência desta residência. Os relatores não excluem, porém, que em caso de residência em vários países, se possa atender à intenção para determinar a residência "mais habitual". Na impossibilidade de fazer esta determinação pode admitir-se um concurso de residências habituais.

Quando a competência puder fundamentar-se, no Estado de origem, no domicílio, a expressão "residência habitual" referida no art. 2º é tida como abrangendo o domicílio tal como ele é entendido no Estado de origem (art. 3º/1). Isto não se aplica, porém, ao domicílio legal da esposa (art. 3º/2).

Este preceito é pensado para aqueles sistemas – designadamente sistemas do *Common Law* – em que o domicílio não se baseia na residência habitual[1686]. Neste caso, o domicílio é equiparado à residência habitual.

Assim, por exemplo, um divórcio proferido por um tribunal que se considerou competente em razão do domicílio do demandado deve ser reconhecido pelos outros Estados Contratantes mesmo que este domicílio não corresponda à residência habitual.

A Convenção não resolve os problemas que podem resultar da *plurinacionalidade* dos cônjuges ou do cônjuge demandante[1687]. À luz do objetivo de facilitar o reconhecimento do divórcio e da separação de pessoas, parece que o Estado de reconhecimento deve aceitar a competência fundada na nacionalidade do Estado de origem, mesmo que seja outra a nacionalidade relevante segundo as regras sobre concurso de nacionalidades do Estado de reconhecimento[1688].

Se tiver havido *pedido reconvencional*, é suficiente que estes critérios de competência se verifiquem em relação ao pedido principal ou ao pedido reconvencional (art. 4º).

[1684] 1970: nº 31.

[1685] 1970: nº 26.

[1686] Cf. BELLET/GOLDMAN [1970: nº 32].

[1687] Ver DUTOIT/MERCIER [1969: 387 e seg.].

[1688] Cp. BELLET/GOLDMAN [1970: nº 38] e MARTINY [1984: nº 405].

DIREITO INTERNACIONAL PRIVADO

Consagra-se aqui não só a extensão da competência estabelecida para o pedido principal ao pedido reconvencional, mas também a extensão da competência estabelecida para o pedido reconvencional ao pedido principal.

Se uma *separação*, proferida pelo tribunal competente, tiver sido *convertida em divórcio* no Estado de origem, o divórcio deve ser reconhecido mesmo que o tribunal que o decretou não seja competente à luz dos arts. 2º e 3º da Convenção (art. 5º).

A hipótese aqui contemplada é a de, no mesmo Estado, uma separação ter sido decretada por tribunal competente à luz dos arts. 2º e 3º, e, em seguida, esta separação ter sido convertida em divórcio, quando já não se verificava, à data do pedido de divórcio, um dos critérios de competência estabelecidos pela Convenção[1689].

A Convenção limita-se a regular as condições de reconhecimento, tendo em vista a sua aplicação tanto nos Estados que seguem um sistema de reconhecimento automático como naqueles que fazem depender o reconhecimento de um processo prévio[1690].

Assim, *a Convenção não estabelece um processo de reconhecimento autónomo*, e, portanto, não exclui genericamente a aplicação dos arts. 1094º e segs. CPC[1691]. A Convenção também não prejudica a aplicação das regras de Direito interno mais favoráveis ao reconhecimento (art. 17º). Por conseguinte, a convenção prevalece sobre o disposto nos arts. 1096º e 1100º CPC na medida em que seja mais favorável ao reconhecimento.

Não há *controlo de mérito* da decisão[1692]. O reconhecimento não pode ser recusado por o Direito material do Estado a que é pedido o reconhecimento não permitir o divórcio ou separação pelos mesmos factos ou por dever ser aplicado outro Direito material segundo as regras de Direito Internacional Privado deste Estado (art. 6º/2). A Convenção acrescenta que as autoridades do Estado onde o reconhecimento for invocado não poderão proceder a qualquer exame relativo ao mérito da decisão (art. 6º/3).

Aliada ao reconhecimento autónomo do efeito constitutivo, esta exclusão absoluta do controlo de mérito é criticável, visto que conduz a

---

[1689] Cf. BELLET/GOLDMAN [1970: nº 34].
[1690] Cf. BELLET/GOLDMAN [1970: nºs 6 e 52] e MARTINY [1984: nº 429].
[1691] Cp. MOURA RAMOS [L'expérience... 14].
[1692] Ver STJ 14/11/91 [*BMJ* 411: 491] e 19/3/92 [*BMJ* 415: 536].

um reconhecimento de decisões proferidas com base numa lei que não é a competente segundo o Direito de Conflitos do Estado de reconhecimento, mesmo que os tribunais deste Estado fossem internacionalmente competentes e não se afigure razoável, face ao conjunto das circunstâncias do caso concreto, o afastamento deste Direito de Conflitos (*supra* § 93 B). A consequência possível é a desarmonia de soluções em relação ao Estado que apresenta a conexão mais significativa com o caso.

O reconhecimento só pode ser *recusado* num dos seguintes casos.

Primeiro, *falta de competência do Estado em que foi proferido o divórcio*. No entanto, se o demandado tiver intervindo no processo, as autoridades do Estado de reconhecimento ficarão vinculadas pela decisão da autoridade que proferiu o divórcio quanto à matéria de facto em que baseou a sua competência (art. 6º/1)[1693]. Esta vinculação não se estende à qualificação jurídica dos factos. Contudo parece que o controlo desta qualificação feito pelo tribunal do Estado de reconhecimento é limitado, uma vez que a residência habitual é entendida como um elemento de conexão predominantemente fáctico e que a competência baseada na nacionalidade do Estado de origem ou no domicílio neste Estado não devem, em princípio, ser postas em causa[1694].

Segundo, *se no momento em que foi obtido o divórcio, ambos os cônjuges eram exclusivamente nacionais de Estados cuja lei não conhecia o divórcio* (art. 7º).

Terceiro, *se, tendo em conta o conjunto das circunstâncias, não foram realizadas as diligências adequadas para que o demandado fosse informado do pedido de divórcio ou de separação de pessoas ou se ao mesmo demandado não foram asseguradas condições de fazer valer os seus direitos* (art. 8º). Isto vale para todas as decisões e não só para as proferidas à revelia[1695].

Quarto, *se o divórcio ou a separação forem incompatíveis com uma decisão anterior* cujo objeto principal seja o estado matrimonial dos cônjuges quer proferida no Estado de reconhecimento quer proferida noutro Estado e reconhecida ou reunindo as condições de reconhecimento no Estado de reconhecimento (art. 9º). A decisão anterior pode fundamentar a recusa de reconhecimento quer tenha decretado o divórcio ou a separação de

---

[1693] Ver BELLET/GOLDMAN [1970: nºs 36 e segs.].

[1694] Cp., porém, BELLET/GOLDMAN [1970: nº 38].

[1695] Cf. DUTOIT/MERCIER [1969 : 389] e MARTINY [1984: nº 411].

DIREITO INTERNACIONAL PRIVADO

pessoas quer tenha rejeitado o pedido. Assim, uma decisão que tenha rejeitado um pedido de divórcio justificará a recusa de reconhecimento de uma decisão estrangeira posterior que decrete o divórcio com os mesmos fundamentos que foram alegados em vão no processo terminado em primeiro lugar[1696]. A incompatibilidade também se verifica entre uma decisão anterior de anulação do casamento e uma decisão de divórcio, bem como entre uma decisão anterior de divórcio e uma decisão de separação. Já não há incompatibilidade entre uma decisão anterior de separação e uma decisão de divórcio[1697].

Quinto, *se o reconhecimento do divórcio ou da separação for manifestamente incompatível com a ordem pública internacional* do Estado a que é pedido o reconhecimento (art. 10º). Esta incompatibilidade pode resultar do conteúdo ou fundamento da decisão, por exemplo, de o divórcio ser baseado em motivos "raciais" ou religiosos[1698]. Do art. 6º/2 resulta inequivocamente que não basta, para haver uma manifesta incompatibilidade com a ordem pública internacional do Estado de reconhecimento, que o fundamento do divórcio ou da separação sejam desconhecidos do Direito material deste Estado.

A ordem pública internacional também pode ser invocada no caso de o processo não respeitar exigências mínimas de justiça processual[1699], mas o desrespeito dos direitos de defesa encontra-se em princípio abrangido pelo art. 8º da Convenção.

Por acréscimo, o reconhecimento pressupõe, nos termos do art. 1º/1, que a decisão seja *eficaz no Estado de origem*. Parece que a decisão se considera eficaz quando não foi anulada nem está pendente recurso no Estado de origem[1700].

A Convenção admite nos arts. 19º a 24º uma série de *reservas* que representam um compromisso com os Estados adversos ao divórcio. Portugal não fez nenhuma destas reservas.

[1696] Cf. BELLET/GOLDMAN [1970: nº 49].
[1697] Cf. BELLET/GOLDMAN [1970: nº 49].
[1698] Cf. BELLET/GOLDMAN [1970: nº 47].
[1699] Cf. MARTINY [1984: nº 416].
[1700] Cf. BELLET/GOLDMAN [1970: nº 49].

98. Regime geral interno

A) Reconhecimento e revisão

O regime interno é aplicável fora do âmbito de aplicação das fontes supraestaduais, quando estas fontes remetam para o Direito interno ou dentro dos limites traçados por estas fontes quando, como sucede com a Convenção da Haia sobre o Reconhecimento dos Divórcios e Separações de Pessoas (*supra* § 96), não excluam genericamente a aplicação do regime interno.

A revisão de sentenças estrangeiras é objeto de um *processo especial* regulado nos arts. 1094º a 1102º CPC.

A letra do nº 1 do art. 1094º parece subordinar à revisão todos os modos de relevância das sentenças judiciais estrangeiras, ressalvados os tratados, regulamentos europeus e leis especiais[1701].

O nº 2 do mesmo artigo esclarece que não é necessária revisão para que a sentença estrangeira possa ser invocada como *meio de prova* sujeito à apreciação do juiz.

Por exemplo, a sentença marroquina não revista em que se condenou uma pessoa a indemnizar por prejuízos causados por infração de regras de trânsito em Marrocos pode ser invocada em processo que corra em tribunal português como elemento demonstrativo de que ocorreu determinada conduta e de que esta conduta causou certos prejuízos.

Deve ser atribuída à sentença o valor probatório reconhecido a outros documentos autênticos passados em país estrangeiro. Decorre da conjugação do nº 1 do art. 365º com o nº 1 do art. 371º CC que os documentos autênticos passados no estrangeiro fazem prova plena dos factos que referem como praticados pela autoridade pública, assim como dos factos neles atestados com base nas perceções da entidade documentadora, ao passo que os meros juízos pessoais do documentador só valem como elementos sujeitos à livre apreciação do julgador. Assim, a sentença constitui prova plena dos testemunhos e documentos que refere, mas as conclusões que daí retira não se impõem ao tribunal português[1702].

[1701] A L nº 63/2011, de 14/12, que aprovou a nova Lei da Arbitragem Voluntária, deu nova redação ao nº 1 do art. 1094º, com vista a excluir as sentenças arbitrais do âmbito deste processo especial.

[1702] Cf. BATIFFOL/LAGARDE [1983: 615] e FERRER CORREIA [1982: 136 e seg. e 2000: 473].

Decorre do nº 1 do art. 49º CPC que a *exequibilidade* das sentenças estrangeiras depende de revisão e confirmação. A exigência de uma declaração de executoriedade é comum à generalidade dos sistemas estrangeiros. Ela justifica-se principalmente pela conexão entre a atribuição de força executiva e a execução, que é da competência reservada dos órgãos do Estado em cujo território são praticados os atos de coerção material, e pela necessidade de evitar que o juiz de execução seja sobrecarregado com o exame das condições de reconhecimento[1703].

A exequibilidade da decisão pressupõe que a decisão tenha um conteúdo, determinado segundo o Direito do Estado de origem, suscetível de execução[1704]. É o que se verifica, designadamente, com as sentenças condenatórias.

A revisão e confirmação também é necessária para que a sentença estrangeira possa valer como *título de registo* (cf. arts. 7º C. Reg. Civ. e 711º CC que devem ser vistos como manifestação de um princípio geral).

E o *efeito de caso julgado* depende de revisão e confirmação? Esta questão obtém resposta diferente nos diversos sistemas.

Já sabemos que muitos sistemas admitem o reconhecimento automático do efeito de caso julgado.

A doutrina e a jurisprudência portuguesas têm tendido para subordinar o efeito positivo e negativo do caso julgado à confirmação[1705]. Face ao disposto no art. 1094º CPC parece muito difícil a defesa de posição contrária.

As coisas já se apresentam a outra luz quanto à *eficácia constitutiva* das decisões, designadamente no que toca às sentenças constitutivas, modificativas ou extintivas de situações jurídicas.

[1703] Ver WOLFF [1984: nº 10].

[1704] Cf. WOLFF [1984: nº 20]. Ver ainda e TEIXEIRA DE SOUSA [2003: 167]. Também se tem entendido que a sentença deve ser executória segundo o Direito do Estado de origem – neste sentido, BATIFFOL/LAGARDE [1983: 575 e seg.], FERRER CORREIA [1973: 60] e WOLFF [1984: nºs 26 e segs.].

[1705] Ver ALBERTO DOS REIS [1948: 148 e seg. e 1956: 150], FERRER CORREIA [1982: 122 e 1983 nº 8], PESSOA VAZ/ÁLVARO DIAS [1988: 542] e MARQUES DOS SANTOS [1997: 148]. Quando se suscita a questão de saber se uma decisão estrangeira vincula o tribunal local na resolução de uma questão prévia é o efeito positivo do caso julgado formado pela decisão estrangeira que está em causa.

RECONHECIMENTO DE DECISÕES JUDICIAIS ESTRANGEIRAS

Por exemplo, no Canadá é proferido um divórcio entre canadianos. Mais tarde um deles quer celebrar casamento em Portugal, invocando a sua qualidade de divorciado. Será que para celebrar novo casamento em Portugal a sentença está sujeita a revisão e confirmação ou que é reconhecido o efeito produzido pela sentença perante a lei competente[1706]?

Vimos que a tendência internacional é claramente favorável ao reconhecimento automático dos efeitos das sentenças. Para os regimes de fonte estadual que adotam esta solução não assume tanta acuidade o reconhecimento dos efeitos ligados à sentença pela lei competente.

No entanto, em Itália, admite-se o reconhecimento dos efeitos de atos jurisdicionais ou administrativos praticados pela autoridade do Estado cuja lei é designada pelo Direito Internacional Privado italiano ou que produzem efeitos no ordenamento deste Estado em matéria de capacidade das pessoas, existência de relações de família e direitos de personalidade (art. 65º da Lei de Direito Internacional Privado de 1995)[1707].

Já à face do Direito anterior, perante disposições semelhantes às que vigoram na ordem jurídica portuguesa, era geralmente aceite que se produziam na ordem jurídica italiana os efeitos desencadeados pelas decisões constitutivas estrangeiras segundo a lei competente[1708]. Segundo

---

[1706] O efeito direto da sentença de divórcio é a dissolução do casamento; a capacidade matrimonial do divorciado é um efeito indireto. Relativamente à capacidade para celebrar um novo casamento a dissolução do casamento por divórcio é uma questão prévia – ver também PICONE [1986: 157]. A determinação da lei competente depende da solução que se adote sobre esta questão prévia. Em regra, a questão prévia deve ser objeto de uma conexão autónoma – ver *supra* § 43. A ser assim a lei competente seria a lei aplicável ao divórcio. É, no entanto, duvidoso que esta regra possa ser seguida à face do Direito positivo português, uma vez que a capacidade matrimonial do estrangeiro que pretende celebrar casamento em Portugal é verificada com base num certificado de capacidade matrimonial passado pela entidade competente do Estado da nacionalidade (art. 166º C. Reg. Civ.). Ver também a Convenção de Munique Relativa à Emissão de um Certificado de Capacidade Matrimonial (1980, Convenção nº 20 da CIEC). De onde resulta, aparentemente, que a questão prévia é objeto de uma conexão subordinada que se estabelece com a lei reguladora da capacidade matrimonial. Em sentido diferente, Miguel TEIXEIRA DE SOUSA –"O casamento no Direito Internacional Privado: alguns aspectos", *in Est. Marques dos Santos*, vol. I, 415-441, Coimbra, 2005, 430-432.

[1707] Contanto que não sejam contrários à ordem pública e que sejam respeitados os direitos essenciais da defesa.

[1708] Cf. VITTA [1979: 109 e segs.], LUZZATTO [1997: 96], PICONE [1997: 915 e seg.] e BALLARINO [1999: 165].

DIREITO INTERNACIONAL PRIVADO

a conceção dominante, estas decisões relevam como pressupostos das normas materiais estrangeiras a que o Direito de Conflitos atribui competência[1709].

Tem-se entendido que esta doutrina continua a ser válida mesmo para as decisões que não são contempladas pelo art. 65º da Lei italiana[1710].

Na Alemanha, o reconhecimento dos efeitos produzidos pela sentença constitutiva segundo a medida definida pela lei competente foi defendido por NEUHAUS[1711]. Este reconhecimento teria por único limite a reserva de ordem pública internacional; as condições de reconhecimento fixadas pelo Direito alemão só se aplicariam quando ele fosse a *lex causae*. Também WENGLER teceu considerações que apontam em sentido convergente[1712]. Fala-se, a este respeito, da "teoria da *lex causae*". Esta doutrina, porém, não vingou na reforma de 1986[1713].

A Lei suíça de Direito Internacional Privado determina, em diversos preceitos, o reconhecimento de decisões estrangeiras proferidas ou reconhecidas no Estado cuja lei é competente (arts. 58º/1/c, 96º/1/a, 108º/1 e 111º/2). Noutros preceitos aflora a ideia de reconhecimento das decisões proferidas ou reconhecidas no Estado que apresenta uma certa conexão com a situação, embora não seja necessariamente a conexão relevante para a determinação do Direito competente (arts. 65º/1 e 165º/1). Tais preceitos abrangem diversos casos de sentenças constitutivas[1714].

A doutrina e a jurisprudência dominantes em Portugal sujeitam o reconhecimento dos efeitos constitutivos, modificativos ou extintivos das

---

[1709] Cf., relativamente aos atos de jurisdição voluntária e outros "atos estrangeiros de administração pública do Direito privado", MORELLI [1954: 353 e segs.] e a análise de PICONE [1986: 158 e segs.], com mais referências. Este autor encara este reconhecimento como uma "referência ao ordenamento competente", PICONE [1986: 98]. Ver, sobre a construção de PICONE, MOURA RAMOS [1991: 195 e segs.] e *supra* § 28 C.

[1710] Cf. LUZZATTO [1997: 100] e PICONE [1997: 950 e segs.].

[1711] Cf. 1976: 438 e seg. Já neste sentido, e mais amplamente, FRANKENSTEIN [1926: 347]. Ver também, com respeito às sentenças de divórcio, HAUSMANN [1980: 195 e segs.]. Cp. SCHRÖDER [1971: 520 e seg.].

[1712] Cf. 1961: 446 e segs. – ver também 1981: 392 e segs.

[1713] Cf. KROPHOLLER [2006: 681-682].

[1714] Sobre estes preceitos ver PICONE [1997: 925 e seg. e 2000: 136 e seg.] com mais referências.

RECONHECIMENTO DE DECISÕES JUDICIAIS ESTRANGEIRAS

sentenças ao processo de revisão[1715]. Em sentido contrário se pronunciou ISABEL DE MAGALHÃES COLLAÇO[1716] e vai a prática da administração portuguesa, designadamente em matéria de registo civil[1717].

Entendia-se que o Código de Registo Civil anterior continha disposições que, indiretamente, permitiam fundamentar esta posição. O mesmo parece resultar atualmente da conjugação dos arts. 1º/2 e 7º/2 C. Reg. Civ. vigente.

Por força dos nºs 1 e 2 do art. 7º C. Reg. Civ. as sentenças estrangeiras que devam ser levadas ao registo civil português só podem sê-lo depois de revistas e confirmadas. Mas quais as sentenças que devem ser levadas ao registo civil?

A resposta é dada pelo art. 1º C. Reg. Civ. que define os factos obrigatoriamente sujeitos a registo. Segundo o nº 1 é obrigatório o registo do nascimento, filiação, adoção, casamento, convenções antenupciais, alterações do regime de bens, regulação do poder paternal, interdição e inabilitação definitivas, tutela de menores e interditos, administração de bens de menores, curadoria de inabilitados, apadrinhamento civil e sua revogação, curadoria provisória ou definitiva de ausentes, morte presumida, a declaração de insolvência e diversos factos relativos a este processo, óbito e factos modificativos ou extintivos das situações assim constituídas.

[1715] Cf. FERRER CORREIA [1983: nºs 9-11, com indicações jurisprudenciais, e 2000: 470 e seg.] e MARQUES DOS SANTOS [1997: 148]. No mesmo sentido, aparentemente, MOURA RAMOS [1998: 39 e n 90] e FERREIRA DA SILVA [2000: 483]. É de assinalar que a proposta de FERRER CORREIA/FERREIRA PINTO [1987: 60] que tornava expresso que o reconhecimento dos efeitos da decisão enquanto facto jurídico dispensa a revisão (art. 927º/2), não foi acolhida pelo legislador. Observe-se ainda que, conforme é adiante assinalado, FERRER CORREIA limita os efeitos da sentença como facto jurídico aos efeitos "secundários ou laterais". Cp. TEIXEIRA DE SOUSA [2000a: 56 e segs.] no sentido do reconhecimento de decisões judiciais estrangeiras na resolução de questões prévias independentemente de um processo de revisão. O exemplo apresentado é o de uma sentença constitutiva (divórcio). A meu ver a circunstância de a decisão da questão incidental proferida pelo tribunal português não formar caso julgado material não releva para a determinação do regime aplicável ao reconhecimento da decisão estrangeira. Neste sentido se pronuncia também FERREIRA DA SILVA [2000: 483].

[1716] 1963: 32 e segs.

[1717] Cf. designadamente *Informações* da Direcção-Geral dos Registos e Notariados de prestadas nos processos 200 R.C. 35 (1981) e C.C. 46/97 DSJ (1998).

No que toca aos estrangeiros decorre do n.º 2 do mesmo artigo que estes factos só estão sujeitos a registo obrigatório quando ocorram em território português. Portanto, os factos respeitantes a estrangeiros que ocorram no estrangeiro não estão sujeitos a registo obrigatório.

Enquanto os factos cujo registo é obrigatório só podem ser invocados depois de registados (art. 2.º C. Reg. Civ.), os factos que não estão sujeitos a registo produzem em Portugal os efeitos que lhes forem associados pela lei competente.

Enquanto atos jurídicos definidores do estado civil, também as sentenças estrangeiras constitutivas podem, nas mesmas circunstâncias, produzir efeitos na ordem jurídica portuguesa, independentemente de revisão e confirmação.

ISABEL DE MAGALHÃES COLLAÇO generalizou esta solução a todos os efeitos das sentenças estrangeiras enquanto ato jurídico. Para esta autora, o processo de revisão e confirmação só é, em regra, indispensável para a sentença produzir efeito de caso julgado e ter força executiva. Constituem exceção os casos previstos no art. 7.º C. Reg. Civ. em que também os efeitos constitutivos, modificativos e extintivos dependem de confirmação.

Contra este reconhecimento dos efeitos das sentenças constitutivas perante a lei competente, argumenta FERRER CORREIA que tal desconhece a autonomia do reconhecimento de sentenças em relação aos conflitos de leis e que será contrário à natureza e aos fins do nosso instituto de reconhecimento de sentenças estrangeiras o reconhecimento de uma sentença sem controlo da competência internacional do tribunal de origem e das outras condições de confirmação estabelecidas pelo Estado de reconhecimento[1718].

Relativamente à primeira objeção, importa sublinhar que o Direito de Conflitos e o Direito de Reconhecimento não devem ser encarados como compartimentos estanques, como complexos normativos completamente independentes, mas antes como elementos integrantes de um mesmo sistema de Direito Internacional Privado, no seio do qual devem ser articulados por forma coerente.

Ora, a meu ver, não é coerente que se produzam na ordem jurídica interna efeitos constitutivos desencadeados pelo Direito do Estado de origem da sentença confirmada que são desconhecidos da lei competente

---

[1718] Cf. 1982: 125 e segs. e 1983: n.º 11.

RECONHECIMENTO DE DECISÕES JUDICIAIS ESTRANGEIRAS

segundo o Direito de Conflitos português para reger a situação em causa. Isto criaria, de resto, as maiores dificuldades na determinação do regime da situação, uma vez que obrigaria a conjugar a lei competente para reger a situação com um efeito constitutivo determinado pela lei do Estado de origem da decisão.

A segunda objeção já suscita maiores hesitações. Dever-se-á reconhecer, por meio da atuação da norma de conflitos, os efeitos de uma sentença que não está em condições de ser revista e confirmada em Portugal? Ou deverá antes entender-se que só se produzirá o efeito desencadeado pela ordem jurídica designada pelo Direito Internacional Privado português quando a sentença estrangeira se encontrar revista e confirmada[1719] ou, pelo menos, em condições de o ser?

Creio que nada há de contraditório na primeira posição. A sentença não constitui caso julgado (nem goza de força executiva, se porventura tiver um conteúdo idóneo à execução) na ordem jurídica portuguesa porque não é suscetível de confirmação. Mas nada obsta que, enquanto facto constitutivo, modificativo ou extintivo, produza o efeito que lhe é ligado pela lei competente[1720]. O reconhecimento dos efeitos atribuídos à sentença pela lei competente fundamenta-se no título de aplicação conferido a esta lei e na sobrelevância da harmonia de soluções com esta lei.

FERRER CORREIA também admite que o reconhecimento de certos efeitos da sentença como facto jurídico não depende de revisão mas da sua verificação na esfera do ordenamento competente segundo o Direito Internacional Privado do foro. Só que limita os efeitos da sentença como facto jurídico aos efeitos "secundários ou laterais"[1721].

Com respeito às sentenças constitutivas, FERRER CORREIA faz apelo à teoria da questão prévia, formulada em termos semelhantes às versões mais atuais da tese da conexão subordinada, à qual, porém, mantém for-

---

[1719] Como defende, perante o Direito italiano, MORELLI [1954: 302].

[1720] Cf. BALLARINO [1999: 165]. As sentenças constitutivas suscitam outros problemas de conjugação do Direito de Reconhecimento com o Direito de Conflitos – ver MARTINY [1984: nº 140 e seg.]. O reconhecimento de uma sentença modificativa ou extintiva de uma relação pressupõe que esta relação está constituída perante a ordem jurídica do Estado de reconhecimento.

[1721] Cf. FERRER CORREIA [1982: 106 e 131 e segs. e 2000: 471, cp. 1982: 123 e 1983: nº 10] e FERRER CORREIA/FERREIRA PINTO [1987: 49]. No mesmo sentido MARQUES DOS SANTOS [1997: 148].

tes limitações[1722]. Aparentemente, só naquelas hipóteses qualificadas em que o efeito constitutivo da sentença se suscita como questão prévia e em que seria de seguir a tese da conexão subordinada este efeito se poderia produzir independentemente de revisão[1723].

É concebível que a tese da conexão subordinada seja entendida no sentido de se aplicar o Direito Internacional Privado da ordem jurídica reguladora da questão principal, no seu conjunto, e não só a sua norma de conflitos geral[1724]. Isto inclui, designadamente, as normas sobre a devolução, o sistema de reconhecimento de decisões estrangeiras e as normas de conflitos especiais (nomeadamente as ligadas a normas "autolimitadas"). Este entendimento permitiria o reconhecimento do efeito constitutivo produzido na ordem jurídica aplicável à questão principal, que, sublinhe-se, é um efeito direto da sentença e não um efeito "secundário ou lateral".

Sucede, porém, que, em regra, a questão prévia deve ser objeto de uma conexão autónoma e, portanto, não é, em regra, possível por via da teoria da questão prévia reconhecer os efeitos constitutivos produzidos na ordem jurídica competente[1725]. Além disso, não é inconcebível que o reconhecimento do efeito constitutivo se suscite a título principal e não incidental. Ora, também neste caso se deve reconhecer o efeito constitutivo produzido na ordem jurídica competente. Não há razão para restringir o reconhecimento do efeito constitutivo produzido na ordem jurídica competente aos casos em que a questão se suscite a título prejudicial.

Este reconhecimento dos efeitos constitutivos desencadeados pela sentença segundo o Direito competente é especialmente necessário numa ordem jurídica como a portuguesa que não segue o sistema de reconhecimento automático.

[1722] Cf. 1983: n 43.

[1723] Ver 1983: nºs 10 e segs. Só a esta luz se poderia justificar a solução dada ao caso apresentado pelo autor em obra posterior [2000: 472], uma vez que contrariamente ao aí afirmado o efeito de dissolução do casamento é um efeito direto (extintivo) da sentença de divórcio e não um efeito indireto. Ver também TEIXEIRA DE SOUSA [2000a: 57].

[1724] Ver também PICONE [2000: 217 e segs.]. É controverso se mesmo nestes casos a conexão subordinada tem como limite o caso julgado formado por uma decisão judicial proferida no Estado do foro ou por uma decisão judicial estrangeira reconhecida no Estado do foro – cp. WENGLER [1981: 389 e seg.].

[1725] Ver *supra* § 43.

Se for competente a lei portuguesa a sentença estrangeira só produz efeitos depois de revista e confirmada.

O efeito constitutivo das decisões internas sobre situações transnacionais também deve depender da lei competente[1726].

Contra esta solução fazem valer alguns autores alemães, sobretudo com respeito às decisões internas que decretam o divórcio de estrangeiro, que os órgãos internos são vinculados por um efeito constitutivo autónomo relativamente à lei competente. A tese do efeito constitutivo autónomo foi defendida por KEGEL com fundamento na "autonomia do Direito Processual Internacional"[1727] e por STURM com base no "efeito constitutivo absoluto" da decisão interna[1728]. Mais recentemente, SCHURIG veio secundar esta posição apoiando-se simplesmente na força de caso julgado da decisão interna[1729]. Em sentido contrário se pronuncia a jurisprudência dominante[1730], bem como HAUSMANN, CHRISTIAN VON BAR e MANKOWSKI[1731].

A atribuição de um efeito constitutivo autónomo à decisão interna está em contradição com uma correta articulação do Direito de Conflitos com o Direito Processual à luz das finalidades do Direito Internacional Privado.

Com efeito, tal significaria que o efeito constitutivo da decisão interna dependeria da ordem jurídica do foro e não da *lex causae*. O que contribuiria para a desarmonia de soluções com a *lex causae* e para o surgimento de difíceis problemas de conjugação da *lex causae*, aplicável ao conteúdo da situação, com um efeito constitutivo produzido por outra ordem jurídica; e levaria ao sacrifício da justiça da conexão, com a aplicação da lei do foro à constituição, modificação ou extinção da situação quando é a outra a lei competente segundo o nosso Direito de Conflitos.

[1726] Ver HAUSMANN [1980: 47 e segs.] e, na jurisprudência portuguesa, STJ 18/6/1996 [*in http://www.dgsi.pt/jstj.nsf*].

[1727] 1970: 204.

[1728] Cf. RAAPE/STURM [1977: 290 e seg.].

[1729] Cf. *Soergel*/SCHURIG [1996: Art. 13 nº 61].

[1730] Ver referências em *Soergel*/SCHURIG [1996: Art. 13 nº 61 n 34].

[1731] Cf. HAUSMANN [1980: 183 e segs. e 206 e seg.], que invoca a "relatividade conflitual do caso julgado", e *Staudinger*/VON BAR/MANKOWSKI [1996: Art. 13 nºs 117 e segs.] e *Staudinger*/MANKOWSKI [2011: Art. 13 nºs 117 e segs.].

DIREITO INTERNACIONAL PRIVADO

Na maior parte dos casos as decisões internas aplicam a *lex causae* ou a lei aplicada pela *lex causae* e, por isso, são potencialmente eficazes à face da *lex causae*. Mesmo nestes casos, porém, o reconhecimento do efeito constitutivo pela *lex causae* pode depender da verificação de outras condições e, mesmo, de um processo prévio[1732].

Esta posição implica que a decisão constitutiva interna que não seja eficaz (nem potencialmente eficaz) perante a competente lei estrangeira tem efeitos muito limitados. Esta decisão só muito limitadamente forma caso julgado, uma vez que não deve vincular os tribunais portugueses na decisão de questões relativas ao efeito constitutivo que se suscitem incidentalmente nem constituir fundamento de oposição à confirmação de sentença estrangeira proferida em ação com o mesmo objeto. Esta decisão também não pode titular o registo de factos constitutivos, modificativos ou extintivos sujeitos a registo[1733].

Caso se adotasse a solução, atrás proposta (§ 81 C), de excluir a competência internacional dos tribunais portugueses quando a decisão for manifestamente insuscetível de reconhecimento na ordem jurídica competente, só muito excecionalmente poderia surgir uma decisão ineficaz perante esta ordem jurídica.

Questão particularmente delicada é a da admissibilidade do reconhecimento autónomo dos efeitos da sentença que não seja eficaz (nem potencialmente eficaz) perante a lei competente.

A questão tem sido muito debatida na doutrina italiana. A doutrina tradicional admitia que o reconhecimento do efeito constitutivo tanto podia resultar da sua produção segundo o Direito material competente como do "processo de delibação"[1734]. Este entendimento, porém, foi objeto da contestação de alguns autores ainda na vigência do Direito antigo[1735]. Perante a Lei de Direito Internacional Privado de 1995 é sobretudo discutido se o reconhecimento (por via do Direito de Conflitos) ao abrigo

---

[1732] Como se verifica, perante o regime interno português de reconhecimento de decisões judiciais estrangeiras, quando for competente o Direito material português.

[1733] Contrariamente ao afirmado por PICONE [1986: 155], as dificuldades técnico-jurídicas que suscita a subordinação do efeito constitutivo de uma decisão do foro ao reconhecimento por uma ordem jurídica estrangeira não são insuperáveis.

[1734] Cf. VITTA [1979: 112.].

[1735] Ver HAUSMANN [1980: 239 e segs.].

do art. 65º é concorrente ou especial relativamente ao reconhecimento automático nos termos do art. 64º[1736].

Creio que a sobrelevância da harmonia de soluções com a ordem jurídica designada pelo nosso Direito de Conflitos justifica que só seja confirmada a sentença constitutiva eficaz (ou potencialmente eficaz) perante a lei competente[1737]. Só neste caso a sentença deve formar caso julgado na ordem jurídica portuguesa[1738]. Com efeito, as autoridades portuguesas não devem ficar vinculadas pelo efeito constitutivo que a sentença tenha segundo o Direito do Estado de origem e a parte interessada na produção do efeito constitutivo deve ter a liberdade de propor uma nova ação, seja em Portugal seja no estrangeiro, com vista a obter uma sentença eficaz à face da lei competente, sem ser confrontada com a exceção de caso julgado (no caso de propositura da ação em Portugal) ou com um fundamento de oposição à confirmação da sentença (no caso de propositura da ação no estrangeiro).

Não parece que isto colida com os princípios fundamentais do Direito da Competência Internacional[1739]. O Direito da Competência Internacional diz exclusivamente respeito à competência internacional direta, que não está em jogo no reconhecimento de decisões estrangeiras. O reconhecimento das decisões estrangeiras tem finalidades próprias, que desde logo justificam uma certa autonomia das regras de competência internacional indireta (que integram o Direito de Reconhecimento) relativamente às regras de competência internacional direta (*infra* E). No reconhecimento do efeito constitutivo a finalidade principal é a harmonia com a ordem jurídica competente. Esta finalidade justifica que, no caso de a decisão ser

---

[1736] No primeiro sentido ver LUZZATTO [1997: 101 e segs.], MOSCONI [1996: 161], BALLARINO [1999: 171 e segs.] e PICONE [1997: 930 e segs.]; em sentido contrário ver BARIATTI [1995: 1234 e segs.], SARAVALLE [1995: 1049 e segs.] e outros autores referidos em PICONE [1997: n 52]. Ver ainda LUZZATTO [1997: 99 e segs.] e PICONE [2000: 133 e seg.].

[1737] Cp. a crítica de PIERRE MAYER [2007: 268 e segs.]. Creio que as preocupações expressas pelo autor podem até certo ponto ser tidas em conta no plano do Direito de Conflitos, nos termos anteriormente expostos (§ 93 B), designadamente a relevância da ordem jurídica da residência habitual nos casos em que é primariamente competente a lei da nacionalidade.

[1738] Cp. a "relatividade conflitual do caso julgado" defendida por HAUSMANN [1980: 183 e segs. e 206 e seg.].

[1739] Neste sentido, porém, FERRER CORREIA [1983: nº 11].

DIREITO INTERNACIONAL PRIVADO

proveniente de um terceiro Estado, o controlo da competência internacional indireta seja delegada na ordem jurídica competente.

Os *efeitos acessórios ou reflexos* não dependem de revisão. Sobre eles decide exclusivamente o Direito competente[1740]. Se for competente o Direito português, a produção dos efeitos acessórios ou reflexos de uma sentença estrangeira depende, pelo menos, de esta estar em condições de ser confirmada[1741]

B) Decisões estrangeiras abrangidas pela revisão
O nº 1 do art. 1094º CPC sujeita a revisão e confirmação toda a *"decisão sobre direitos privados"*[1742].

Como ficou atrás assinalado (*supra* § 92 B), a qualificação de uma decisão estrangeira como "decisão sobre direitos privados" deve ser feita segundo o critério definido perante o Direito de Reconhecimento português e com base numa interpretação autónoma.

Pelo que toca ao caráter *"privado"* o que importa é o objeto da decisão e não a natureza do tribunal que a proferiu[1743]. A decisão deve ter por objeto uma relação que no Estado de reconhecimento seja considerada "privada"[1744].

Assim, as condenações cíveis proferidas por tribunais criminais que, como é o caso dos portugueses, se podem ocupar da indemnização por prejuízos causados pela conduta criminosa, são suscetíveis de reconhecimento ao abrigo deste regime[1745]; e não são reconhecíveis ao abrigo deste regime as decisões proferidas em processos cíveis na parte que apliquem sanções penais ou contra-ordenacionais[1746].

[1740] Cf. FERRER CORREIA/FERREIRA PINTO [1987: 49], MARQUES DOS SANTOS [1997: 148], FERRER CORREIA [2000: 471 e seg.] e TEIXEIRA DE SOUSA [2000a: 57].

[1741] Ver, relativamente ao Direito alemão, MARTINY [1984: nº 432].

[1742] A referência à nacionalidade das partes foi julgada necessária na vigência do Código de Seabra, face ao seu art. 31º, sendo hoje despicienda.

[1743] Cf. ISABEL DE MAGALHÃES COLLAÇO [1963: 25] e FERRER CORREIA [1982: 107 e 2000: 455].

[1744] Cf. MARTINY [1984: nº 500] e SCHACK [2010: nº 909].

[1745] Cf. BATIFFOL/LAGARDE [1983: 555], também assinalando que não são de reconhecer as decisões penais que comportam consequências civis, como por exemplo, incapacidades, e FERRER CORREIA [2000: 455 n 27].

[1746] Ver BATIFFOL/LAGARDE [1983: 556], observando que já são reconhecíveis as condenações em "penas privadas", SCHACK [2010: nº 906] e *Cheshire, North & Fawcett* [2008: 560-561].

Por exemplo, tem-se discutido se a decisão que condena em *"punitive damages"* proferida por tribunais dos EUA é ou não reconhecível em atenção ao caráter civil ou penal da matéria. Parece que se trata ainda de matéria civil contanto que o beneficiário da indemnização seja o credor[1747]. Já não o será se uma parte das *"punitive damages"* reverterem a favor das finanças estaduais, como sucede em alguns Estados da União[1748].

O caráter "privado" da relação controvertida deve ser entendido com *autonomia* relativamente ao Direito material interno, de acordo com o anteriormente exposto (*supra* § 90).

A decisão é considerada "estrangeira" quando for proferida por tribunal ou (como adiante veremos) autoridade no exercício de competências atribuídas por uma ordem jurídica estrangeira[1749].

Por *"decisão"* entende-se qualquer ato público que segundo a ordem jurídica do Estado de origem tenha força de caso julgado[1750]. Os atos públicos que não produzem efeito de caso julgado segundo o Direito do Estado de origem não colocam um problema de reconhecimento de efeitos enquanto ato jurisdicional. Por isso o processo de revisão é em primeira linha pensado para decisões com força de caso julgado. É no entanto concebível que possa ser pretendida a execução, em Portugal, de decisões jurisdicionais estrangeiras que não formam caso julgado material na ordem jurídica do Direito do Estado de origem. Neste caso deve entender-se que é aplicável analogicamente o disposto nos arts. 1094º e segs. CPC.

Não são reconhecíveis as decisões que recaiam unicamente sobre a relação processual nem os atos de execução[1751].

[1747] Problema diferente é o da compatibilidade do reconhecimento da decisão com a ordem pública internacional.

[1748] Cf. SCHACK [2010: nº 907]. No Reino Unido o art. 5º/2 do *Protection of Trading Interests Act* 1980 – pensado especialmente para as decisões fundadas no Direito *anti-trust* dos EUA – proíbe a execução de sentenças estrangeiras que condenem em *"multiple damages"*, i.e., por uma importância calculada pela multiplicação de uma verba apurada como compensação pela perda ou dano sofrida pela pessoa a favor de quem a decisão é proferida, ou baseada em certas leis de defesa da concorrência.

[1749] Em sentido próximo, FERRER CORREIA [2000: 456].

[1750] Cp. MORELLI [311], MARTINY [nº 487 e segs.] e SCHACK [2002: 355]. Em sentido convergente, FERRER CORREIA [2000: 455 e seg.] e FERREIRA DA SILVA [469].

[1751] Cf. MARTINY [1984: nºs 474 e 476].

DIREITO INTERNACIONAL PRIVADO

Tem levantado algumas dúvidas o tratamento das *decisões proferidas em processos de jurisdição voluntária*, por exemplo, a decisão de regulação do poder paternal ou que decreta o divórcio por mútuo consentimento. A atividade desenvolvida neste caso pelo tribunal não corresponde ao exercício da função jurisdicional e só por razões de política legislativa não foi confiada a um notário, conservador ou outra entidade administrativa[1752]. Daí que MACHADO VILLELA tenha defendido que estas decisões não deveriam estar sujeitas ao processo de revisão[1753]. A mesma posição foi assumida por MARQUES DOS SANTOS[1754]. O entendimento contrário, defendido designadamente por ALBERTO DOS REIS[1755], tem sido seguido pela jurisprudência[1756].

Noutros sistemas, a resposta a esta questão está relacionada com o regime aplicável à exequibilidade de atos públicos não-jurisdicionais. Para os sistemas que, como o francês, sujeitam estes atos públicos ao regime de concessão do *exequatur* aplicável às sentenças estrangeiras, é óbvio que o mesmo que se passa com as decisões proferidas em processo de jurisdição voluntária[1757]. Também no Direito italiano os atos de jurisdição voluntária estão submetidos ao mesmo regime quanto à atribuição de força executiva e a um regime semelhante quanto ao reconhecimento de efeitos (arts. 66º e 67º da Lei de Direito Internacional Privado) e o art. 31º da Lei suíça de Direito Internacional Privado manda aplicar por analogia o regime de reconhecimento estabelecido para os outros atos jurisdicionais. O Direito alemão contém um regime especial para a concessão de *exequatur* a estas decisões bem como para o reconhecimento de efeitos[1758].

[1752] Cf. LEBRE DE FREITAS [2006: 53-54].

[1753] 1921: 662 e seg. FERRER CORREIA tem manifestado hesitações neste ponto, parecendo que se inclina no sentido da opinião dominante [cp. 1973: 31 e seg. e 96, 1982: 128 e segs., 1983: n 33 e 2000: 471].

[1754] 1997: 148 e seg.

[1755] Cf. 1956: 156 e seg.

[1756] Também ISABEL DE MAGALHÃES COLLAÇO [1963: 28] defendeu que as decisões proferidas em processos de jurisdição graciosa são suscetíveis de revisão se tiverem força executiva à face da lei do Estado de origem.

[1757] Cf. BATIFFOL/LAGARDE [1983 : 560 e seg.] e LOUSSOUARN/BOUREL/VAREILLES/SOMMIÈRES [2004 : nºs 492-4].

[1758] Cf. KROPHOLLER [2006: 660 e 683] e VON HOFFMANN/THORN [2007: nºs 296-299].

RECONHECIMENTO DE DECISÕES JUDICIAIS ESTRANGEIRAS

À face do Direito português, creio que se justifica uma diferenciação.
Se a decisão estrangeira, apesar de proferida em processo de jurisdição voluntária, forma caso julgado material – posto que atenuado, como sucede entre nós[1759] – no Direito do Estado de origem, deve entender-se que o reconhecimento dos seus efeitos enquanto ato jurisdicional depende de revisão e confirmação. Poderá ser necessário adaptar o requisito formulado na al. e) do art. 1096º às particularidades de alguns processos de jurisdição voluntária[1760].

Já parece que o disposto nos arts. 1094º e segs. CPC não será diretamente aplicável ao reconhecimento da decisão que não forme caso julgado material no Direito do Estado de origem. No entanto, nos casos pouco frequentes em que seja necessário executar o ato, parece defensável uma aplicação analógica deste regime e, por conseguinte, a necessidade de revisão e confirmação.

As *sentenças homologatórias de confissão ou transação* também estão submetidas ao processo de revisão, podendo a sua especificidade exigir a introdução de ajustamentos às condições de confirmação[1761].

Em princípio, só estão sujeitas a revisão as decisões proferidas por um órgão jurisdicional. Mas este regime de reconhecimento deve ser aplicado *analogicamente* às decisões de autoridades administrativas estrangeiras que, em Portugal, são da competência dos tribunais[1762]. Isto verifica-se geralmente naquelas atividades que os tribunais portugueses desenvolvem no quadro de processos de jurisdição voluntária.

[1759] Cf. LEBRE DE FREITAS [2006: 55].

[1760] Além disso deve entender-se que as decisões reconhecidas que sejam modificáveis segundo o Direito do Estado de origem também podem ser modificadas por uma decisão do Estado de reconhecimento quando os seus tribunais forem internacionalmente competentes para o efeito – cf. MARTINY [1984: nº 304].

[1761] Neste sentido MARTINY [1984: nº 470], LEBRE DE FREITAS [2009: 52] e FERREIRA DA SILVA [2000: 470]; contra ANSELMO DE CASTRO [1977: 31] para quem estas sentenças valerão como títulos extrajudiciais. Ver ainda TEIXEIRA DE SOUSA [1998: 74] no sentido de se tratar de títulos executivos judiciais.

[1762] Neste sentido, RLx 18/3/1982 [*BMJ* 321: 435], RPt 12/7/1983 [*CJ* (1983-IV) 221 e RLx 3/5/1993 [*BMJ* 427: 575]. Ver também FERRER CORREIA [2000: 455 e seg.] no sentido da aplicação direta do regime de reconhecimento às decisões de autoridades a quem tenha sido concedido o poder jurisdicional; no mesmo sentido, FERREIRA DA SILVA [2000: 468 e seg.].

DIREITO INTERNACIONAL PRIVADO

Assim, enquanto o divórcio em Portugal só podia ser decretado pelo tribunal, entendeu-se que os divórcios por mútuo consentimento proferidos por conservadores do registo civil estrangeiro estavam sujeitos a este regime. A partir do momento em que, entre nós, o divórcio por mútuo consentimento passou a poder a ser requerido, verificados certos requisitos, na conservatória do registo civil[1763], coloca-se a questão de saber se o reconhecimento ainda dependerá deste regime. Entendo que a resposta deve ser afirmativa quando a decisão da autoridade administrativa estrangeira tiver os mesmos efeitos que uma decisão judicial[1764]. Em última instância o que importa não é a natureza do órgão que profere a decisão mas os efeitos que ela produz segundo o Direito do Estado de origem[1765].

Também estão sujeitas a revisão as decisões de tribunais e autoridades religiosas em que ordens jurídicas estrangeiras delegam poderes de autoridade[1766]. Isto verifica-se, designadamente, em matéria de divórcio e de separação[1767].

No entanto a dúvida já surge quanto à intervenção de uma autoridade religiosa ou administrativa no caso do repúdio de Direito hebraico ou de Direito muçulmano. Alega-se que nestes casos a autoridade não profere uma decisão, limitando-se a verificar a prática dos atos que formalizam o repúdio. Em substância o repúdio de Direito hebraico não é muito afastado do nosso divórcio por mútuo consentimento, uma vez que pressupõe a aceitação da carta de repúdio [gueth] pela mulher. Já o repúdio de Direito muçulmano [Talak] pode ter lugar sem o consentimento da mulher[1768], embora em certos países árabes envolva a intervenção de uma autoridade administrativa[1769].

Já sabemos que estes atos podem ser reconhecidos como divórcios, sob certas condições, dentro do âmbito de aplicação da Convenção da Haia de 1970 (supra § 96)[1770].

[1763] Cf. art. 1773º/2 CC.

[1764] Como é o caso segundo o Direito português (art. 1776º/3 CC). Neste sentido, STJ 12/7/2005 [in http://www.dgsi.pt/jstj.nsf] e RLx 28/1/1999 [CJ (1999-I) 9].

[1765] Em sentido convergente, MARTINY [1984: nºs 520 e seg.].

[1766] Cf. MARTINY [1984: nºs 528 e segs.].

[1767] Cf. BATIFFOL/LAGARDE [1983: 556].

[1768] Ver FERRER CORREIA [1982: 108 e 1983: nº 13].

[1769] Cf. FERRER CORREIA [2000: 457].

[1770] Cf. FERRER CORREIA [1982: 110].

RECONHECIMENTO DE DECISÕES JUDICIAIS ESTRANGEIRAS

O repúdio unilateral contraria o princípio constitucional da igualdade entre os cônjuges e, por isso, é suscetível de desencadear a intervenção da ordem pública internacional portuguesa quando seja invocado pelo marido e exista uma ligação significativa com o Estado português[1771]. Na avaliação dos laços existentes com o Estado português assume especial relevo a nacionalidade e a residência da mulher. É também defensável que se dê relevância à ordem pública internacional de um Estado estrangeiro de que a mulher seja nacional ou em que tenha residência[1772]. A ordem pública internacional já não constituirá impedimento ao reconhecimento do repúdio caso se verifiquem fundamentos objetivos que sejam equivalentes aos fundamentos de divórcio litigioso previstos pela lei portuguesa.

Perante a Concordata de 1940, o reconhecimento das *decisões de tribunais eclesiásticos* relativas à nulidade do casamento católico e à dispensa do casamento rato e não consumado não dependia de revisão (*supra* § 96 B). A situação foi alterada pela Concordata de 2004 que admite que os efeitos civis dessas decisões sejam subordinados a revisão e confirmação, nos termos do Direito português (art. 16º/1). Constituem condições de reconhecimento que essas decisões sejam autênticas, dimanem do tribunal competente, tenham respeitado os princípios do contraditório e da igualdade e não ofendam os princípios da ordem pública internacional do Estado português (art. 16º/2 da Concordata de 2004). Prevê-se, assim, um regime especial de revisão e confirmação[1773].

Como foi anteriormente assinalado (§ 96 B), os arts. 1626º CC e 7º/3 C. Reg. Civ. foram alterados em conformidade pelo DL nº 100/2009, de 11/5.

[1771] Cf. FERRER CORREIA [1983: nº 13 e n 47], Id. – "Le principe de l'autonomie du droit international privé dans le système juridique portugais", *in FS Gerhard Kegel II*, 119-146, 1987, 139 e segs., e Id. [2000: 459]. Ver ainda art. 57º do Código belga de Direito Internacional Privado de 2004. Cp. RLx 18/10/2007, Proc. 10602/2005-2 [*in http://www.dgsi.pt/jtrl.nsf*], Erik JAYME – "Identité culturelle et intégration: le droit international privé postmoderne", *RCADI* 251 (1995) 9-268, 236, e Paul LAGARDE – "Les répudiations étrangères devant le juge français et les traces du passé colonial", *in FS Hans Sonnenberger*, 481-496, Munique, 2004 .

[1772] Ver art. 57º do Código belga de Direito Internacional Privado e PIERRE LALIVE [2007: 313 e segs.].

[1773] Sobre este regime, ver MOURA RAMOS [2007: 357 e segs. e 372 e segs.] e Francisco PEREIRA COELHO e GUILHERME DE OLIVEIRA – *Curso de Direito da Família*, vol. I – *Introdução. Direito Matrimonial*, 4ª ed., Coimbra, 2008, 331 e segs. Cp. PAULA COSTA E SILVA [2010: 809 e segs.].

DIREITO INTERNACIONAL PRIVADO

Os atos que não sejam abrangidos, direta ou indiretamente, por nenhum dos regimes autónomos de reconhecimento das decisões estrangeiras vigentes na ordem interna só podem produzir, na ordem jurídica do foro, os efeitos que lhes forem associados pela lei competente segundo o Direito de Conflitos do foro[1774]. É indiferente que estes atos sejam praticados no Estado cuja lei é competente ou noutro Estado.

Para FERRER CORREIA é o que se verifica nos *divórcios privados* e no repúdio de Direito muçulmano aceite pela mulher[1775].

Em minha opinião, os atos constitutivos de autoridades administrativas ou religiosas "estrangeiras" que formem caso julgado segundo o Direito do Estado de origem são suscetíveis de revisão, desde que sejam eficazes (ou potencialmente eficazes) segundo o Direito competente. O regime dos arts. 1094º e segs. CPC também deve ser aplicado analogicamente aos atos constitutivos de autoridades administrativas ou religiosas "estrangeiras" que não formem caso julgado mas devam valer como título de registo ou que, eventualmente, careçam de ser executados.

Pode suscitar dúvidas o reconhecimento de divórcios privados ocorridos em Portugal, bem como de atos praticados em Portugal por autoridades religiosas ou até por autoridades administrativas estrangeiras (por exemplo, de cônsules) tendo por objeto a dissolução do casamento[1776]. Em minha opinião, nada obsta à ocorrência, em Portugal, de divórcios extrajudiciais em conformidade com a lei estrangeira competente[1777].

Deve, no entanto, ter-se em conta que estes atos constituem factos de registo obrigatório (art. 1º C. Reg. Civil), que só podem ser invocados depois de registados (art. 2º C. Reg. Civil). O divórcio privado ocorrido em Portugal que seja eficaz perante a lei competente deve ser admitido a registo. As decisões de autoridades religiosas ou administrativas proferidas no exercício de competências atribuídas por uma ordem jurídica estrangeira são decisões estrangeiras mesmo que tenham sido proferidas

---

[1774] Cf. KEGEL/SCHURIG [2004: 874-875] e FERRER CORREIA [1982: 110 e seg. e 2000: 457 e seg.].

[1775] 1983: nº 13, 1987: 139 e seg. e 2000: 458 e seg. Ver também SCHACK [2010: nºs 905 e 992].

[1776] Ver também FERRER CORREIA [1987: 141 e seg.].

[1777] Em sentido convergente, FERRER CORREIA [2000: 460; cp. 416]. Não se encontra na ordem jurídica portuguesa uma norma semelhante ao art. 17º/2 da Lei de Introdução do Código Civil alemão que só permite que o casamento seja dissolvido por divórcio, na Alemanha, através de decisão judicial. Cp. SCHACK [2010: nº 990].

em Portugal. Em conformidade com anteriormente exposto, estes atos carecem de confirmação para valerem como título de registo e poderem produzir efeitos constitutivos segundo a lei competente. Em ambos os casos, devem ser respeitados os limites colocados pela reserva de ordem pública internacional e pela Constituição.

C) Decisões de jurisdições supraestaduais
Frequentemente os atos que instituem as jurisdições supraestaduais regulam o reconhecimento das suas decisões na ordem jurídica dos Estados contratantes.

Na omissão dos atos constitutivos deve entender-se que o regime interno de reconhecimento de decisões estrangeiras é aplicável por analogia ao reconhecimento de decisões supraestaduais, com as devidas adaptações[1778].

No que toca à execução de decisões do Conselho, da Comissão ou do Banco Central Europeu que imponham uma obrigação pecuniária a pessoas que não sejam Estados, ver art. 299º do Tratado sobre o Funcionamento da União Europeia, e L nº 104/88, de 31/8[1779].Ver ainda a L nº 2/95, de 31/1, sobre a execução das decisões tomadas ao abrigo do art. 110º do Acordo sobre o Espaço Económico Europeu.

D) Processo de revisão
Como já se assinalou o processo de revisão de sentenças judiciais estrangeiras é um *processo especial* regulado nos arts. 1094º e segs. CPC.

Não vou examinar aqui este processo, mas apenas formular algumas breves observações.

Tem-se entendido, entre nós, que a ação de revisão de sentença estrangeira é uma ação de simples apreciação destinada a verificar se a sentença estrangeira está em condições de produzir efeitos como ato jurisdicional na ordem jurídica portuguesa[1780]. Creio, porém, que se trata de uma *ação*

[1778] No mesmo sentido, mas sem esclarecer se se trata de uma aplicação direta ou analógica, FERRER CORREIA [1982: 111] e BATIFFOL/LAGARDE [1983: 551 e seg.].

[1779] O órgão local competente apõe uma fórmula executória, apenas controlando a autenticidade do ato.

[1780] Cf. ALBERTO DOS REIS [1956: 204] e TEIXEIRA DE SOUSA/MOURA VICENTE [1994: 141]. Ver também RPt 24/1/1991 [*BMJ* 403: 490] e STJ 21/2/2006 [*in http://www.dgsi.pt/jstj.nsf*].

DIREITO INTERNACIONAL PRIVADO

constitutiva, visto que a eficácia da sentença estrangeira na ordem jurídica local (quanto ao efeito de caso julgado e à força executiva) depende da decisão proferida nesta ação[1781].

Tem legitimidade para pedir a confirmação quem tiver interesse direto no reconhecimento da sentença, designadamente qualquer das partes no processo em que foi proferida a sentença.

O Ministério Público também tem legitimidade para requerer a revisão da sentença estrangeira que decrete a adoção de um menor nacional e deve fazê-lo, sempre que a mesma não tenha sido requerida pelos adotantes no prazo de três meses contados do trânsito em julgado (art. 22º do DL nº 185/93, de 22/5, com a redação dada pelo DL nº 120/98, de 8/5).

No caso da adoção de menor residente no estrangeiro decretada no país de origem do menor, a autoridade central referida na Convenção da Haia sobre a Proteção das Crianças e a Cooperação em Matéria de Adoção Internacional deve requerer a revisão da decisão estrangeira, sempre que esta não tenha sido requerida pelos adotantes, no prazo de três meses a contar da data do trânsito em julgado (art. 26º-A do DL nº 185/93, de 22/5, com a redação dada pela L nº 31/2003, de 22/8). No entanto, nos termos do art. 23º da Convenção, uma adoção certificada em conformidade com a Convenção pela autoridade competente do Estado Contratante em que teve lugar é reconhecida automaticamente em Portugal.

É competente o Tribunal da Relação do distrito judicial em que esteja domiciliado o requerido, observando-se, com as necessárias adaptações, o disposto nos arts. 85º a 87º CPC (art. 1095º). Assim, para o reconhecimento de uma sentença que se pretenda fazer valer contra pessoa sem domicílio em Portugal é competente a Relação de Lisboa[1782].

A decisão da Relação é recorrível (ver designadamente art. 1102º CPC)[1783].

O STJ entendeu que para a ação de simples apreciação negativa tendente a impedir o futuro reconhecimento de uma sentença estrangeira é

[1781] No mesmo sentido, CAMPEIS/DE PAULI [1991: 392] e, relativamente à ação de declaração de executoriedade, SCHACK [2010: nº 1034]. Ver ainda MAGNUS/MANKOWSKI/KERAMEUS [2007: Art. 41 nº 10].

[1782] Cf. RCb. 2/6/1987 [*CJ* (1987-III) 33].

[1783] Cf. FERRER CORREIA [1983: n 48].

RECONHECIMENTO DE DECISÕES JUDICIAIS ESTRANGEIRAS

competente o Tribunal de 1ª instância[1784]. Não parece ser este o melhor entendimento. O tribunal competente para a ação de revisão (a Relação) também deve ser competente para a ação de simples apreciação negativa[1785].

E) Competência internacional do tribunal de origem

Decorre da fundamentação do reconhecimento de decisões judiciais estrangeiras que a competência internacional do tribunal de origem deve ser a principal condição de reconhecimento.

Vejamos até que ponto o regime interno de revisão e confirmação das sentenças estrangeiras se conforma com esta ideia.

A lei distingue entre *requisitos da confirmação*, enunciados no art. 1096º CPC e outros *fundamentos da impugnação do pedido de confirmação* previstos no art. 1100º CPC[1786]. Os requisitos são condições de confirmação de que o tribunal, pelo menos em certas circunstâncias, pode conhecer oficiosamente. Os fundamentos adicionais de impugnação dependem sempre de invocação do requerido.

A competência do tribunal de origem é enunciada como condição de confirmação pelo art. 1096º/c CPC, que é do seguinte teor "Que provenha de tribunal estrangeiro cuja competência não tenha sido provocada em fraude à lei e não verse sobre matéria da exclusiva competência dos tribunais portugueses"[1787].

Face à anterior redação desta alínea defrontavam-se várias posições.

A posição tradicional era a da bilateralização das regras que estabelecem a competência internacional dos tribunais portugueses[1788].

[1784] Cf. STJ 18/3/1986 [*BMJ* 355: 331].

[1785] Neste sentido, OLIVEIRA ASCENSÃO [1987: 196 e seg.].

[1786] ALBERTO DOS REIS [1956: 158 e segs.] contrapõe "condições necessárias para a confirmação" a "obstáculos à confirmação".

[1787] A aplicação no tempo dos novos arts. 1096º e segs. rege-se, em princípio, pelo disposto no art. 16º do DL 329-A/95 (aplicação aos processos instaurados depois da sua entrada em vigor). No entanto, MOURA VICENTE [1997: 75 e seg.] defendeu a aplicação imediata da nova al. c) quando o tribunal estrangeiro seria incompetente face à antiga redação e passou a ser competente perante a nova redação. Esta aplicação imediata fundar-se-ia na exigência de continuidade e estabilidade das situações jurídicas.

[1788] Cf. ALBERTO DOS REIS [1956: 166 e seg.]; BARBOSA DE MAGALHÃES [1947: 302 e segs.]; TABORDA FERREIRA [1957: 148 e 160]; primeiro FERRER CORREIA [1973: 106-108 e 1976:

Por exemplo, pelo critério da coincidência (art. 65º/1/b CPC) os tribunais portugueses são internacionalmente competentes para uma ação de divórcio quando o autor tiver domicílio ou residência em Portugal. Seguindo-se a tese da bilateralização, o tribunal do Estado X também será internacionalmente competente para a ação de divórcio quando o autor tiver o seu domicílio ou residência no Estado X.

Esta posição tem largo acolhimento noutros sistemas.

É o que se verifica com os Direitos alemão (art. 328º/1 nº 1 ZPO)[1789], austríaco (art. 80º/1 EO), italiano (art. 64º/1/a da Lei de Direito Internacional Privado) e venezuelano (art. 53º/4 da Lei de Direito Internacional Privado de 1998). Em Inglaterra, o critério do *Common Law* para definir a competência internacional indireta também parece inspirado por uma ideia de bilateralização, embora as regras desenvolvidas neste domínio pela jurisprudência se desviem pontualmente dos critérios adotados para a competência internacional direta[1790]. Há um regime especial para o reconhecimento de divórcios, separações de pessoas e anulação de casamentos, estabelecido pelo *Family Law Act 1986* (*Part* II), que na linha da Convenção da Haia de 1970 enumera os critérios de competência do tribunal de origem[1791].

Contra esta posição tradicional foi defendida a tese da unilateralidade[1792].

---

202 e seg.]; primeira ISABEL DE MAGALHÃES COLLAÇO [1963: 59 n 1]; BAPTISTA MACHADO [1965: 107 e segs.]; e, admitindo ajustamentos, ANA PERALTA [1988: 59 e segs.] e CURADO NEVES [1988: 136 e segs.].

[1789] Dito "princípio da imagem refletida" [*Spiegelbildprinzip*] – cf. KROPHOLLER [2006: 671 e segs.], KEGEL/SCHURIG [2004: 1062] e SCHACK [2010: nºs 922 e segs.].

[1790] Cf. *Cheshire, North & Fawcett* [2008: 516 e segs.] e *Dicey, Morris and Collins* [2006: 589 e segs.].

[1791] Ver *Cheshire, North & Fawcett* [2008: 993 e segs.].

[1792] Ver MACHADO VILLELA [1952: 43 e segs.] aparentemente *de iure condendo*; CASTRO MENDES [1965: 165 e segs.]; FERRER CORREIA, primeiro *de iure condendo* [1973: 75 e segs. e 1976: 203 e segs.] depois da L nº 21/78 *de iure constituto* [1982: 171 e segs., 1983 nº 17 e 2000: 478 e segs.]; TEIXEIRA DE SOUSA [1993: 60 e 1997b: 115 e seg.]; MARQUES DOS SANTOS [1997: 124 e segs.]; MOURA RAMOS [1998: 43 e seg.]; esta doutrina encontrou acolhimento no ac. STJ 1/6/1987 [sumário *Tribuna da Justiça* 34 (1987) 20].

RECONHECIMENTO DE DECISÕES JUDICIAIS ESTRANGEIRAS

Segundo esta tese, os tribunais de outros países não podem estar sujeitos às normas de competência internacional estabelecidas pelo legislador português. Cabe a cada Estado definir, ainda que dentro de certos limites, qual a medida de competência internacional dos seus tribunais. Por conseguinte, seria segundo as normas em vigor no Estado de origem que se deveria apreciar a competência internacional do tribunal estrangeiro.

Argumentou-se ainda que a tese bilateralista não promove a necessária coordenação das ordens jurídicas dos diferentes Estados[1793] e que os interesses a considerar não são os que subjazem às regras de competência internacional direta mas antes os que inspiram o regime do reconhecimento das sentenças estrangeiras[1794].

Em resultado, esta tese traduz-se numa *renúncia ao controlo da competência internacional do tribunal de origem*. Na verdade, nem sequer há um controlo da competência do tribunal de origem segundo as suas próprias regras de competência internacional, visto que a sentença proferida por tribunal incompetente ou desencadeia a nulidade da sentença e, então, não há uma decisão suscetível de reconhecimento, ou é válida e, neste caso, ninguém defende a negação do reconhecimento[1795].

A tese da unilateralidade apresenta duas variantes: a unilateralidade simples e a unilateralidade atenuada. Para a teoria da *unilateralidade simples* só não será aceite a regra de competência estrangeira que contrarie a ordem pública internacional do Estado de reconhecimento. É a posição defendida, entre nós, por MACHADO VILLELA[1796]. Segundo a teoria da *unilateralidade atenuada* ou dupla a competência dos tribunais do Estado

---

[1793] Cf. FERRER CORREIA [1983: nº 17].

[1794] Cf. SUSANA BRITO [1988: 118].

[1795] O ponto é reconhecido por FERRER CORREIA [1976: 203, 1982: 172 e seg. e 176 e 2000: 479], TEIXEIRA DE SOUSA [1993: 61] e ANA PERALTA [1988: 53]. TEIXEIRA DE SOUSA [2000b: 775] distingue a "teoria da reserva de competência" da teoria da unilateralidade adequada, por entender, na linha de CURADO NEVES [1988: 127 n 63], que de acordo com esta segunda teoria o tribunal de reconhecimento tem de verificar se o tribunal de origem é competente segundo as suas próprias normas de competência.

[1796] 1952: 43 e segs. Sobre a doutrina francesa favorável a esta tese ver HOLLEAUX [1970: 10 e segs.].

DIREITO INTERNACIONAL PRIVADO

de origem também é limitada pela competência exclusiva dos tribunais do Estado de reconhecimento[1797].

A teoria da unilateralidade atenuada é defendida pela doutrina dominante entre nós[1798]. Esta teoria inspira-se numa tendência que se faz representar na jurisprudência e doutrina francesas, que convém examinar, para ver até que ponto se justifica o seu acolhimento no nosso Direito.

A competência internacional indireta tem sido ponto muito controverso na doutrina e na jurisprudência francesas[1799]. Na doutrina menos recente prevalecia a tese da bilateralização[1800]. No entanto, esta tese deparava com a dificuldade suscitada pelas competências exorbitantes resultantes das regras contidas nos arts. 14º e 15º CC fr. que atribuem competência aos tribunais franceses com respeito a obrigações contraídas com franceses ou por franceses. Daí ter-se entendido que estas regras não seriam bilateralizáveis.

Um outro entendimento, que se apoia em algumas decisões jurisprudenciais e foi defendido por BATIFFOL e LAGARDE, é justamente aquele que inspirou entre nós a tese da unilateralidade atenuada[1801]. Este entendimento pode ser sintetizado em três proposições.

Primeiro, os tribunais estrangeiros não serão competentes sempre que os tribunais franceses forem exclusivamente competentes[1802]. Observe-se que esta doutrina pode conduzir, no Direito francês, a resultados diferentes daqueles a que conduz no Direito português, porque os casos de

---

[1797] Ver HOLLEAUX [1970: 19 e segs.] que critica esta tese, designadamente quanto à delimitação das competências exclusivas, mas que, em resultado, se aproxima dela [1970: 380 e segs. e 408].

[1798] Cf. CASTRO MENDES [1965: 165 e segs.], FERRER CORREIA [1982: 171 e segs., 1983: nº 17 e 2000: 478 e segs.], TEIXEIRA DE SOUSA [1991: 18 e seg., 1993: 60 e 1997b: 115 e seg. e, com referência à "teoria da reserva de competência", 2000b: 776], MARQUES DOS SANTOS [1997: 124 e segs.] e MOURA RAMOS [1998: 43 e seg.]. SUSANA BRITO [1988: 119 e seg.] defendeu, à face do Direito vigente antes da reforma de 1995/1996, uma solução que conjuga a tese da unilateralidade atenuada com a preocupação de proteção do réu, por forma que o tribunal também não será competente se a confirmação for pedida pelo autor na ação estrangeira e o réu contestar a competência do tribunal estrangeiro com fundamento no exercício de uma competência exorbitante.

[1799] Ver MAYER/HEUZÉ [2010: nºs 368 e segs.].

[1800] Ver bibliografia cit. BATIFFOL/LAGARDE [1983: nº 719 n 4].

[1801] Ver BATIFFOL/LAGARDE [1983: 562 e segs.].

[1802] Cf. 1983: 563.

competência exclusiva não estão taxativamente fixados na lei francesa[1803]. Até ao ac. *Simitch* (1985) a jurisprudência tendia a considerar como exclusiva toda a competência internacional dos tribunais franceses[1804]. Mesmo depois deste acórdão, continuou a entender-se que era vasta a competência internacional exclusiva dos tribunais franceses, incluindo designadamente a competência dos tribunais franceses quando uma das partes é francesa nos termos dos arts. 14º e 15º CC fr.[1805]. A evolução da jurisprudência tem sido, porém, no sentido de restringir os casos de competência internacional exclusiva: acórdãos da *Cour de cassation* de 2006 e 2007 decidiram que os arts. 15º e 14º CC fr. só estabelecem competências concorrentes dos tribunais franceses[1806].

Segundo, a competência do tribunal funda-se na sua própria lei. Embora seja assinalada certa influência das conceções unilateralistas neste ponto[1807], em BATIFFOL e LAGARDE esta proposição não é apresentada como corolário lógico do caráter unilateral das normas de competência internacional de fonte estadual, mas fundamentada em razões de conveniência. Com efeito, estes autores afirmam com toda a clareza que a questão da competência internacional do tribunal de origem se resolve a partir das regras do país onde o *exequatur* é requerido[1808].

Terceiro, a proposição anterior é limitada por duas considerações. Por um lado, no caso de dois tribunais de países diferentes se declararem simultaneamente competentes haveria que optar por aquela regra de competência que exprime a conexão mais forte (salvo em matéria de estado

---

[1803] Observe-se que os casos de competência legislativa só foram fixados pelo legislador português em 1978, com a introdução do art. 65º-A CPC pela L nº 21/78, de 3/5. A imprecisão do conceito de competência exclusiva que até aí constituíra argumento contra a tese da unilateralidade adequada foi então eliminada. Mas crê-se que a questão não foi colocada da melhor maneira: a tese da unilateralidade adequada parece conduzir a resultados menos inaceitáveis num sistema em que o conceito de competência exclusiva é indeterminado, carecendo de ser concretizado pelo intérprete, do que perante a delimitação da competência exclusiva feita pelo legislador português, que claramente não tem em conta os interesses em jogo no reconhecimento de sentenças estrangeiras.

[1804] Cf. MAYER/HEUZÉ [2010: nº 374].

[1805] Cf. MAYER/HEUZÉ [2010: nº 376].

[1806] Ver MAYER/HEUZÉ [2010: nº 376].

[1807] Ver VISCHER [1992: 234 e segs.].

[1808] Cf. 1983: 563.

DIREITO INTERNACIONAL PRIVADO

das pessoas em que se daria preferência à sentença proferida em primeiro lugar). Por outro, os tribunais franceses reservam um poder de controlo sobre a importância da conexão em que se baseia a competência do tribunal estrangeiro, baseado nos institutos da ordem pública "no sentido mais geral" e da fraude à lei (abrangendo a fraude às leis do processo e a fraude à lei estrangeira que frequentemente a acompanha).

A decisão da *Cour de Paris* no caso *Mack Trucks* exigiu "que o litígio se conecte de uma maneira suficiente com o país do juiz que foi encarregado do caso, quer dizer que a escolha da jurisdição não seja arbitrária, nem artificial, nem fraudulenta"[1809]. A decisão da *Cour de cassation* no caso *Simitch*[1810] veio, por um lado, acentuar que a competência do tribunal estrangeiro se tem de basear numa conexão suficiente e, por outro, autonomizar claramente a exigência de que a competência não tenha sido estabelecida em fraude à lei. Com efeito, o tribunal exigiu, para o reconhecimento da decisão, que não exista competência exclusiva dos tribunais franceses, que "o litígio se conecte de uma maneira caracterizada" com o Estado de origem da decisão e que "a escolha da jurisdição não tenha sido fraudulenta".

Segundo FERRER CORREIA e FERREIRA PINTO[1811], a tese da unilateralidade também seria seguida no Brasil, na Turquia e na "generalidade dos países socialistas"[1812]. No Brasil, porém, é defendida uma radical restrição à teoria da unilateralidade, que consiste na atribuição ao réu domiciliado no Brasil da faculdade de recusar a jurisdição estrangeira, quando os tribunais

---

[1809] 10/11/1971 [*Clunet* (1973) 239 an HUET].

[1810] *Cass.* 6/2/1985 [*R. crit.* (1985) 369 an FRANCESCAKIS].

[1811] 1987: 51.

[1812] Com efeito, os "países socialistas" limitavam-se a salvaguardar as competências exclusivas dos seus tribunais – cf. MARTINY [1984: nº 618]. Resta saber se estas competências exclusivas não seriam bastante extensas. A Lei romena sobre a Regulamentação das Relações de Direito Internacional Privado, de 1992, consagra a unilateralidade adequada nos arts. 167º/1/b e 168º/2, estabelecendo competências exclusivas bastante extensas. A Lei eslovena sobre o Direito Internacional Privado e o Processo, de 1999, vai no mesmo sentido (art. 97º/1), mas não só estabelece vastíssimas competências exclusivas, como também determina o não--reconhecimento quando a competência do tribunal de origem se fundamenta em certos critérios exorbitantes (art. 98º). Ver também o art. 11º do Código de Direito Internacional Privado tunisino, de 1998.

RECONHECIMENTO DE DECISÕES JUDICIAIS ESTRANGEIRAS

brasileiros forem internacionalmente competentes, obstando assim ao reconhecimento da sentença que venha ser proferida[1813].

Enfim, uma posição intermédia foi defendida por ISABEL DE MAGA-LHÃES COLLAÇO no seu ensino. Segundo esta posição a competência internacional do tribunal estrangeiro exigia que o tribunal português não fosse exclusivamente competente e um título de competência com base nos critérios gerais da lei portuguesa. Não se procedia a uma transposição automática das normas de competência internacional direta, sendo suficiente um título equivalente ao que funda a competência internacional dos tribunais portugueses[1814]. Por exemplo, seria considerado competente o tribunal estrangeiro do Estado da nacionalidade do autor de uma ação de divórcio, embora o tribunal português fosse competente a título de foro do domicílio ou residência do autor.

Outras soluções têm sido avançadas no Direito convencional e em sistemas estrangeiros.

Uma primeira solução alternativa é a fixação dos critérios em que se pode fundar a competência do tribunal de origem[1815]. É o caminho seguido pelas Convenções da Haia sobre o Reconhecimento e a Execução das Decisões em Matéria de Prestação de Alimentos a Menores (1958), sobre o Reconhecimento de Divórcios e de Separações de Pessoas (1970) e sobre o Reconhecimento e a Execução de Sentenças Estrangeiras em Matéria Civil e Comercial (1971). O mesmo se verifica com a Convenção Interamericana sobre Competência na Esfera Internacional para Eficácia Extraterritorial das Sentenças Estrangeiras (La Paz, 1984).

A lei suíça de Direito Internacional Privado *conjuga* a bilateralização das regras de competência internacional direta com a fixação de critérios específicos para o controlo da competência do tribunal de origem (arts. 26º, 50º, 58º, 65º, 70º, 73º/2, 78º, 84º, 96º, 108º, 111º, 149º, 165º e 166º)[1816].

[1813] Salvo se estiver em causa uma atividade desenvolvida pela pessoa domiciliada no Brasil em país estrangeiro cf. RECHSTEINER [2004: 258 e 237-239]. Cp. NADIA DE ARAUJO [2011: 334-336 e n 649].

[1814] Desta posição se aproximam ANA PERALTA [1988: 67 e segs.] e CURADO NEVES [1988: 154 e segs.]. Ver também, em sentido convergente, LAGARDE [1986: 178-179].

[1815] Neste sentido, *de iure condendo*, SUSANA BRITO [1988: 103 e segs.]. A favor de um desenvolvimento progressivo, pela prática jurídica, destes critérios, se pronuncia LAGARDE [1986: 178-179].

[1816] Por forma mais limitada este caminho também é trilhado pelo Código Civil do Quebeque (arts. 3164º e segs.).

DIREITO INTERNACIONAL PRIVADO

Uma outra possibilidade é a consagração de uma cláusula geral que exija uma conexão suficiente entre a relação controvertida e o Estado de origem da decisão. Também nos EUA se entende que a competência do tribunal de origem deve satisfazer a cláusula constitucional do *due process*, o que exclui o reconhecimento de decisões quando há uma conexão insuficiente do réu com o Estado de origem[1817].

A propósito da revisão do Código de Processo Civil foi proposto por FERRER CORREIA e FERREIRA PINTO que se incluísse, entre os fundamentos de impugnação, provir a sentença de tribunal cuja competência seja gravemente anómala ou exorbitante, o que seria designadamente o caso da competência fundada sobre a simples presença do réu no território ou sobre a existência de bens nesse país, salvas algumas exceções[1818]. Na formulação de MOURA RAMOS, que relaciona esta solução com a teoria do *forum non conveniens*, o tribunal estrangeiro não será considerado competente se a pretendida competência só se fundar num laço com a relação litigiosa cuja insuficiência é manifesta[1819].

Por minha parte, entendo que a tese da unilateralidade não era compatível com o teor da al. c) do art. 1096º CPC na sua redação antiga[1820].

Qual a orientação seguida pelo legislador de 1995?

É inequívoco que com a nova redação dada à al. c) do art. 1096º se quis afastar a tese da bilateralização[1821]. É também claro que a nova redação foi influenciada pela doutrina da unilateralidade e que se evitou a consagração de uma cláusula geral ou de outra solução que suscitasse dificuldades de aplicação. Foi reconhecido pela maioria dos membros da Comissão de Revisão que o tribunal de revisão não pode controlar a competência do tribunal estrangeiro que julgou de mérito[1822] evitando-se, por conseguinte,

---

[1817] Cf. *Second Restatement, Conflict of Laws* art. 104º *comment* a, e HAY/BORCHERS/SYMEONIDES [2010: §§ 24.41-24.42]. Por seu turno, VON MEHREN [2007: 57] defende a introdução de uma cláusula geral que permita ter em conta o interesse das partes e os fins de política legislativa dos Estados de origem e de reconhecimento.

[1818] Ver também FERRER CORREIA [1991: 140 e seg.].

[1819] 1995: 319. Ver também Id. [1998: 43 e seg.]. Em sentido convergente, MOURA VICENTE [1997: 92 e 2005a: 336 e seg. e 2005b: 290].

[1820] No mesmo sentido, BAPTISTA MACHADO [1965: 109] e CURADO NEVES [1988: 132 e segs.].

[1821] Cf. Ata nº 90, 70, *in BMJ* 417.

[1822] Ibidem.

a equívoca exigência de que o tribunal de origem seja competente segundo a sua própria lei.

Assim, exige-se apenas que os tribunais portugueses não sejam exclusivamente competentes e que a competência do tribunal de origem não tenha sido provocada por fraude à lei[1823]. Além disso, parece de entender que, mesmo dentro do âmbito de aplicação do regime interno, a decisão estrangeira não deve ser reconhecida se tiver sido desrespeitada uma competência exclusiva decorrente do art. 22º do Regulamento Bruxelas I[1824].

O apelo ao instituto da fraude à lei é inspirado pela jurisprudência e pela doutrina francesas. Como se viu, a referência à fraude à lei surge por vezes em ligação com a exigência de uma conexão suficiente entre a relação controvertida e o Estado de origem da decisão e noutros casos com autonomia relativamente a esta ligação. Nada indica que o legislador tenha querido, por meio da referência à fraude à lei, introduzir um controlo da conexão[1825].

Também se assinalou que, neste contexto, a jurisprudência e doutrina francesas invocam tanto a fraude à lei competente como a fraude às leis do processo. O mesmo valerá perante a lei portuguesa?

Vejamos, em primeiro lugar, os casos de fraude à lei competente. Por exemplo, ao tempo em que o divórcio era proibido em França, um francês adquire a nacionalidade de outro Estado e obtém uma sentença de divórcio no país da nova nacionalidade. No reconhecimento dos efeitos da sentença esta fraude só é sancionável se houver um controlo da lei aplicável[1826]. No caso do Direito português este controlo só tem lugar no quadro do

---

[1823] A violação de convenção de arbitragem pelo tribunal de origem não é fundamento de oposição ao reconhecimento, visto que nada tem que ver com a competência exclusiva dos tribunais portugueses ou com fraude à lei – cf. STJ 28/6/2001 [*CJ/STJ* (2001-II) 140]. STJ 1/3/2001 [*CJ/STJ* (2001-I) 133] entendeu que sendo os tribunais portugueses exclusivamente competentes para as ações relativas a direitos reais ou pessoais de gozo sobre bens imóveis situados em território português, não podem ser reconhecidas decisões que disponham sobre estes direitos, ainda que a título acessório (por exemplo, uma decisão de divórcio).

[1824] Cf. GEIMER/SCHÜTZE [2010: Einl. nº 245], KROPHOLLER/VON HEIN [2011: Art. 32 nº 19] e MAGNUS/MANKOWSKI/MANKOWSKI [2007: Art. 35 nº 28].

[1825] Cp. LEBRE DE FREITAS [1998: 15], que embora reconhecendo o ponto, admite que o texto legal possa ser "interpretado extensivamente", por forma a equiparar a competência exorbitante à fraude à lei.

[1826] Cf. MAYER/HEUZÉ [2010: nº 391].

DIREITO INTERNACIONAL PRIVADO

fundamento de impugnação previsto no nº 2 do art. 1100º CPC (*infra* G). Se não há controlo da lei aplicável é irrelevante a lei que o tribunal de origem aplicou e, por conseguinte, também é irrelevante que a competência dessa lei tenha sido desencadeada por uma manipulação do elemento de conexão. Só por via do art. 1100º/2 CPC, por conseguinte, poderá relevar à fraude à lei competente no reconhecimento da sentença.

Suponha-se agora que dois irlandeses residentes em França, ao tempo em que o divórcio não era permitido pela lei irlandesa, divorciam-se no Nevada, onde os tribunais admitem facilmente a sua competência e aplicam a lei do foro e, subsequentemente, pedem o reconhecimento da decisão em França.

Neste caso não há manipulação do elemento de conexão relevante para o Direito de Conflitos (não houve mudança de nacionalidade), e, portanto, não há fraude à lei. Também não há qualquer fraude à norma de competência internacional: o elemento de conexão utilizado nesta norma não é manipulado. Ocorre antes um *forum shopping*, em que as partes, aproveitando-se da concorrência de jurisdições competentes, escolhem a jurisdição mais conveniente para atingirem os seus fins. Não obstante, algumas decisões francesas invocaram nestes casos a fraude para negarem o reconhecimento, falando-se a este respeito de uma "fraude à sentença" que teria proferido o tribunal normalmente competente[1827].

Segundo MAYER e HEUZÉ[1828], para que haja "fraude à sentença", não basta que a ação tenha sido subtraída à competência dos tribunais locais; é necessário que tenha sido proposta em tribunais estrangeiros com o fim principal de se invocar a sentença na ordem jurídica local, porquanto não seria possível obter tal sentença nos tribunais locais. Perante as dificuldades de prova desta intenção, os autores afirmam que se a solução dada no estrangeiro é diferente daquela que teria sido dada pelo tribunal do Estado de reconhecimento e se o centro de gravidade do litígio está localizado no Estado de reconhecimento – se as partes vivem aí, ou se o réu tem os seus bens aí – a fraude é evidente.

A "fraude à sentença estrangeira" também deve ser sancionada contanto que seja sancionada pelos tribunais estrangeiros "defraudados".

[1827] Cf. MAYER/HEUZÉ [2010: nºs 393 e segs.].
[1828] 2010: nºs 393 e segs.

Os mesmos autores consideram este instituto necessário em todos os sistemas que não controlam a competência internacional indireta[1829].

Esta orientação foi consagrada legalmente no novo Código belga de Direito Internacional Privado (2004). Este Código, embora proíba o controlo de mérito (art. 25º/2), consagra um fundamento de recusa de reconhecimento que, em certos casos, pode conduzir ao mesmo resultado: ter a decisão sido obtida, numa matéria em que as pessoas não dispõem livremente dos seus direitos, com o único fim de escapar à aplicação do Direito designado pelo Direito de Conflitos belga (art. 25º/1/3º). Este fundamento de recusa de reconhecimento é entendido como uma aplicação do instituto da fraude à lei[1830].

A Exposição de Motivos da Proposta de Lei oferece o seguinte exemplo[1831]: em matéria de contratos, uma das partes propõe a ação no estrangeiro para evitar a aplicação de uma norma imperativa que protege a outra parte, por exemplo um consumidor, trabalhador ou concessionário, quando o tribunal estrangeiro seja competente por força de uma cláusula de jurisdição que, válida segundo o Direito do foro estrangeiro, seria inoponível à parte fraca segundo o Direito belga.

Por outro lado, uma fraude à lei no plano das regras de competência internacional consistirá numa manipulação de elementos de facto ou de Direito de que dependa o estabelecimento da competência internacional[1832]. Por exemplo, a fixação de domicílio em determinado Estado com o único fito de atribuir competência internacional aos respetivos tribunais.

No entanto, não parece que esta fraude às regras de competência internacional direta possa constituir um impedimento ao reconhecimento de sentenças estrangeiras[1833].

[1829] Op. cit., nº 393. Cp. AUDIT/D'AVOUT [2010: 416-417 e 598-599].

[1830] Cf. Comentário ao art. 25º da Exposição de Motivos da Proposta de Lei, RIGAUX/FALLON [2005: 450 e seg.] e Jean-Yves CARLIER – "Le Code belge de droit international privé", *R. crit.* 94 (2005) 11-45, 26.

[1831] Comentário ao art. 25º.

[1832] Cf. BARBOSA DE MAGALHÃES – *Estudos sobre o novo Código de Processo Civil*, vol. II – *Da competência internacional*, Coimbra, 1947, 439, e LEBRE DE FREITAS – "A fraude à lei na provocação da competência de tribunal estrangeiro", *RFDUL* 39 (1998) 7-15, 12.

[1833] Cp. Dário MOURA VICENTE – "A competência internacional no Código de Processo Civil revisto: aspectos gerais", *in Aspectos do Novo Processo Civil*, 71-92, Lisboa, 1997, 90.

DIREITO INTERNACIONAL PRIVADO

Senão vejamos. A atuação fraudulenta pode traduzir-se exclusivamente na atribuição de competência aos tribunais de um Estado ou também numa privação de competência de outra jurisdição estadual.

No primeiro caso, só está em causa um efeito atributivo de competência e é de observar que se houve fraude à lei no estabelecimento da competência do tribunal de origem, mas este tribunal aceitou a competência, é porque não sancionou a fraude à lei. Deverá o Estado de reconhecimento sancioná-la? O princípio da harmonia internacional de soluções aponta em sentido contrário. Se nós sancionarmos a fraude à norma de competência estrangeira quando o Direito do foro estrangeiro não sanciona a fraude, ficamos em desarmonia com este Direito.

No caso de um efeito preventivo da competência de uma jurisdição estadual desencadeado por atuação fraudulenta, a sanção normal consiste na aceitação da competência por parte desta jurisdição estadual[1834]. Sendo irrelevante a manipulação do elemento de conexão destinada a privar de competência os tribunais locais, a parte interessada pode propor uma ação nestes tribunais. Mas não sendo a competência dos tribunais locais exclusiva, nada obsta, em princípio, a que a ação seja proposta em tribunal estrangeiro e que a decisão proferida por este tribunal seja reconhecida na ordem jurídica local. Não se vê razão por que tal fraude à lei deva ser sancionada pela recusa de reconhecimento de uma sentença estrangeira[1835].

Mas não poderá atribuir-se um sentido útil à referência do art. 1096º/c CPC à "fraude à lei"?

Embora não tenhamos elementos para conhecer a intenção do legislador histórico, é patente que a redação desta alínea foi inspirada pela jurisprudência e pela doutrina francesas. E o único modo de atribuir um sentido útil à referência à "fraude a lei" é justamente o de incluir aqui os casos de "fraude à sentença"[1836].

[1834] É óbvio que a fraude à lei não pode ser invocada quando se encontrem satisfeitos os requisitos de um pacto de jurisdição válido.

[1835] Quando muito, seria de admitir tal recusa nos casos em que a jurisdição privada de competência é a de um terceiro Estado e este Estado nega o reconhecimento da decisão. Em sentido contrário, TEIXEIRA DE SOUSA – "Sobre a competência indirecta no reconhecimento de sentenças estrangeiras. Anotação ao acórdão do Supremo Tribunal de Justiça de 21 de Maio de 1998", *ROA* 60 (2000) 757-783, 780.

[1836] Ver, em sentido convergente, STJ 8/5/2003 [*in http://www.dgsi.pt/jstj.nsf*].

Creio ser esta a interpretação mais correta do preceito. A sanção do recurso abusivo a jurisdição estrangeira impõe-se tanto mais quanto o sistema de reconhecimento atualmente em vigor renuncia quase completamente ao controlo da competência internacional do tribunal de origem.

Em todo o caso, a possibilidade de sancionar o recurso abusivo a jurisdição estrangeira não deveria dispensar o controlo da competência do tribunal de origem. Deveria exigir-se uma conexão adequada entre o caso e o tribunal de origem independentemente da intenção que levou à propositura da ação num tribunal estrangeiro. Por exemplo, o autor tem um interesse legítimo na propositura da ação no Estado em que pode obter e executar uma decisão mais rapidamente. Mas se este Estado não apresentar uma conexão adequada com o caso, do ponto de vista do Estado de reconhecimento, não há justificação para o reconhecimento da decisão neste Estado.

À luz das considerações que antecedem, só pode concluir-se que a solução consagrada na nova redação da al. c) do art. 1096º é fortemente criticável, visto que o reconhecimento de uma sentença estrangeira na ordem interna só se justifica quando haja uma conexão adequada entre o Estado de origem da decisão e a situação e não encontra paralelo nos principais sistemas estrangeiros[1837]. A renúncia ao controlo da competência internacional indireta compromete o fundamento do sistema de reconhecimento e está em contradição valorativa com o nosso Direito de Conflitos.

A situação é agravada pela circunstância de o sistema de reconhecimento ser, como veremos, essencialmente formal. Um sistema de reconhecimento formal está disposto a remeter globalmente para a ordem jurídica de qualquer dos Estados que considera internacionalmente competentes. A conexão entre o Estado de origem e a situação exigida pelas normas de competência internacional indireta é considerada suficiente para a aplicação do Direito deste Estado.

A esta luz, torna-se claro que há uma contradição valorativa insanável numa ordem jurídica como a portuguesa que não controla a competência internacional dos tribunais do Estado de origem. Esta ordem jurídica, ao mesmo tempo que, por meio do Direito de Conflitos, determina a aplica-

---

[1837] LOWENFELD [1994: 83] considera mesmo ser uma regra universal que será negado o reconhecimento das sentenças proferidas em Estados estrangeiros quando não se verificarem padrões internacionais de competência internacional.

ção do Direito do Estado que apresenta a conexão mais significativa com a situação dispõe-se, através do sistema de reconhecimento, a remeter para a ordem jurídica de um Estado que não tem qualquer conexão com a mesma situação.

Além disso é uma solução que priva de proteção os portugueses e os estrangeiros residentes em Portugal que ficam sujeitos a ações propostas em Estados que não têm qualquer ligação significativa com eles nem com o objeto do litígio.

A invocação da doutrina dos direitos adquiridos, e, em especial, do acolhimento que lhe é dado pela Escola de Coimbra, na Comissão de Revisão, é abusiva, uma vez que esta Escola tende a exigir um controlo da conexão existente entre a situação e a ordem jurídica que atribui o direito. De resto, como já se assinalou, esta doutrina não deve ser aceite.

Nem se pretenda estabelecer um paralelo com os regimes de reconhecimento estabelecidos pelas Convenções de Bruxelas e de Lugano e pelo Regulamentos europeus nesta matéria: estes regimes encontram a sua razão de ser na unificação das regras de competência internacional direta por eles até certo ponto operada[1838].

De *lege ferenda* impõe-se uma opção entre a bilateralização, a fixação de critérios específicos para a competência do tribunal de origem, a cláusula geral de conexão suficiente ou uma solução intermédia.

A favor da bilateralização pode dizer-se que as regras de competência internacional direta exprimem o juízo de valor do Estado de reconhecimento sobre a conexão adequada que deve haver entre o Estado de origem e a relação controvertida e que a bilateralização estabelece uma paridade de tratamento entre os tribunais do foro e os tribunais estrangeiros[1839].

Não se trata de impor ao tribunal estrangeiro a observância das regras de competência internacional do Estado de reconhecimento, mas de subordinar o reconhecimento a uma condição estabelecida pelo Direito deste Estado[1840]. As regras de competência internacional indireta não se

---

[1838] Ver DROZ [1972: 303]; FERRER CORREIA [1982: 185]; SCHACK [2010: nº 930]; KROPHOLLER [2006: 674]; EUGÉNIA GALVÃO TELES [1996: 129 e segs.].

[1839] Ver, em sentido convergente, FRAGISTAS [1961: 178 e seg.].

[1840] Ver também MARTINY [1984: nº 632], MAYER/HEUZÉ [2010: nº 369] e CURADO NEVES [1988: 101 e seg.].

dirigem aos tribunais do Estado de origem, mas aos órgãos de aplicação do Direito do Estado de reconhecimento[1841]. O que interessa não é se o tribunal estrangeiro tem ou não competência segundo a sua lei – questão que, como se sublinhou, nunca está verdadeiramente em causa no Estado de reconhecimento – mas sim se esta competência se funda num título que, segundo o juízo de valor do Estado de reconhecimento, justifica o reconhecimento da sentença[1842].

Quer isto dizer que a competência internacional indireta é sempre uma medida definida pelo foro de reconhecimento[1843]. O que não implica, necessariamente, que esta medida corresponda à bilateralização das normas de competência internacional direta. Mas a bilateralização das regras de competência internacional direta do Estado de reconhecimento é uma das vias para estabelecer esta condição, que não tem, em si, nada de ilógico. É um problema de adequação aos fins visados pelo sistema de reconhecimento de sentenças estrangeiras e não de lógica.

A bilateralização pode ser criticada na medida em que o regime da competência internacional direta estabelece por vezes competências demasiado vastas, se não exorbitantes, que se destinam a favorecer certos interesses locais por contraposição a interesses estrangeiros. O Estado que pretende beneficiar os seus nacionais ou residentes mediante uma competência demasiado vasta não está "interessado" em reconhecer decisões proferidas no exercício de competências igualmente vastas que visam proteger interesses estrangeiros contra os dos seus nacionais ou residentes[1844]. Tal regra de competência não é bilateralizável porque não exprime um juízo de valor generalizável sobre a conexão adequada que deve existir entre a relação controvertida e o tribunal. Claro que esta deficiência seria eliminada caso se corrigisse o regime da competência internacional direta.

[1841] Cf. CURADO NEVES [1988: 94 e 101].

[1842] CHRISTIAN VON BAR/MANKOWSKI [2003: 439 e seg.] sublinha que a dita "competência internacional indireta" nada tem que ver com a questão de saber qual a jurisdição estadual que "pode" decidir mas exclusivamente de um pressuposto de reconhecimento. Trata-se de saber se a competência exercida pelo tribunal estrangeiro pode valer como "adequada" segundo o critério do foro de reconhecimento, principalmente com base na competência internacional direta dos seus tribunais, em atenção ao contacto existente com aquela jurisdição.

[1843] Ver também EUGÉNIA GALVÃO TELES [1996: 128].

[1844] Em sentido convergente, VON MEHREN [2007: 59].

DIREITO INTERNACIONAL PRIVADO

Mas há uma objeção de maior alcance: as finalidades do Direito da Competência Internacional não são inteiramente coincidentes com as finalidades do Direito de Reconhecimento. Enquanto no estabelecimento da competência internacional direta se tem de atender a um princípio de distribuição harmoniosa de competências e combater o *forum shopping*, com o controlo da competência internacional indireta pretende-se apenas garantir que exista uma conexão adequada entre o Estado de origem e a relação controvertida, sendo de partir do princípio que para cada categoria de relações existe mais de uma conexão adequada. Por isso a competência internacional indireta deve, em princípio, ser concebida em termos mais amplos do que a competência internacional direta[1845].

A cláusula geral de conexão suficiente permitiria responder a esta preocupação. Relativamente à fixação de critérios específicos de controlo da competência do tribunal de origem apresenta a vantagem de permitir uma avaliação no caso concreto do conjunto dos laços existentes entre a relação controvertida e o Estado de origem da decisão. A falta de um laço especialmente significativo pode no caso concreto ser compensada pela convergência de vários laços[1846]. Assim, por exemplo, no ac. *Simitch* tratava-se do pedido de reconhecimento de uma sentença inglesa, que condenara um cidadão dos EUA, residente em França, a pagar uma pensão alimentar à mulher, súbdita do Reino Unido e domiciliada em Inglaterra. A *Cour de Paris*, bilateralizando o critério francês da residência do réu julgou incompetente o tribunal inglês. A *Cour de cassation* considerou que existia uma conexão suficiente porque além da nacionalidade e do domicílio da autora fora também em Inglaterra que o casamento fora celebrado, onde se fixou o domicílio conjugal e onde o marido possuía certos bens.

Decorre do anteriormente exposto, porém, que se deve exigir mais do que uma conexão suficiente: uma *conexão adequada*. Além disso, o recurso a uma cláusula geral compromete muito a certeza jurídica que justamente com o reconhecimento da sentença estrangeira se procurava assegurar[1847].

Razão por que merece preferência uma solução intermédia, semelhante à consagrada na lei suíça: alargar a competência internacional indireta para além da bilateralização das normas de competência internacional

---

[1845] Cf. VISCHER [1992: 234 e segs.] e KROPHOLLER [2006: 674].
[1846] Ver MAYER/HEUZÉ [2010: nº 373] e PIERRE MAYER [2007: 306 e segs.].
[1847] Cf. SCHACK [2010: nº 924] e KROPHOLLER [2006: 674].

direta por meio de critérios específicos da competência internacional indireta[1848]. Esta solução converge com a posição defendida por ISABEL DE MAGALHÃES COLLAÇO face à anterior redação da al. c) do art. 1096º CPC.

A competência da lei de um Estado estrangeiro segundo o Direito de Conflitos do Estado de reconhecimento deve sempre fundamentar a competência internacional indireta dos seus tribunais. Com efeito, se a conexão é suficientemente forte para determinar a aplicação do Direito deste Estado também o é para justificar o reconhecimento das decisões proferidas pelos seus tribunais. No mesmo sentido aponta uma ideia retora do regime da competência internacional direta, segundo a qual os tribunais de um Estado devem ser internacionalmente competentes sempre que é aplicável o seu Direito material (*supra* § 81 C). Esta ideia só tem um acolhimento parcial no regime português da competência internacional direta, razão por que deveria constituir um critério específico da competência internacional indireta.

Tenho defendido a consagração de uma cláusula geral de exceção, que atribua competência ao Direito do Estado que apresenta uma ligação manifestamente mais estreita com a situação, quando a norma de conflitos remeta para outro Direito[1849]. Esta cláusula de exceção, conjugada com a solução que acabo de expor, permite que os tribunais do Estado que apresenta uma ligação manifestamente mais estreita com a situação sejam sempre considerados como internacionalmente competentes para efeitos de reconhecimento de decisões estrangeiras. Consegue-se assim atender aos casos em que uma combinação de laços que apontam para o Estado de origem da decisão pode justificar a competência dos seus tribunais apesar de faltar o laço especialmente significativo que, em princípio, fundamenta a competência internacional indireta.

No plano do Direito constituído, ficará a ordem jurídica portuguesa sujeita ao reconhecimento de decisões proferidas no exercício de competências exorbitantes, por exemplo a competência fundada na simples

---

[1848] No mesmo sentido, KROPHOLLER [2006: 674.]. Em sentido convergente, BASEDOW [1994: 184 e 186] defende o desenvolvimento pelos tribunais alemães de regras específicas sobre a competência de reconhecimento, partindo da bilateralização, mas introduzindo-lhe ajustamentos, tendo em conta os critérios de competência e as ligações que o réu tem com o Estado de origem.

[1849] *Supra* § 25 C.

DIREITO INTERNACIONAL PRIVADO

presença do réu no território do Estado de origem no momento da citação admitida pelo *Common Law*?

Vimos que a doutrina da unilateralidade admite que a ordem pública internacional pode levar a negar o reconhecimento dos efeitos de uma decisão proferida no exercício de uma competência exorbitante. Este entendimento foi perfilhado, entre nós, por FERRER CORREIA[1850]. O que oferece algum apoio à negação do reconhecimento dos efeitos de decisão estrangeira proferida no exercício de uma competência exorbitante por violação da al. f) do art. 1096º.

Tal posição depara, porém, com alguns argumentos contrários.

Primeiro, esta alínea só se refere ao resultado do reconhecimento; se fosse intenção legislativa chamar a ordem pública internacional a desempenhar um papel em matéria de competência internacional indireta tal deveria ser expresso por uma menção adequada.

Segundo, por esta via chegar-se-ia a resultados semelhantes aos da consagração de uma cláusula geral, quando o legislador evitou a consagração de qualquer cláusula geral nesta matéria.

Por minha parte creio que o reconhecimento da decisão só pode ser recusado, com fundamento no caráter exorbitante da competência exercida pelo tribunal de origem, quando esta competência exceda os limites fixados pelo Direito Internacional Público. Quais estes limites sejam é ponto controvertido (*supra* § 79 B). Parece que a competência dos tribunais de um Estado que não apresente conexão pessoal ou territorial com a relação controvertida, nem resulte da autonomia da vontade, do critério dos efeitos ou do critério da necessidade, é exercida fora da sua jurisdição. A decisão proferida sem jurisdição é nula. Neste caso, os efeitos da decisão não são suscetíveis de reconhecimento por força do Direito Internacional Público geral.

No reconhecimento de sentenças estrangeiras não estão só em causa os interesses das partes. O Direito Internacional Privado do Estado do reconhecimento aceita uma limitação à esfera de aplicação do seu sistema de Direito de Conflitos, mediante o reconhecimento formal de senten-

---

[1850] 1976: 202 e 204, 1982: 176 e 2000: 479 e seg. O autor acrescenta que neste caso a intervenção do tribunal estrangeiro teria constituído uma violação da ordem pública do Estado do foro por constituir "lesão gravemente injusta dos direitos do réu ou dos interesses da administração da justiça." Em sentido próximo, MOURA VICENTE [1997: 92].

RECONHECIMENTO DE DECISÕES JUDICIAIS ESTRANGEIRAS

ças estrangeiras, sob condição de haver uma conexão adequada entre o Estado de origem destas sentenças e a relação controvertida. Portanto, entendo que o controlo da competência internacional indireta tem razão de ser mesmo que seja a parte requerida que propôs a ação no tribunal de origem[1851].

F) Outras condições de confirmação

O art. 1096º/a CPC exige "Que não haja dúvidas sobre a autenticidade do documento de que conste a sentença nem sobre a inteligência da decisão".

A *autenticidade* do documento significa a proveniência de uma autoridade competente segundo a lei do Estado do tribunal de origem.

Nos termos do art. 365º/2 CC, se houver fundadas dúvidas sobre a autenticidade do documento o tribunal pode exigir a sua legalização, que se encontra regulada no art. 540º/1 CPC[1852]. No entanto, caso se trate de sentença proferida num Estado contratante da Convenção da Haia Relativa à Supressão da Exigência da Legalização dos Atos Públicos Estrangeiros (1961), basta a aposição da apostila prevista no art. 3º desta Convenção.

A decisão é *inteligível* quando o tribunal de reconhecimento pode apreender o seu conteúdo. Isto pode exigir a tradução da sentença[1853]. Esta exigência não permite o exame da coerência lógica da decisão com os seus fundamentos[1854].

Nos termos do art. 1096º/b CPC é necessário que a sentença "tenha transitado em julgado segundo a lei do país em que foi proferida".

A norma de reconhecimento coloca aqui um problema de qualificação (*supra* § 92). É a lei portuguesa que fornece o conceito de "*trânsito em julgado*". Para este efeito considera-se transitada em julgado a decisão que

---

[1851] Em sentido contrário, invocando o *venire contra factum proprium*, FERRER CORREIA [1982: 181], citando FRAGISTAS.

[1852] Para o caso de Portugal não manter relações diplomáticas ou consulares com o Estado de origem, ver STJ 25/10/1974 [*BMJ* 240: 1999].

[1853] Face à atual redacção do art. 140º CPC parece que o documento de que conste a sentença deve ser sempre traduzido. Cp. ALBERTO DOS REIS [1956: 161] e MARQUES DOS SANTOS [1997: 118].

[1854] Cf. FERRER CORREIA [1973: 104 e seg. e 2000: 477].

DIREITO INTERNACIONAL PRIVADO

não é suscetível de recurso ordinário[1855]. Tem de se apreciar face ao Direito do Estado de origem se a decisão é suscetível de recurso ordinário.

Em princípio trata-se de uma decisão final, mas também certas decisões interlocutórias poderão ser confirmadas – por exemplo, a que conceda alimentos provisórios.

A parte interessada não tem de fazer a prova do trânsito em julgado. Nos termos do art. art. 1101º/ 2ª parte CPC o tribunal só negará oficiosamente a confirmação se pelo exame do processo ou por conhecimento derivado do exercício das suas funções apurar que a sentença ainda não transitou em julgado. Não se verificando nenhuma destas hipóteses o trânsito de julgado deve presumir-se, cabendo à parte que se opõe ao reconhecimento provar que a decisão não transitou em julgado[1856].

Por força do art. 1096º/d CPC é necessário "Que não possa invocar-se a exceção de litispendência ou de caso julgado com fundamento em causa afecta a tribunal português, excepto se foi o tribunal estrangeiro que preveniu a jurisdição".

A unidade e coerência do sistema jurídico tornam imperioso que se evite o surgimento de dois casos julgados contraditórios na ordem jurídica portuguesa[1857].

Se foi instaurada uma ação em tribunais portugueses antes da propositura da ação no tribunal de origem, idêntica quanto aos sujeitos, ao pedido e à causa de pedir, a sentença estrangeira não pode ser reconhecida.

Quanto à *litispendência* esta solução deve entender-se à luz da irrelevância da litispendência estrangeira, consagrada entre nós no art. 497º/3 CPC (*supra* § 89). Se a ré no processo estrangeiro pudesse invocar aí a existência de um processo em Portugal como exceção não haveria uma sentença estrangeira a reconhecer[1858]. É precisamente na pressuposição que a ré no

---

[1855] Cf. ISABEL DE MAGALHÃES COLLAÇO [1963: 36], FERRER CORREIA [1973: 105 e 2000: 477] e MARQUES DOS SANTOS [1997: 119]. Cf. também art. 4º da Convenção da Haia de 1971. Ver ainda FERRER CORREIA [1982: 158].

[1856] Cf. ALBERTO DOS REIS [1956: 163], FERRER CORREIA [1973: 106 e 2000: 477] e MARQUES DOS SANTOS [1997: 119].

[1857] Cf. FERRER CORREIA [1982: 163].

[1858] A menos que a ré não se tenha prevalecido da exceção, caso em que dificilmente se compreenderia que pudesse vir mais tarde invocar a litispendência contra o reconhecimento da sentença.

processo estrangeiro não pode invocar a litispendência estrangeira que a litispendência constitui um fundamento de oposição à confirmação[1859].

Creio que esta alínea se pode aplicar analogicamente ao reconhecimento de uma decisão que conflitue com outra decisão estrangeira já revista e confirmada. A decisão só pode ser reconhecida se a ação foi instaurada no tribunal de origem antes da propositura da ação que levou à decisão já confirmada[1860].

Até à entrada em vigor do DL nº 303/2007, de 24/8, havia uma contradição insanável entre a previsão contida no art. 1096º/d e o disposto no art. 771º/f conjugado com o art. 1100º/1 CPC. Observe-se que o DL nº 38/2003, de 8/3, tinha alterado a redação do art. 771º, passando o texto da anterior al. g) a constar da al. f), mas não tinha alterado a redação do art. 1100º/1 que continuou referir-se à al. g), que foi suprimida. Não havia dúvida que esta referência se deveria considerar feita à então al. f) do art. 771º.

Perante o art. 1096º/d não obsta ao reconhecimento a existência de um caso julgado português quando o tribunal estrangeiro for o primeiro a ser demandado. Ora da al. f) do art. 771º conjugada com o art. 1100º/1 resultava que constituía fundamento de impugnação do pedido de confirmação a existência de caso julgado formado anteriormente na ordem jurídica portuguesa.

Havia que dar prevalência a uma ou outra das normas em conflito, ou que distinguir grupos de casos. A doutrina dividiu-se neste ponto. FERRER CORREIA, BAPTISTA MACHADO, TEIXEIRA DE SOUSA e MARQUES DOS SANTOS defenderam que a sentença não pode ser reconhecida quando contrariasse um caso julgado português, mesmo que o tribunal estrangeiro tenha sido o primeiro a ser demandado[1861], dando assim prevalência aos

---

[1859] Cf. FERRER CORREIA [1973: 162 e seg.]; cp. TEIXEIRA DE SOUSA [1993: 63 e seg.].

[1860] Cp. FERRER CORREIA [1973: 64 e segs., 1982: 164 e 2000: 481] e FERRER CORREIA/ FERREIRA PINTO [1987: 52] que defendiam a aplicação neste caso do disposto no art. 771º/g CPC na redação anterior ao DL nº 38/2003, de 8/3 – ver adiante no texto. FERRER CORREIA/ FERREIRA PINTO [loc. cit.] defendem, *de iure condendo*, a extensão da regra aos casos em que exista sentença estrangeira anterior ainda não revista, mas que esteja em condições de o ser.

[1861] FERRER CORREIA [1973: 114 e segs., 1982: 163 e segs., 1983: nº 16 e 2000: 481], BAPTISTA MACHADO [1965: 115], TEIXEIRA DE SOUSA [1993: 63 e seg.] e MARQUES DOS SANTOS [1997: 120 e seg.]. No entanto, a posição de FERRER CORREIA e MARQUES DOS SANTOS é atenuada, por entenderem que o reconhecimento só deverá ser recusado se a decisão nacional transitou

arts. 771º/f e 1100º/l. ALBERTO DOS REIS[1862] e, no seu ensino, ISABEL DE MAGALHÃES COLLAÇO, sustentaram que deve prevalecer o art. 1096º/ d[1863]. No mesmo sentido se veio pronunciar posteriormente TEIXEIRA DE SOUSA, mas defendendo a aplicação do critério da prioridade estabelecido pelo art. 771º/f ao caso de incompatibilidade da decisão a reconhecer com uma decisão estrangeira já revista e confirmada em Portugal[1864].

Em minha opinião, importava distinguir conforme era o autor ou o réu da ação primeiramente proposta num país estrangeiro que interpunha a ação em Portugal ou noutro país estrangeiro.

A propositura de ações idênticas em países diferentes constitui uma forma de aproveitamento da concorrência de competências jurisdicionais que não merece tutela e, por isso, devia prevalecer a decisão proferida pelo tribunal demandado em primeiro lugar. Esta solução fundamenta-se no art. 1096º/d, aplicável analogicamente ao reconhecimento de uma decisão que conflitue com outra decisão estrangeira já revista e confirmada.

A confiança depositada pelo réu da ação proposta no estrangeiro na competência dos tribunais portugueses (e na aplicabilidade do Direito de Conflitos português) merece ser tutelada e, por conseguinte, o caso julgado formado na ação que proponha em Portugal (designadamente uma ação de simples apreciação negativa), deve obstar à confirmação da decisão estrangeira. Esta solução fundamentava-se no art. 771º/f. Caso o réu da ação proposta num país estrangeiro interponha uma ação noutro país estrangeiro, parece que se devia seguir o critério geral da prioridade cronológica: devia ser reconhecida a decisão que primeiro tivesse transitado em julgado no Estado de origem.

Esta controvérsia foi eliminada pelo DL nº 303/2007. Perante a nova redação dada ao art. 771º, a contrariedade da decisão a caso julgado formado anteriormente deixa de constituir fundamento de revisão.

Quando haja um caso julgado português ou uma decisão estrangeira já confirmada e seja confirmada a decisão de um tribunal estrangeiro que foi

---

em julgado antes da decisão estrangeira. No mesmo sentido, FERREIRA DA SILVA [2000: 476 e 479 e seg.] e MOURA VICENTE [2005b: 294].

[1862] 1956: 194 e seg.

[1863] Ver também STJ 3/7/2008 [CJ/STJ (2008-II) 152].

[1864] 2000: 62 e seg.

o primeiro a ser demandado pode ocorrer um conflito de casos julgados na ordem jurídica portuguesa. Este conflito deve ser resolvido mediante a prevalência da decisão deste último tribunal[1865].

O art. 1096º/e CPC exige "Que o réu tenha sido regularmente citado para a ação, nos termos da lei do país do tribunal de origem, e que no processo hajam sido observados os princípios do contraditório e da igualdade das partes."

O réu tem de ser *regularmente citado* segundo a lei do tribunal de origem.

Os *princípios do contraditório e da igualdade das partes* exigem, além da regularidade da citação, expressamente referida, que ao réu tenha sido concedido um prazo razoável para apresentar a sua defesa, designadamente.

Na atual formulação o preceito exprime a ideia de que a confirmação também é subordinada à compatibilidade com uma ordem pública processual[1866]). No entanto, o preceito não esgota os princípios fundamentais da ordem jurídica portuguesa em matéria processual[1867] e, por isso, não é de excluir que razões processuais possam ser invocadas no quadro da alínea f) do mesmo artigo.

Só pode invocar a não verificação desta condição de confirmação a parte que tenha sido prejudicada pela falta ou irregularidade da citação ou pela violação dos princípios referidos. Além disso, a falta ou irregularidade da citação não pode ser invocada pelo réu que, apesar disso, tenha intervindo normalmente no processo[1868].

Segundo o art. 1096º/f CPC é necessário que a sentença "não contenha decisão cujo reconhecimento conduza a um resultado manifestamente incompatível com os princípios da ordem pública internacional do Estado português".

Perante a anterior redação desta alínea a doutrina dominante entendia que a recusa de confirmação por violação da *ordem pública internacional* só

[1865] Já se a sentença estrangeira for reconhecida contra o disposto no art. 1096º/d parece que o critério para resolver o conflito será o da prioridade cronológica (art. 675º/1 CPC): vale a decisão que primeiro transitou em julgado.

[1866] Cf. FERRER CORREIA/FERREIRA PINTO [1987: 53], MARQUES DOS SANTOS [1997: 136], MOURA RAMOS [1998: 45 e 2000: 298 e seg.] e FERRER CORREIA [2000: 482].

[1867] Ver FERREIRA DA SILVA [2000: 476].

[1868] Cf., perante o Direito alemão, MARTINY [1984: nº 292].

DIREITO INTERNACIONAL PRIVADO

podia basear-se no conteúdo da decisão[1869]. Por exemplo, perante uma sentença de divórcio litigioso poderia dizer-se que a decisão em si era contrária a um princípio fundamental da ordem pública portuguesa? Não. O que poderia ser ofensivo era o fundamento do divórcio, por exemplo, o divórcio fundado em motivo arbitrário.

Esse entendimento tinha um certo apoio na letra da lei ("Que não contenha decisões contrárias aos princípios de ordem pública portuguesa").

Já a nova redação coloca o acento no resultado do reconhecimento. Para saber se o resultado do reconhecimento viola a ordem pública internacional deverá fazer-se um exame global, o qual poderá ter em conta os fundamentos da decisão e o processo[1870].

Este exame global pode deparar com dificuldades porque nalguns países há sentenças proferidas sem fundamentação. Em todo o caso, a confirmação não deverá ser negada se a requerente fizer acompanhar a petição de documentos que permitam reconstituir o fundamento da decisão.

Enquanto limite ao reconhecimento dos efeitos de uma decisão estrangeira a cláusula de ordem pública internacional caracteriza-se, à semelhança do que se verifica com a sua atuação como limite à aplicação do Direito estrangeiro ou não-estadual[1871], pela *excecionalidade*: só intervém quando o reconhecimento for manifestamente incompatível com normas e princípios fundamentais da ordem jurídica do foro.

O momento relevante para a concretização da ordem pública internacional é, neste caso, o do reconhecimento da decisão.

Segundo uma ideia muito divulgada[1872], a reserva de ordem pública internacional tem um efeito atenuado no reconhecimento de sentenças

---

[1869] Cf. ALBERTO DOS REIS [1956: 180]; FERRER CORREIA [1973: 100]; BAPTISTA MACHADO [1982: 267 e seg.]. Cp. ANTUNES VARELA [1993: nºs 5 e 8]. No mesmo sentido, depois da reforma, STJ 21/2/2006 [*in http://www.dgsi.pt/jstj.nsf*], negando, por conseguinte, a necessidade de fundamentação da sentença. Sobre a atuação da ordem pública perante a ofensa de princípios fundamentais de Direito processual, ver STJ 5/11/1980 [*BMJ* 301: 348] e FERNANDES COSTA [1986: 182 e seg. n 1].

[1870] Cp. Ata nº 90 da Comissão de Revisão [*BMJ* 417: 72]; FERRER CORREIA/FERREIRA PINTO [1987: 54]; MARQUES DOS SANTOS [1997: 141]; e, FERRER CORREIA [2000: 483].

[1871] *Supra* § 47 B.

[1872] Cf., designadamente, BATIFFOL/LAGARDE [1983: 588]; MORELLI [1954: 332 e segs.]; VITTA [1979: 115 e seg.]; KELLER/SIEHR [1986: 623]; KROPHOLLER [2006: 667]; VISCHER [1992: 234 e segs.]; e Rui MOURA RAMOS – "L'ordre public international en droit portugais"

estrangeiras. A reserva de ordem pública internacional poderia atuar contra o resultado material da aplicação do Direito estrangeiro pelos tribunais portugueses e não se opor a que o mesmo resultado se produzisse mediante o reconhecimento de uma sentença estrangeira. Entendo que esta ideia deve ser encarada com reserva: o reconhecimento de efeitos de sentenças estrangeiras é uma técnica de regulação de situações transnacionais e o princípio da reserva jurídico-material deve ser respeitado em igual medida qualquer que seja a técnica de regulação. O decisivo para a intensidade da atuação da reserva de ordem pública internacional é o grau de ligação entre a situação e o Estado do foro e não a circunstância de a situação ter ou não sido objeto de decisão estrangeira.

A intervenção da ordem pública internacional pode conduzir a um reconhecimento parcial, quando apenas uma parte dos efeitos a contrariarem, e as duas partes da sentença forem dissociáveis[1873].

A verificação deste requisito de confirmação não exige um controlo de mérito. Não é necessário averiguar qual o Direito que foi aplicado, nem a forma por que o foi.

O art. 1101º CPC determina que o tribunal verificará oficiosamente se concorrem as condições indicadas nas alíneas a) e f) do art. 1096º CPC.

Quanto às restantes alíneas a parte que deduz a oposição tem o ónus de alegação e, em princípio, da prova dos factos que possam conduzir à não verificação dos requisitos aí formulados[1874]. No entanto, o tribunal negará oficiosamente a confirmação quando, pelo exame do processo ou por conhecimento derivado do exercício das suas funções, apure que falta algum dos requisitos exigidos (art. 1101º/2 ª parte).

Caso não se renunciasse ao controlo da competência do tribunal de origem justificar-se-ia a verificação oficiosa desta condição de reconhecimento.

Às condições de confirmação enunciadas no art. 1096º CPC importa acrescentar a conformidade com o Direito Internacional Público, com o Direito da União Europeia e com a Constituição.

(1998), *in Estudos de Direito Internacional Privado e de Direito Processual Civil Internacional*, 245--262, Coimbra, 2002, 255-256.

[1873] Cf. BATIFFOL/LAGARDE [1983: 591].

[1874] Cf. ALBERTO DOS REIS [1956: 163] e STJ 19/2/1981 [*BMJ* 304: 368]. Cp. RLx 24/6/1999 [*BMJ* 488: 400] e TEIXEIRA DE SOUSA [2003: 161]. Entendo que, se o réu alegar que não foi citado, caberá ao autor provar a citação.

DIREITO INTERNACIONAL PRIVADO

A decisão estrangeira só pode ser reconhecida se foi proferida por um tribunal ou autoridade dentro dos limites fixados pelo *Direito Internacional Público*. A competência do tribunal de origem tem de fundar-se numa conexão pessoal ou territorial entre o Estado de origem e a relação controvertida ou nos critérios da autonomia da vontade, dos efeitos ou da necessidade (*supra* § 79 B). Além disso têm de ser respeitados os limites resultantes das imunidades de jurisdição, designadamente dos Estados e dos agentes diplomáticos e consulares[1875]. A decisão proferida sem jurisdição é nula e, por isso, não é suscetível de reconhecimento.

A decisão também não pode ser reconhecida se o seu conteúdo violar o Direito Internacional Público. O Direito Internacional Público geral é recebido automaticamente na ordem jurídica portuguesa e, por conseguinte, um tribunal português não pode reconhecer uma decisão que viole normas ou princípios internacionais. Também não é reconhecível a sentença que viole normas ou princípios imperativos de Convenções internacionais aplicáveis e vigentes na ordem jurídica portuguesa. Trata-se de um limite autónomo relativamente à reserva de ordem pública internacional porque a sua atuação não depende necessariamente dos pressupostos de intervenção desta reserva[1876].

À semelhança do que se verifica com a aplicação do Direito estrangeiro, a violação da *Constituição* portuguesa pela sentença em revisão é normalmente reconduzível à ordem pública internacional.

Importa, no entanto, fazer duas observações.

Por um lado, a ordem pública internacional é suscetível de se opor ao reconhecimento de uma decisão estrangeira sempre que a solução do caso viole a Constituição portuguesa, independente de a decisão ter aplicado Direito estrangeiro ou nacional[1877]. A violação de direitos fundamentais desencadeia necessariamente a atuação da ordem pública internacional contanto que se verifique uma conexão suficiente com Portugal[1878].

[1875] Cf. MARTINY [1984: nºs 160 e 563 e segs.], SCHACK [2010: nº 919] e TEIXEIRA DE SOUSA [2000b: 773 e seg. e 780]. Sobre estas imunidades, ver *supra* § 1 B.

[1876] Ver *supra* § 48 A.

[1877] No mesmo sentido, JORGE MIRANDA – *Manual de Direito Constitucional*, t. II, 6ª ed., 2007, 358.

[1878] No mesmo sentido, perante a ordem jurídica alemã, MARTINY [1984: nºs 177 e segs.].

Por outro, há que admitir uma pluralidade de modos de atuação da Constituição[1879]. As normas constitucionais que vejam a sua aplicação depender de regras de conflitos *ad hoc* constituem um limite autónomo ao reconhecimento de decisões estrangeiras, uma vez que não se verifica a valoração casuística que caracteriza a ordem pública internacional. Dentro da esfera de aplicação no espaço destas normas constitucionais só podem ser reconhecidas as decisões estrangeiras que com elas se conformarem.

Do regime específico das sentenças constitutivas decorre ainda uma outra condição de confirmação. De acordo com o anteriormente exposto, só pode ser confirmada a sentença constitutiva que seja eficaz perante o Direito aplicável à situação em causa (*supra* A).

G) Fundamentos adicionais de impugnação

O art. 1100º/2 CPC estabelece um fundamento adicional de impugnação do pedido de confirmação – "Se a sentença tiver sido proferida contra pessoa singular ou coletiva de nacionalidade portuguesa, a impugnação pode ainda fundar-se em que o resultado da ação lhe teria sido mais favorável se o tribunal estrangeiro tivesse aplicado o direito material português, quando por este devesse ser resolvida a questão segundo as normas de conflitos da lei portuguesa".

Este preceito consagra um caso de *controlo de mérito*, constituindo uma reformulação do requisito que antes constava, como condição de confirmação, do art. 1096º/g CPC.

Os pressupostos deste fundamento adicional de impugnação são três.

Primeiro, que a sentença tenha sido proferida contra pessoa de nacionalidade portuguesa.

Segundo, que o Direito material português seja competente perante o Direito de Conflitos português.

Por último, que o resultado da ação fosse mais favorável à pessoa de nacionalidade portuguesa se o tribunal tivesse aplicado o Direito material português.

O art. 328º/1 nº 3 ZPO alemão continha uma disposição até certo ponto semelhante que excluía o reconhecimento de uma decisão em matéria de casamento, divórcio, filiação legítima e legitimação, quando a decisão

---

[1879] *Supra* § 49.

DIREITO INTERNACIONAL PRIVADO

tivesse sido proferida contra uma parte alemã, por o juiz estrangeiro ter aplicado um Direito que não era o competente segundo as normas de conflitos alemãs. Mas este caso de controlo de mérito foi abolido pela reforma de 1986.

Por "normas de conflitos", no sentido do art. 1100º/2, devemos entender todas as normas de Direito Internacional Privado, com inclusão das normas sobre devolução e das normas de conexão *ad hoc* ligadas ao Direito material especial e às normas "autolimitadas" de Direito comum.

Também devemos atender ao nº 2 do art. 31º CC, que, nas circunstâncias aí previstas, poderá afastar a competência da lei portuguesa quando esta desencadeie a invalidade de um negócio do estatuto pessoal[1880]. Por acréscimo, parece de aplicar analogicamente este preceito às situações constituídas por sentença judicial entendendo, por exemplo, que não há fundamento de impugnação do pedido de confirmação de uma sentença estrangeira de divórcio de portugueses proferida no país da sua residência habitual por aplicação da lei deste país ainda que a lei portuguesa (competente segundo a norma de conflitos portuguesa) o não admitisse[1881].

A nova redação e inserção deste requisito vêm eliminar algumas dúvidas que antes se suscitaram.

Uma primeira questão era a de saber se este fundamento de oposição funcionava quando a *revisão fosse requerida pela parte portuguesa vencida*.

Para uma parte da jurisprudência, bem como para a doutrina dominante[1882], a al. g) do art. 1096º limitava-se a assegurar aos portugueses a proteção das nossas leis e este interesse era disponível ou renunciável. Sucede, porém, que este preceito só protegia o cidadão português quando

---

[1880] Cf. FERRER CORREIA [1983: nº 17].

[1881] Cf. FERRER CORREIA [1983: nº 17 e 2000: 469 e seg.], FERNANDES COSTA [1986: 168-178] e MOURA RAMOS [1998: 46 e seg.]. Na jurisprudência, ver STJ 22/2/84 [*BMJ* 334: 437], 14/12/1988 [*BMJ* 382: 484], 14/11/91 [*BMJ* 411: 491], 21/11/1991 [*BMJ* 411: 509] e 16/12/99 [*CJ/STJ* (1999-III) 144], RCb 18/5/1993 [*CJ* (1993-III) 34], 23/10/1996 [*CJ* (1996-IV) 40] e 17/11/1998 [*CJ* (1988-V) 18] e RLx 20/6/2000 [*CJ* (2000-III) 124]. Em sentido só aparentemente contrário, STJ 8/5/2003 [*in http://www.dgsi.pt/jstj.nsf*], uma vez que os interessados não tinham residência habitual no país em que foi proferida a decisão de divórcio.

[1882] FERRER CORREIA [1973: 110 e segs., 1983: nº 17 e 1991: 138]; FERNANDES COSTA [1986: 163 e seg.]; BAPTISTA MACHADO [1989: nº 3]; TEIXEIRA DE SOUSA [1991: 20 e seg.]; e, ANTUNES VARELA [1993: nºs 6 e 7].

o Direito material português fosse competente segundo o Direito Internacional Privado português e tratava-se de uma condição de confirmação de conhecimento oficioso[1883]. Portanto, o preceito também salvaguardava a competência da lei portuguesa e não era meramente o interesse particular do cidadão português que estava em causa.

A nova redação elimina essa questão, uma vez que deixa de ser um requisito de conhecimento oficioso e que passa a ser um fundamento de impugnação que tem de ser invocado pelo português vencido[1884]. Em todo o caso observe-se que o interesse particular do português só é protegido quando o Direito material português for aplicável. O raciocínio parece ser o seguinte: para que se justifique a proteção do português não basta o vínculo de nacionalidade que o une ao Estado português, é também necessário que se estabeleça com o Estado português aquele laço que é relevante para a individualização da ordem jurídica competente (e que pode ou não ser o referido vínculo de nacionalidade) à face do Direito de Conflitos português. A confiança na competência do Direito material português fundada no Direito de Conflitos português concorre para a fundamentação desta solução.

No *divórcio por mútuo consentimento* a decisão não é "proferida contra" nenhuma das partes e, por conseguinte, o nº 2 do art. 1100º nunca é aplicável[1885]. O mesmo se diga de uma sentença homologatória de transação[1886].

Já continua a oferecer dúvida se o português vencido pode invocar este fundamento de oposição depois de ter manifestado a sua *adesão à sentença* através de factos concludentes. Por ex., o ex-cônjuge português, vencido em ação de divórcio litigioso, celebrou entretanto um segundo casamento. Parece que não[1887].

Uma última questão é a de saber se a simples não aplicação do Direito material português fundamenta a impugnação do pedido. A nova redação

---

[1883] Cp. ANTUNES VARELA [1993: nº 7 *in fine*].

[1884] A favor desta solução, ver FERRER CORREIA/FERREIRA PINTO [1987: 54 e seg.] e TEIXEIRA DE SOUSA [1995: 373]. Acresce que cessa a faculdade de o Ministério Público recorrer da decisão de confirmação anteriormente prevista no art. 1102º/2.

[1885] No mesmo sentido, perante o anterior 1096º/g, TEIXEIRA DE SOUSA [1991: 21] e ANTUNES VARELA [1993: nº 3].

[1886] Cf. FERREIRA DA SILVA [2000: 481].

[1887] Cf. FERRER CORREIA/FERREIRA PINTO [1987: 55] e FERRER CORREIA [1991: 138].

DIREITO INTERNACIONAL PRIVADO

torna claro ser o "resultado da ação" que releva[1888]. A sentença estrangeira deve ser confirmada, ainda que não tenha sido aplicado o Direito material português, quando a aplicação deste Direito não conduzisse a um resultado mais favorável ao português.

Pelo contrário, uma aplicação manifestamente errónea do Direito português pelo tribunal estrangeiro, em desfavor da parte portuguesa, deve ser equiparada à não aplicação do Direito português, constituindo, por conseguinte, fundamento de impugnação[1889].

Este fundamento de impugnação do pedido implica um controlo de mérito em sentido forte. Para verificar este fundamento de impugnação o tribunal tem de examinar os factos e o Direito aplicável. Mas não procede a um novo julgamento. Por um lado, o tribunal não pode admitir novos meios de prova sobre a matéria de facto nem sequer retificar as conclusões que o tribunal de origem retirou das provas produzidas[1890]. O controlo de mérito cinge-se à matéria de Direito. Por outro lado, o tribunal revisor não pode alterar a decisão: só pode conceder ou negar a confirmação[1891].

O nº 2 do art. 1100º estabelece um *tratamento diferenciado* conforme a parte vencida é portuguesa ou estrangeira. Esta diferença de tratamento não me parece compatível com o disposto no art. 15º CRP[1892], uma vez que a limitação introduzida aos direitos dos estrangeiros não se reporta a uma determinada categoria de direitos[1893]. No entanto, a inconstitucionalidade

---

[1888] Ver também Ata nº 90 da Comissão de Revisão, *in BMJ* 417: 72 e seg.

[1889] Neste sentido, à face do anterior art. 1096º/g, FERRER CORREIA [1973: 99] e, à face do Direito vigente, MARQUES DOS SANTOS [1997: 147].

[1890] Cf. FERRER CORREIA [1983: nº 17] e ANTUNES VARELA [1993: n 2 p. 95].

[1891] Isto não impede ANTUNES VARELA [loc. cit.] de admitir uma confirmação parcial, por exemplo, quando a sentença de divórcio não ofenda disposições do Direito nacional quanto à dissolução da relação matrimonial, mas já ofender quanto aos efeitos patrimoniais.

[1892] Cf. MARQUES DOS SANTOS [1997: 144] e, em termos dubitativos, TEIXEIRA DE SOUSA [1991: 20]. Por seu turno, LEBRE DE FREITAS [2009: 46 n 20], entende que há violação do art. 13º/2 CRP.

[1893] Cf. *supra* § 61 D. A meu ver era mais facilmente defensável a constitucionalidade da anterior al. g) do art. 1096º, contanto que se admita que este preceito protegia a competência da lei portuguesa. Com efeito, como já se sublinhou, a nacionalidade da parte vencida constitui um elemento de conexão com a ordem jurídica portuguesa relevante para justificar, se não o respeito genérico da Direito de Conflitos português, pelo menos o respeito da competência

do preceito pode ser evitada mediante uma extensão analógica da proteção aí concedida aos estrangeiros e apátridas residentes habitualmente em Portugal. O *ratio* do preceito abrange este caso, visto que há uma forte conexão pessoal com o Estado português que justifica a proteção da pessoa em causa, através do controlo de mérito, quando seja aplicável o Direito português[1894].

Noutra ótica, dir-se-á que uma pessoa pode opor-se à privação dos direitos atribuídos pelo Direito material português, competente segundo o nosso sistema conflitual, através do reconhecimento dos efeitos de uma sentença estrangeira, quando essa pessoa tenha uma forte conexão pessoal com o Estado português.

Outros dois fundamentos de impugnação do pedido decorrem da conjugação do n.º 1 do art. 1100º com as als. a) e c) do art. 771º CPC (que regula os fundamentos do recurso extraordinário de revisão). O art. 1100º/1 continua a referir a al. g) do art. 771º mas, como vimos anteriormente, a nova redação dada ao art. 771º pelo DL n.º 303/2007, de 24/8, suprimiu o fundamento de anulação que antes constava da al. g) (e que entretanto passara para a al. f) (*supra* F).

Primeiro, quando "Outra sentença transitada em julgado tenha dado como provado que a decisão resulta de crime praticado pelo juiz no exercício das suas funções" (art. 771º/a). Este fundamento de impugnação parece-me redundante porque neste caso não se verificam as condições de confirmação estabelecidas nas als. e) (respeito do princípio da igualdade das partes) e f) (ordem pública internacional) do art. 1096º.

Segundo, quando "Se apresente documento de que a parte não tivesse conhecimento, ou de que não tivesse podido fazer uso, no processo em

---

atribuída à lei portuguesa, que é outro indício não menos relevante da existência de uma forte conexão com o Estado português.

[1894] Assim entendido, não parece que se coloquem problemas de compatibilidade do preceito com o princípio da não-discriminação consagrado, dentro do âmbito de aplicação dos Tratados instituintes, pelo art. 18º do Tratado sobre o Funcionamento da União Europeia. Cp. Erik JAYME – "Machado Villela 1871-1956 und das Internationale Privatrecht", *in FS Ulrich Drobnig*, 289-297, 1998, 295 e seg. e MOURA VICENTE [2002b: 318 n 57]. Ver ainda, em sentido crítico, MOURA VICENTE [2005b: 296], admitindo a dúvida sobre a compatibilidade do preceito com o art. 13º/2 CRP e com art. 12º do Tratado da Comunidade Europeia (atual art. 18º do Tratado sobre o Funcionamento da União Europeia).

DIREITO INTERNACIONAL PRIVADO

que foi proferida a decisão a rever e que, por si só, seja suficiente para modificar a decisão em sentido mais favorável à parte vencida" (771º/c).

Tem-se afirmado que neste caso há controlo de mérito porque para saber se o documento é suficiente para modificar a decisão é necessário examinar os fundamentos de facto da sentença estrangeira[1895]. É certo que é necessário reexaminar a matéria de facto. Mas não há qualquer controlo do Direito aplicável, nem, por maioria de razão, da sua interpretação e aplicação aos factos. O tribunal tem de averiguar se o documento é suficiente para modificar a decisão perante o Direito aplicável pelo tribunal de origem e não segundo o Direito Internacional Privado português. Por isso entendo que não é um caso de controlo de mérito.

A parte requerida só pode impugnar o pedido de reconhecimento com base na falta de uma das condições referidas anteriormente ou num dos fundamentos do art. 1100º (art. 1100º/1 CPC). Claro que a parte requerida também pode defender-se por exceção, por exemplo, invocando a incompetência em razão da matéria do tribunal a que foi pedido o reconhecimento.

H) Resultados do processo de revisão. Função da sentença de confirmação
O processo de rèvisão tem como resultado a *confirmação* ou a *não confirmação* da sentença revista.

A sentença de confirmação opera a receção na ordem jurídica do foro dos efeitos que a decisão estrangeira produz na ordem jurídica do Estado de origem e confere à decisão estrangeira a força executiva. A sentença de confirmação não se substitui à sentença estrangeira nem a "nacionaliza" através de uma incorporação do seu conteúdo[1896]. A confirmação também não é uma condição legal de eficácia de um mero facto jurídico (a sentença estrangeira). A sentença estrangeira é encarada como um ato jurisdicional, que pode ou não ser reconhecido[1897]. A confirmação tem por função conferir à sentença estrangeira um *título de eficácia* na ordem jurídica interna.

Esta visão das coisas é rica em consequências.

[1895] Cf. FERRER CORREIA [1973: 101 e 2000: 467], PESSOA VAZ/ÁLVARO DIAS [1988: 546], MARQUES DOS SANTOS [1997: 121] e TEIXEIRA DE SOUSA [1998: 78].
[1896] Como defendeu a escola nacionalista italiana – ver MORELLI [1954: 286 e seg.], VITTA [1979: 102 e seg.], FERRER CORREIA [1982: 143] e PIERRE MAYER [2007: 320-323].
[1897] Cf. VITTA [1979: 103].

Primeiro, o tribunal de reconhecimento nunca se substitui ao tribunal de origem na decisão do caso.

A sentença a que tenha sido negada confirmação não produz na ordem jurídica interna efeitos enquanto ato jurisdicional nem constitui título executivo ou de registo.

Como já se assinalou a propósito da conformidade do reconhecimento com a ordem pública internacional, o reconhecimento pode ser *parcial*, quando a sentença comportar partes dissociáveis e as condições de confirmação só se verificarem relativamente a uma parte da sentença[1898].

Segundo, o título que serve de base à execução é complexo, sendo integrado pela sentença estrangeira revista e pelo acórdão da Relação que concede a revisão (ver também o art. 91º aplicável *ex vi* art. 95º CPC)[1899]. Com efeito, a exequibilidade da sentença estrangeira decorre de lhe ser atribuída força executiva pela sentença de confirmação. É a sentença estrangeira que é executada, mas a sentença de confirmação que lhe atribui relevância na ordem jurídica interna não pode deixar de integrar o título.

Por último, a confirmação da decisão estrangeira tem efeito retroativo com ressalva dos direitos de terceiros[1900]. Quer isto dizer que os efeitos que a sentença estrangeira produz na ordem jurídica interna retroagem ao momento da sua produção na ordem jurídica do Estado de origem. No entanto, parece que devem ressalvar-se os efeitos que prejudiquem direitos entretanto adquiridos por terceiros segundo o Direito do Estado de reconhecimento[1901].

I) Caracterização do regime interno

De acordo com o anteriormente exposto, no regime interno de reconhecimento de decisões estrangeiras importa distinguir o reconhecimento do efeito de caso julgado e a atribuição de força executiva, o reconhecimento do efeito constitutivo e dos efeitos acessórios ou reflexos e outros modos de relevância.

[1898] Ver MARTINY [1984: nºs 323 e segs.].

[1899] Neste sentido determinava o art. 797º/2 CPC italiano, revogado pela Lei de Direito Internacional Privado de 1995. Ver também MORELLI [1954: 291 e seg.].

[1900] Cf. MORELLI [1954: 299] e FERRER CORREIA [2000: 476].

[1901] Cf. FERRER CORREIA [2000: 476].

DIREITO INTERNACIONAL PRIVADO

Quanto ao efeito de caso julgado e à atribuição de força executiva consagra-se um *sistema de reconhecimento individualizado, fundamentalmente formal* ou de delibação. Este caráter formal do sistema é temperado pelo controlo de mérito no caso do nº 2 do art. 1100º CPC.

O reconhecimento do efeito constitutivo e dos efeitos acessórios ou reflexos não depende, em regra, desse sistema de reconhecimento mas antes do *sistema de Direito de Conflitos*.

Outros modos de relevância das sentenças estrangeiras (designadamente o valor probatório e a consideração como mero facto) são independentes quer de normas de reconhecimento quer do Direito de Conflitos.

99. Apêndice – Exequibilidade dos títulos extrajurisdicionais exarados em país estrangeiro

Distinto do problema do reconhecimento de decisões estrangeiras é o da atribuição de força executiva a documentos exarados no estrangeiro. O *título extrajurisdicional* é um documento de ato constitutivo ou certificativo de obrigação. Os títulos extrajurisdicionais mais importantes são *documentos negociais*, que reproduzem um negócio jurídico de Direito privado, e não a decisão de uma autoridade.

Embora se trate de um problema diferente, justifica-se o seu exame neste contexto, porque há uma tendência para o relacionar com o reconhecimento de decisões estrangeiras, tendência que se manifesta, em especial, nos regimes europeus e nas Convenções de Bruxelas e de Lugano.

O art. 57º do Regulamento Bruxelas I dispõe sobre a exequibilidade dos atos autênticos exarados ou registados num Estado-Membro e que nesse Estado tenham força executiva[1902]. Só são abrangidos os atos que dizem respeito a matérias abrangidas pelo Regulamento[1903].

Nos termos deste artigo a exequibilidade dos documentos autênticos depende de uma declaração de executoriedade (art. 57º/1/1ª parte), segundo o processo sumário estabelecido para as decisões judiciais (*supra* § 94 G).

[1902] Ver também art. 50º da Convenção de Bruxelas e da Convenção de Lugano de 1988 e art. 57º da Convenção de Lugano de 2007. Na jurisprudência portuguesa ver STJ 14/12/2004, proc. 05B1547 [*in http://www.dgsi.pt/jstj.nsf*] e 16/5/2005 [*CJ* (2005-II) 102].
[1903] Cf., à face da Convenção de Bruxelas, JENARD [1979: 171].

RECONHECIMENTO DE DECISÕES JUDICIAIS ESTRANGEIRAS

Considera-se exarado ou registado num Estado-Membro o documento autêntico em que interveio um órgão de um Estado-Membro, incluindo, por exemplo, os órgãos consulares[1904].

São pressupostos da declaração de executoriedade *a autenticidade do documento* segundo o Direito do Estado-Membro de origem (art. 57º/3) e *a força executiva no Estado-Membro de origem* (art. 57º/1). Estes pressupostos devem ser verificados oficiosamente pelo tribunal. O mesmo se diga relativamente à verificação dos pressupostos de aplicação do Regulamento e aos requisitos formais exigidos pelo art. 57º/4[1905].

Segundo alguns autores a declaração de executoriedade deve ser proferida mesmo que o documento não tenha força executiva à face do Direito do foro[1906]. Esta solução contraria o princípio, há muito estabelecido entre nós[1907], de que pertence à *lex fori* determinar quais são os títulos que gozam, na ordem interna, de eficácia executiva. Também entra em contradição com a ideia, aceite com respeito às decisões judiciais (*supra* § 93 A), segundo a qual não há uma receção do efeito executivo, mas uma equiparação do título estrangeiro a um título interno. Isto pressupõe que a decisão tenha um conteúdo suscetível de execução segundo o Direito do Estado de reconhecimento. Da mesma forma, parece que um documento só pode ser executado se tiver um conteúdo suscetível de execução segundo o Direito do Estado de execução.

Para além disso, não se entrevê nenhuma razão para atribuir força executiva num Estado a um documento que não preenche os requisitos de que depende, segundo o Direito deste Estado, a sua exequibilidade. A circunstância de um documento ser exarado ou registado num Estado e de ter força executiva neste Estado não justifica que outros Estados

---

[1904] Cf. GEIMER/SCHÜTZE [2010: Art. 57 nºs 25-26] e KROPHOLLER/VON HEIN [2011: Art. 57 nº 5]. Segundo o art. 5º/f da Convenção de Viena sobre Relações Consulares (1963), constitui função consular "Agir na qualidade de notário de conservador do registo civil e exercer funções similares, assim como certas funções de carácter administrativo, desde que não contrariem as leis e os regulamentos do Estado receptor".

[1905] Cf. MAGNUS/MANKOWSKI/VÉKÁS [2007: Art. 57 nº 11] e RAUSCHER/STAUDINGER [2011: Art. 57 nº 12]. Cp. KROPHOLLER/VON HEIN [2011: Art. 57 nº 11].

[1906] Cf. KROPHOLLER/VON HEIN [2011: Art. 57 nº 6] e, à face da Convenção de Bruxelas, TEIXEIRA DE SOUSA/MOURA VICENTE [1994:173 e seg.]; LEBRE DE FREITAS [2009: 60 n 49]; TEIXEIRA DE SOUSA [1998: 90].

[1907] Cf. ALBERTO DOS REIS – *Processo de Execução*, vol. I, 3ª ed., Coimbra, 1985, 179.

DIREITO INTERNACIONAL PRIVADO

tenham de lhe atribuir força executiva. Nem é de aceitar que os requisitos de exequibilidade estabelecidos por um Estado possam ser facilmente torneados mediante a celebração do ato no estrangeiro.

A formulação deste preceito não parece ser a mais feliz, porque a autenticidade refere-se ao documento e não ao ato. Regista-se aliás grande divergência entre as várias versões nacionais do Regulamento neste ponto: *"acte/atto"* nas versões francesa e italiana, *"instrument"* na versão inglesa e *"documento/Urkunde"* nas versões espanhola e alemã. Por "acto autêntico" quer-se na verdade significar documento autêntico. O art. 57º define as condições de atribuição de força executiva aos documentos autênticos, enquanto títulos extrajurisdicionais.

O conceito de "ato autêntico" deve ser interpretado autonomamente. O Relatório sobre a Convenção de Lugano, de JENARD/MÖLLER, dá um contributo para este conceito autónomo, ao indicar as condições que deve satisfazer um documento para ser considerado autêntico[1908]:

"– a autenticidade do acto deve ser comprovada por uma autoridade pública,

"– esta autenticidade deve referir-se ao seu conteúdo e não só, por exemplo, à assinatura,

"– o acto deve ter força executória no Estado onde foi estabelecido."

Seguindo este entendimento, o TCE exige, para que se trate de um documento autêntico, a intervenção de uma autoridade pública ou de outra autoridade competente segundo o Direito do Estado de origem[1909].

O principal exemplo de documento autêntico é a escritura pública lavrada por um notário.

À face das Convenções de Bruxelas e de Lugano a conformidade da execução do documento com a *ordem pública internacional* do Estado requerido também constitui um pressuposto da declaração de executoriedade (art. 50º/2ª parte). Este pressuposto deve ser verificado oficiosamente, de harmonia com o entendimento seguido sobre o regime aplicável aos fundamentos de recusa de reconhecimento das decisões judiciais (*supra* § 94 H).

Já perante o Regulamento Bruxelas I a manifesta contrariedade à ordem pública do Estado requerido só pode ser conhecida no recurso interposto

---

[1908] Nº 72.

[1909] Cf. TCE 17/6/1999, no caso *Unibank* [*CTCE* (1999) I-0 3715], nºs 18 e segs.

da decisão sobre a executoriedade (art. 57º/1/2ª parte). É controverso se o tribunal de recurso pode verificar oficiosamente a conformidade com a ordem pública internacional[1910]. Em minha opinião, uma vez que a apreciação deste fundamento de recusa de declaração de executoriedade depende da interposição de recurso, deve entender-se que neste recurso a parte que se opõe à atribuição de força executiva tem, em regra, o ónus de alegar a violação da ordem pública internacional e de fazer a prova dos factos relevantes. Como exceções a esta regra podem referir-se os casos de violações particularmente graves da ordem pública internacional, que ponham em causa diretamente interesses públicos (*supra* § 94 H).

É, sem dúvida, uma solução criticável, pelas razões que já foram assinaladas anteriormente (*supra* § 94 H).

A manifesta contrariedade da execução à ordem pública internacional do Estado requerido pode dizer respeito à relação obrigacional subjacente, designadamente quando o documento diga respeito à obrigação de pagamento gerada por um contrato que viole normas fundamentais do Estado requerido aplicáveis ao contrato[1911].

O art. 57º do Regulamento não prejudica a possibilidade de o devedor se opor à execução com base no Direito interno do Estado de reconhecimento[1912]. Com efeito, de acordo com o assinalado anteriormente, o Regulamento disciplina a atribuição de força executiva e não a própria execução (*supra* § 94 G). À face do Direito português, o executado pode deduzir embargos não só com os fundamentos de oposição à execução baseada em sentença, na parte em que sejam aplicáveis, mas também quaisquer outros que pudessem constituir meio de defesa no processo de declaração (art. 816º CPC).

Para efeito da declaração de executoriedade, são considerados atos autênticos os acordos em matéria de obrigações alimentares celebrados perante autoridades administrativas ou por elas autenticados (art. 57º/2)[1913]. Foi anteriormente assinalado que com a entrada em vigor do

---

[1910] Neste sentido, KROPHOLLER/VON HEIN [2011: Art. 57 nº 13].

[1911] Ver GEIMER/SCHÜTZE [2010: Art. 57 nº 47] e KROPHOLLER/VON HEIN [2011: Art. 57 nº 13].

[1912] Cf., perante a Convenção de Bruxelas, TEIXEIRA DE SOUSA/MOURA VICENTE [1994: 174], e perante o Regulamento, RAUSCHER/STAUDINGER [2011: Art. 57 nº 18].

[1913] Cf. também art. V-E do Protocolo anexo à Convenção de Bruxelas.

DIREITO INTERNACIONAL PRIVADO

Regulamento sobre obrigações alimentares, e sob reserva das disposições transitórias deste Regulamento, as obrigações alimentares resultantes de relações de família ficarão fora do âmbito de aplicação do Regulamento Bruxelas I (Considerando nº 44 e art. 68º/1 do Regulamento sobre obrigações alimentares).

A autoridade competente do Estado-Membro em que foi exarado ou registado um ato autêntico emitirá, a pedido de qualquer das partes interessadas, uma certidão segundo o formulário uniforme constante do anexo VI ao Regulamento (art. 57º/4)[1914].

Da aplicabilidade, à declaração de executoriedade dos atos autênticos, da secção III do Cap. III decorre, designadamente, que não é exigida legalização do documento ou formalidade análoga (art. 56º *ex vi* art. 57º/4)[1915].

A razão por que apenas os documentos autênticos podem ser declarados executórios ao abrigo do art. 57º do Regulamento é, segundo KROPHOLLER e VON HEIN, que só estes documentos têm uma força probatória indiscutível em que os tribunais do Estado de reconhecimento podem confiar[1916].

Todavia, perante um sistema em que na oposição à execução baseada em título extrajurisdicional se possam alegar, além dos fundamentos de oposição específicos, os meios de defesa admitidos no processo de declaração, como é o caso do português (art. 816º CPC), não se vê razão para excluir os documentos particulares deste regime de atribuição de força executiva.

O regime da exequibilidade dos atos autênticos é estendido às "transacções celebradas perante o juiz no decurso de um processo e que no Estado de origem tenham força executiva" (art. 58º)[1917].

As transações que se têm aqui em vista são transações judiciais, que são aprovadas ou lavradas pelo tribunal e têm força executiva, mas que não

---

[1914] A versão portuguesa do regulamento refere-se ao "Estado-Membro em que foi *recebido* um acto autêntico", à semelhança do que se verifica com a versão francesa. Não há dúvida, porém, que se trata da utilização pouco feliz da palavra "recebido" no sentido de exarado ou registado, como resulta claramente da versão inglesa, que se refere ao "*Member State where an authentic instrument was drawn up or registered*".

[1915] Cf. JENARD [1979: 172].

[1916] 2011: Art. 57 nº 3.

[1917] Ver também art. 51º da Convenção de Bruxelas e da Convenção de Lugano de 1988 e art. 58º da Convenção de Lugano de 2007.

são objeto de uma decisão homologatória com força de caso julgado[1918]. É o que se verifica, por exemplo, com o *Prozeßvergleich* no Direito alemão (art. 794º/1/1 ZPO) e com o *procès verbal de conciliation* no Direito francês (arts. 130º e 131º CPC).

As sentenças homologatórias de transação que tenham a eficácia de um ato jurisdicional, como se verifica no Direito português (art. 300º CPC) e com a *transaction judiciaire* de Direito francês, são objeto de reconhecimento ao abrigo do Cap. III do Regulamento[1919].

As transações visadas pelo art. 58º são somente as que digam respeito a matéria compreendida no âmbito material de aplicação do Regulamento[1920].

Observe-se que, para a obtenção da declaração de executoriedade, o requerente deve apresentar a certidão relativa às decisões judiciais, que consta do Anexo V, e não a certidão relativa aos atos autênticos (art. 58º/2ª parte).

A proposta alterada da Comissão [COM (2000) 689 final] pretendia assimilar os atos autênticos às decisões judiciais, não só quanto à atribuição de força executiva, mas também no que toca ao reconhecimento automático. Isto não foi acolhido pelo Conselho, tendo o Regulamento mantido, no essencial, a redação proposta inicialmente pela Comissão [COM (1999) 348 final]. Na verdade, se os atos autênticos não produzem os efeitos próprios dos atos jurisdicionais, o reconhecimento automático só poderia ter por objeto efeitos que normalmente dependem do Direito de Conflitos, e que nada justificaria submeter a reconhecimento autónomo.

O *Regulamento que Cria o Título Executivo Europeu* estabelece que um instrumento autêntico relativo a um crédito, na aceção do art. 4º/2 do Regulamento, que seja executório num Estado-Membro, poderá ser certificado como título executivo europeu pela autoridade designada pelo Estado-Membro de origem (art. 25º/1). Isto tem por consequência a exequibilidade do instrumento autêntico nos outros Estados-Membros

---

[1918] Cf. WOLFF [1984: nº 227] e MARTINY [1984: nº 60].

[1919] Neste sentido, DROZ [1972: 400 e seg.] e TEIXEIRA DE SOUSA/MOURA VICENTE [1994: 175].

[1920] Cf., perante a Convenção de Bruxelas, BASEDOW [1982: nº 89] e, perante o Regulamento, KROPHOLLER/VON HEIN [2011: Art. 58 nº 2].

DIREITO INTERNACIONAL PRIVADO

sem necessidade de declaração de executoriedade e sem que seja possível contestar a sua força executória (art. 25º/2).

O regime de reconhecimento estabelecido pelo *Regulamento Bruxelas II bis (supra* § 95) é estendido aos atos autênticos exarados e dotados de executoriedade num Estado-Membro (art. 46º). Por exemplo, um acordo sobre o poder paternal aprovado por uma autoridade administrativa finlandesa. O mesmo se aplica, diferentemente do que se verifica perante o Regulamento Bruxelas I, aos "acordos entre partes" com força executória no Estado-Membro em que foram celebrados que apenas sejam formalizados em documentos particulares[1921].

Daí decorre que a exequibilidade destes documentos depende de uma declaração de executoriedade, segundo um processo sumário[1922].

Diferentemente do que se verifica perante a Convenção de Bruxelas e o Regulamento Bruxelas I, o Regulamento Bruxelas II bis não limita os fundamentos de recusa de declaração de executoriedade à violação da ordem pública internacional. Podem ser tidos em conta outros fundamentos, que sejam aplicáveis[1923].

Observe-se que o art. 46º deste Regulamento, divergindo da Convenção de Bruxelas e do Regulamento Bruxelas I, parece assimilar os atos autênticos e particulares às decisões mesmo com respeito ao reconhecimento de efeitos[1924]. O alcance desta assimilação, que à luz das considerações anteriores é fortemente criticável, constitui uma questão em aberto[1925].

[1921] Ver também THOMAS/PUTZO/HÜSSTEGE [2011: Art. 46 nº 3] e RAUSCHER/RAUSCHER [2010: Art. 46 nº 3]. Regista-se uma divergência entre as diferentes versões linguísticas do preceito. Enquanto as versões portuguesa e inglesa se referem à força executória dos acordos no Estado-Membro em que foram celebrados, as versões francesa e alemã referem-se à força executória dos acordos no "Estado-Membro de origem". Isto pode suscitar dificuldades de interpretação: só serão abrangidos os "acordos entre partes" celebrados num Estado-Membro? A expressão "Estado-Membro de origem" é entendida em sentido diferente por THOMAS/ PUTZO/ HÜSSTEGE [2011: Art. 46 nº 3] e RAUSCHER/RAUSCHER [2010: Art. 46 nºs 7-8].

[1922] RAUSCHER/RAUSCHER [2010: Art. 46 nº 12].

[1923] Cf. ALEGRÍA BORRÁS [1998: nº 61].

[1924] Cf. ANCEL/MUIR WATT [2001: 440 e seg.].

[1925] ANCEL/MUIR WATT [2001: 439-440] entendem que são reconhecidos os efeitos que o ato produz segundo a ordem jurídica do "Estado de origem", independentemente da sua eficácia segundo a lei competente por força do Direito de Conflitos do Estado de reconhecimento. Ver ainda RAUSCHER/RAUSCHER [2010: Art. 46 nºs 2 e 10].

Perante *o Direito interno*, os títulos extrajurisdicionais exarados no estrangeiro, quer sejam documentos autênticos ou documentos particulares[1926], têm força executiva independentemente de um processo de revisão (arts. 46º/1/b e c e 49º/2 CPC) e sem que seja necessária uma declaração judicial de executoriedade.

Pelas razões que adiante serão apresentadas (*infra* § 100), este regime só é aplicável aos títulos negociais e já não aos títulos administrativos.

Para serem exequíveis, porém, os documentos autênticos ou autenticados exarados em país estrangeiro carecem, em princípio, de legalização (art. 540º CPC) ou do cumprimento da formalidade estabelecida por Convenção internacional, quando esta for aplicável (*infra* § 100)[1927].

Por que razão a revisão é exigida para a exequibilidade de sentenças estrangeiras (art. 49º/1 CPC) e dispensada para a exequibilidade de títulos extrajurisdicionais? Quando a execução se baseia em sentença só são admitidos os fundamentos de oposição previstos no art. 814º CPC, uma vez que o executado já teve oportunidade de se defender no processo declaratório. Já quando a execução se baseia noutro título o executado, além dos fundamentos de oposição especificados no art. 814º, na parte em que sejam aplicáveis, pode alegar quaisquer outros que seria lícito deduzir como defesa no processo de declaração (art. 816º). O nosso Direito não exige a revisão para a execução dos títulos extrajurisdicionais exarados no estrangeiro porque o executado dispõe neste caso no processo executivo dos mesmos meios de defesa que no processo declaratório[1928].

Tão-pouco é necessária uma declaração de executoriedade. A eficácia executiva destes títulos é diretamente atribuída pelo Direito material português, a título de *lex fori*[1929].

[1926] Cf. TEIXEIRA DE SOUSA [1998: 88]; LEBRE DE FREITAS [2009: 60]; LEBRE DE FREITAS/ JOÃO REDINHA/RUI PINTO – *Código de Processo Civil Anotado*, vol. I, 2ª ed., Coimbra, 2008, Art. 49º an 4.

[1927] Cf. LEBRE DE FREITAS [2009: 60-61], admitindo que estas formalidades sejam dispensáveis quando a autenticidade do documento for manifesta, e acrescentando que o mesmo regime se aplica aos documentos particulares que para serem exequíveis careçam do reconhecimento notarial da assinatura do subscritor. Ver também LEBRE DE FREITAS/JOÃO REDINHA/RUI PINTO – *Código de Processo Civil Anotado*, vol. II, 2ª ed., Coimbra, 2008, Art. 540º an 2.

[1928] Cf. BARBOSA DE MAGALHÃES [1947: 349] e FERRER CORREIA [1973: 118]. Cp. TEIXEIRA DE SOUSA [1998: 88 e seg.].

[1929] Ver também TEIXEIRA DE SOUSA [1998: 89 e seg.]. Cp. BARBOSA DE MAGALHÃES [1947: 353 e seg.].

DIREITO INTERNACIONAL PRIVADO

Mas, com isto, ficará sem controlo a compatibilidade da execução com a ordem pública internacional do Estado português?

Creio que entre os meios de defesa que o executado pode alegar se deve contar a incompatibilidade da execução com a ordem pública internacional, uma vez que a ordem pública internacional tem por base um princípio geral de Direito Internacional Privado (o princípio da reserva jurídico-material)[1930].

Também se afigura defensável que, por aplicação analógica dos arts. 1096º/f e 1101º CPC, o tribunal de execução possa conhecer oficiosamente da incompatibilidade da execução com a ordem pública internacional do Estado português. Isto, porém, só parece viável nos casos em que o juiz intervenha no processo executivo.

Os requisitos formais de exequibilidade do título são definidos pela lei portuguesa[1931].

À luz dos valores em jogo, dificilmente se compreende que o regime interno não possa ser invocado pelo exequente mesmo que se trate de um título extrajurisdicional abrangido por uma das Convenções ou dos Regulamentos acima referidos. Perante os Regulamentos, todavia, o ponto suscita dúvida[1932]. Para esta dúvida contribui o entendimento dominante que relativamente ao reconhecimento de decisões judiciais tende a excluir a possibilidade de invocar o regime interno quando este for mais favorável ao reconhecimento (*supra* §§ 94 E e 96 A). Não é, porém, claro que as considerações em que se baseia este entendimento sejam transponíveis para a exequibilidade de títulos extrajurisdicionais.

[1930] Cf. *supra* § 17 B e § 97 F.

[1931] Cf. ANSELMO DE CASTRO [1977: 39]. Cp. ALBERTO DOS REIS [1948: 161] e BARBOSA DE MAGALHÃES [1947: 353 e seg. e 361 e segs.].

[1932] Ver STJ 14/12/2004, proc. 05B1547 [*in http://www.dgsi.pt/jstj.nsf*] e 16/5/2005 [*CJ* (2005-II) 102], e LEBRE DE FREITAS [2009: 60-61 ns. 50 e 54].

Capítulo III
Reconhecimento de Atos Administrativos Estrangeiros

Bibliografia específica:
BATIFFOL/LAGARDE [1983: 187 e segs. e 554 e segs.]; Georges VAN HECKE – "Principes et méthodes de solution des conflits de lois", *RCADI* 126 (1969-I) 399-569, 514 e segs. e 551 e segs.; Albert EHRENZWEIG e Erik JAYME – *Private International Law*, vol. II, Leiden e Dobbs Ferry, NY, 1973, 72 e segs.; *Dicey, Morris and Collins* [2006: 1203 e segs.]; *Cheshire, North & Fawcett* [2008: 132 e segs.]; MAYER/HEUZÉ [2010: nºs 465 e segs. e nºs 669 e segs.]; KEGEL/SCHURIG [2004: 1098 e segs.]; Hans BAADE – *Operation of Foreign Public Law, IECL* vol. III/Cap. 12, Tubinga, 1991, nºs 49 e segs.; Mathias HERDEGEN – *Internationales Wirtschaftsrecht*, 9ª ed., Munique, 2011, 277 e segs.; HAY/BORCHERS/SYMEONIDES [2010: nº 24.46]; RIGAUX/FALLON [2005: 425 e segs. e 689 e segs.]; BALLARINO [1999]; FERRER CORREIA – "Conflitos de leis em matéria de direitos sobre as coisas corpóreas", *RLJ* 117 (1985) nºs 3727 a 3729; 118 nºs 3730 a 3732, nºs 17 e seg.; João BAPTISTA MACHADO e Rui MOURA RAMOS – "Parecer", *CJ* 10 (1985-V) 11-23; José de OLIVEIRA ASCENSÃO – "O confisco realizado no estrangeiro e a titularidade de marca registada em Portugal", *CJ* 11 (1986-II) 15-29; NGUYEN QUOC Dinh, Patrick DAILLIER e Alain PELLET – *Droit international public*, 7ª ed., Paris, 2002, 1087 e segs.; ROZAS/LORENZO [2011: 209 e segs. e 633 e segs.]; Giuseppe CAMPEIS e Arrigo DE PAULI – *La procedura civile internazionale*, Milão, 1991, 373 e segs.; BARIATTI [1995]; A. SARAVALLE – "Articolo 26-28", *in Riforma del sistema italiano di diritto internazionale privato: legge 31 maggio 1995 n 218 - Commentario, RDIPP* 31: 905-1279; Giuseppe BISCOTTINI – "L'efficacité des actes administratifs étrangers", *RCADI* 104 (1961-III) 635-699; Charalambos PAMBOUKIS – *L'acte public étranger en droit international privé*, Paris, 1993; PAULO OTERO – *Legalidade e Administração Pública. O Sentido da Vinculação Administrativa à Juridicidade*, Coimbra, 2003, 497 e segs.

100. Preliminares

O problema do reconhecimento de atos administrativos estrangeiros suscita especiais dificuldades porque não foi desenvolvida uma teoria geral do reconhecimento dos atos públicos não jurisdicionais com incidência em situações "privadas". As atenções têm-se centrado em certos atos sobre direitos patrimoniais – confiscos, expropriações e nacionalizações[1933] –, relativamente aos quais se formulam soluções específicas que não são extensíveis a outros atos administrativos estrangeiros. O ponto também não tem merecido especial atenção dos autores portugueses. É um domínio que está em vasta medida por desbravar, e em que me limitarei a breves considerações que se destinam mais a formular os problemas do que a apresentar soluções definitivas.

Entende-se por *ato administrativo* o ato jurídico unilateral praticado, no exercício do poder administrativo, por um órgão da Administração ou por outra entidade pública ou privada para tal habilitada por lei, e que traduz uma decisão tendente a produzir efeitos jurídicos sobre uma situação individual e concreta[1934].

Este ato interessa ao Direito Internacional Privado a partir do momento em que produza efeitos sobre uma situação regulada por este ramo de Direito.

Por exemplo, uma medida de proteção de um menor estrangeiro, residente habitualmente em Portugal, decretada pela autoridade administrativa do Estado da nacionalidade, dentro do âmbito de aplicação da Convenção da Haia de 1961[1935]. Outro exemplo é o da expropriação das ações de uma sociedade constituída e sedeada no estrangeiro que possui bens em Portugal por ato do Governo do Estado da sua sede.

O ato administrativo também se caracteriza, como o ato jurisdicional, pela vinculatividade, pois define a situação por forma unilateral e obrigatória para todos aqueles em relação aos quais é eficaz[1936]. O ato administrativo

---

[1933] A admitir-se que, neste último caso, se trata de atos administrativos ainda que sob forma de lei.

[1934] Cf. Diogo FREITAS DO AMARAL – *Curso de Direito Administrativo*, vol. II, 2ª ed., Coimbra, 2011, 239. Ver ainda, em sentido não inteiramente coincidente, MARCELO REBELO DE SOUSA e André SALGADO DE MATOS – *Direito Administrativo Geral*, t. III – *Actividade administrativa*, Lisboa, 2007, 71 e segs.

[1935] *Supra* § 55 B.

[1936] Cf. FREITAS DO AMARAL, op. cit., 26 e segs.

já difere do ato jurisdicional, entre outros aspetos, pela característica da modificabilidade[1937].

Além disso o ato administrativo executório goza do chamado "privilégio de execução prévia", i.e., a lei permite a sua execução coerciva imediata independentemente de decisão judicial[1938].

Uma classificação de atos administrativos que tem interesse referir aqui é a que distingue entre *atos constitutivos* – que criam, modificam ou extinguem situações jurídicas – e *atos declarativos* – que se limitam a verificar a existência ou a reconhecer a validade de factos ou situações preexistentes, por exemplo, o certificado e a certidão.

Quanto aos atos declarativos estrangeiros não se coloca geralmente um problema de reconhecimento de uma decisão, mas antes o da relevância na ordem interna do documento em que se incorporam, designadamente quanto ao valor probatório, ao registo dos factos a que se referem e à sua exequibilidade. O problema da exequibilidade destes documentos já foi anteriormente examinado (*supra* § 98).

Uma parte dos atos administrativos estrangeiros com incidência em situações "privadas" é abrangida pelos mesmos regimes de reconhecimento que se aplicam às decisões judiciais estrangeiras.

Quanto aos *regimes supraestaduais*, passo a referir, sem pretensão de exaustividade, o Regulamento Bruxelas II bis, o Regulamento sobre obrigações alimentares, a Convenção da Haia sobre o Reconhecimento dos Divórcios e Separações de Pessoas (1970), a Convenção da Haia Relativa à Competência das Autoridades e à Lei Aplicável em Matéria de Proteção de Menores (1961), a Convenção da Haia sobre o Reconhecimento e Execução de Decisões Relativas a Obrigações Alimentares (1973) e a Convenção da Haia Relativa à Competência, à Lei Aplicável, ao Reconhecimento, à Execução e à Cooperação em Matéria de Responsabilidade Parental e Medidas de Proteção das Crianças (1996).

Enquanto o Regulamento Bruxelas I exclui, em princípio, as decisões administrativas (*supra* § 94 B), o Regulamento Bruxelas II bis aplica-se ao reconhecimento das decisões de divórcio, separação de pessoas e bens ou anulação do casamento, bem como de decisões relativas à responsa-

---

[1937] Cf. FREITAS DO AMARAL, op. cit., 265-266; MARCELO REBELO DE SOUSA/SALGADO DE MATOS, op. cit., 85-86.

[1938] Cf. FREITAS DO AMARAL, op. cit., 29 e segs. e 517 e segs.

bilidade parental (arts. 21º/1 e 28º), proferidas por *autoridades* judiciais ou *administrativas* de outro Estado-Membro que sejam competentes na matéria (arts. 1º/1 e 2º/1) (*supra* § 96 C). O mesmo se diga do Regulamento sobre obrigações alimentares com respeito ao reconhecimento de decisões sobre obrigações alimentares resultantes de relações de família (arts. 1º/1, 2º/2 e 16º) desde que se verifiquem determinadas condições (previstas no art. 2º/2).

A Convenção da Haia sobre o Reconhecimento dos Divórcios e Separações de Pessoas a Convenção aplica-se ao reconhecimento de divórcios e separações de pessoas obtidos noutro Estado Contratante na sequência de um processo judicial ou de um processo não-judicial oficialmente reconhecido neste Estado e que aí produza efeitos jurídicos (art. 1º/1). Pode tratar-se, pois, de uma *decisão administrativa* (*supra* § 97).

A Convenção da Haia de 1961 aplica-se à generalidade das "medidas de proteção de menor ou dos seus bens", quer sejam tomadas por autoridades judiciais ou por *autoridades administrativas* (*supra* § 55 B). O art. 7º desta Convenção determina que as medidas tomadas pelas autoridades competentes de acordo com o disposto na Convenção são reconhecidas em todos os Estados contratantes. Se, todavia, estas medidas implicarem atos de execução, o reconhecimento e a atribuição de força executiva são regulados pelo Direito interno Estado em que é pedida a execução ou por outras Convenções internacionais que vigorem na sua ordem jurídica.

A Convenção da Haia de 1973 é aplicável às decisões em matéria de obrigações alimentares provenientes de relações de família proferidas pelas *autoridades* judiciais ou *administrativas* de um Estado contratante (art. 1º).

A Convenção da Haia de 1996 aplica-se à generalidade das "medidas orientadas à proteção da pessoa ou bens da criança", quer sejam tomadas por autoridades judiciais ou por autoridades administrativas (*supra* § 55 B). A Convenção estabelece um regime de reconhecimento automático dos efeitos das medidas tomadas pelas autoridades competentes de um Estado Contratante (art. 23º/1). Já a "execução" (i.e., a atribuição de força executiva) de medidas tomadas pelas autoridades competentes de um Estado Contratante noutro Estado Contratante depende de uma declaração de executoriedade ou registo nestoutro Estado, de acordo com o procedimento previsto pela lei deste Estado (art. 26º/1). Este procedimento deve ser simples e rápido (art. 26º/2).

Por seu turno, o *regime interno* de reconhecimento de decisões judiciais estrangeiras é aplicável a qualquer ato público que segundo a ordem jurídica do Estado de origem tenha força de caso julgado (*supra* § 98 B). Em princípio, só estão sujeitas a revisão as decisões proferidas por um órgão jurisdicional. Mas entendo que este regime de reconhecimento deve ser aplicado *analogicamente* às decisões de autoridades administrativas estrangeiras que produzam no Estado de origem os mesmos efeitos que uma decisão judicial.

Estes casos mostram que o problema do reconhecimento de decisões estrangeiras se coloca de forma semelhante com respeito às decisões judiciais e às decisões administrativas com incidência sobre situações "privadas" e que as soluções estabelecidas para umas também podem até certo ponto valer para as outras.

101. Regime aplicável

Há fundamentalmente a considerar quatro modos de relevância dos atos administrativos:

– valor probatório;
– título de registo;
– título executivo;
– efeito modelador de situações jurídicas (atos constitutivos).

O *valor probatório* dos atos administrativos é geralmente encarado na perspetiva dos documentos que os incorporam. O problema tem-se levantado principalmente com respeito aos documentos que incorporam atos declarativos em matéria de estatuto pessoal. Mas pode suscitar-se noutras matérias sempre que se pretenda que documentos autênticos passados no estrangeiro façam prova plena em Portugal.

Sobre o valor probatório dos documentos exarados no estrangeiro pode ver-se, designadamente, os seguintes instrumentos internacionais:

– Convenção do Luxemburgo Relativa à Emissão Gratuita e à Dispensa de Legalização de Certidões de Registo do Estado Civil (CIEC, nº 2, 1957)[1939];
– Convenção da Haia Relativa à Supressão da Exigência da Legalização de Atos Públicos Estrangeiros (1961)[1940];

[1939] Aprovada para adesão pela L nº 22/81, de 19/8; depósito do instrumento de adesão em 28/1/82 (Av. DR nº 51, de 3/3/82).
[1940] Aprovada para ratificação pelo DL nº 48.450, de 24/6/68; depósito do instrumento de ratificação em 6/12/68 (Av. DG nº 50, de 28/2/69, e nº 21, de 26/1/76).

DIREITO INTERNACIONAL PRIVADO

– Convenção Europeia sobre a Supressão da Legalização dos Atos Exarados pelos Agentes Diplomáticos e Consulares (1968)[1941];

– Convenção de Atenas Relativa à Dispensa de Legalização para certas Certidões de Registo Civil e Documentos (CIEC, nº 17, 1977)[1942];

e as seguintes normas internas:

– Código Civil – art. 365º (documentos passados em país estrangeiro);

– Código de Processo Civil – art. 540º (legalização de documentos passados em país estrangeiro);

– Código de Registo Civil – art. 166º (certificado exigido ao estrangeiro que pretenda casar em Portugal);

– Código de Notariado – art. 44º (documentos passados no estrangeiro).

À face do art. 365º/1 CC é geralmente reconhecida a força probatória dos documentos passados em país estrangeiro segundo a forma prescrita pela lei local[1943]. Esta regra é confirmada, no que toca à instrução de atos notariais, pelo art. 44º/1 C. Not. Se houver fundadas dúvidas sobre a autenticidade do documento ou a autenticidade do reconhecimento pode ser exigida a *legalização* do documento (art. 365º/2 CC e art. 44º/2 C. Not.).

Os documentos autênticos consideram-se legalizados desde que a assinatura do funcionário público esteja reconhecida por agente diplomático ou consular português no Estado em que o documento foi exarado e a assinatura deste agente esteja autenticada com o selo branco consular respetivo (art. 540º/1 CPC). Se a legalização não for possível, por não haver, no Estado de origem, agente diplomático ou consular português, o documento autêntico só releva como documento particular[1944].

[1941] Aprovada para ratificação pelo Dec. nº 99/82, de 26/8; depósito do instrumento de ratificação em 13/12/82 (Av. DR nº 15, de 19/1/83).

[1942] Aprovada para ratificação pelo Dec. nº 135/82, de 20/12; depósito do instrumento de ratificação em 20/11/84 (Av. DR nº 299, 2º Supl., de 28/12/84).

[1943] Embora com duvidoso fundamento, o TCE também entendeu, em decisão proferida em 2/12/1997, no caso *Eftalia Dafeki* (*CTCE* (1997) I-06761], relativo a prestações da segurança social, que as autoridades administrativas e judiciais de um Estado-Membro são obrigadas a respeitar as certidões e documentos análogos relativos ao estado civil das pessoas provenientes das autoridades competentes dos outros Estados-Membros, a menos que a respetiva veracidade seja seriamente afetada por indícios concretos relativos ao caso individual em questão.

[1944] Cf. ALBERTO DOS REIS – *Código de Processo Civil Anotado*, vol. III, 4ª ed., Coimbra, 1985, 462.

Os documentos particulares não carecem de legalização, mas se tiverem sido autenticados ou objeto de reconhecimento notarial no Estado de origem, a relevância da autenticação ou do reconhecimento pode ser subordinada a legalização, se houver fundadas dúvidas sobre a autenticidade da confirmação ou do reconhecimento. Neste caso aplica-se o disposto em relação à legalização dos documentos autênticos (art. 540º/2 CPC)[1945].

Como Portugal é parte da Convenção da Haia Relativa à Supressão da Exigência da Legalização dos Atos Públicos Estrangeiros (1961), quando o documento tiver sido lavrado no território de outro Estado contratante a legalização é substituída pela aposição de uma apostila pela autoridade competente do Estado de origem (arts. 2º e 3º). A autoridade competente deve manter um registo ou ficheiro das apostilas emitidas e é obrigada a verificar, a pedido de qualquer interessado, se as indicações contidas na apostila correspondem às constantes do registo ou do ficheiro (art. 7º).

Deve ainda ter-se em conta o disposto a este respeito em Acordos bilaterais de Cooperação Jurídica e/ou Judiciária celebrados por Portugal (designadamente com Cabo Verde, Espanha e Macau).

Um segundo efeito suscetível de reconhecimento é o de constituir *título de registo*.

No nosso Direito interno os atos públicos não-jurisdicionais estrangeiros relativos a factos sujeitos a registo civil não carecem de revisão para titularem o registo[1946].

A este respeito pode ver-se, designadamente:

– o Código Civil – art. 1651º (quanto ao registo do casamento celebrado no estrangeiro);

– o Código de Registo Civil – arts. 6º (ingresso no registo nacional de atos de registo lavrados no estrangeiro), 49º (documentos passados em país estrangeiro), 178º (transcrição do casamento católico celebrado no estrangeiro), 184º-185º e 187º (transcrição do casamento civil de portugueses no estrangeiro).

O mesmo se verifica, perante o Regulamento Bruxelas II bis, com as decisões (judiciais ou administrativas) em matéria de divórcio, separação

---

[1945] Ver também ALBERTO DOS REIS, op. cit., 460.

[1946] Cp. art. 68º da lei italiana e BARIATTI [1995: 1252 e seg.]

DIREITO INTERNACIONAL PRIVADO

de bens ou anulação do casamento de que já não caiba recurso segundo a lei do Estado-Membro de origem (21º/2) (*supra* § 96 C)[1947].

Já oferece dúvida a extensão deste reconhecimento automático aos atos públicos não-jurisdicionais relativos a factos sujeitos a outros registos, designadamente os registos predial e comercial. Parece que, na falta de disposição em contrário, se devem aplicar as soluções expostas em seguida com respeito à atribuição de força executiva aos títulos administrativos.

Quanto ao *efeito executivo* do ato administrativo estrangeiro deve sublinhar-se, em primeiro lugar, que ele não pode gozar do privilégio de execução prévia. Em princípio, o ato administrativo estrangeiro só pode constituir título de execução por via judicial.

O Direito interno não dispõe diretamente sobre a atribuição de força executiva a atos administrativos estrangeiros. Na perspetiva da exequibilidade dos documentos exarados no estrangeiro, o art. 49º/2 CPC atribui força executiva aos títulos extrajurisdicionais independentemente de revisão (*supra* § 99). Creio, porém, que o legislador só teve em vista os documentos negociais que reproduzem um negócio jurídico de Direito privado, e que constituem os títulos extrajurisdicionais mais importantes. O preceito já não abrange os documentos que incorporam decisões de autoridade administrativas.

Com efeito, seria contraditório que a atribuição de força executiva a decisões jurisdicionais dependesse de revisão e que a atribuição de força executiva a decisões administrativas – que por vezes correspondem a intervenções estaduais sobre situações "privadas" que devem ser encaradas com mais cautela por parte do Estado local – fosse automática. A atribuição de força executiva a decisões administrativas estrangeiras não pode decorrer da norma geral da lei processual civil sobre a exequibilidade de títulos exarados em país estrangeiro.

O ponto de vista diametralmente oposto – segundo o qual as decisões administrativas estrangeiras não podem, em princípio, ser executadas no Estado local – também não merece acolhimento. A circunstância de na ordem jurídica portuguesa vigorarem regimes de reconhecimento que se aplicam tanto às decisões judiciais como às decisões administrativas

---

[1947] Ver ainda a Convenção de Istambul Relativa a Alteração de Nomes Próprios e Apelidos (CIEC, nº 4, 1958), aprovada para adesão pela Resol. AR nº 5/84, de 16/2; depósito do instrumento de adesão em 4/6/84 (Av. de 13/7/84). Sobre esta Convenção ver *supra* § 54 B.

RECONHECIMENTO DE ATOS ADMINISTRATIVOS ESTRANGEIROS

demonstra, como já se sublinhou, que o problema do reconhecimento se pode colocar em termos semelhantes em ambos os casos. Por acréscimo, como já se assinalou (*supra* § 98 B), deve entender-se que o disposto nos arts. 1094º e segs. CPC também é aplicável analogicamente às decisões jurisdicionais estrangeiras que não formam caso julgado material na ordem jurídica do Direito do Estado de origem, quando seja pretendida a sua execução em Portugal. Estas decisões jurisdicionais são, do ponto de vista da sua eficácia, equiparáveis às decisões administrativas.

A principal dificuldade com que pode deparar a atribuição de força executiva a atos administrativos estrangeiros decorre dos limites que se colocam à admissibilidade de pretensões de Estados estrangeiros[1948]. Quais estes limites sejam é ponto muito controverso[1949]. Perante a conceção mais corrente, podemos ser tentados a afirmar que um Estado não está disposto a admitir que, através da atribuição de força executiva a uma decisão administrativa estrangeira o Estado estrangeiro possa exercer, no seu território, um poder de autoridade fundado no seu Direito público. Esta conceção não é, porém, inteiramente satisfatória. A execução de decisões administrativas estrangeiras baseadas no Direito público pode ser inofensiva para os interesses postos a cargo do Estado local. Em especial, parece claro que Estados que prossigam fins coletivos idênticos e não contrapostos através de medidas semelhantes podem ter interesse no mútuo reconhecimento destas medidas. Entre Estados de uma comunidade regional este interesse pode até certo ponto ser substituído pela solidariedade intracomunitária.

Na impossibilidade de aprofundar aqui este ponto, limito-me a tomar posição sobre a atribuição de força executiva às *decisões administrativas no âmbito do Direito privado*.

Há decisões administrativas que dizem respeito ao Direito privado e que devem poder ser executadas noutros Estados em condições análogas às estabelecidas para as decisões judiciais e, no essencial, com o mesmo fundamento (por exemplo, medidas de proteção de menores e decisões sobre obrigações alimentares que sejam da competência de autoridades administrativas estrangeiras). As soluções criadas para o reconhecimento de decisões judiciais estrangeiras também se justificam, em princípio, em relação às decisões administrativas estrangeiras no âmbito do Direito

---

[1948] Ver *supra* § 1 B.
[1949] Ver LIMA PINHEIRO [1998 § 9 B e C].

privado, quando se pretenda a sua execução no Estado local. Em última instância o que importa não é a natureza do órgão que profere a decisão mas o modo de relevância desta decisão na ordem jurídica local.

Assim, na falta de previsão legal específica sobre a atribuição de força executiva a decisões administrativas estrangeiras no âmbito do Direito privado, parece que se deve aplicar analogicamente o regime estabelecido para o reconhecimento das decisões judiciais estrangeiras[1950].

Enfim, quanto ao *efeito modelador de situações jurídicas dos atos constitutivos*, o princípio é o do reconhecimento dos efeitos que se produzem na ordem jurídica referida pela norma de conflitos que regula a situação (*supra* § 93 A e § 98 A).

É o Direito aplicável à situação que compete determinar se a produção de um determinado efeito jurídico depende de um ato público e fixar as condições em que um ato público "estrangeiro" é idóneo para o efeito[1951]. A ordem jurídica do foro "reconhecerá" os efeitos dos atos constitutivos que se produzam na ordem jurídica competente, quer se trate de atos praticados pelos órgãos públicos desta ordem ou por órgãos públicos de um terceiro Estado[1952].

No caso de atos constitutivos praticados pelos órgãos do Estado do foro segundo um Direito estrangeiro o efeito que se produz na ordem jurídica do foro também é desencadeado pela ordem jurídica estrangeira a que o Direito de Conflitos confere um título de vigência.

Em qualquer destes casos não há um problema autónomo de reconhecimento, visto que os efeitos do ato se produzem na ordem jurídica local através da atuação do sistema de Direito de Conflitos.

O reconhecimento dos efeitos desencadeados pela ordem jurídica competente tem, porém, como limites a ordem pública internacional do

---

[1950] Em sentido convergente, BATIFFOL/LAGARDE [1983: 555 e seg.] e, embora admitindo limitações *de iure constituto*, MAYER/HEUZÉ [2010: nºs 479 e segs.]. Ver também EHRENZWEIG/ JAYME [1973: 72 e seg.] e RIGAUX/FALLON [2005: 424 e segs.].

[1951] Ver WENGLER [1981: 156 e segs.].

[1952] Este entendimento tem sido seguido em Itália com respeito ao estado e capacidade dos indivíduos – ver CAMPEIS/DE PAULI [1991: 374 e segs.] – e foi consagrado pela Lei de Direito Internacional Privado de 1995, no seu art. 65º, com respeito à capacidade, relações de família e direitos de personalidade. Ver *supra* § 98 A e doutrina aí referida. O mesmo se diga, quanto aos atos autênticos, do Código belga de Direito Internacional Privado de 2004 (art. 27º/1). Cp. MAYER/HEUZÉ [2010: nºs 468 e segs. e 478 e segs.].

Estado de reconhecimento, o Direito Internacional Público, o Direito da União Europeia e a Constituição.

Além disso é necessário ter em conta a incidência do regime do registo. Como os atos extrajurisdicionais não carecem de revisão e confirmação para titularem o registo civil, a doutrina que se acaba de expor vale plenamente para os atos sujeitos a registo civil. Caso se entenda que o ingresso do ato administrativo noutros registos, *maxime* predial e comercial, depende de revisão e confirmação do ato, o efeito constitutivo do ato que esteja sujeito a registo só é oponível a "terceiros" depois da sua confirmação e registo (art. 5º do C. Reg. Pred. e art. 14º C. Reg. Com.). Normalmente, porém, o problema não se coloca nestes termos, porque quando o ato está sujeito a registo predial ou comercial a lei portuguesa é, em regra, competente, hipótese que passo a examinar.

Com a enunciação do princípio da produção do efeito constitutivo segundo a lei competente não se responde à questão de saber se um ato administrativo estrangeiro produz efeitos na ordem jurídica portuguesa, quando a norma de conflitos remeta para o Direito português.

Por exemplo, qual o efeito de um ato estrangeiro de expropriação de um imóvel situado em Portugal (em que o Direito português é competente por força do art. 46º/1 CC)?[1953].

Segundo o entendimento mais divulgado, que se baseia no "princípio da territorialidade", são "reconhecidos" os efeitos dos atos administrativos sobre direitos patrimoniais, designadamente atos com respeito à propriedade, que se limitam ao território do Estado de onde emanam. Já não são "reconhecidos" os efeitos sobre bens situados em território estrangeiro. Fala-se a este respeito de efeitos "extraterritoriais"[1954]. A seguir-se este

---

[1953] No que toca ao Direito aplicável às participações sociais, ver *supra* §§ 59 D e 66 B.

[1954] Ver VAN HECKE [1969: 551 e segs.], KEGEL/SCHURIG [2004: 1095 e 1099], BAPTISTA MACHADO [1982: 379], BAPTISTA MACHADO/MOURA RAMOS [1985: nºs 9 e segs.], OLIVEIRA ASCENSÃO [1986: nºs 11 e segs.] e BALLARINO [1999: 565 e seg.]. Cp. CHRISTIAN VON BAR/MANKOWSKI [2003: 301 e segs.], para quem o princípio da territorialidade deve ser compatibilizado, no caso de expropriações de participações sociais com compensação adequada, com a localização das participações sociais no Estado da sede da pessoa coletiva. Estes autores também se pronunciam contra uma qualificação real ou outra solução conflitual para os atos de expropriação. Ver também HERDEGEN [2011: 277 e 285 segs.] e, ainda, MAYER/HEUZÉ

DIREITO INTERNACIONAL PRIVADO

entendimento um ato estrangeiro de expropriação nunca produz efeitos relativamente aos bens situados em Portugal[1955].

Este entendimento parece estar subjacente ao DL nº 383/88, de 25/10, que estabelece o regime dos bens situados em Portugal de sociedades comerciais estrangeiras cujo património tenha sido objeto de confisco ou de "outras providências que, por qualquer modo, alterem, sem prévio acordo com os sócios, o domínio da sociedade" (art. 1º/2).

Com efeito, este diploma autonomiza o património situado em Portugal da sociedade "estrangeira" que seja objeto de "confisco" por autoridades estrangeiras, que continua sujeito à administração designada antes do "confisco" (art. 3º/1), responde pelas obrigações regularmente contraídas pela sociedade em Portugal (art. 1º/1) e é afeto à nova sociedade que os sócios portugueses ou residentes em Portugal que representem, pelo menos 5% do capital, deliberem constituir (art. 5º/1).

Os precedentes normativos deste diploma respondem a problemas específicos criados pela descolonização e têm em vista, fundamentalmente, sociedades criadas e com sede nas ex-colónias que foram confiscadas após a independência[1956]. Talvez tivesse sido preferível a configuração de um regime especial para estas situações, que poderia atender às suas circunstâncias específicas, sem prejuízo dos princípios gerais que, noutros casos, devem presidir à solução do problema do reconhecimento dos atos administrativos sobre direitos patrimoniais.

Além disso o diploma suscita uma série de dúvidas, designadamente quanto ao conceito relevante de "sociedade estrangeira" e à sua limitação aos "confiscos" decretados por autoridades do Estado da "nacionalidade" da sociedade, que não cabe examinar aqui.

Um problema mais geral colocado pelo "princípio da territorialidade" é o da localização dos bens incorpóreos. O problema surge não só relativamente aos bens incorpóreos de uma sociedade nacionalizada[1957] mas

---

[2010: nº 673], no sentido de não se tratar de um problema de conflitos de leis mas da eficácia do ato na ordem jurídica local.

[1955] Esta tese foi invocada pelas rés na ação decidida pelo ac. STJ 6/6/1989 [*BMJ* 388: 537], mas este tribunal evitou pronunciar-se sobre ela, por entender – ao que tudo indica erroneamente – que não se tratava de um confisco mas de uma medida de intervenção sujeita à lei pessoal da sociedade.

[1956] Isto resulta expressamente do DL nº 197-A/86, de 18/7, que foi revogado pelo DL nº 383/88.

[1957] Ver RIGAUX/FALLON [2005: 690 e segs.].

também com respeito à própria localização das participações sociais expropriadas[1958].

Relativamente à tese que nega efeitos "extraterritoriais" a atos administrativos sobre direitos patrimoniais, convém sublinhar dois pontos.

Primeiro, a eficácia dos atos administrativos estrangeiros na ordem jurídica interna depende, à semelhança do que se verifica com outras decisões externas, da posição que esta ordem jurídica assuma. Tudo depende das proposições jurídicas desta ordem, que prosseguem finalidades próprias do Direito de Reconhecimento e, por isso, não está em causa a soberania quer do Estado de origem da decisão quer do Estado local (*supra* § 93 B).

É de rejeitar o entendimento segundo o qual os tribunais de um Estado não podem considerar inválido um ato soberano estrangeiro, ainda que contrário ao Direito Internacional Público, seguido por algumas decisões judiciais, designadamente nos EUA e em Inglaterra, em ligação com a doutrina do *Act of State*. Os órgãos portugueses de aplicação do Direito têm o poder e o dever de controlar a licitude do ato administrativo estrangeiro perante o Direito Internacional Público (*supra* § 48 A) e a conformidade do seu reconhecimento com a ordem pública internacional.

Contrariamente ao que frequentemente se afirma[1959], não parece que o Direito Internacional Público exclua em absoluto que atos administrativos de um Estado possam ter incidência em bens situados noutros Estados, designadamente quando as ações de uma sociedade com bens em vários países sejam expropriadas por ato do Governo do Estado em que se constituiu e tem a sede da administração[1960].

A "territorialidade" dos atos administrativos sobre coisas corpóreas também não decorre da regra da *lex rei sitae* em matéria de direitos reais[1961]. Por um lado, porque do ponto de vista do Estado de origem estes atos

---

[1958] Ver CHRISTIAN VON BAR/MANKOWSKI [2003: 306-307] e HERDEGEN [2011: 288].

[1959] Ver, designadamente, F. A. MANN – "The Doctrine of Jurisdiction in International Law", *RCADI* 111 (1964-I) 1-162, 61 e seg., FERRER CORREIA [1985: nº 18] e OLIVEIRA ASCENSÃO [1986: nº 13].

[1960] Ver decisões do Conselho Constitucional francês de 16/1/1982 e 11/2/1982 [*R. crit.* 71 (1982) 349] e, em resultado, a decisão da Câmara dos Lordes no caso *Williams & Humbert Ltd v W & H Trade Marks (Jersey Ltd.)* [(1986) A.C. 368]. Ver também NGUYEN QUOC/DAILLIER/PELLET [2002: 1093-1094], *Dicey, Morris and Collins* [2006: nº 25-014] e HERDEGEN [2011: 288 e segs.].

[1961] Cp. MANN [loc. cit.].

DIREITO INTERNACIONAL PRIVADO

podem, dentro de certos limites, basear-se noutros elementos de conexão para delimitarem o seu âmbito de aplicação no espaço. Por outro lado, mesmo que o Estado de reconhecimento só aceite os efeitos transmissivos produzidos na *lex rei sitae*, nada obsta a que o Direito do Estado da situação ligue efeitos transmissivos a atos estrangeiros.

Em qualquer caso, a produção de efeitos do ato na ordem jurídica aplicável à titularidade dos bens depende exclusivamente do Direito deste Estado.

Segundo, dificilmente se compreende a razão para uma diferença de tratamento tão radical, não só entre decisões judiciais estrangeiras e decisões administrativas estrangeiras sobre situações "privadas", mas também entre decisões administrativas em matéria de estatuto pessoal e decisões administrativas sobre direitos patrimoniais. O conceito de "extraterritorialidade" é de muito pouca utilidade, visto que se trata, em todos estes casos, de um problema comum de reconhecimento de efeitos de decisões externas.

Na verdade, decorre do anteriormente exposto que, em princípio, as soluções desenvolvidas com respeito ao reconhecimento das decisões judiciais estrangeiras também se justificam em relação às decisões administrativas estrangeiras com incidência em situações "privadas"[1962]. Segundo o entendimento que perfilho, quando é competente a lei portuguesa o efeito constitutivo de uma decisão judicial estrangeira depende da sua revisão e confirmação (*supra* § 98 A). Nesta base, é defensável que o regime interno de reconhecimento de decisões judiciais estrangeiras seja aplicado analogicamente às decisões administrativas estrangeiras, não só quando se pretenda a sua execução, mas também quando estejam em causa efeitos constitutivos sujeitos à lei portuguesa.

As preocupações que inspira o reconhecimento de atos administrativos sobre direitos patrimoniais – que frequentemente correspondem a medidas de intervenção económica – podem ser suficientemente acauteladas pela exigência de conformidade com o Direito Internacional Público e com a ordem pública internacional portuguesa[1963].

[1962] No mesmo sentido, ROZAS/LORENZO [2011: 634-635] e, até certo ponto, a prática seguida nas relações interestaduais nos EUA – cf. HAY/BORCHERS/SYMEONIDES [2010: § 24.46].
[1963] Ver *supra* § 48 A.

Assim, por exemplo, um confisco (i.e., uma expropriação sem indemnização) de bens de um português, decretado por um Governo estrangeiro, não poderá ser reconhecido, por violar os princípios internacionais em matéria de proteção dos direitos dos estrangeiros. A circunstância de os bens se encontrarem no território do Estado em que o confisco foi decretado não obsta a que o proprietário faça valer os seus direitos em Portugal caso os bens sejam posteriormente deslocados para o nosso país. Estes direitos podem ser atuados quer perante o Estado estrangeiro quer perante qualquer ente controlado pelo Estado que tenha recebido os bens confiscados.

E se os bens tiverem sido transmitidos para particulares no Estado de confisco? Segundo um entendimento, os direitos validamente adquiridos segundo o Direito do Estado da situação dos bens ao tempo da aquisição podem ser opostos ao anterior proprietário[1964]. Em minha opinião, a aquisição de bens confiscados em violação do Direito Internacional deve ser considerada uma aquisição a *non domino* e, por isso, os adquirentes só podem beneficiar, em Portugal, da proteção concedida pelo Direito do Estado da situação dos bens ao tempo da aquisição aos adquirentes *a non domino*[1965].

Esta solução, pensada em primeira linha para os bens corpóreos, deverá ser transposta para a transmissibilidade de bens incorpóreos perante o Direito aplicável a estes bens.

A principal dificuldade com que depara a aplicação aos atos administrativos estrangeiros do regime de reconhecimento das sentenças estrangeiras reside na circunstância de o regime interno de reconhecimento de decisões judiciais estrangeiras, em contradição com as finalidades do instituto de reconhecimento de sentenças estrangeiras, não controlar a competência do tribunal de origem (*supra* § 98 E). Seria de todo inconveniente que as decisões administrativas estrangeiras pudessem produzir os efeitos constitutivos estatuídos na lei portuguesa sem que a competência dos órgãos que as proferiram fosse controlada por tribunais portugueses.

[1964] Cf. FERRER CORREIA [1985: nº 17] e *Cheshire, North & Fawcett* [2008: 134 e segs.]. Cp. RLx 13/1/1994 [*BMJ* 433: 604].

[1965] Bem como, naturalmente, da proteção que lhes seja concedida pelo Estado da situação dos bens com base na posse.

DIREITO INTERNACIONAL PRIVADO

Daí que a solução que se afigura preferível seja a de reconhecer a eficácia constitutiva, perante a lei portuguesa, das decisões proferidas por autoridades administrativas estrangeiras que sejam internacionalmente competentes com base nos critérios gerais da lei portuguesa, desde que sejam respeitados os limites traçados pela ordem pública internacional, pelo Direito Internacional Público, pelo Direito Comunitário e pela Constituição e que não haja incompatibilidade com decisão proferida por autoridades portuguesas ou com outra decisão proferida por autoridades de outro Estado e suscetível de reconhecimento.

Do ponto de vista da competência, isto significa que as autoridades estrangeiras são consideradas competentes quando as autoridades portuguesas não forem exclusivamente competentes e o seu título de competência for idêntico ou equivalente ao que funda a competência internacional das autoridades portuguesas[1966].

Sem dúvida que seria conveniente que, em algumas matérias, a lei portuguesa estabelecesse os critérios específicos em que se pode fundar a competência internacional indireta das autoridades administrativas estrangeiras, até porque, geralmente, faltam regras explícitas sobre a competência internacional das autoridades administrativas[1967]. Dada a heterogeneidade das matérias e multiplicidade dos atos administrativos que podem incidir sobre situações "privadas" parece contudo inevitável que a concretização destes princípios de solução tenha de ser deixada, em alguma medida, aos órgãos de aplicação do Direito.

De iure constituto, estes princípios de solução parecem defensáveis relativamente aos atos administrativos com incidência sobre situações "privadas" quer pessoais quer patrimoniais, mas com ressalva dos regimes especiais anteriormente referidos (designadamente, no que se refere ao "confisco" do património de sociedades "estrangeiras", ou de participações nestas sociedades).

[1966] Em sentido próximo, mas seguindo a tese da bilateralização, BISCOTTINI [1961: 675 e 681 e seg.].

[1967] Ver BISCOTTINI [1961: 677 e segs.] e MAYER/HEUZÉ [2010: nºs 466-467].

Capítulo IV
Reconhecimento de Decisões Arbitrais Estrangeiras

Bibliografia específica:

A. J. VAN DEN BERG – *The New York Arbitration Convention of 1958. Towards a Uniform Judicial Interpretation*, Deventer et. al., 1981; Id. – "Non-domestic arbitral awards under the 1958 New York Convention", *Arbitration International* 2 (1986) 191-219; Id. – "The New York Convention: Its Intended Effects, Its Interpretation, Salient Problem Areas", *in The New York Convention of 1958*, ASA Special Series (1996) No. 9, nº 4 [1996a]; Id. – "The New York Convention: Summary of Court Decisions", *in The New York Convention of 1958*, ASA Special Series (1996) No. 9, nº 5 [1996b]; Id. – "The 1958 New York Convention Revisited", *ASA Special Series* 15 (2001) 125-146; Philippe FOUCHARD, Emmanuel GAILLARD e Berthold GOLDMAN – *Traité de l'arbitrage commercial international*, Paris, 1996; Karl SCHWAB e Gerhard WALTER – *Schiedsgerichtsbarkeit*, 7ª ed., Munique, 2005; *International Commercial Arbitration* 1978/1995 – *New York Convention* org. por G. GAJA, Nova Iorque, Londres e Roma; Peter SCHLOSSER – *Das Recht der internationalen privaten Schiedsgerichtsbarkeit*, Tubinga, 1989; Id. – "10. Buch. Schiedsrichterliches Verfahren", *in Stein/Jonas ZPO*, 22ª ed., vol. IX, Tubinga, 2002; Herbert KRONKE, Patricia NACIMIENTO, Dirk OTTO e Nicola PORT (orgs.) – *Recognition and Enforcement of Foreign Arbitral Awards. A Global Commentary on the New York Convention*, Austin et al., 2010; A. FERRER CORREIA – "Da arbitragem comercial internacional", *in Temas de Direito Comercial. Arbitragem Comercial Internacional. Reconhecimento de Sentenças Estrangeiras. Conflitos de Leis*, 173-227, Coimbra, 1989; ISABEL DE MAGALHÃES COLLAÇO – "L'arbitrage international dans la récente loi portugaise sur l'arbitrage volontaire", *in Droit international et droit communautaire, Actes du colloque*.

DIREITO INTERNACIONAL PRIVADO

Paris 5 et 6 avril 1990 (Fundação Calouste Gulbenkian, Centro Cultural Português), 55-66, Paris, 1991; António MARQUES DOS SANTOS – "Nota sobre a nova lei portuguesa relativa à arbitragem voluntária - lei nº 31/86, de 29 de Agosto", *Rev. Corte Esp. Arb.* (1987) 15-50; Id. – "Revisão e confirmação de sentenças estrangeiras no novo Código de Processo Civil de 1997 (alterações ao regime anterior)", *in Aspectos do novo Processo Civil*, 105- 155, Lisboa, 1997; Id.– "Arrendamento urbano e arbitragem voluntária", *in Est. Inocêncio Galvão Telles*, vol. III, 573-589, Coimbra, 2002, 587 e segs.; Miguel TEIXEIRA DE SOUSA – *A Competência e a Incompetência dos Tribunais Comuns*, 3ª ed., Lisboa, 1990; Maria ÂNGELA BENTO SOARES e Rui MOURA RAMOS – *Contratos Internacionais. Compra e Venda. Cláusulas Penais. Arbitragem*, Coimbra, 1986; LIMA PINHEIRO [1998: 536 e segs.]; Id. – *Arbitragem Transnacional. A Determinação do Estatuto da Arbitragem*, Coimbra, 2005; Dário MOURA VICENTE – *Da arbitragem comercial internacional. Direito aplicável ao mérito da causa*, Coimbra, 1990; Id. – "L'évolution récente du droit de l'arbitrage au Portugal", *R. arb.* (1991) 419-499; Id. – "Applicable law in voluntary arbitrations in Portugal", *Int. Comp. L. Q.* 44 (1995) 179-191; Id.– "A Convenção de Bruxelas de 27 de Setembro de 1968 Relativa à Competência Judiciária e à Execução de Decisões em Matéria Civil e Comercial e a Arbitragem", *ROA* 56 (1996) 595-618; Id. – "International arbitration and the recognition of foreign arbitral awards in Portugal", *The Arbitration and Dispute Law Journal* (Dezembro 2000) 270- -277; Id. – "A execução de decisões arbitrais em Portugal", *in Direito Internacional Privado. Ensaios*, vol. III, 373-381, Coimbra, 2010; MORAIS LEITÃO/MOURA VICENTE – "Portugal", *in International Handbook on Commercial Arbitration*, Suppl. 45, 2006; António MENEZES CORDEIRO – "Decisões arbitrais internacionais e sua revisão", *in IV Congresso do Centro de Arbitragem da Câmara de Comércio e Indústria Portuguesa. Intervenções*, 255-277, Coimbra, 2011; Jean-François POUDRET e Sébastien BESSON – *Droit comparé de l'arbitrage international*, Zurique, Basileia e Genebra, 2002; Riccardo LUZZATTO – "Arbitrato commerciale internazionale", *in Dig. priv. comm.*, vol. I, 1987; Id. – "L'arbitrato internazionale e i lodi stranieri nella nuova disciplina legislativa italiana", *RDIPP* 30 (1994) 257-280; Nigel BLACKABY, Constantine PARTASIDES, Alan REDFERN e Martin HUNTER – *Redfern and Hunter on International Arbitration Law*, Londres, 2009; Peter GOTTWALD – "Internationale Schiedsgerichtsbarkeit", *in Internationale Schiedsgerichtsbarkeit*, org. por Peter GOTTWALD, 3-160, Bielefeld, 1997; Id. – "Internationales Zivilprozeßrecht", *in Münchener Kommentar zur Zivilprozeßordnung*, 3ª ed., Munique, 2008; André PANCHAUD – "La siège de l'arbitrage international de droit privé", *R. arb.* (1966) 2-15; Piero BERNARDINI – *L'arbitrato commerciale internazionale*, Milão, 2000; Antonio BRIGUGLIO – *L'arbitrato estero e il sistema delle convenzioni internazionali*, 1999; Klaus Peter BERGER – *International Economic Arbitration*, Deventer e Boston, 1993; Emmanuel GAILLARD – "Droit international privé français – Sentence arbitrale – Contrôle étatique – Droit conventionnel", *in J.-cl. dr. int.*, 1992; Id. – "L'exécution des sentences annulées dans leur pays d'origine", *Clunet* 125 (1998)

645-674; Id. – "Aspects philosophiques du droit de l'arbitrage international", *RCADI* 329 (2007) 49-216, 184 e segs.; Pieter SANDERS – "Arbitration", *in IECL* vol. XVI/ cap. 12, Tubinga, 1996; Antonio REMIRO BROTÓNS – "La reconnaissance et l'exécution des sentences arbitrales étrangères", *RCADI* 184 (1984) 169-354; Eugenio MINOLI – "La nuova convenzione per il riconoscimento e l'esecuzione delle sentenze arbitrali straniere", *Riv. trim. dir. proc. civ.* 12 (1958) 954-962; Raúl VENTURA – "Convenção de arbitragem e cláusulas gerais", *ROA* 46 (1986) 5-48; PAULA COSTA E SILVA – "Anulação e recursos da decisão arbitral", *ROA* 52 (1992) 893-1018; Id. – "A execução em Portugal de decisões arbitrais nacionais e estrangeiras", *ROA* 67 (2007) 629-682; Maria Cristina PIMENTA COELHO – "A Convenção de Nova Iorque de 10 de Junho de 1958 Relativa ao Reconhecimento e Execução de Sentenças Arbitrais Estrangeiras", *R. Jur.* n.º 20 (1996) 37-71; Gary BORN – *International Commercial Arbitration*, 2 vols., Austin et al., 2009; Martin DOMKE e Gabriel WILNER – *Domke on Commercial Arbitration*, 2ª ed., s.l.; 1998; Ian MACNEIL, Richard SPEIDEL e Thomas STIPANOWICH – *Federal Arbitration Law*, Boston et al., 1995; RENÉ DAVID – *L'arbitrage dans le commerce international*, Paris, 1982; Id. – *Le droit du commerce international. Réflexions d'un comparatiste sur le droit international privé*, Paris, 1987; PIERRE LALIVE, Jean-François POUDRET e Claude REYMOND – *Le droit de l'arbitrage interne et international en Suisse*, Lausana, 1989; Andreas BUCHER – *Die neue internationale Schiedsgerichtsbarkeit in der Schweiz*, Basileia e Francoforte-sobre-o-Meno, 1989; Jean-François POUDRET – "Conflits entre juridicitions étatiques en matière d'arbitrage international ou les lacunes des Conventions de Bruxelles et Lugano", *in FS Otto Sandrock*, 761-780, Heildelberga, 2000; Aron BROCHES – *Commentary on the Uncitral Model Law on International Commercial Arbitration*, Deventer e Boston, 1990; Georges VAN HECKE – "Reflexions sur l'arbitrage au point de vue de son intégration dans les divers ordres juridiques", *in Multitudo Legum. Ius Unum, FS Wilhelm Wengler*, 357-368, 1973; F. A. MANN – "Where is an Award ´made`", *Arbitration International* 1 (1985) 107-108; CLAUDE REYMOND – "Where is an Arbitral Award Made", *The Law Quarterly Review* (1992) 108: 1-6; Thomas CARBONNEAU – "The Remaking of Arbitration: Design and Destiny", *in Lex Mercatoria and Arbitration: a Discussion of the New Merchant Law*, 1-19, 1990; Udo KORNBLUM – "'Ordre public transnational`, 'ordre public international` und 'ordre public interne` im Recht der privaten Schiedsgerichtsbarkeit", *in FS Heinrich Nagel*, 141-156, 1987; Pierre MAYER – "La sentence contraire a l'ordre public au fond", *R. arb.* (1994) 615- -652; Id. – "Les limites de la séparabilité de la clause compromissoire", *R. arb.* (1998) 359-368; Felix DASSER – *Internationales Schiedsgerichte und Lex mercatoria. Rechtsvergleichender Beitrag zur Diskussion über ein nicht-staatliches Handelsrecht*, Zurique, 1989; Id. – "Lex mercatoria: Werkzeug der Praktiker oder Spielzeug der Lehre", *SZIER* (1991) 299-322; Otto SANDROCK – "Neue Lehren zur internationalen Schiedsgerichtsbarkeit und das klassische Internationale Privat- und Prozeßrecht", *in FS Hans Stoll*, 661-689, Tubinga, 2001; Jörg GENTINETTA – *Die lex fori internationaler Handelsschiedsgerichte,*

Berna, 1973; William PARK – "Duty and Discretion in Commercial Arbitration", *Am. J. Int. L.* 93 (1999) 805-823; Roy GOODE – "The Role of the Lex Loci Arbitri in International Commercial Arbitration", *in Lex Mercatoria: Essays on International Commercial Law in Honour of Francis Reynolds,* 245-268, Londres, 2000; Pierre MAYER e Audley SHEPPARD – "Final ILA Report on Public Policy as a Bar to Enforcement of International Arbitral Awards", *Arb. Int.* 19 (2003) 249-263; Jan PAULSSON – "L'exécution des sentences arbitrales en dépit d'une annulation en fonction d'un critère local (ACL) ", *Bull. CCI* 9/1 (1998) 14-32; St John SUTTON e Judith GILL – *Russell on Arbitration,* 22ª ed., Londres, 2002; David RIVKIN *in Transnational Rules in International Commercial Arbitration, ICC Institute of International Business Law and Practice,* Paris, 1993; H.-P. SCHROEDER e B. OPPERMANN – "Anerkennung and Vollstreckung von Schiedsprüchen nach lex mercatoria in Deutschland, England und Frankreich", *ZVglRWiss* 99 (2000) 410-443; Jürgen SAMTLEBEN – "Die interamerikanischen Spezialkonferenzen für internationales Privatrecht", *RabelsZ.* 44 (1980) 257-320; Jan KLEINHEISTERKAMP – "Conflict of treaties on international arbitration in the Southern Cone", *in Avances del Derecho Internacional Privado en América Latina. Liber Amicorm Jürgen Samtleben,* 667-700, 2002; Lauro da GAMA E SOUZA JR. – "A Convenção Interamericana sobre Arbitragem Comercial Internacional", *in Integração Jurídica Interamericana,* org. por Paulo CASELLA e NADIA DE ARAUJO, 373-409, São Paulo, 1998; Id. – "Reconhecimento e execução de sentenças arbitrais estrangeiras", in Arbitragem – lei brasileira e praxe internacional, org. por Paulo CASELLA, 406-425, São Paulo, 1999; Charles NORBERG – "General Introduction to Inter-American Commercial Arbitration", Yb. Comm. Arb. 3 (1978) 1-14; Dominique HASCHER – "Enforcement of arbitral Awards – The New York Convention, Panama and Montevideo Conventions", in International Commercial Arbitration in Latin America (ICC International Cour of Arbitration Bulletin Special Suppl.), 1996, 107-112; Laura TRIGUEROS e Fernando VÁZQUEZ PANDO – "La Convención Interamericana sobre Arbitraje Comercial Internacional", *Revista de investigaciones jurídicas* 8 (1984) 289-301; ALBERTO DOS REIS – Processos de Execução, vol. I, 2ª ed., Coimbra, 1943, 140 e seg.; FERNÁNDEZ ROZAS – "Le rôle des juridictions étatiques devant l'arbitrage commercial international", *RCADI* 290 (2002) 9-224; Arthur VON MEHREN – "To What Extent is International Commercial Arbitration Autonomous?", *in Études Berthold Goldman,* 217-227, Paris, 1982; A. SPICKHOFF – "Internationales Handelsrecht vor Schiedsgerichten und staatlichen Gerichten", RabelsZ. 56 (1992) 116-140; Philippe FOUCHARD – "La Convention Interamericaine sur l'arbitrage commercial international", *R. arb.*: 203-207; Id. – "La portée internationale de l'annulation de la sentence arbitrale dans son pays d'origine", *R. arb.* (1997) 329-352; Howard HOLTZMANN e Joseph E. NEUHAUS – *A Guide to the UNCITRAL Model Law on International Commercial Arbitration,* A Haia, 1989; Heinz SONNAUER – *Die Kontrolle der schiedsgerichte durch die staatlichen Gerichte,* Colónia et al., 1992; Mauro RUBINO-SAMMARTANO – *Il diritto dell'arbitrato*, 5ª ed.., Pádua, 2006; Stephen TOOPE – *Mixed International Arbitration Studies in Arbitration between States and Private Persons*, Cambridge, 1990; Aida AVANES-SIAN – "The New York Convention and denationalized arbitral awards (with emphasis on the Iran-United States claims tribunal)", *J. Int. Arb.*(1991) 5-31; *Zürcher Kommentar zum IPRG – Kommentar zum Bundesgesetz über das Internationale Privatrecht (IPRG) vom 18. Dezember 1987*, 2ª ed., Zurique, Basileia e Genebra, 2004; Ursula STEIN – *Lex mercatoria, Realität und Theorie*, Francoforte-sobre-o-Meno, 1995; François RIGAUX – "Les situations juridiques individuelles dans un système de relativité générale", *RCADI* 213 (1989) 7-407; Matthias HERDEGEN – *Internationales Wirtschaftsrecht*, 9ª ed., Munique, 2011; Alejandro GARRO – "Enforcement of arbitration agreements and jurisdiction of arbitral tribunals in Latin América", *Journal of International Arbitration* 1/4 (Dezembro 1984) 313; Joseph JACKSON JR. – "1975 Inter-American Convention on International Commercial Arbitration, The: Scope, Application and Problems", *Jounal of International Arbitration* 8 (1991) 91-99.

102. Aspetos gerais
A) Preliminares
Foi atrás assinalado que as decisões arbitrais podem, em geral, ser consideradas *decisões externas* e que, por isso, é concebível que o problema de reconhecimento se coloque relativamente a todas as decisões arbitrais e não só às decisões arbitrais "estrangeiras" (*supra* § 90). Foi este o caminho seguido pela Lei-Modelo da CNUDCI e por diversos sistemas nacionais.

Assim, a Lei-Modelo contém uma disposição sobre o reconhecimento e a "execução" que é aplicável tanto às decisões "estrangeiras" como às decisões proferidas no Estado local (art. 35º/1)[1968].

Também no Direito francês, as sentenças arbitrais proferidas em França em matéria de arbitragem internacional estão sujeitas ao mesmo regime de reconhecimento que as sentenças arbitrais proferidas no estrangeiro (arts. 1514º e segs. CPC). A força executiva das próprias sentenças proferidas em arbitragens internas depende uma declaração de executoriedade (art. 1516º CPC).

O Direito interno português, bem como as Convenções internacionais em vigor na ordem jurídica portuguesa, adotam uma posição diferente: só as decisões arbitrais "estrangeiras" colocam um problema de reconhecimento. A mesma atitude é assumida pela lei brasileira (arts. 18º, 31º e 34º

[1968] Cf. BROCHES [1990: 202 e segs.]. No mesmo sentido me parece apontarem BENTO SOARES/ MOURA RAMOS [1986: 429 e segs. *maxime* 432].

DIREITO INTERNACIONAL PRIVADO

e segs. da Lei de arbitragem e art. 584º/III CPC) e, até certo ponto, pela lei suíça que submete o reconhecimento das decisões "estrangeiras" ao regime da Convenção de Nova Iorque (art. 194º da Lei federal de Direito Internacional Privado) e, em regra[1969], não subordina a força executiva das decisões "nacionais" a um processo prévio[1970].

Uma posição intermédia é assumida por outros sistemas que, embora estabeleçam um regime formalmente separado para o reconhecimento das decisões "estrangeiras", reconhecem automaticamente o efeito de caso julgado destas decisões, ao mesmo tempo que condicionam a força executiva das decisões "nacionais" a uma declaração de executoriedade. Deste modo, estes sistemas subordinam, até certo ponto, a eficácia das decisões arbitrais "nacionais" a um regime semelhante ao estabelecido para as decisões arbitrais "estrangeiras". É o que se verifica com as leis alemã (arts. 1055º, 1060º e 1061º ZPO) e "inglesa" (arts. 58º, 66º e 101º da Lei de arbitragem de 1996), bem como com o Direito dos EUA (arts. 9º, 207º e 304º da Lei federal de arbitragem e leis dos Estados federados)[1971].

Diversamente, no Direito italiano, a exequibilidade da decisão arbitral "nacional" também depende de uma declaração de executoriedade (art. 825º/3 CPC)[1972], mas o regime de reconhecimento das decisões "estrangeiras" sujeita todos os seus efeitos enquanto ato jurisdicional a um procedimento prévio (arts. 839º CPC).

O paralelismo entre reconhecimento de decisões arbitrais "estrangeiras" e reconhecimento de atos públicos estrangeiros traçado por alguns sistemas, entre os quais se conta o português, não deve fazer esquecer que

---

[1969] No entanto, o art. 44º do *Concordat sur l'arbitrage* e a Lei federal suíça de Direito Internacional Privado (art. 193º/2) admitam que uma das partes solicite uma declaração de executoriedade ou um certificado de executoriedade com valor declarativo – cf. BUCHER [1989: 124] e LALIVE/ POUDRET/REYMOND [1989: 454 e seg.]. Além disso, na arbitragem internacional, caso as partes tenham renunciado à anulação da decisão, é necessária uma declaração de executoriedade (art. 192º/2 da Lei federal de Direito Internacional Privado) – cf. POUDRET/BESSON [2002: 744 e seg.]. A ação de anulação só tem efeito suspensivo da execução se o presidente do tribunal estadual competente decidir nesse sentido, o que depende de condições muito restritivas – ver POUDRET/BESSON [2002: 760 e seg.].

[1970] Cf. BUCHER [1989: 123 e segs. e 149 e seg.] e LALIVE/POUDRET/REYMOND [1989: 421 e seg. e 454].

[1971] Ver Art. 84º do *Restatement of the Law (Second) Judgments*, MACNEIL/SPEIDEL/ STIPANOWICH [§ 38.1.1, § 39.1.1 e 3, § 39.6 e § 44.39] e BORN [2009: 2895 e segs.].

[1972] Cf. RUBINO-SAMMARTANO [2006: 891 e segs.].

a ligação que se estabeleça entre uma decisão arbitral e um Estado é, pela sua natureza e significado, bem distinta do laço que une um ato público ao Estado de origem.

O conceito de "nacionalidade" de uma decisão arbitral é por vezes fonte de equívocos que devem ser evitados[1973].

A "nacionalidade" de uma decisão arbitral não é mais do que uma conexão estabelecida pelo Direito Internacional Privado de um determinado sistema nacional segundo critérios próprios.

A atribuição de "nacionalidade" a uma decisão arbitral só tem sentido útil com respeito à fixação dos seus efeitos numa determinada ordem jurídica nacional.

Neste contexto, muitos sistemas nacionais distinguem entre decisões "nacionais" e decisões "estrangeiras". Verifica-se que os critérios de conexão utilizados para traçar esta distinção variam de um sistema para outro e que as diversas Convenções internacionais sobre reconhecimento de decisões arbitrais "estrangeiras" também utilizam diferentes critérios para a determinação das sentenças que são abrangidas pelo regime nelas contido.

Para além disso, só tem sentido útil determinar o "Estado de origem" de uma decisão "estrangeira" se e na medida em que o regime de reconhecimento atenda à validade e/ou à eficácia da decisão perante a ordem jurídica de um Estado estrangeiro.

Esta diferença entre o laço que une um ato público ao Estado de origem e a ligação entre uma decisão arbitral e o Estado de que é "nacional" tem consequências quanto ao objeto e ao regime do reconhecimento.

B) Objeto do reconhecimento

Os modos de relevância que a decisão arbitral é suscetível de ter na ordem interna são, em princípio, os mesmos que foram assinalados com respeito às decisões judiciais (*supra* § 93 A).

No entanto, como a decisão arbitral não é proferida pelos órgãos de um Estado, ela não tem um Estado de origem *no mesmo sentido que uma decisão judicial*. Como foi assinalado na alínea anterior, os critérios de conexão para a determinação do "Estado de origem" da decisão arbitral podem variar de um sistema jurídico para outro. Daí que as razões que justificam uma "extensão da eficácia" produzida pelas decisões judiciais no Estado

---

[1973] Ver LIMA PINHEIRO [1998: 602 e segs.].

DIREITO INTERNACIONAL PRIVADO

de origem ao Estado de reconhecimento não tenham a mesma força com respeito às decisões arbitrais (*supra* § 93 A).

Assim, pelo que toca ao *efeito de caso julgado*, deve entender-se que vale para as decisões arbitrais a teoria da equiparação: uma decisão arbitral "estrangeira" reconhecida produz na ordem interna o mesmo efeito de caso julgado que uma decisão "nacional". O mesmo se diga, com respeito à *eficácia executiva*.

Já os *efeitos constitutivos* e os *efeitos acessórios ou reflexos* dependem da lei competente segundo o Direito de Conflitos, de acordo com o princípio já enunciado com respeito às decisões judiciais (*supra* § 93 A).

C) Fundamento do reconhecimento

Os fundamentos avançados para o reconhecimento das decisões judiciais estrangeiras só limitadamente e com ajustamentos podem ser invocados com respeito às decisões arbitrais "estrangeiras" (*supra* § 93 B).

Assim, em primeiro lugar, pode invocar-se a *tutela da confiança* depositada na definição da relação controvertida por via arbitral. Esta confiança é objetivamente justificada, uma vez que a competência do tribunal arbitral se baseia na convenção de arbitragem celebrada pelas partes.

O reconhecimento das decisões arbitrais "estrangeiras" também é importante para o *desenvolvimento do comércio internacional*, consideração que se alia à *eficácia prática das decisões jurisdicionais*, evitando que a execução possa ser impedida pela localização dos bens fora do Estado da "nacionalidade" da decisão.

Com respeito às decisões arbitrais é ainda de referir *o respeito da autodeterminação das partes*, uma vez que a arbitragem tem uma base contratual, e que o reconhecimento dos efeitos da decisão arbitral nos diversos países corresponde ao sentido regulador da convenção de arbitragem.

Também neste caso o reconhecimento não deve ser incondicional. Há certos condicionamentos que estão ínsitos nesta fundamentação ou que decorrem de outros fins prosseguidos pelo Direito Internacional Privado.

A autodeterminação das partes, que se exprima na arbitragem, deve ser condicionada à *arbitrabilidade* do litígio perante o Direito do Estado de reconhecimento, bem como à compatibilidade do reconhecimento da decisão com a *ordem pública internacional*.

A garantia de um *padrão mínimo de justiça substantiva e processual* também tem de ser assegurada no reconhecimento de decisões arbitrais.

À luz do fundamento contratual da arbitragem, é necessário que a competência do tribunal arbitral se tenha baseado numa *convenção de arbitragem válida* e tenha respeitado os seus limites e estipulações.

Enfim, e este é porventura o ponto mais melindroso e em que se suscitam mais dúvidas perante o Direito positivo e questões de política legislativa, o regime de reconhecimento tem de *concatenar-se com a regulação e o controlo estadual da arbitragem* por parte dos Estados que apresentam uma ligação especialmente significativa com a arbitragem, em especial o Estado da sede da arbitragem.

D) Fontes

O Direito de Reconhecimento das decisões arbitrais estrangeiras tem fontes internacionais e internas.

São *fontes internacionais*, em primeiro lugar, as seguintes convenções multilaterais:

– Convenção de Genebra para a Execução de Sentenças Arbitrais Estrangeiras (1927)[1974] – tem hoje um campo de aplicação exíguo, tendo sido substituída pela Convenção de Nova Iorque nas relações entre os Estados contratantes desta Convenção (art. 7º/2);

– Convenção de Nova Iorque sobre o Reconhecimento e a Execução de Sentenças Arbitrais Estrangeiras (1958)[1975];

– Convenção Interamericana sobre Arbitragem Comercial Internacional (Panamá, 1975)[1976].

Quanto às convenções bilaterais, há a referir:

– Acordo de Cooperação Jurídica e Judiciária entre Portugal e Cabo Verde (2003);

– Acordo Judiciário entre Portugal e São Tomé e Príncipe (1976);

– Acordo de Cooperação Jurídica entre Portugal e a Guiné-Bissau (1988);

[1974] Aprovada para ratificação pelo Dec. nº 18.942, de 11/9/30 (DG nº 244, de 20/10/30); confirmada e ratificada pela Carta de 25/10/30 (DG nº 10, de 13/1/31); depósito do instrumento de ratificação em 10/12/30.

[1975] Aprovada para ratificação pela Resol. AR nº 37/94, de 8/7; ratificada pelo Dec. PR da mesma data; depósito do instrumento de ratificação em 18/10/94 (Av. nº 142/95, de 21/6); entrou em vigor para Portugal em 16/1/95.

[1976] Aprovada para adesão pela Resol. AR nº 23/2002, de 4/4; ratificada pelo Dec. PR nº 21/2002, de 4/4.

– Acordo de Cooperação Jurídica e Judiciária entre Portugal e Moçambique (1990);

– Acordo de Cooperação Jurídica e Judiciária entre Portugal e Angola (1995).

Nesta sede vou centrar-me no exame da Convenção de Nova Iorque, que é o instrumento internacional fundamental neste domínio, contando com mais de 140 Estados Contratantes, entre os quais se conta a generalidade dos países industrializados.

A Convenção Interamericana foi ratificada pela grande maioria dos Estados latino-americanos, incluindo o Brasil, bem como pelos EUA. Por forma algo surpreendente, Portugal aderiu a esta Convenção, que é decalcada da Convenção de Nova Iorque, mas não depositou o instrumento de adesão.

A *fonte interna* fundamental é a Nova Lei da Arbitragem Voluntária (Lei nº 63/2011, de 14/12) – arts. 55º e segs. (doravante NLAV); o Código de Processo Civil também contém preceitos relevantes, designadamente o art. 49º.

103. Regime interno

Perante o vasto acolhimento internacional da Convenção de Nova Iorque, os regimes internos de reconhecimento de decisões arbitrais "estrangeiras" vigentes nos Estados contratantes se não ficaram privados de campo de aplicação encontram-se pelo menos reduzidos a um papel secundário.

A Convenção de Nova Iorque aplica-se, em princípio, a todas as decisões proferidas no estrangeiro (art. 1º/1) (adiante se referirá a possibilidade de a Convenção se aplicar ainda a certas decisões proferidas no próprio Estado de reconhecimento). Por conseguinte, num Estado que não tenha feito qualquer das reservas relativas ao âmbito de aplicação da Convenção (previstas no art. 1º/3), o reconhecimento de decisões arbitrais "estrangeiras" rege-se apenas pelo regime convencional, ressalvada a aplicação do regime de outro tratado internacional ou a invocação do regime interno quando for mais favorável ao reconhecimento nos termos do art. 7º/1 da Convenção de Nova Iorque[1977]. É o que se verifica com a Alemanha

---

[1977] Refira-se ainda a possibilidade da sobreposição de normas internas ao regime da Convenção em sistemas jurídicos que não atribuam superioridade hierárquica às normas convencionais.

(ver também art. 1061º ZPO)[1978], a Itália (ver também arts. 839º e 840º CPC), a Suíça (ver também art. 194º da Lei federal de Direito Internacional Privado) e o Brasil[1979].

Em Portugal, bem como na França, no Reino Unido e nos EUA, o regime interno continua a ter um campo de aplicação, posto que secundário, porque estes Estados fizeram a reserva prevista no art. 1º/3/1ª parte da Convenção de Nova Iorque, segundo a qual o regime convencional só se aplica às decisões proferidas no território de outro Estado contratante. Além disso, os EUA também fizeram a reserva prevista no art. 1º/3/2ª parte, nos termos da qual a Convenção apenas se aplica aos litígios resultantes de relações que forem consideradas comerciais segundo a sua lei[1980].

No que toca ao regime interno de reconhecimento de decisões arbitrais "estrangeiras" são dois os sistemas tradicionalmente adotados pelos principais sistemas nacionais: o *sistema da equiparação* da decisão arbitral "estrangeira" à decisão arbitral "nacional" e o *sistema da assimilação* da decisão arbitral "estrangeira" à decisão judicial estrangeira.

O sistema da equiparação da decisão arbitral "estrangeira" à decisão arbitral "nacional" é adotado por ordens jurídicas que subordinam a exequibilidade das decisões nacionais a uma declaração de executoriedade proferida por um tribunal estadual. É o que se verifica com os Direitos francês e "inglês".

Em França, o efeito de caso julgado da decisão "estrangeira" é reconhecido nas mesmas condições que uma decisão "nacional" proferida em matéria de arbitragem internacional (arts. 1514º e 1515º CPC) e a exequibilidade depende de uma declaração de executoriedade proferida segundo o mesmo procedimento sumário não contraditório que é aplicável relativamente às "decisões nacionais" (arts. 1516º e 1517º CPC).

[1978] Cf. SCHLOSSER [2002 § 1061 nº 1]. A Alemanha retirou a reserva que tinha feito nos termos do art. 1º/3/1ª parte em 1998.

[1979] Sobre o regime aplicável no Brasil ao reconhecimento de decisões arbitrais "estrangeiras", antes da entrada em vigor da Convenção de Nova Iorque na ordem jurídica interna, ver RECHSTEINER [1997: 125 e segs.] e GAMA E SOUSA JR. [1999]

[1980] Esta reserva precisa que os EUA aplicarão a Convenção a relações consideradas comerciais segundo a sua lei que tanto podem ser contratuais como extracontratuais. Os tribunais têm interpretado esta exigência de comercialidade em sentido muito amplo, incluindo, designadamente, relações laborais, contratos com consumidores, contratos de Estado e responsabilidade extracontratual – ver BORN [2009: 262].

DIREITO INTERNACIONAL PRIVADO

Para o reconhecimento basta que se demonstre a existência da decisão arbitral e que não se verifique uma manifesta contrariedade à ordem pública internacional (art. 1514º CPC). A decisão proferida sobre o pedido de reconhecimento ou de declaração de executoriedade de sentença arbitral proferida no estrangeiro é suscetível de recurso que dá lugar a um processo contraditório (art. 1525º CPC)[1981]. Os fundamentos em que o tribunal de recurso pode basear o não-reconhecimento ou a recusa da declaração de executoriedade são os mesmos que podem ser invocados na ação de anulação interposta da decisão arbitral proferida em França em matéria de arbitragem internacional (art. 1525º/4 CPC).

O Direito português adotava o sistema da assimilação: o regime estabelecido para o reconhecimento das decisões judiciais estrangeiras era aplicável, com as devidas adaptações, ao reconhecimento de decisões arbitrais "estrangeiras" (arts. 1094º e 1097º CPC na redação anterior à NLAV). O novo regime estabelecido pela NLAV corresponde a um sistema *sui generis*. A decisão arbitral "estrangeira" não é equiparada à decisão "nacional"; é sujeita, à semelhança das decisões judiciais estrangeiras, a um processo de reconhecimento, mas os fundamentos de recusa de reconhecimento são baseados na Lei-Modelo da CNUDCI sobre a Arbitragem Comercial Internacional, correspondendo aos estabelecidos pela Convenção de Nova Iorque (arts. 56º-58º).

Esta evolução é de aplaudir. À técnica seguida no regime anterior podia objetar-se que a transposição das condições de reconhecimento das decisões judiciais para o reconhecimento das decisões arbitrais não atende suficientemente à especificidade deste segundo problema e obriga a ajustamentos que suscitam dificuldades de interpretação e aplicação.

No Direito inglês, o regime interno de "reconhecimento" de decisões arbitrais proferidas fora do Reino Unido combina elementos do sistema da assimilação e do sistema da equiparação.

O regime interno básico ainda é o definido pelo *Common Law* (ver também art. 104º da Lei de arbitragem de 1996) que, como ficou assinalado com relação ao reconhecimento de decisões judiciais (*supra* § 93 D), adotava um sistema de não-reconhecimento e exigia a propositura de uma "nova ação". Perante a evolução entretanto operada com respeito ao

---

[1981] Cp., relativamente às decisões proferidas em França em matéria de arbitragem internacional, arts. 1523º e 1524º CPC.

RECONHECIMENTO DE DECISÕES ARBITRAIS ESTRANGEIRAS

reconhecimento de decisões judiciais estrangeiras, entende-se hoje que o efeito de caso julgado das decisões arbitrais "estrangeiras" também é reconhecido automaticamente[1982]. No que toca à atribuição de efeito executivo, mantém-se, em princípio, a exigência da propositura de uma "nova ação". No entanto, se a decisão arbitral "estrangeira" tiver sido proferida com base em convenção de arbitragem escrita, o requerente pode optar entre propor uma "nova ação" ou requerer uma declaração de executoriedade através de do procedimento sumário previsto no art. 66º da Lei de arbitragem de 1996[1983].

A decisão arbitral estrangeira é exequível através da "nova ação" se estiver em conformidade com uma convenção de arbitragem válida perante o Direito que lhe for aplicável e se for válida e final segundo o "Direito aplicável ao processo arbitral"[1984]. Embora os precedentes não sejam conclusivos, parece que constituem fundamentos de oposição ao reconhecimento a incompetência do tribunal, a fraude, a contrariedade à ordem pública internacional e a inobservância de exigências mínimas de justiça processual[1985]. Não há lugar a um controlo de mérito e parece que a pendência de recurso ou ação de anulação no Estado de origem não obsta à atribuição de força executiva, mas pode em certas circunstâncias justificar a suspensão da instância[1986].

Se tiver sido proferida no estrangeiro uma sentença homologatória da decisão arbitral, a parte interessada pode promover a execução em Inglaterra com base no mesmo regime que é aplicável ao reconhecimento de decisões judiciais estrangeiras[1987].

No Direito dos EUA o reconhecimento de decisões arbitrais "estrangeiras" que não caia dentro do âmbito de aplicação da Convenção de Nova Iorque ou da Convenção Interamericana é regulado principalmente pelo Capítulo I da Lei federal de arbitragem; as leis dos Estados federados

---

[1982] Cf. *Dicey, Morris and Collins* [2006: 753-754 e 757].

[1983] Cf. *Dicey, Morris and Collins* [2006: 756-757], *Cheshire, North & Fawcett* [2008: 653] e SUTTON/GILL [2002: 362 e segs. e 368 e seg.].

[1984] Cf. *Dicey, Morris and Collins* [2006: 755] e *Cheshire, North & Fawcett* [2008: 652].

[1985] Cf. *Dicey, Morris and Collins* [2006: 759 e segs.] e *Cheshire, North & Fawcett* [2008: 653].

[1986] Cf. *Dicey, Morris and Collins* [2006: 755-756].

[1987] Cf. *Dicey, Morris and Collins* [2006: 754].

DIREITO INTERNACIONAL PRIVADO

só relevam a título secundário[1988].No que toca ao efeito de caso julgado adota-se, como ponto de partida, um sistema de assimilação da decisão arbitral à decisão judicial[1989]. Nesta base, a decisão arbitral constitui caso julgado quer seja confirmada ou não por uma decisão judicial[1990]. O mesmo regime é aplicável às sentenças proferidas noutros Estados da União ou no estrangeiro[1991].

A atribuição de força executiva depende da confirmação judicial da decisão arbitral com base na Lei federal de arbitragem (art. 9º), quer se trate de uma decisão "nacional" ou "estrangeira"[1992], o que corresponde ao sistema de equiparação[1993].

Os fundamentos de anulação da decisão arbitral, previstos no art. 10º da Lei federal de arbitragem, constituem também fundamentos de recusa da confirmação[1994]: decisão obtida por corrupção, fraude ou meios impróprios; parcialidade evidente ou corrupção dos árbitros; violação dos princípios do contraditório ou da igualdade das partes; abuso de poderes ou execução tão imperfeita destes poderes pelos árbitros que não foi proferida uma decisão "mútua, final e definitiva" sobre a questão que lhes foi submetida[1995]. Apesar da omissão da Lei federal da arbitragem, está claramente estabelecido que a contrariedade à ordem pública [*public policy*] também constitui fundamento de recusa de confirmação[1996]. Não há, em princípio, um controlo de mérito da decisão arbitral[1997]. A jurisprudência não é conclusiva quanto à questão de saber se a inaplicação do Direito,

---

[1988] Cf. BORN [2009: 134 e 140 e segs.]. O Direito federal prevalece, em princípio, sobre as leis estaduais substantivas que regulem as mesmas matérias.

[1989] Cf. BORN [2009: 2895].

[1990] Cf. BORN [2009: 2895 e segs.].

[1991] Cf. MACNEIL/SPEIDEL/STIPANOWICH [1995: § 39.2 e 6 *ex vi* § 44.39.1] e BORN [2009: 2901-2902 e 2909 e segs.].

[1992] Cf. MACNEIL/SPEIDEL/STIPANOWICH [1995: § 44.9.1.8].

[1993] Segundo MACNEIL/SPEIDEL/STIPANOWICH [1995: § 44.9.1.9] A parte que pretende executar a decisão também pode propor uma nova ação que tenha como causa de pedir a sentença arbitral.

[1994] Cf. MACNEIL/SPEIDEL/STIPANOWICH [1995: § 44.9.1.8].

[1995] Parece que este fundamento de recusa de confirmação abrange, em geral, a invalidade da convenção de arbitragem – cf. MACNEIL/SPEIDEL/STIPANOWICH [1995: § 40.1.3 e § 40.5.2.2].

[1996] Cf. BORN [2009: 2831]. Ver também art. 220º/b do *Second Restatement on Conflict of Laws*.

[1997] Cf. BORN [2009: 2869-2870].

qualificada como "manifesto desrespeito da lei" [*manifest disregard of the law*], constitui fundamento de anulação da decisão arbitral "nacional" e de recusa de confirmação de uma decisão "estrangeira"[1998].

À semelhança do que se verifica no Direito inglês, em caso de homologação da sentença arbitral por decisão judicial no Estado de origem pode ser atribuída força executiva a esta decisão segundo o regime geral aplicável ao reconhecimento de decisões judiciais estrangeiras[1999].

De iure condendo não se vê razão para diferenciar o regime de reconhecimento em função do Estado de origem da decisão arbitral. A decisão arbitral não está ligada ao Estado em que foi proferida por um "cordão umbilical" e entre as razões que estão subjacentes ao reconhecimento não avultam os interesses do Estado de origem (*supra* § 101 C)[2000]. A limitação do âmbito de aplicação da Convenção às decisões proferidas em Estados contratantes, como base numa ideia de reciprocidade, afigura-se hoje completamente despropositada. O regime da Convenção de Nova Iorque, se é adequado, deve ser aplicado ao reconhecimento de todas as decisões arbitrais "estrangeiras". Entendo, por isso, que Portugal deve retirar a reserva formulada.

Em todo o caso, o novo regime interno, alinhado com o regime da Convenção da Nova Iorque, conduz, em princípio, ao mesmo resultado prático.

Como já foi assinalado, os fundamentos de recusa de reconhecimento que constam do art. 56º NLAV baseiam-se na Lei-Modelo da CNUDCI e correspondem substancialmente aos estabelecidos pela Convenção de Nova Iorque. As diferenças de redação que a este respeito se verificam entre a Lei-Modelo e a Convenção de Nova Iorque destinam-se apenas a clarificar o sentido de alguns preceitos, e não a alterar o seu sentido normativo[2001].

Perante o art. 56º NLAV, a ordem pública internacional do Estado português só atua como fundamento de recusa de reconhecimento quando este conduza a um resultado manifestamente incompatível com aquela (nº 1/b/ii). A redação do art. 5º/2/b da Convenção de Nova Iorque

---

[1998] Ver BORN [2009: 2639 e segs. e 2870].

[1999] Cf. comment *a* ao art. 22º do *Second Restatement on Conflict of Laws* e MACNEIL/SPEIDEL/STIPANOWICH [1995: § 44.9.1.4].

[2000] Ver também REMIRO BROTÓNS [1984: 208 e seg.].

[2001] Cf. HOLTZMANN/NEUHAUS [1989: 1055 e segs.].

(bem como a do art. 36º/1/b/ii da Lei-Modelo) – que se referem apenas à contrariedade do reconhecimento à "ordem pública" do Estado de reconhecimento –, poderia admitir uma interpretação menos favorável ao reconhecimento das decisões arbitrais "estrangeiras". Se fosse este o caso, a Convenção não obstaria ao reconhecimento com base no regime interno mais favorável (*infra* § 104). Todavia, afigura-se que o preceito da Convenção de Nova Iorque também deve ser interpretado como referindo-se à ordem pública internacional do Estado de reconhecimento, e no sentido de que apenas uma manifesta incompatibilidade do resultado do reconhecimento com a ordem pública internacional justifica a recusa de reconhecimento.

Por conseguinte, o art. 56º NLAV deve ser interpretado da mesma forma que o art. 5º da Convenção de Nova Iorque. Neste sentido aponta a intenção inequívoca do legislador[2002]. Isto assegura uma uniformidade do regime de reconhecimento de decisões arbitrais "estrangeiras", que contribui para tornar mais previsível e de mais fácil determinação a eficácia destas decisões na nossa ordem jurídica, e com isso, para a facilitação do comércio internacional.

Remete-se pois, a este respeito, para o exposto no § seguinte.

Importa, porém, sublinhar que o regime da NLAV não acompanha a Lei-Modelo da CNUDCI, por um lado, quando esta sujeita o reconhecimento e execução das decisões arbitrais "nacionais" ao mesmo regime que as decisões arbitrais "estrangeiras", e, por outro, quando esta estabelece o reconhecimento automático do efeito de caso julgado da decisão arbitral[2003].

A decisão arbitral proferida em arbitragem "localizada" em Portugal de que não caiba recurso e que já não seja suscetível de alteração (nos termos do art. 45º NLAV) tem a mesma eficácia que a sentença de um tribunal estadual independentemente de qualquer processo de homologação ou reconhecimento (art. 42º NLAV). Mantém-se pois a solução já estabelecida pela LAV (art. 26º)[2004].

[2002] Cf. Exposição de Motivos da Proposta de Lei nº 22/XII [*Diário da Assembleia da República* II Série-A, nº 33, de 22/9/2011], 61.

[2003] Cf. BENTO SOARES/MOURA RAMOS [1986: 429-430] e HOLTZMANN/NEUHAUS [1989: 1011].

[2004] Cf. ISABEL DE MAGALHÃES COLLAÇO [1991: 65], MARQUES DOS SANTOS [1987: 46 e 1997: 114], MOURA VICENTE [1990: 52 n 2, 1991: 442, 1995: 184 e 2001: 276], PIMENTA COELHO

Já a decisão arbitral proferida em arbitragem "localizada" no estrangeiro só tem eficácia em Portugal mediante o processo de reconhecimento previsto na lei (arts. 55º e 57º-58º NLAV).

Também aqui se deve entender que se trata apenas dos *efeitos da decisão enquanto ato jurisdicional*. O efeito constitutivo, modificativo ou extintivo de situações jurídicas que a decisão arbitral seja suscetível de produzir como ato jurídico fica dependente do Direito aplicável às situações em causa. Se for competente o Direito português a produção do efeito constitutivo depende do processo de reconhecimento da sentença arbitral.

O novo regime clarifica que a delimitação entre decisões "nacionais" e "estrangeiras" se traça em função da "localização" da arbitragem, evitando a referência equívoca ao lugar onde a decisão for proferida. Isto corresponde ao âmbito de aplicação da NLAV que, como a LAV, abrange as "arbitragens que tenham lugar em território português" (art. 61º). Todavia, diferentemente da LAV, a NLAV esclarece que a arbitragem é "localizada" no lugar fixado pelas partes ou, na sua omissão, pelo tribunal arbitral, sem prejuízo de o tribunal poder realizar audiências, diligências probatórias ou tomar deliberações noutros locais (art. 31º).

Teria sido preferível, em todo o caso, consagrar o critério da sede convencional, por forma a evitar as dúvidas que se podem suscitar quando o processo se desenrola exclusiva ou principalmente num país diferente do fixado como lugar da arbitragem[2005]. O lugar onde decorreu o processo arbitral só seria relevante no caso de arbitragens internas ou quási-internas (entre partes do Estado em que a arbitragem se realiza) em que a estipulação de uma sede no estrangeiro só pode entender-se à luz da intenção de afastar a aplicação das normas imperativas locais.

[1996: 64] e LIMA PINHEIRO [1998: 604 e n. 319]. Cp., porém, TEIXEIRA DE SOUSA [1990: 44]. Resulta também do nº 2 do art. 90º CPC que todas as decisões proferidas em arbitragem que tenha tido lugar em território português são exequíveis independentemente de processo de reconhecimento – cf. ISABEL DE MAGALHÃES COLLAÇO [1991: 59]. Com efeito, enquanto o art. 90º CPC diz exclusivamente respeito à execução de decisões proferidas em arbitragem que tenha tido lugar em território português e atribui competência para a execução ao tribunal da comarca do lugar da arbitragem, o art. 95º CPC reporta-se exclusivamente à execução fundada em sentença estrangeira, remetendo para o art. 91º CPC que atribui competência para a execução ao tribunal do domicílio do executado, no pressuposto que foi proposta uma ação de reconhecimento no Tribunal da Relação.

[2005] Ver Lima Pinheiro [2005: 360 e segs.].

DIREITO INTERNACIONAL PRIVADO

Em resultado, porém, creio que a diferença entre o critério do lugar da arbitragem e o critério da sede convencional deve ser mitigada pela presunção de que a arbitragem se realiza no lugar fixado pelas partes ou, na sua omissão, pelos árbitros, como "lugar da arbitragem" ou "sede da arbitragem". Assim, a decisão proferida em arbitragem "sedeada" em Portugal será considerada "nacional" a menos que se demonstre que o processo arbitral decorreu essencialmente em determinado país estrangeiro, com o consentimento expresso ou tácito das partes. Inversamente, será considerada "estrangeira" a arbitragem "sedeada" em país estrangeiro, salvo demonstração de que o processo arbitral se desenrolou essencialmente em Portugal, com o consentimento expresso ou tácito das partes.

Em todo o caso, aos fundamentos de recusa de reconhecimento que constam do art. 56º NLAV importa acrescentar a *desconformidade com o Direito Internacional Público, com o Direito da União Europeia e com a Constituição*. Aplicam-se aqui, com as devidas adaptações, as considerações formuladas a respeito do reconhecimento de decisões judiciais (*supra* § 98 F).

O processo de reconhecimento é definido, em primeira linha, pelos arts. 57º e 58º NLAV. É competente o Tribunal da Relação em cujo distrito se situe o domicílio da pessoa contra quem se pretenda fazer valer a sentença (art. 59º/1/h NLAV), ou, tratando-se de litígio que, segundo o Direito português, esteja compreendido na esfera da jurisdição dos tribunais administrativos, o Tribunal Central Administrativo em cuja circunscrição se situe o domicílio da pessoa contra quem se pretenda fazer valer a sentença (art. 59º/2 NLAV).

A petição de reconhecimento deve ser instruída com o original da sentença devidamente autenticado ou uma cópia devidamente certificada da mesma, bem como com o original da convenção de arbitragem ou uma cópia devidamente autenticada da mesma. Se algum destes documentos estiver redigido em língua estrangeira exige-se a junção de uma tradução devidamente certificada (art. 57º/1 NLAV).

Esta disposição é inspirada pelo art. 4º da Convenção de Nova Iorque, acompanhando em especial a sua versão em língua inglesa. O legislador português não acompanhou neste particular a modificação introduzida em 2006 no art. 35º/2 da Lei-Modelo da CNUDCI que vai no sentido de aligeirar as formalidades exigidas. A esta luz parece que a disposição deve ser interpretada da mesma forma que perante a Convenção de Nova Iorque.

RECONHECIMENTO DE DECISÕES ARBITRAIS ESTRANGEIRAS

Ora, o art. 4º/1 da Convenção de Nova Iorque deve ser entendido no sentido satisfazer a exigência de "autenticação" do original da sentença o reconhecimento simples da assinatura dos árbitros pelo notário ou autoridade equivalente do Estado de origem da decisão, ou por agente diplomático ou consular português neste Estado, ou por agente diplomático ou consular do Estado de origem em Portugal. Quanto à certificação da cópia trata-se da declaração da sua conformidade com o documento original que pode ser feita pelas mesmas autoridades e que não pressupõe a "autenticação" deste original[2006].

À mesma luz, o original da convenção de arbitragem não tem de ser "autenticado" e por cópia "autenticada" do mesmo deve entender-se uma cópia certificada nos mesmos termos que são exigidos para a sentença arbitral[2007].

Se houver fundadas dúvidas sobre a autenticidade do reconhecimento, a relevância do reconhecimento pode ser subordinada a legalização, aplicando-se o disposto em relação à legalização dos documentos autênticos (art. 365º/2 CC, art. 44º/2 C. Not. e art. 540º/2 CPC). Como Portugal é parte da Convenção da Haia Relativa à Supressão da Exigência da Legalização dos Atos Públicos Estrangeiros (1961), quando o documento tiver sido lavrado no território de outro Estado Contratante a legalização é substituída pela aposição de uma apostila pela autoridade competente do Estado de origem (arts. 2º e 3º).

A tradução deve ser certificada por um notário ou autoridade equivalente do Estado de origem, ou por particular a que o Estado de origem confira essa competência, por agente diplomático ou consular português neste Estado, por notário português ou particular a que a lei portuguesa confira essa competência, ou por agente diplomático ou consular do Estado de origem em Portugal[2008].

Em conformidade com o art. 36º/2 da Lei-Modelo da CNUDCI, e em sentido convergente com o art. 6º da Convenção de Nova Iorque, a NLAV

[2006] Ver VAN DEN BERG [1981: 250 e segs.], sugerindo a aplicação alternativa da lei do Estado de origem ou da lei do Estado de reconhecimento. Neste sentido, também FOUCHARD/GAILLARD/GOLDMAN [1996: 984-985].

[2007] Cf. VAN DEN BERG [1981: 256.].

[2008] Ver VAN DEN BERG [1981: 258 e segs.]. Ver também art. 140º/2 CPC e arts. 44º/3 e 172º C. Not.

permite que o tribunal de reconhecimento suspenda a instância quando um pedido de anulação ou de suspensão da decisão arbitral tenha sido apresentado no Estado no qual, ou ao abrigo da lei do qual, a decisão foi proferida (art. 56º/2).

Seguindo o modelo do art. 36º da Lei-Modelo da CNUDCI e do art. 5º da Convenção de Nova Iorque, o art. 56º NLAV estabelece os fundamentos de recusa não só de reconhecimento mas também de execução da decisão arbitral. Enquanto os arts. 55º, 57º e 58º NLAV se referem ao reconhecimento, abrangendo todos os efeitos da decisão arbitral "estrangeira" enquanto ato jurisdicional na ordem jurídica local, o art. 56º refere-se ao reconhecimento e à execução. Como adiante veremos, também a Convenção de Nova Iorque, quando se refere à execução da decisão arbitral, abrange, em princípio, não só a atribuição de força executiva, mas também a própria ação executiva.

Por conseguinte, embora a execução da decisão arbitral "estrangeira" reconhecida se reja pelo disposto no Direito processual comum, tal não pode prejudicar o disposto no art. 56º NLAV. Daqui decorre, em minha opinião, que no que toca aos fundamentos de oposição à execução, o art. 815º CPC (com a redação dada pela NLAV) deve ser objeto de ajustamentos, à semelhança do que se verifica perante o regime da Convenção da Nova Iorque.

Assim, em princípio, não são admitidos fundamentos de oposição à execução mais exigentes que os fundamentos de recusa de reconhecimento e execução enunciados no art. 56º NLAV. Todavia, ressalvam-se os fundamentos de oposição à execução estabelecidos pelo Direito interno que, embora não encontrem correspondência no art. 56º, tenham carácter processual ou digam respeito a factos supervenientes extintivos ou modificativos da obrigação[2009]. Parece também de entender que não são admissíveis fundamentos de oposição à execução que foram considerados improcedentes ou poderiam ter sido conhecidos no processo de reconhecimento[2010].

[2009] De onde resulta que, em minha opinião, o art. 48º NLAV não é aplicável à execução da decisão "arbitral" estrangeira.

[2010] Em sentido convergente, já perante o regime anterior, PAULA COSTA E SILVA [2007: 670 e segs.]. Ver ainda, no sentido de uma limitação dos fundamentos de oposição à execução com respeito às condições de confirmação, STJ 29/6/1982 [*in http://www.dgsi.pt/jstj.nsf*].

RECONHECIMENTO DE DECISÕES ARBITRAIS ESTRANGEIRAS

Em paralelo com o que se verifica relativamente às decisões judiciais (*supra* § 98 H), é a decisão arbitral e não a sentença de reconhecimento que é executada[2011].

A NLAV contém ainda preceitos sobre o reconhecimento ou execução de providências cautelares (arts. 27º e 28º), que se baseiam nos arts. 17º-H e 17º-I da Lei-Modelo da CNUDCI. Diferentemente do que se verifica com o reconhecimento de decisões arbitrais definitivas (incluindo as decisões parciais relativas a questões específicas), estes preceitos da NLAV aplicam-se tanto às decisões arbitrais proferidas em arbitragens "localizadas" no estrangeiro como às decisões arbitrais proferidas em "arbitragens" localizadas em Portugal (cf. art. 27º/1).

O alcance prático destes preceitos é ampliado pela circunstância de a Convenção de Nova Iorque, segundo o entendimento dominante, não ser aplicável ao reconhecimento e execução de decisões arbitrais que decretem providências cautelares[2012].

A NLAV entra em vigor três meses após a data da sua publicação. Uma vez que o diploma foi publicado em 14 de Dezembro de 2011, deve entender-se que entra em vigor em 15 de Março de 2012 (art. 279º/c CC *ex vi* art. 296º CC)[2013]. Coloca-se a questão de delimitar o âmbito de aplicação do regime de reconhecimento contido na NLAV relativamente às decisões arbitrais proferidas antes da sua entrada em vigor e aos processos de reconhecimento pendentes.

Parece de entender que o regime de reconhecimento da NLAV se deve, em princípio, aplicar às ações de reconhecimento propostas após a sua entrada em vigor.

No que toca aos fundamentos de recusa de reconhecimento, esta solução fundamenta-se, por um lado, na consideração de que a decisão arbitral "estrangeira" só produz efeitos enquanto ato jurisdicional, na

---

[2011] Isto sem prejuízo de o título que serve de base à execução ser complexo, sendo integrado pela decisão arbitral reconhecida e pelo acórdão da Relação que concede o reconhecimento. Cp. PIMENTA COELHO [1996: 66].

[2012] Ver KRONKE/NACIMIENTO/OTTO/PORT/OTTO [2010: 157].

[2013] Sobre a aplicabilidade do art. 279º CC aos prazos de *vacatio legis*, cf. INOCÊNCIO GALVÃO TELLES – *Introdução ao Estudo do Direito*, vol. I, 11ª ed., Coimbra, 1999, 79, e António MENEZES CORDEIRO – *Tratado de Direito Civil Português*, I – *Parte Geral*, t. IV, Coimbra, 2005, 124.

DIREITO INTERNACIONAL PRIVADO

nossa ordem jurídica, depois de reconhecida num processo judicial[2014]. Por outro lado, a parte que requer o reconhecimento deve poder avaliar, no momento da propositura da ação, da sua viabilidade. Em todo o caso, parece de admitir a aplicação do novo regime aos processos pendentes, quando no caso concreto for mais favorável ao reconhecimento[2015]. Isto corresponde ao sentido regulador da convenção de arbitragem (*supra* § 102 C); conforma-se também com a intencionalidade normativa da NLAV que, na linha já traçada pela LAV, vai no sentido de favorecer a arbitragem e, designadamente, a eficácia da decisão arbitral.

Relativamente à forma do processo de reconhecimento, esta solução fundamenta-se no disposto no art. 142º/2 CPC.

104. Regime da Convenção de Nova Iorque. Referência ao regime da Convenção Interamericana

A Convenção de Nova Iorque aplica-se ao reconhecimento e à execução das sentenças arbitrais "estrangeiras" (art. 1º/1). Por "execução" entende-se nesta Convenção quer a atribuição de força executiva quer a execução propriamente dita[2016].

São "estrangeiras", para este efeito:

– as sentenças proferidas no território de um Estado diferente daquele em que são pedidos o reconhecimento e a execução;

– as sentenças proferidas no território do Estado a que é pedido o reconhecimento que não forem aí consideradas nacionais.

Neste segundo caso tem-se em vista principalmente sistemas – como por exemplo, o alemão antes da reforma de 1997[2017] – que admitam que as partes, mediante a escolha do Direito aplicável ao processo arbitral,

---

[2014] Atender ao momento em que a decisão é proferida fará sentido sobretudo nos sistemas em que os efeitos das decisões estrangeiras são reconhecidos automaticamente – ver MARTINY [1984: nº 232].

[2015] Em sentido diferente, com respeito ao reconhecimento de decisões judiciais estrangeiras, ver Miguel TEIXEIRA DE SOUSA "Sobre a competência indirecta no reconhecimento de sentenças estrangeiras. Anotação ao acórdão do Supremo Tribunal de Justiça de 21 de Maio de 1998", *ROA* 60 (2000) 757-783, 781 e seg.

[2016] Ver VAN DEN BERG [1981: 235 e seg.].

[2017] Cf. SCHWAB/WALTER [2005: 428] e BORN [2009: 2738-2739], mas entendendo que a previsão tem um alcance mais amplo [2009: 2380-2381].

subtraiam as arbitragens que se realizam no território de um Estado à regulação pelo Direito local.

Portugal fez a reserva prevista na 1ª parte do nº 3 do art. 1º, por força da qual a Convenção só é aplicável ao reconhecimento das sentenças que forem proferidas no território de outro Estado contratante[2018].O mesmo se verificou com a larga maioria dos Estados contratantes, incluindo a França, o Reino Unido e os Estados Unidos da América[2019].

A Convenção Interamericana – que como se assinalou anteriormente foi aprovada para adesão mas não está em vigor na ordem jurídica portuguesa (*supra* § 102 D) –, só se aplica ao reconhecimento e execução de decisões proferidas noutros Estados Contratantes[2020]. Isto corresponde à tradicional limitação do âmbito de aplicação das Convenções interamericanas ao tráfico jurídico entre os Estados contratantes[2021]. A circunstância de a Convenção Interamericana, contrariamente ao que se verifica com a Convenção de Nova Iorque (art. 1º/3), não prever uma reserva no sentido de restringir a sua aplicação às decisões proferidas no território de outro Estado contratante, explica-se justamente por as partes contratantes partirem do princípio que aquela Convenção se aplica sempre numa base de reciprocidade[2022].

Além disso, uma vez que a Convenção Interamericana só se aplica à "arbitragem comercial internacional", parece que o regime convencional

---

[2018] Cp. MOURA VICENTE [2001: 276]. A referência à "reciprocidade" feita no preceito é supérflua, significando apenas que o Estado contratante A, que fez a reserva, aplica a Convenção ao reconhecimento das decisões proferidas no Estado contratante B porquanto este Estado, sendo parte na Convenção, está obrigado a reconhecer as decisões proferidas no Estado A nas mesmas condições – cf. VAN DEN BERG [1981: 13 e seg.].

[2019] A Alemanha fez esta reserva, mas retirou-a em 31/8/1998.

[2020] Cf. VAN DEN BERG [1981: 102] e KLEINHEISTERKAMP [2002: 677]. Cp., no sentido de a Convenção se aplicar a todas as decisões arbitrais, contanto que a arbitragem tenha um carácter internacional, FOUCHARD [1977: 205], e decisão do *United States Court of Appeals (Second Circuit)* proferida em 18/4/1994 no caso *Productos Mercantiles e Industriales S.A. v. Fabergé USA Inc., Industrias Unisola and Unilever United States Inc.* [*R. arb.* (1996) 553 an BOSCO LEE], que considerou a Convenção aplicável ao reconhecimento de uma decisão proferida nos EUA em arbitragem transnacional. Ver ainda BORN [2009: 2384-2385] e decisões aí referidas. Cp., no polo oposto, SAMTLEBEN [1980: 317 n 423], a favor da limitação às decisões arbitrais proferidas ao abrigo da Convenção.

[2021] Cf. SAMTLEBEN [1980: 316].

[2022] Cf. NORBERG [1978: 12] e VAN DEN BERG [1981: 102].

DIREITO INTERNACIONAL PRIVADO

de reconhecimento só tem por objeto decisões relativas a transações comerciais[2023]. Ao passo que a Convenção de Nova Iorque é, salvo reserva em contrário[2024], aplicável ao reconhecimento de sentenças arbitrais em quaisquer matérias, incluindo litígios de Direito público[2025].

Quase todos os Estados partes na Convenção Interamericana são também partes na Convenção de Nova Iorque, pelo que, na grande maioria dos casos de reconhecimento de decisões arbitrais proferidas em Estados contratantes da Convenção Interamericana, haverá um conflito entre estas duas Convenções.

Na resolução deste conflito haverá que atender a três considerações.

Primeiro, a Convenção de Nova Iorque contém uma "cláusula de compatibilidade" (art. 7º/1), por força da qual cede perante outras Convenções celebradas pelos Estados Contratantes em matéria de reconhecimento e de execução de sentenças arbitrais. Esta cláusula deve ser conjugada com a "cláusula de regime mais favorável" que consta do mesmo preceito[2026], mas, atendendo à vocação universal da Convenção de Nova Iorque, também deve ser interpretada no sentido do respeito pela esfera de aplicação de Convenções regionais[2027].

Segundo, uma vez que a Convenção Interamericana se inspira na Convenção de Nova Iorque, deve favorecer-se uma uniformidade de interpretação dos regimes de reconhecimento contidos em ambas as Convenções.

Enfim, sobre o pano de fundo de uma interpretação uniforme, os regimes de reconhecimento contidos nas duas Convenções surgem como essencialmente idênticos. O art. 5º da Convenção Interamericana, relativo aos fundamentos de recusa de reconhecimento e execução, é quase idêntico ao art. 5º da Convenção de Nova Iorque[2028]. Quanto ao processo de

---

[2023] Cf. VAN DEN BERG [1981: 102].

[2024] O art. 1º/3 permite aos Estados Contratantes limitarem a aplicação da Convenção aos litígios comerciais mediante declaração feita no momento da assinatura, da ratificação, da adesão ou da extensão prevista no art. 10º.

[2025] Cf. SCHLOSSER [2002: *Anhang* § 1061 nº 6]. Isto sem prejuízo de os Estados contratantes poderem recusar o reconhecimento das decisões que incidam sobre matérias que considerem não arbitráveis.

[2026] Ver VEN DEN BERG [1981: 81 e seg. e 90 e segs.].

[2027] Cf. KLEINHEISTERKAMP [2002: 678].

[2028] Ver também HASCHER [1996: 108 e segs.]. Contrariamente ao sugerido por VAN DEN BERG [1981: 103] e afirmado por TRIGUEROS/ VÁZQUEZ PANDO [1984: 295], a regra da Convenção

RECONHECIMENTO DE DECISÕES ARBITRAIS ESTRANGEIRAS

reconhecimento, a diferença entre o art. 3º da Convenção de Nova Iorque e o art. 4º/2ª parte da Convenção Interamericana parece ser de mera formulação[2029]. A única diferença com alcance prático parece consistir na ausência na Convenção Interamericana de um preceito paralelo ao do art. 4º da Convenção de Nova Iorque sobre os documentos que o requerente do reconhecimento e da execução deve apresentar[2030].

Tudo ponderado, parece que embora, em teoria, a Convenção Interamericana possa reclamar primazia sobre a Convenção de Nova Iorque segundo a regra *lex specialis derogat generali*[2031], na prática pode aplicar-se sempre o regime desta Convenção, pois este regime ou coincide com o da Convenção Interamericana, ou vai além dele, permitindo integrar as suas lacunas[2032].

A ser assim, a adesão de Portugal à Convenção Interamericana só poderá ter efeito útil, no que toca ao reconhecimento de decisões "estrangeiras", quando a decisão for proferida num Estado que sendo parte nesta Convenção não o seja na Convenção de Nova Iorque. Essa adesão também permitirá que as decisões proferidas em Portugal sejam reconhecidas ao abrigo do regime convencional noutros Estados que sejam partes só na Convenção Interamericana. Trata-se de hipóteses de rara verificação prática.

A circunstância de a decisão ter sido objeto de uma declaração de executoriedade ou de uma homologação no Estado de origem não obsta ao seu reconhecimento ao abrigo da Convenção de Nova Iorque[2033]. Uma

---

Interamericana que submete a arbitragem, na falta de acordo expresso entre as partes, ao Regulamento da Comissão Interamericana de Arbitragem Comercial, não tem relevância direta para o reconhecimento. Essa regra só releva no quadro do art. 5º/1/d, como parte da ordem jurídica de um Estado contratante, quando a arbitragem se tenha realizado no seu território e as partes não tenham regulado a constituição do tribunal arbitral ou o processo arbitral.

[2029] Ver GAMA E SOUZA JR. [1998: 397 e seg.]. Observe-se que o art. 4º/2 da Convenção Interamericana, diferentemente do art. 3º da Convenção de Nova Iorque, se aplica à "execução ou reconhecimento" quer de decisões "estrangeiras" quer de decisões "nacionais".

[2030] Ver, sobre o art. 4º, SCHLOSSER [2002: *Anhang* § 1061 nºs 65 e segs.]

[2031] Neste sentido KLEINHEISTERKAMP [2002: 678]. Ver também a reserva nº 1 feita pelos EUA na ratificação da Convenção Interamericana, retomada no art. 305º do *Federal Arbitration Act*.

[2032] O recurso à Convenção de Nova Iorque para colmatar as lacunas da Convenção Interamericana é sugerido por VAN DEN BERG [1981: 104] e defendido por HASCHER [1996: 108] e KLEINHEISTERKAMP [2002: 679].

[2033] Cf. VAN DEN BERG [1981: 346 e segs.] e SCHWAB/WALTER [2005: 261-262 e 365].

DIREITO INTERNACIONAL PRIVADO

faculdade de opção entre o reconhecimento da decisão arbitral e o reconhecimento da decisão judicial é de recusar, pelo menos quando a decisão judicial se limite a declarar a executoriedade, visto que as declarações de executoriedade não são suscetíveis de reconhecimento[2034].

O proferimento da decisão arbitral integra o processo de arbitragem. As decisões arbitrais são normalmente proferidas no lugar ou sede da arbitragem. Neste caso há, em princípio, uma concatenação entre o âmbito de aplicação da Convenção e o critério seguido na maioria dos sistemas para delimitar o âmbito espacial de regulação e controlo da arbitragem voluntária: o critério do lugar ou sede da arbitragem. É o caso do sistema português (art. 61º NLAV). A tendência dominante nos principais sistemas nacionais vai no sentido da relevância da sede *convencional* da arbitragem e não do lugar onde decorre o processo arbitral. Mas, na grande maioria dos casos, há uma coincidência entre a sede convencional e a sede fáctica da arbitragem.

Esta concatenação é importante, porque um dos fundamentos de recusa de reconhecimento estabelecidos na Convenção de Nova Iorque é justamente a anulação ou suspensão da decisão por uma autoridade competente do país em que, ou segundo a lei do qual, a sentença foi proferida (art. 5º/1/e).

Se a decisão é proferida no Estado em que a arbitragem se realizou, o disposto neste preceito da Convenção está em conformidade com a competência anulatória ou suspensiva dos tribunais da sede da arbitragem.

Este preceito admite a possibilidade de a decisão ter sido proferida segundo o Direito de um Estado diferente, caso em que só conta a anulação ou suspensão pela autoridade deste Estado. Esta hipótese foi introduzida tendo em primeira linha em mente sistemas em que a aplicação do regime da arbitragem voluntária de um Estado e a competência dos seus tribunais para o controlo judicial da arbitragem podem ser desencadeados pela vontade das partes[2035]. Isto não se verifica, hoje, com os principais sistemas, e poderia, por isso, dizer-se que esta hipótese não tem importância prática[2036]. No entanto, creio que a fixação da sede da arbitragem num país diferente

---

[2034] Cp. VAN DEN BERG [1981: 349], PIMENTA COELHO [1996: 43 e seg.] e RLx 1/3/2005 [*CJ* (2005-II) 64]. Ver também *supra* § 94 B.

[2035] Cf. VAN DEN BERG [1981: 350], SANDERS [1996: nº 158] e SCHWAB/WALTER [2005: 466].

[2036] Cf. BLACKABY/PARTASIDES/REDFERN/HUNTER [2009: nº 11.96].

daquele em que a arbitragem se realiza é uma forma de submeter a arbitragem à lei desse país, na medida em que esta lei se considere competente. A seguir-se este entendimento, se a decisão foi proferida no Estado da sede convencional da arbitragem, o art. 5º/1/e também se ajusta à competência anulatória ou suspensiva de que sejam titulares os tribunais deste Estado.

Pode todavia suceder que o processo de arbitragem se desenvolva em mais de um país ou que a decisão seja deliberada e/ou redigida e/ou assinada e/ou remetida às partes num país diferente daquele em que teve lugar ou sede a arbitragem ou que seja recebida pelas partes neste país. Pode igualmente suceder que os árbitros residam em países diferentes, que se pronunciem sobre a decisão através de *fax* ou correio eletrónico e que a decisão seja remetida a cada um deles para assinatura.

O que se deve entender, neste caso, por decisões "proferidas no território de um Estado"?

A versão autêntica em língua inglesa utiliza a expressão *"made in the territory of a State"*. Esta expressão parece colocar a tónica no lugar onde a decisão é elaborada. Como a elaboração da sentença se completa com a assinatura dos árbitros, sobreleva o lugar da assinatura da decisão. Foi este o entendimento consagrado pela Câmara dos Lordes, na decisão proferida no caso *Hiscox* v. *Outhwaite*[2037]. A versão francesa, igualmente autêntica refere-se a decisões *"rendues sur le territoire d'un État"*. Esta expressão, que se encontra traduzida fielmente na versão portuguesa, evoca o lugar onde a decisão é comunicada às partes.

Face ao Direito interno francês a expressão "decisão arbitral proferida [*rendue*] em França", empregue no art. 1504º NCPC (atualmente art. 1518º CPC) (com respeito à ação de anulação), não é interpretada literalmente.

FOUCHARD/GAILLARD/GOLDMAN argumentam "que ao fazer da distinção entre as decisões arbitrais proferidas em França (em matéria internacional) e as decisões arbitrais proferidas no estrangeiro a *summa divisio* do regime dos meios de impugnação, o legislador francês não quis seguir um critério puramente acidental ou dependente da escolha operada pelos árbitros por razões de comodidade no momento de assinar a decisão.

[2037] [1992] 1 A.C. 585, 592. A decisão diz respeito ao *Arbitration Act 1975* inglês, que regulava a aplicação da Convenção de Nova Iorque no Reino Unido (hoje regulada pelo *Arbitration Act 1996*).

DIREITO INTERNACIONAL PRIVADO

Esta opção repousa, pelo contrário, mais fundamentalmente sobre o reconhecimento da liberdade das partes de escolher – diretamente ou por delegação deste poder numa instituição de arbitragem ou nos próprios árbitros – o lugar no qual se desenrolará o processo arbitral e, assim, o ambiente jurídico da arbitragem, hoje por vezes muito diferente de um Estado para outro, especialmente no que toca aos meios de impugnação"[2038]. O que leva os autores a concluir que a decisão se considera proferida no sentido do art. 1504.º NCPC no lugar da sede da arbitragem[2039].

O mesmo entendimento se encontra consagrado na Lei-Modelo da CNUDCI (art. 31.º/3), no art. 18.º/1 do Regulamento de Arbitragem CNUDCI (revisto em 2010), no Regulamento de Arbitragem CCI (art. 31.º/3), no art. 27.º/3 do Regulamento de arbitragem internacional da *American Arbitration Association*, no art. 16.º/2 do Regulamento do *London Court of International Arbitration*, no art. 39.º/c do Regulamento de Arbitragem OMPI, no art. 1054.º/3 CPC al.[2040] e, supletivamente, no *Arbitration Act 1996* inglês com respeito às arbitragens com sede na Inglaterra, País de Gales ou Irlanda do Norte (arts. 53.º e 100.º/2/b); a orientação dominante nos tribunais dos EUA aponta em sentido convergente[2041]. Este entendimento *converge* com a orientação, já seguida pela Resolução do Instituto de Direito Internacional sobre a Arbitragem em Direito Internacional Privado (Sessão de Amesterdão, 1957)[2042], que considera a decisão proferida no lugar da sede do tribunal arbitral[2043].

Não será este entendimento defensável à face da Convenção de Nova Iorque?

No caso de a decisão ter sido assinada por cada um dos árbitros em diferentes países parece inevitável que, como solução de recurso, se considere a decisão proferida na sede da arbitragem[2044].

[2038] 1996: 922.

[2039] 1996: 923, referindo, neste sentido, uma decisão da *Cour d'appel de Versailles*, 14/1/87, inédita.

[2040] Ver também SANDERS [1996: nº 180].

[2041] Cf. BORN [2009: 2368-2369].

[2042] Art. 3º.

[2043] Menos feliz, neste particular, se apresenta o Regulamento de Arbitragem do Centro de Arbitragem Comercial instituído pela Associação Comercial de Lisboa/ Câmara de Comércio e Indústria Portuguesa, que distingue, entre as menções obrigatórias da decisão arbitral, o lugar da arbitragem e o local em que a decisão foi proferida (art. 38º/g).

[2044] Ver BLACKABY/PARTASIDES/REDFERN/HUNTER [2009: nº 3.69].

Para além disso, alguns autores entendem que a decisão se considera proferida no lugar indicado na decisão[2045] ou no "lugar da arbitragem em sentido jurídico". O lugar da arbitragem em sentido jurídico não coincide necessariamente com o lugar onde se desenvolve o processo arbitral. O lugar ou "sede" da arbitragem é o designado pelas partes ou, na sua omissão, pelo tribunal arbitral[2046]. Para o caso de a sede da arbitragem não ter sido fixada pelas partes nem pelo tribunal arbitral, SCHLOSSER sugere que se atenda ao centro de gravidade espacial do processo[2047].

Este entendimento conduz à relevância direta da autonomia da vontade na aplicabilidade da Convenção. A Convenção será aplicável desde que o lugar da arbitragem designado pelas partes ou pelos árbitros se situe no estrangeiro, mesmo que a arbitragem se tenha realizado no Estado de reconhecimento. Isto é compatível com os regimes nacionais da arbitragem que admitem a relevância direta da autonomia da vontade na delimitação do seu âmbito de aplicação no espaço ou que se baseiam para o efeito no critério da sede convencional, mas suscita hesitações perante os sistemas que atendem à sede fáctica da arbitragem (lugar em que decorre o processo arbitral) ou em que a referência ao "lugar da arbitragem" tem sido entendida neste sentido.

Em minha opinião, na falta de outros elementos de interpretação, há que procurar o sentido mais coerente com o sistema da Convenção que seja comportado pelo sentido literal da expressão utilizada. É manifestamente contrário ao sistema da Convenção que a sua aplicabilidade dependa de circunstâncias fortuitas ou do arbítrio dos árbitros. Tão-pouco se vê razão para dar relevância, para efeitos de reconhecimento, à assinatura da decisão num país diferente daquele em que a arbitragem teve lugar. Isto colocaria a revisão da sentença na dependência da vontade dos árbitros. Assim, por exemplo, os árbitros poderiam subtrair a decisão proferida numa arbitra-

---

[2045] Cf. VAN DEN BERG [1981: 295], atendendo em primeira linha ao lugar de proferimento indicado na decisão.

[2046] Cf. PANCHAUD [1966: 8 e segs.]; VAN DEN BERG [1986: 202]; SCHLOSSER [1989: 183 e seg. e 2002: Anhang § 1061 nº 18]]; MANN [1985: 108]; GOTTWALD [2008: UNÜ Art. I nº 13]; POUDRET/BESSON [2002: 870]. Invoca-se neste sentido o art. 20º da Lei-Modelo e o art. 1043º/1 ZPO.

[2047] Loc. cit.

gem localizada no estrangeiro ao processo de reconhecimento através da assinatura da mesma em Portugal.

Daí que por lugar onde a decisão é proferida se deva entender o lugar em que *normalmente* a decisão seria proferida.

Em princípio, a arbitragem deve realizar-se principalmente no lugar fixado pelas partes ou, na sua omissão, pelos árbitros e é aí que a decisão normalmente é proferida. Por isso, a elaboração da decisão noutro lugar, devido a circunstâncias acidentais, não é, em princípio, relevante[2048]. A prática arbitral também se ajusta a este entendimento: as decisões arbitrais indicam geralmente que a decisão foi proferida no país da sede da arbitragem, mesmo que a decisão tenha sido elaborada noutro lugar.

Isto não significa que seja irrelevante a indicação, contida na decisão, sobre o lugar onde foi proferida. Se a decisão indicar o lugar onde a decisão foi proferida, mas não mencionar o lugar da arbitragem, pode presumir--se que a arbitragem foi aí realizada. Esta presunção é ilidível mediante a demonstração que a arbitragem decorreu essencialmente noutro país.

Portanto, é a sede ou lugar da arbitragem que é decisivo[2049]. As sentenças resultantes de arbitragens "localizadas" no estrangeiro carecem de reconhecimento onde quer que a decisão tenha sido assinada. Inversamente, as sentenças resultantes de arbitragens "localizadas" em Portugal não carecem de reconhecimento mesmo que tenham sido assinadas no estrangeiro.

Se o processo arbitral se desenrolar em mais de um Estado ou se a arbitragem se realizar à distância, será forçoso dar relevância à sede convencional da arbitragem: a decisão considera-se proferida no lugar indicado pelas partes ou pelos árbitros. Já se o processo arbitral decorrer essencialmente num país diferente daquele em que se localiza o lugar indicado pelas partes ou pelos árbitros para a arbitragem, com o consentimento expresso ou tácito das partes, deve considerar-se a decisão proferida neste país. No § anterior foi assinalado que seria preferível consagrar o critério da sede convencional, com algumas limitações.

A Convenção também contém normas sobre o *reconhecimento da convenção de arbitragem* em caso de invocação perante um tribunal judicial (art. 2º). Estas normas concernem em primeira linha à eficácia da con-

---

[2048] No mesmo sentido, em resultado, REYMOND [1992: 3].
[2049] Cf. ISABEL DE MAGALHÃES COLLAÇO [1991: 65] e MARQUES DOS SANTOS [1997: 114].

RECONHECIMENTO DE DECISÕES ARBITRAIS ESTRANGEIRAS

venção de arbitragem perante tribunais estaduais. Mas, quando definem requisitos de validade da convenção de arbitragem, também são relevantes para o reconhecimento da decisão. Com efeito, segundo a interpretação dominante, que atende à intenção do legislador internacional e que tem um mínimo de correspondência no texto da Convenção, a não-verificação dos requisitos de validade definidos pelo art. 2º constitui um fundamento de recusa de reconhecimento da decisão arbitral nos termos do art. 5º/1/a[2050].

Segundo a opinião dominante, estas normas só se aplicam às convenções de arbitragem que comportam um elemento de estraneidade significativo[2051]. Assim, em primeiro lugar, as normas sobre o reconhecimento da convenção de arbitragem aplicam-se às convenções que estão ou previsivelmente estarão na base de decisões arbitrais que são objeto de reconhecimento ao abrigo da Convenção[2052]: sentenças arbitrais que tenham sido proferidas no território de outro Estado contratante ou devam aí ser proferidas[2053]. Aplicam-se também às arbitragens cuja decisão tenha sido proferida ou deva ser proferida no mesmo Estado Contratante contanto que a convenção de arbitragem seja internacional[2054].

A convenção de arbitragem tem de ter por objeto litígios que surjam ou possam surgir entre as partes relativamente a uma determinada relação jurídica, respeitante a uma questão suscetível de ser resolvida por via arbitral (art. 2º/1).

A convenção tem de ser escrita. Por convenção escrita entende-se "uma cláusula compromissória inserida num contrato, ou num compromisso,

---

[2050] Cf. VAN DEN BERG [1981: 285], REMIRO BROTÓNS [1984: 250 e seg.], SCHWAB/WALTER [2005: 458], SCHLOSSER [2002: Anhang § 1061 nº 76] e POUDRET/BESSON [2002: 882].

[2051] Ver autores referidos nas notas seguintes. FOUCHARD/GAILLARD/GOLDMAN [1996: 148], pronunciam-se no sentido de estas regras se aplicarem "sem limitações no espaço, que resultariam da localização destas convenções ou da arbitragem que elas preveem", e KESSEDJIAN [2000] entende tratar-se de uma regra material *de aplicação uniforme*, não sendo claro se isso significa apenas que a aplicação dessas regras não depende de normas de conflitos – como assinala SCHLOSSER [2002: Anhang §1061 nº 33] – ou também a sua aplicação a convenções de arbitragem meramente internas.

[2052] Cf. REMIRO BROTÓNS [1984: 250] e SCHLOSSER [2002: *Anhang* § 1061 nº 27].

[2053] Conjugado com a reserva prevista na 1ª parte do nº 3 do art. 1º.

[2054] Cf. VAN DEN BERG [1981: 61 e segs.], BORN [2009: 277 e segs.] e PIMENTA COELHO [1996: 45]. Cp. REMIRO BROTÓNS [1984: 250] e SCHLOSSER [2002: *Anhang* § 1061 nº 27].

assinado pelas Partes ou inserido numa troca de cartas ou telegramas" (art. 2º/2).

Na falta de assinatura do contrato que contém a cláusula compromissória ou do compromisso, o decisivo é que a convenção de arbitragem conste de uma proposta escrita, que esta proposta seja aceite por escrito e que a aceitação seja comunicada ao proponente[2055]. A aceitação não tem de se referir especificamente à convenção de arbitragem, basta a aceitação da proposta contratual no seu conjunto[2056].

VAN DEN BERG sugere ainda que se considere satisfeita a exigência de forma escrita quando o destinatário da proposta, embora não a aceite explicitamente, faça uma referência à convenção ou ao contrato que a contém num escrito posterior[2057]. Indo ao encontro desta sugestão, parece defensável que a aceitação possa ter tácita, desde que o facto concludente observe a forma escrita[2058].

Certo é que não basta uma aceitação oral nem uma aceitação tácita que não resulte de um escrito, mesmo que tal aceitação corresponda aos usos do comércio num determinado setor da atividade económica[2059].

A Convenção não exige que as cartas sejam assinadas, sendo de admitir que a sua autoria possa ser estabelecida com base noutros meios de prova[2060]. Por analogia, parece suficiente que a proposta e/ou aceitação constem de outros documentos escritos que não são assinados pela própria mão do autor, como telexes e faxes[2061] e, até, documentos eletrónicos[2062]. A convenção só mencionou os meios de comunicação que eram conhecidos à época, mas isto não impede que a sua *ratio* permita abranger os novos

---

[2055] Cf. VAN DEN BERG [1981: 196 e segs.].

[2056] Cf. VAN DEN BERG [1981: 199].

[2057] 1981: 201.

[2058] Como resulta, no Direito português, do art. 217º/2 CC.

[2059] Cf. VAN DEN BERG [1981: 206], REMIRO BROTÓNS [1984: 227], LUZZATTO [1987: nº 6], SCHLOSSER [1989: 279 e seg. e 2002: Anhang § 1061 nºs 50 e 52] e, relativamente à Lei-Modelo da CNUDCI, HOLTZMAN/NEUHAUS [1989: 260 e segs.]. Cp. FOUCHARD/GAILLARD/GOLDMAN [1996: 392]

[2060] Cf. FOUCHARD/GAILLARD/GOLDMAN [1996: 391 e seg.] e SCHWAB/WALTER [2005: 389].

[2061] Cf. VAN DEN BERG [1981: 204 e seg. e 1996a: 13] e FOUCHARD/GAILLARD/GOLDMAN [1996: 391] com referências jurisprudenciais.

[2062] Em sentido convergente PIMENTA COELHO [1996: 47 e seg.], SCHLOSSER [2002: Anhang § 1061 nº 52] e POUDRET/BESSON [2002: 157]. Cp. SCHWAB/WALTER [2005: 390].

meios de comunicação[2063]. Neste sentido vai também a Recomendação com respeito à interpretação do artigo 2º, nº 2, e do artigo 7º, nº 1, adotada pela CNUDCI em 7 de julho de 2006, na sua 39ª Sessão.

Nesta ordem de ideias, pode concluir-se que é necessário e suficiente que exista um registo das declarações escritas, seja em suporte de papel ou em suporte magnético (como um CD-ROM, um DVD ou um disco rígido). Assim, deve entender-se que constitui uma convenção escrita, no sentido da Convenção, a que resulta de uma troca de mensagens de correio eletrónico ou mesmo de um clique num campo contido num sítio da Internet que exprima a aceitação de uma cláusula geral visível na mesma página, numa página de sobreposição ou numa página para que remete uma hiperligação contida na página a que o adquirente acede para realizar a transação[2064].

Embora o ponto seja controverso, deve considerar-se suficiente a existência de uma remissão para um documento que contenha a convenção feita no contrato assinado pelas partes ou na troca de correspondência[2065]. Necessário, à luz da finalidade do art. 2º/2, é que o aderente tenha ou deva ter consciência da sua vinculação a uma convenção de arbitragem[2066].

O art. 2º da Convenção de Nova Iorque não afasta as exigências relativas à formação do consentimento e à validade substancial da convenção de arbitragem, formuladas pelo Direito aplicável a esta convenção, que não digam respeito a aspetos regulados pela Convenção[2067]. Isto inclui certas exigências formuladas pelo regime das cláusulas contratuais contido no Direito aplicável à convenção de arbitragem. Nas relações com consumidores, a inclusão de uma convenção de arbitragem no clausulado geral do fornecedor não é tão usual quanto a inclusão de uma cláusula de designação do Direito aplicável ou de jurisdição. Daí que seja mais facilmente

---

[2063] Ver também SANDERS [1996: nº 105].

[2064] Ver LIMA PINHEIRO [2005: 93 e segs.]. Ver ainda Dário MOURA VICENTE – *Problemática Internacional da Sociedade da Informação*, Coimbra, 2005, 357 e segs.

[2065] Cf. VAN DEN BERG [1981: 210], LUZZATTO [1987: nº 6], FOUCHARD/GAILLARD/GOLDMAN [1996: 292 e 391] e SCHLOSSER [2002: Anhang § 1061 nº 55].

[2066] Cf. VAN DEN BERG [1981: 210]. Sobre as exigências que devem ser postas a esta remissão ver VAN DEN BERG [1981: 215 e segs.], seguido por PIMENTA COELHO [1996: 48], RAÚL VENTURA [1986a: 19 e segs.], FOUCHARD/GAILLARD/GOLDMAN [1996: 290 e segs.] e POUDRET/BESSON [2002: 175 e segs.].

[2067] Ver SCHLOSSER [2002: *Anhang* § 1061 nºs 41 e segs.].

concebível que cláusulas compromissórias passem despercebidas aos consumidores quando não for chamada a sua atenção para estas cláusulas nas páginas a que necessariamente acedem para realizarem a transação. Isto pode ter por consequência a exclusão da cláusula geral compromissória do contrato singular (ver, designadamente, art. 8º/c da Lei das Cláusulas Contratuais Gerais portuguesa)[2068].

A convenção que não obedeça a forma escrita é inválida[2069].Todavia, deve entender-se que a parte que tenha invocado a convenção – designadamente através do uso da exceção de preterição de tribunal arbitral – não pode invocar o vício de forma, porque tal constituiria um *venire contra factum proprium*[2070]. O mesmo se diga da parte que tenha participado na constituição do tribunal arbitral ou no processo arbitral sem formular uma reserva a este respeito.

O tribunal pode não reconhecer a convenção de arbitragem se constatar "a caducidade da referida convenção, a sua inexequibilidade ou insusceptibilidade de aplicação" (art. 2º/3). Nas versões francesa e inglesa (duas das versões autênticas) este último preceito refere-se a "*caduque, inopérante ou non susceptible d'être appliquée*" e a "*null and void, inoperative or incapable of being performed*". Parece ser a versão inglesa que exprime melhor o sentido do preceito.

A "caducidade" da convenção verifica-se quando a convenção é inválida[2071].

A referência à "inexequibilidade"deve ser entendida no sentido de ineficácia, designadamente devido a revogação da convenção de arbitragem, à circunstância de o mesmo litígio entre as mesmas partes já ter sido decidido por árbitros ou por um tribunal estadual (caso julgado) ou à verificação de uma causa de caducidade da convenção segundo a lei do lugar da arbitragem[2072].

[2068] Ver, com mais desenvolvimento, LIMA PINHEIRO – "Direito aplicável aos contratos celebrados através da internet", *ROA* 66 (2006) 131-190, II.A.

[2069] Cf. SCHWAB/WALTER [2005: 389].

[2070] Cf. VAN DEN BERG [1981: 182 e segs.], SCHWAB/WALTER [2005: 391] e PIMENTA COELHO [1996: 47].

[2071] Ver VAN DEN BERG [1981: 155 e segs.].

[2072] Cf. VAN DEN BERG [1981: 155 e segs.]. Contrariamente ao defendido por este autor, a caducidade da convenção, quando diga respeito à constituição do tribunal arbitral ou ao processo de arbitragem, tem de ser determinada à face da lei que, na falta de convenção das partes, os

RECONHECIMENTO DE DECISÕES ARBITRAIS ESTRANGEIRAS

A "insuscetibilidade de aplicação" abrange casos excecionais em que a arbitragem não pode funcionar, designadamente quando as regras processuais definidas pelas partes ou, na sua omissão, pela lei do lugar da arbitragem, não permitam resolver problemas criados pela obstrução feita por uma das partes, pela escusa do árbitro designado no compromisso ou pela recusa de designação por parte da autoridade indicada na convenção de arbitragem (quando tal não constitua uma causa de caducidade da convenção)[2073].

Em consequência do reconhecimento da convenção de arbitragem o tribunal de um Estado Contratante solicitado a resolver um litígio que esteja abrangido pela convenção de arbitragem remeterá as partes para a arbitragem (art. 2º/3).

O art. 2º não impede a parte interessada de invocar o Direito interno do Estado Contratante em causa, se este for mais favorável à validade e eficácia da convenção de arbitragem (art. 7º/1)[2074]. Neste sentido vai também a Recomendação com respeito à interpretação do artigo 2º, nº 2, e do artigo 7º, nº 1, adotada pela CNUDCI em 7 de julho de 2006, na sua 39ª Sessão. Em sede de reconhecimento da decisão, porém, não pode ser invocada a validade formal da convenção de arbitragem segundo o Direito interno quando o reconhecimento seja pedido com base na Convenção de Nova Iorque[2075].

A Convenção Interamericana também contém um preceito sobre o reconhecimento da convenção de arbitragem (art. 1º). A única diferença com alcance prático entre este preceito e o contido na Convenção de Nova Iorque parece residir na omissão da regra vertida no nº 3 do art. 2º desta Convenção. Por certo que nos termos do art. 1º da Convenção Interamericana os tribunais dos Estados contratantes devem reconhecer a admissibilidade e a validade formal da convenção de arbitragem que satisfaça os requisitos aí previstos. Mas como o preceito não impõe que o tribunal estadual remeta as partes para a arbitragem, fica em dúvida se,

---

rege (a lei do lugar da arbitragem), e não segundo a lei aplicável à convenção de arbitragem, que vê o seu âmbito de aplicação limitado essencialmente aos pressupostos e requisitos do consentimento.

[2073] Cf. VAN DEN BERG [1981: 159].

[2074] Cf. VAN DEN BERG [1981: 86 e segs. e 2001: 138 e seg.], seguido por PIMENTA COELHO [1996: 52].

[2075] Cf. VAN DEN BERG [1981: 180]. Em sentido contrário, FOUCHARD/GAILLARD/GOLDMAN [1996: 155 e seg.] com mais referências.

DIREITO INTERNACIONAL PRIVADO

com base no seu Direito interno, os tribunais dos Estados contratantes podem subordinar a eficácia da cláusula compromissória à celebração de um compromisso arbitral depois de o litígio ter surgido[2076]. O ponto tem importância prática, visto que esta é, precisamente, a solução tradicional na maioria dos países latino-americanos[2077].

Por força do art. 3º da Convenção de Nova Iorque seguem-se *as regras de processo fixadas pelo Direito interno do Estado de reconhecimento,* com salvaguarda do disposto na Convenção sobre os documentos que devem ser juntos à petição (ver *supra* § 103) e aos fundamentos de recusa de reconhecimento.

A segunda parte deste preceito determina que ao reconhecimento ou à execução das sentenças arbitrais estrangeiras não serão aplicadas condições sensivelmente mais rigorosas do que as aplicadas para o reconhecimento ou a execução das sentenças arbitrais nacionais.

É necessário um esclarecimento sobre o sentido desta parte do preceito.

Em primeiro lugar, as "condições" de reconhecimento que estão aqui em causa são as regras processuais de reconhecimento e não as condições de reconhecimento que são fixadas taxativamente pela Convenção[2078].

Em segundo lugar, levanta-se a questão de saber se às sentenças arbitrais "estrangeiras"deve ser aplicado o regime do art. 42º/7 NLAV que atribui às sentenças arbitrais "nacionais" a mesma eficácia que a sentença de um tribunal estadual, independentemente de qualquer processo de reconhecimento.

Os trabalhos preparatórios da Convenção demonstram que a intencionalidade normativa não é a de assegurar uma equiparação das sentenças estrangeiras às sentenças nacionais mas a de garantir que o processo de reconhecimento das sentenças estrangeiras não é sensivelmente mais one-

---

[2076] Cf. VAN DEN BERG [1981: 102]. Em sentido afirmativo, GARRO [1984] e JACKSON JR. [1991: 95 e seg.]. Cp. GAMA E SOUZA JR. [1998: 383 e segs.], que se pronuncia no sentido de uma interpretação "construtiva" que confira à cláusula compromissória "eficácia executiva".

[2077] Ver GAMA E SOUZA JR., op. cit., 379. Na base desta solução parece estar a qualificação da cláusula compromissória como contrato-promessa, também seguida pela doutrina dominante entre nós antes da LAV – ver RAÚL VENTURA [1986: 296 e segs.] – embora com consequências diversas, por força do regime legal aplicável que facultava o recurso ao tribunal para a constituição do tribunal arbitral se uma das partes não celebrasse o compromisso.

[2078] Cf. VAN DEN BERG [1981: 239 e seg.].

roso que o estabelecido para as sentenças nacionais[2079]. Ora, isto pressupõe que o reconhecimento das sentenças "nacionais" depende de um processo prévio e não é aplicável quando tal não se verifica[2080].

Quando atribui às sentenças arbitrais "nacionais" a mesma eficácia que a sentença de um tribunal estadual, o legislador português pressupõe que a arbitragem, porque realizada em Portugal, está sujeita às diretrizes da ordem jurídica portuguesa sobre o regime jurídico da arbitragem. Isto não se verifica com as sentenças arbitrais "estrangeiras", razão por que o seu reconhecimento deve depender de um controlo prévio por um tribunal judicial português.

Além disso, as decisões arbitrais "nacionais" estão sujeitas a controlo pelos tribunais estaduais portugueses por via da ação de anulação, o que não se verifica com as decisões arbitrais "estrangeiras" (cf. art. 59º/1/g NLAV), e a um controlo mais amplo em sede de oposição à execução do que as decisões arbitrais "estrangeiras", como já foi assinalado e será adiante retomado.

Portanto, segundo a interpretação correta do preceito, um Estado que não sujeita o reconhecimento das sentenças "nacionais" a um processo prévio não está impedido de sujeitar o reconhecimento das sentenças arbitrais "estrangeiras" a um regime processual especial ou ao regime processual aplicável em geral ao reconhecimento das sentenças estrangeiras. Uma vez que o legislador português não fez acompanhar a ratificação da Convenção de Nova Iorque de qualquer indicação sobre o regime processual aplicável, o reconhecimento fica sujeito ao regime processual dos arts. 57º e 58º NLAV[2081].

[2079] Ver VAN DEN BERG [1981: 235 e segs.].

[2080] No mesmo sentido PIMENTA COELHO [1996: 65] e BRIGUGLIO [1999: 182 e seg.].

[2081] Cf., relativamente ao regime processual dos arts. 1094º e segs. CPC, RLx 8/6/2010 [in http://www.dgsi.pt/jtrl.nsf]. No mesmo sentido PIMENTA COELHO [1996: 65] e MARQUES DOS SANTOS [2002: 588 e seg.]. Ver também BRIGUGLIO [1999: 183 e segs.]. À face do regime constante dos arts. 1094º e segs. CPC, devia entender-se que só se aplicavam as regras de processo daí resultantes; os fundamentos de recusa de reconhecimento são exclusivamente definidos pela Convenção de Nova Iorque e, por conseguinte, não havia lugar ao controlo das condições estabelecidas pelo art. 1096º CPC - cp., porém, MARQUES DOS SANTOS [2002: 588 e seg.] e STJ 19/3/2009 [Rev. Int. de Arbitragem e Conciliação 3 (2010) 145] com an crítica de JOSÉ MIGUEL JÚDICE e ANTÓNIO PEDRO PINTO MONTEIRO.

DIREITO INTERNACIONAL PRIVADO

A segunda parte do art. 3º, porém, tem um sentido útil mesmo nos Estados Contratantes em que o reconhecimento das sentenças "nacionais" não depende de um processo prévio. Com efeito, o preceito determina também que à *execução* das sentenças arbitrais abrangidas pela Convenção não serão aplicadas quaisquer condições sensivelmente mais rigorosas, nem custas sensivelmente mais elevadas. Estes Estados Contratantes tanto podem reconhecer automaticamente os efeitos de decisões arbitrais "estrangeiras" nos mesmos termos que as "nacionais"[2082], como subordinar o reconhecimento de efeitos e/ou a força executiva a um processo prévio, estabelecido exclusivamente para as sentenças "estrangeiras". Contudo, as regras processuais aplicáveis à execução das sentenças "estrangeiras" não podem ser sensivelmente mais rigorosas do que as aplicáveis às sentenças "nacionais".

Outro problema é o que resulta da possibilidade de sentenças arbitrais serem "estrangeiras" segundo o critério da Convenção e "nacionais" perante a NLAV. Caso se interpretasse literalmente o art. 1º da Convenção, no que toca à determinação do lugar em que a sentença é proferida, tal verificar-se-ia com as sentenças que resultando de arbitragem que tenha tido lugar em Portugal venham a ser proferidas no território de outro Estado Contratante. A Convenção prevalece sobre a lei ordinária interna[2083]. Mas de acordo com o art. 7º/1 da Convenção o requerente tem a faculdade de promover o reconhecimento e a execução da sentença arbitral com base no Direito interno do Estado de reconhecimento se este lhe for mais favorável[2084]. Por conseguinte estas sentenças seriam exequíveis nos mesmos termos que as sentenças que, resultando de arbitragem "localizada" em Portugal, sejam aqui proferidas[2085]. De acordo com o anteriormente exposto, porém, deve entender-se que a sentença é proferida no lugar ou sede da arbitragem, razão por que, em princípio, este problema não se coloca.

[2082] Como sucede, no Direito inglês, com o efeito de caso julgado – cf. *Dicey, Morris and Collins* [2006: 753-754 e 757]. O art. 5º da Convenção também é aplicável quando o reconhecimento, embora automático, seja suscitado incidentalmente num processo judicial – cf. SCHLOSSER [2002: *Anhang* § 1061 nº 72].

[2083] Cp. MARQUES DOS SANTOS [1997: 115].

[2084] Ver VAN DEN BERG [1981: 81 e segs.].

[2085] Em sentido convergente PIMENTA COELHO [1996: 64].

O tribunal português competente para o reconhecimento da decisão arbitral "estrangeira" sujeita ao regime da Convenção de Nova Iorque é, nos termos do art. 59º/1/h NLAV (como já o era perante o art. 1095º CPC) o Tribunal da Relação em cujo distrito se situe o domicílio da pessoa contra quem se pretende fazer valer a sentença, ou, tratando-se de litígio que, segundo o Direito português, esteja compreendido na esfera de jurisdição dos tribunais administrativos, o Tribunal Central Administrativo em cuja circunscrição se situe o domicílio da pessoa contra quem se pretende fazer valer a sentença (art. 59.º/2 NLAV). Não tem qualquer fundamento jurídico-positivo a posição, seguida pela jurisprudência, que atribui essa competência ao tribunal de 1ª instância[2086].

No art. 5º são taxativamente fixadas as condições de que depende a obrigação de reconhecer e executar as sentenças arbitrais "estrangeiras". O art. 5º está formulado negativamente, indicando os fundamentos para a recusa de reconhecimento e de execução.

Uma parte destes fundamentos de recusa de reconhecimento e de execução depende de alegação e prova pela parte requerida (nº 1). Os restantes fundamentos (inarbitrabilidade e contrariedade à ordem pública internacional) são de conhecimento oficioso (nº 2).

São os seguintes os fundamentos de recusa de reconhecimento e de execução.

Primeiro, a *incapacidade das partes para celebrar a convenção de arbitragem* "nos termos da lei que lhes é aplicável" (nº 1/a/1ª parte). A lei aplicável à capacidade é determinada, em princípio, pelo Direito de Conflitos do Estado de reconhecimento, não sendo necessariamente a lei pessoal[2087].

Este conceito de "capacidade" abrange as questões relativas à suscetibilidade de celebração de convenções de arbitragem por Estados ou entes públicos autónomos (arbitrabilidade subjetiva)[2088]. Não decorre

---

[2086] Ver STJ 22/4/2004 [*CJ/STJ* (2004-II) 50] e 20/6/2006 [*CJ/STJ* (2006-I) 117], REv 31/1/2008 [*CJ* (2008-I) 252], RLx 20/2/1997 [*CJ* (1997-I) 135] e RPt 29/6/1999 [*BMJ* 488: 411], 24/10/2002 [*CJ* (2002-IV) 186], 5/5/2005 [*CJ* (2005-III) 159] e 21/6/2005 [*in http://www.dgsi.pt/jtrp.nsf*]. Como decorre do anteriormente exposto, o art. 3º da Convenção não fornece qualquer apoio à posição da jurisprudência, visto que pressupõe que a eficácia das decisões arbitrais nacionais está subordinada a um processo prévio de reconhecimento, nada dispondo, quanto ao reconhecimento, quando este pressuposto não se verifique.

[2087] Cf. VAN DEN BERG [1981: 276 e seg.].

[2088] Cf. VAN DEN BERG [1981: 278] e SCHWAB/WALTER [2005: 394].

DIREITO INTERNACIONAL PRIVADO

daí que estas questões tenham de ser apreciadas segundo a lei pessoal destes entes, uma vez que a *lei aplicável* não é necessariamente a lei pessoal. Como a Convenção não indica a lei reguladora da capacidade, nada parece impedir que o tribunal de reconhecimento aplique a lei da sede da arbitragem ou, até, a sua própria lei[2089]. Por conseguinte, a Convenção não parece colidir com a atuação, pelos tribunais de reconhecimento, de regras materiais sobre a arbitrabilidade subjetiva, contidas na lei do foro, que sejam aplicáveis a todas as arbitragens transnacionais[2090]. Como não colide com a aplicação das regras que nesta matéria foram desenvolvidas pela própria jurisprudência arbitral.

Segundo, *a invalidade da convenção de arbitragem válida* à face do art. 2º, nos termos anteriormente expostos (nº 1/a/1ª parte). Isto inclui não só a validade formal mas também o requisito da determinação da relação jurídica que resulta do nº 1 do art. 2º.

Terceiro, *a invalidade substancial da convenção de arbitragem* perante a lei a que as partes a subordinaram ou, na falta de designação, a lei do país em que a sentença foi proferida (nº 1/a/2ª parte)[2091]. A validade substancial prevista nesta alínea limita-se essencialmente à formação e validade do consentimento[2092].

Com efeito, a admissibilidade da convenção de arbitragem decorre diretamente da Convenção e a questão da arbitrabilidade está contemplada no nº 2/a[2093]. Como a Convenção de Nova Iorque delega na vontade das partes a regulação da constituição do tribunal arbitral e do processo de arbitragem (art. 5º/1/d), só muito limitadamente se pode suscitar um problema de determinação do Direito aplicável quanto à validade substancial. Será o caso de requisitos do conteúdo da convenção da arbitragem que não digam respeito à determinação da relação jurídica, nem à constituição do tribunal, nem ao processo de arbitragem[2094].

[2089] Cp. RENÉ DAVID [1982: 249 e seg.] e REMIRO BROTÓNS [1984: 223].

[2090] Ver FOUCHARD/GAILLARD/GOLDMAN [1996: 1000]; cp. SCHWAB/WALTER [2005: 394].

[2091] Ver VAN DEN BERG [1981: 287 e segs.].

[2092] Cf. VAN DEN BERG [1981: 290].

[2093] Cf. VAN DEN BERG [1981: 288 e seg.]; cp. POUDRET/BESSON [2002: 883].

[2094] Ver, relativamente ao "controlo do conteúdo", SCHLOSSER [2002: *Anhang* § 1061 nº 42].

A designação pelas partes do Direito aplicável ao contrato principal também vale, em princípio, para a cláusula compromissória[2095]. Não se vê razão para apreciar a formação e a validade do consentimento e a interpretação da cláusula compromissória segundo um Direito diferente daquele que rege essas questões com respeito ao conjunto do contrato. Alguns autores pronunciam-se em sentido contrário[2096], mas a sua argumentação não toma em conta que estão essencialmente em causa questões relativas à formação e validade do consentimento, à interpretação e à eficácia obrigacional das convenções de arbitragem internacionais. Claro que o problema se colocaria a uma outra luz se a admissibilidade ou a eficácia processual da convenção colocassem um problema de Direito aplicável. Mas não é isso, como vimos, que se verifica dentro do âmbito de aplicação da Convenção de Nova Iorque[2097].

É igualmente claro que nada impede as partes de submeterem a cláusula compromissória a um Direito diferente daquele que rege o conjunto o contrato[2098].

Já se defendeu que só é relevante, neste contexto, uma designação expressa[2099]. Todavia, não se vê razão alguma para negar a relevância de uma vontade real tacitamente manifestada[2100].

A estipulação do lugar da arbitragem também não constitui um indício importante de uma vontade tácita de aplicação do Direito do lugar da arbitragem à cláusula compromissória[2101].

Quarto, *se a parte requerida não tiver sido devidamente informada quer da designação do árbitro quer do processo de arbitragem, ou tiver sido impossibilitada, por outro motivo, de apresentar a sua contestação* (nº 1/b).

As opiniões dividem-se sobre a questão de saber se este preceito deve ser interpretado e aplicado autonomamente ou com recurso ao Direito do foro. Creio que é de preferir a primeira opinião, uma vez que só muito

---

[2095] Cf. MAYER [1998: 367 e seg.], MUSTILL/BOYD [1989: 62 e seg.], BLACKABY/PARTASIDES/REDFERN/HUNTER [2009: nºs 3.12 e segs.].

[2096] Ver FOUCHARD/GAILLARD/GOLDMAN [1996: 239], VAN DEN BERG [1981: 293], SCHLOSSER [1989: 192 e seg. e 2002: *Anhang* § 1061 nº 77] e VON HOFFMANN [1994: 151].

[2097] Cp., fora do âmbito de aplicação da Convenção de Nova Iorque, o art. 51º NLAV.

[2098] Cf. MAYER [1998: 367].

[2099] Neste sentido, REMIRO BROTÓNS [1984: 224].

[2100] Cf. SCHLOSSER [2002: *Anhang* § 1061 nº 77].

[2101] Cp. VAN DEN BERG [1981: 293].

DIREITO INTERNACIONAL PRIVADO

limitadamente os árbitros se podem orientar pelo Direito do Estado (ou de um dos Estados) em que é previsível que a decisão seja, em caso de necessidade, executada[2102].

Quinto, que *o diferendo não seja abrangido pela convenção de arbitragem ou que a decisão extravase os termos da convenção de arbitragem*[2103]. Se o conteúdo da sentença referente a questões submetidas a arbitragem puder ser destacado do referente a questões não submetidas a arbitragem, o primeiro poderá ser reconhecido e executado (nº 1/c).

Esta previsão abrange a hipótese de a decisão dizer respeito a um litígio que não é abrangido pela convenção de arbitragem ou não se limitar às questões submetidas pelas partes[2104]. Deve entender-se que o preceito já não abrange o desrespeito de diretivas contidas na convenção de arbitragem ou no contrato, designadamente as estipulações sobre o Direito aplicável, nem o proferimento de uma decisão segundo a equidade não autorizada pelas partes[2105].

[2102] Cf. FOUCHARD/GAILLARD/GOLDMAN [1996: 1001] e POUDRET/BESSON [2002: 887]. Ver também STJ 2/2/2006 [*in http://www.dgsi.pt/jstj.nsf*]. Cp. VAN DEN BERG [1981: 298] e PIMENTA COELHO [1996: 57]. Sobre a questão de saber se uma violação do princípio do contraditório só é relevante se tiver influência sobre da decisão do litígio (exigência de causalidade), cp., em sentido afirmativo, SCHLOSSER [2002: *Anhang* § 1061 nº 82], com mais referências, e, em sentido contrário, FOUCHARD/GAILLARD/GOLDMAN [1996: 1003]. Sobre as notificações no processo arbitral ver FERNÁNDEZ ROZAS [2002: 151 e segs.].

[2103] Sobre as diferenças que se verificam entes as diversas versões nacionais da Convenção, ver SCHLOSSER [2002: *Anhang* § 1061 nºs 113 e seg.].

[2104] Cf. VAN DEN BERG [1981: 314 e segs.].

[2105] Cf. GAILLARD [1992: nº 39] e SCHWAB/WALTER [2005: 459-460] e, em sentido convergente, BATIFFOL/LAGARDE [1983: 587] e FOUCHARD/GAILLARD/GOLDMAN [1996: 1004]. Em sentido diferente, CHRISTIAN VON BAR/MANKOWSKI [2003: 87]; SCHLOSSER [1989: 626 e seg.] assinalando, todavia, que parece não ter havido até ao momento nenhuma decisão judicial que tenha negado o reconhecimento com base na aplicação de critérios de decisão incorretos ao abrigo deste preceito; Id. [2002: *Anhang* § 1061 nº 119]; REMIRO BROTÓNS [1984: 238]. A interpretação do referido preceito realizada pelos autores de diferentes países é bastante influenciada pela posição adotada com respeito à *lex mercatoria* pelo respetivo Direito Internacional Privado nacional, o que pode conduzir a resultados indesejáveis. Com efeito, o reconhecimento de uma decisão que, na falta de designação pelas partes do Direito aplicável, se baseou inteira ou parcialmente em regras ou princípios transnacionais, será negado nos tribunais de um Estado cuja ordem jurídica adote uma posição menos favorável à aplicação da *lex mercatoria* na arbitragem comercial internacional, mesmo que tal seja permitido por todas

Embora a Convenção só preveja um reconhecimento e execução parcial relativamente a esta condição de reconhecimento, tal possibilidade também existe perante outras condições de reconhecimento, quando apenas uma parte separável da decisão as preencher[2106].

Sexto, quando o tribunal se tenha constituído ou funcionado em desconformidade com a convenção das partes ou, se as partes não dispuseram sobre o ponto, em desconformidade com a lei do país em que teve lugar a arbitragem (nº 1/d)[2107].

Sublinhe-se que o tribunal só tem de se constituir e funcionar em conformidade com a lei do país em cujo território se realiza a arbitragem *se as partes não regularam o ponto*. O Estado Contratante está obrigado a reconhecer a sentença de tribunal arbitral que se constituiu e funcionou exclusivamente segundo as regras fixadas pelas partes[2108].

As partes podem regular o processo diretamente ou mediante remissão para complexos normativos de qualquer natureza, designadamente o regulamento de uma instituição arbitral.

O respeito das regras e princípios processuais imperativos do Estado em que a arbitragem tem sede só é assegurado na medida em que a suspensão ou anulação da sentença por parte das autoridades deste Estado

---

as leis para que a Convenção remete: a aplicável à convenção de arbitragem, a do lugar onde se realizou a arbitragem e a do lugar onde a sentença foi proferida (se não coincidir necessariamente com a lei do lugar da arbitragem). Este resultado é completamente contrário à ideia segundo a qual os árbitros devem ter em conta os critérios de determinação do Direito aplicável na arbitragem transnacional estabelecidos nas ordens jurídicas que apresentam certos laços especialmente importantes com a arbitragem.

[2106] Ver também POUDRET/BESSON [2002: 924].

[2107] FOUCHARD/GAILLARD/GOLDMAN [1996: 655 e seg.] pronunciam-se criticamente em relação a esta condição de reconhecimento.

[2108] É este o entendimento largamente dominante – cf. GENTINETTA [1973: 301 e seg.]; VAN DEN BERG [1981: 33, 265 e 269 e segs.]; REMIRO BROTÓNS [1984: 229 e segs.]; GAJA [1978/2002: I.C.3]; LUZZATTO [1987b: nºs 9 e 14 e segs.]; RENÉ DAVID [1987: 120]; SCHLOSSER [1989: 49 e seg. e 346 e segs. e 2002: *Anhang* § 1061 nº 122]; BERGER [1993: 541]; FOUCHARD/GAILLARD/GOLDMAN [1996: 1006]; SCHWAB/WALTER [2005: 406 e 424]; LIMA PINHEIRO [1998: 606 e seg.]; PIMENTA COELHO [1996 59]. Em sentido diferente, *Dicey, Morris and Collins* [2006: nºs 16-029 e segs. e nº 16-138], BLACKABY/PARTASIDES/REDFERN/HUNTER [2009: nº 6.16] e POUDRET/BESSON [2002: 891 e seg.], entendendo que a autonomia das partes na escolha do processo arbitral está sujeita às regras imperativas do Direito da sede da arbitragem, razão por que poderia ser recusado o reconhecimento de uma decisão arbitral "estrangeira" que não tenha sido proferida em conformidade com o Direito aplicável ao processo arbitral.

DIREITO INTERNACIONAL PRIVADO

constitui, em princípio, fundamento de recusa de reconhecimento (art. 5º/1/e) ou, caso a decisão não seja suspensa ou anulada, se a ordem pública internacional do Estado de reconhecimento incluir regras e princípios semelhantes (art. 5º/2/b)[2109].

A hipótese de o tribunal arbitral se ter desviado da convenção das partes para atender a normas imperativas sobre o processo arbitral contidas na lei do país em que se realiza a arbitragem não é contemplada pela Convenção de Nova Iorque. Isto significa, em minha opinião, que a Convenção não obriga os tribunais dos Estados contratantes a reconhecer a decisão arbitral proferida nestas circunstâncias, mas também não impede que o façam com base no seu Direito interno[2110]. Perante o Direito português nada parece obstar ao reconhecimento de tal decisão arbitral.

Em princípio, o Estado de reconhecimento não pode controlar o Direito que foi aplicado pelos árbitros ao mérito da causa. Mas a arbitragem voluntária tem um fundamento contratual e, por isso, os árbitros devem respeitar o estipulado pelas partes sobre o Direito aplicável. Entendo que a manifesta inaplicação pelos árbitros do Direito designado pelas partes pode ainda ser vista como uma desconformidade processual. Dificilmente se compreenderia que a inobservância de preceitos processuais constitua fundamento de recusa de reconhecimento e que o mesmo não se verifique relativamente à violação da convenção sobre o Direito aplicável ao fundo da causa, que se afigura mais grave. A jurisprudência e os comentadores da Convenção não são, porém, conclusivos a este respeito[2111].

Na omissão das partes, a constituição do tribunal e o processo arbitral têm de observar o disposto na lei do lugar da arbitragem. Oferece dúvida se o lugar da arbitragem deve ser sempre entendido no sentido de lugar onde se realizou o processo arbitral ou pode relevar o lugar estipulado pelas partes ou fixado pelos árbitros mesmo que o processo decorra principal ou exclusivamente noutro país (sede convencional da arbitragem)[2112]. Num primeiro momento inclinei-me para a primeira interpretação, mas perante

---

[2109] Cf. VAN DEN BERG [1981: 366 e segs.] e LUZZATTO [1987b: nºs 10 e 16].

[2110] Cp. *Dicey, Morris and Collins* [2006: 767].

[2111] Cp. VAN DEN BERG [1981: 322 e segs.], FOUCHARD/GAILLARD/GOLDMAN [1996: 1003] e CHRISTIAN VON BAR/MANKOWSKI [2003: 87].

[2112] No sentido da sede convencional da arbitragem apontam VAN DEN BERG [1981: 295], FOUCHARD/GAILLARD/GOLDMAN [1996: 1006] e SCHLOSSER [2002: *Anhang* § 1061 nº 123].

a possibilidade de a arbitragem se realizar em vários Estados ou à distância parece inevitável que se deva atender nestes casos à sede convencional.

Assim, de harmonia com o entendimento anteriormente seguido com respeito à delimitação do âmbito espacial de aplicação da Convenção, creio que se deve atender, em primeira linha, ao lugar da arbitragem fixado pelas partes ou, na sua omissão, pelos árbitros, mesmo que uma parte do processo se realize noutro país. Já se o processo arbitral decorrer essencialmente num país diferente daquele em que se localiza o lugar indicado pelas partes ou pelos árbitros para a arbitragem, com o consentimento expresso ou tácito das partes, deve considerar-se que a arbitragem teve lugar neste país.

Este entendimento também se ajusta à tendência de evolução no sentido de delimitar o âmbito de regulação e controlo estadual da arbitragem com base no critério da sede convencional[2113].

Sétimo, que *a sentença não se tenha tornado "obrigatória" para as partes ou tenha sido anulada ou suspensa* por uma autoridade competente do país no qual, ou segundo a lei do qual, a sentença foi proferida (nº 1/e).

Este fundamento de recusa de reconhecimento já foi anteriormente objeto de um exame parcial, dando-se aqui por reproduzido o que ficou exposto.

Pode dizer-se que só releva perante o regime convencional o controlo judicial exercido por autoridades estaduais cuja competência se funda em certos elementos de conexão (lugar em que a decisão é proferida ou designação pelas partes). Já não encontra um mínimo de apoio no texto da Convenção o entendimento, seguido pela doutrina dominante[2114], de que da Convenção resulta a atribuição de competência internacional exclusiva aos tribunais do país em que, ou segundo a lei do qual, a decisão foi proferida.

Este entendimento depara de resto com duas dificuldades. Por um lado, pressupõe que se considere a decisão proferida no Estado da sede da arbitragem, sob pena de a competência atribuída a estes tribunais pelos

---

[2113] Ver LIMA PINHEIRO [2005: 344 e segs.].

[2114] Ver VAN HECKE [1973: 360], VAN DEN BERG [1981: 20 e 349 e seg.], FOUCHARD/ GAILLARD/GOLDMAN [1996: 993], FERNÁNDEZ ROZAS [2002: 189] e, entre nós, PAULA COSTA E SILVA [1992: 912 e n 53] e PIMENTA COELHO [1996: 60]. Cp. SCHLOSSER [2002: *Anhang* § 1061 nº 131a].

DIREITO INTERNACIONAL PRIVADO

principais sistemas ser contrária à Convenção. Por outro lado, para ser coerente, este entendimento deveria implicar que os tribunais da sede da arbitragem não fossem competentes quando as partes submetam a decisão a outra lei e esta aceite a sua competência, o que não é hoje admitido pela maioria dos sistemas.

Em matéria de competência internacional para a anulação da decisão pode quando muito inferir-se da Convenção um dever de facultar a tutela judicial no Estado onde a arbitragem tem sede, o que naturalmente pressupõe que a decisão se considere proferida neste lugar[2115].

Se foi requerida a anulação ou suspensão da decisão às autoridades estaduais referidas neste preceito, mas esta ainda não foi decretada, o tribunal do Estado de reconhecimento tem a faculdade de adiar a declaração de executoriedade ou, a solicitação da requerente, de exigir da outra parte a prestação de garantias adequadas (art. 6º).

Com a referência à "obrigatoriedade" da decisão pretende-se tornar claro que não se pode exigir, para o reconhecimento, uma declaração de executoriedade ou uma homologação no país de origem[2116]. De resto é muito controverso o que se deve entender por decisão "obrigatória" e, designadamente, se a "obrigatoriedade" deve depender da lei do país de origem da decisão ou ser objeto de uma interpretação autónoma.

Contra a dependência da lei do país de origem faz-se valer que ela não tem suficiente apoio na letra da al. e) e que levaria, no caso de esta lei sujeitar a decisão a declaração de executoriedade ou a homologação, ao "duplo *exequatur*" que o legislador internacional quis evitar.

Segundo uma tese, que se baseia nesta interpretação autónoma, a decisão pode ser considerada "obrigatória" a partir do momento que não é suscetível de recurso ordinário[2117].

[2115] Ver também SCHWAB/WALTER [2005: 466-467].

[2116] Cf. VAN DEN BERG [1981: 337 e segs.] e REMIRO BROTÓNS [1984: 234 e seg.].

[2117] Ver VAN DEN BERG [1981: 338 e segs.], seguido por PIMENTA COELHO [1996: 60]; BATIFFOL/LAGARDE [1983: 578]; REMIRO BROTÓNS [1984: 234, mas cp. 235]; BLACKABY/PARTASIDES/REDFERN/HUNTER [2009: nº 11.85]. No mesmo sentido, ver *Cass.* belga 5/6/1998 [*R. arb.* (1998) 715 an aprovadora de LINSMEAU]. Uma interpretação autónoma ainda mais liberal entende que só não seriam obrigatórias as sentenças suscetíveis de recurso para uma instância arbitral de segundo grau ou que pronunciam uma condenação subordinada à ocorrência de outros eventos – cf. RENÉ DAVID [1982: 553] e *Dicey, Morris and Collins* [2006: 767-768].

RECONHECIMENTO DE DECISÕES ARBITRAIS ESTRANGEIRAS

Outros autores contrapõem que a distinção entre recursos ordinários e extraordinários foi discutida, e abandonada, durante a elaboração da Convenção[2118], que o caráter "obrigatório" da decisão tem de resultar de um sistema jurídico e que não está subjacente à Convenção a intenção de atribuir o caráter "obrigatório" a uma decisão "estrangeira" por forma totalmente deslocalizada[2119].

Nesta ordem de ideias, deveria averiguar-se face à lei do país de origem se a decisão, abstraindo da exigência de uma declaração de executoriedade ou homologação, é vinculativa[2120]. Alguns autores exigem ainda que a execução da decisão seja possível no país de origem[2121].

Dentro desta linha, defendi na primeira edição desta obra que a decisão deve ser considerada "obrigatória" quando vincula as partes, como ato jurisdicional, segundo a lei do país de origem.

Ulteriores reflexões levaram-me, porém, a alterar a minha posição em sentido favorável à tese referida em primeiro lugar. A omissão da referência aos "meios de recurso ordinário" no texto final da Convenção parece dever-se tão-somente à circunstância de a distinção entre recursos ordinários e extraordinários ser estranha a alguns sistemas nacionais[2122]. Do exame dos trabalhos preparatórios da Convenção não resulta que o reconhecimento e a execução devam depender da eficácia da decisão segundo a lei do país de origem. O significado da conexão entre a arbitragem e o país de origem da decisão é muito variável, razão por que não se justifica que o reconhecimento e a execução da decisão dependam da eficácia da decisão perante a lei do país de origem.

[2118] Cf. FOUCHARD/GAILLARD/GOLDMAN [1996: 989].

[2119] Cf. FOUCHARD/GAILLARD/GOLDMAN [1996: 990].

[2120] Cf. GAJA [1978/1995: I.C.4], BENTO SOARES/MOURA RAMOS [1986: 435], SCHLOSSER [1989: 571 e segs. e 2002: Anhang § 1061 nº 127], GAILLARD [1992: nºs 21 e segs.] e SCHWAB/WALTER [2005: 465-466], entendendo que não basta a indisponibilidade de um meio de atacar judicialmente a sentença, sendo necessário que a mesma tenha eficácia vinculativa ou possa ser declarada executória no Estado de origem. A nulidade ou ineficácia obrigacional da sentença podem assim constituir fundamento de oposição ao reconhecimento. Os defensores deste entendimento já divergem quanto à questão de saber se o caráter "obrigatório" depende de a decisão já não ser anulável – neste sentido, SCHWAB/WALTER [2005: 465]; contra FOUCHARD/GAILLARD/GOLDMAN [1996: 992].

[2121] Cf. SCHWAB/WALTER [2005: 465].

[2122] Cf. VAN DEN BERG [1981: 342].

DIREITO INTERNACIONAL PRIVADO

Por certo que os efeitos que a decisão pode produzir no Estado de reconhecimento devem ser previsíveis para as partes. Por isso, a decisão só deve ser considerada "obrigatória" se as partes tiverem atribuído aos árbitros a missão de proferir uma decisão com eficácia jurisdicional[2123]. Isto pode suscitar problemas de interpretação do acordo celebrado pelas partes, mas estes problemas surgem sempre que se suscita a dúvida sobre a natureza jurisdicional ou meramente obrigacional dos poderes atribuídos a terceiro na composição de um litígio.

Alguns autores criticam esta condição de reconhecimento, por entenderem que o reconhecimento de uma decisão arbitral não deve depender dos fundamentos de impugnação estabelecidos no "país de origem" e que esta dependência prejudica a "verdadeira internacionalização da arbitragem"[2124].

Esta crítica suscita reservas perante sistemas nacionais que admitem a impugnação das decisões arbitrais proferidas em arbitragens que têm lugar ou sede no seu território, como sucede com a maioria dos principais sistemas. O ordenamento de um Estado, se concede meios de impugnação judicial das decisões proferidas em arbitragens que apresentam certo elemento de conexão com a sua esfera social, também tem de reconhecer a competência dos tribunais de outros Estados para

---

[2123] A seguir-se o entendimento aqui propugnado, não se trata de averiguar se a decisão tem eficácia jurisdicional ou meramente obrigacional perante a lei do país de origem, mas se as partes quiseram submeter o litígio a uma verdadeira arbitragem ou atribuir a terceiro uma mera função contratual, como sucede na dita "arbitragem contratual". Claro é que para interpretar o acordo das partes pode ser necessário ter em conta a cultura jurídica do país em que a "arbitragem" se realiza, especialmente quando ambas as partes estiverem inseridas nesse meio sócio-cultural. Assim, se a estipulação das partes for no sentido da realização de uma "arbitragem irritual", tal como é concebida pela doutrina e jurisprudência italianas, a decisão não é reconhecível, independentemente da eficácia da decisão no país de origem – ver também VAN DEN BERG [1981: 46 e segs.]. Em sentido diferente se pronunciam alguns autores que entendem ser suficiente a eficácia obrigacional da decisão no país de origem – ver MINOLI [1958: 960], LUZZATTO [1987: nº 15], SCHLOSER [1989: 560], BRIGUGLIO [1999: 280] e Dicey, Morris and Collins [2006: nº 16-126]. Outros autores negam a reconhecibilidade das decisões proferidas nas "arbitragens irrituais" realizadas na Itália, por não terem eficácia jurisdicional no país de origem – cf. GAJA [loc. cit.] e SCHWAB/WALTER [2005: 466].

[2124] Ver BLACKABY/PARTASIDES/REDFERN/HUNTER [2009: nºs 11.87 e segs.] e PIMENTA COELHO [1996: 68].

RECONHECIMENTO DE DECISÕES ARBITRAIS ESTRANGEIRAS

a impugnação judicial das decisões proferidas em arbitragens que apresentam a mesma conexão com estes Estados. O elemento de conexão lugar ou sede da arbitragem é o mais adequado e, por isso, a solução retida pela Convenção é de aprovar.

De resto, em última análise o reconhecimento e a execução de uma decisão anulada no Estado onde foi proferida dependem sempre do Direito interno do Estado de reconhecimento, por duas razões. Por um lado, o art. 5º limita-se a obrigar os Estados Contratantes a reconhecer e executar as decisões arbitrais que preencham certos pressupostos. Nada obsta a que os Estados Contratantes sejam mais permissivos no reconhecimento e execução[2125]. Por outro lado, o art. 7º/1 da Convenção permite que o requerente promova o reconhecimento e a execução com base no Direito interno do Estado de reconhecimento[2126].

Portanto, os tribunais de um Estado Contratante da Convenção de Nova Iorque podem reconhecer e executar decisões anuladas no Estado onde foram proferidas se o Direito interno o permitir[2127]. É o que se tem verificado, entre outros, com os tribunais franceses[2128] e com alguns tribunais estadounidenses[2129].

[2125] Ver, designadamente, SCHLOSSER [2002: *Anhang* § 1061 nº 73].

[2126] Ver VAN DEN BERG [1981: 81 e segs.].

[2127] Cf. BLACKABY/PARTASIDES/REDFERN/HUNTER [2009: nº 11.91], FOUCHARD/GAILLARD/GOLDMAN [1996: 993 e seg.] e BORN [2009: 2676-2677]. Para um panorama das soluções adotadas a este respeito em diversos sistemas, ver KRONKE/NACIMIENTO/OTTO/PORT/ DARWAZEH [2010: 324 e segs.].

[2128] Cf. FOUCHARD/GAILLARD/GOLDMAN [1996: 154 e seg. e 929] e GAILLARD [1998: 649 e segs.] e referências aí contidas. Os autores sugerem que só as decisões internas anuladas no país de origem não podem ser reconhecidas com base no Direito interno francês. Mas a *Cour de cassation* no ac. 17/10/2000, proferido no caso *Asecna* [*R. arb.* (2000) 648 an crítica de MAYER], entendeu que esta distinção não é relevante e que pode ser atribuída força executiva em França à decisão interna suspensa no país de origem. Ver ainda acs. da *Cour de cassation* 29/6/2007 no caso *Putrabali* (2007) [*R. arb.* (2007) 508], afirmando que "la sentence international, qui n'est rattachée à auncun ordre juridique étatique, est une décision de justice internationale dont la régularité est examinée au regard des règles applicables dans le pays où sa reconnaissance et son exécution sont demandées".

[2129] Cf. *Chromalloy Aeroservices Inc. v. Egypt* (1996) [*Yb. Comm. Arb.* 22 (1997) 1001] USDC D., Columbia e *Karaha Bodas Company (Cayman Islands) v. Persusahaan Pertambangan Minyak Dan Gas Bumi Negara et al. (Indonesia)* (2003) [335 F.3d 357] USCA, Fifth Circuit, nº 101. Mas cp.,

DIREITO INTERNACIONAL PRIVADO

Contudo, é dificilmente compreensível que o façam se o requerente não invocar o Direito interno e se o regime da Convenção Nova Iorque vigorar na ordem jurídica interna sem quaisquer modificações. O entendimento, seguido pela *Cour de cassation* francesa[2130] e pelo BGH alemão[2131], segundo o qual a regra do Direito mais favorável contida no art. 7º/1 pode ser aplicada oficiosamente, não tem apoio na letra do preceito[2132].

Perante um sistema como o português que alinha o regime interno com o regime da Convenção de Nova Iorque, o Direito interno não dá uma resposta conclusiva à questão de saber se podem ser reconhecidas decisões anuladas no Estado de origem. Com o efeito, o regime interno, ao basear-se na Lei-Modelo da CNUDCI e, por esta via, na Convenção de Nova Iorque, admite uma interpretação que permita a mesma "flexibilidade" na apreciação dos fundamentos de recusa de reconhecimento que é permitida pela Convenção[2133]. Nos termos do art. 56º/1 NLAV o reconhecimento e a execução "só podem ser recusados" nos casos aí tipificados. Não decorre necessariamente do texto do preceito que o reconhecimento e a execução devam ser recusados nesses casos. No entanto, há razões que pesam em sentido contrário[2134].

O não-reconhecimento de decisões anuladas no Estado de origem conforma-se com a competência do Estado do lugar ou sede da arbitragem para a impugnação judicial da decisão arbitral. Com efeito, decorre do anteriormente exposto que a decisão se deve considerar proferida no Estado em que a arbitragem teve lugar. Se o Direito português atribui competência aos seus tribunais para a impugnação judicial das decisões proferidas em arbitragens que têm lugar em Portugal, também deve res-

---

em sentido contrário, *Baker Marine Ltd* v. *Danos & Curole Marine Contractors* (1999) [14 *Mealey's International Arbitration Report* (1999/8) D-1] USCA, Second Circuit, *Spier* v. *Calzaturificio Technica* (1999) [*ASA Bulletin* 18/1 (2000) 159] USDC S.D. *New York, e Termorio SA* v. *Electranta SP*, 487 F.3d 928 (D.C. Cir. 2007).

[2130] Cf. *Cour de cassation* 9/10/1984, no caso *Norsolor* [*R. arb.* (1985) 431 an aprovadora de GOLDMAN], e FOUCHARD/GAILLARD/GOLDMAN [1996: 154 e seg.].

[2131] Cf. BGH 25/9/2003 III ZB 68/02 [disponível *in http://www.bundesgerichtshof.de*].

[2132] Nada parece obstar, porém, a que o requerente invoque simultaneamente o Direito interno e o regime da Convenção – cf. SCHWAB/WALTER [2005: 376].

[2133] Cf. HOLTZMANN/NEUHAUS [1989: 1058]. Cp. SCHWAB/WALTER [2005: 456].

[2134] Ver, em sentido convergente, REMIRO BROTÓNS [1984: 236 e seg.] e POUDRET/BESSON [2002: 904 e seg. e 963 e seg.].

peitar a competência exercida pelos tribunais estrangeiros do lugar da arbitragem[2135].

O reconhecimento de decisões anuladas no país de origem conduziria à desarmonia de soluções entre a ordem jurídica de reconhecimento, por um lado, e, por outro, a ordem jurídica de origem e todas as ordens jurídicas que reconhecerem a segunda decisão arbitral que venha a ser proferida no Estado de origem[2136].

Enfim, o reconhecimento de decisões anuladas no país de origem sujeitaria a parte vencida a sucessivas tentativas de reconhecimento e execução em vários países, forçando-a a cumprir uma decisão questionável ou a suportar os custos de uma oposição ao reconhecimento em todos estes países[2137].

Ressalva-se a hipótese excecional de a anulação da decisão arbitral no país de origem ser contrária à ordem pública internacional do Estado de reconhecimento, caso em que a anulação não deve impedir o reconhecimento da decisão arbitral[2138].

Uma outra solução possível, a ponderar *de lege ferenda*, seria um controlo dos fundamentos de anulação relevantes para efeitos de reconhecimento, designadamente a irrelevância da anulação com fundamento que não seja admitido perante a lei do Estado de reconhecimento[2139].

PAULSSON defendeu que o art. 5º/1/e da Convenção de Nova Iorque seja interpretado no sentido de só uma anulação baseada em fundamentos internacionalmente reconhecidos, que corresponderiam essencialmente

---

[2135] Ver REMIRO BROTÓNS [1984: 236 e seg.] e GOODE [2000: 265 e seg.].

[2136] O reconhecimento de decisão anulada no país de origem obriga, para ser coerente, ao não reconhecimento da decisão judicial de anulação e da segunda decisão arbitral que venha a ser proferida, como entendeu a *Cass.* fr. no ac. 10/6/1997 (segunda decisão no caso *Hilmarton*) [*R. arb.* (1997) 376 an aprovadora de FOUCHARD]. Ver também MOURA VICENTE [2010: 377 e segs.].

[2137] Ver VAN DEN BERG [1981: 355 e seg.], REMIRO BROTÓNS [1984: 236 e seg.], PARK [1999: 818 e seg.], POUDRET [2000: 775 e segs.] e POUDRET/BESSON [2002: 904 e seg. e 963 e seg.]. Cp., a favor da reconhecibilidade das decisões arbitrais anuladas no país de origem, FOUCHARD [1997: 345 e segs.], GAILLARD [1998: 667 e segs. e 2007: 184 e segs.] e PAULSSON [1998: 28].

[2138] Ver, em sentido convergente, PARK [1999: 823] e SANDROCK [2000: 687 e seg.].

[2139] Esta solução encontra precedente no art. 9º/1 da Convenção de Genebra de 1961. Ver ainda REMIRO BROTÓNS [1984: 264].

DIREITO INTERNACIONAL PRIVADO

aos enunciados nas primeiras quatro alíneas do art. 5º/1, poder justificar a recusa de reconhecimento[2140]. A favor desta posição pode dizer-se que uma anulação baseada em critérios locais, que podem não ser considerados legítimos pelo Estado de reconhecimento, não deve constituir um impedimento absoluto à eficácia da decisão arbitral neste Estado. Mas este entendimento não resiste a uma análise mais atenta. Por um lado – como assinalam POUDRET/BESSON[2141] –, o apelo a critérios internacionalmente reconhecidos não é suficiente para neutralizar uma atuação parcial ou abusiva do tribunal do Estado de origem da decisão, sendo para o efeito indispensável o exame concreto da decisão de anulação. Por outro, podem estar em jogo "interesses" do Estado de reconhecimento que não correspondem a critérios internacionalmente reconhecidos. Tudo ponderado, é preferível convocar o critério da ordem pública internacional do Estado de reconhecimento como limite à relevância da anulação proferida no Estado de origem da decisão arbitral.

Oitavo, *se o objeto do litígio não for arbitrável* segundo a lei do Estado de reconhecimento (nº 2/a).

A competência do Direito material do Estado de reconhecimento para determinar se o litígio é suscetível de ser resolvido por árbitros é justificada, visto que está em causa a eficácia da decisão arbitral na sua ordem jurídica. Isto não obsta a que na aplicação das normas locais sobre arbitrabilidade o tribunal possa ter em conta a conexão espacial entre a relação controvertida e o Estado do foro, mormente quando se tratar de normas que são explícita ou implicitamente "autolimitadas" (i.e., só sejam aplicáveis quando se verifique uma conexão especial)[2142].

É irrelevante que se trate de matéria da exclusiva competência dos tribunais portugueses, visto que a competência exclusiva não afasta a arbitrabilidade do litígio (*supra* § 84 B).

Por último, *a contrariedade do reconhecimento e da execução à "ordem pública" do país a que é pedido o reconhecimento* (nº 2/b)[2143].

[2140] 1998: 29 e segs. Ver ainda BORN [2009: 2691 e segs.].

[2141] 2002: 905 e seg.

[2142] Cp., a este respeito, as considerações críticas de REMIRO BROTÓNS [1984: 243].

[2143] Sobre esta condição de reconhecimento ver as Recomendações da ILA sobre a ordem pública como limite à execução das sentenças arbitrais estrangeiras e, sobre elas, MAYER/SHEPPARD [2003].

Trata-se aqui da *ordem pública internacional* do Estado de reconheci-mento[2144].

Para este efeito a ordem pública internacional portuguesa inclui as normas e princípios constitucionais e internacionais que reclamem apli-cação ao caso, bem como certas normas e princípios do Direito da União Europeia[2145]. A violação de normas e princípios em matéria de direitos fundamentais justifica, ao abrigo deste preceito, a recusa de reconheci-mento, mas esta violação pressupõe que se trata de direitos universais de todos os seres humanos ou que se verifica uma conexão suficiente com o Estado português[2146].

Neste contexto, a ordem pública internacional permite também con-trolar a observância de um padrão mínimo de justiça processual, por forma concorrente com o fundamento de recusa de reconhecimento estabelecido na al. b) do nº 1[2147]. Quer isto dizer, designadamente, que mesmo que o requerido não alegue ou prove uma violação do princípio do contraditório, o tribunal pode recusar o reconhecimento se verificar que há uma violação grave deste princípio com base no nº 2[2148].

[2144] Cf. VAN DEN BERG [1981: 359 e segs.], FOUCHARD/GAILLARD/GOLDMAN [1996: 1012 e segs.], *Dicey, Morris and Collins* [2006: nº 16-145] e SCHLOSSER [2002: *Anhang* § 1061 nº 135], este último autor acentuando a necessidade de uma perspetiva universalista dos critérios de valoração da *lex fori*. Ver a análise pormenorizada de KORNBLUM [142 e segs.] e MAYER [1994: 637 e segs.], com referência quer à violação de *lois de police* quer à contrariedade a princípios fundamentais da ordem jurídica; BERGER [1993: 541] e MENEZES CORDEIRO [2011: 268 e segs.]. Ver também STJ 2/2/2006 [*in http://www.dgsi.pt/jstj.nsf*].

[2145] Ver, em apreciação geral, REMIRO BROTÓNS [1984: 247 e seg.]; no mesmo sentido, na perspetiva do Direito inglês, *Dicey, Morris and Collins* [2006: nº 16-148]. Verifica-se a contrarie-dade do reconhecimento com a ordem pública internacional e um Estado-Membro da União Europeia quando a decisão arbitral não tenha acatado a pretensão de aplicabilidade de certas normas e princípios do Direito da União Europeia, designadamente as normas de Direito da Concorrência – cf. TCE 1/6/1999, no caso *Eco Swiss* [*R. arb.* (1999) 631 an aprovadora de IDOT]. Ver também RUBINO-SAMMARTANO [2006: 236 e segs.].

[2146] *Supra* § 47. Ver ainda SCHLOSSER [2002: *Anhang* § 1061 nº 144] e JORGE MIRANDA – *Manual de Direito Constitucional*, t. II *Constituição*, 6ª ed., 2007, 358, e t. IV – *Direitos Fundamentais*, 4ª ed., Coimbra, 2008, 326.

[2147] Ver REMIRO BROTÓNS [1984: 231], FERRER CORREIA [1989: 196 e segs.] e POUDRET/BESSON [2002: 909 e seg.]. Sobre as concretizações desta ordem pública processual, ver SCHLOSSER [2002: *Anhang* § 1061 nºs 84 e segs.].

[2148] Cf. VAN DEN BERG [1981: 376 e segs.].

DIREITO INTERNACIONAL PRIVADO

A decisão do mérito da causa com base em regras ou princípios extra-
-estaduais (designadamente a *lex mercatoria* ou o Direito Internacional
Público) não constitui, por si, uma violação da ordem pública internacional[2149]. O que conta, para efeito de compatibilidade com a ordem pública
internacional, é a solução dada ao caso e não a fonte dos critérios de
decisão[2150].

[2149] Ver autores adiante citados com respeito à obrigação de reconhecer e executar estas
decisões e, ainda, SCHROEDER/OPPERMANN [2000: 434 e seg.].Observe-se que o STJ, no ac.
11/1/1977 [*BMJ* 263: 195], adotou uma posição particularmente favorável à reconhecibilidade
de sentenças arbitrais baseadas em regras extra-estaduais, parecendo inegável que o STJ, na
esteira da decisão da RCb., não viu, na circunstância de a decisão se fundar exclusivamente no
contrato e nas regras da *Liverpool Cotton Association* (segundo a sua interpretação do texto do
laudo arbitral), fundamento de oposição ao reconhecimento. A mesma orientação foi seguida
pelo STJ no ac. 9/5/1978 [*BMJ* 276: 187].

[2150] A doutrina dominante na Alemanha, que se opõe ao recurso à *lex mercatoria*, segue entendimento diferente. Segundo SCHWAB/WALTER [2005: 361], as decisões que decidam segundo
a *lex mercatoria* sem expressa autorização das partes não podem ser reconhecidas por violarem
a ordem pública internacional. Também CHRISTIAN VON BAR/MANKOWSKI [2003: 87]
entende que estas decisões *violam a ordem pública internacional alemã*, que não pode aceitar que
no seu território pessoas privadas "produzam" Direito objetivo. Sem prejuízo, segundo o autor,
de uma *remissão expressa* das partes para a *lex mercatoria* seja convertida numa autorização dada
aos árbitros para que decidam segundo a equidade; uma decisão "baseada" na *lex mercatoria*
contra uma parte alemã será em qualquer caso inaceitável do ponto de vista da ordem pública
internacional quando provenha de um tribunal arbitral "estrangeiro". Em sentido convergente,
SPICKHOFF [1992: 134 e segs. e 136 e segs.], admitindo que possa ser convertida em autorização
para decidir segundo a equidade uma *designação tácita* da *lex mercatoria*, que se poderia inferir,
designadamente, de as partes, a que os árbitros tenham comunicado a intenção de decidirem
nessa base, não se lhe terem oposto. Cp. SCHLOSSER [1989: 533] e 65ª Conferência da *International Law Association* (Cairo, 1992) *in Transnational Rules in International Commercial Arbitration*,
29], sustentando que não há, em princípio, impedimento à execução de sentenças arbitrais
baseadas em regras transnacionais.

MOURA VICENTE [1990: 276] defendia que os tribunais portugueses podem recusar a confirmação de sentenças proferidas por árbitros no estrangeiro segundo a *lex mercatoria*, dentro
do âmbito de aplicação da Convenção de Genebra (1927), com fundamento na al. c) do
art. 2º e, fora deste âmbito, na hipótese prevista na al. g) do art. 1096º CPC antes da reforma
de 1995/1996. Relativamente a esta última hipótese, o autor baseava-se numa interpretação do
art. 33º LAV que exclui a possibilidade de as partes ou, na sua omissão, os árbitros, escolherem
a *lex mercatoria* para reger o fundo da causa. A al. g) do art. 1096º foi entretanto eliminada e
parece que o art. 1100º/2 CPC não se aplicava ao reconhecimento de decisões arbitrais. Em qualquer

RECONHECIMENTO DE DECISÕES ARBITRAIS ESTRANGEIRAS

De resto, face a um sistema como o nosso que admite, dentro de certos limites, a aplicação de Direito extra-estadual na decisão do mérito da causa, não há qualquer motivo para questionar o reconhecimento de decisões "estrangeiras" que procederam da mesma forma, pelo menos quando os árbitros respeitaram a designação do Direito aplicável feita pelas partes ou quando, na omissão das partes, o Direito do lugar da arbitragem admite o recurso a Direito extra-estadual. Não constituindo a regularidade processual uma condição de reconhecimento

A *litispendência* e o *caso julgado* nacionais não são fundamento de oposição ao reconhecimento perante a Convenção de Nova Iorque. No entanto, parece que se for reconhecida uma decisão arbitral que contrarie uma decisão judicial interna passada em julgado anteriormente, esta decisão prevalece nos termos do art. 675º/1 CPC e constitui fundamento de oposição à execução nos termos do art. 814º/f conjugado com o art. 815º CPC[2151].

A *execução da decisão arbitral* reconhecida ao abrigo da Convenção de Nova Iorque rege-se pelo disposto no Direito processual vigente na ordem interna, sem prejuízo do disposto na Convenção, designadamente nos arts. 3º a 5º. Assim, e em paralelo com o anteriormente exposto relativamente ao regime interno, no que toca aos fundamentos de oposição à execução, o art. 815º CPC deve ser objeto de ajustamentos. Em princípio, não são admitidos fundamentos de oposição à execução mais exigentes que os

caso, entendo que o art. 52º NLAV (à semelhança do art. 33º LAV) admite, dentro de certos limites, uma referência à *lex mercatoria* – ver LIMA PINHEIRO [2005: § 25]. No que toca à al. c) do art. 2º da Convenção de Genebra (hoje com um âmbito de aplicação exíguo, como se assinalou), há fundamento de oposição ao reconhecimento se "a sentença não tem relação com o desacordo visado no compromisso ou nas previsões da cláusula compromissória, ou contém decisões que ultrapassam os termos do compromisso ou da cláusula compromissória". Parece que este fundamento de oposição poderia, quando muito, ser invocado nos casos em que as partes não submeteram o litígio à *lex mercatoria*. MOURA VICENTE [1990: 271 e 275] entende que os árbitros, ao decidirem nesta base sem o consentimento das partes, violaram o "mandato" que por elas lhes foi confiado. Contudo, o art. 2º/c) da Convenção de Genebra, à semelhança do art. 5º/1/c da Convenção de Nova Iorque, nos termos anteriormente expostos, não parece abranger as hipóteses de violação da convenção de arbitragem na decisão do mérito de causa. Por outro lado, a aplicação pelos árbitros de regras e princípios jurídicos extra-estaduais não constitui uma violação da convenção de arbitragem se as partes não designaram um Direito estadual.

[2151] Neste sentido, MOURA VICENTE [1996: 618].

DIREITO INTERNACIONAL PRIVADO

fundamentos de recusa de reconhecimento e execução enunciados na Convenção. Todavia, ressalvam-se os fundamentos de oposição à execução estabelecidos pelo Direito interno que, embora não encontrem correspondência na Convenção de Nova Iorque, tenham caráter processual ou digam respeito a factos supervenientes extintivos ou modificativos da obrigação. Parece que os fundamentos de recusa de reconhecimento que tenham sido julgados improcedentes ou que poderiam ter sido conhecidos na ação de reconhecimento não podem ser invocados em oposição à execução.

Passe-se agora à *caracterização* deste sistema de reconhecimento.

O sistema de reconhecimento instituído pela Convenção de Nova Iorque é fundamentalmente formal.

Segundo o entendimento mais corrente, o Estado de reconhecimento não pode controlar o Direito que foi aplicado pelos árbitros ao mérito da causa. Decorre do anteriormente exposto que, por minha parte, admito um controlo limitado ao respeito da escolha feita pelas partes. Mesmo que se siga este entendimento, não se trata de um controlo de mérito feito perante o Direito do Estado de reconhecimento, uma vez que não se atende ao Direito de Conflitos do Estado de reconhecimento, mas apenas à convenção das partes[2152].

Por conseguinte, os Estados contratantes estão obrigados a reconhecer e a executar decisões que foram proferidas exclusivamente segundo a *lex mercatoria*, os princípios gerais de Direito, o Direito Internacional Público, modelos de regulação como os Princípios do UNIDROIT ou a equidade, se as partes ou, na sua omissão, a lei do lugar da arbitragem, o autorizaram[2153].

[2152] Sobre o conceito de controlo de mérito, ver *supra* § 93 D.

[2153] Em sentido convergente, VON MEHREN [1982: 224], GOLDMAN [1983: 15 e segs.], SCHLOSSER [1989: 626 e 2002: *Anhang* §1061 nº 119], DASSER [1989: 354 e segs. e 1991: 314 e seg.], RIVKIN [1993a: 78 e segs. e 82 e segs.], assinalando o reconhecimento quase universal da exequibilidade de sentenças arbitrais baseadas em cláusulas designando princípios transnacionais e considerando ser provável que os tribunais estadounidenses sigam este entendimento, BERNARDINI [2000: 203] e SCHROEDER/OPPERMANN [2000: 431 e segs.]. Cp. VAN DEN BERG [1981: 34 e segs.] que, além de sublinhar que na preparação da Convenção houve a preocupação de não fomentar a "anacionalidade" das sentenças, se baseia principalmente nos poderes dos tribunais estaduais referidos na Convenção para negar o reconhecimento de sentenças cuja vinculatividade se baseia na *lex mercatoria*; Id. [1989: 442 e segs.]; GOTTWALD [1997: 87], no sentido de o reconhecimento poder ser recusado com base no art. 5º/1/c no caso de decisão segundo regras anacionais não autorizada pelas partes.

RECONHECIMENTO DE DECISÕES ARBITRAIS ESTRANGEIRAS

Ressalva-se a hipótese de o reconhecimento e a execução serem contrários à ordem pública internacional do Estado de reconhecimento. Mas, como vimos, a circunstância de os árbitros não terem aplicado Direito estadual não pode conduzir, de per si, à contrariedade *do reconhecimento e da execução* à ordem pública internacional.

Acrescente-se ainda que a obrigação de reconhecimento das sentenças arbitrais "estrangeiras" ao abrigo da Convenção não depende de terem sido organizadas segundo o Direito de determinado Estado ou "inseridas" na sua ordem jurídica[2154].

[2154] É o que resulta das jurisprudências nacionais e da opinião maioritária dos autores – cf. VON MEHREN [1982: 223 e seg.]; LUZZATTO [1987b: nºs 3, 14 e seg., *maxime* 15, e 1994: 259 e seg.], GAJA [1978/1995: I.C.4]; FOUCHARD [1989A: nº 84], RENÉ DAVID [1987: 118 e segs.]; BUCHER [1989a: 572 e seg.], informando que todas as decisões que apreciaram o ponto se pronunciaram a favor da aplicação da Convenção a decisões "deslocalizadas"; TOOPE [1990: 116 e segs.]; AVANESSIAN [1991: 23 e segs.]; HERDEGEN [2011: 122-123]; *Zürcher Komm.*/SIEHR [2004: Art. 194 nº 7]; STEIN [1995: 88 e segs.], com outras referências; FOUCHARD/GAILLARD/GOLDMAN [1996: 53, 994 e segs. e 1007]. É também o entendimento seguido pelos tribunais austríacos, nas decisões francesas mais recentes, que o *CA* inglês veio adotar na decisão no caso *Deutsche Schachtbau* v. *R'as Al Khaimah National Oil Contrato* [(nº 1) (1987) 3 *WLR* 1023], na jurisprudência italiana, e na decisão do *USCA Ninth Circuit*, no caso *Ministry of Defense of the Islamic Republic of Iran* v. *Gould Inc.* (1989) [887 *F.2d* 1357]. Ver ainda RIGAUX [1989: 260 e segs.]. Cp. VAN DEN BERG [1981: 34 e segs.]; SCHLOSSER [1989: 49 e seg.] e POUDRET/BESSON [2002: 863 e segs.].

ÍNDICE GERAL

PRINCIPAIS ABREVIATURAS — 5

PARTE III – DIREITO DA COMPETÊNCIA INTERNACIONAL

BIBLIOGRAFIA GERAL — 15

CAPÍTULO I – ASPECTOS GERAIS — 19

Bibliografia específica — 19

79. Noções fundamentais — 21
- A) *Noção de competência internacional* — 21
- B) *Jurisdição e competência internacional* — 22
- C) *Normas de competência internacional e Direito da Competência Internacional* — 25

80. Valores e princípios gerais do Direito da Competência Internacional — 26

81. Relações entre a competência internacional e o Direito aplicável — 30
- A) *Em geral* — 30
- B) *Dependência do Direito aplicável relativamente à competência internacional* — 32
- C) *Dependência da competência internacional relativamente ao Direito aplicável* — 38
- D) *Conclusões* — 43

ÍNDICE GERAL

82. Interpretação e aplicação das normas de competência internacional 44

A) *Aspetos gerais* 44

B) *Normas de competência internacional de fonte interna* 46

C) *Normas de competência internacional de fonte supraestadual* 48

D) *Fraude à lei* 50

83. Fontes 52

A) *Fontes internacionais* 52

B) *Fontes da União Europeia* 56

C) *Fontes internas* 61

CAPÍTULO II – REGIMES EUROPEUS 63

Bibliografia específica 63

84. Regime europeu em matéria civil e comercial 70

A) *Preliminares* 70

B) *Âmbito material de aplicação* 76

C) *Âmbito espacial de aplicação* 88

D) *Âmbito temporal de aplicação* 90

E) *Relações com o regime interno e com outros instrumentos* 92

F) *Critério geral de competência legal: domicílio do réu* 97

G) *Critérios especiais de competência legal* 104

H) *Competência em matéria de seguros, contratos celebrados por consumidores e contratos individuais de trabalho* 136

I) *Critérios atributivos de competência legal exclusiva* 164

J) *Competência convencional* 192

L) *Controlo da competência* 212

M) *Litispendência e conexão* 216

N) *Medidas provisórias e cautelares* 226

85. Regime europeu em matéria matrimonial e de responsabilidade parental 231

A) *Aspetos gerais* 231

B) *Competência em matéria matrimonial* 243

C) *Competência em matéria de responsabilidade parental* 246

D) *Controlo da competência, litispendência e ações dependentes* 255

86. Apreciação crítica 261

ÍNDICE GERAL

CAPÍTULO III – REGIME INTERNO ... 267

Bibliografia específica ... 267

87. **Aspetos gerais** ... 269
   A) *Âmbito material de aplicação* ... 269
   B) *Relações com as fontes supraestaduais* ... 272

88. **Competência** ... 273
   A) *Evolução legislativa* ... 273
   B) *Critérios gerais atributivos de competência legal – coincidência* ... 280
   C) *Critérios gerais atributivos de competência legal – necessidade* ... 289
   D) *Critérios atributivos de competência legal em matéria de contrato de trabalho* ... 296
   F) *Critérios atributivos de competência legal exclusiva* ... 298
   G) *Competência convencional* ... 304
   H) *Competência para questões prejudiciais e reconvencionais* ... 314
   I) *Momento da fixação e controlo da competência* ... 315

89. **Litispendência estrangeira** ... 316

PARTE IV – DIREITO DE RECONHECIMENTO

BILIOGRAFIA GERAL ... 325

CAPÍTULO I – ASPECTOS GERAIS ... 329

Bibliografia específica ... 329

90. **Identificação do problema** ... 330

91. **Noção de Direito de Reconhecimento** ... 334

92. **Interpretação e aplicação das normas de reconhecimento** ... 335
   A) *Aspetos gerais* ... 335
   B) *Normas de reconhecimento de fonte interna* ... 338
   C) *Normas de reconhecimento de fonte supraestadual* ... 339

CAPÍTULO II – RECONHECIMENTO DE DECISÕES JUDICIAIS ESTRANGEIRAS ... 341

Bibliografia específica ... 341

ÍNDICE GERAL

93. Aspectos gerais — 349
   A) Objecto do reconhecimento — 349
   B) Fundamento do reconhecimento — 352
   C) Fontes — 363
   D) Principais sistemas de reconhecimento — 371

94. Regime europeu em matéria civil e comercial — 376
   A) Preliminares — 376
   B) Âmbito material de aplicação — 377
   C) Âmbito espacial de aplicação — 381
   D) Âmbito temporal de aplicação — 382
   E) Relações com o regime interno e com outros instrumentos — 383
   F) Objeto do reconhecimento — 388
   G) Reconhecimento automático e declaração de executoriedade — 389
   H) Condições de reconhecimento — 409
   I) Caracterização do regime europeu e apreciação crítica — 435

95. Título executivo europeu, injunção europeia de pagamento e processo europeu para ações de pequeno montante — 437

96. Regime europeu em matéria matrimonial e de responsabilidade parental — 445
   A) Preliminares e âmbito de aplicação — 445
   B) Relações com o regime interno e com outros instrumentos — 450
   C) Reconhecimento automático e declaração de executoriedade — 454
   D) Condições de reconhecimento — 460
   E) Considerações finais — 469

97. Convenção da Haia sobre o Reconhecimento dos Divórcios e Separações de Pessoas — 470

98. Regime geral interno — 477
   A) Reconhecimento e revisão — 477
   B) Decisões estrangeiras abrangidas pela revisão — 488
   C) Decisões de jurisdições supraestaduais — 495
   D) Processo de revisão — 495
   E) Competência internacional do tribunal de origem — 497
   F) Outras condições de confirmação — 515
   G) Fundamentos adicionais de impugnação — 523
   H) Resultados do processo de revisão. Função da sentença de confirmação — 528
   I) Caracterização do regime interna — 529

ÍNDICE GERAL

99. Apêndice – Exequibilidade dos títulos extrajurisdicionais exarados em país estrangeiro	530

CAPÍTULO III – RECONHECIMENTO DE ATOS ADMINISTRATIVOS ESTRANGEIROS 539

Bibliografia específica 539

100. Preliminares 540

101. Regime aplicável 543

CAPÍTULO IV – RECONHECIMENTO DE DECISÕES ARBITRAIS ESTRANGEIRAS 555

Bibliografia específica 555

102. Aspetos gerais 559
 A) Preliminares 559
 B) Objeto do reconhecimento 561
 C) Fundamento do reconhecimento 562
 D) Fontes 563

103. Regime interno 564

104. Regime da Convenção de Nova Iorque. Referência ao regime da Convenção Interamericana 576